Rapport final de la trente-huitième Réunion consultative du Traité sur l'Antarctique

RÉUNION CONSULTATIVE
DU TRAITÉ SUR L'ANTARCTIQUE

Rapport final
de la trente-huitième
Réunion consultative
du Traité sur l'Antarctique

Sofia, Bulgarie
1er au 10 juin 2015

Volume II

Secrétariat du Traité sur l'Antarctique
Buenos Aires
2015

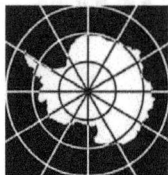

Publié par :

Secretariat of the Antarctic Treaty
Secrétariat du Traité sur l' Antarctique
Секретариат Договора об Антарктике
Secretaría del Tratado Antártico

Maipú 757, Piso 4
C1006ACI Ciudad Autónoma
Buenos Aires - Argentina
Tel: +54 11 4320 4260
Fax: +54 11 4320 4253

Ce rapport est également disponible à : *www.ats.aq* (version numérique)
et exemplaires achetés en ligne

ISSN 2346-9900
ISBN 978-987-4024-06-0

Contenu

VOLUME I

Mesure 11 (2015) : Zone spécialement protégée de l'Antarctique no 155 (cap Evans, île Ross) : Plan de gestion révisé

Mesure 12 (2015) : Zone spécialement protégée de l'Antarctique no 157 (baie Backdoor, cap Royds, île Ross) : Plan de gestion révisé

Mesure 13 (2015) : Zone spécialement protégée de l'Antarctique no 158 (pointe Hut, île Ross) : Plan de gestion révisé

Mesure 14 (2015) : Zone spécialement protégée de l'Antarctique no 159 (cap Adare, côte Borchgrevink) : Plan de gestion révisé

Mesure 15 (2015) : Zone spécialement protégée de l'Antarctique no 163 (glacier Dakshin Gangotri, terre de la Reine Maud) : Plan de gestion révisé

Mesure 16 (2015) : Zone spécialement protégée de l'Antarctique no 164, (monolithes de Scullin et de Murray, terre Mac.Robertson) : Plan de gestion révisé

Mesure 17 (2015) : Zone spécialement protégée de l'Antarctique n° 168 (mont Harding, montagnes Grove, Antarctique de l'Est) : Plan de gestion révisé

Mesure 18 (2015) : Zone gérée spéciale de l'Antarctique n° 2 (vallées sèches de McMurdo, terre Victoria du sud) : Plan de gestion révisé

Mesure 19 (2015) : Liste révisée des Sites et monuments historiques de l'Antarctique : Cabane « Chien boiteux » située à la station bulgare Saint-Clément-d'Ohrid, île Livingston et Tracteur-autoneige lourd « Kharkovchanka », utilisé dans l'Antarctique de 1959 à 2010

    Annexe : Liste révisée des Sites et monuments historiques

2. Décisions

Décision 1 (2015) : Règlement intérieur révisé de la Réunion consultative du Traité sur l'Antarctique (2015) : Comités et groupes de travail

    Annexe : Règlement intérieur révisé de la Réunion consultative du Traité sur l'Antarctique (2015)

Décision 2 (2015) : Mesures portant sur des aspects opérationnels désignées comme caduques

    Annexe : Mesures sur les questions opérationnelles caduques

Décision 3 (2015) : Rapport, programme et budget du Secrétariat

    Annexe 1 : Rapport financier certifié 2013/2014

    Annexe 2 : Rapport financier provisoire 2014/15

    Annexe 3 : Programme 2015/16 du Secrétariat

Décision 4 (2015) : Plan de travail stratégique pluriannuel pour la Réunion consultative du Traité sur l'Antarctique

    Annexe : Programme de travail stratégique pluriannuel de la RCTA

Décision 5 (2015) : Responsabilité découlant de situations critiques pour l'environnement

Décision 6 (2015) : Échange d'informations

    Annexe : Exigences en matière d'échange d'informations

3. Résolutions

Résolution 1 (2015) : Coopération dans le système de transport aérien

Résolution 2 (2015) : Les systèmes de technologie de l'information et des télécommunications antarctiques

Résolution 3 (2015) : Le Portail des environnements en Antarctique

Résolution 4 (2015) : Programme de travail du CPE en réponse au changement climatique

Résolution 5 (2015) : Zones importantes pour la conservation des oiseaux en Antarctique

Résolution 6 (2015) : Le rôle de l'Antarctique dans les processus climatiques mondiaux

Photo des chefs de délégation

VOLUME II

DEUXIÈME PARTIE – MESURES, DÉCISIONS ET RÉSOLUTIONS (suite)　11

Sigles et abréviations

ACAP	Accord sur la conservation des albatros et des pétrels
ANC	Autorité nationale compétente
ASOC	Coalition sur l'Antarctique et l'océan Austral
BP	Document de contexte
CCAMLR	Convention sur la conservation des ressources vivantes marines de l'Antarctique et/ou Commission pour la conservation des ressources vivantes marines de l'Antarctique
CCNUCC	Convention-cadre des Nations unies sur les changements climatiques
CCS	Centre de coordination des opérations de sauvetage
COI	Commission océanographique intergouvernementale
COMNAP	Conseil des directeurs des programmes antarctiques nationaux
CPE	Comité pour la protection de l'environnement
CPPA	Convention pour la protection des phoques de l'Antarctique
CS-CAMLR	Comité scientifique de la CCAMLR
EGIE	Évaluation globale d'impact sur l'environnement
EIE	Évaluation d'impact sur l'environnement
EPIE	Évaluation préliminaire d'impact sur l'environnement
FIPOL	Fonds d'indemnisation pour les dommages dus à la pollution par les hydrocarbures
GCI	Groupe de contact intersessions
GIEC	Groupe d'experts intergouvernemental sur l'évolution du climat
GSPG	Groupe subsidiaire sur les plans de gestion
IAATO	Association internationale des organisateurs de voyages dans l'Antarctique
IP	Document d'information
OACI	Organisation de l'aviation civile internationale
OHI	Organisation hydrographique internationale
OMI	Organisation maritime internationale
OMM	Organisation météorologique mondiale
OMT	Organisation mondiale du tourisme
PNUE	Programme des Nations unies pour l'environnement
PTRCC	Programme de travail en réponse au changement climatique
RCTA	Réunion consultative du Traité sur l'Antarctique
RETA	Réunion d'experts du Traité sur l'Antarctique

SAR	Recherche et sauvetage
SCAR	Comité scientifique pour la recherche en Antarctique
SEEI	Système électronique d'échange d'informations
SMH	Sites et monuments historiques
SOLAS	Convention internationale pour la sauvegarde de la vie humaine en mer
SOOS	Système d'observation de l'océan Austral
SP	Documents du Secrétariat
STA	Système du Traité sur l'Antarctique ou Secrétariat du Traité sur l'Antarctique
UAV	Véhicule aérien sans pilote
UICN	Union internationale pour la conservation de la nature
WP	Document de travail
ZGSA	Zone gérée spéciale de l'Antarctique
ZMA	Zone marine protégée
ZSPA	Zone spécialement protégée de l'Antarctique

PARTIE II

Mesures, Décisions et Résolutions (Suite)

4. Plans de gestion

Plan de gestion pour la zone spécialement protégée de l'Antarctique n° 101

ROQUERIE TAYLOR, TERRE MAC.ROBERTSON

Introduction

La roquerie Taylor est une colonie de manchots empereurs (*Aptenodytes forsteri*) située du côté oriental du glacier Taylor, terre Mac.Robertson (67°27'S; 60°51'E, carte A). Le site a été à l'origine désigné, sur proposition de l'Australie, zone spécialement protégée n°1, par la Recommandation IV-I (1966). Un plan de gestion pour la zone a été adopté par la Recommandation XVII-2 (1992). Conformément à la Décision 1 (2002), il a été renommé et renuméroté zone spécialement protégée de l'Antarctique (ZSPA) n° 101. Des plans de gestion pour la ZSPA ont été adoptés par la Mesure 2 (2005) et la Mesure 1 (2010). La roquerie Taylor a été désignée comme une ZSPA pour protéger la colonie la plus grande que l'on connaisse de manchots empereurs se trouvant entièrement à terre.

1. Description des valeurs à protéger

Sur les 48 colonies de manchots empereurs actuellement connues dans l'Antarctique, la première colonie terrestre n'a été découverte qu'en 1948 sur l'île Empereur, îles Dion, péninsule Antarctique (67°52' S, 68°43' O). Environ 150 couples reproducteurs se trouvaient alors sur l'île, mais la population a chuté depuis les années 1970 pour atteindre seulement 22 couples en 1999. Aucun manchot empereur n'a été observé sur l'île Dion depuis 2009 ; il semble que la colonie ait disparu. La colonie de manchots empereurs au glacier Taylor est la seconde colonie terrestre à avoir été découverte, en octobre 1954. Cette colonie reste exclusivement à terre tout au long de la saison de reproduction. Du fait de cette caractéristique inhabituelle, cette colonie a été désignée zone spécialement protégée en 1966, tout comme l'île Empereur. Une troisième colonie terrestre contenant environ 250 couples a été découverte en 1999 dans la baie Amundsen, Antarctique de l'Est.

La colonie de manchots empereurs au glacier Taylor est la plus grande que l'on connaisse (Carte B) et, comme telle, elle revêt une importance scientifique exceptionnelle. Le programme antarctique australien a assuré le suivi de la population de cette colonie de façon intermittente entre 1957 et 1987, et annuellement depuis 1988 Des recensements photographiques ont abouti à des décomptes très précis. Le nombre d'adultes de la colonie était d'environ 3 280 couples reproducteurs dans les premières années. Au cours de la période 1988-2010, la population comptait en moyenne de 2 930 couples, soit 20,5 % de moins que dans les premières années. Une diminution supplémentaire de 12 % a été observée entre 2011 et 2014 (données non publiées). Les raisons de cette diminution sont inconnues. De semblables données de long terme ne sont disponibles que pour deux autres colonies de manchots empereurs, celle proche de Dumont d'Urville (archipel de Pointe-Géologie, ZSPA n° 120, 66°40'S, 140°01'E) et celle de l'île Haswell (ZSPA n°127, 66°31'S, 93°00'E). Ces deux colonies ont vu leur population décroître de 50% dans les années 1970. Des données sur les populations sont aussi disponibles pour certaines colonies de la région de la mer Ross. Elles ne sont cependant pas continues et ne comprennent pas de décomptes des colonies pendant l'hiver.

Chaque année, le programme antarctique australien effectue au maximum trois visites au glacier Taylor, reparties dans l'année. La colonie est idéale pour le travail de recensement, entourée qu'elle est de petites collines rocheuses qui permettent d'observer les manchots sans devoir entrer dans l'aire de reproduction. C'est la raison pour laquelle les perturbations anthropiques de la colonie, en particulier depuis 1988, ont été très faibles et que l'on peut exclure l'interférence humaine directe comme un facteur potentiel d'impact sur la santé de cette population.

2. Buts et objectifs

Le plan de gestion de la roquerie Taylor vise à :

- éviter la dégradation des valeurs de la zone ou les risques substantiels que celles-ci pourraient courir, en empêchant toute perturbation humaine inutile ;
- permettre de mener des recherches sur l'écosystème et l'environnement physique de la zone, notamment l'avifaune, pour autant que ces recherches soient indispensables et ne puissent être menées ailleurs ;
- minimiser les risques d'introduction d'agents pathogènes susceptibles de provoquer des maladies parmi les populations aviaires dans la zone ;
- minimiser les risques d'introduction de plantes, d'animaux ou de microbes non indigènes dans la zone ;
- permettre la collecte à intervalles réguliers et d'une manière durable des données sur l'évolution démographique de la colonie de manchots empereurs ; et
- permettre des visites à des fins de gestion en vue d'appuyer les buts du plan de gestion.

3. Activités de gestion

Les activités de gestion ci-après seront entreprises pour protéger les valeurs de la ZSPA :

- des visites seront organisées selon que de besoin (de préférence au moins une fois tous les cinq ans) afin de déterminer si la zone répond toujours aux objectifs pour lesquelles elle a été désignée et de s'assurer que les mesures de gestion sont adéquates ;
- le plan de gestion sera réexaminé au moins tous les 5 ans et mis à jour en conséquence.

4. Durée de la désignation

La zone est désignée pour une période indéterminée.

5. Cartes

Carte A : Zone spécialement protégée de l'Antarctique n° 101, roquerie Taylor, côte Mawson, terre Mac.Robertson, Antarctique de l'Est. L'encart indique l'emplacement par rapport au continent antarctique.

Carte B : Zone spécialement protégée de l'Antarctique n° 101 : Roquerie Taylor: Topographie et colonie de manchots empereurs.

Carte C : Zone spécialement protégée de l'Antarctique n° 101 : Roquerie Taylor. Approche des véhicules et des hélicoptères et site d'atterrissage.

Carte D : Zone spécialement protégée de l'Antarctique n° 101, Roquerie Taylor: Points de démarcation de la ZSPA

Toutes les spécifications : Datum (horizontal): WGS84; Datum (vertical) : niveau moyen de la mer

6. Description de la zone

6(i) Coordonnées géographiques, bornage et caractéristiques du milieu naturel

La ZSPA roquerie Taylor englobe la totalité de l'exposition rocheuse la plus septentrionale sur le versant oriental du glacier Taylor, terre Mac.Robertson (67°14'S; 60°53'0"E, carte B). Les coordonnées des limites de la zone sont données à l'Annexe 1 et sont présentés sur la carte D. Les limites de la zone suivent la ligne côtière (au repère de la marée basse) à partir d'un point situé à l'angle nord-ouest de la zone à 67°27'4.9"S,

60°52'58.2"E (point de démarcation 1), jusqu'au point de démarcation 6 situé dans une direction plutôt sud-est (67°27'27.8"S, 60°53'7.7"E). La limite continue vers l'ouest puis vers le nord (en suivant plus ou moins la ligne de la zone libre de glace) pour atteindre le point de démarcation 22 (67°27'18"S, 60°52'50.2"E), longe ensuite la falaise de glace au nord jusqu'au point de démarcation 23 (67°27'5.3"S, 60°52'57.1"E), pour enfin rejoindre le point de démarcation 1. Aucune borne ne délimite le site.

La colonie est située sur un affleurement rocheux de faible altitude dans le coin sud-ouest d'une baie formée par le glacier Taylor à l'ouest, la calotte glaciaire au sud et les îles de l'archipel Colbeck à l'est. La zone est entourée de glaces de formation rapide au nord et à l'est. Elle se trouve à quelque 90 km ouest de la station Mawson. Il y a un terrain libre de glace à côté du glacier sur la limite occidentale et, au sud, la roche s'élève de manière abrupte pour rejoindre la glace du plateau. La roche elle-même forme un fer à cheval autour de la zone plane située au centre qui abrite des moraines et des roches exposées. Cette zone est couverte de neige en hiver et occupée par des manchots empereurs. Deux petits lacs d'eau de fonte se forment à la fin du printemps tandis qu'un petit cours d'eau s'écoule vers le nord-est. Les côtés du fer à cheval sont constitués de crêtes rocheuses arrondies, dénudées et adoucies par les glaces. Ailleurs, le terrain est accidenté et criblé de craquelures et de fissures. La hauteur moyenne des crêtes est d'environ 30 m.

La zone abrite également une plage surélevée semblable à plusieurs autres jalonnant la côte de la terre Mac.Robertson. La plage est constituée de pierres, de cailloux et de galets charriés localement dont la taille varie de 1 cm à 1 m. Elle suit ensuite une inclinaison ascendante à partir du littoral et rejoint une plate-forme clairement marquée, de plusieurs mètres de large, et située à une altitude de 3 à 6 m par rapport au niveau de la mer. La zone se définit facilement par ses particularités naturelles.

Climat

Il existe peu de données météorologiques concernant la zone. Les conditions sont probablement semblables à celles qui règnent à la station Mawson, à environ 90 km à l'est, où les températures mensuelles moyennes oscillent entre +0,1 °C en janvier et -18,8 °C en août, avec des températures extrêmes allant de +10,6 °C à -36,0 °C. La vitesse moyenne des vents, sur l'année, est de 10,9 m/s avec de fréquentes périodes prolongées de vents catabatiques de secteur sud-est en provenance de la calotte glaciaire dont la vitesse moyenne estsupérieure à 25 m/s avec des rafales pouvant dépasser 50 m/s. Les sections locales de la côte sont exposées de manière variable aux vents violents et il est possible que la vitesse moyenne des vents puisse être légèrement inférieure à La roquerie Taylor. Parmi les autres caractéristiques du climat, citons la forte nébulosité sur l'ensemble de l'année, une humidité très faible à l'instar des précipitations et de fréquentes périodes de vents violents, de neige emportée par le vent et de faible visibilité liée au passage de systèmes de basse pression.

Domaines environnementaux et Régions de conservation biogéographique de l'Antarctique

D'après l'analyse des domaines environnementaux de l'Antarctique (Résolution 3(2008)), La roquerie Taylor est située au sein de l'environnement D *Géologie côtière de l'Antarctique*. D'après l'analyse des Régions de conservation biogéographique de l'Antarctique (Résolution 6(2012)), la roquerie Taylor n'est pas affectée à une région biogéographique.

Géologie et sols

Les rochers à la roquerie Taylor sont de type métamorphique et probablement issus d'anciennes roches sédimentaires métamorphiques. Ils sont répertoriés sous la catégorie grenat-biotite-quartz-feldspath, gneiss, granite et migmatite. Les rochers métamorphiques sont pénétrés par de la charnockite qui a permis une datation isotopique de 100 millions d'années, soit l'âge minimum des roches métamorphiques. De nombreuses zones de cisaillement recoupent la roche métamorphique striée et il existe des traces évidentes d'une ancienne surface d'érosion à environ 60 m d'altitude.

Végétation

La flore de la roquerie Taylor se compose d'au moins 10 espèces de lichens (tableau 1) et d'un nombre indéterminé d'algues terrestres et dulçaquicoles. Aucune mousse n'a été observée dans la zone. Il y a dans la région 26 espèces de lichens et 3 espèces de mousse, dont 20 se trouvent sur la crête Chapman toute proche et 16 à cap Bruce sur le flanc occidental du glacier Taylor. Les types de roches ne sont pas propices à la colonisation par les lichens. La plupart des lichens observés à la roquerie Taylor poussent sur les effleurements situés à plus haute altitude, à l'extrémité méridionale, où l'action du climat est moindre.

LICHENS

Pseudephebe minuscula	*Lecidea phillipsiana*
Buellia frigida	*Physcia caesia*
Caloplaca citrina	*Xanthoria elegans*
Candelariella flava	*Xanthoria mawsonii*
Rhizoplaca melanophthalma	*Lecanora expectans*

Tableau 1. Plantes répertoriées à la roquerie Taylor.

Oiseaux

Manchots empereurs

Le site de reproduction des manchots empereurs est constitué d'un amphithéâtre formé par la langue du glacier Taylor à l'ouest et des collines rocheuses à l'est. Les manchots occupent les surfaces planes et couvertes de neige pendant la plus grande partie de la saison de reproduction.

Les premières éclosions furent observées à la mi-juillet, ce qui signifie que la ponte débute à la mi-mai. Les oisillons quittent la colonie entre la mi-décembre et la mi-janvier, choisissant en général leur départ le jour où le climat est le plus clément et où les vents catabatiques ont cessé de souffler. Les adultes et leurs progénitures prennent généralement la direction nord-nord-est pour gagner une polynie située à 60-70 km de la colonie. L'étendue de glaces de formation rapide se réduit à approximativement 25 km à la mi-janvier. La polynie semble être un élément permanent de la côte Mawson.

Suite au lancement en 1988 du programme de suivi encore en cours, les manchots ont occupé la partie méridionale de la zone jusqu'en 2010 environ. Ces dernières années, ils se sont déplacés vers le nord, où ils passent désormais l'hiver. En 2014 ils furent pour la première fois observés dans la zone de glaces de formation rapide en dehors de la ZSPA (dès octobre). Le programme de suivi en cours permettra d'aider à déterminer si ce comportement est récurrent ; si tel est le cas, une modification des dispositions de gestion de la zone pourra être nécessaire.

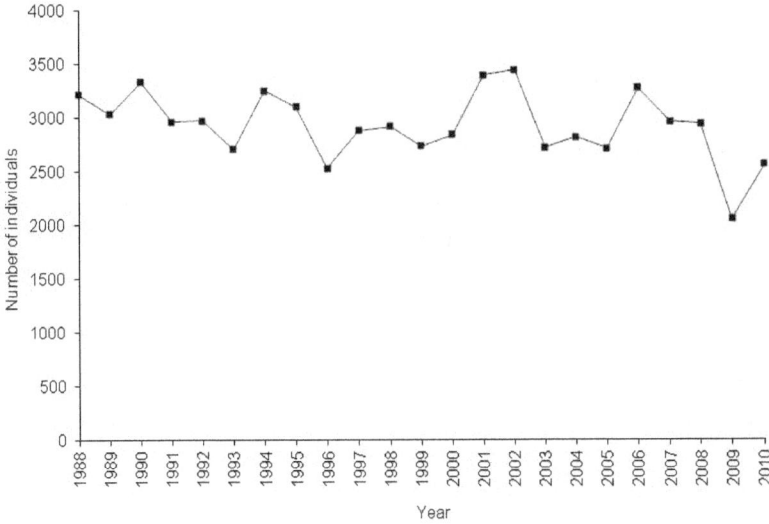

Figure 1. Nombre de manchots empereurs adultes présents dans la colonie pendant l'hiver au glacier Taylor (1988-2010). Source : Robertson et al. (2014)

Labbes

On aperçoit souvent des labbes à proximité de la colonie de manchots. On ne sait pas si ces oiseaux se reproduisent en cet endroit.

6(ii) Accès à la zone

L'accès à la zone peut se faire par véhicule sur la glace de mer, ce qui n'est en général possible que durant la période allant du 1er mai au 25 décembre, ou par aéronef, conformément à la section 7(ii) de ce plan.

6(iii) Emplacement des structures à l'intérieur de la zone ou adjacentes à elle

Deux caméras automatiques ont été installées dans la zone en 2013 sur les crêtes rocheuses bordant la zone de reproduction des manchots (voir la carte B pour la localisation des caméras : 67° 27' -1" 10.8"S, 60° 53' 6" E et 67° 27' -1" 18.0"S, 60° 52' -1" 55.2"E). Un abri à quatre couchettes est situé dans l'archipel Colbeck, à environ cinq kilomètres au nord-est de la zone (voir carte A – 67° 26' -1" 17.9"S, 60° 59' -1" 23.6"E). La station Mawson (67° 36' -1" S, 62° 53' -1" E) se trouve à environ 90 km à l'est.

6 (iv) Emplacement d'autres zones protégées dans les environs

La ZSPA n° 102, îles Roquerie, terre Mac.Robertson (67° 36' 36" S et 62° 32' 1" E) est située à environ 80 km à l'est de la roquerie Taylor (voir carte A).

6(v) Aires spéciales à l'intérieur de la zone

Il n'y a pas d'aire spéciale à l'intérieur de la zone.

7. Critères de délivrance des permis

7(i) Critères généraux

L'accès à la zone est interdit sauf avec un permis délivré par une autorité nationale compétente. Les critères de délivrance d'un permis pour entrer dans la zone sont les suivants :

- un permis sera délivré uniquement pour des raisons scientifiques indispensables qu'il n'est pas possible de justifier ailleurs, notamment pour l'étude scientifique de l'avifaune et de l'écosystème de la zone, ou à des fins de gestion essentielles conformes aux objectifs du plan comme l'inspection, la gestion ou l'examen ;

- les actions autorisées ne porteront pas atteinte aux valeurs de la zone ;

- les actions autorisées sont conformes au plan de gestion ;

- le permis ou une copie autorisée sera emporté dans la zone ;

- un rapport de visite sera remis à l'autorité désignée dans le permis ;

- le permis sera délivré pour une durée donnée ; et

- l'autorité nationale compétente sera avertie de toutes les activités et mesures entreprises, qui ne sont pas incluses dans le permis délivré.

7(ii) Accès à la zone et déplacements à l'intérieur de la zone

L'accès à la zone par véhicule se fera, dans la mesure du possible, à partir de la glace de mer vers l'est de l'archipel Colbeck afin de ne pas traverser les voies qu'empruntent les manchots pour passer de la colonie à la mer (carte B). L'accès à la zone en véhicule est interdit. Les véhicules utilisés pour les opérations de transport à la zone doivent être laissés à l'extérieur de la zone, à l'est, et l'accès à la zone doit se faire à pied. La voie d'approche réservée aux véhicules est indiquée sur la carte C.

Les conditions suivantes s'appliquent à l'utilisation des aéronefs :

- il faut en tout temps éviter que les aéronefs ne perturbent la colonie ;

- les survols de la colonie sont interdits sauf lorsqu'ils sont indispensables à des fins scientifiques ou de gestion. Les survols doivent avoir lieu à une altitude de pas moins de 930 m pour les hélicoptères monomoteurs et les aéronefs à voilure fixe et de pas moins de 1500 m pour les hélicoptères bimoteurs ;

- les aéronefs à voilure fixe ne sont pas autorisés à atterrir à l'intérieur de la zone ;

- les aéronefs à voilure fixe utilisés pour s'approcher de la zone ne peuvent pas atterrir ou décoller dans un rayon de 930 m de la colonie ou voler dans un rayon de 750 m de celle-ci ;

- les hélicoptères doivent approcher la zone par l'est en survolant la glace de mer, et atterrir de préférence - lorsque les conditions de glace de mer le permettent, sauf en dehors de la zone au point marqué "H" sur la carte C (60° 53' -1" 32.5"E, 67° 27' -1" 6.1"S), l'accès à la zone se faisant ensuite à pied ;

- lorsqu'ils atterrissent en dehors de la zone, les hélicoptères monomoteurs ne devront pas atterrir ou décoller dans un rayon de 930 m ou voler dans un rayon de 750 m de la colonie tandis que les hélicoptères bimoteurs ne devront pas atterrir, décoller ou voler dans un rayon de 1500 m de la colonie ;

- si l'atterrissage à l'intérieur de la zone est indispensable à cause de l'état inadéquat de la glace de mer, seuls les hélicoptères monomoteurs peuvent atterrir dans le nord-est de la zone au point marqué "H" sur la carte C (60° 53' -1" 17.8"E, 67° 27' -1" 6.8"S), où un promontoire au sud masque la vue et amoindrit le bruit de la colonie ;

- les hélicoptères monomoteurs qui se préparent à atterrir dans la zone devront voler le plus bas possible sans danger au-dessus de la glace de mer pour ne pas perturber la colonie ; et

- le ravitaillement des aéronefs n'est pas autorisé à l'intérieur de la zone.

Il n'existe aucun itinéraire pédestre dans la zone. À moins que le permis ne l'autorise, les piétons doivent rester à bonne distance de l'aire de la colonie (au moins 50 m) et céder le passage aux manchots qui partent et arrivent. Les piétons qui se déplacent dans la zone et autour d'elle devront éviter dans la mesure du possible de traverser les voies d'accès des oiseaux ou traverser rapidement sans entraver la circulation des manchots.

7(iii) Activités qui sont ou peuvent être menées dans la zone, y compris les restrictions à la durée et à l'endroit

Des manchots peuvent se trouver dans la zone la plupart des mois de l'année, et sont particulièrement sensibles aux nuisances au cours des périodes suivantes :

- de la mi-mai à la mi-juillet, lorsqu'ils couvent leurs œufs ; et
- de la mi-juillet à la mi-septembre, lorsque les adultes couvent leur progéniture.

Il est possible d'accéder à la zone pour y effectuer des recensements de la colonie de manchots empereurs. Cette colonie est idéale pour le travail de recensement qui peut en effet avoir lieu sans perturber les oiseaux. Les meilleurs endroits pour observer et photographier les manchots en hiver sont les promontoires rocheux qui longent le glacier Taylor, du côté ouest de la colonie, et du côté est de la zone. Le créneau idéal pour recenser les adultes va du 22 juin au 5 juillet, car c'est pendant cette période que la plupart des oiseaux présents sont des mâles qui couvent, chacun représentant un couple reproducteur.

D'autres activités peuvent être menées dans la zone :

- recherches scientifiques indispensables qui ne peuvent pas être effectuées ailleurs et qui ne porteront pas atteinte à l'avifaune ou à l'écosystème de la zone ;
- activités de gestion essentielles, y compris le suivi ;
- échantillonnage, qui devra être le minimum requis pour exécuter les programmes de recherche autorisés.

7(iv) Installation, modification ou enlèvement de structures

Aucune nouvelle structure ne sera installée dans la zone, ni aucun équipement scientifique, sauf en cas de raison scientifique ou de gestion impérative et uniquement pour une période prédéfinie, ainsi que le précisera un permis. Tous les dispositifs de bornage ainsi que le matériel scientifique installé dans la zone devront être fixés et soigneusement entretenus, et identifier clairement le pays, le nom du responsable de l'équipe de recherche et l'année de l'installation. Tout équipement doit être fabriqué avec des matériaux qui posent un risque minimum, non seulement de perturbation de la faune et de la flore, mais aussi de pollution de la zone.

Le permis sera notamment octroyé si le matériel utilisé pour mener l'activité autorisée est retiré de la zone, au plus tard lorsque ladite activité sera terminée. Des informations détaillées sur les bornes et le matériel laissé temporairement sur place (emplacements des GPS, description, identification, etc. ainsi que date de retrait escomptée) doivent être transmises à l'autorité ayant délivré le permis ; tout abri temporaire, pour autant qu'il soit autorisé, doit être installé à bonne distance de la colonie de manchots au point où, au nord-est de la zone, un promontoire orienté sud masque la colonie.

7(v) Emplacements des campements

Un refuge à quatre couchettes est situé dans l'archipel Colbeck, à environ 5 km au nord-est de la zone (60° 59' -1" 23.6"E, 67° 26' -1" 17.9"S).

Un campement peut être installé dans la zone, mais il doit l'être très à l'écart de la colonie de manchots, de préférence au point où, au nord-est de la zone, un promontoire orienté sud masque la colonie (comme indiqué sur la carte B).

7(vi) Restrictions sur les matériels et organismes pouvant être introduits dans la zone

- Aucun produit de la volaille, y compris des aliments séchés contenant des œufs en poudre, ne peut être introduit dans la zone.

- Aucune réserve de nourriture ou autre approvisionnement ne sera laissé dans la zone au-delà de la saison pour laquelle elles sont destinées.

- L'introduction délibérée d'animaux, de matières végétales, de micro-organismes et de terre non stérile dans la zone est interdite. Les plus minutieuses précautions seront prises pour empêcher l'introduction accidentelle d'animaux, de matières végétales, de micro-organismes et de terre non stérile en provenance de régions biologiquement distinctes (à l'intérieur ou à l'extérieur de la zone du Traité sur l'Antarctique) dans la zone.

- Les chaussures, vêtements et autres articles utilisés ou introduits dans la zone (y compris les sacs à dos, les sacs à provisions, les tentes et autres équipements) seront autant que faire se peut nettoyés en profondeur avant d'entrer et en repartant de la zone.

- Les chaussures, le matériel d'échantillonnage et de recherche ainsi que les balises entrés en contact avec le sol seront désinfectés ou nettoyés à l'eau chaude et eau de javel avant d'entrer et en repartant de la zone, afin d'éviter au maximum l'introduction accidentelle d'animaux, de matière végétale, de micro-organismes et de sols non stériles dans la zone. Le nettoyage doit se faire dans l'abri ou dans la station.

- Les visiteurs doivent également consulter et observer les recommandations contenues dans le Manuel sur les espèces non indigènes du Comité pour la protection de l'environnement (CPE, 2011) et dans le Code de conduite environnemental pour les recherches scientifiques terrestres en Antarctique (SCAR, 2009).

- Aucun herbicide ou pesticide ne sera introduit dans la zone. Tout autre produit chimique, y compris les radionucléides ou isotopes stables, susceptible d'être introduit à des fins scientifiques ou de gestion en vertu du permis, sera retiré de la zone au plus tard à la fin des activités prévues par le permis.

- Aucun combustible ne sera entreposé dans la zone sauf pour répondre aux objectifs essentiels de l'activité pour laquelle le permis a été délivré. Tout combustible sera retiré de la zone à l'issue de l'activité autorisée par le permis. Tout stockage permanent de combustible est interdit.

- Tous les matériels seront introduits dans la zone pour une période déterminée. Ils seront retirés de ladite zone au plus tard à la fin de cette période, puis ils seront manipulés et entreposés de manière à minimiser les risques pour l'environnement.

7(vii) Prélèvement de végétaux et capture d'animaux ou perturbations nuisibles à la faune et la flore

Toute capture ou perturbation nuisible à la faune et la flore est interdite sauf avec un permis. Dans le cas de prélèvements ou de perturbations nuisibles d'animaux, le Code de conduite du SCAR pour l'utilisation d'animaux à des fins scientifiques dans l'Antarctique devra être utilisé comme norme minimale.

Les travaux de recherche ornithologique sur les oiseaux de mer reproducteurs qui sont présents dans la zone se limiteront à des activités non invasives et non perturbatrices. Si elle est nécessaire, la capture d'oiseaux devra se faire dans toute la mesure du possible à l'extérieur de la zone afin de réduire la perturbation de la colonie.

7(viii) Ramassage ou enlèvement de ce qui n'a pas été apporté dans la zone par le détenteur du permis

Les matériaux ne peuvent être ramassés ou enlevés de la zone qu'en conformité avec un permis, mais ils doivent être limités au minimum requis pour répondre aux besoins scientifiques ou de gestion.

Tout matériau d'origine humaine qui est susceptible d'avoir un impact sur les valeurs de la zone et n'a pas été introduit par le titulaire du permis ou toute autre personne autorisée, peut être enlevé dans la mesure où cet enlèvement n'entraîne pas de conséquences plus graves que de le laisser in situ. Si de tels matériaux sont trouvés, il incombe aux chercheurs d'en informer l'autorité responsable de la délivrance des permis, si possible lorsqu'ils se trouvent encore dans la zone.

7(ix) Élimination des déchets

Tous les déchets, y compris les déchets humains, seront enlevés de la zone. Les déchets des équipes sur le terrain seront stockés de telle sorte que les charognards (labbes par exemple) ne puissent pas s'en nourrir en attendant leur évacuation ou leur enlèvement. Les déchets doivent être enlevés au plus tard à la date à laquelle l'équipe quitte la zone. Les déchets humains et les eaux usées peuvent être évacués dans la mer à une distance éloignée de la zone.

7(x) Mesures nécessaires pour continuer de répondre aux objectifs du plan de gestion

Des permis pourront être accordés pour entrer dans la zone afin de :

- mener des activités de suivi biologique et d'inspection de la zone, lesquelles peuvent comprendre le prélèvement d'échantillons pour analyse ou examen ;
- installer ou maintenir des structures et équipements scientifiques, et des panneaux ; ou
- mener d'autres mesures de protection.

Tous les sites spécifiques qui doivent faire l'objet d'un suivi de longue durée doivent être bien balisés et les positions GPS seront obtenues pour le Système de répertoire de données de l'Antarctique par le biais de l'autorité nationale compétente.

Les visiteurs devront prendre des précautions spéciales contre toute introduction d'espèces exotiques dans la zone. Il conviendra notamment de ne pas introduire de plantes, de microbes et d'agents pathogènes issus des sols ou de la faune et de la flore d'autres sites antarctiques, y compris de stations, ou provenant d'autres régions hors de l'Antarctique. Les visiteurs devront veiller à ce que leurs chaussures et tout autre équipement utilisé dans la zone - y compris les balises et les dispositifs d'échantillonnage - soient parfaitement nettoyés avant d'entrer dans la zone.

7(xi) Rapports de visites

Le principal détenteur du permis soumettra, pour chaque visite dans la zone, un rapport à l'autorité nationale compétente, dès que cela lui sera possible, et au plus tard six mois après la fin de ladite visite. Ces rapports de visite devront inclure, s'il y a lieu, les informations identifiées dans le formulaire qui figurent dans le *Guide d'élaboration des plans de gestion pour les zones spécialement protégées de l'Antarctique*. Le cas échéant, l'autorité nationale doit également adresser un exemplaire du rapport de visite à la Partie qui a proposé le plan de gestion, afin d'aider à la gestion de la zone et à la révision du plan de gestion. Les Parties doivent, dans la mesure du possible, déposer les originaux ou les copies de ces rapports dans une archive à laquelle le public pourra avoir accès, et ce afin de conserver une archive d'usage qui sera utilisée, dans l'examen du plan de gestion et dans l'organisation de l'utilisation scientifique de la zone.

Une copie du rapport doit être transmise à la Partie responsable de l'élaboration du plan de gestion (Australie) afin de contribuer à la gestion de la zone et au suivi des populations aviaires.

8. Bibliographie

Barbraud, C., Gavrilo M, Mizin, Y. et Weimerskirch, W. (2011) Comparison of emperor penguin declines between Pointe Géologie and Haswell Island over the past 50 years. *Antarctica Science* 23: 461-468.

Budd, G.M. (1961): The biotopes of emperor penguin rookeries.*Emu* 61:171-189.

Budd, G.M. (1962): Population studies in rookeries of the emperor penguin *Aptenodytes forsteri. Proceedings of the Zoological Society, London* 139: 365-388.

Crohn, P.W. (1959): A contribution to the geology and glaciology of the western part of the Australian Antarctic Territory. *Bulletin of the Bureau of Mineral Resources, Geology and Geophysics, Australia*, No. 32.

Filson, R.B. (1966): The lichens and mosses of Mac.Robertson Land. Melbourne: Department of External Affairs, Australia (Antarctic Division).

Fretwell, P.T. et Trathen, P.N. (2009): Penguins from space: faecal stains reveal the location of emperor penguin colonies. *Global Ecology and Biogeography* 18:543-552.

Fretwell, P.T., LaRue, M.A., Morin, P., Kooyman, G.L., Wienecke, B., et al. (2012) An emperor penguin population estimate: the first global, synoptic survey of a species from space. PLoS ONE 7(4): e33751. doi:10.1371/journal.pone.0033751

Horne, R.S.C. (1983): The distribution of penguin breeding colonies on the Australian Antarctic Territory, Heard Island, the McDonald Islands and Macquarie Island. *ANARE Research Notes* No. 9.

Kato, A. et Ichikawa, H. (1999) Breeding status of Adélie and Emperor penguins in the Mt Riisser-Larsen area, Amundsen Bay. Polar Bioscience 12: 36-39.

Kirkwood, R. et Robertson, G. (1997): Seasonal change in the foraging ecology of emperor penguins on the Mawson Coast, Antarctica. *Marine Ecology Progress Series* 156: 205-223.

Kirkwood, R. et Robertson, G. (1997): The energy assimilation efficiency of emperor penguins, *Aptenodytes forsteri*, fed a diet of Antarctic krill, *Euphausia superba*. *Physiological Zoology* 70: 27-32.

Kirkwood, R. et Robertson, G. (1997): The foraging ecology of female emperor penguins in winter. *Ecological Monographs* 67: 155-176.

Kirkwood, R. et Robertson, G. (1999) : The occurrence and purpose of huddling by Emperor penguins during foraging trips. *Emu* 99: 40-45.

Lee J.E. et Chown S.L. 2009: Breaching the dispersal barrier to invasion: quantification and management. *Ecological Applications* 19: 1944-1959.

Longton, R. E. (1988): Biology of polar bryophytes and lichens, Cambridge University Press, Cambridge, pp. 307-309.

Melick, D. R., Hovenden, M. J. et Seppelt, R. D. (1994) : Phytogeography of bryophyte and lichen vegetation in the Windmill Islands, Wilkes Land, Continental Antarctica. *Vegetation* 111: 71-87.

Morgan, F., Barker, G., Briggs, C. Price, R. et Keys, H (2007). Environmental Domains of Antarctica, Landcare Research New Zealand Ltd

Øvstedal, D. O. et Lewis Smith, R. I. (2001): Lichens of Antarctica and South Georgia: A guide to their identification and ecology, Cambridge University Press, Cambridge.

Robertson, G. (1990): Huddles. *Australian Geographic* 20: 76-94.

Robertson, G. (1992) : Population size and breeding success of emperor penguins *Aptenodytes forsteri* at the Auster and Taylor Glacier Colonies, Mawson Coast, Antarctica. *Emu.* 92: 62-71.

Robertson, G. (1994): The foraging ecology of emperor penguins (*Aptenodytes forsteri*) at two Mawson Coast Colonies, Antarctica. *PhD Thesis, University of Tasmania.*

Robertson, G. (1995): The foraging ecology of emperor penguins *Aptenodytes forsteri* at two Mawson Coast colonies, Antarctica. *ANARE Reports* 138, 139.

Robertson, G. et Newgrain, K. (1992): Efficacy of the tritiated water and 22Na turnover methods in estimating food and energy intake by Emperor penguins *Aptenodytes forsteri*. *Physiological Zoology* 65:933-951.

Robertson, G., Wienecke, B., Emmerson, L., et Fraser, A.D. (2014). Long-term trends in the population size and breeding success of emperor penguins at the Taylor Glacier colony, Antarctica. Polar Biology 37: 251-259.

Robertson, G., Williams, R. Green, K. et Robertson, L. (1994): Diet composition of emperor penguin chicks *Aptenodytes forsteri* at two Mawson Coast colonies, Antarctica. *Ibis 136: 19-31*

Schwerdtfeger, W. (1970): The climate of the Antarctic. Dans: *Climates of the Polar Regions (ed. S. Orvig),* pp. 253-355.

Schwerdtfeger, W. (1984): Weather and climate of the Antarctic. In: *Climates of the Polar Regions (ed. S. Orvig),* p. 261.

Streten, N.A. (1990): A review of the climate of Mawson– a representative strong wind site in East Antarctica. *Antarctic Science* 2: 79-89.

Trail, D.S. (1970): ANARE 1961 Geological traverses on the Mac.Robertson Land and Kemp Land Coast. Bulletin of the Bureau of Mineral Resources, Geology and Geophysics, Australia, No. 135.

Trail, D.S., McLeod, I.R., Cook, P.J. et Wallis, G.R. (1967): Geological investigations by the Australian National Antarctic Research Expeditions 1965. *Bulletin of the Bureau of Mineral Resources, Geology and Geophysics, Australia,* No. 118.

Trathan, P.N., Fretwell, P.T. et Stonehouse, B. (2011) First recorded loss of an emperor penguin colony in the recent period of Antarctic regional warming: implications for other colonies. *PLoS ONE* 6:e14738.

Whinam J, Chilcott N. et Bergstrom D.M. 2005: Subantarctic hitchhikers: expeditioners as vectors for the introduction of alien organisms. *Biological Conservation* **121**: 207-219.

Wienecke, B., Kirkwood, R. and Robertson, G. (2004): Pre-moult foraging trips and moult locations of emperor penguins at the Mawson Coast. *Polar Biology* 27: 83-91.

Wienecke, B. C. et Robertson, G. (1997): Foraging space of emperor penguins *Aptenodytes forsteri* in Antarctic shelf waters in winter. *Marine Ecology Progress Series* 159: 249-263.

Wienecke, B., Robertson, G., Kirkwood et R., Lawton, K. (2007): Extreme dives by free-ranging emperor penguins. *Polar Biology* 30:133-142.

Wienecke, B., Kirkwood, R. et Robertson, G. (2004): Pre-moult foraging trips and moult locations of emperor penguins at the Mawson Coast. *Polar Biology* 27: 83-91.

Wienecke, B. (2009). Emperor penguin colonies in the Australian Antarctic Territory: how many are there? *Polar Record* 45:304-312.

Wienecke, B. (2009): The history of the discovery of emperor penguin colonies, 1902-2004. *Polar Record* 46: 271-276.

Willing, R.L. (1958): Australian discoveries of Emperor penguin rookeries in Antarctica during 1954-57. *Nature, London,* 182: 1393-1394.

Annexe 1 : Zone spécialement protégée de l'Antarctique n° 101, roquerie Taylor : coordonnées des limites de démarcation

Point de démarcation	Latitude (S)	Longitude (E)	Point de démarcation	Latitude (S)	Longitude (E)
1	67° 27' -1" 4.9"	60° 52' -1" 58.2"	14		
				67° 27' -1" 27.9"	60° 52' -1" 49.3"
2	67° 27' -1" 17.1"	60° 53' -1" 29.5"	15	67° 27' -1" 28.7"	60° 52' -1" 48.8"
3	67° 27' -1" 17.7"	60° 53' -1" 31.0"	16	67° 27' -1" 28.9"	60° 52' -1" 47.7"
4	67° 27' -1" 21.6"	60° 53' -1" 27.5"	17	67° 27' -1" 28.9"	60° 52' -1" 46.5"
5	67° 27' -1" 22.4"	60° 53' -1" 19.3"	18	67° 27' -1" 28.3"	60° 52' -1" 46.0"
6	67° 27' -1" 27.8"	60° 53' -1" 7.7"	19	67° 27' -1" 24.9"	60° 52' -1" 45.4"
7	67° 27' -1" 29.1"	60° 53' -1" 4.9"	20	67° 27' -1" 20.7"	60° 52' -1" 50.1"
8	67° 27' -1" 29.8"	60° 53' -1" 2.6"	21	67° 27' -1" 19.3"	60° 52' -1" 49.9"
9	67° 27' -1" 30.1"	60° 53' -1" 0.5"	22	67° 27' -1" 18.0"	60° 52' -1" 50.2"
10	67° 27' -1" 29.8"	60° 52' -1" 57.1"	Longe la falaise de glace au nord		
11	67° 27' -1" 29.3"	60° 52' -1" 55.5"	23	67° 27' -1" 5.3"	60° 52' -1" 57.1"
12	67° 27' -1" 28.0"	60° 52' -1" 54.6"			
13	67° 27' -1" 27.4"	60° 52' -1" 51.5"			

Australian Government
Department of the Environment
Australian Antarctic Division

Map A: Antarctic Specially Protected Area No 101, Taylor Rookery,
Mawson Coast, Mac.Robertson Land, East Antarctica

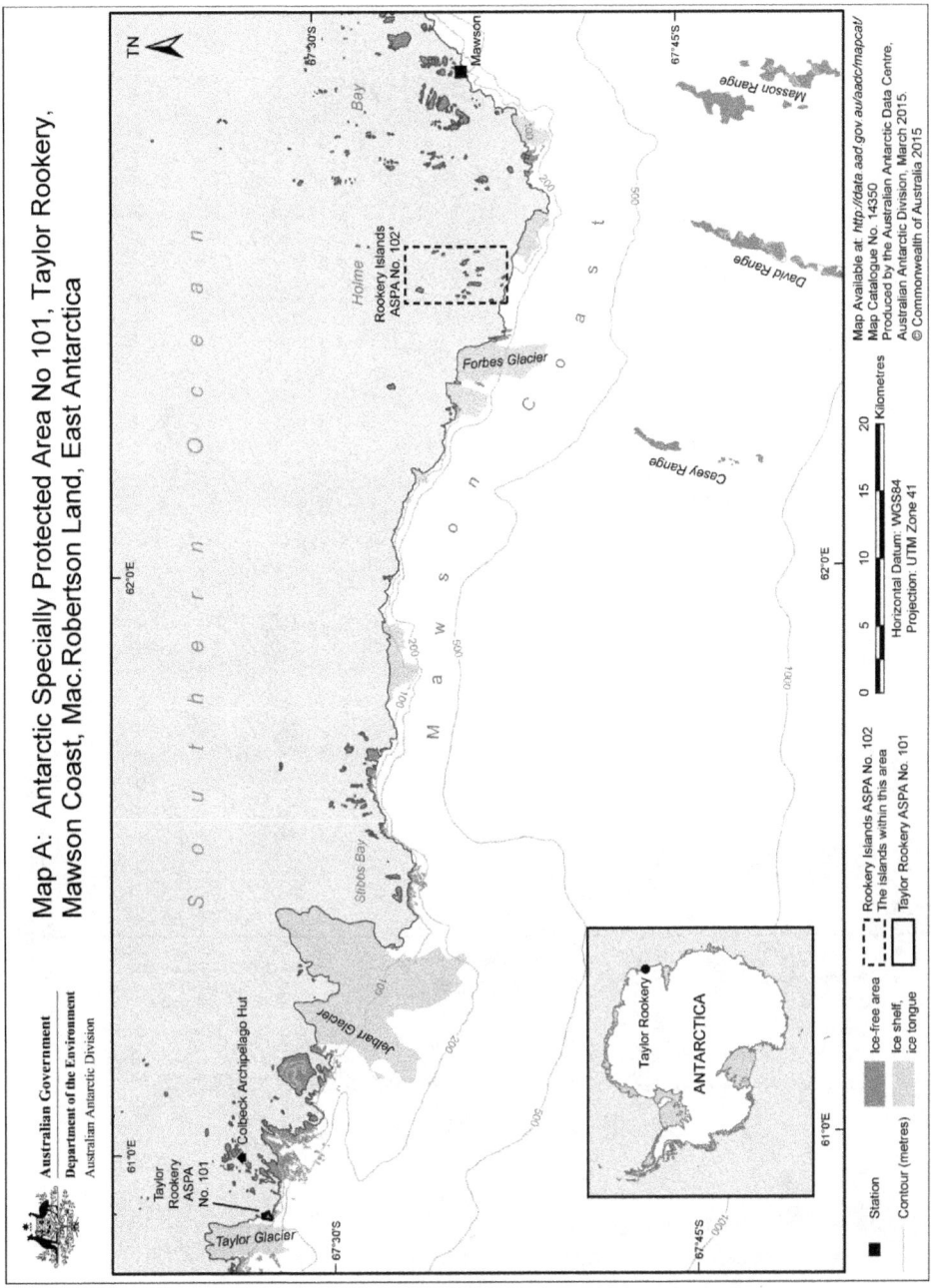

TN

Southern Ocean

Holme Bay

Taylor Rookery ASPA No. 101

Colbeck Archipelago Hut

Taylor Glacier

Jelbart Glacier

Stibbs Bay

Mawson Coast

Forbes Glacier

Rookery Islands ASPA No. 102

Mawson

Casey Range

David Range

Masson Range

67°30'S

61°0'E

62°0'E

67°45'S

ANTARCTICA

Taylor Rookery

Station

Contour (metres)

Ice-free area

Ice shelf

Ice tongue

Rookery Islands ASPA No. 102
The islands within this area

Taylor Rookery ASPA No. 101

0   5   10   15   20
Kilometres

Horizontal Datum: WGS84
Projection: UTM Zone 41

Map Available at: *http://data.aad.gov.au/aadc/mapcat/*
Map Catalogue No. 14350
Produced by the Australian Antarctic Data Centre,
Australian Antarctic Division. March 2015.
© Commonwealth of Australia 2015

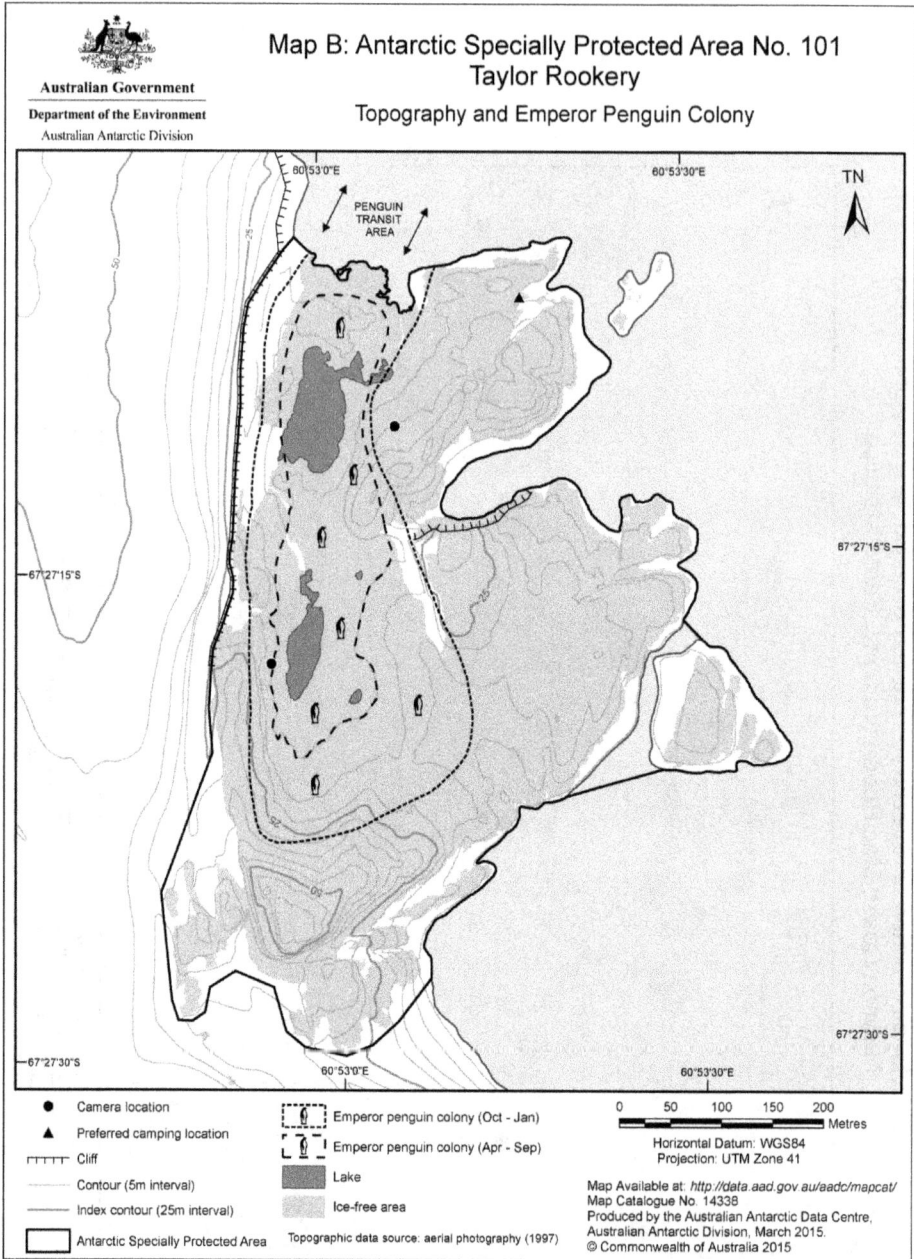

Map B: Antarctic Specially Protected Area No. 101
Taylor Rookery
Topography and Emperor Penguin Colony

Australian Government

Department of the Environment

Australian Antarctic Division

Legend:

- Camera location
- ▲ Preferred camping location
- Cliff
- Contour (5m interval)
- Index contour (25m interval)
- Antarctic Specially Protected Area
- Emperor penguin colony (Oct - Jan)
- Emperor penguin colony (Apr - Sep)
- Lake
- Ice-free area

Topographic data source: aerial photography (1997)

0 50 100 150 200 Metres

Horizontal Datum: WGS84
Projection: UTM Zone 41

Map Available at: *http://data.aad.gov.au/aadc/mapcat/*
Map Catalogue No. 14338
Produced by the Australian Antarctic Data Centre,
Australian Antarctic Division, March 2015.
© Commonwealth of Australia 2015

Map C: Antarctic Specially Protected Area No. 101, Taylor Rookery
Vehicle and Helicopter Approach and Landing Site

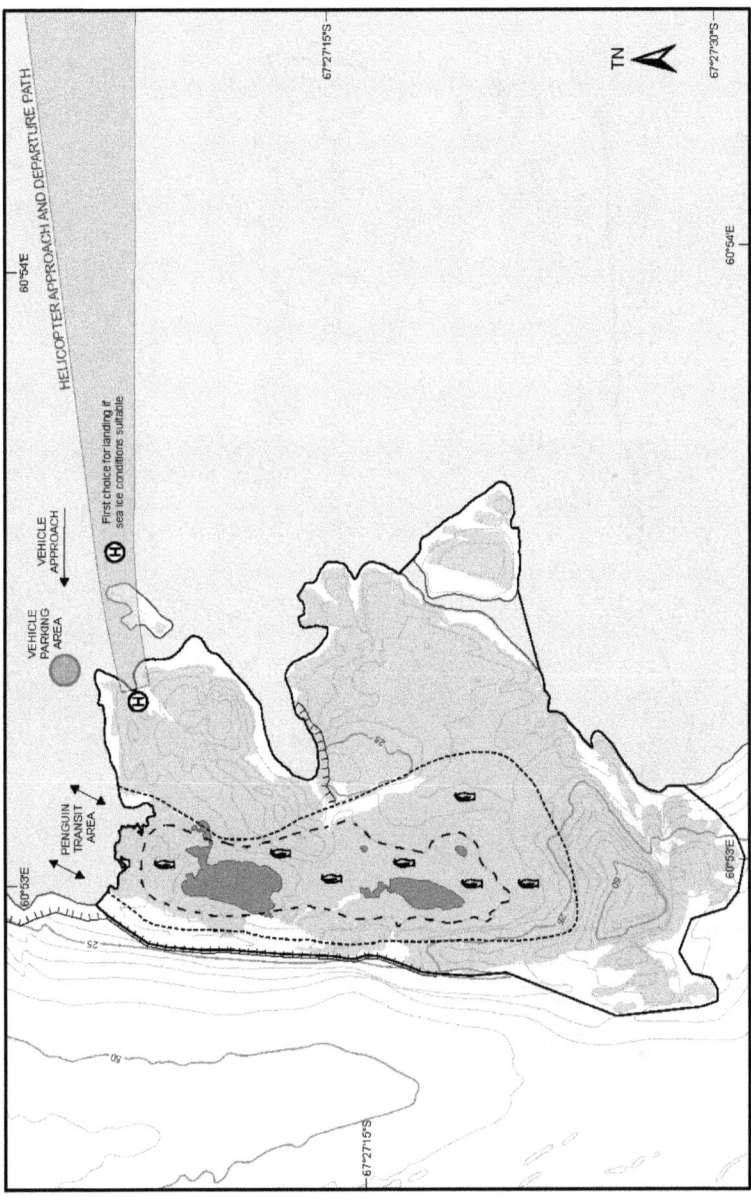

Map D: Antarctic Specially Protected Area No. 101 Taylor Rookery

ASPA Boundary Points

Australian Government
Department of the Environment
Australian Antarctic Division

Legend:
- ○ ASPA boundary point
- ⊤⊤⊤⊤ Cliff
- Contour (5m interval)
- Index contour (25m interval)
- Antarctic Specially Protected Area
- Lake
- Ice-free area

0 50 100 150 200 Metres

Horizontal Datum: WGS84
Projection: UTM Zone 41

Map Available at: *http://data.aad.gov.au/aadc/mapcat/*
Map Catalogue No. 14351
Produced by the Australian Antarctic Data Centre,
Australian Antarctic Division, March 2015.
© Commonwealth of Australia 2015

Plan de gestion pour la zone spécialement protégée de l'Antarctique n⁰ 102

ÎLES ROOKERY, BAIE HOLME, TERRE MAC.ROBERTSON

Introduction

Les îles Rookery sont un groupe de petites îles et rochers situés dans la partie occidentale de la baie Holme, au nord des chaînes Masson et David dans la Terre Mac. Robertson, Antarctique de l'Est (67°36'36" S et 62°32'01" E, cartes A et B). Elles avaient été à l'origine désignées zone spécialement protégée n⁰ 2 par la Recommandation IV-II (1966) sur proposition de l'Australie. Un plan de gestion pour la zone a été adopté en par la Recommandation XVII-2 (1992). Conformément à la Décision 1 (2002), le site a été renommé et renuméroté zone spécialement protégée de l'Antarctique (ZPA) n⁰ 102. Des plans de gestion révisés pour la ZSPA ont été adoptés par la Mesure 2 (2005) et la Mesure 2 (2010). La zone a été désignée pour protéger les colonies nicheuses de six espèces d'oiseaux résidant dans la région, y compris le pétrel géant (*Macronectes giganteus*) et le damier du Cap (*Daption capensis*) qui, pour autant qu'on le sache, ne se trouvent nulle part ailleurs dans la région. La zone représente l'une des quatre colonies nicheuses de pétrels géants connues en Antarctique de l'Est.

1. Description des valeurs à protéger

Les îles Rookery abritent des colonies nicheuses de cinq espèces d'oiseaux : manchot Adélie (*Pygoscelis adeliae*), damier du Cap, pétrel des neiges (*Pagodroma nivea*), pétrel géant et labbe de McCormick (*Catharacta maccormicki*). Il est également très probable que des océanites de Wilson se reproduisent sur ces îles. La zone a été désignée principalement pour sauvegarder ce groupement inhabituel d'espèces d'oiseaux. Les îles Rookery fournissent également un échantillon représentatif des habitats d'île proche des eaux littorales existant le long de la côte de la Terre Mac.Robertson.

Une petite colonie d'environ quatre couples de pétrels géants est présente sur l'île Giganteus, la troisième plus grande île de l'archipel Rookery. Cependant, on a observé occasionnellement jusqu'à 80 pétrels géants qui se repaissaient de carcasses de phoques dans la région de la baie Holme. On ne connait pas d'autres sites de reproduction dans la région de la baie Holme pour cette espèce. Cette colonie est l'un des quatre sites de reproduction sur l'Antarctique orientale. Les trois autres colonies d'Antarctique orientale se situent près des stations australiennes de Casey (îles Frazier, ZSPA n°160, 66°14'S 110°10'E, approximativement 250 couples) et de Davis (île Hawker, ZSPA n°167, 68°35'S, 77°50'E, approximativement 35 couples) et près de la station française de Dumont d'Urville (Archipel Pointe-Géologie, ZSPA n°120, 66°40'S, 140°01'E, 12-15 couples). Ces quatre colonies nicheuses représentent moins de 1 pour cent de la population mondiale d'oiseaux nicheurs (approximativement 50 000 couples reproducteurs, 11 000 d'entre eux se trouvent au sud de 60°S, majoritairement dans la région de la péninsule de l'Antarctique).

À l'heure actuelle, les données publiées qui permettent de faire des analyses solides des tendances de la population des pétrels géants sont relativement peu nombreuses. En certains endroits, il s'est produit une diminution démographique qui semble se stabiliser ou s'être inversée ces dernières années. De petites augmentations ont été constatées en d'autres endroits.

Le groupement d'espèces d'oiseaux de mer habitant la région comprend des populations d'oiseaux nicheurs de probablement cinq des huit espèces d'oiseaux marins volants dans l'Antarctique orientale et une espèce de manchots. Cette situation particulière offre une opportunité unique pour observer les dynamiques des populations de différentes espèces. De plus, il est important de protéger les pétrels géants à la limite méridionale de leur aire de reproduction. Les Parties au Traité sur l'Antarctique se sont engagées à minimiser les perturbations humaines de pétrels géants et à encourager un recensement régulier dans tous les sites de reproduction dans la zone du Traité sur l'Antarctique.

2. Buts et objectifs

Les buts et objectifs du plan de gestion des îles Rookery sont les suivants :

* éviter la dégradation des valeurs de la zone et les risques substantiels qu'elles pourraient courir en empêchant les perturbations humaines inutiles dans la zone ;

* permettre de faire des recherches sur l'écosystème de la zone, notamment sur l'avifaune, à condition que ces recherches soient indispensables et ne puissent être menées ailleurs ;

* minimiser les risques d'introduction d'agents pathogènes susceptibles de provoquer des maladies parmi les populations aviaires dans la zone ;

* minimiser les risques d'introduction de plantes, d'animaux ou de microbes non indigènes dans la zone ;

* minimiser les perturbations humaines des colonies de pétrels géants sur l'île Giganteus ;

* permettre à l'île Giganteus de servir de site de référence pour les études comparatives futures avec d'autres populations de pétrels géants reproducteurs ;

* faire désormais de l'île Giganteus une zone à accès très restreint en limitant les visites pendant la saison de reproduction des pétrels géants ;

* permettre la collecte à intervalles réguliers de données sur le statut et la démographie connexe des espèces d'oiseaux ; et

* permettre des visites à des fins de gestion en vue d'appuyer les buts du plan de gestion.

3. Activités de gestion

Les activités de gestion ci-après devront être entreprises pour protéger les valeurs de la zone :

* des informations sur l'emplacement de la zone (mentionnant les restrictions particulières s'y appliquant) et une copie de ce plan de gestion seront mises à disposition aux stations de terrain/recherche en activité les plus proches et remises aux responsables des navires en visite dans les environs ;

* dans la mesure du possible, la zone sera visitée si besoin est (de préférence une fois au moins tous les cinq ans) pour déterminer si elle répond toujours aux objectifs pour lesquels elle a été désignée et s'assurer que les mesures de gestion sont adéquates ;

* dans la mesure du possible, une visite de recherche au moins devra être effectuée pour recenser à chaque période quinquennale les pétrels géants sur l'île Giganteus et d'autres populations d'oiseaux de mer dans le but de faire une évaluation des populations reproductrices ;

* le plan de gestion sera réexaminé une fois tous les cinq ans au moins.

4. Durée de la désignation

La zone est désignée pour une période indéterminée.

5. Cartes

Carte A : Zone spécialement protégée de l'Antarctique n° 102 : îles Rookery, côte Mawson, Terre Mac.Robertson, Antarctique de l'Est. L'encart indique l'emplacement par rapport au continent antarctique.

Carte B : Zone spécialement protégée de l'Antarctique n° 102 : îles Rookery. Répartition des oiseaux

Carte C : Zone spécialement protégée de l'Antarctique n° 102 : île Giganteus (zone à accès restreint) Topographie et répartition des oiseaux.

Spécifications pour toutes les cartes :

référentiel géodésique (horizontal): WGS84 ; projection : Zone UTM 49.

6. Description de la zone

6(i) Coordonnées géographiques, bornage et caractéristiques du milieu naturel

Les îles Rookery constituent un petit groupe d'environ 75 petites îles et de rochers dans la partie sud-ouest de la baie Holme, Terre Mac.Robertson, à 10 km environ à l'ouest de la station australienne Mawson. La zone inclut ces rochers et ces petites îles se trouvant dans un rectangle dont les coordonnées sont les suivantes : 62°28'01"E, 67°33'45"S; 62°34'37"E, 67°33'47"S; 62°28'02"E, 67°38'10"S; 62°34'39"E, 67°38'11"S (Carte B).

Aucune borne ne délimite le site.

Les éléments constitutifs des îles Rookery sont de dimensions variées, allant de petits rochers quasi immergés à marée haute à des entités beaucoup plus importantes comme l'île Giganteus (environ 400 m de long, 400 m de large et 30 m de haut) et l'île Rookery, la plus élevée du groupe avec une altitude de 62 m et une surface semblable mais légèrement plus allongée. Des plages surélevées peuvent être observées sur l'île Giganteus.

Climat

Il existe peu de données météorologiques concernant la zone. Les conditions sont probablement similaires à celles de la zone de la station Mawson, où la température moyenne varie de +0,1 °C en janvier à -18,8 °C en août et les températures extrêmes oscillent entre +10,6 °C et -36,0 °C. La vitesse annuelle moyenne du vent est de 10,9 m par seconde, avec de fréquentes périodes prolongées de vent catabatiques forts du sud-est. La vitesse moyenne des vents décroît en direction du large par rapport à la calotte glaciaire, mais cette diminution n'est sûrement pas très sensible dans les îles Rookery qui sont situées à proximité de la côte. Parmi les autres caractéristiques du climat antarctique côtier qui s'appliquent probablement à ces îles, citons la forte nébulosité sur l'ensemble de l'année, une humidité absolue très faible à l'instar des précipitations et de fréquentes périodes de vents violents, de neige emportée par le vent et de faible visibilité liée au passage d'importants systèmes de basse pression.

Domaines environnementaux et régions de conservation biogéographiques

D'après l'analyse des domaines environnementaux de l'Antarctique (Résolution 3(2008)), les îles Rookery sont situées au sein de l'environnement D *Géologie côtière de l'Antarctique orientale*. En se basant sur les régions de conservation biogéographiques de l'Antarctique (Résolution 6 (2012)), les îles Rookery ne sont pas rattachées à une région biogéographique.

Géologie et sols

Les îles Rookery sont constituées d'affleurements de charnockite Mawson, un type de roche que l'on retrouve sur une superficie d'au moins 2 000 km² le long de la côte de la terre Mac.Robertson. Les charnockites des îles Rookery sont constituées de grains fins et sont comparativement pauvres en hyperstène minéral, mais riches en grenat et biotite. Les charnockites contiennent de nombreuses bandes et cornéennes de quartz grenatifère et de gneiss à forte teneur en feldspath. Il existe aussi un certain nombre de digues pegmatitiques qui traversent les roches de charnockite.

Végétation

Aucune mousse et aucun lichen n'a été observé sur les îles Rookery. Il existe certaines algues terrestres mais aucune identification taxonomique n'a été réalisée à ce jour. La plupart des petits rochers et des petites îles sont recouverts d'embrun marin en été et ils sont parfois heurtés par des glaces de mer à la dérive en hiver et au printemps. Il est peu probable que des espèces de mousses ou de lichens s'établissent à cet endroit.

Eaux intérieures

Il n'existe aucun plan d'eau douce sur les îles Rookery.

Oiseaux

On recense cinq espèces d'oiseaux qui se reproduisent sur les îles Rookery : manchot Adélie (*Pygoscelis adeliae*), damier du Cap (*Pagodroma nivea*), pétrel de neiges (*Pagodroma nivea*), pétrel géant (*Macronectes giganteus*) et labbe de McCormick (*Catharacta maccormicki*). Il est probable que des océanites de Wilson s'y reproduisent également mais les sites de nidification n'ont pas encore été trouvés.

Les pétrels géants font leur nid sur l'île Giganteus (carte C). La colonie est actuellement marginale mais stable avec deux à quatre couples reproducteurs depuis les années 60. Au total, 16 oiseaux en période d'incubation ont été observés en 1958 et en 1967, 13 nids étaient occupés bien que seuls quatre d'entre eux contenaient des œufs. Toutefois, seuls deux nids ont été répertoriés en 1972, quatre en 1973, deux en 1977, un en 1981, deux en 1982 et trois en 2001. Lors du dernier recensement en 2007, quatre nids ont été comptés en deux occasions différentes, avec deux couples et deux oiseaux isolés au premier décompte (27 novembre) et trois couples et un oiseau isolé couvant un œuf (censé par conséquent avoir un partenaire absent) au deuxième décompte (10 décembre). Les nids sont constitués de petits monticules de pierres et construits sur de larges concentrations de gravier sur les plages surélevées. La zone contient de nombreux vieux nids et il se pourrait que plusieurs soient reconstruits chaque année sans que rien n'indique qu'ils soient utilisés.

Les damiers du Cap se reproduisent sur l'île Rookery et sur une petite île connue sous le nom d'île Pintado située à 300 au nord-ouest de l'île Rookery. Dans la dernière étude en date (24 décembre 2007) des populations de damiers du Cap dans la zone, 123 nids occupés étaient en observation sur l'île Pintado et 10 sur l'île Rookery. Les colonies nicheuses de damiers du Cap les plus proches répertoriées dans la zone se trouvent sur quatre affleurements rocheux près du glacier Forbes, 8 km à l'ouest, ainsi que sur les monolithes de Scullin et Murray (ZSPA n° 164) à approximativement 200 km à l'est. Une caméra contrôlée à distance sur l'île sans nom à 250 m à l'est de l'île Rookery (carte B) surveille le bon déroulement du processus de reproduction annuel sur approximativement 30 nids de damiers du Cap.

Les manchots Adélie se reproduisent sur 14 des îles. La dernière étude des populations dans la zone en 2007 a estimé la population d'oiseaux nicheurs à approximativement 91 000 nids occupés sur l'ensemble des 14 îles. Les populations les plus importantes se trouvent sur l'île Rookery (31 000 nids occupés), et sur l'île Giganteus (11 000 nids occupés). Bien que l'étude sur la totalité de la zone n'ait pas été renouvelée depuis 2007, des études ont été entreprises chaque année sur des îles individuellement et une estimation mise à jour sur l'ensemble de la zone sera possible au cours du présent plan de gestion. Une caméra contrôlée à distance sur l'île Rookery (carte B) surveille également le bon déroulement du processus de reproduction annuel sur approximativement 30 nids de manchots Adélie.

Les pétrels des neiges nichent d'un bout à l'autre des îles Rookery mais ils sont surtout concentrés sur l'île Rookery. On aperçoit fréquemment des océanites de Wilson en vol autour des îles qui se reproduisent probablement sur plusieurs des grandes îles de l'archipel bien qu'aucun nid n'ait été répertorié.

6(ii) Accès à la zone

Il est possible d'accéder à la zone par motoneige ou par bateau (selon l'état de la glace de mer) et en aéronef. Il n'y a pas d'aire de débarquement désignée (voir également 7 ii)).

6(iii) Emplacement de structures à l'intérieur et à proximité de la zone

Deux caméras contrôlées à distance enregistrant à intervalles réguliers se trouvent à 67°37'55.5"S, 62°30'47.9"E et 67°36'12.6"S, 62° 29' 17.0"E. Depuis leur installation en 2010/11, elles permettent, avec une perturbation minime, le suivi sur le long terme du bon déroulement du processus de reproduction et la phénologie des manchots Adélie et des damiers du Cap. Bien que non permanentes, ces caméras devraient rester en place après la fin de ce plan de gestion.

Il n'y a pas d'autre structure à l'intérieur de la zone ou adjacente à elle.

6(iv) Emplacement d'autres zones protégées à proximité directe de la zone

La ZSPA n° 101, Taylor Rookery, Terre Mac.Robertson (67°27'14"S ; 60°53'0"E) est située à environ 80 km à l'ouest.

6(v) Zones spéciales à l'intérieur de la zone

L'île Giganteus a été désignée zone à accès restreint pour accorder un niveau de protection élevé aux pétrels géants (cartes B et C). L'accès y est limité et il ne peut être autorisé qu'avec un permis délivré conformément aux buts et conditions décrits en détail ailleurs dans le présent plan de gestion.

7. Critères de délivrance des permis d'accès

7(i) Conditions générales

L'accès à la zone est interdit sauf avec un permis délivré par une autorité nationale compétente. Les critères de délivrance d'un permis pour entrer dans la zone sont les suivants :

- un permis sera délivré uniquement pour des raisons impérieuses de recherche scientifique qu'il est impossible d'entreprendre ailleurs, notamment pour l'étude scientifique de l'avifaune et de l'écosystème de la zone, ou pour des raisons de gestion essentielles qui sont conformes aux objectifs du plan telles que des activités d'inspection, d'entretien ou de révision ;
- les actions autorisées ne porteront pas atteinte aux valeurs de la zone ;
- les actions autorisées sont conformes au plan de gestion ;
- le permis ou une copie autorisée sera emporté dans la zone ;
- un rapport de visite sera remis à l'autorité désignée dans le permis ;
- tout permis sera délivré pour une durée donnée ;
- l'autorité nationale compétente sera avertie de toutes les activités et mesures entreprises qui ne sont pas incluses dans le permis délivré.

L'accès à la zone à accès restreint de l'île Giganteus n'est autorisé qu'en application des critères décrits ci-dessous.

- Les permis pour entrer dans la zone à accès restreint de l'île Giganteus durant la période de reproduction des pétrels géants (1er octobre-30 avril) ne peuvent être délivrés que pour effectuer des recensements. D'autres travaux de recherche peuvent être effectués en dehors de la période de reproduction avec un permis.
- Dans la mesure du possible, les recensements devront être effectués de l'extérieur de la colonie de pétrels géants en utilisant des points d'observation d'où les oiseaux nicheurs peuvent être comptés.
- L'accès à la zone à accès restreint devra être limité au temps minimum raisonnablement requis pour effectuer le recensement.
- Les visites à des fins de recensements seront confiées à une équipe comprenant une personne qui possède des compétences et une expérience scientifiques pertinentes associée à un programme antarctique national. Les autres membres du personnel devront rester sur le littoral.

- En ce qui concerne les activités autorisées relatives à l'obtention de données de recensement ou de données biologiques, les personnes ne doivent pas s'approcher plus que nécessaire de tout pétrel géant nicheur, et ne doivent en aucun cas s'approcher à moins de 20 m tant qu'aucun oiseau n'est perturbé (ne montre pas de changement de comportement).
- Les survols de l'île Giganteus sont interdits.

7(ii) Accès à la zone et déplacements à l'intérieur et au-dessus d'elle

Il est possible d'accéder à la zone par bateau, par véhicule sur la glace de mer ou par aéronef.

Les véhicules sont interdits sur les îles et, comme les bateaux, ils doivent être laissés sur les rives. Les déplacements sur l'île ne peuvent se faire qu'à pied. Les véhicules utilisés pour accéder aux îles sur la glace de mer ne doivent pas s'approcher à moins de 250 m des concentrations d'oiseaux.

L'accès à l'île Giganteus est interdit sauf s'il est conforme aux dispositions établies ailleurs dans le présent plan de gestion.

S'il n'est pas possible d'accéder aux îles par bateau ou par véhicule sur la glace de mer, on peut alors utiliser des aéronefs à voilure fixe ou des hélicoptères sous réserve des conditions suivantes :

- il faut en tout temps éviter que les aéronefs perturbent la colonie ;
- les atterrissages sur la glace de mer seront encouragés (dans la mesure du possible) ;
- les atterrissages des aéronefs sur l'île Giganteus sont interdits pendant la saison de reproduction ;
- étant donné que les aéronefs peuvent être le seul moyen d'accès viable aux autres îles quand l'accès par la mer ou sur la glace de mer n'est pas possible, les hélicoptères monomoteurs peuvent atterrir sur les îles durant la saison de reproduction à condition qu'ils restent à une distance de 500 m au moins des colonies d'oiseaux. L'autorisation d'atterrir peut être donnée à des fins scientifiques ou de gestion essentielles uniquement s'il peut être démontré que les perturbations seront minimales. Seul le personnel nécessaire pour travailler dans la zone devra descendre de l'hélicoptère ;
- lorsque l'accès à l'île Giganteus se fait par aéronef en dehors de la saison de reproduction, il est recommandé que les atterrissages aient lieu sur la glace de mer en en respectant les distances mentionnées ci-dessous ;
- à tout autre moment, il est interdit aux hélicoptères monomoteurs et aux aéronefs à voilure fixe d'atterrir ou de décoller dans un rayon de 930 m ou de voler dans un rayon de 750 m des colonies d'oiseaux et les hélicoptères bimoteurs ne doivent ni atterrir, ni décoller, ni voler dans un rayon de 1 500 m de ces colonies ;
- il est interdit de survoler les îles pendant la saison de reproduction sauf lorsque cela s'avère essentiel à des fins scientifiques ou de gestion. Les survols doivent avoir lieu à une altitude de pas moins de 930 m pour les hélicoptères monomoteurs et les aéronefs à voilure fixe et de pas moins de 1500 m pour les hélicoptères bimoteurs ;
- il est interdit de ravitailler les aéronefs à l'intérieur de la zone.

Il n'existe aucun tracé d'itinéraire pédestre dans la zone. A moins que le permis n'autorise une perturbation, les piétons doivent rester à au moins 100 m des concentrations d'oiseaux et céder le passage aux manchots qui partent et arrivent. Les piétons qui se déplacent dans la zone et autour d'elle devront éviter dans la mesure du possible de traverser les voies d'accès des oiseaux ou traverser rapidement sans entraver la circulation des manchots.

7(iii) Activités qui sont ou peuvent être menées dans la zone, y compris les restrictions spatio-temporelles

Les activités suivantes peuvent être menées dans la zone conformément au permis :

- les recherches scientifiques, qui sont conformes plan de gestion pour la zone, ne peuvent pas être effectuées ailleurs et ne porteront pas atteinte aux valeurs à l'origine de la désignation de la zone ou aux écosystèmes de la zone ;
- les activités de gestion essentielles, y compris le suivi ;
- échantillonnage qui doit être réduit au minimum pour répondre aux programmes de recherches approuvés.

7(iv) Installation, modification ou démantèlement de structures

- les structures ou installations permanentes sont interdites.
- D'autres structures ou installations ne seront pas érigées dans la zone sauf si le permis l'autorise.
- De petits abris ou postes d'observation temporaires peuvent être construits pour l'étude scientifique de l'avifaune.
- Toute activité liée à l'installation (y compris le choix du site), à la modification, à l'entretien ou à l'enlèvement de structures sera réalisée de manière à minimiser les perturbations des oiseaux en phase de reproduction.
- Tous les matériels scientifiques ou bornes installés dans la zone doivent clairement être identifiés par pays, nom du principal chercheur, année d'installation et date prévue d'enlèvement.
- Les bornes, les panneaux ou autres structures érigés dans la zone à des fins scientifiques et de gestion seront attachés et maintenus en bon état puis enlevés lorsqu'ils ne sont plus nécessaires. Tous ces objets doivent être faits de matériaux qui posent un risque minimum de perturbation des populations aviaires et de pollution de la zone. Conformément aux termes du permis, les structures, le matériel ou les bornes devront être enlevés avant la date d'expiration du permis.

7(v) Emplacement des campements

- L'établissement de campements dans la zone est interdit, sauf en cas d'urgence.

7(vi) Restrictions sur les matériels et organismes pouvant être introduits dans la zone

- Aucun produit de la volaille, y compris des aliments lyophilisés contenant des œufs en poudre, ne peut être introduit dans la zone.
- Aucune réserve de nourriture ou autres approvisionnements ne seront laissées dans la zone au-delà de la saison pour laquelle elles sont destinées.
- L'introduction délibérée d'animaux, de matières végétales, de micro-organismes et de terre non stérile dans la zone ne sera pas autorisée. Des mesures de haute précaution doivent être prises pour éviter l'introduction accidentelle dans la zone de tout animal, forme végétale, micro-organisme et terre non-stérile provenant de régions biologiques distinctes (comprises à l'intérieur ou à l'extérieur de la zone du Traité sur l'Antarctique).
- Dans toute la mesure du possible, les chaussures et autres articles utilisés ou introduits dans la zone (y compris les sacs à dos, les sacs de transport et autre matériel) seront nettoyés en profondeur avant d'entrer dans la zone et après l'avoir quittée.
- Les bottes et le matériel de recherche/d'échantillonnage et les bornes qui auront un contact avec le sol doivent être désinfectés ou nettoyés avec de l'eau chaude et de la javel avant d'entrer dans la zone et après l'avoir quittée, afin de prévenir les introductions accidentelles de tout animal, forme végétale, micro-organisme et terre non-stérile dans la zone. Le nettoyage doit se faire dans la station.
- Les visiteurs doivent également consulter et observer les recommandations contenues dans le Manuel sur les espèces non indigènes du Comité pour la protection de l'environnement (CPE, 2011) et dans le Code de conduite environnemental pour les recherches scientifiques terrestres en Antarctique (SCAR, 2009).
- Aucun herbicide ou pesticide ne sera introduit dans la zone. Tout autre produit chimique, y compris les radionucléides ou les isotopes stables, susceptibles d'être introduits à des fins scientifiques ou de gestion

en vertu du permis, sera retiré de la zone dans toute la mesure du possible au plus tard à la fin des activités prévues par le permis.

- Aucun combustible ne sera entreposé dans la zone sauf pour répondre aux objectifs essentiels de l'activité pour laquelle le permis a été délivré. Tout stockage permanent est interdit.

- Tout élément sera introduit dans la zone pour une période déterminée. Il sera retiré de ladite zone au plus tard à la fin de cette période, puis sera manipulé et entreposé de manière à minimiser les risques d'impact sur l'environnement.

7(vii) Prélèvement de végétaux et capture d'animaux ou perturbations nuisibles à la faune et la flore

- Toute capture ou perturbation nuisible à la faune et la flore est interdite sauf avec un permis. Dans le cas de captures ou de perturbations nuisibles d'animaux, le SCAR Code of Conduct for the Use of Animals for Scientific Purposes in Antarctica (Code de conduite du SCAR pour l'utilisation d'animaux à des fins scientifiques dans l'Antarctique) devra être utilisé comme norme minimale.

- Les travaux de recherche ornithologique se limiteront à des activités non invasives et non perturbatrices des oiseaux de mer en phase de reproduction qui sont présents dans la zone. Les études, y compris les photographies aériennes pour les recensements de la population, auront une priorité élevée.

- Il faut éviter en tout temps de perturber les pétrels géants.

7(viii) Ramassage de tout élément qui n'a pas été apportée dans la zone par le détenteur du permis

- Le ramassage ou l'enlèvement de tout élément présent dans la zone doit être autorisé par le permis, mais se limiter au minimum requis pour les activités menées à des fins scientifiques ou de gestion.

- Tout matériau d'origine humaine qui est susceptible d'avoir un impact sur les valeurs de la zone et n'a pas été introduit par le détenteur du permis ou toute autre personne autorisée, peut être enlevé dans la mesure où cela n'a pas de conséquences plus graves que de le laisser *in situ*. Si de tels matériaux sont trouvés, l'équipe de terrain devra en informer l'autorité qui délivre les permis si possible alors qu'elle est encore présente dans la zone.

7(ix) Élimination des déchets

- Tous les déchets, y compris les déchets humains, doivent être enlevés de zone. Les déchets de l'équipe de terrain seront stockés de telle sorte que les charognards (labbes par exemple) ne puissent pas s'en nourrir en attendant leur évacuation ou leur enlèvement. Les déchets doivent être enlevés au plus tard à la date à laquelle l'équipe quitte la zone. Les déchets humains et les eaux usées peuvent être évacués dans la mer en dehors de la zone.

7(x) Mesures nécessaires pour continuer à répondre aux buts et objectifs du plan de gestion

Des permis peuvent être délivrés pour avoir accès à la zone afin de :

- mener des activités de suivi biologique et d'inspection de la zone, lesquelles peuvent comprendre le prélèvement d'échantillons pour analyse ou examen ;

- ériger ou entretenir du matériel et des structures scientifiques, ainsi que des balises ; ou

- mettre en œuvre d'autres mesures de protection.

Tous les sites spécifiques qui font l'objet d'un suivi de longue durée doivent être bien balisés et un positionnement GPS doit être obtenu pour leur hébergement dans le Système de répertoire de données de l'Antarctique par l'intermédiaire de l'autorité nationale compétente.

Les visiteurs devront prendre des précautions spéciales contre toute introduction d'organismes non indigènes afin de préserver les valeurs scientifiques et écologiques de la zone. Il conviendra notamment de ne pas introduire d'agents pathogènes, de microbes et de plantes issus des sols ou de la faune et de la flore d'autres sites antarctiques, y compris les stations de recherche, ou provenant d'autres régions hors de l'Antarctique.

Afin de minimiser les risques d'introductions, les visiteurs devront veiller à ce que leurs chaussures et tout autre équipement utilisé dans la zone, en particulier les bornes et le matériel d'échantillonnage, soient parfaitement nettoyés avant d'entrer dans la zone.

Lorsque c'est possible, un recensement des pétrels géants doit avoir lieu une fois au moins tous les cinq ans. Les recensements d'autres espèces peuvent être effectués au cours de cette visite à condition qu'ils ne perturbent pas les pétrels géants.

Pour réduire les perturbations de la faune sauvage, les niveaux sonores, y compris les conversations, doivent être réduits au minimum. L'utilisation d'outils à moteur ainsi que toute autre activité susceptible de générer une pollution sonore et, par conséquent, de perturber les oiseaux nicheurs, sont interdites dans la zone pendant la période de reproduction (1er octobre-30 avril).

7(xi) Rapports de visites

Le principal détenteur du permis soumettra, pour chaque visite dans la zone, un rapport à l'autorité nationale compétente, dès que cela lui sera possible, et au plus tard six mois après la fin de ladite visite. Ces rapports de visite devront inclure, s'il y a lieu, les informations identifiées dans le formulaire du rapport de visite qui figurent dans le *Guide d'élaboration des plans de gestion pour les zones spécialement protégées de l'Antarctique*. Le cas échéant, l'autorité nationale doit également adresser un exemplaire du rapport de visite à la Partie qui a proposé le plan de gestion, afin d'aider à la gestion de la zone et à la révision du plan de gestion. Les Parties doivent, dans la mesure du possible, déposer les originaux ou les copies de ces rapports dans une archive à laquelle le public pourra avoir accès afin de conserver une archive d'usage qui sera utilisée pour toute révision du plan de gestion et pour l'organisation de l'utilisation scientifique de la zone.

Une copie du rapport doit être transmise à la Partie responsable de l'élaboration du plan de gestion (Australie) afin de contribuer à la gestion de la zone et au suivi des populations aviaires. Les rapports de visite doivent contenir des informations détaillées sur les recensements, les emplacements de nouvelles colonies ou de nids qui n'auraient pas encore été répertoriés, et un résumé succinct des découvertes issues des recherches scientifiques ainsi que des copies des photos de la zone.

8. Support documentaire

Australian Antarctic Division. Environmental Code of Conduct for Australian field activities, *Australian Antarctic Division.*

Cowan, A.N. (1981) : Size variation in the snow petrel. *Notornis 28: 169-188.*

Cowan, A.N. (1979) : Giant petrels at Casey. *Australian Bird Watcher 8: 66-67.*

Crohn, P.W. (1959) : A contribution to the geology and glaciology of the western part of the Australian Antarctic Territory. *Report for the Bureau for Mineral Resources, Geology and Geophysics Australia No. 52.*

Croxall, J.P., Steele, W.K., McInnes, S.J., Prince, P.A. (1995) : Breeding Distribution of the snow petrel *Pagodroma nivea. Marine Ornithology 23: 69-99.*

Environment Australia (2001) : Recovery Plan for albatrosses and giant petrels. *Prepared by Wildlife Scientific Advice, Natural Heritage Division in consultation with the Albatross and Giant Petrel Recovery Team, Canberra.*

Garnett, S.T. and Crowley, G.M. (2000) : The action plan for Australian birds 2000. *Commonwealth of Australia, Environment Australia, Canberra.*

Horne, R.S.C. (1983) : The distribution of penguin breeding colonies on the Australian Antarctic Territory, Heard Island, the McDonald Island, and Macquarie Island. *ANARE Research Notes, No.9.*

Kizaki, K. (1972) : Sequence of metamorphism and deformation in the Mawson Charnockite of East Antarctica. In Antarctic Geology and Geophysics (ed. R.J. Adie), pp. 527-530. Oslo : Universitetsforlaget.

Lee J.E. and Chown S.L. 2009 : Breaching the dispersal barrier to invasion: quantification and management. *Ecological Applications* 19: 1944-1959.

Lynch, H.J. Naveen, R. and Fagan, W.F. (2008) : Censuses of penguin, blue-eyed shag *Phalacrocorax atriceps* and southern giant petrel *Macronectes giganteus* populations on the Antarctic Peninsula, 2001-2007. Marine Ornithology 36:83-97.

Ingham, S.E. (1959) : Banding of giant petrels by the Australian National Antarctic Research Expeditions, 1955-58. *Emu 59: 189-200.*

Jouventin, P. et Weimerskirch, H. (1991) : Changes in the population size and demography of southern seabirds: management implications. Dans : *Perrins, C.M., Lebreton, J.-D. and Hirons, G.J.M. Bird population studies: Relevance to conservation and management. Oxford University Press: 297-314.*

Orton, M.N. (1963) : Movements of young giant petrels bred in Antarctica. *Emu 63: 260.*

Patterson D.L., Woehler, E.J., Croxall, J.P., Cooper, J., Poncet, S., Peter, H.-U., Hunter, S., Fraser, W.R. (2008) : Breeding distribution and population status of the northern giant petrel *Macronectes halli* and the southern giant petrel *M.* giganteus. *Marine Ornithology* 36:115-124.

Scientific Committee on Antarctic Research (2008) : Status of the Regional, Antarctic Population of the Southern Giant Petrel – Progress. Working Paper 10 rev.1 to the 31*st* Antarctic Treaty Consultative Meeting, Ukraine, 2008.

Sheraton, J.W. (1982) : Origin of charnockitic rock of Mac.Robertson Land. Dans : *Antarctic Geoscience (ed. C.C. Craddock), pp. 487-489.*

Southwell, C., McKinlay, J., Low, M., Wilson, D., Newbery, K., Lieser, J. and Emmerson, L. (2013) New methods and technologies for regional-scale abundance estimation of land-breeding marine animals: application to Adélie penguin populations in East Antarctica. Polar Biology 36: 843-856.

Stattersfield, A.J. and Capper, D.R. (2000) : Threatened birds of the world. *Birdlife International, Lynx Publications.*

Trail, D.S. (1970) : ANARE 1961 Geological traverses on the Mac.Robertson and Kemp Land Coast. *Report for the Bureau for Mineral Resources, Geology and Geophysics Australia No 135.*

Trail, D.S., McLeod, I.R., Cook, P.J. & Wallis, G.R. (1967) : Geological investigations by the Australian National Antarctic Research Expeditions 1965. *Report for the Bureau for Mineral Resources, Geology and Geophysics Australia. No. 118.*

van Franeker, J.A., Gavrilo, M., Mehlum, F., Veit, R.R. et Woehler, E.J. (1999) : Distribution and abundance of the antarctic petrel. *Waterbirds 22: 14-28.*

van den Hoff, J. and Newberry, K. (2006) Southern Giant Petrels *Macronectes giganteus* diving on submerged carrion. *Marine Ornithology* 34: 61–64. **Whinam J, Chilcott N. and Bergstrom D.M. 2005** : Subantarctic hitchhikers: expeditioners as vectors for the introduction of alien organisms. *Biological Conservation* 121: 207-219.

Wienecke, B., Leaper, R., Hay, I and van den Hoff, J. (2009) Retrofitting historical data in population studies: southern giant petrels in the Australian Antarctic Territory. *Endangered Species Research* 8:157-164

Wilson, D. (2009) The Cape petrel *Daption capense* around Mawson station, east Antarctica: new breeding localities and population counts. *Notornis : 56 : 162-164.*

Woehler E.J. et Croxall J.P. (1997) : The status and trends of Antarctic and subantarctic seabirds. *Marine Ornithology 25: 43-66.*

Woehler, E.J. et Johnstone, G.W. (1991) : Status and conservation of the seabirds of the Australian Antarctic Territory. Dans : *Croxall, J.P. (ed.) Seabird Status and Conservation: A Supplement. ICBP Technical Publication No.11: 279-308.*

Woehler, E.J. et Riddle, M.J. (2001) : Long-term population trends in southern giant petrels in the Southern Indian Ocean. *Poster presented at 8th SCAR Biology Symposium, Amsterdam.*

Woehler, E.J., Riddle, M.J. et Ribic, C.A. (2001) : Long-term population trends in southern giant petrels in East Antarctica. Proceedings 8*th* SCAR Biology Symposium, Amsterdam.

Woehler, E.J., Johnstone, G.W. et Burton, H.R. (1989) : The distribution and abundance of Adelie penguins, *Pygoscelis adeliae*, in the Mawson area and at the Rookery Islands (Antarctic Specially Protected Area 102), 1981 and 1988. *ANARE Research Notes* 71.

Woehler, E.J., Cooper, J., Croxall, J.P., Fraser, W.R., Kooyman, G.L., Miller, G.D., Nel, D.C., Patterson, D.L., Peter, H-U, Ribic, C.A., Salwicka, K., Trivelpiece, W.Z. et Wiemerskirch, H. (2001) : A statistical assessment of the status and trends of Antarctic and subantarctic seabirds. *SCAR/CCAMLR/NSF, 43.*

Australian Government
Department of the Environment
Australian Antarctic Division

Map A: Antarctic Specially Protected Area No 102, Rookery Islands, Mawson Coast, Mac.Robertson Land, East Antarctica

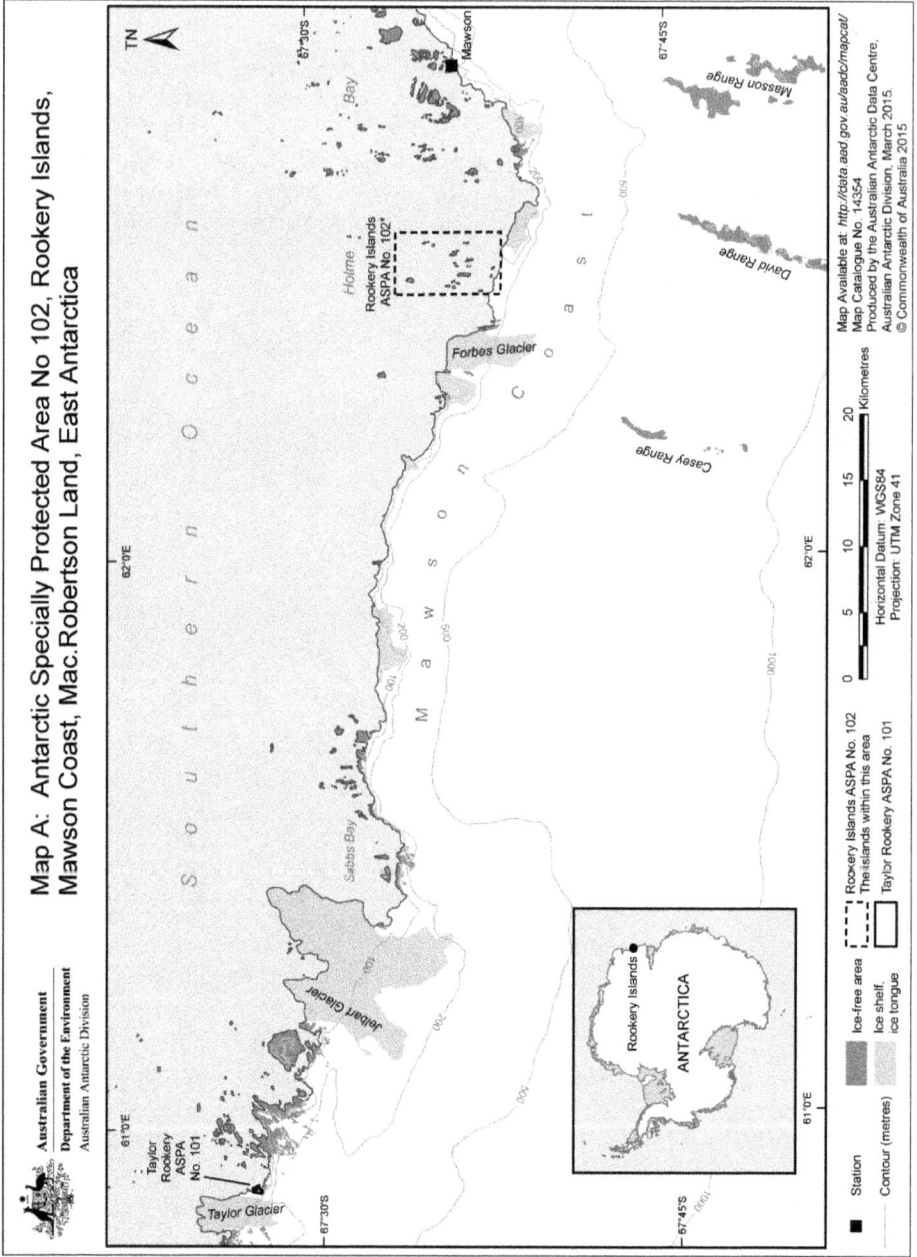

Station

Contour (metres)

Ice-free area

Ice shelf,
ice tongue

Rookery Islands ASPA No. 102

The islands within this area

Taylor Rookery ASPA No. 101

Map Available at: *http://data.aad.gov.au/aadc/mapcat/*
Map Catalogue No. 14354
Produced by the Australian Antarctic Data Centre,
Australian Antarctic Division, March 2015.
© Commonwealth of Australia 2015

Horizontal Datum WGS84
Projection UTM Zone 41

Kilometres
0   5   10   15   20

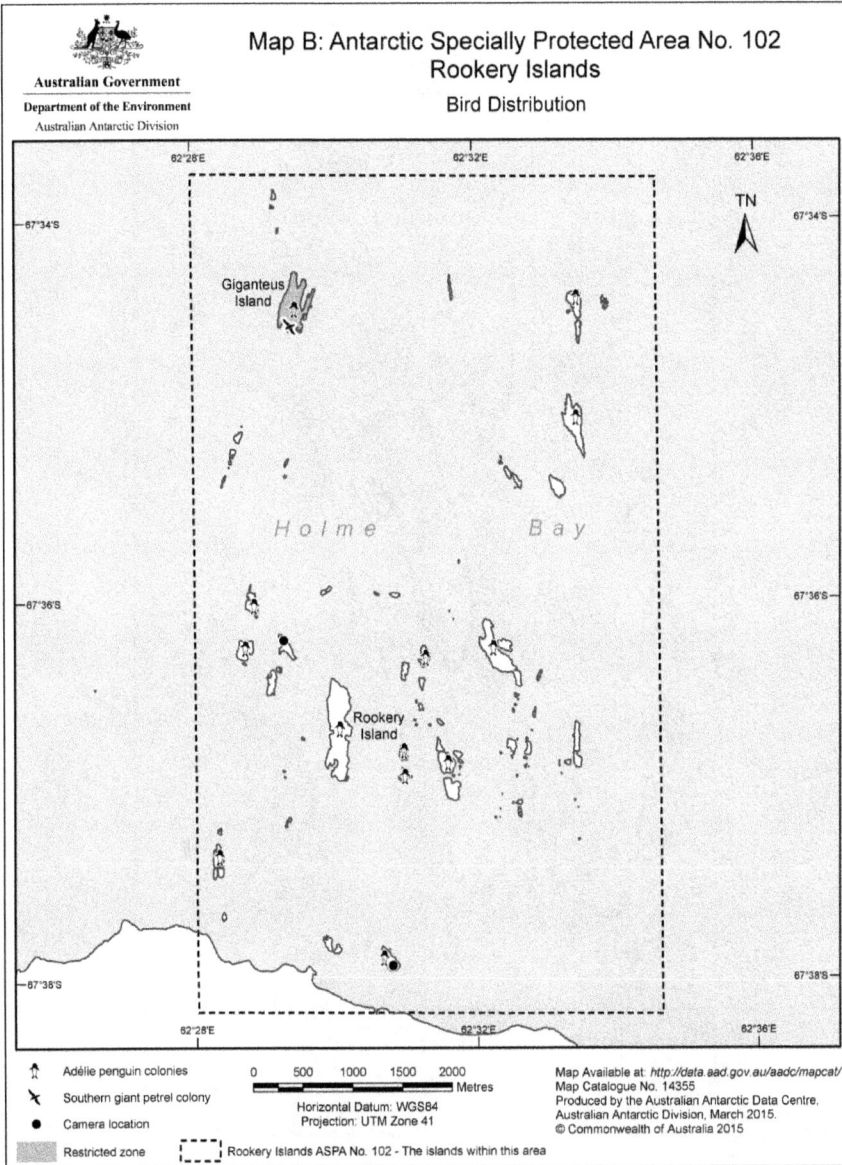

Map B: Antarctic Specially Protected Area No. 102
Rookery Islands
Bird Distribution

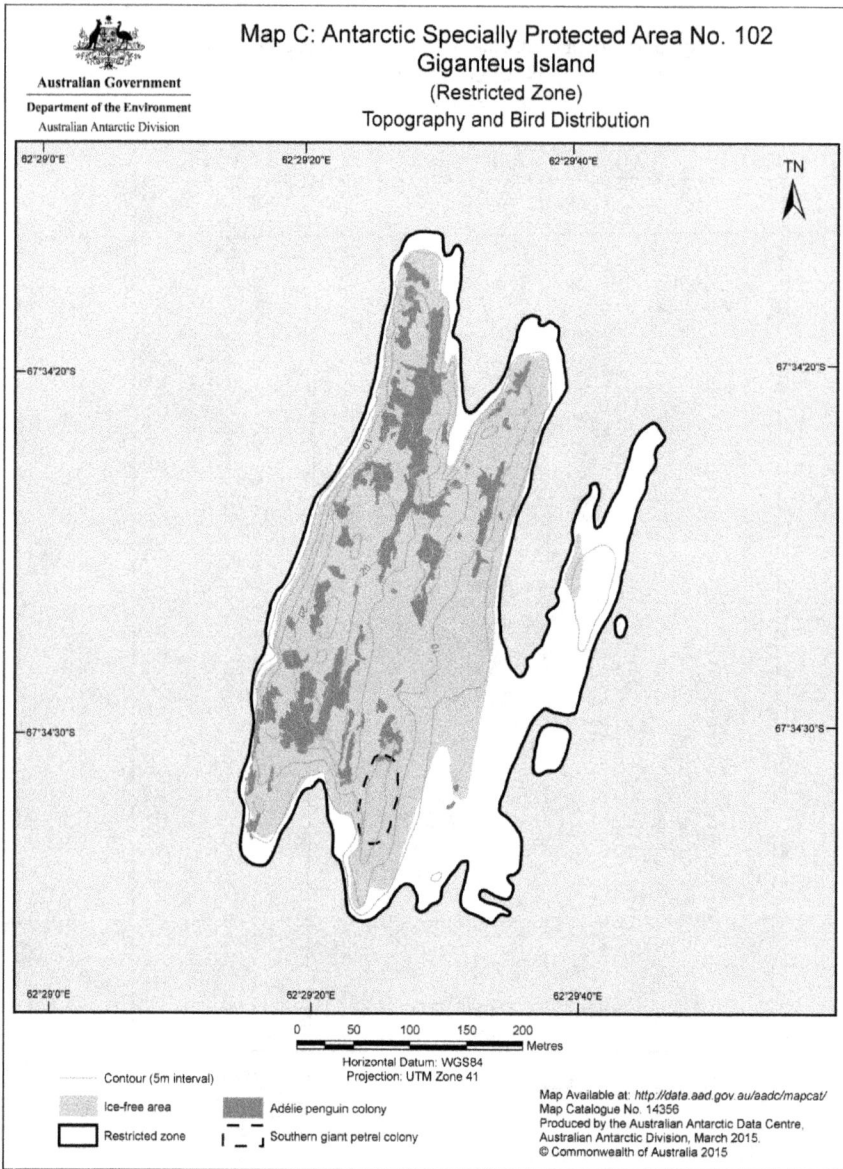

Map C: Antarctic Specially Protected Area No. 102
Giganteus Island
(Restricted Zone)
Topography and Bird Distribution

Australian Government
Department of the Environment
Australian Antarctic Division

Contour (5m interval)

Ice-free area

Restricted zone

Adélie penguin colony

Southern giant petrel colony

Horizontal Datum: WGS84
Projection: UTM Zone 41

Map Available at: *http://data.aad.gov.au/aadc/mapcat/*
Map Catalogue No. 14356
Produced by the Australian Antarctic Data Centre,
Australian Antarctic Division, March 2015.
© Commonwealth of Australia 2015

Plan de gestion pour la zone spécialement protégée de l'Antarctique n°103

ÎLES ARDERY ET ODBERT, CÔTE BUDD, TERRE DE WILKES, ANTARCTIQUE DE L'EST

Introduction

Les îles Ardery et Odbert (66°22'20"S; 110°29'10"E, carte A) ont été désignées zone gérée spéciale de l'Antarctique n°3 par la Recommandation IV-III (1966), sur proposition de l'Australie. Un plan de gestion de la zone a été adopté par la Recommandation XVII-2 (1992). Conformément à la Décision 1 (2002), le site a été renommé et renuméroté comme zone spécialement protégée de l'Antarctique (ZSPA) n°103. Des plans de gestion révisés de la ZSPA ont été adoptés par la Mesure 2 (2005) et la Mesure 3 (2010). La zone a été désignée, avant tout, en vue de protéger l'ensemble inhabituel de colonies reproductrices de plusieurs espèces de pétrels. Le pétrel de l'Antarctique (*Thalassoica antarctica*) et le fulmar argenté (*Fulmarus glacialoides*) présentent un intérêt scientifique particulier.

1. Description des valeurs à protéger

La zone a été désignée, avant tout, pour protéger une colonie composée de quatre espèces de pétrels fulmars présente dans les îles Ardery et Odbert (cartes B et C). Les quatre espèces de pétrels fulmars de la colonie, qui appartiennent toutes à des genres différents, regroupent des pétrels de l'Antarctique, des fulmars argentés, des damiers du Cap (*Daption capense*), et des fulmars des neiges (*Pagodroma nivea*). Tous se reproduisent dans la zone en nombre suffisant pour permettre une étude comparative. L'étude de ces quatre genres dans un même endroit, qui revêt une importance écologique particulière, permet d'étudier les réactions des pétrels face aux changements à l'œuvre dans l'écosystème de l'océan Austral.

Le pétrel de l'Antarctique est la seule espèce du genre *Thalassoica* ; on le trouve principalement dans les mers de Ross et de Weddell, beaucoup moins dans l'Antarctique de l'Est. Le fulmar austral, quant à lui, occupe des îles situées à proximité de la péninsule Antarctique et des îles de l'Arc de la Scotia, où réside environ un quart de sa population. Pour se reproduire, les fulmars argentés ont besoin de pentes plus abruptes que les pétrels de l'Antarctique (pour permettre aux juvéniles de quitter la colonie lorsqu'ils sont en âge de voler). Pour cette raison, le succès de reproduction des fulmars argentés a davantage tendance à se réduire lorsque les conditions météorologiques sont peu clémentes.

Les deux îles sont, par ailleurs, habitées par des colonies reproductrices d'océanites de Wilson (*Oceanites oceanicus*) et des labbes antarctiques (*Catharacta maccormicki*). Une colonie reproductrice de manchots Adélie (*Pygoscelis adeliae*) a également élu domicile sur l'île Odbert.

2. Buts et objectifs

Le plan de gestion des îles Ardery et Odbert a pour but de :

- éviter la dégradation des valeurs de la zone ou les risques substantiels que celles-ci pourraient courir, en empêchant toute perturbation humaine inutile ;
- permettre de mener des recherches sur l'écosystème et l'environnement physique de la zone, notamment sur l'avifaune, pour autant que ces recherches soient indispensables et ne puissent être menées ailleurs ;
- limiter les risques d'introduction d'agents pathogènes susceptibles de provoquer des maladies parmi les populations aviaires dans la zone ;
- limiter les risques d'introduction de végétaux, d'animaux ou de microbes non indigènes dans la zone ;
- permettre de rassembler régulièrement des données sur l'évolution démographique des espèces aviaires ;

- permettre des visites à des fins de gestion en vue d'appuyer la réalisation des objectifs du plan de gestion.

3. Activités de gestion

Les activités de gestion ci-après devront être entreprises pour protéger les valeurs de la zone :

- une copie du plan de gestion sera mise à disposition à la station Casey et aux navires en visite dans les environs ;
- des visites seront organisées en fonction des besoins (au moins une fois tous les 5 ans) afin de déterminer si la zone répond toujours aux objectifs pour lesquels elle a été désignée et de s'assurer que les mesures de gestion sont adéquates ; et
- le plan de gestion sera réexaminé une fois tous les cinq ans au moins.

4. Durée de désignation

La zone est désignée pour une période indéterminée.

5. Cartes

- **Carte A** : Zone spécialement protégée de l'Antarctique n°103, îles Ardery et Odbert, côte Budd, Terre de Wilkes, Antarctique de l'Est. L'encart indique l'emplacement par rapport au continent antarctique.
- **Carte B** : Zone spécialement protégée de l'Antarctique n°103, île Ardery : Topographie et répartition des oiseaux.
- **Carte C** : Zone spécialement protégée de l'Antarctique n°103, île Odbert : Topographie et répartition des oiseaux.
- **Carte D** : Zone spécialement protégée de l'Antarctique n°103 île Adery et île Odbert : sites d'atterrissage et d'approche des hélicoptères.

Spécifications pour toutes les cartes : Datum (horizontal) : WGS84 ; Datum (vertical) : niveau moyen de la mer

6. Description de la zone

6(i) Coordonnées géographiques, bornage et caractéristiques du milieu naturel

L'île Ardery (66°22'15''S, 110°27'0''E) et l'île Odbert (66°22'24''S, 110°32'28''E) comptent parmi les îles Windmill les plus méridionales. Elles sont situées au sud de la baie Vincennes, au large de la côte Budd, Terre de Wilkes, Antarctique de l'Est. La zone comprend les deux îles jusqu'à la laisse de basse mer.

Topographie

L'île Ardery et l'île Odbert sont situées respectivement à 5 km et 0,6 km à l'ouest de la crête Robinson, au sud de la station Casey.

L'île Odbert s'étend sur une superficie d'environ 2,7 km de long sur 0,8 km de large. Sa côte rocheuse s'élève de manière abrupte de la mer vers un plateau. Le point culminant de l'île est situé à 90 m. Le plateau est traversé par une série de vallées qui, au départ d'un bassin en altitude situé du côté nord, s'élancent en direction du sud. Ces vallées sont couvertes de neige en hiver. Le sommet des collines reste en grande partie libre de glace et de neige. Certaines années, l'île reste liée à la crête Robinson par la glace de mer.

Orientée est-ouest, l'île Ardery se caractérise par un relief abrupt libre de glace. L'île s'étend sur une superficie d'environ 1,2 km de long sur 0,8 km de large. Le point culminant de l'île se situe à 117 m au-dessus du niveau de la mer.

Le terrain des deux îles est accidenté et traversé par des fissures. Les falaises fracturées présentent d'étroites corniches exposées qui, en été, sont occupées par des oiseaux de mer en phase de nidification. Sur les flancs des collines ainsi que sur le plateau, la roche exposée est adoucie par les glaces et le lit des vallées est couvert de moraines. Les îles ont connu un rebond isostatique. Des moraines et des débris de solifluxion sont présents en quantité importante à des hauteurs supérieures à 30 m au-dessus du niveau de la mer, mais nettement plus rares à de plus faibles altitudes.

Géologie

La région des îles Windmill compte parmi les affleurements situés le plus à l'est d'un terrain en faciès granulitique de basse pression du Mésoprotérozoïque qui s'étend à l'ouest en direction des collines Bunger, puis vers les complexes archéens de la Terre Princesse-Élisabeth pour terminer sa course sur de petits affleurements à l'est de la zone Dumont d'Urville et dans la baie du Commonwealth. La totalité des affleurements dépasse à peine quelques kilomètres carrés. L'affleurement du Mésoprotérozoïque des îles Windmill et des complexes archéens de la Terre Princesse-Élisabeth comptent parmi les rares zones de l'Antarctique de l'Est qui peuvent être directement corrélées à un équivalent australien dans une reconstitution du Gondwana. Le terrain en faciès du Mésoprotérozoïque est composé d'une série de métapélites et de métapsammites migmatitiques interstratifiées avec des séquences felsiques et mafiques à ultramafiques ainsi que de rares silicates calciques, de volumineux corps de fonte partielle (supracorticaux des îles Windmill), du granite non déformé, du charnockite, du gabbro, du pegmatite, des aplites et des fissures en dolérite tardive sectionnées selon une orientation est.

Les îles Ardery et Odbert font partie de la gradation méridionale d'une transition de gradients métamorphiques qui sépare la partie nord de la partie sud des îles Windmill. Les gradients métamorphiques vont du faciès amphibolitique à sillimanite-biotite-orthoclase au nord sur la péninsule Clark au faciès granulitique à hornblende-orthopyroxène sur la péninsule Browning au sud en passant par un faciès granulitique à biotite-cordiérite-almandine.

Les îles Ardery et Odbert, à l'instar de la crête Robinson, de l'île Holl, de l'île Peterson et de la péninsule Browning, sont géologiquement semblables et composées de charnockite Ardery. Bien que formées dans des conditions anhydreuses, les charnockytes présentent une composition granitique. La charnockite Ardery des îles Ardery et Odbert pénètre l'assemblage métamorphique des îles Windmill et consiste en un assemblage modal de quartz + plagioclase + microline + orthopyroxène + biotite + clinopyroxène et hornblende avec des opaques, du zircon en faible quantité et de l'apatite. D'après une datation isotopique, la charnockite Ardery remonte à 1 200 millions d'années. La charnockite est exposée aux altérations et s'effrite rapidement en raison de son assemblage minéral tandis que les séquences métamorphiques des parties septentrionales de la région se caractérisent par un assemblage minéral et une structure cristalline beaucoup plus stables. Cette différence a une incidence considérable sur la répartition de la végétation dans les îles Windmill, les types de roches situées au nord constituant un substrat plus propice à la lente croissance des lichens.

Les sols des îles sont peu développés et se composent simplement de farine de roche, de moraines et d'éléments érodés. Certains d'entre eux contiennent de petites quantités de matières organiques provenant des excréments et des plumes d'oiseau.

Glaciation

La région des îles Windmill a subi l'effet de la glaciation à la fin du Pléistocène. La région méridionale des îles Windmill a connu une déglaciation en 8000 avant le présent (B.P.) tandis que la région septentrionale, y compris la péninsule Bailey, a connu une déglaciation en 5500 avant le présent (B.P.). Des relèvements isostatiques ont eu lieu à raison de 0,5 à 0,6 m/100 ans. La limite marine moyenne supérieure peut être observée sur la crête Robinson toute proche, à environ 28,5 m, sous la forme de crêtes de poussée glacielle.

Climat

Les îles Windmill ont un climat glaciaire caractéristique de l'Antarctique. Les conditions sur les îles Ardery et Odbert sont probablement semblables à celles de la région de la station Casey, située à environ 12 km au nord. Les données météorologiques recueillies entre 1957 et 1983 à la station Casey (32 m d'altitude) sur la péninsule Bailey font état de températures moyennes de 0,3 et -14,9°C respectivement pour le mois le plus chaud et le mois le plus froid. Les températures extrêmes vont de 9,2 à -41°C, la température annuelle moyenne étant de -9,3°C pour cette période.

Le climat est sec et les précipitations de neige s'élèvent à 195 mm en moyenne par an^{-1} (équivalent pluie); des précipitations sous forme de pluie ont été enregistrées en été. Toutefois, au cours des 10 à 15 dernières années, la température est passée à -9,1°C en moyenne par an et les chutes de neige ont atteint 230 mm en moyenne par an^{-1} (équivalent pluie).

La zone connaît en moyenne 96 jours de vents violents par an, qui soufflent principalement vers l'est et proviennent de la calotte glaciaire. Les blizzards sont fréquents, notamment en hiver. Les chutes de neige sont également fréquentes en hiver mais les vents extrêmement violents balaient les zones exposées. Sur la plupart des crêtes des collines, la neige s'accumule dans les recoins des affleurements rocheux et dans les dépressions du substrat. La neige s'accumule en quantités beaucoup plus importantes au pied des pentes.

Domaines environnementaux et régions de conservation biogéographiques de l'Antarctique

D'après l'analyse des domaines environnementaux de l'Antarctique (Résolution 3, 2008), les îles Ardery et Odbert sont situées dans le domaine de l'environnement L *banquise de la zone côtière continentale*. D'après les régions de conservation biogéographiques de l'Antarctique (Résolution 6, 2012), la zone est située dans la région biogéographique 7 *Antarctique de l'Est*.

Particularités biologiques

Environnement terrestre

La flore sur l'île Odbert se compose d'au moins 3 espèces de mousses, 11 espèces de lichens (tableau 1) et d'un nombre indéterminé d'algues terrestres et dulçaquicoles. La concentration la plus importante de lichens se situe dans les zones les plus élevées des parties méridionales de l'île, plus précisément à un endroit où la roche-mère est fracturée par la glace. Les algues ont été observées dans des lacs de cirque ainsi que dans les sols et les zones irrigués. Des concentrations de *Prasiola* spp., d'autres algues vertes et de cyanobactéries ont été répertoriées sous les congères, sur le versant reliant le site abritant les colonies de manchots à la partie occidentale de l'île.

La flore de l'île Ardery comprend plusieurs espèces de lichens semblables à celles que l'on retrouve sur l'île Odbert.

Les seuls invertébrés répertoriés sont des ectoparasites sur les oiseaux. L'île Ardery est le type d'endroit où l'on retrouve la puce antarctique *Glaciopsyllus antarcticus*, dont la présence est liée aux fulmars antarctiques.

MOUSSES
Bryum pseudotriquetrum Hedw.) Gaertn., Meyer et Scherb.
Ceratodon purpureus (Hedw.) Brid.
Schistidium antarcticum (= Grimmia antarctici) (Card.) L.I.Savicz et Smirnova
LICHENS
Buellia frigida (Darb.)
Buellia soredians Filson
Buellia sp.
Caloplaca athallina Darb.
Caloplaca citrina (Hoffm.) Th. Fr.
Candelariella flava (C.W.Dodge & Baker) Castello et Nimis
Rhizoplaca melanophthalma (Ram.) Leuck. et Poelt
Rinodina olivaceobrunnea Dodge & Baker
Umbilicaria decussata (Vill.) Zahlbr.
Xanthoria mawsonii Dodge.
Usnea antarctica Du Rietz

ALGUES
Prasiola crispa (Lightfoot) Kützing
Prasiococcus sp.

Tableau 1. Listes des mousses, des lichens et des algues répertoriés sur l'île Odbert

Lacs

Des lacs et des étangs monomictiques froids se trouvent d'un bout à l'autre de la région des îles Windmill dans les dépressions rocheuses et sont généralement libres de glace en janvier et février. Des lacs riches en éléments nutritifs se trouvent près de la côte, à proximité de colonies de manchots existantes ou abandonnées. Les lacs stériles sont situés plus à l'intérieur et sont alimentés par les eaux de fonte et les précipitations locales. Les îles Ardery et Odbert abritent un certain nombre de petits lacs de cirque qui sont gelés en hiver et remplis d'eau douce en été. Nombre d'entre eux sont éphémères et s'assèchent à la fin de l'été. D'autres lacs de cirque situés sous les congères sont alimentés en permanence par les eaux de fonte.

Oiseaux et phoques

L'île Odbert abrite des populations reproductrices de manchots Adélie, de damiers du Cap, de pétrels des neiges, de fulmars argentés, d'océanites de Wilson et de labbes antarctiques. La composition des espèces présentes sur l'île Ardery est semblable à celle de l'île Odbert, à la différence qu'aucune population reproductrice de manchots Adélie n'est répertoriée sur l'île Ardery. Par contre, on y trouve des pétrels de l'Antarctique. Le pétrel géant (*Macronectes giganteus*) qui se reproduit sur les îles Frazier à environ 23 km au nord-ouest est la seule espèce se reproduisant dans les îles Windmill qui ne se reproduit ni sur l'île Ardery ni sur l'île Odbert.

Aucun phoque n'habite sur l'île Ardery ou l'île Odbert, même si le phoque de Weddel (*Leptonychotes weddellii*) est souvent observé sur la nappe glaciaire autour de ces îles. La principale zone de reproduction est située à 3 km au sud-est entre l'île Herring et le continent antarctique. Dans cette zone, les perturbations de la nappe glaciaire résultant du mouvement du glacier Peterson garantissent la disponibilité d'eau libre et un accès aisé à la nourriture. Quelque 100 bébés phoques naissent chaque année dans la région. L'éléphant de mer (*Mirounga leonina*) a élu domicile un peu plus loin au sud sur l'île Petersen et la péninsule Browning. Plus de 100 éléphants de mer sont observés chaque année ; la plupart d'entre eux sont des mâles adultes, mais quelques femelles ont également été répertoriées.

Manchot Adélie (Pygoscelis adeliae)

Les manchots Adélie se reproduisent sur l'île Odbert et, bien qu'ils se rendent régulièrement sur l'île Ardery, ils ne s'y reproduisent pas. Selon les dernières estimations publiées, 11 000 couples se reproduisaient sur l'île Odbert en 1989/1990. Des observations effectuées lors d'une visite dans la zone en 2012/13 ont montré que la taille de la population reproductrice avait encore augmenté, mais aucune estimation mise à jour n'est disponible.

La ponte des œufs débute à la mi-novembre et les premières éclosions interviennent aux environs de la mi-décembre. Les jeunes manchots commencent à quitter la colonie au début du mois de février.

Fulmar argenté (Fulmarus glacialoides)

La population totale de fulmars argentés dans la zone est d'environ 5 000 couples en phase de reproduction. Il existe approximativement 3 000 sites occupés par les fulmars argentés sur l'île Ardery, les plus grandes colonies étant situées sur les falaises septentrionales et autour de l'extrémité orientale de l'île. Sur l'île Odbert, la majeure partie des 2 000 sites est concentrée dans deux grandes colonies sur la falaise Haun et dans le centre-nord.

Le fulmar argenté se reproduit en colonies sur les falaises et dans les ravins ou à proximité. Les nids sont situés sur de petites corniches, mais également sur de grandes terrasses quasi planes, certains oiseaux établissant leur nid à ciel ouvert et d'autres dans de profondes crevasses ou la roche meuble. Les premiers œufs apparaissent au début du mois de décembre et le reste de la ponte intervient dans les dix jours qui suivent. Les éclosions débutent la troisième semaine de janvier et les oisillons quittent le nid à la mi-mars.

Pétrel antarctique (Thalassoica antarctica)

La population totale a été estimée à un peu plus de 300 couples reproducteurs. La colonie la plus importante, sur le plateau nord de l'île Ardery, rassemble au moins 150 sites dans la zone principale et quelque 25 sites dans des groupes plus petits situés à proximité. Sur l'île Odbert, 30 nids ont été localisés dans un endroit exigu en face des falaises centrales situées directement au nord.

La plupart des nids de pétrels antarctiques sont situés dans des zones de type plateau ou des sections faiblement inclinées des falaises abruptes du plateau nord, sans oublier des petites colonies à proximité du ravin Soucek. Les nids sont proches les uns des autres. Il semble que les pétrels évitent d'établir leur nid sur les petites corniches. À la fin du mois de novembre, les premiers pétrels antarctiques reviennent de leur exode précédant la ponte, et une semaine plus tard, tous sont au rendez-vous pour la ponte. Les premières éclosions interviennent la deuxième semaine du mois de janvier et les nouveau-nés commencent à quitter le nid à la fin du mois de février/au début du mois de mars, tous les oisillons ayant quitté l'endroit au plus tard à la mi-mars.

Damier du cap (Daption capense)

Environ 750 couples reproducteurs de damiers du Cap ont été répertoriés dans la zone. La plupart d'entre eux se reproduisent sur l'île Ardery dans de petites colonies situées sur les falaises au nord de l'île. Des nids épars sont présents sur les deux versants du mont Snowie. Environ 100 à 200 sites de nidification ont été répertoriés sur l'île Odbert, la plupart étant localisés autour des colonies de fulmars.

Les damiers du cap privilégient les sites de nidification dont la configuration garantit une certaine protection : saillie rocheuse, avec protection arrière et, si possible, latérale. La plupart des nids se trouvent dans des parties les moins escarpées des falaises ainsi que le long des corniches supérieures, à la fois en colonie ou en petits groupes épars. Dès le retour de l'exode précédant la ponte, les damiers du Cap pondent leurs œufs à la fin novembre et l'éclosion débute la deuxième semaine du mois de janvier. La plupart des oisillons quittent le nid au plus tard la première semaine du mois de mars.

Pétrel des neiges (Pagodroma nivea)

Le nombre de pétrels des neiges dans la zone est estimé à quelque 1 100 couples en phase de reproduction. Environ 1 000 sites de nidification ont été localisés sur l'île Ardery en 1990, la plupart sur les pentes du mont Snowie. Les pétrels des neiges semblent moins nombreux sur l'île Odbert que sur l'île Ardery (de 100 à 1 000 sites de nidification). En 2003, 752 nids actifs ont été répertoriés sur l'île Ardery et 824 sur l'île Odbert.

Les pétrels des neiges se reproduisent dans des crevasses ou des cavités entre les roches meubles, en petits groupes de faible densité. Les nids isolés ou situés dans les colonies d'autres espèces ne sont pas rares. L'habitat adapté au pétrel des neiges abrite également des colonies d'océanites de Wilson. Le début de la ponte varie entre les concentrations de nids, mais elle intervient au cours des trois premières semaines de décembre, l'éclosion commençant à la mi-janvier. Les jeunes pétrels quittent tous l'endroit lors des deux premières semaines de mars.

Océanite de Wilson (Oceanites oceanicus)

Les océanites de Wilson, réparties sur une vaste surface, nichent dans toutes les aires rocheuses accessibles de la zone. Sur l'île Ardery, quelque 1000 sites de nidification ont été documentés. L'île Odbert abrite entre 1000 et 2000 sites de nidification, mais la densité y serait inférieure à celle observée sur l'île Ardery en raison de l'éparpillement général des zones rocheuses propices à la nidation. L'océanite de Wilson se reproduit dans des cavités étroites et profondes, ce qui rend parfois extrêmement difficile la détection des nids des océanites de Wilson. Il est donc probable que les estimations démographiques soient largement en deçà de la vérité.

Labbe antarctique (Catharacta maccormicki)

En 1984-1985, dix couples de labbes antarctiques se reproduisaient sur l'île Ardery et trois autres y avaient probablement élu domicile. Les chiffres étaient à peu près semblables en 1986-1987 même si seuls sept couples avaient des œufs. 10 à 20 couples ont été répertoriés sur l'île Odbert. La répartition des nids de labbes antarctiques sur l'île Ardery témoigne de leur dépendance des pétrels. La plupart des couples ont des points d'observation à proximité des nids de pétrels à partir desquels ils peuvent observer le territoire où ils s'alimentent sur les falaises d'oiseaux. Sur l'île Odbert, la plupart des nids étaient situés à proximité des colonies de manchots.

Les nids sont des cavités de faible profondeur dans le gravier, soit totalement à ciel ouvert, soit entourés de quelques pierres en guise de protection. Les territoires et les sites de nidation semblent être stables d'année en année; il y a en général près de chaque nid plusieurs dépressions formées par les nids précédents. Les dates de ponte varient considérablement, mais elles sont concentrées entre la fin du mois de novembre et le début du mois de décembre. Les premiers petits naissent dans les derniers jours du mois de décembre et quittent la zone à la mi-février.

Espèces d'oiseaux ne se reproduisant pas dans la zone

Les manchots empereurs (*Aptenodytes forsteri*) ne se reproduisent pas dans la zone immédiate de la station Casey, mais ils ont été observés à proximité de la station et même loin à l'intérieur des terres. Un manchot à jugulaire (*Pygoscelis antarctica*) a été aperçu en janvier 1987 dans la colonie de manchots Adélie à la Pointe Whitney, au nord de la station Casey. Des pétrels géants, adultes et juvéniles, se rendent régulièrement sur l'île Ardery. Lorsque les vents sont favorables, ils volent le long des falaises à la recherche de nourriture. En mars 1987, un pétrel bleu juvénile décharné (*Halobaena caerulea*) est arrivé à la station Casey. En novembre 1984, un goéland dominicain adulte (*Larus dominicanus*) a été aperçu dans la zone de la station Casey. Des groupes de sternes, probablement du type arctique (*Sterna paradisea*), ont été repérés dans la région de la station Casey en 1984/1985 et 1986/1987 lorsque des groupes d'une centaine d'oiseaux environ ont été vus et entendus très haut dans le ciel au mois de mars.

6(ii) Accès à la zone

La zone est accessible en véhicule sur la glace de mer, en bateau ou en avion, conformément à la section 7(ii) de présent plan.

6(iii) Emplacement des structures à l'intérieur de la zone ou adjacentes à la zone

Quatre caméras télécommandées ont été installées sur l'île Ardery et une caméra a été placée sur l'île Odbert (emplacements 66°22'6.3"S, 110°26'42.9"E ; 66°22'13.4"S, 110°27'46.2"E ; 66°22'6.2"S, 110°26'56.3"E ; 66°22'7.7"S, 110°26'57.7"E (carte B) et 66°22'37.8"S, 110°33'55.3"E (carte C)). Installées en 2010/11, les caméras permettent un suivi de longue durée du taux de reproduction et de la phénologie du fulmar argenté, du damier du Cap et du manchot Adélie, en les perturbant le moins possible. Les caméras ne sont pas installées de manière permanente, mais elles resteront en place au-delà de la durée de ce plan.

6(iv) Emplacement d'autres zones protégées à proximité directe de la zone

Les zones protégées suivantes sont situées à proximité des îles Ardery et Odbert (carte A).

- Nord-est de la péninsule Bailey (66°17'S, 110°32'E) (ZSPA n°135). Elle est située à environ 12 km au nord des îles Ardery et Odbert ZSPA n°136 :
- Péninsule Clark (66°15'S, 110°36'E) (ZSPA n°136). Elle est située à environ 16 km au nord des îles Ardery et Odbert ZSPA n°160 :
- Îles Frazier (66°13'S 110°11'E) (ZSPA n°160). Elles sont situées à environ 23 km au nord-est des îles Ardery et Odbert

6(v) Aires spéciales à l'intérieur de la zone

Il n'y a pas d'aire spéciale à l'intérieur de la zone.

7. Critères de délivrance des permis

7(i) Critères généraux des permis

L'accès à la zone est interdit sauf avec un permis délivré par une autorité nationale compétente. Les critères de délivrance d'un permis pour entrer dans la zone sont les suivants :

- un permis sera délivré uniquement pour mener des recherches scientifiques indispensables qu'il est impossible d'entreprendre ailleurs, notamment pour l'étude scientifique de l'avifaune et de l'écosystème de la zone, ou pour des raisons de gestion essentielles qui sont conformes aux objectifs du plan tels que des activités d'inspection, d'entretien ou de révision ;
- les actions autorisées ne porteront pas atteinte aux valeurs de la zone ;
- les actions autorisées sont conformes au plan de gestion ;
- le permis ou une copie autorisée sera emporté dans la zone ;
- un rapport de visite sera remis à l'autorité désignée dans le permis ;
- tout permis sera délivré pour une durée donnée ;
- l'autorité nationale compétente sera avertie de toutes les activités et mesures entreprises qui ne sont pas incluses dans le permis délivré.

7(ii) Accès à la zone et déplacements à l'intérieur et au-dessus de la zone

Les véhicules et les bateaux utilisés pour visiter les îles doivent être laissés sur les rives. Les déplacements à l'intérieur de la zone doivent se faire à pied exclusivement.

La carte D indique l'emplacement des sites d'atterrissage et de débarquement par hélicoptère et par bateau sur les îles Ardery et Odbert. Sur l'île Ardery, le site de débarquement par bateau qui est privilégié se trouve à Terre Robertson, où trois points d'ancrage permettent d'amarrer un bateau ou toute autre embarcation. Le site de débarquement par bateau indiqué sur la carte D pour l'île Ardery est situé dans un rayon de 200 m de colonies d'oiseaux. Toutefois, il constitue le seul site de débarquement sûr de l'île. Tous les débarquements doivent se faire avec prudence pour ne pas perturber les oiseaux. Il n'existe aucun itinéraire pédestre dans la zone, mais les piétons doivent se tenir à distance des oiseaux afin d'éviter, à tout moment, de les perturber.

S'il n'est pas possible d'accéder aux îles par bateau ou par véhicule sur la glace de mer, on peut alors utiliser des aéronefs à voilure fixe ou des hélicoptères sous réserve des conditions suivantes :

- la perturbation des colonies par les aéronefs sera évitée en tout temps ;
- les atterrissages sur la glace de mer seront encouragés (dans la mesure du possible) ;
- le survol des îles doit être évité en toutes circonstances sauf s'il répond aux objectifs essentiels de la recherche scientifique ou de la gestion si un permis l'autorise. Dans ces cas là, le survol doit se faire à une distance verticale ou horizontale d'un minimum de 930 m pour les aéronefs monomoteurs et de 1500 m pour les bimoteurs ;
- durant la saison de reproduction des manchots et des pétrels, c'est-à-dire entre le 1er novembre et le 1er avril, tout mouvement d'hélicoptère doit être réduit à sa plus simple expression ;
- l'utilisation d'hélicoptères bimoteurs pour atterrir sur les îles Ardery ou Odbert est interdite ;
- toute approche de l'île Ardery doit s'effectuer à haute altitude en venant du sud car les densités d'oiseaux les plus faibles ont été enregistrées sur les falaises méridionales (cartes B et D) ;
- toute approche de l'île Odbert par hélicoptère monomoteur doit s'effectuer de préférence à partir du sud afin d'éviter la zone des falaises qui abrite des pétrels en phase de nidification (cartes C et D) ;
- lorsqu'ils utilisent les aires d'atterrissage des hélicoptères monomoteurs indiquées sur la carte D, les pilotes veilleront à ne pas perturber les colonies nicheuses.
- seul le personnel qui doit faire des travaux dans la zone devra descendre de l'hélicoptère ;
- il est interdit de ravitailler les aéronefs à l'intérieur de la zone.

7(iii) Activités qui sont ou peuvent être menées dans la zone

Les activités suivantes peuvent être menées dans la zone, moyennant un permis :

- recherches scientifiques impérieuses conformes au plan de gestion pour la zone qui ne peuvent pas être effectuées ailleurs et qui ne porteront pas atteinte aux valeurs à l'origine de la désignation de la zone ou aux écosystèmes de la zone ;

- activités de gestion essentielles, y compris le suivi ;
- échantillonnage qui doit être réduit au minimum pour répondre aux programmes de recherches approuvés.

7(iv) Installation, modification ou démantèlement de structures

- aucune structure permanente ne doit être érigée dans la zone ;
- aucune structure ne peut être construite ou installée dans la zone sauf autorisation précisée dans le permis.
- tous les dispositifs de bornage ainsi que le matériel scientifique installé dans la zone devront être fixés et soigneusement entretenus. Le pays, le nom du responsable de l'équipe de recherche et l'année de l'installation devront être clairement identifiés. Tout l'équipement doit être fabriqué avec des matériaux qui limitent au minimum la contamination de la zone.
- L'enlèvement du matériel associé aux travaux de recherche scientifique sera un des critères de délivrance du permis avant que celui-ci ne vienne à expiration. Des informations détaillées sur les bornes et le matériel laissé temporairement sur place (emplacements des GPS, description, identification, etc. ainsi que la date prévue du démantèlement) doivent être transmises à l'autorité ayant délivré le permis ;
- Toute cabane dont l'installation est autorisée sur l'île Ardery doit intervenir avant le 1er novembre lorsque débute la saison de reproduction et elle doit être retirée après le 1er avril lorsque les oisillons ont quitté le nid. L'installation et l'enlèvement de la cabane doivent être effectués par des véhicules sur la glace de mer sauf si l'état de la glace ne le permet pas.

7(v) Emplacement des campements

- L'établissement de campements sur l'île Odbert est interdit, sauf en cas d'urgence.
- Si les activités sur le terrain l'exigent, une cabane peut être érigée à l'endroit indiqué sur la carte B. Il existe à cet endroit huit points d'ancrage dans la roche-mère. Il existe un abri (Robinson Ridge Hut) à la crête Ridge, sur le continent (66°22,4'S et 110°35,2'E) à environ 800 m à l'ouest de l'île Odbert (voir carte A).

7(vi) Restrictions sur les matériaux et organismes pouvant être introduits dans la zone

- Aucun produit de la volaille, y compris des aliments séchés contenant des œufs en poudre, ne peut être introduit dans la zone.
- Aucune réserve de nourriture et autre approvisionnement ne seront laissés dans la zone au-delà de la saison pour laquelle ils sont destinés.
- L'introduction délibérée d'animaux, de matières végétales, de micro-organismes et de terre non stérile dans la zone est interdite. Des mesures de précaution extrêmes doivent être prises pour éviter l'introduction accidentelle dans la zone de tout animal, forme végétale, micro-organisme et terre non stérilisée provenant de régions biologiques distinctes (comprises à l'intérieur ou à l'extérieur de la zone du Traité sur l'Antarctique) ;
- Les vêtements, chaussures et autres équipements utilisés ou introduits dans la zone (y compris les sacs à dos, les sacs à provision et autres équipements) seront, dans toute la mesure du possible, nettoyés en profondeur avant d'entrer dans la zone et après l'avoir quittée.
- Les bottes, le matériel de recherche/échantillonnage et les bornes qui entrent en contact avec le sol devront être désinfectés ou nettoyés à l'eau chaude et à l'eau de javel avant d'entrer dans la zone et après avoir visité celle-ci afin d'éviter toute introduction accidentelle d'animaux, végétaux, micro-organismes et terre non stérile dans la zone. Le matériel doit être nettoyé dans la cabane ou à la station.
- Les visiteurs doivent également consulter et observer les recommandations contenues dans le Manuel sur les espèces non indigènes du Comité pour la protection de l'environnement (CPE, 2011) et dans le Code de conduite environnemental pour les recherches scientifiques terrestres en Antarctique (SCAR, 2009) ;
- Aucun herbicide ou pesticide ne sera introduit dans la zone. Tout autre produit chimique, y compris les radionucléides ou isotopes stables, susceptibles d'être introduits à des fins scientifiques ou de gestion en vertu du permis, sera retiré de la zone au plus tard à la fin des activités prévues par le permis.

- Aucun combustible ne sera entreposé dans la zone sauf pour répondre aux objectifs essentiels de l'activité pour laquelle le permis a été délivré. Tout stockage permanent est interdit.

- Tout élément sera introduit dans la zone pour une période déterminée uniquement. Il sera retiré de ladite zone au plus tard à la fin de cette période, puis sera manipulé et entreposé de manière à limiter les risques d'impact sur l'environnement.

7(vii) Prélèvement de végétaux et capture d'animaux ou perturbations nuisibles à la faune et la flore

- Toute capture ou perturbation nuisible à la faune et la flore est interdite sauf conformément à un permis.

- Dans le cas de prélèvements ou de perturbations nuisibles d'animaux, le *Code de conduite du SCAR pour l'utilisation d'animaux à des fins scientifiques dans l'Antarctique* devra être utilisé comme norme minimale.

- Les recherches ornithologiques sur les oiseaux nicheurs présents dans la zone doivent être limitées à des activités qui ne sont ni invasives ni perturbatrices. Les études auront une priorité élevée. Si la capture d'oiseaux est nécessaire, elle devra avoir lieu autant que faire se peut dans des nids à la périphérie de la zone, afin de réduire les perturbations.

7(viii) Ramassage ou enlèvement de ce qui n'a pas été apporté dans la zone par le détenteur du permis

- Le ramassage ou l'enlèvement de tout élément présent dans la zone doit être autorisé par le permis, mais se limiter au minimum requis pour les activités menées à des fins scientifiques ou de gestion.

- Tout matériau d'origine humaine qui est susceptible d'avoir un impact sur les valeurs de la zone et n'a pas été introduit par le détenteur du permis ou toute autre personne autorisée peut être enlevé dans la mesure où cela n'a pas de conséquences plus graves que de le laisser *in situ*. Dans ce cas, l'autorité compétente devra en être informée et l'approbation obtenue avant l'enlèvement.

7(ix) Élimination des déchets

- Tous les déchets, y compris les déchets humains, doivent être enlevés de la zone. Les déchets des équipes sur le terrain seront stockés de telle sorte que les charognards (labbes, par exemple) ne puissent pas s'en nourrir en attendant leur évacuation ou leur enlèvement. Les déchets doivent être enlevés au plus tard à la date à laquelle l'équipe sur le terrain quitte la zone. Les déchets humains et les eaux usées peuvent être évacués dans la mer en dehors de la zone.

7(x) Mesures nécessaires pour continuer de répondre aux objectifs du plan de gestion

Des permis peuvent être délivrés pour avoir accès à la zone afin de :

- mener des activités de suivi et d'inspection de la zone, lesquelles peuvent comprendre le prélèvement d'un petit nombre d'échantillons ou de données pour analyse ou examen ;

- installer ou entretenir du matériel scientifique, des structures et des balises ; ou

- appliquer des mesures de protection

Tous les sites spécifiques qui doivent faire l'objet d'un suivi de longue durée doivent être bien balisés et un positionnement GPS doit être obtenu pour leur hébergement dans le Système de répertoire de données de l'Antarctique par l'intermédiaire de l'autorité nationale compétente.

Les visiteurs devront prendre des précautions spéciales contre toute introduction afin de préserver les valeurs scientifiques et écologiques de la zone. Il conviendra notamment de ne pas introduire de plantes, de microbes et d'agents pathogènes issus des sols ou de la faune et de la flore d'autres sites antarctiques, y compris de stations, ou provenant d'autres régions hors de l'Antarctique. Les visiteurs devront veiller à ce que leurs chaussures et tout autre équipement utilisé dans la zone (y compris les balises et les dispositifs d'échantillonnage) soient parfaitement nettoyés avant d'entrer dans la zone.

7(xi) Rapports de visites

Le principal détenteur du permis soumettra, pour chaque visite dans la zone, un rapport à l'autorité nationale compétente, dès que cela lui sera possible, et au plus tard six mois après la fin de ladite visite. Ces rapports de visite devront inclure, le cas échéant, les informations identifiées dans le formulaire pour le rapport de visite qui figure dans le *Guide d'élaboration des plans de gestion pour les zones spécialement protégées de l'Antarctique*. Le cas échéant, l'autorité nationale doit également adresser un exemplaire du rapport de visite à la Partie qui a proposé le plan de gestion, afin de faciliter la gestion de la zone et la révision du plan de gestion. Les Parties doivent, dans la mesure du possible, déposer les originaux ou les copies de ces rapports dans une archive à laquelle le public pourra avoir accès afin de conserver une archive d'usage qui sera utilisée, dans l'examen du plan de gestion et dans l'organisation de l'utilisation scientifique de la zone.

Une copie du rapport doit être transmise à la Partie responsable de l'élaboration du plan de gestion (Australie) afin de contribuer à la gestion de la zone et au suivi des populations aviaires. En outre, les rapports de visite doivent contenir des informations détaillées sur les recensements, les emplacements de nouvelles colonies ou de nids qui n'auraient pas encore été consignés, et un résumé succinct des conclusions des recherches scientifiques ainsi que des copies des photographies de la zone.

8. Support documentaire

Australian Antarctic Division. 2013. *Environmental Code of Conduct for participants in the Australian Antarctic program*, Australian Antarctic Division.

Baker, S.C. & Barbraud, C. 2000. Foods of the south polar skua Catharacta maccormicki at Ardery Island, Windmill Islands, Antarctica. *Polar Biology* 24: 59-61.

Blight, D.F. & Oliver, R.L. 1977. The metamorphic geology of the Windmill Islands, Antarctica, a preliminary account. *Journal of the Geological Society ofAustralia*22: 145-158.

Blight, D.F. & Oliver, R.L. 1982. Aspects of the history of the geological history of the Windmill Islands, Antarctica. In: *Antarctic Geoscience* (ed. C.C. Craddock), pp. Craddock), University of Wisconsin Press, Madison, pp. 445-454,: .

Cowan, A.N. 1979. Ornithological studies at Casey, Antarctica, 1977-1978. *Australian Bird Watcher*, 8:69.

Cowan, A.N. 1981. Size variation in the snow petrel. *Notornis* 28: 169-188.

Creuwels, J.C.S & van Frenker, J.A. 2001. Do two closely related petrel species have a different breeding strategy in Antarctica. *Proceedings of the VIIIth SCA International Biology Symposium*, 27 August-1 September 2001, Vrije Univesiteit, Amsterdam.

Creuwels, J.C.S., Poncet S., Hodum, P.J, & van Frenker, J.A. 2007. Distribution and abundance of the southern fulmars *Fulmarus glacialoides*, *Polar Biology* 30: 1083-1097.

Creuwels, J.C.S., van Frenenker, J.a., Doust, S.J., Beinssen A., Harding, B. & Hentschel, O. 2008. Breeding strategies of Antarctic petrels *Thalassoica antarctica* and southern fulmars *Fulmarus glacialoides* in the high Antarctic and implications for reproductive success, *Ibis* 150: 160-171

Croxall, J.P., Steele, W.K., McInnes, S.J. & Prince, P.A. 1995. Breeding distribution of the snow petrel *Pagodroma nivea*. *Marine Ornithology* 23: 69-99.

Filson, R.B. 1974. Studies on Antarctic lichens II: Lichens from the Windmill Islands, Wilkes Land. *Muelleria*, 3:9.

Goodwin, I.D. 1993. Holocene deglaciation, sea-level change, and the emergence of the Windmill Islands, Budd Coast, Antarctica. *Quaternary Research* 40: 70-80.

Horne, R. 1983. The distribution of penguin breeding colonies on the Australian Antarctic Territory, Heard Island, the McDonald Islands and Macquarie Island. *ANARE Research Notes* No. 9.

Jouventin, P., & Weimerskirch, H. 1991. Changes in the population size and demography of southern seabirds: management implications. In: *Bird population studies: Relevance to conservation and management.* (eds. C.M. Perrins, J.-D. Lebreton, and G.J.M Hirons) Oxford University Press: pp. 297-314.

Keage, P. 1982. Location of Adélie penguin colonies, Windmill Islands. *Notornis,* 29: 340-341.

Lee J.E, Chown S.L. 2009: Breaching the dispersal barrier to invasion: quantification and management. *Ecological Applications* 19: 1944-1959.

Luders, D.J. 1977. Behaviour of Antarctic petrels and Antarctic fulmars before laying. *Emu* 77: 208-214.

McLeod, I.R. & Gregory, C.M. 1967. Geological investigations for along the Antarctic coast between longitudes 108°E and 166°E. Report of the Bureau for Mineral Resources, Geology and. Geophysics. Australia No. 78, pp. 30-31.

Melick, D.R., Hovenden. M.J., & Seppelt, R.D. 1994. Phytogeography of bryophyte and lichen vegetation in the Windmill Islands, Wilkes Land, Continental Antarctica. *Vegetatio* 111: 71-87.

Murray, M.D., Orton, M.N. & Penny, R.L. 1972. Recoveries of silver-grey petrels banded on Ardery Island, Windmill Islands, Antarctica. *Australian Bird Bander* 10, 49-51

Murray M.D. & Luders D.J. 1990. Faunistic studies at the Windmill Islands, Wilkes Land, East Antarctica, 1959-80. *ANARE Research Notes* 73: 1-45.

Orton, M. R. 1963. A brief survey of the fauna of the Windmill Islands, Wilkes Land, Antarctica. *Emu* 63, 14-22.

Paul, E., Stüwe, K., Teasdale, J. & Worley, B. 1995. Structural and metamorphic geology of the Windmill Islands, east Antarctica: field evidence for repeated tectonothermal activity. *Australian Journal of Earth Sciences* 42: 453-469.

Phillpot, H.R. 1967. Selected surface climate data for Antarctic stations. Commonwealth of Australia: Bureau of Meteorology.

Robertson, R. 1961. Geology of the Windmill Islands, Antarctica. *IGY Bulletin* 43: 5-8.

Robertson , R. 1961. Preliminary report on the bedrock geology of the Windmill Islands. In: Reports on the Geological Observations 1956-60. IEY Glaciology Report No. 4, (IEY World Data Centre 4: Glaciology). American Geographical Society, New York.

Schwerdtfeger, W. 1970. The climate of the Antarctic. In: *Climate of polar regions* (ed. S. Orvig), Elsevier pp. 253-355, Amsterdam.

Schwerdtfeger, W. 1984. Weather and climate of the Antarctic, Amsterdam: Elsevier.

Smit, F.G.A.M. & Dunnet, G.M. 1962. A new genus and species of flea from Antarctica, (Siphonaptera: Ceratophyllidae). Pacific Insect4: 895-903.

van Franeker, J.A, Creuwels, J.C.S., van der Veer, W., Cleland, S. & Robertson, G. 2001. Unexpected effects of climate change on the predation of Antarctic petrels. *Antarctic Science* 13: 430-439.

van Franeker, J.A., Bell, P.J., & Montague, T.L. 1990. Birds of Ardery and Odbert islands, Windmill Islands, Antarctica. Emu 90: 74-80.

van Franeker, J.A., Gavrilo, M., Mehlum, F., Veit, R.R. & Woehler, E.J. 1999. Distribution and abundance of the Antarctic petrel. *Waterbirds* 22: 14-28.

Whinam J, Chilcott N, & Bergstrom D.M. 2005: Subantarctic hitchhikers: expeditioners as vectors for the introduction of alien organisms. *Biological Conservation* 121: 207-219.

Williams, I.S., Compston W., Collerson K.D., Arriens, P.A. & Lovering J.F. 1983. A Reassessment of the age of the Windmill metamorphics, Casey area. In: Antarctic Earth Science (ed. R.L. Oliver, P.R. James & J.B. Jago), Australian Academy of Sciences, Canberra, pp. 73-76.

Woehler E.J. & Croxall J.P. 1997. The status and trends of Antarctic and subantarctic seabirds. *Marine Ornithology* 25: 43-66.

Woehler, E.J. & Johnstone, G.W. 1991. Status and conservation of the seabirds of the Australian Antarctic Territory. In Seabird status and conservation: A Supplement. (ed. J.P. Croxall) ICBP Technical Publication No. 11: 279-308.

Woehler, E.J., Slip, D.J., Robertson, L.M., Fullagar, P.J. & Burton, H.R. 1991. The distribution, abundance and status of Adélie penguins *Pygoscelis adeliae* at the Windmill Islands, Wilkes Land, Antarctica. *Marine Ornithology* 19: 1-17.

Woehler, E.J., Cooper, J., Croxall, J.P., Fraser, W.R., Kooyman, G.L., Miller, G.D., Nel, D.C., Patterson, D.L., Peter, H-U, Ribic, C.A., Salwicka, K., Trivelpiece, W.Z. & Weimerskirch, H. 2001. *A Statistical Assessment of the Status and Trends of Antarctic and Subantarctic Seabirds*. SCAR/CCAMLR/NSF.

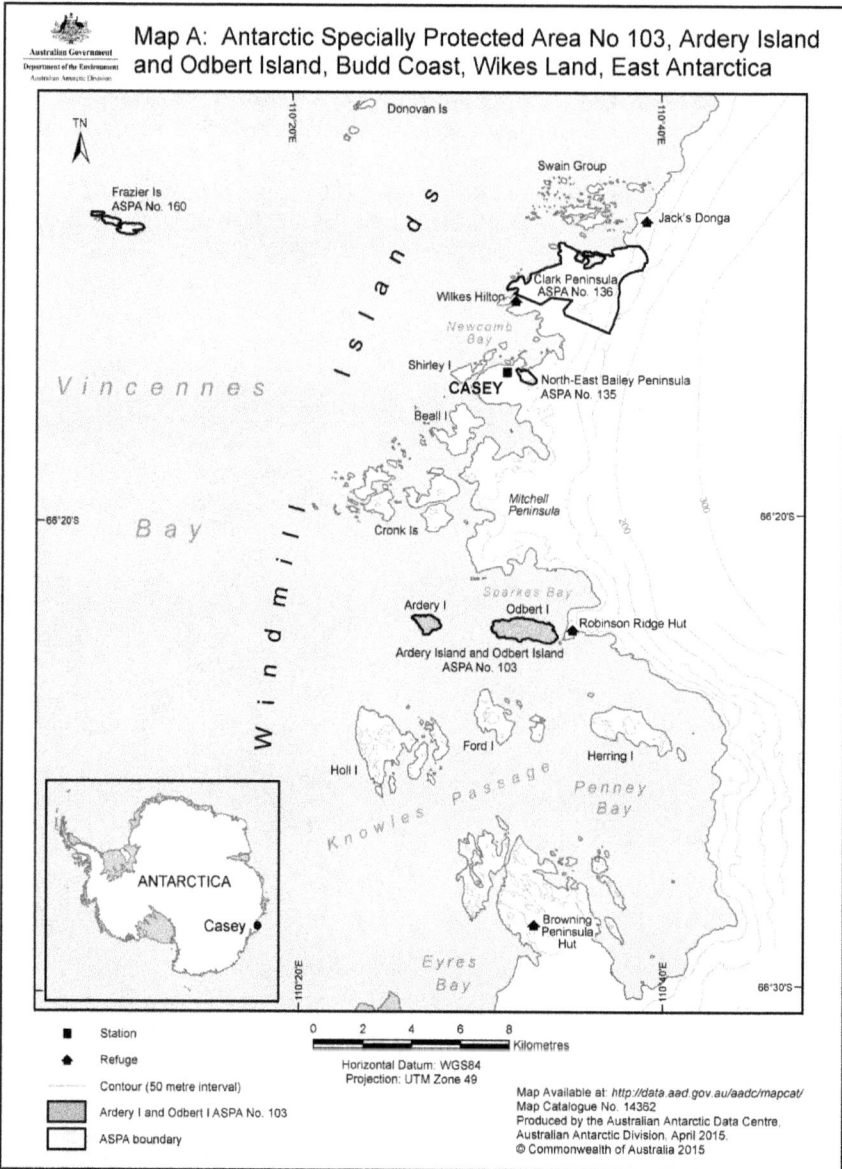

Map A: Antarctic Specially Protected Area No 103, Ardery Island and Odbert Island, Budd Coast, Wikes Land, East Antarctica

Map B: Antarctic Specially Protected Area No. 103
Ardery Island
Topography and Bird Distribution

Australian Government
Department of the Environment
Australian Antarctic Division

TN

Mast Point

Ardery Island

• 117

• 100

• 75

• 50

• 25

110°27'0"E
110°28'0"E
66°22'15"S
66°22'30"S

	Antarctic petrel colony		South polar skua colony
	Southern fulmar colony		Ice-free area
	Cape petrel colony		Lake
	Snow petrel colony		Cliff
	Wilsons storm petrel colony		Contour (5m interval)
			Index contour (25m interval)

• Spot height (metres)
● Camera location

0   100   200   300   Metres

Horizontal Datum: WGS84
Projection: UTM Zone 49

Map Available at: http://data.aad.gov.au/aadc/mapcat/
Map Catalogue No. 14363
Produced by the Australian Antarctic Data Centre,
Australian Antarctic Division, April 2015.
© Commonwealth of Australia 2015

59

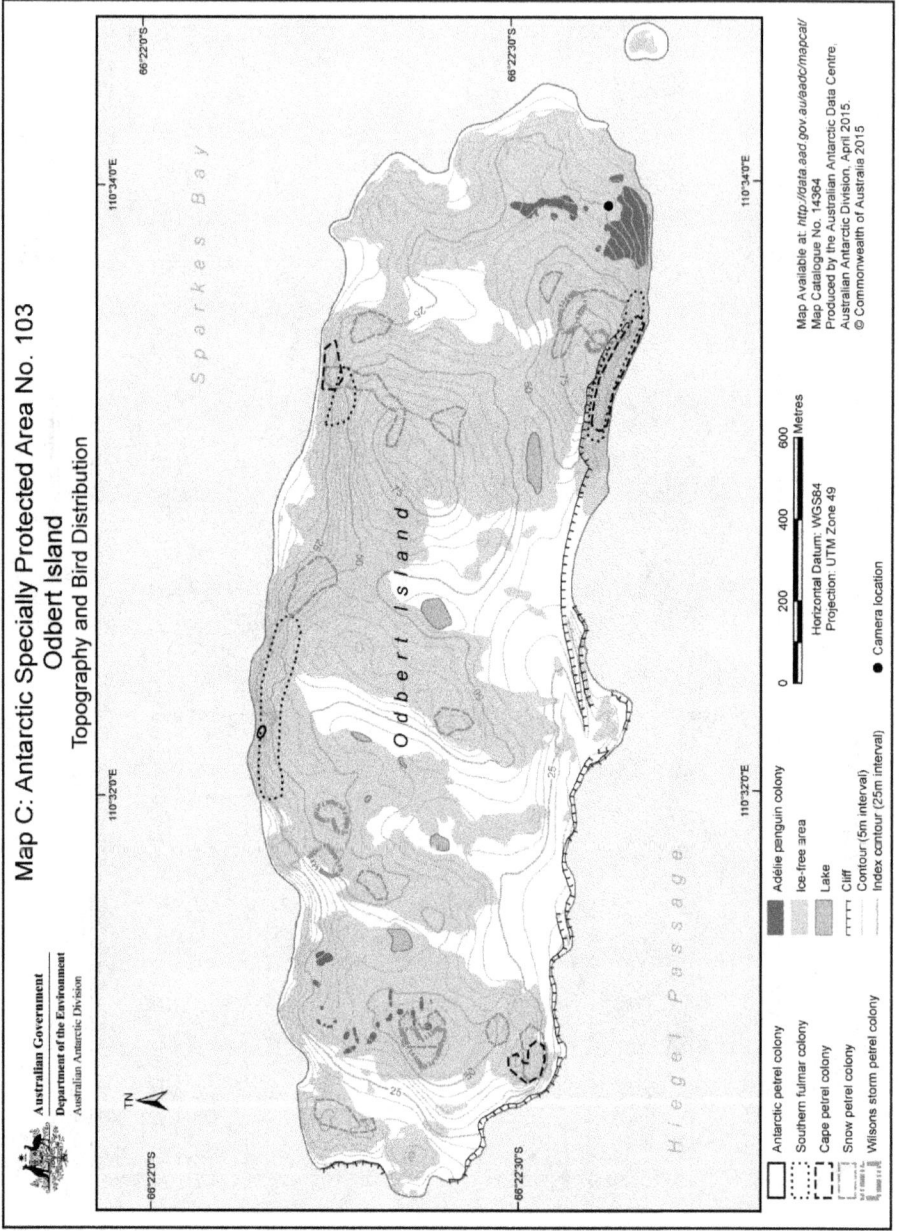

Map C: Antarctic Specially Protected Area No. 103
Odbert Island
Topography and Bird Distribution

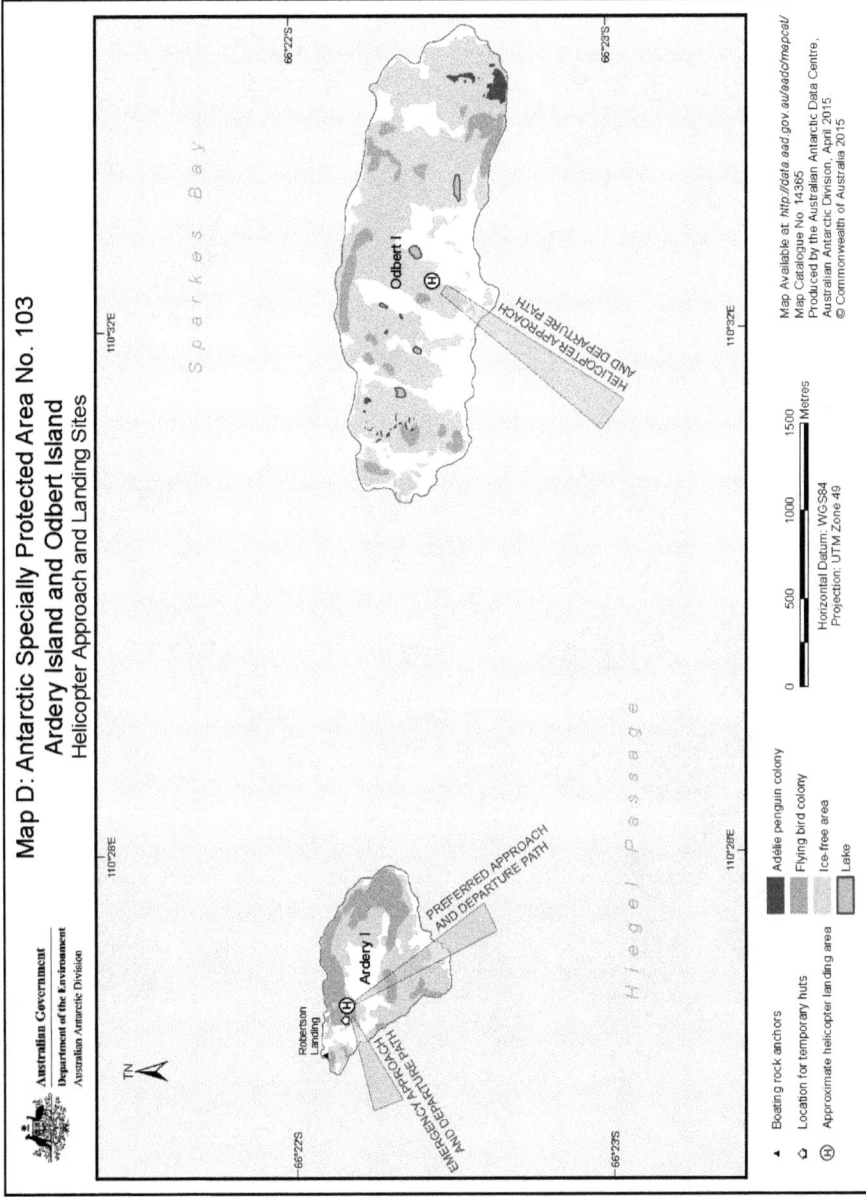

Map D: Antarctic Specially Protected Area No. 103
Ardery Island and Odbert Island
Helicopter Approach and Landing Sites

Plan de gestion pour la
zone spécialement protégée de l'Antarctique (ZSPA) n°104
ÎLE SABRINA, ÎLES BALLENY, ANTARCTIQUE

1. Description des valeurs à protéger

Située dans l'archipel Balleny, l'île Sabrina avait été à l'origine désignée comme zone spécialement protégée (ZSP) n°4 par la Recommandation IV-4 (1966) au motif que les « îles Balleny, terres antarctiques de l'extrémité septentrionale de la région de la mer de Ross possèdent une flore et une faune qui reflètent plusieurs distributions circumpolaires de cette latitude et que l'île Sabrina constitue un échantillon particulièrement représentatif de cette flore et de cette faune. ». Ce site a été redésigné zone spécialement protégée de l'Antarctique (ZSPA) n°104 dans la Décision 1 (2002). Un plan de gestion est alors préparé, qui comprend l'île Sabrina, l'îlot Chinstrap et le Monolithe, pour être adopté ensuite en vertu de la Mesure 3 (2009).

La principale raison de la désignation de l'île Sabrina comme zone spécialement protégée de l'Antarctique est de préserver ses valeurs écologiques exceptionnelles, en particulier sa biodiversité unique à la région de la mer de Ross.

Les îles Balleny, découvertes en février 1839 par un marin britannique, John Balleny, se situent à environ 325 km au nord des côtes Pennell et Oates. Elles se composent de trois îles principales, les îles Young, Buckle et Sturge, et de plusieurs îlots plus petits formant un archipel orienté nord-ouest/sud-est d'environ 160 km de long, situé entre 66°15'S et 67°10'S de latitude et 162°15'E et 164°45'E de longitude (Carte 1). Les îles Balleny sont les seules véritables îles océaniques (en opposition aux îles continentales) de l'Antarctique du côté de la mer de Ross, à l'exception de l'île Scott, située à environ 505 km au nord-est du cap Adare. L'archipel se trouve en outre dans le principal courant circumpolaire antarctique. Il constitue ainsi un important habitat de reproduction et de repos pour les espèces d'oiseaux marins et de phoques et revêt une grande importance dans la distribution circumpolaire pour de nombreuses espèces (voir Tableau 1 et 2, Annexe 1).

L'île Sabrina, l'îlot Chinstrap et le Monolithe se trouvent à environ 3 km au sud/sud-est de l'île Buckle. Ces îles sont le seul site de reproduction connue à ce jour des manchots à jugulaire (*Pygoscelis antarctica*) entre les îles Bouvet et Pierre Ier (un espace de 264°de longitude), la majorité des couples reproducteurs ayant été recensés sur l'île Sabrina. Par ailleurs, cette population cohabite avec une colonie bien plus grande de manchots Adélie (*P. adeliae*), alors que les zones de répartition de ces deux espèces sont normalement totalement séparées, à l'exception de certaines colonies qui se chevauchent vers la pointe de la péninsule antarctique, sur les îles Shetland du Sud et plus au nord, sur les îles Orcades du Sud.

La colonie de manchots Adélie sur l'île Sabrina est d'autant plus importante qu'elle est la plus grande de l'archipel (et compte la plupart des couples reproducteurs de manchots à jugulaire) et qu'elle semble connaître une croissance très rapide. Isolées, en proie aux conditions météorologiques difficiles et au mauvais état de la glace, les îles Balleny ne sont soumises qu'à de faibles perturbations anthropiques, à l'exception des pêcheries de l'océan Austral.

2. Buts et objectifs

La gestion de l'île Sabrina poursuit les buts et objectifs suivants :

- éviter toute détérioration ou tout risque de détérioration des valeurs de la zone en empêchant toute perturbation anthropique inutile de ladite zone ;
- éviter ou minimiser l'introduction de plantes, d'animaux et de microbes non indigènes dans la zone ;
- préserver l'écosystème naturel comme zone de référence peu perturbée par des activités anthropiques directes ;
- éviter de perturber la colonie de manchots à jugulaire, dont l'aire de répartition est déjà anormale, en supprimant les échantillonnages inutiles ;
- permettre d'effectuer des recherches scientifiques dans la zone, pour autant qu'elles soient indispensables, qu'elles ne puissent être menées ailleurs et qu'elles ne portent pas atteinte à l'écosystème naturel de la zone ;
- autoriser des visites à des fins de gestion en vue d'appuyer les buts du plan de gestion.

3. Activités de gestion

Les activités de gestion suivantes seront entreprises pour protéger les valeurs de la zone :

- des copies de ce plan de gestion doivent être mises à la disposition des navires se déplaçant dans le voisinage de la zone ;
- les programmes nationaux doivent veiller à ce que les limites de la zone et les restrictions qui s'y appliquent soient indiquées sur les cartes et les plans marins appropriés dont ils ont la responsabilité ;
- des visites seront organisées en fonction des besoins afin de déterminer si la zone répond toujours aux objectifs pour lesquels elle a été désignée et de s'assurer que les mesures de gestion sont adéquates.

4. Durée de la désignation

La zone est désignée pour une période indéterminée.

5. 5. Cartes et photographies

Carte 1 : ZSPA n°104 : île Sabrina, îles Balleny, Antarctique. Carte régionale.
Ligne de référence : WGS84 ; projection : stéréographique polaire antarctique ; source des données : carte principale et encarts : base de données numériques SCAR version 6 (2012)

Carte 2 : ZSPA n°104 : île Sabrina, îles Balleny, Antarctique. Bornage, accès et caractéristiques.
Ligne de référence : WGS84 ; projection : zone UTM 58S ; source des données : imagerie de Digital Globe, satellite WorldView - 1, acquis le 14 janvier 2011, 50 cm de résolution. Caractéristiques recueillies par Land Information Nouvelle-Zélande.

Encart de photographie oblique obtenu en décembre 2014 par la Royal New Zealand Air Force (RNZAF).

6. Description de la zone

6(i) Coordonnées géographiques, bornage et caractéristiques du milieu naturel
Emplacement et description générale :
Les îles Balleny se trouvent à environ 325 km au nord des côtes Pennell et Oates (Carte 1). Elles sont la partie exposée d'une chaîne de monts sous-marins volcaniques. Elles se composent de trois grandes îles ainsi que de plusieurs îles plus petites et de roches exposées. L'île Sabrina est située à 66° 55 S de latitude et 163° 19 E de longitude, à trois kilomètres de la pointe sud de l'île Buckle (l'île centrale des îles principales). Elle mesure moins de 2 km de largeur et atteint selon les estimations 180 m d'altitude. Un bouchon volcanique haut d'environ 80 m, appelé le Monolithe, est attaché à l'extrémité sud de l'île Sabrina par une pointe de rochers. Un petit îlot se trouve au nord-est de l'île Sabrina, appelé généralement « îlot Chinstrap ».

Bornage :
La ZSPA comprend l'ensemble des terres émergées de l'île Sabrina, du monolithe et de l'îlot Chinstrap à marée basse (Carte 2). La ZSPA ne couvre pas la zone marine.

Caractéristiques du milieu naturel :
Environ un quart de l'île Sabrina est recouvert en permanence de neige et de glace et un pied de glace rencontre la mer à l'extrémité nord. Une crête escarpée traverse l'île avec des pentes de scories vers l'est et le sud. Des falaises longitudinales forment la majeure partie de la côte de l'île, si ce n'est une plage de galets dans le sud-ouest.

Les pentes de scories à l'est de la crête centrale de l'île sont occupées par des nids de manchots Adélie et à jugulaires. Les oiseaux accèdent à ces sites de nidification par la plage située au sud-ouest de l'île. L'île Sabrina abrite la plus grande colonie de manchots des îles Balleny, avec près de 3 770 couples reproducteurs de manchots Adélie répertoriés en 2000 et quelque 202 adultes à jugulaire et 109 poussins en 2006. L'îlot Chinstrap comptait 2 298 couples de manchots reproducteurs en 2000, avec quelque 10 couples de manchots à jugulaire ayant été répertoriés sur l'îlot en 1965 et 1984.

Des damiers du cap (*Daption capense*) ont été observés nichant sur l'île Sabrina en 2006 de même que sur le côté sud du monolithe en 1965 (bien que cela n'ait pas été confirmé par des expéditions plus récentes). Quelques gorfous dorés (*Eudyptes chrysolophus*) ont été aperçus sur l'île Sabrina (en1964 et peut-être en 1973).

Diverses espèces d'algues, y compris des Myxopycophyta, Xanthophyceae (*Tribonema spp.*) et Chlorophycophyta (*Prasiola spp.*) ont été répertoriées sur l'île Sabrina. Des bactéries chromogènes (jaune brillant), des levures, 14 espèces de champignons filamenteux, deux espèces de champignons thermophileux (*Aspergillus fumigatus* et *Chaetomium gracile*), des acariens (*Stereotydeus mollis, Nanorchestes antarcticus, Coccorhgidia* spp.) et des nématodes ont également été recensés. Au sommet de la principale crête, on trouve des lichens crustose, principalement des espèces *Caloplaca* ou *Xanthoria*.

6 (ii) Accès à la zone

- La zone est difficile d'accès en raison de terres et des falaises aux pentes abruptes de chaque île et de l'état de la glace aux différentes périodes de l'année. Aucune route d'accès à l'îlot Chinstrap n'a été identifiée, mais l'île Sabrina et le monolithe sont accessibles par hélicoptère ou par petit bateau depuis la plage de galets située du côté sud-ouest de l'île Sabrina (Carte 2).
- Des restrictions d'accès s'appliquent à l'intérieur de la zone, dont les conditions spécifiques sont décrites dans la section 7(ii) ci-dessous.

6(iii) Emplacement des structures à l'intérieur de la zone et à proximité de celle-ci

- Il n'y a pas de structure existant à l'intérieur de la zone ou à proximité de celle-ci.

6(iv) Emplacement des autres zones protégées à proximité

- La zone protégée la plus proche de l'île Sabrina est la ZSPA n°159 : cap Adare, sur la côte Borchgevik, à environ 560 km au sud-est.

6(v) Aires spéciales à l'intérieur de la zone

- Il n'y a aucune aire spéciale à l'intérieur de la zone.

7. Critères de délivrance des permis d'accès

7(i) Critères généraux

L'accès à la zone est interdit sauf si un permis a été délivré par une autorité nationale compétente. Les critères de délivrance d'un permis pour entrer dans la zone sont les suivants :

- un permis est délivré uniquement pour des raisons scientifiques ou pédagogiques indispensables qu'il est impossible de satisfaire ailleurs ou pour des raisons de gestion essentielles à la zone ;
- les activités autorisées sont conformes au présent plan de gestion ;
- les actions autorisées ne porteront pas atteinte à l'écosystème naturel ou aux valeurs écologiques ou scientifiques de la zone ;
- le permis est délivré pour une durée déterminée ; et
- le permis ou une copie sera emporté à l'intérieur de la zone.

7(ii) Accès à la zone et déplacements à l'intérieur ou au-dessus de celle-ci

- L'accès à l'île Sabrina et au monolithe se fait par petit bateau ou par hélicoptère depuis la plage de galets située sous les pentes de scories de la côte sud-ouest de l'île Sabrina (latitude 66° 55.166'S, longitude 163° 18.599'E) (Carte 2).
- Aucune route d'accès privilégié à l'îlot Chinstrap n'a été identifiée.
- Le survol de la zone en hélicoptère doit être évité, sauf à des fins scientifiques et de gestion essentielles.
- Les opérations de survol de la zone doivent être réalisées conformément aux Directives pour l'exploitation d'aéronefs à proximité de concentrations d'oiseaux dans l'Antarctique, inscrites à la Résolution 2 (2004).
- Tous les déplacements à l'intérieur de la zone doivent se faire à pied. Les déplacements à pied doivent être limités au minimum requis pour effectuer les activités autorisées et tous les efforts raisonnables doivent être consentis pour réduire les effets de piétinement.

7(iii) Activités qui peuvent être menées dans la zone
Les activités suivantes font partie des activités pouvant être menées dans la zone :
- recherches scientifiques indispensables qui ne peuvent pas être effectuées ailleurs et qui ne porteront pas atteinte à l'écosystème naturel ou aux valeurs environnementales ou scientifiques de la zone ; et
- activités de gestion essentielles, y compris le suivi et les inspections ;

7(iv) Installation, modification ou démantèlement de structures
- Aucune nouvelle structure (c.-à-d. des panneaux ou des bornes) ni aucun nouvel équipement scientifique ne doivent être érigés dans la zone, sauf pour des impératifs scientifiques ou liés à la gestion et pour une période déterminée confirmée par un permis.
- Toutes les structures, les équipements scientifiques ou les bornes installés au sein de la zone doivent être clairement identifiés et mentionner le pays, le nom du principal chercheur ou de l'agence, l'année d'installation et la date prévue d'enlèvement.
- Tous ces éléments ne doivent comporter aucun organisme, propagule (p. ex. semences, œufs) et aucune particule de terre non stérile, et doivent être faits de matériaux qui puissent résister aux conditions environnementales et constituer un facteur de risque minimal de contamination de la zone.
- L'enlèvement d'équipements spécifiques pour lesquels le permis a expiré est du ressort de l'autorité qui a délivré le permis d'origine, et il sera l'un des critères de délivrance du permis.

7(v) Emplacement des campements
Des campements peuvent être établis s'ils s'avèrent nécessaires à l'appui des activités scientifiques ou de gestion autorisées. Dans la mesure du possible, l'emplacement du campement doit être choisi de manière à réduire au minimum les perturbations causées à la faune sauvage et il sera pris soin de sécuriser tout le matériel.

7(vi) Restrictions sur les matériaux et organismes pouvant être introduits dans la zone
- L'introduction délibérée d'animaux, de végétaux, de micro-organismes et de terre non stérile dans la zone est interdite. Des mesures de précaution doivent être prises pour éviter l'introduction accidentelle de tout animal, forme végétale, micro-organisme et terre non stérilisée provenant de régions biologiquement distinctes (comprises à l'intérieur ou à l'extérieur de la zone du Traité sur l'Antarctique).
- Tout le matériel d'échantillonnage, toutes les chaussures, tous les vêtements extérieurs, tous les sacs à dos et tous les autres équipements utilisés ou introduits dans la zone doivent être soigneusement nettoyés avant d'entrer dans la zone. Il est recommandé de nettoyer à la brosse, avant chaque débarquement, les chaussures dans une installation de décontamination.
- Aucun produit contenant de la volaille, y compris des produits alimentaires contenant des œufs en poudre non cuits, ne doit être introduit dans la zone.
- Aucun pesticide ne doit être introduit dans la zone. Tous les autres produits chimiques qui peuvent être introduits dans la zone pour des raisons scientifiques, de gestion ou de sécurité impérieuses précisées dans le permis seront enlevés de la zone à ou avant la fin de l'activité pour laquelle le permis a été délivré.
- Il est interdit de déposer dans la zone des combustibles, des aliments et d'autres matériaux à moins qu'ils ne soient nécessaires pour des buts essentiels liés à l'activité pour laquelle le permis a été délivré. Tous ces matériaux introduits doivent être enlevés lorsqu'ils ne sont plus nécessaires. Les dépôts permanents ne sont pas autorisés.

- Il convient de disposer, en cas de déversement, du matériel d'intervention requis susceptible de pouvoir traiter le volume des combustibles ou d'autres liquides nocifs introduits dans la zone. Les déversements doivent être immédiatement nettoyés à condition que l'intervention ait sur l'environnement un impact moindre que le déversement lui-même.

7(vii) Prélèvement de végétaux et capture d'animaux ou perturbations nuisibles à la faune et la flore
- Tout prélèvement ou toute perturbation nuisible à la flore et à la faune sont interdits, sauf si un permis a été délivré à cet effet conformément à l'Annexe II du Protocole au Traité sur l'Antarctique relatif à la protection de l'environnement. Tous prélèvements ou toutes perturbations nuisibles aux animaux doivent se dérouler au minimum conformément aux dispositions du Code de conduite pour l'utilisation d'animaux à des fins scientifiques dans l'Antarctique, établi par le SCAR.

7(viii) Ramassage ou enlèvement de ce qui n'a pas été apporté dans la zone par le détenteur du permis
- Le ramassage ou l'enlèvement de tout matériel ne se fera qu'en vertu des clauses du permis et se limitera au minimum nécessaire afin de répondre aux besoins scientifiques ou de gestion. Un permis ne sera pas délivré s'il y a lieu de croire que l'échantillonnage envisagé impliquerait de prélever, de retirer ou d'endommager des quantités telles de sol, de sédiments, de microbiotes, de faune et de flore sauvages, que leur distribution ou leur abondance à l'intérieur de la zone en serait fortement modifiée.
- Les matériaux d'origine humaine susceptibles de mettre en péril les valeurs de la zone, qui n'ont pas été introduits dans celle-ci par le détenteur du permis ou qui n'ont pas été autrement autorisés, peuvent être enlevés de n'importe quelle partie de la zone à moins que l'impact de l'enlèvement ne soit supérieur à celui de la décision de les laisser *in situ*. Si tel est le cas, il convient d'en informer l'autorité compétente.

7(ix) Élimination des déchets
- Tous les déchets, y compris les déchets humains, doivent être retirés de la zone.

7(x) Mesures nécessaires pour continuer de répondre aux objectifs du plan de gestion
Des permis d'accès à la zone peuvent être délivrés pour :
- mener des activités de suivi et d'inspection dans la zone pouvant comprendre la collecte d'un petit nombre d'échantillons ou de données pour en effectuer l'analyse ou l'examen ;
- installer ou entretenir les panneaux, les structures ou l'équipement scientifique ;
- ou pour d'autres mesures de gestion.

7(xi) Exigences relatives aux rapports
Le principal détenteur du permis soumettra, pour chaque visite dans la zone, un rapport à l'autorité nationale compétente, dès que cela lui sera possible, et au plus tard six mois après la fin de ladite visite. Ces rapports de visite doivent inclure, le cas échéant, les informations identifiées dans le formulaire de rapport de visite qui a été recommandé (figurant à l'Annexe 2 du Guide révisé pour la préparation des plans de gestion des zones spécialement protégées en Antarctique en annexe à la Résolution 2 [2011]), disponible sur le site internet du Secrétariat du Traité sur l'Antarctique (www.ats.aq).

Le cas échéant, l'autorité nationale doit également transmettre une copie du rapport de visite à la Partie qui a proposé le plan de gestion afin de contribuer à la gestion de la zone et à la révision du plan de gestion.

Les données cartographiques actuellement disponibles pour la zone sont très limitées. En tant que partie chargée de l'examen du présent plan de gestion, la Nouvelle-Zélande souhaiterait recevoir des copies de données et d'images qui pourraient faciliter la future gestion de la zone.

8. Support documentaire

Bradford-Grieve, Janet et Frenwick, Graham. November 2001. *A Review of the current knowledge describing the biodiversity of the Balleny Islands: Final Research Report for Ministry of Fisheries Research Projects ZBD2000/01 Objective 1 (in part).* NIWA, New Zealand.

de Lange W., Bell R. 1998. Tsunami risk from the southern flank: Balleny Islands earthquake. *Water and atmosphere.* 6(3), pp 13-15.

Macdonald, J.A., Barton, Kerry J., Metcalf, Peter. 2002. Chinstrap penguins (*Pygoscelis antarctica*) nesting on Sabrina Islet, Balleny Islands, Antarctica. *Polar Biology* 25:443-447

Robertson,CJR, Gilbert, JR, Erickson, AW. 1980. Birds and Seals of the Balleny Islands, Antarctica. *National Museum of New Zealand Reconds* 1(16).pp271-279

Sharp, Ben R. 2006. *Preliminary report from New Zealand research voyages to the Balleny Islands in the Ross Sea region, Antarctica, during January-March 2006.* Ministry of Fisheries, Wellington, New Zealand.

Smith, Franz. 2006. *Form 3: Format and Content of Voyage Reports: Balleny Islands Ecology Research Voyage.*

Varian, SJ. 2005. *A summary of the values of the Balleny Islands, Antarctica.* Ministry of Fisheries, Wellington, New Zealand.

Annexe 1

Tableau 1 : Espèces d'oiseaux répertoriées sur les îles Balleny

Le tableau donne la liste des espèces répertoriées dans les rapports d'expédition et les publications scientifiques. Les espèces indiquées comme étant des espèces en phase de reproduction ont été confirmées lors de récentes expéditions (c'est-à-dire depuis 2000) ; celles assorties d'un S se reproduisent sur l'île Sabrina elle-même.

Nom commun	Espèce	Reproduction
Manchot Adélie	*Pygoscelis adeliae*	✓ S
Fulmar argenté	*Fulmarus glacialoides*	✓
Pétrel antarctique	*Thalassoica Antarctica*	✓
Prion de la désolation	*Pachyptila desolata*	
Sterne arctique	*Sterna paradisaea*	
Albatros à sourcils noirs	*Diomedea melanophrys*	
Damier du cap	*Daption capense*	✓ S
Manchots à jugulaire	*Pygoscelis antarctica*	✓ S
Albatros à tête grise	*Diomedea chrysostoma*	
Albatros fuligineux	*Phoebetria palpebrata*	
Gorfou doré	*Eudyptes chrysolophus*	
Pétrel des neiges	*Pagodroma nivea*	✓
Puffin fuligineux	*Puffinus griseus*	
Pétrel géant	*Macronectes giganteus*	
Labbe de McCormick	*Catharacta maccormicki*	
Labbe antarctique	*Catharacta antarctica subsp lonnbergi*	
Albatros hurleur	*Diomedea exulans*	
Puffin à menton blanc	*Procellaria aequinoctialis*	
Océanite de Wilson	*Oceanites oceanicus*	

Tableau 2 : Espèces de phoques répertoriées sur les îles Balleny

Le tableau donne la liste des espèces répertoriées dans les rapports d'expédition et les publications scientifiques. La reproduction n'a été confirmée pour aucune espèce.

Nom commun	Espèce
Phoque crabier	*Lobodon carcinophagus*
Éléphant de mer du sud	*Mirounga leonina*
Léopard de mer	*Hydrurga leptonyx*
Phoque de Weddell	*Leptonychotes weddellii*

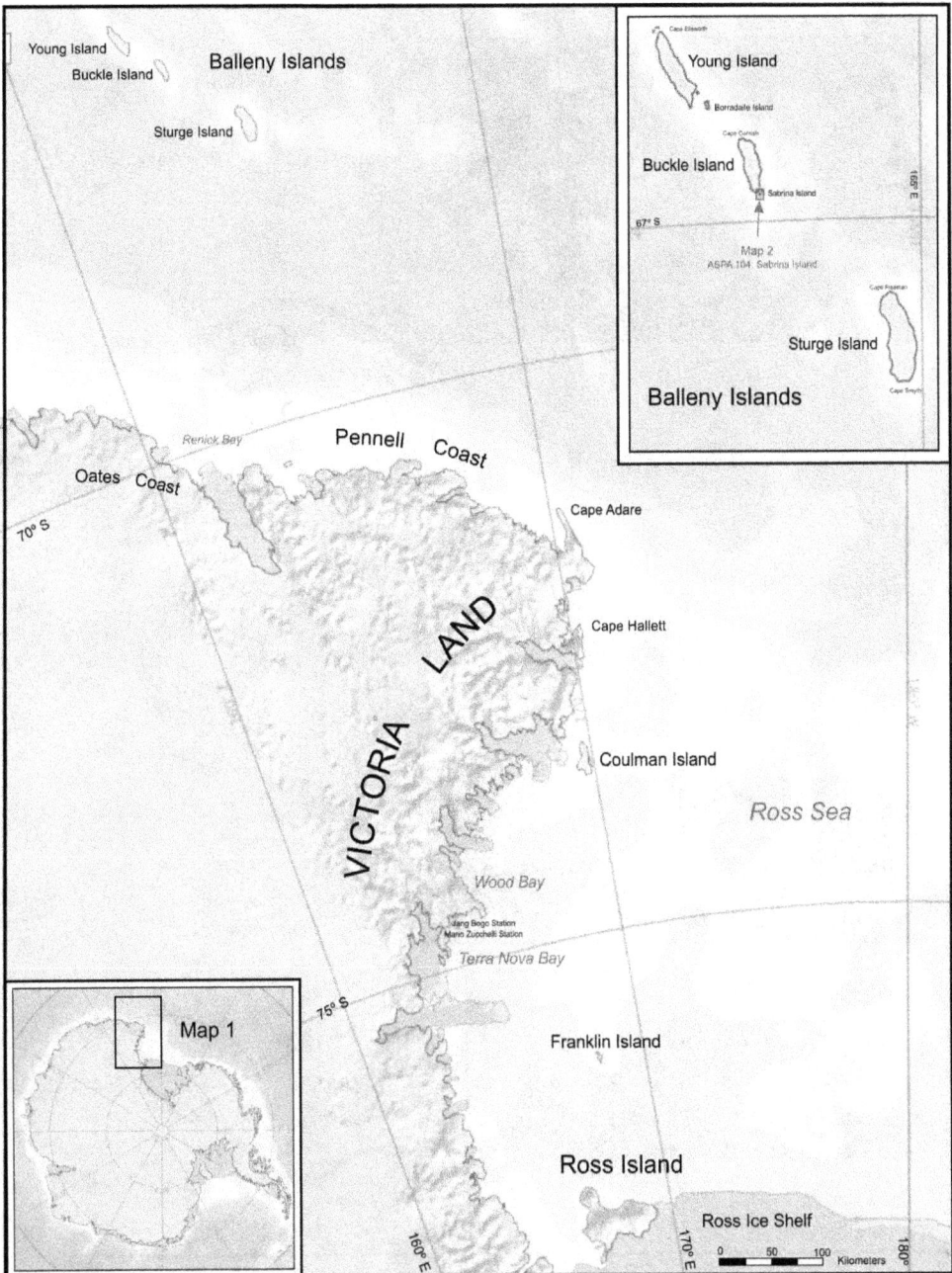

Map Information

Source: SCAR Antarctic Digital Database
Version 6.0 Year 2012
Projection: Antarctic Polar Stereographic
Datum: WGS84

True north is coincident with the lines of longitude

Map 1 - ASPA 104: Sabrina Island
Balleny Islands, Antarctica.
Regional Map

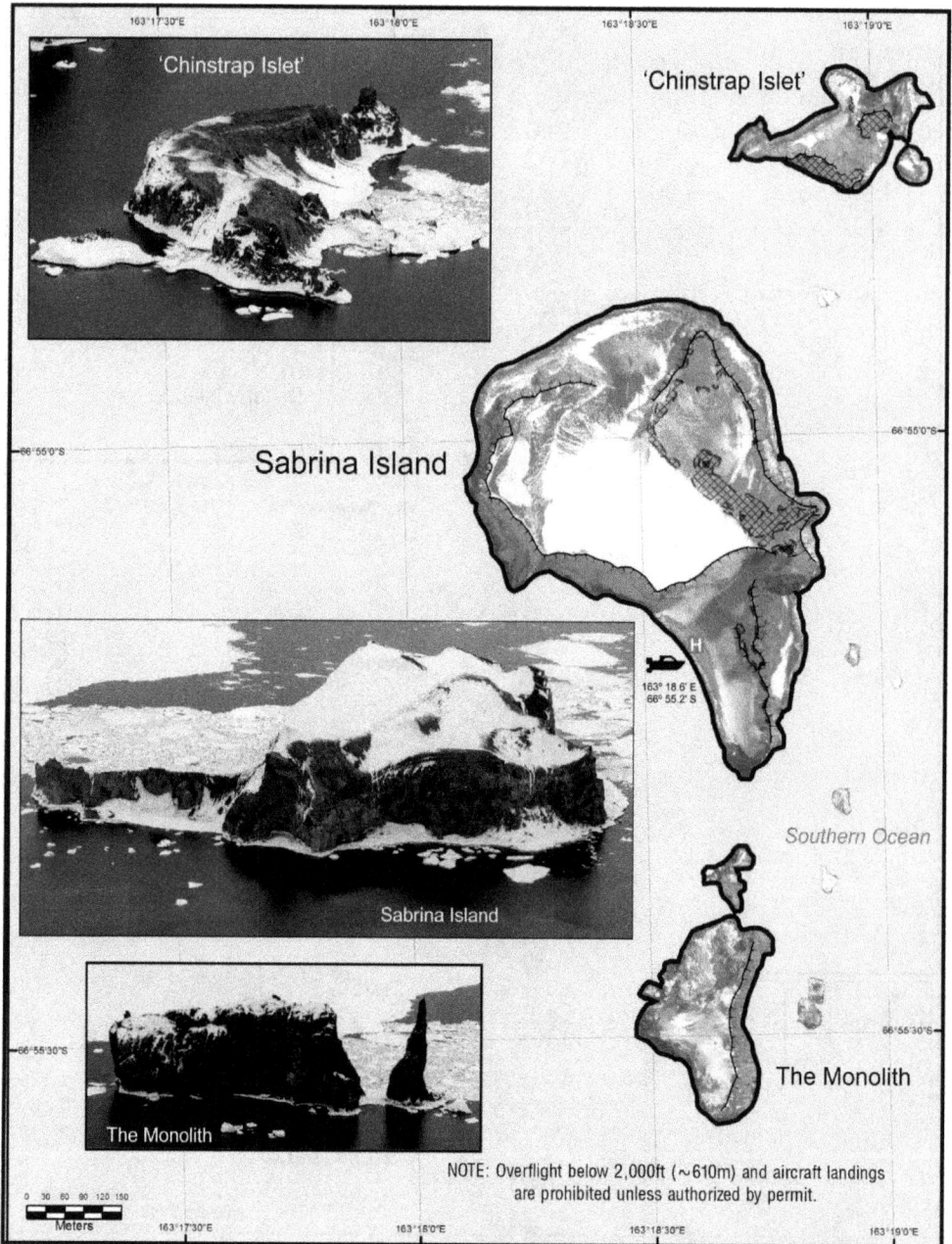

'Chinstrap Islet'

'Chinstrap Islet'

Sabrina Island

163° 18.6' E
66° 55.2' S

Sabrina Island

Southern Ocean

The Monolith

The Monolith

NOTE: Overflight below 2,000ft (~610m) and aircraft landings
are prohibited unless authorized by permit.

Map Information
Projection: UTM Zone 58 Sth
Datum: WGS 84
True north is coincident with the lines of longitude

Data Source
Imagery: Digital Globe, WorldView-1 Satellite
Acquired on 14 January 2011, 50cm res
Features: Captured by Land Information New Zealand
Oblique Photography: Taken in Dec 2014 by RNZAF

Map 2 - ASPA 104: Sabrina Island
Balleny Islands, Antarctica.
Boundary, Access and Features

Legend

Cliffs

Adelie penguin colonies
(extents approximate as at Dec 2000)

Chinstrap penguin colonies
(extents approximate as at Dec 2000)

ASPA Boundary

Preferred Landing Site
(helicopter & small boat)

Plan de gestion de la
zone spécialement protégée de l'Antarctique n°105
ÎLE BEAUFORT, McMURDO SOUND, MER DE ROSS

1. Description des valeurs à protéger

L'île Beaufort a été désignée, dans un premier temps, zone spécialement protégée n°5 au titre de la Recommandation IV-5 (1966) au motif qu'elle « contient une avifaune riche et variée, qu'elle représente un des lieux de reproduction les plus importants de la région et qu'elle doit être protégée afin de préserver le système écologique naturel comme zone de référence ». Cette zone a été rebaptisée, au titre la Décision 1 (2002), zone spécialement protégée de l'Antarctique (ZSPA) n°105 et un plan de gestion révisé a été adopté au titre de la Mesure 2 (2003) et de la Mesure 4 (2010). La Zone est une île sur laquelle les activités humaines n'ont eu que peu d'impact. Elle a été choisie principalement pour protéger les valeurs écologiques du site des interférences humaines.

L'île Beaufort est l'île située le plus au nord de l'archipel de Ross, à environ 30 km au nord du cap Bird, île de Ross. Elle se trouve sur le rebord d'un cône volcanique qui s'est érodé au fil du temps et dont les restes sont aujourd'hui submergés à l'est de l'île. L'île et les restes submergés de la caldeira bloquent la dérive, essentiellement vers l'ouest, de la banquise et des icebergs qui se sont détachés de la plateforme glaciaire de Ross, située à proximité. Des icebergs s'échouent sur ces pics, ce qui facilite la formation de la banquise côtière. L'île Beaufort se compose principalement de roches, mais certaines parties de l'île sont couvertes de glace et de neige. Du côté sud-ouest de l'île, on peut observer un vaste plateau libre de glace avec des plages surélevées derrière lesquelles se forment des étangs d'été, alimentés par de petits cours d'eau de fonte s'écoulant vers la côte. Des champs de glace inclinés (de 12° à 15°) couvrent la majeure partie des côtés nord et ouest de l'île, mais la glace a reculé ces dernières années. Une vaste zone plate d'une hauteur inférieure à 50 m se trouve à l'extrémité nord de l'île où la calotte glaciaire de l'île s'écoule vers une plage de galets, située à proximité de cette partie du littoral. Des falaises quasiment verticales couvrent le côté oriental de l'île qui fait face au centre de la caldeira.

L'avifaune est particulièrement riche dans le sud de la mer de Ross. On trouve, sur le large plateau de la partie sud-ouest de l'île, une grande colonie de manchots Adélie (*Pygoscelis adeliae*) ainsi qu'une plus petite sous-colonie de formation récente, établie en 1995, sur la plage le long de la côte nord-ouest. Les manchots Adélie seraient présents sur l'île depuis 45 000 ans. Une colonie reproductrice de manchots empereurs (*Aptenodytes forsteri*) a élu domicile à plusieurs endroits de la banquise côtière vers le nord et l'est de l'île, où des icebergs échoués facilitent la formation de la banquise. Une colonie de labbes de McCormick (*Catharacta maccormicki*) a pris ses quartiers sur les côtes nord et sud tandis que des pétrels des neiges (*Pagodroma nivea*) ont été aperçus nichant dans des cavités sur les falaises au sud de l'île. Les limites de la zone qui, auparavant, excluaient la colonie de manchots empereurs ont été prolongées pour inclure la banquise côtière que pourraient occuper des oiseaux nicheurs. Des phoques de Weddell (*Leptonychotes weddellii*) se prélassent et se reproduisent sur la banquise côtière située à proximité des divers icebergs échoués et l'on peut apercevoir, dans les environs, des léopards des mers (*Hydruga leptonyx*) et des épaulards de la mer de Ross du type C mais aussi du type B. Les épaulards du type C sont attirés par les poissons tandis que les léopards des mers et les épaulards du type B sont attirés par les manchots et les phoques. Des phoques crabiers (*Lobodon carcinophagus)*, des rorquals (*Balaenoptera acutorostrata*) et des baleines à bec d'Arnoux (*Berardius arnuxii*) ont également été aperçus dans les eaux avoisinantes.

L'île Beaufort est située dans l'Environnement S (géologique Terre Victoria du Sud Mc Murdo, basé sur l'analyse des domaines environnementaux de l'Antarctique, Résolution 3 (2008)) et dans la Région 9 (terre Victoria du sud basée sur les régions de conservation biogéographiques de l'Antarctique, Résolution 6 (2012)). L'environnement S regroupe d'autres zones protégées : les ZSPA n°116, 121, 122, 123, 124, 131, 137, 138, 154, 155, 156, 157, 158, 161, 172 et 175 et la ZGSA n°2.

Au début de la saison estivale, les eaux libres et la banquise qui entoure l'île compliquent l'accès à de nombreuses zones de l'île, qui n'est que rarement visitée. À l'exception des manchots qui s'y trouvent, l'île Beaufort n'a pas été étudiée en détail et, de manière générale, elle n'est pas perturbée par des activités humaines directes. Toutefois, de récentes observations montrent que les champs de neige et de glace reculent. Les valeurs écologiques, scientifiques et esthétiques dues à l'isolement de l'île et aux niveaux relativement bas des interférences humaines expliquent la protection spéciale qui est accordée à l'île Beaufort.

2. Buts et objectifs

Le plan de gestion a pour but d'assurer la protection de la zone et de ses caractéristiques afin que ses valeurs puissent être préservées. Les objectifs du plan sont les suivants :

- éviter toute détérioration ou tout risque de détérioration des valeurs de la zone en empêchant toute perturbation humaine inutile de ladite zone ;
- préserver l'écosystème naturel comme zone de référence peu perturbée par des activités humaines directes ;
- permettre d'effectuer des recherches scientifiques sur les écosystèmes naturels, les communautés végétales, l'avifaune, les communautés d'invertébrés et les sols dans la zone, pour autant que ces recherches soient indispensables et ne puissent être menées ailleurs ;
- limiter les perturbations humaines en évitant de prélever inutilement des échantillons ;
- limiter les risques d'introduction de plantes, d'animaux et de microbes dans la zone ;
- autoriser des visites à des fins de gestion en vue d'appuyer la réalisation des buts du plan de gestion.

3. Activités de gestion

Les activités de gestion ci-après seront menées pour protéger les valeurs de la zone :

- des copies du présent plan de gestion (qui détaille les restrictions spéciales en vigueur), y compris des cartes de la zone, seront mises à disposition dans les stations de recherche/terrain opérationnelles adjacentes.
- les bornes, les panneaux et autres structures mis en place dans la zone à des fins scientifiques ou de gestion devront être solidement fixés, maintenus en bon état et enlevés lorsqu'ils ne sont plus nécessaires ;
- des visites seront organisées le cas échéant afin de déterminer si la zone répond toujours aux objectifs pour lesquels elle a été désignée et de s'assurer que les mesures de gestion et d'entretien sont adéquates ;
- les programmes antarctiques nationaux présents dans la région devront se consulter en vue d'assurer le respect de ces mesures.

4. Durée de la désignation

La zone est désignée pour une période indéterminée.

5. Cartes et photographies

Carte A : Carte topographique de l'île Beaufort. Cette carte est tirée de l'orthophotographie utilisée dans les cartes B et C, basée sur leurs spécifications. Encart : Canal McMurdo, montrant l'île de Ross et l'emplacement de la station McMurdo (États-Unis d'Amérique) et de la base Scott (Nouvelle-Zélande).

Carte B : Orthophotographie du nord de l'île Beaufort. Spécifications - Projection : conique conforme; parallèle standard, parallèle 1 : 76,6'S; parallèle standard 2 : 793'S; Datum : WGS84. Comprend le matériel c) METI et NASA 2006.

Carte C : Orthophotographie du sud de l'île Beaufort. Les spécifications sont les mêmes que pour la carte B.

6. Description de la zone

6(i) Coordonnées géographiques, bornage et caractéristiques du milieu naturel
La zone désignée comprend l'île Beaufort dans son intégralité (76°56'S, 166°56'E) au-dessus de la laisse moyenne de haute mer et comprend la banquise côtière adjacente occupée par des manchots empereurs reproducteurs (carte A). Les coordonnées sont les suivantes :

- de la côte nord de l'île Beaufort à 76 ° 55' 44" S, 166° 52' 42" E nord à 76° 55' 30" S, 166° 52' 49" E;
- de 76° 55' 30" S, 166° 52' 49" E est à 76° 55' 30" S, 167° 00' E;
- de 76° 55' 30" S, 167° 00' E sud le long du 167° de longitude parallèle à la zone où il croise le littoral de l'île Beaufort à 76° 55' 30"S, 167° E (carte A).

L'île fait partie de cratères volcaniques de la fin du tertiaire qui se sont développés le long d'une ligne de faiblesse dans le fond de la mer de Ross. L'île est le vestige d'un cône bouclier de la fin de la dernière ère interglaciaire et fait partie de la caldeira. Plus des trois quarts du cône sont aujourd'hui formés d'une série circulaire de pics submergés à l'est de l'île Beaufort. Avec l'île, ces pics bloquent la dérive, essentiellement vers l'ouest, de la banquise et forcent les icebergs à s'y échouer, ce qui permet à la banquise côtière de se former dans cette zone. C'est sur cette banquise que les manchots empereurs se reproduisent. L'emplacement de la colonie reproductrice varie selon la répartition de la banquise côtière, raison pour laquelle la ligne de démarcation de la zone protégée a été prolongée pour tenir compte de l'emplacement de la colonie, quelle que soit la saison.

La géologie de l'île est typique d'un complexe basaltique érodé d'origine sous-aérienne, caractérisé par la présence de coulées de lave, de brèches d'explosion ainsi que de tufs volcaniques. De nombreuses roches volcaniques ont été circonscrites par une série de filons basaltiques tardifs et l'on peut observer des traces de tufs issus de pluies de cendres superposées et de coulées de projections agglomérées en provenance de cônelets de lave et de scories secondaires au niveau local. L'île est longue d'environ 7 km et large de 3,2 km. Son point le plus élevé culmine à 771 m au pic Paton. Les côtes ouest et nord-ouest de l'île sont surtout des champs de glace caractérisés par des falaises de glace d'environ 20 m le long du bord nord-ouest tandis que les côtes est et sud de l'île sont en grande partie libres de glace, avec des falaises inaccessibles quasiment verticales qui surgissent de la mer. Sur la rive sud-ouest se trouve la plage Cadwalader qui comprend une pointe rocheuse et une flèche cuspidée et, à l'arrière, des falaises basaltiques abruptes et plusieurs cônes d'éboulis. Une série de crêtes de plage, généralement occupées par des manchots Adélie reproducteurs, retiennent des eaux de fonte qui forment des étangs. Ces crêtes influencent la croissance de la plage par rapport aux falaises et au soulèvement isostatique. Une série de plages surélevés est présente à l'extrémité nord de l'île. On y trouve, à certains endroits des traces (pennes et guano) d'une occupation ancienne et apparemment importante de manchots (remontant à 45 000 années). Des plates-formes (abrasion) infratidales et d'énormes rochers ont été localisés sous les falaises du sud fortement érodées. Les falaises orientales descendent directement dans la mer. L'île Beaufort est relativement inaccessible par la mer, sauf sur les rives sud et nord, en raison de la nature abrupte des falaises de l'île et de la présence de pics submergés et d'icebergs échoués. Il est donc difficile de s'approcher de l'île en bateau. En raison de l'isolement de l'île Beaufort et des niveaux actuellement bas des activités de navigation dans la région, des bornes et des panneaux n'ont pas été installés pour délimiter la zone. La nécessité de le faire devrait être réévaluée à chaque réexamen du plan de gestion.

Une grande colonie de manchots Adélie et une sous-colonie de formation récente ont élu domicile sur l'île Beaufort. La première, qui compte 70 468 couples reproducteurs (2013/14), occupe la zone plane de la plage Cadwalader (cartes A et C). Entre 1981 et 2000, le nombre de couples reproducteurs a diminué de manière générale dans la colonie principale, pour ensuite repartir à la hausse entre 2001 et 2012. En 2013/2014, le nombre de couples reproducteurs était plus élevé que jamais (depuis le début des recensements en 1981) ; il atteint presque le double de la moyenne des 30 dernières années (39 391 couples reproducteurs) pour ce site (Lyver *et al.*, 2014) En 1995, un sous-colonie s'est installée à l'extrémité occidentale de la plage libre de glace de la côte nord (76° 55' S, 166° 52'E), qui abrite 2 couples avec 3 petits et environ 10 à 15 couples non-reproducteurs. La sous-colonie a continué de croître. Lors de la saison de reproduction 2005/06, on dénombrait 525 couples reproducteurs. Ce chiffre est passé à 677 en 2008/09 et à 989 en 2013/14. Depuis 1996, des scientifiques des programmes américains et néo-zélandais ont bagué un échantillon de 400 poussins manchots Adélie sur le point de prendre leur envol dans la zone de la plage Cadwalader. Une petite centaine de manchots adultes, qui ont survécu à leurs années juvéniles, résident aujourd'hui dans la colonie. Des manchots bagués au cap Royds, au cap Bird et au cap Crozier ont été aperçus dans cette sous-colonie établie sur la plage nord. Récemment, de nombreuses colonies présentes sur l'île Beaufort migraient vers l'île de Ross, mais, avec le recul des champs de glace et l'accroissement de l'espace de nidation sur l'île Beaufort, ce n'est plus le cas. Au-dessus de la plage, une terrasse de moraine de glace surélevée (5 à 20 m d'altitude, d'une largeur de 2 à 3 mètres sur la majorité de la longueur mais s'élargissant sur une distance de 50 m à l'extrémité est) s'étend sur 550 m avant de suivre une inclinaison plus raide vers les falaises basaltiques instables subsistant autour de toute la partie est de l'île. Au moins trois dépôts subfossiles de colonies de manchots ont été identifiés dans la terrasse de moraine. Chaque couche est séparée verticalement par environ 50 à 100 cm de gravillons et de sable, ce donne à penser que cette partie de l'île a été occupée par une importante colonie de manchots reproducteurs.

Des labbes de McCormick (environ 150 couples sans qu'on le sache avec précision) nichent sur le talus abrupt qui s'est formé en dessous des falaises qui s'élèvent derrière la colonie de manchots Adélie à la plage Cadwalader. Une autre colonie d'environ 50 couples de labbes (recensement de 1995) se reproduit sur la terrasse et sur les pentes libres de glace des falaises. La proportion des reproducteurs par rapport aux non-reproducteurs au sein de cette population est inconnue, mais environ 25 et 50 petits ont été dénombrés respectivement en janvier 1995 et janvier 1997. Plusieurs pétrels des neiges ont également été aperçus sur les falaises au-dessus de la colonie de manchots Adélie à la plage Cadwalader.

Sur la banquise côtière qui s'étend des côtes nord et est de l'île Beaufort, on peut voir chaque année, entre les mois d'avril et de janvier, une petite colonie de manchots empereurs (de 1962 à 2012, le nombre de poussins vivants a oscillé entre 131 et 2038; une photo aérienne a montré la présence de 812 adultes en 2012). Le nombre de poussins est indicatif du nombre de couples reproducteurs. Le nombre de poussins sur l'île Beaufort a diminué entre 2000 et 2004, lorsque l'iceberg géant B15A est entré en collision avec l'extrémité nord-ouest de la plateforme glaciaire de Ross au cap Crozier, île de Ross (Kooyman *et al.*, 2007).

Entre 2000 et 2012, le nombre de poussins et d'adultes était variable. La taille de la colonie est limitée par l'état et l'étendue de la banquise côtière, qui déterminent la disponibilité des sites de reproduction dans les recoins des pentes septentrionales de l'île Beaufort. L'emplacement précis des colonies varie d'année en année et les colonies se déplacent au cours d'une même saison de reproduction, mais la zone généralement occupée par les couples reproducteurs se situe sur la banquise côtière au pied des falaises situées à l'extrémité nord-est de l'île, comme indiqué sur les cartes A et B. Un coefficient de variation plus élevé de la présence des poussins dans cette petite colonie suggère qu'elle occupe un habitat marginal susceptible d'évoluer.

La terrasse de moraine libre de glace située au-dessus de la plage à l'extrémité nord de l'île (cartes A et B) favorise la croissance de végétation. Rares sont les plantes qui peuvent pousser dans l'épais guano qui couvre la plage Cadwalader, toutes les autres zones de l'île étant soit des falaises soit des zones couvertes de glace. Une aire de végétation de 50 m de large et située 5 à 7 m au-dessus de la plage du côté nord de l'île, a été décrite sur la base de visites de sites effectuées en janvier 1995 et 1997 ; elle est formée d'une vaste (environ 2,5 ha) superficie continue abritant d'une seule espèce de mousse *Bryum argenteum*. On trouve, par ailleurs, une deuxième espèce de mousse, *Hennediella heimii*, parmi les *B.argenteum*. La communauté de mousse est connue pour abriter d'importantes populations d'acariens (Acari) et de collemboles (Collembola). Bien qu'aucune étude détaillée d'invertébrés n'ait été réalisée, *Gomphiocephalus hodgsoni* (collemboles) et *Stereotydeus mollis* (acariens) étaient présents en grande quantité dans des échantillons de mousse prélevés sur l'île Beaufort. Une récente analyse génétique de ces populations a mis en évidence la présence sur l'île Beaufort d'haplotypes dont l'ADN mitochondrial est unique, que l'on ne trouve pas dans d'autres populations d'invertébrés dans la région de la mer de Ross.

Une communauté diversifiée d'algues, présente en grande quantité sur la rive méridionale, est également présente sur ce site. Bien qu'aucune étude détaillée d'algues n'ait été réalisée, plusieurs espèces d'algues ont été découvertes, notamment des algues rouges des neiges *Chlamydomonas sp.*, *Chloromonas sp.*, et *Chlamydomonas nivalis* (l'un des emplacements les plus au sud où ces algues ont été repérées) et *Prasiola crispa* qui est particulièrement abondante sur la plage septentrionale. Un certain nombre de chlorophytes et de xanthophytes unicellulaires (notamment *Botrydiopsis* et *Pseudococcomyxa* species) et de cynobactéries (en particulier scillatorians) ont été découverts dans *P. crispa*. Les algues vertes des neiges, qui forment un bandeau vert aux niveaux inférieurs des amas de neige au-dessus de la plage et sous les falaises de glace, contenaient un mélange de *Chloromonas* et de *Klebsormidium* .

6(ii) Aires restreintes à l'intérieur de la zone
Aucune

6(iii) Structures à l'intérieur de la zone et à proximité
La seule structure dont la présence est connue sur l'île est un panneau indicateur placé sur un rocher bien en vue dans la colonie de manchots Adélie installée sur la plage Cadwalader (cartes A et C).

Mis en place en 1959-1960, ce panneau porte les noms des villes natales des matelots et du capitaine du HMNZS *Endeavour*. Ce panneau est ancré dans du béton et était en bon état en novembre 2008. Ce panneau a potentiellement une valeur historique et il devrait rester *in situ* sauf si, pour des raisons impérieuses, il doit être enlevé, ce qui devrait être constamment réévalué.

Une station de recherches astronomiques est répertoriée sur une carte de l'île élaborée en 1960, mais l'on ignore s'il existe une borne permanente qui y serait associée. La station se trouve, selon le relevé, à l'extrémité méridionale de la principale ligne de crête de l'île à une altitude de 549 m (carte C).

6(iv) Emplacement d'autres zones protégées dans la zone et à proximité directe de celle-ci
La zone protégée la plus proche de l'île Beaufort est la vallée New College, plage Caughley, cap Bird (ZSPA n°116), située à environ 30 km au sud du cap Bird, île de Ross. Le cap Royds et la baie Backdoor (ZSPA n°121 et 157) se trouvent 35 km plus au sud sur l'île de Ross. Le cap Crozier (ZSPA n°124) se trouve à environ 40 km à l'est. (Réf. à l'encart : carte A).

7. Critères de délivrance d'un permis d'accès

L'accès à la zone est interdit sauf avec un permis délivré par les autorités nationales compétentes. Les critères de délivrance d'un permis pour entrer dans la zone sont les suivants :
- un permis est délivré uniquement à des fins de gestion indispensables ou pour des raisons scientifiques impérieuses qu'il n'est pas possible de mener ailleurs ;
- les actions autorisées ne mettront pas en péril les valeurs scientifiques ou écologiques de la zone ;
- toutes les activités de gestion soutiennent les objectifs du plan de gestion ;
- les actions autorisées sont conformes au plan de gestion ;
- le permis ou une copie certifiée conforme sera emporté dans la zone ;
- un rapport de visite devra être soumis à l'autorité citée dans le permis ;
- les permis seront délivrés pour une période donnée ;

7(i) Accès à la zone et déplacements à l'intérieur de celle-ci
L'utilisation de véhicules terrestres est interdite dans la zone et l'accès se fera en embarcation ou aéronef. Les aéronefs doivent atterrir sur l'île sur les sites désignés uniquement (166° 52' 31" E, 76° 55' 49" S : cartes A et B), sur la vaste étendue de glace qui s'étend à l'extrémité nord de l'île. Si, au moment de la visite, la présence de neige sur le site d'atterrissage désigné devait empêcher un atterrissage en toute sécurité de l'aéronef, un autre site d'atterrissage peut être utilisé, du milieu à la fin de la saison, sur le site du campement nord désigné, à l'extrémité ouest de la plage septentrionale de l'île Beaufort. Il est préférable que les aéronefs en provenance et à destination du site d'atterrissage/de décollage désigné passent par le sud ou l'ouest (carte A). Lorsqu'il est nécessaire d'utiliser le site alternatif, au campement de la plage septentrionale, des considérations d'ordre pratique pourront dicter une approche par le nord. Dans ce cas là, l'avion devra éviter de survoler la zone à l'est du site indiqué sur les cartes A et B. L'utilisation de grenades fumigènes est interdite dans la zone à l'atterrissage, sauf en cas d'absolue nécessité pour des raisons de sécurité, et toutes les grenades devront être récupérées. Il n'y a pas de restriction spéciale concernant l'accès à l'île au moyen d'une petite embarcation. Il est strictement interdit aux pilotes, à l'équipage des embarcations et des aéronefs ou à toute autre personne à bord, de se déplacer à pied au-delà des alentours immédiats du site de débarquement sauf avis contraire précisé dans le permis.

Le survol des aires de reproduction des oiseaux à une altitude inférieure à 750 m (ou 2500 pieds) est normalement interdit. Les aires auxquelles s'appliquent ces restrictions sont indiquées sur les cartes A et B. En cas de nécessité, à des fins scientifiques ou de gestion essentielles (par exemple la photographie aérienne pour évaluer la taille d'une colonie), le survol occasionnel à une altitude minimum de 300 m (1000 pieds) pourra être envisagé au-dessus de ces aires. Ces survols doivent être spécifiquement autorisés par le permis.

Les visiteurs devront éviter de perturber inutilement les oiseaux et de piétiner la végétation visible. Les déplacements à pied devront être limités au minimum en conformité avec les objectifs de toute activité autorisée et tout devra être fait pour en réduire au minimum les effets.

7(ii) Activités qui sont ou peuvent être menées dans la zone, y compris les restrictions liées à la durée et à l'endroit
- Recherches scientifiques qui ne porteront pas atteinte à l'écosystème de la zone et qui ne peuvent pas être effectuées ailleurs ;
- Activités de gestion essentielles, y compris le suivi.

7(iii) Installation, modification ou démantèlement des structures
Aucun matériel scientifique et aucune structure ne doivent être érigés dans la zone à moins que le permis ne l'autorise. Tous les équipements scientifiques, bornes ou structures installés dans la zone doivent être approuvés par un permis et identifier clairement le pays, le nom du principal chercheur et l'année de l'installation. Tous ces éléments doivent avoir été fabriqués avec des matériaux qui présentent un risque minimum de contamination pour la zone ; L'enlèvement d'un équipement spécifique pour lequel le permis est arrivé à expiration sera un des critères de délivrance du permis.

7(iv) Emplacement des campements
Le campement n'est autorisé que sur deux sites (cartes A et C). Le site nord-est situé sur l'aire plate au nord du site de débarquement désigné, dans un endroit plus abrité à l'extrémité nord-ouest de la plage, à 200 m de l'endroit où plusieurs couples de manchots Adélie et de labbes nichent (lorsqu'ils sont présents). Le deuxième site se trouve à 100 m de la limite nord de la grande colonie de manchots Adélie sur la plage Cadwalader.

7(v) Restrictions concernant les matériels et organismes pouvant être introduits dans la zone
L'introduction délibérée d'animaux vivants, de matériel végétal ou de micro-organismes est interdite et les précautions énumérées à l'alinéa ix) de la section 7 seront prises pour éviter les introductions accidentelles. Aucun herbicide ou pesticide ne sera introduit dans la zone. Tous les autres produits chimiques, y compris les radionucléides ou les isotopes stables, qui peuvent être introduits pour des raisons scientifiques ou raisons de gestion visées dans le permis seront enlevés de la zone à ou avant la fin de l'activité pour laquelle le permis a été délivré. Aucun combustible ne sera entreposé dans la zone sauf si cela s'avère nécessaire à des fins essentielles liées aux activités pour lesquelles le permis a été délivré. Tous les matériels seront introduits dans la zone pour une période déterminée et ils en seront enlevés au plus tard à la fin de cette période, puis ils seront manipulés et entreposés de manière à minimiser le risque de leur introduction dans l'environnement.

7(vi) Prélèvement de végétaux et capture d'animaux ou perturbations nuisibles à la faune et la flore
Toute capture ou perturbation nuisible à la faune et la flore indigènes est interdite sauf avec un permis distinct délivré conformément à l'article 3 de l'annexe II par l'autorité nationale compétente. En cas de capture d'animaux ou de perturbation nuisible, le *Code de conduite du SCAR pour l'utilisation d'animaux à des fins scientifiques dans l'Antarctique* devra être utilisé comme norme minimale.

7(vii) Ramassage ou enlèvement de toute chose qui n'a pas été apportée dans la zone par le détenteur du permis

Le matériel ne peut être ramassé ou enlevé de la zone que si un permis l'autorise et doit se limiter au minimum requis pour répondre aux besoins scientifiques ou de gestion. Tout matériau d'origine humaine qui est susceptible de porter atteinte aux valeurs de la zone et qui n'a pas été introduit par le détenteur du permis ou toute autre personne autorisée, peut être enlevé dans la mesure ou cet enlèvement n'a pas un impact plus marqué que si on le laissait *in situ.* Si tel est le cas, l'autorité compétente doit en être avertie.

7(viii) Élimination des déchets

Tous les déchets, y compris les déchets humains, seront enlevés de la zone.

7(ix) Mesures nécessaires pour faire en sorte que les buts et objectifs du plan de gestion continuent d'être atteints

Des permis peuvent être délivrés pour entrer dans la zone afin de mener des activités de suivi biologique et d'inspection du site pouvant impliquer le prélèvement de petits échantillons à des fins d'analyse ou de révision, ou à des fins de protection.

Tous les sites spécifiques dont le suivi sera de longue durée seront correctement balisés.

Les visiteurs devront prendre des meures de précaution spéciales contre toute introduction afin d'aider à préserver les valeurs scientifiques et écologiques qui résultent de l'isolement du site et du niveau historiquement faible de la présence humaine sur l'île. Il conviendra, en particulier, de ne pas introduire de plantes et de microbes issus des sols d'autres sites antarctiques, y compris de stations, ou provenant d'autres régions extérieures à l'Antarctique. Pour limiter les risques d'introduction, les visiteurs devront prendre les mesures suivantes :

a) Tous les matériels d'échantillonnage ou bornes introduits dans la zone seront stérilisés et, dans toute la mesure du possible, maintenus dans des conditions stériles avant d'être utilisés dans la zone. Dans toute la mesure du possible, les chaussures et autres matériels utilisés ou introduits dans la zone (y compris les sacs à dos, les sacs à provisions, les piquets de tente, les toiles et tout autre matériel de campement) seront minutieusement nettoyés ou stérilisés et maintenus dans cet état avant d'entrer dans la zone ;

b) La stérilisation devra se faire avec une méthode acceptable comme la lumière UV, l'autoclave ou le nettoyage des surfaces exposées dans une solution d'éthanol de 70 % dans l'eau.

7(x) Rapports de visites

Les Parties doivent s'assurer que le détenteur principal de chaque permis délivré soumet aux autorités compétentes un rapport décrivant les activités menées dans la zone. Ces rapports doivent inclure, le cas échéant, les renseignements identifiés dans le formulaire du rapport de visite suggéré par le SCAR. Les Parties devront tenir à jour une archive de ces activités et, dans l'échange annuel d'information, fournir une description sommaire des activités réalisées par des personnes subordonnées à leur juridiction, description qui devra donner suffisamment de détails pour permettre une évaluation de l'efficacité du plan de gestion. Les Parties doivent, dans la mesure du possible, déposer les originaux ou les copies de ces rapports dans une archive à laquelle le public pourra avoir accès afin de conserver une archive d'usage qui sera utilisée, dans l'examen du plan de gestion et dans l'organisation de l'utilisation scientifique de la zone.

Bibliographie

Ainley, D.G., Ballard, G., Barton, K.J., Karl, B.J., Rau, G.H., Ribic, C.A. and Wilson, P.R. 2003. Spatial and temporal variation of diet within a presumed metapopulation of Adélie penguins. *Condor*, 105, 95-106.

Barber-Meyer, S.M., Kooyman, G.L. and Ponganis, P.J. 2007. Estimating the relative abundance of emperor penguins at inaccessible colonies using satellite imagery. *Polar Biology,* 30, 1565-1570.

Barber-Meyer, S.M., Kooyman, G.L. and Ponganis, P.J. 2008. Trends in western Ross Sea emperor penguin chick abundances and their relationships to climate. *Antarctic Science,* 20 (1), 3-11.

Barry, J.P., Grebmeier, J.M., Smith, J. and Dunbar, R.B. 2003. Oceanographic versus seafloor-habitat control of ebnthic megafaunal communities in the S.W. Ross Sea, Antarctica. *Antarctic Research Series,* 76, 335-347.

Caughley, G. 1960. The Adélie penguins of Ross and Beaufort Islands. *Records of Dominion Museum*, 3 (4), 263-282.

Centro Ricera e Documetazione Polare, Rome, 1998. *Polar News*, 13 (2), 8-14.

Denton, G.H., Borns, H.W. Jr., Grosval's, M.G., Stuiver, M., Nichols, R.L. 1975. Glacial history of the Ross Sea. *Antarctic journal of the United States*, 10 (4), 160-164.

Emslie, S.D., Berkman, P.A., Ainley, D.G., Coats, L. and Polito, M. 2003. Late-Holocene initiation of ice-free ecosystems in the southern Ross Sea, Antarctica. *Marine Ecology Progress Series*, 262, 19-25.

Emslie, S.D., Coats, L., Licht, K. 2007. A 45,000 yr record of Adélie penguins and climate change in the Ross Sea, Antarctica. *Geology*, 35 (1), 61–64.

Harrington, H.J. 1958. Beaufort Island, remnant of Quaternary volcano in the Ross Sea, Antarctica. *New Zealand journal of geology and geophysics*, 1 (4), 595-603.

Kooyman, G.L., Ainley, D.G., Ballard, G. and Ponganis, P.J. 2007. Effects of giant icebergs on two emperor penguin colonies in the Ross Sea, Antarctica. *Antarctic Science* 19 (1), 31-38.

LaRue, M.A., Ainley, D.G., Swanson, M., Dugger, K.M., Lyver, P.O., Barton, K. and Ballard, G. 2013. Climate change winners: Receding ice fields facilitate colony expansion and altered dynamics in an Adelie penguin metapopulation. PLoS ONE 8(4): e60568. doi:10.1371/journal.pone.0060568.

Lyver, P. O., Barron, M., Barton, K.J., Ainley, D.G., Pollard, A., Gordon, S., McNeill, S., Ballard, G. and Wilson, P.R. 2014. Trends in the breeding population of Adelie penguins in the Ross Sea, 1981-2012: A coincidence of climate and resource extraction effects. PLoS ONE 9(3): e91188. doi:10.1371/journal.pone.0091188.

McGaughran, A., Torricelli, G., Carapelli, A., Frati, F., Stevens, M.I., Convey, P. and Hogg, I.D. 2009. Contrasting phylogenetic patterns for spring tails reflect different evolutionary histories between the Antarctic Peninsula and continental Antarctica. *Journal of Biogeography*, doi:10.1111/j.1365-2699.2009.02178.x

McGaughran, A., Hogg, I.D. and Stevens, M.I. 2008. Phylogeographic patterns for springtails and mites in southern Victoria Land, Antarctica suggests a Pleistocene and Holocene legacy of glacial refugia and range expansion. *Molecular Phylogenetics and Evolution,* 46, 606-618.

Schwaller, M.R. Olson, C.E. Jr., Ma, Z., Zhu, Z., Dahmer, P. 1989. Remote sensing analysis of Adélie penguin rookeries. *Remote sensing of environment*, 28, 199-206.

Seppelt, R.D., Green, T.G.A., Skotnicki, M.L. 1999. Notes on the flora, vertebrate fauna and biological significance of Beaufort Island, Ross Sea, Antarctica. *Polarforschung*, 66, 53-59.

Stevens, M.I. and Hogg, I.D. 2002. Expanded distributional records of Collembola and Acari in southern Victoira Land, Antarctica. *Pedobiologia,* 46, 485-495.

Stonehouse, B. 1966. Emperor penguin colony at Beaufort Island, Ross Sea, Antarctica. *Nature*, 210 (5039), 925-926.

Todd, F.S. 1980. Factors influencing Emperor Penguin mortality at Cape Crozier and Beaufort Island, Antarctica. *Biological Sciences*, 70 (1), 37-49.

Map A - Beaufort Island, Antarctic Specially Protected Area 105: Topographic map

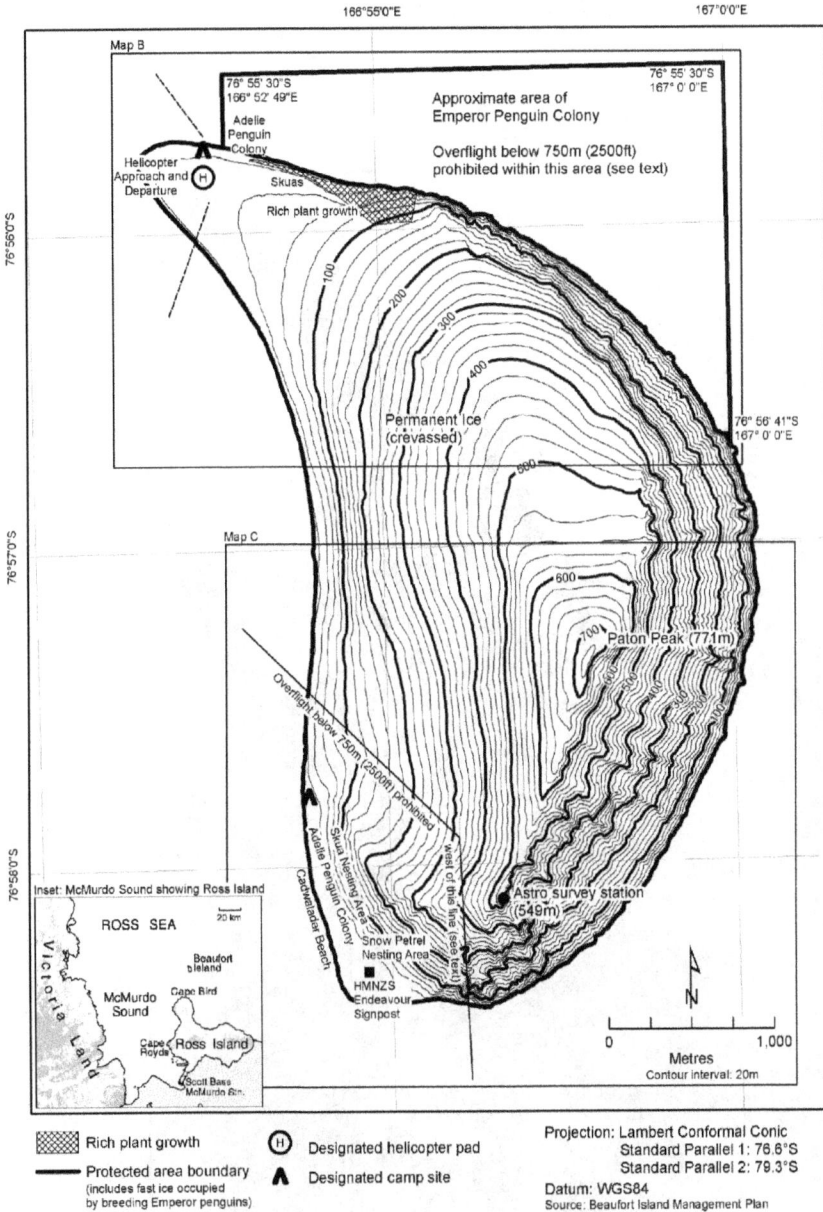

166°55'0"E
167°0'0"E

Map B

76° 55' 30"S
166° 52' 49"E

Adelie
Penguin
Colony

Approximate area of
Emperor Penguin Colony

Overflight below 750m (2500ft)
prohibited within this area (see text)

Helicopter
Approach and
Departure

Skuas

Rich plant growth

76°56'0"S

76° 55' 30"S
167° 0' 0"E

Permanent Ice
(crevassed)

76° 56' 41"S
167° 0' 0"E

Map C

76°57'0"S

Overflight below 750m (2500m) prohibited

Paton Peak (771m)

Inset: McMurdo Sound showing Ross Island

76°58'0"S

ROSS SEA

20 km

Beaufort
Island

McMurdo
Sound

Cape Bird

Victoria Land

Cape
Royds

Ross Island

Scott Base
McMurdo Stn.

Adelie Penguin Colony

Catchwater Beach

Astro survey station
(549m)

Snow Petrel
Nesting Area

HMNZS
Endeavour
Signpost

N

0   1,000

Metres
Contour interval: 20m

Rich plant growth

Protected area boundary
(includes fast ice occupied
by breeding Emperor penguins)

(H) Designated helicopter pad

A Designated camp site

Projection: Lambert Conformal Conic
Standard Parallel 1: 76.6°S
Standard Parallel 2: 79.3°S
Datum: WGS84
Source: Beaufort Island Management Plan

ZGSA n° 105 : île Beaufort, McMurdo Sound, mer de Ross

Map B - North Beaufort Island, Antarctic Specially Protected Area 105: Site Orthophotograph

Approximate area of
Emperor Penguin Colony

Overflight below 750m (2500ft)
prohibited within this area (see text)

Rich plant growth

Adelie
Penguin
Colony

Skua Nesting Area

Helicopter approach and departure

Helicopter approach
and departure

(H) Designated helicopter pad

▲ Designated camp site

Rich plant growth

Protected area boundary
(includes fast ice occupied
by breeding Emperor penguins)

Imagery: 26 November 2006
Includes material (c) METI and NASA 2006
Projection: Lambert Conformal Conic
        Standard Parallel 1: 76.6°S
        Standard Parallel 2: 79.3°S
Datum: WGS84
Source: Beaufort Island Management Plan

167°00'E
166°58'0"E
166°56'0"E
166°54'0"E
166°52'0"E

76° 55' 30"S
167° 0' 0"E

76° 56' 41"S
167° 0' 0"E

76°55'40"S
76°56'0"S
76°56'20"S
76°56'40"S

400
300
200
100

0   500
Metres
Contour interval: 20m

N

Map C - South Beaufort Island, Antarctic Specially Protected Area 105: Site Orthophotograph

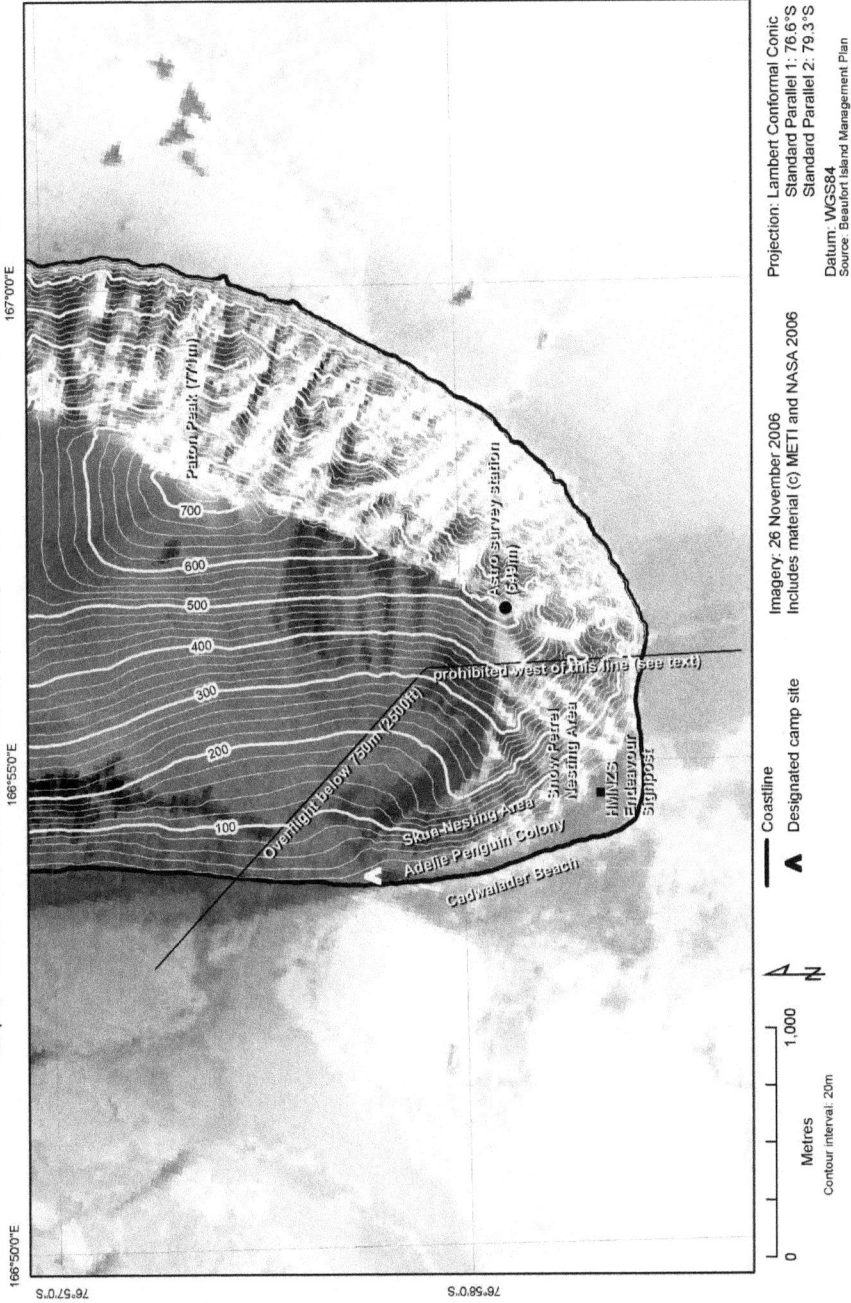

Patron Peak (771m)

700

600

500

400

300

200

100

Astro survey station (649m)

prohibited west of this line (see text)

Overflight below 750m (2500ft)

Snow Petrel Nesting Area

Skua Nesting Area

Adelie Penguin Colony

Cadwalader Beach

HMNZS Endeavour Signpost

166°50'0"E

166°55'0"E

167°0'0"E

76°57'0"S

76°58'0"S

— Coastline

▲ Designated camp site

N

0 ___ 1,000

Metres

Contour interval: 20m

Imagery: 26 November 2006
Includes material (c) METI and NASA 2006

Projection: Lambert Conformal Conic
Standard Parallel 1: 76.6°S
Standard Parallel 2: 79.3°S

Datum: WGS84
Source: Beaufort Island Management Plan

85

Plan de gestion pour
la zone spécialement protégée de l'Antarctique (ZSPA) n°106
CAP HALLETT, TERRE VICTORIA DU NORD, MER DE ROSS
(170° 14' E, 72° 19' S)

Introduction

La zone spécialement protégée de l'Antarctique du cap Hallett est située à l'extrémité nord de la péninsule Hallett, en terre Victoria du nord, au 170°13'25" E, 72°19'11" S. Sa superficie est d'environ 0,53 km². La désignation de cette zone s'explique en premier lieu par le fait qu'elle constitue un exemple exceptionnel de diversité biologique et présente, en particulier, un écosystème terrestre riche et divers. Elle contient une petite aire de végétation particulièrement abondante qui représente une ressource scientifique très utile pour suivre les changements dont cette végétation fait l'objet dans l'Antarctique. La zone renferme la communauté d'arthropodes la plus diverse connue dans la région de la mer de Ross, ce qui revêt un intérêt scientifique. En outre, on y trouve une grande colonie reproductrice de manchots Adélie *(Pygoscelis adeliae)*, qui comptait près de 64 000 couples en 2009-2010 et qui recolonise le site de l'ancienne station Hallett (Nouvelle-Zélande/États-Unis d'Amérique) et confère par conséquent à ce site un intérêt scientifique particulier. Le cap Hallett est la seule zone protégée de la terre Victoria du Nord qui a été établie pour son écosystème terrestre et qui comprend une vaste colonie d'oiseaux, qui constitue un exemple important de l'écosystème dans cette région de l'Antarctique. La désignation a été proposée par les États-Unis d'Amérique et adoptée par la Recommandation IV-7 [1966, Zone spécialement protégée (ZSP) n° 7]; les limites de la zone ont été élargies par la Recommandation XIII-13 (1985); la zone a été renommée et renumérotée par la Décision 1 (2002) et les limites ont été à nouveau élargies par la Mesure 1 (2002) pour y inclure la colonie de manchots Adélie, portant la superficie de la zone à 75 ha. Une nouvelle modification des limites a été effectuée conformément à la Mesure 5 (2010) afin de supprimer la Zone gérée et de la remplacer par deux autres sites à l'extérieur de la Zone protégée qui seront gérés par les lignes directrices pour les visites de sites. Un des sites d'accès des visiteurs recensés se situe sur la côte nord-nord-ouest de Seabee Hook et le second sur la côte sud-est. Une révision complémentaire a été effectuée à la limite orientale, portant la superficie de la zone à 53 ha. Les limites de la zone n'ont pas été modifiées dans le plan de gestion actuel.

La ZSPA n° 106 n'a pas été répertoriée dans l'Analyse des domaines environnementaux du continent antarctique (EDA v.2.0) (Résolution 3 (2008)), bien que des analyses ultérieures aient confirmé que la zone se trouve dans « L'environnement U - Géologique terre Victoria du nord ». D'après la classification des Régions de conservation biogéographiques de l'Antarctique (Résolution 6 (2012)), la zone se trouve dans la RCBA8 - Terre Victoria du nord.

1. Description des valeurs à protéger

Une zone d'une superficie d'environ 12 ha au cap Hallett avait été initialement désignée dans la Recommandation IV-7 (1966, ZSP n° 7) sur proposition des États-Unis d'Amérique, qui estimaient que cette zone constituait un exemple notable de la diversité biologique, à savoir « une petite parcelle de végétation particulièrement riche et diverse qui alimente une variété d'animaux terrestres ». Cette proposition faisait mention en particulier de la riche avifaune existant dans la zone, avifaune considérée comme présentant un « intérêt scientifique extraordinaire ». Les limites de la zone ont été élargies par la Recommandation XIII-13 (1985) pour y inclure de vastes peuplements de végétation au sud comme au nord de la zone, ce qui a porté celle-ci à près de 32 ha. Ces limites ont été élargies plus encore par la Mesure 1 (2002) pour y inclure les valeurs scientifiques associées à la colonie de manchots Adélie *(Pygoscelis adeliae)* sur Seabee Hook, portant la superficie de la zone à 75 ha. Des révisions relatives aux limites et au zonage effectuées conformément à la Mesure 5 (2010) ont réduit la superficie de la zone à 53 ha.

La partie orientale de la zone renferme une grande variété d'habitats avec des communautés de plantes revêtant une grande importance car ils figurent parmi les exemples les plus représentatifs et les plus intéressants connus près de l'extrémité nord du gradient latitudinal de la terre Victoria et de la mer de Ross.

Des études de la végétation ont recensé cinq espèces de mousse dans la zone, dominées par de la *Bryum subrotundifolium*, et 27 espèces de lichens. Bien qu'un petit nombre seulement d'espèces d'algues ait été recensé, on pense que de nombreuses autres espèces y sont présentes. Les habitats terrestres ont été étudiés en détail, le plus récemment dans le cadre du projet de gradient latitudinal (LGP) (Italie, Nouvelle-Zélande et États-Unis d'Amérique). Une parcelle de végétation dans la partie orientale de la zone constitue une ressource scientifique particulièrement utile dans le cadre du suivi des changements de la végétation en Antarctique. L'accès à cette zone a été restreint. Ce site a été étudié en détail pour la première fois en 1961-1962 et il fournit une assise précieuse sur la base de laquelle de tels changements peuvent être mesurés à une échelle fine.

On dispose d'informations détaillées sur la répartition et l'abondance des espèces arthropodes dans la zone, informations qui constituent également une ressource scientifique précieuse. S'agissant de la richesse des espèces, le cap Hallett abrite la communauté arthropode la plus diverse connue dans la région de la mer de Ross, avec huit espèces d'acariens (*Acari*) et trois de collemboles (*Collembola*) répertoriées à l'intérieur de la zone, dont deux (*Coccorhagidia gressitti* et *Eupodes wisei*) ont leur localité type au cap Hallett.

Un grand nombre de bornes ont été placées pendant des études scientifiques menées dans le passé à l'intérieur de la zone pour baliser les sites d'études de plantes et d'oiseaux. Bon nombre de ces bornes demeurent *in situ* et représentent aujourd'hui une ressource très utile pour des études scientifiques dont les auteurs souhaiteraient procéder à des mesures répétées.

La station Hallett a été construite en décembre 1956 sur Seabee Hook par la Nouvelle-Zélande et les États-Unis d'Amérique dans le cadre de l'Année géophysique internationale (AGI) et a fonctionné en continu jusqu'à sa fermeture, en 1973. Si toutes les structures ont été enlevées, le site comporte encore une valeur historique et patrimoniale en raison de l'utilisation anthropique dont elle a fait l'objet par le passé. Compte tenu de cette valeur, nombre des structures et des objets provenant de l'ancienne station se trouvent aujourd'hui au musée de Canterbury à Christchurch. En 2015, le seul objet restant connu qui pourrait avoir une valeur historique et/ou scientifique est le corps bien préservé d'un husky mort en 1964, placé dans une caisse en bois fermée située dans la partie orientale de la zone.

Les manchots Adélie ont commencé à recoloniser le site de l'ancienne station. L'histoire de l'impact humain sur la colonie de manchots Adélie et la fermeture ultérieure de la station ainsi que la disponibilité de données historiques fiables et répétées sur les variations de la population de manchots Adélie rendent ce site unique en son genre et idéal pour une étude scientifique des impacts d'une forte perturbation de l'écosystème sur la colonie et de la récupération ultérieure de celle-ci. En tant que tel, le site a une grande valeur scientifique et, pour préserver cette valeur, il est souhaitable que toute présence humaine y soit désormais minutieusement contrôlée et suivie.

Outre les valeurs écologiques et scientifiques décrites ci-dessus, la zone comporte des valeurs esthétiques remarquables, avec son mélange de ressources biologiques prolifiques et le superbe panorama avoisinant du bras Edisto et du mont Herschel (3 335 m). Seabee Hook est un des rares sites à être relativement faciles d'accès dans le nord de la mer de Ross. Le site a également une grande valeur pédagogique, puisqu'il constitue l'exemple d'un site sur lequel une station a été mise hors service et démantelée et qui montre maintenant des signes de restauration.

2. Buts et objectifs

Le plan de gestion au cap Hallett vise à :

- éviter la dégradation des valeurs de la zone et les risques substantiels qu'elle pourrait courir en empêchant les perturbations humaines inutiles dans la zone ;
- permettre les travaux de recherche scientifique, en particulier sur l'écologie des terres et des oiseaux de mer ainsi que sur la restauration de l'environnement, tout en évitant les échantillonnages et les perturbations humaines inutiles dans la zone ;

- permettre d'autres travaux de recherche scientifique sous réserve qu'ils ne portent pas atteinte aux valeurs de la zone ;
- empêcher l'enlèvement ou la perturbation des bornes utilisées dans le cadre de travaux de recherche scientifique qui pourraient servir à de futures études comparatives ;
- autoriser les activités de nettoyage et de remise en état de l'environnement liées à la mise hors service et au démantèlement de l'ancienne station Hallett, au besoin et sur demande , sous réserve que les impacts de ces activités ne soient pas supérieurs à ceux liés au fait de laisser les matériaux sur place ;
- prendre en compte les valeurs historiques et patrimoniales des objets avant leur enlèvement et/ou leur élimination tout en permettant un nettoyage et une remise en état appropriés ;
- réduire au minimum la possibilité d'introduire des plantes, des animaux et des microbes non indigènes dans la zone ; et
- permettre des visites à des fins de gestion en vue d'appuyer les objectifs du plan de gestion.

3. Activités de gestion

- Des bornes devront être installées pour identifier les zones devant faire l'objet d'activités de gestion spécifiques, comme les sites de suivi scientifique ;
- Les bornes, panneaux et structures érigés à l'intérieur de la zone à des fins scientifiques ou à des fins de gestion seront maintenus en bon état et enlevés lorsqu'ils ne seront plus nécessaires ;
- Les programmes antarctiques nationaux travaillant dans la zone devront tenir à jour un registre de tous les panneaux, bornes et structures nouvellement érigés à l'intérieur de la zone ;
- Les programmes nationaux assureront que les limites de la zone et les restrictions qui y sont d'application sont indiquées sur les cartes appropriées dont ils sont responsables ;
- Il conviendra d'assurer, dans la mesure du possible, l'enlèvement de tous les petits débris encore présents à l'intérieur de la zone après l'enlèvement de la station Hallett. Cette opération sera toutefois effectuée en consultation avec une autorité compétente pour s'assurer que les valeurs historiques ou patrimoniales potentiellement importantes des objets sont préservées ;
- Des visites seront effectuées selon les besoins (de préférence une fois au moins tous les cinq ans) pour s'assurer que la zone répond toujours aux buts pour lesquels elle a été désignée et que les mesures de gestion et d'entretien sont adéquates.
- Les directeurs des programmes antarctiques nationaux en cours dans la région se livreront entre eux à des consultations pour veiller à ce que les dispositions ci-dessus soient mises en œuvre.

4. Durée de la désignation

La zone est désignée pour une durée indéterminée.

5. Cartes

Carte 1: Cap Hallett, Zone spécialement protégée de l'Antarctique n° 106 : Carte régionale.

Spécifications de la carte : Projection : conique conforme de Lambert ; parallèles standard : 1er 72° 20' S; 2e 72° 30' S; méridien central : 170° 00'E; latitude d'origine : 72° 00'S; sphéroïde et référentiel géodésique: WGS84; équidistance entre les courbes de niveau : 200 m.

Carte 2 : Cap Hallett, Zone spécialement protégée de l'Antarctique n° 106 : Orientation pour l'accès par aéronef.

Spécifications de la carte : Projection : conique conforme de Lambert; parallèles standard : 1er 72° 19' S; 2e 72° 19'30" S; méridien central : 170° 13'00"E; latitude d'origine : 72° 00'S; sphéroïde : WGS84; référentiel géodésique : USGS station géodésique 'FISHER' 1989-1990 : ITRF93. Coordonnées 170° 12' 39,916" E, 72° 19' 06,7521" S;

Carte 3 : Cap Hallett, Zone spécialement protégée de l'Antarctique n° 106 : Carte topographique.

Les spécifications de la Carte 3 sont les mêmes que celles de la Carte 2. Intervalle de contour 5 m : courbes de niveau dérivées d'un modèle d'élévation numérique utilisé pour générer une orthophotographie à 1/2 500 avec une précision planimétrique de ±1 m (horizontal) et ±2 m (vertical) et une résolution pixel au sol de 0,25 m.

Carte 4 : Cap Hallett, Zone spécialement protégée de l'Antarctique n° 106 : Zone de l'ancienne station Hallett.

Les caractéristiques techniques de la Carte 4 sont les mêmes que celles de la Carte 2.

6. Description de la zone

6(i) Coordonnées géographiques, bornage et caractéristiques du milieu naturel

Limites et coordonnées

Le cap Hallett est situé à l'extrémité sud de la baie Moubray, terre Victoria du sud, dans la partie occidentale de la mer de Ross (Carte 1). La zone protégée occupe la majeure partie du terrain libre de glace d'une flèche cuspidée de faible altitude appelée Seabee Hook et comprend les pentes occidentales adjacentes de l'extrémité nord de la péninsule Hallett, allant de l'est de l'anse Willett jusqu'au bord des glaciers permanents (Cartes 1 à 3).

La limite nord de la zone s'étend le long de la côte nord de Seabee Hook du 170° 14' 25,5"E, 72° 19' 05,0"S jusqu'à la limite est de la colonie de manchots Adélie au 170° 14' 19,3" E, 72° 19' 04,9" S (Carte 3). Elle suit ensuite le bord de l'aire de nidification de cette colonie (comme défini en 2009), restant à une distance d'au moins 5 m de la colonie, s'étendant jusqu'à la coordonnée 170° 12' 25.3" E, 72° 19' 07.9" S (Carte 4).

Du 170° 12' 25,3" E, 72° 19' 07,9" S, la limite s'étend sur 33 m vers l'ouest jusqu'à la côte au 170° 12' 21,8" E, 72° 19' 07,9" S (Carte 4). De cette position côtière, la limite de la zone continue vers le sud pour suivre le littoral ouest et sud de Seabee Hook jusqu'au 170° 12' 54,3" E, 72° 19' 19,1" S, qui se trouve près de l'extrémité sud-est de la flèche (Carte 3). De cet endroit, elle s'étend vers le nord, suivant le bord de la zone de nidification, à une distance d'au moins 5 m de la colonie, dans la partie sud-est de Seabee Hook jusqu'au 170° 12' 58,7" E, 72° 19' 15,3" S (Carte 3). De cette position côtière, la limite de la zone continue vers le nord pour suivre la bande côtière de basse mer le long de la côte orientale de Seabee Hook puis la bande côtière de basse mer autour de l'anse Willett jusqu'à la limite sud au 170° 13' 24,9" E, 72° 19' 28,0" S (Carte 3).

Du 170° 13' 24,9" E, 72° 19' 28,0" S, la limite s'étend vers l'est jusqu'au glacier Bornmann, suivant un cours d'eau saisonnier qui descend du glacier. La limite orientale de la zone suit ensuite le glacier et la bordure de glace permanente vers le nord à des altitudes d'environ 120 à 150 m, traversant les pentes occidentales abruptes de la péninsule Hallett et suivant les affleurements supérieurs d'une série de crêtes rocheuses qui dissèquent l. La limite descend ensuite pour s'aligner sur le littoral nord de Seabee Hook au pied d'un contrefort rocheux au 170° 14' 25,5" E, 72° 19' 05,0" S (Carte 3).

Climat

Seabee Hook est entouré de glace de mer pendant environ huit mois par an. Cette glace se rompt généralement tous les ans, de la fin décembre au début janvier, pour se reconstituer au début mars. Les températures estivales varient de 4°C à -8°C, avec une température annuelle moyenne de -15.3°C, tandis que les vents soufflent principalement du sud. Des précipitations sous la forme de neige sont fréquentes en été, atteignant près de 18,3 cm par an d'équivalent en eau.

Géologie, géomorphologie, milieux pédologique et aquidulce

La topographie de la zone comprend la vaste zone plate de la flèche et les talus d'éboulis abrupts qui font partie des pentes occidentales du nord de la péninsule Hallett. Seabee Hook se compose de matières volcaniques grossières déposées dans une série de crêtes, avec une surface qui ondule faiblement et donne lieu à des monticules et des creux ainsi qu'un certain nombre de terre-pleins contigus. Bon nombre des creux contiennent de l'eau de fonte en été et sont colonisées par de denses tapis d'algues. Dans la partie nord-est de la zone, une petite rivière d'eau de fonte s'écoule des pentes occidentales de la péninsule Hallett jusqu'à l'anse Willett. Par rapport aux sites de la terre Victoria du Sud, les sols sont plus humides au cap Hallett. Les sous-sols sont normalement saturés après les chutes de neige, la nappe souterraine se trouvant entre 8 et 80 cm en-deçà de la surface du sol pendant l'été. Le pergélisol se trouve à une profondeur d'environ 1 m sous le niveau du sol à Seabee Hook (Hofstee *et al.* 2006). Les sols des zones occupées par les colonies de manchots ou affectées par les ruissellements d'eau issus de celles-ci ont un caractère ornithogénique et ont été classés comme Haplorthels typiques sur les monticules et Aquorthels typiques entre les monticules par Hofstee *et al.* (2006). Au-delà des zones influencées par la présence de manchots, ces auteurs classent les sols comme étant des Haplothels typiques, avec un exemple d'Haploturbels typiques dans une zone au sol géométrique.

Végétation

Dans les parties plus humides de la zone, l'élément algaire se compose principalement de tapis d'algues vertes *Prasiola crispa* et *Protococcus* sp., avec des formes filamenteuses et de couleur bleu verdâtre (*Ulothrix sp.*) et des cyanobactéries apparentées (par exemple *Nostoc*). Un certain nombre d'autres espèces d'algues seraient présentes, mais peu ont été identifiées.

La végétation à l'intérieur de la zone, à l'exception d'algues telles que *Prasiola*, n'est principalement présente que sur le sol libre de glace qui n'est pas occupé par les manchots Adélie reproducteurs, c'est-à-dire à l'est de l'anse Willett et au sud du 72°19'10" de latitude sud. Cette zone comprend une bande de 100 à 200 m de sol horizontal adjacent à l'anse Willett et des pentes plus abruptes jusqu'au sommet de la crête de la péninsule Hallett. La bande de terrain plat comprend un certain nombre de monticules de gravier arides pouvant atteindre une hauteur de 1,5 m, dont un grand nombre sont occupés par des labbes nicheurs tandis que, dans la partie nord, de vieux dépôts de guano font état de la présence antérieure de manchots Adélie. On peut trouver de petites nappes de mousse et d'algues au pied de ces monticules, mais les parties supérieures sont dénuées de végétation. De vastes lits de mousse colonisent des platiers graveleux stables dans la partie nord du terrain plat où l'on trouve une nappe phréatique élevée, tandis que des tapis épars de mousse, d'algues et de lichens apparaissent dans le sud sur des rochers à gros grains, plus angulaires et meubles. La mousse devient plus éparse au fur et à mesure que le terrain monte, à l'exception notable d'une parcelle particulièrement dense et vaste qui couvre quelque 3 900 m^2 avec une couverture quasiment complète du substrat occupant une vallée peu profonde sur un talus d'éboulis dans le sud de la zone (Carte 3). Seuls les sites les plus prolifiques sont représentés sur la Carte 3.

Cinq espèces de mousses ont été identifiées au sein de la zone (Tableau 1). *Bryum subrotundifolium* est l'espèce de mousse la plus présente à l'intérieur de la zone. Sa présence dans une zone où les oiseaux sont si nombreux fait de cette zone un excellent exemple d'un site de végétation affecté par des oiseaux. Qui plus est, la présence de peuplements quasiment monospécifiques de *Bryum pseudotriquetrum* sur le site est inhabituelle pour la région.

Le talus d'éboulis abrupt adjacent à la zone plate en grande partie est disséqué par des ravins peu profonds et de petites crêtes, ainsi que par un certain nombre d'affleurements rocheux bien visibles. Ces affleurements, en particulier dans le nord de la zone, soutiennent de grands peuplements de lichens et de mousses dispersées, dont la couverture varie de 70 à 100% en de nombreux endroits. Vingt-sept espèces de lichens ont été identifiées au sein de la zone (Tableau 1). Les espèces de lichens tolérantes à l'azote, telles que *Xanthomendoza borealis* et les espèces de *Caloplaca, Candelariella, Physicia* et *Xanthoria*, sont visibles dans la zone voisine immédiate de la zone de reproduction des manchots (Crittenden *et al.* 2015).

Huit espèces d'acariens et trois de collemboles ont été répertoriées dans la zone (Tableau 1) (Sinclair *et al.* 2006). *F. grisea* se trouve principalement sur les talus d'éboulis et les terre-pleins adjacents, *C. cisantarcticus* serait associé à de la mousse, présent en abondance sur le sol plat, tandis que *D. klovstadi* se trouvait en abondance sous des roches sur les pentes. Quatre espèces de nématodes ont été découvertes dans la zone du cap Hallett (Tableau 1), l'espèce la plus abondante et généralement la plus dominante étant la *Panagrolaimus davidi* Timm (Raymond *et al.* 2013).

Tableau 1 : Espèces de mousses, de lichens et d'invertébrés répertoriées à l'intérieur de la ZSPA n° 106, cap Hallett

Mousses a	Lichens a, b, c, d	Invertébrés
		Acariens e
Bryum subrotundifolium	*Acarospora gwynnii*	*Coccorhagidia gressittii*
Bryum pseudotriquetrum	*Amandinea petermannii*	*Eupodes wisei*
Ceratodon purpureus	*Amandinea coniops*	*Maudheimia petronia*
Grimmia sp	*Buellia frigida*	*Nanorchestes* sp.,
Sarconeurum glaciale	*Caloplaca athallina*	*Stereotydeus belli*
	Caloplaca citrina	*S. punctatus*
	Caloplaca saxixola	*Tydeus setsukoae*
	Candelaria murrayi	*T. wadei*
	Candelariella flava	
	Lecanora chrysoleuca	**Callembolles** e
	Lecanora expectans	*Cryptopygus cisantarcticus*
	Lecanora mons-nivis	*Friesea grisea*
	Lecanora physciella	*Desoria klovstadi*
	Lecidea cancriformis	
	Lecidella greenii	**Nématodes** f
	L. siplei	*Eudorylaimus antarcticus* (Steiner) Yeates
	Physcia caesia	*Panagrolaimus davidi* Timm
	Pleopsidium chlorophanum	*Plectus* sp.
	Rhizocarpon geographicum	*Scottnema lindsayae* Timm
	Rhizoplaca chrysoleuca	
	Rhizoplaca macleanii	
	Rhizoplaca melanophthalma	
	Umbilicaria decussata	
	Usnea sphacelata	
	Xanthomendoza borealis	
	Xanthoria elegans	
	Xanthoria mawsonii	

Sources :
a T.G.A. Green, University of Waikato, New Zealand and R. Seppelt, Australian Antarctic Division, 2002;b Smykla *et al.* 2011; c Ruprecht *et al.* 2012; d Crittenden *et al.* 2015; e Sinclair *et al.* 2006; f Raymond *et al.* 2013.

OISEAUX

Le site de Seabee Hook accueille l'une des plus grandes colonies de manchots Adélie de la région de la mer de Ross et compte en moyenne 42 628 couples reproducteurs de manchots Adélie (*Pygoscelis adeliae*), répertoriés au cours de 14 saisons étudiées entre 1981 et 2012 (Lyver *et al.* 2014). En 2009-10, environ 63 971 couples étaient présents (recensements dans les nids et à partir de photos terrestres et aériennes obliques effectués du 26 novembre au 3 décembre 2009; données non publiées de l'ERA, 2010). Seabee Hook est également le site de l'ancienne station Hallett, exploitée conjointement par les États-Unis d'Amérique et la Nouvelle-Zélande de 1956 à 1973. Durant leur fonctionnement, la station et les infrastructures associées occupaient une superficie de 4,6 ha de terres précédemment occupées par des manchots Adélie nicheurs. La création de la station Hallett en 1956 a nécessité l'éviction de 7 580 manchots, y compris 3 318 oisillons, afin de débroussailler la superficie de 0,83 ha nécessaire pour préparer le terrain et ériger les bâtiments. Durant la construction et l'exploitation de la station, la colonie a fait l'objet d'impacts considérables. La population de manchots est passée de 62 900 couples en 1959 à 37 000 couples en 1968 pour remonter cependant de nouveau à 50 156 en 1972. Ces fluctuations peuvent avoir été intensifiées par des changements dans la couverture de glace de mer observés dans l'ensemble de la région. En 1987, après la fermeture de la station en

1973, la population de la colonie était revenue à un niveau proche de celui de 1959 ; toutefois, les aires qui avaient été modifiées par les activités anthropiques étaient alors peu nombreuses à être recolonisées. La zone occupée dans le passé par la station a maintenant été en partie recolonisée bien que, selon les estimations, la population était de 39 014 couples nicheurs en 1998-99 et que, selon un recensement aérien effectué en 2006-2007 (dans le cadre d'un programme de longue durée), seuls 19 744 couples nicheurs ont été répertoriés (Lyver et Barton 2008, données non publiées). Fin 2009, on a recensé 63 971 couples nicheurs de manchots Adélie (données non publiées de l'ERA, 2010), un chiffre comparable à ceux enregistrés sur Seabee Hook à l'époque de la construction de la station Hallett.

Les labbes antarctiques *(Catharacta maccormicki)* se reproduisent à l'intérieur de la zone. La population est passée de 181 couples reproducteurs en 1960-61 à 98 couples reproducteurs en 1968-69 et 1971-72. En janvier 1983, on dénombrait 247 oiseaux (84 couples reproducteurs et 79 oiseaux non reproducteurs). Une étude effectuée entre le 27 novembre et le 2 décembre 2009 a permis de répertorier 14 couples reproducteurs et 66 oiseaux sur Seabee Hook. En outre, 23 couples reproducteurs et 92 oiseaux ont été répertoriés dans la zone à l'est de l'anse Willett pour un total de 37 couples nicheurs et 158 oiseaux et un total global de 232 oiseaux en 2009-2010. Près de 250 nids de labbes sont marqués et numérotés dans la zone ; les bornes ne doivent être ni perturbées ni enlevées.

Des manchots empereurs *(Aptenodytes forsteri)* ont été répertoriés fin décembre dans les environs de la zone et des manchots à jugulaire solitaires *(Pygoscelis antarctica)* l'ont été fin janvier et en février. Des océanites de Wilson *(Oceanites oceanicus)* et des pétrels des neiges *(Pagodroma nivea)* se reproduisent près du cap Hallett de l'autre côté de l'anse Edisto ; de nombreux pétrels des neiges ont été aperçus en décembre 2009 autour des falaises du cap Hallett, donnant à penser qu'ils se reproduisent peut-être dans cette zone. Des pétrels géants *(Macronectes giganteus)* ont été fréquemment aperçus dans le voisinage de la zone, bien que leur nombre ait diminué ces dernières années, sans doute en raison de la baisse des populations plus au nord. Des phoques de Weddell *(Leptonychotes weddellii)* sont aperçus couramment et ils se reproduisent dans l'anse Edisto ; ils ont également été aperçus à terre sur Seabee Hook. Au nombre des autres mammifères fréquemment aperçus au large des côtes figurent des léopards de mer *(Leptonyx hydrurga)* et des petits rorquals *(Balaenoptera acutorostrata)*.

Activités humaines et impact

La station Hallett a été construite en décembre 1956 sur Seabee Hook par la Nouvelle-Zélande et les États-Unis d'Amérique dans le cadre de l'AGI. Elle a été exploitée en continu jusqu'à sa fermeture en février 1973 et elle a appuyé un vaste éventail d'activités, y compris l'expédition 1967-68 au mont Herschel dirigée par Sir Edmund Hilary. La construction de la station a eu des impacts significatifs sur l'environnement, avec le retrait de près de 8 000 manchots Adélie du site. Le nettoyage progressif de la station a débuté en 1984, tandis qu'un plan de restauration pluriannuel pour la station et ses environs a été conjointement élaboré par la NZ et les EUA en 2001. Les activités de restauration se sont poursuivies en 2003-04 et 2004-05 afin de démolir et enlever les structures restantes, tandis que les derniers éléments importants restés sur le site ont été retirés en janvier 2010. Nombre des structures et des objets de l'ancienne station Hallett sont aujourd'hui exposés au musée de Canterbury à Christchurch.

Du matériel associé à l'ancienne station demeure dispersé partout dans la zone, y compris de petits morceaux de bois et de métal, des fils et des fûts métalliques dont une grande partie est encastrée dans le sol. En outre, le corps bien préservé d'un husky mort en1964 est encore enfermé à l'intérieur d'une caisse de bois recouverte de rochers dans la partie orientale de la zone (Carte 3).

Dans le cadre de l'opération de nettoyage, des monticules ont été construits dans l'empreinte de l'ancienne station pour encourager la recolonisation des manchots qui occupent aujourd'hui de grandes parties de ces aires (Carte 4). L'histoire de l'impact humain sur la colonie de manchots Adélie et de la récupération ultérieure de celle-ci donne au site une très grande valeur scientifique pour les recherches consacrées aux impacts sur la colonie et sa récupération après les fortes perturbations écosystémiques.

6(ii) Accès à la zone

La zone est accessible par voie aérienne, maritime ou à pied en traversant la glace de mer. La glace de mer du cap Hallett commence généralement à se rompre entre fin décembre et début janvier et se reforme à partir du début du mois de mars. Les aires de glace de mer potentiellement plus stables et se prêtant mieux à l'atterrissage des aéronefs se trouvent sur des sites situés au sud-ouest de Seabee Hook, dans l'enclave de l'anse Edisto. Toutefois, la glace de mer dans l'anse Edisto peut se rompre rapidement, même en début de saison, en conséquence de quoi la prudence est de mise.

La saison de reproduction pour les manchots Adélie et les labbes dans la zone s'étend du mois d'octobre au mois de mars. Durant cette période, et lorsque la glace de mer le permet, des aéronefs à voilure fixe peuvent atterrir n'importe où au-delà d'1/2 mille marins (~930 m), qui est la distance recommandée décrite dans la Section 7(i) et illustrée sur la Carte 2. Si les atterrissages au-delà d'1/2 mille marin sont impossibles pour des raisons pratiques ou de sécurité, les engins à voilure fixe peuvent atterrir n'importe où au-delà d'1/4 mille marin (~460 m) de la colonie d'Adélie à Seabee Hook. L'accès à la zone à partir de sites d'atterrissage d'aéronefs à voilure fixe peut se faire par hélicoptère ou à pied sur la glace de mer.

Les hélicoptères peuvent atterrir à n'importe quel site au-delà de la distance de 930 m recommandée, sauf lorsque ces atterrissages ne sont pas jugés sûrs ou pratiques, auquel cas le site d'atterrissage désigné à l'intérieur de la zone dans l'anse Willett Cove au 170° 13,579' E, 72° 19,228' S peut être utilisé. L'accès par hélicoptère au site d'atterrissage désigné devra se faire du sud et suivre la bande côtière est de l'anse Willett (Carte 2). Il arrive que le site d'atterrissage des hélicoptères qui est désigné à l'anse Willett puisse être vulnérable aux inondations à marée haute.

Lorsque l'accès à la zone se fait par la mer, les petites embarcations peuvent jeter l'ancre n'importe où à l'intérieur de la zone, sauf en ce qui concerne lesdébarquements à des fins de campement et qui doivent avoir lieu à l'anse Willett. Des courants et remous violents ont été constatés sur les bords côté mer de Seabee Hook, ce qui peut rendre difficiles les débarquements à partir des petites embarcations. La mer est en général plus calme dans l'anse Willett et du côté de Seabee Hook à l'abri du vent.

La zone peut être accessible à pied par la glace de mer.

6(iii) Emplacement des structures à l'intérieur de la zone et dans ses secteurs adjacents

La station Hallett a été établie à Seabee Hook en décembre 1956 et fermée en février 1973. En 1960, les bâtiments de la station Hallett occupaient 1,8 ha, auxquels s'ajoutaient les 2,8 ha occupés par les routes, les sites de déchets, les réserves de carburant et les antennes radios qui y étaient liés. La station a été exploitée toute l'année jusqu'en 1964, avant de passer à une exploitation estivale jusqu'à sa fermeture. La station a été progressivement démantelée après 1984 et il ne restait en 1996 que six structures, dont un grand réservoir de carburant de 378 500 litres. Le carburant liquide qui demeurait encore dans le grand réservoir a été enlevé en février 1996. Des travaux de nettoyage complémentaires ont été effectués en 2003-2004 et 2004-2005 pour enlever les dernières structures, dont le réservoir, et pour enlever de la zone les terres contaminées. Tous les éléments importants qui restaient sur place ont été enlevés les 30 et 31 janvier 2010.

Deux stations météorologiques automatiques (SMA) exploitées par les États-Unis d'Amérique (Recherches écologiques à long terme dans les vallées sèches McMurdo) et la Nouvelle-Zélande (*National Institute of Water and Atmospheric Research*) sont situées à 10 m l'une de l'autre à environ 50 m au nord du terrain de campement désigné (Carte 3). La Nouvelle-Zélande a une cache de combustible entourée d'un mur de protection et composée de plusieurs fûts à 50 m environ au sud du terrain de campement désigné. Une caisse fermée contenant les restes d'un husky mort en 1964 a été placée près d'un grand rocher dans la partie orientale de la zone et recouverte de roches (Carte 3).

La station géodésique FISHER de l'USGS (Cartes 3 et 4) se compose d'une tablette en bronze de type USGS antarctique marquée "FISHER 1989-90" et se trouve au sommet d'un grand bloc de béton (2x1x1 m) à une hauteur de 2,15 m. Le repère se trouve à environ 80 m au sud de la cache d'urgence et à 140 m à l'intérieur des terres à partir de la côte nord-ouest de Seabee Hook. Au vu de la recolonisation du site de la vieille station, le repère se trouve maintenant dans une petite sous-colonie de manchots Adélie et il est par conséquent probable qu'il sera entouré pendant l'été d'oiseaux nicheurs. Une cache d'urgence, qui consiste en une grande caisse (1,5 m sur 1 m) rouge vif ainsi qu'une caisse plus petite placée à côté se trouvent sur le site de l'ancienne station (Carte 4).

Des bornes de plusieurs études scientifiques sont présentes à l'intérieur de la zone, y compris celles qui délimitent la parcelle de suivi de la végétation dans la zone restreinte. Il convient de noter que les bornes historiques n'ont pas toutes été documentées.

6(iv) Emplacement d'autres zones protégées à proximité directe de la zone

Les zones protégées les plus proches du cap Hallett sont le cap Adare (ZSPA n° 159) à 115 km au nord, le mont Rittman (ZSPA n° 175) à environ 200 km au sud, ainsi que le mont Melbourne (ZSPA n° 118) et la pointe Edmonson (ASPA n° 165), tous deux à environ 290 km au sud.

6(v) Zones spéciales à l'intérieur de la Zone

Zone restreinte

Une petite zone située directement en dessous des pentes à éboulis dans le nord-est de la zone a été désignée zone restreinte afin de faire d'une partie de la zone un site de référence pour de futures études comparatives de la végétation. L'accès à la zone restreinte n'est autorisé que pour des raisons impérieuses qu'il n'est pas possible de satisfaire ailleurs. Le reste de la zone est généralement accessible pour y mener des programmes de recherche et y prélever des échantillons.

Une parcelle destinée à l'étude de la végétation d'environ 28 m sur 120 m a été cartographiée en détail par Rudolph (1963) et a été réaménagée et recartographiée par Brabyn *et al.* (2006) pour fournir une quantification de l'évolution de la végétation sur le site sur une période de 42 ans. Établi par Rudolph, ce site représente une ressource extrêmement utile pour le suivi de l'évolution de la végétation. Les bornes utilisées dans le cadre des deux études demeurent *in situ* et délimitent la superficie de la parcelle de suivi de la végétation. L'extrémité nord-est de la parcelle de suivi est indiquée par un grand galet avec un cairn érigé au-dessus, situé au 170°14'2,55" E 72°19'11,37" S. Des descriptions détaillées de la parcelle sont données dans Rudolph (1963) et Brabyn *et al.* (2006). Rudolph a également photographié des pierres colonisées par des lichens, que Brabyn *et al.* (2006) ont rephotographiées pour mesurer les taux de croissance des lichens. Un de ces sites (illustré sur la Carte 3) se trouve à l'intérieur de la zone restreinte et ne peut pas être perturbé.

La zone restreinte constitue une zone tampon autour de la parcelle de suivi de 20 m du côté nord-ouest et de 10 m des trois autres côtés, ce qui en fait un rectangle de 58 m de large et de 140 m de long. Les coordonnées des extrémités de la zone restreinte sont définies dans le Tableau 2. Une série de cairns a été construite (sur des rochers existants, là où c'était possible) afin d'indiquer l'étendue de la zone restreinte (Carte 3).

Tableau 2. Coordonnées des extrémités de la Zone restreinte

Extrémité	Longitude (E)	Latitude (S)
Nord-est	170°14'4.012"	72°19'11.219"
Nord-ouest	170°13'58.341"	72°19'10.43"
Sud-ouest	170°13'51.901"	72°19'14.479"
Sud-est	170°13'57.338"	72°19'15.299"

7. Critères de délivrance de permis d'accès

7(i) Conditions générales de délivrance de permis

L'accès à la zone est interdit sauf si un permis est délivré par une autorité nationale compétente. Les conditions de délivrance d'un permis pour entrer dans la zone sont les suivantes :

- il n'est délivré qu'à des fins scientifiques ou pédagogiques qui ne peuvent être satisfaites ailleurs, ou pour des raisons essentielles à la gestion de la zone ;
- les actions autorisées sont conformes au plan de gestion.
- Les activités autorisées veilleront, au moyen d'un processus d'étude d'impact sur l'environnement, à la protection permanente des valeurs environnementales, scientifiques, pédagogiques, historiques et esthétiques de la zone ;
- Le permis est délivré pour une période limitée.
- Le permis, ou une copie, sera emporté pour tout passage à l'intérieur de la zone.

7(ii) Accès à la zone et déplacements à l'intérieur de celle-ci

- L'accès à la zone se fera au moyen d'une petite embarcation, d'un hélicoptère ou à pied.
- Il est interdit aux véhicules de se déplacer dans la zone.
- Des restrictions sur les opérations aériennes sont d'application pendant la période qui va du 1er octobre au 31 mars, au cours de laquelle les aéronefs peuvent voler et atterrir dans la zone en observant scrupuleusement les conditions suivantes :
  - le survol de la zone en dessous de 610 m est interdit sauf si le permis le prévoit à des fins autorisées par le plan de gestion;
  - les survols et les atterrissages à des fins touristiques dans un rayon d'1/2 mille marin, soit 930 m, de la colonie de manchots Adélie sur Seabee Hook sont vivement découragés ;
  - les atterrissages dans un rayon de 930 m de la colonie de manchots Adélie sur Seabee Hook devront être évités autant que faire se peut ;
  - les atterrissages dans un rayon de 930 m de la colonie de manchots Adélie peuvent avoir lieu en des sites qui seront choisis en fonction des besoins des visites et des conditions locales ;
  - le site d'atterrissage principal (170° 11,460' E, 72° 19,686' S) indiqué sur la Carte 2 représente l'endroit où l'accès au site de campement désigné est le plus court en traversant la glace de mer. Les atterrissages sur ce site peuvent avoir lieu lorsque les conditions locales le permettent ; et
  - lorsque les atterrissages au-delà de 930 m de la colonie de manchots Adélie sont jugés dangereux ou impossibles (par exemple parce que la glace de mer est absente ou de mauvaise qualité, parce que les conditions météorologiques sont défavorables ou parce qu'il y a un important besoin logistique tel que le transport de matériel lourd), les conditions suivantes sont d'application :

    ## AÉRONEFS À VOILURE FIXE

    - Les aéronefs à voilure fixe peuvent atterrir au-delà de 460 m de la colonie de manchots Adélie ;
    - Les aéronefs à voilure fixe ne devront pas atterrir dans l'anse Willett Cove.

    ## HÉLICOPTÈRES

    - Les hélicoptères doivent atterrir au site désigné à l'anse Willett (170° 13,579' E, 72° 19,228' S) (Carte 2), soit à terre, soit sur la glace de mer adjacente au campement ;
    - Le site d'atterrissage peut parfois être soumis à des inondations lors de la marée haute : dans ce cas, les atterrissages peuvent se faire sur un terrain sec proche, en évitant les sites riches en végétation et en restant de préférence sur la plage à graviers située au sud du site

d'atterrissage désigné et en demeurant aussi près de la rive que possible. Les atterrissages à plus grande proximité de la colonie de manchots Adélie doivent être évités ;

- Les hélicoptères devront dans toute la mesure du possible suivre l'itinéraire d'accès désigné. L'itinéraire d'accès recommandé pour les hélicoptères part du sud et s'étend du site d'atterrissage principal au site d'atterrissage désigné et longe donc le littoral sud et est de l'anse Willett (Carte 2).

- Il n'y a aucune restriction particulière en vigueur lorsqu'il est possible d'accéder à la zone au moyen de petites embarcations. Les débarquements à des fins de campement devront néanmoins avoir lieu à l'anse Cove afin d'éviter d'avoir à transporter le matériel à travers la colonie de manchots Adélie.

- L'accès à la zone restreinte n'est autorisé que pour des raisons impérieuses qu'il n'est pas possible de satisfaire ailleurs.

- Il est important que tous les visiteurs s'efforcent de limiter leurs mouvements autour du camp et demeurent dans la zone longeant le littoral pour ne pas piétiner les aires intérieures qui, en saison, sont humides et richement colonisées par une variété de plantes et d'invertébrés, qui font actuellement l'objet de travaux de recherche.

- Au sein de la colonie de manchots Adélie, les visiteurs ne doivent pas pénétrer dans les sous-groupes de manchots nicheurs à moins que cela ne soit nécessaire à des fins de recherche ou de gestion : les visiteurs doivent marcher dans la bande côtière de Seabee Hook dans la mesure du possible, et/ou autour et entre les sous-groupes. Des traces de l'ancienne route de la station vont de l'extrémité nord-ouest de l'anse Willett jusqu'à l'ancien site de la station et demeurent un corridor relativement large où les piétons peuvent conserver une distance raisonnable des oiseaux nicheurs.

- Les visiteurs devront éviter de marcher sur les pentes d'éboulis dans la partie est de la zone, à moins que cela ne s'avère nécessaire pour des raisons scientifiques ou de gestion ; les éboulis constituent un habitat sensible et très vulnérable qui abrite une communauté très diverse de plantes et d'animaux.

- Les déplacements à pied doivent être maintenus au minimum en accord avec les objectifs de toute activité autorisée et tous les efforts raisonnables doivent être entrepris pour limiter les nuisances. Les visiteurs doivent éviter de marcher sur la végétation visible. La prudence est de rigueur lors des déplacements dans des zones au sol humide et sur les éboulis, car la circulation piétonnière peut facilement endommager les sols et les communautés végétales sensibles.

7(iii) Activités pouvant être menées dans la zone

- Les travaux de recherche scientifique qui ne porteront pas atteinte aux valeurs de la zone ;
- Activités de gestion essentielles, y compris une évaluation des impacts ou l'adoption de mesures pour y remédier, et le suivi ;
- Activités de caractère pédagogique (telles que les rapports documentaires, photographiques, audio ou écrits), production de ressources ou services pédagogiques, ou programme de formation du personnel aux méthodes de nettoyage qu'il n'est pas possible de satisfaire ailleurs. Les buts pédagogiques ne comprennent pas le tourisme ;
- Activités dont le but est de préserver ou de protéger les ressources historiques à l'intérieur de la zone.

7(iv) Installation, modification ou enlèvement de structures

- Aucune structure ne doit être établie dans la zone sauf si un permis le prévoit ;
- Toutes les structures et tout le matériel scientifiques installés dans la zone doivent être autorisés par un permis et clairement identifiés par pays, nom du principal chercheur et année d'installation. Tous ces éléments doivent être composés de matériaux dont le risque de contamination pour la zone est minimal.
- L'installation (y compris le choix des sites), l'entretien, la modification ou l'enlèvement de structures auront lieu d'une manière qui réduit au minimum la perturbation de la flore et de la faune ;
- La cache d'urgence ne peut être utilisée qu'en cas de véritable situation d'urgence et tout utilisation doit être rapportée à une autorité compétente afin d'assurer le réapprovisionnement de la cache ; et

- L'enlèvement de matériel spécifique pour lequel le permis a expiré sera du ressort de l'autorité qui a délivré le permis original et figurera parmi les critères conduisant à l'octroi du permis.

7(v) Emplacement des campements

L'établissement de campements permanents est interdit à l'intérieur de la zone. Lorsque les conditions le permettent, les camps temporaires devront de préférence être établis sur la glace de mer dans l'anse Willett qui se trouve à l'extérieur de la zone. Lorsque cela ne s'avère pas possible, les camps temporaires peuvent être installés en un site désigné sur la rive orientale et 100 m au sud de la tête de l'anse Willett (72°19'13" de latitude sud, 170°13'34"de longitude est). Ce site, qui comprend des cailloutis de plage non consolidés, non colonisés par des oiseaux ou par d'importantes communautés végétales (malgré la présence de celles-ci à proximité), se trouve sur le site d'une ancienne route de station (Carte 3). Des piquets ont été enfoncés dans le sol rocheux au camp pour les haubans de tentes; ils devront être utilisés autant que faire se peut.

Le site du campement est situé immédiatement à côté de zones riches en faune et en flore terrestres et les visiteurs devront réduire leurs mouvements du camp à la zone longeant la bande côtière, sauf à des fins de recherche. Le site peut parfois être soumis à des inondations lors de la marée haute, auquel cas le camp peut être déplacé et installé sur un sol sec, évitant dans toute la mesure du possible les sites couverts de végétation et restant de préférence sur des cailloutis de plage au sud du camp désigné, aussi près que possible de la rive.

7(vi) Restrictions sur les matériaux et organismes pouvant être introduits dans la zone

En plus des exigences du Protocole au Traité sur l'Antarctique relatif à la protection de l'environnement, les restrictions quant à l'introduction de matériaux et organismes dans la zone sont les suivantes :

- Il est interdit d'introduire délibérément tout animal, forme végétale, micro-organisme ou terre non-stérilisée dans la zone. Des mesures de précaution doivent être prises pour éviter l'introduction accidentelle de tout animal, forme végétale, micro-organisme et terre non-stérilisée provenant de régions biologiques distinctes (comprises à l'intérieur ou à l'extérieur de la zone du Traité sur l'Antarctique) ;
- Les visiteurs doivent veiller à ce que le matériel d'échantillonnage et de balisage soit stérile avant d'entrer dans la zone. Les chaussures et autres équipements utilisés ou introduits dans la zone (y compris les sacs à dos, les housses et les tentes) seront dans toute la mesure du possible minutieusement nettoyés avant d'entrer dans la zone. Les visiteurs doivent également consulter les recommandations reprises dans le Manuel sur les espèces non indigènes du Comité pour la protection de l'environnement (CPE, 2011) et dans le Code de conduite environnemental pour les recherches scientifiques terrestres en Antarctique du Comité scientifique pour la recherche en Antarctique (SCAR, 2009) et s'y conformer le cas échéant.
- Compte tenu de la présence d'oiseaux nicheurs au cap Hallett, aucun produit de la volaille, notamment les produits contenant des œufs en poudre crus et les déchets de ces produits, ne sera introduit dans la zone ;
- Aucun pesticide ne sera introduit dans la zone ;
- Aucun combustible ou autre produit chimique ne doit être stocké à l'intérieur de la zone, sauf autorisation spécifique du permis ; ils doivent être contenus dans une cache d'urgence approuvée par une autorité compétente et être entreposés et gérés de sorte à limiter les risques d'introduction accidentelle dans l'environnement ;
- Tous les matériaux sont introduits dans la zone pour une période déterminée. Ils en seront retirés au plus tard à la fin de cette période ; et
- En cas de déversement susceptible de mettre en péril les valeurs de la zone, leur retrait est encouragé à condition que l'impact de celui-ci ne soit pas susceptible d'être supérieur à celui consistant à laisser le matériel *in situ*.

7(vii) Prélèvement de végétaux et capture d'animaux ou perturbations nuisibles à la faune et la flore

Toute capture d'animaux ou toute perturbation nuisible à la faune et la flore indigène est interdite sauf avec un permis distinct délivré spécifiquement à cette fin en vertu de l'article 3 de l'annexe II du Protocole au Traité sur l'Antarctique, relatif à la protection de l'environnement. Dans le cas de prélèvements ou de perturbations nuisibles d'animaux, le Code de conduite du SCAR pour l'utilisation d'animaux à des fins scientifiques dans l'Antarctique doit être utilisé comme norme minimale.

7(viii) Collecte ou retrait de matériaux non introduits dans la Zone par le titulaire du permis

- Des matériaux peuvent être prélevés ou enlevés de la zone mais uniquement avec un permis et doivent limiter au minimum nécessaire pour répondre aux besoins scientifiques et de gestion. Aucun permis ne sera délivré dans les cas où on peut raisonnablement craindre que l'échantillonnage proposé consiste à prendre, enlever ou endommager des quantités de sol, de flore ou de faune indigènes et que leur répartition ou leur abondance dans la zone en soit significativement perturbée.
- À moins que le permis ne l'autorise spécifiquement, il est interdit d'enlever ou de toucher les bornes laissées pour des travaux scientifiques effectués dans le passé à l'intérieur de la zone.
- Les matériaux d'origine humaine qui risquent de porter atteinte aux valeurs de la zone et qui n'ont pas été apportés dans la zone par le détenteur d'un permis ou pour lesquels une autorisation n'a pas été donnée, peuvent être enlevés de la zone à moins que l'impact de leur enlèvement ne risque d'être plus élevé que si les matériaux étaient laissés sur place, auquel cas l'autorité compétente doit en être informée et accorder son autorisation.
- Les objets trouvés qui auront vraisemblablement des valeurs historiques ou patrimoniales importantes ne devront pas être touchés, endommagés, enlevés ou détruits. Ils devront tous être enregistrés et rapportés à l'autorité compétente qui sera chargée de décider de leur conservation ou de leur enlèvement. La réinstallation ou l'enlèvement à des fins de préservation ou de protection, ou pour rétablir l'exactitude historique, sont autorisés sous réserve de la délivrance d'un permis.
- Le corps bien préservé d'un husky se trouve dans une caisse en bois qui a été placée dans la partie orientale de la zone et qui ne doit pas être perturbée tant que les différentes pistes relatives à sa gestion demeurent à l'étude.

7(ix) Élimination des déchets

Tous les déchets, y compris les déchets humains, doivent être enlevés de la zone.

7(x) Mesure éventuellement nécessaires pour continuer de répondre aux objectifs du plan de gestion

Des permis d'accès à la Zone peuvent être délivrés pour :

- mener des activités de suivi et d'inspection de la Zone, qui peuvent inclure le prélèvement d'un petit nombre d'échantillons ou de données à des fins d'analyse ou d'examen ;
- ériger ou entretenir des panneaux, des structures ou des équipements scientifiques (les sites spécifiques de suivi à long terme doivent être balisés de façon adéquate) ;
- mener des mesures de protection.

7(xi) Rapports de visites

- Pour chaque visite effectuée dans la zone, le principal détenteur du permis devra soumettre à l'autorité nationale compétente un rapport dans les plus brefs délais et, au plus tard, dans les six mois suivant la visite dans la zone.
- Ces rapports doivent contenir, le cas échéant, les catégories d'informations mentionnées dans le formulaire de rapport de visite repris à l'Annexe 2 du Guide pour l'élaboration des plans de gestion des zones spécialement protégées de l'Antarctique (résolution 2 (2011)). Le cas échéant, l'autorité nationale doit également transmettre une copie du rapport de visite à la Partie qui a proposé le Plan de gestion afin de contribuer à la gestion de la zone et à la révision du Plan de gestion.
- Les Parties doivent, dans la mesure du possible, déposer les originaux ou les copies de ces rapports dans une archive à laquelle le public pourra avoir accès, et ce, afin de conserver une archive d'usage qui sera utilisée lors de la révision du plan de gestion et de l'organisation de l'utilisation scientifique de la zone.

- L'autorité compétente devra être informée de toutes les activités entreprises et de toutes les mesures prises, de tout ce qui a été enlevé ainsi que de tous les matériaux introduits et non enlevés, qui ne figuraient pas dans le permis octroyé.

8. Support documentaire

Brabyn, L., Beard, C., Seppelt, R.D., Rudolph, E.D., Türk, R. & Green, T.G.A. 2006. Quantified vegetation change over 42 years at Cape Hallett, East Antarctica. *Antarctic Science* 18(4): 561–72.

Brabyn, L., Green, T.G.A., Beard, C. & Seppelt, R.D. 2005. GIS goes nano: Vegetation studies in Victoria Land, Antarctica. *New Zealand Geographer* 61: 139–47.

Crittenden, P.D., Scrimgeour, C.M., Minnullina, G., Sutton, M.A., Tang, Y.S. & Theobald, M.R. 2015. Lichen response to ammonia deposition defines the footprint of a penguin rookery. *Biogeochemistry* 122: 295–311. doi:10.1007/s10533-014-0042-7

Hofstee, E. H., Balks, M. R., Petchey, F., & Campbell, D. I. (2006). Soils of Seabee Hook, Cape Hallett, northern Victoria Land, Antarctica. *Antarctic Science* 18(4): 473-486. doi:10.1017/S0954102006000526

Lyver, P.O'B., Barron, M., Barton, K.J., Ainley, D.G., Pollard, A., Gordon, S., McNeill, S., Ballard G. & Wilson, P.R. 2014. Trends in the breeding population of Adélie penguins in the Ross Sea, 1981–2012: a coincidence of climate and resource extraction effects. *PLoS ONE* 9(3): e91188. doi:10.1371/journal.pone.0091188

Raymond, M.R., Wharton, D.A. & Marshall, C.J. 2013. Factors determining nematode distributions at Cape Hallett and Gondwana station, Antarctica. *Antarctic Science* 25(3): 347-57.

Rudolph, E.D. 1963. Vegetation of Hallett Station area, Victoria Land, Antarctica. *Ecology* 44: 585–86.

Ruprecht, U., Lumbsch, H.T., Brunauer, G., Green, T.G.A. & Türk, R. 2012. Insights into the diversity of Lecanoraceae (Lecanorales, Ascomycota) in continental Antarctica (Ross Sea region). *Nova Hedwigia* 94(3): 287–306. doi:10.1127/0029-5035/2012/0017

Sinclair, B.J., M.B. Scott, C.J. Klok, J.S. Terblanche, D.J. Marshall, B. Reyers & S.L. Chown. 2006. Determinants of terrestrial arthropod community composition at Cape Hallett, Antarctica. *Antarctic Science* 18(3): 303-12.

Smykla, J., Krzewicka, B., Wilk, K., Emslie, S.D. & Sliwa, L. 2011. Additions to the lichen flora of Victoria Land, Antarctica. *Polish Polar Research* 32(2): 123-38.

(Une bibliographie détaillée est disponible sur le site du projet du gradient latitudinal : http://www.lgp.aq)

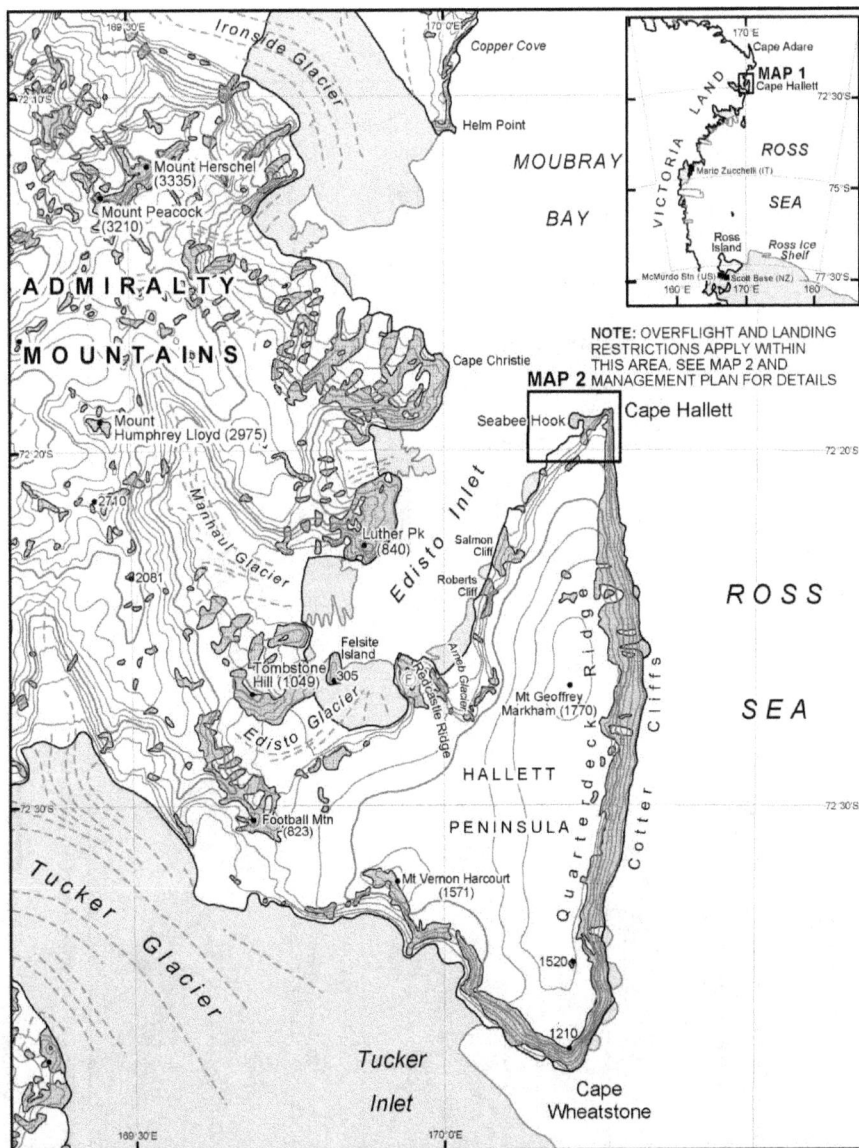

Map 1: ASPA No. 106 - Cape Hallett - Regional Map

02 Mar 2013 (Map ID: 10068.0007.01)
United States Antarctic Program
Environmental Research & Assessment

Permanent ice	Coastline	Glacier flow line
Ice shelf	Index contour (1000m)	Spot height (m)
Ice free ground	Contour (200m)	Fuel cache & geology camp (IT)

Projection: Lambert Conformal Conic
Spheroid and horizontal datum: WGS84
Data: SCAR Antarctic Digital Database v5 (2007)
Contour interval: 200 m; Heights in meters

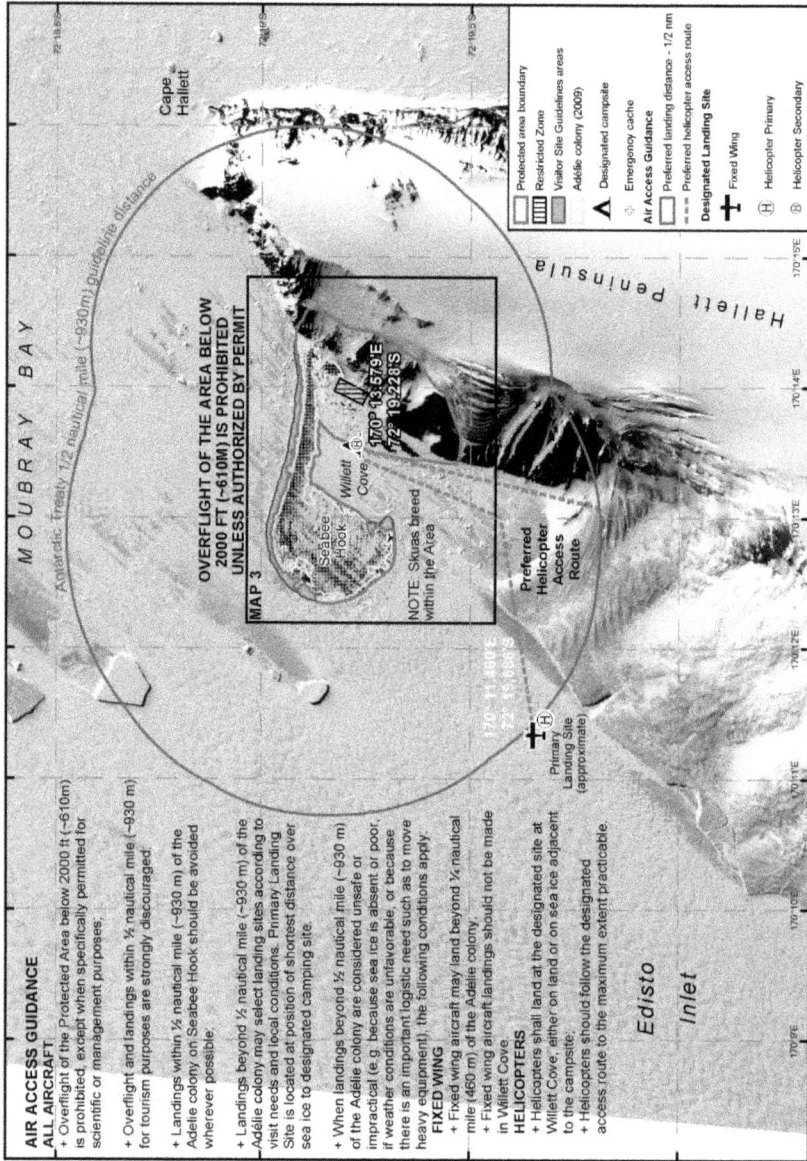

AIR ACCESS GUIDANCE
ALL AIRCRAFT

+ Overflight of the Protected Area below 2000 ft (~610m) is prohibited, except when specifically permitted for scientific or management purposes;

+ Overflight and landings within ½ nautical mile (~930 m) for tourism purposes are strongly discouraged;

+ Landings within ½ nautical mile (~930 m) of the Adélie colony on Seabee Hook should be avoided wherever possible;

+ Landings beyond ½ nautical mile (~930 m) of the Adélie colony may select landing sites according to visit needs and local conditions. Primary Landing Site is located at position of shortest distance over sea ice to designated camping site.

+ When landings beyond ½ nautical mile (~930 m) of the Adélie colony are considered unsafe or impractical (e.g. because sea ice is absent or poor, if weather conditions are unfavorable, or because there is an important logistic need such as to move heavy equipment), the following conditions apply.

FIXED WING

+ Fixed wing aircraft may land beyond ½ nautical mile (460 m) of the Adélie colony.

+ Fixed wing aircraft landings should not be made in Willett Cove.

HELICOPTERS

+ Helicopters shall land at the designated site at Willett Cove, either on land or on sea ice adjacent to the campsite;

+ Helicopters should follow the designated access route to the maximum extent practicable.

MOUBRAY BAY

Antarctic Treaty 1/2 nautical mile (~930m) guideline distance

Cape Hallett

OVERFLIGHT OF THE AREA BELOW 2000 FT (~610M) IS PROHIBITED UNLESS AUTHORIZED BY PERMIT

MAP 3

Seabee Hook

Willett Cove

170° 43.579'E
72° 19.228'S

NOTE: Skuas breed within the Area

Hallett Peninsula

170°15'E

Preferred Helicopter Access Route

170° 11.480'E
72° 19.886'S

Primary Landing Site (approximate)

Edisto Inlet

170°12'E   170°13'E   170°14'E

Legend

- ☐ Protected area boundary
- ▥ Restricted Zone
- ▨ Visitor Site Guidelines areas
- ▨ Adélie colony (2009)
- ▲ Designated campsite
- ◇ Emergency cache

Air Access Guidance
- ☐ Preferred landing distance - 1/2 nm
- ▪▪▪ Preferred helicopter access route

Designated Landing Site
- ✚ Fixed Wing
- Ⓗ Helicopter Primary
- Ⓢ Helicopter Secondary

Projection: Lambert Conformal Conic
Spheroid: WGS84. Horizontal datum: WGS84
Data sources: ERA field survey (27 Nov - 03 Dec 06)
Base imagery: Quickbird 17 Oct 2009,
Imagery © 2009 Digital Globe; NGA Commercial Imagery Program

N

Nautical Miles
0   0.5   1

Kilometers
0   0.5   1

19 May 2015 (Map ID: 15068.0008 01)
United States Antarctic Program
Environmental Research & Assessment

Map 2: ASPA No.106 - Cape Hallett - Air access guidance

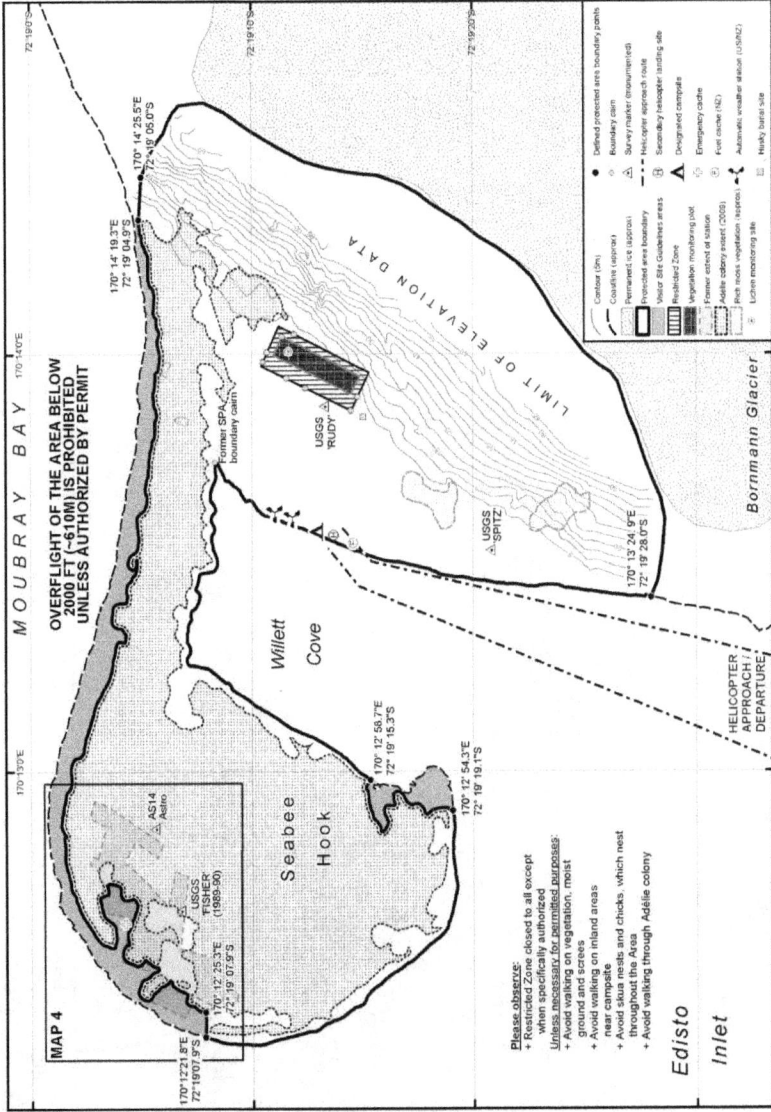

Map 3: ASPA No.106 - Cape Hallett - Topography, boundaries & features

103

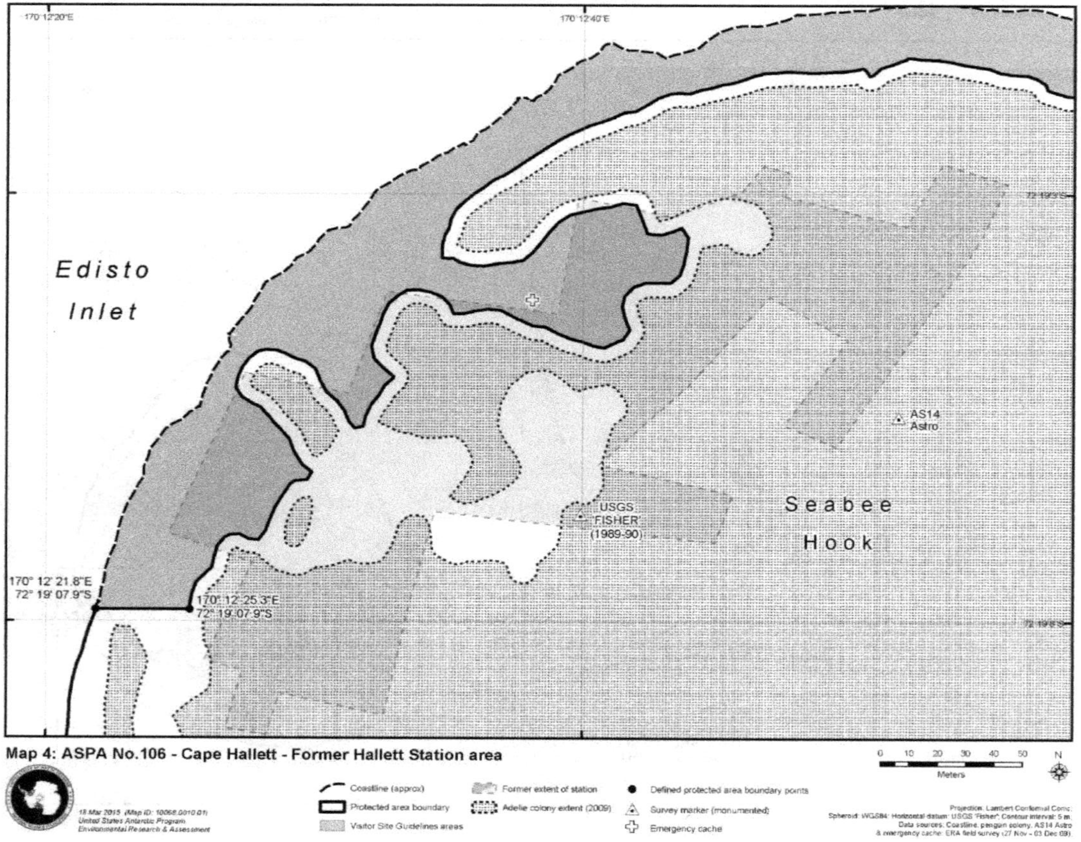

Rapport final XXXVIIIe RCTA

Map 4: ASPA No.106 - Cape Hallett - Former Hallett Station area

Plan de gestion pour
la zone spécialement protégée de l'Antarctique (ZSPA) n° 119

VALLÉE DAVIS ET ÉTANG FORLIDAS, MASSIF DUFEK, MONTS PENSACOLA

(51° 05' O, 82° 29' S)

Introduction

La zone spécialement protégée de l'Antarctique que sont la vallée Davis et l'étang Forlidas (ZSPA) est située dans le massif Dufek, monts Pensacola, au 51°4'53"O, 82°29'21"S. Sa superficie est d'environ 55,8 km². Si elle a été ainsi désignée, c'est principalement parce qu'elle contient quelques-uns des étangs d'eau douce et de vie microbienne autotrophe les plus au sud connus dans l'Antarctique, qui représentent des exemples uniques en leur genre d'écosystèmes d'eau douce quasiment vierges et de leurs bassins versants. La géomorphologie de la zone constitue une ressource scientifique exceptionnelle pour la reconstruction d'événements glaciaires et climatiques passés. Étant donné qu'elle est très éloignée et inaccessible, la zone n'a guère fait l'objet d'activités humaines et le nombre total de visiteurs a été estimé à moins de 50 personnes. En conséquence, elle pourrait être à tous égards considérée comme un site de référence scientifique. De surcroît, la zone a des valeurs esthétiques et de nature à l'état sauvage exceptionnelles. Elle est l'un des systèmes de 'vallées sèches' les plus au sud dans l'Antarctique et, à compter d'avril 2015, elle est aussi la zone spécialement protégée de l'Antarctique (ZSPA) la plus au sud du continent blanc. La zone a été à l'origine proposée par les États-Unis d'Amérique et adoptée par le biais de la recommandation XVI-9 (1991, ZSP n° 23). Elle comprend l'étang de Forlidas (51°16'48" de longitude ouest, 82°27'28" de latitude sud) et plusieurs étangs le long de la marge glaciaire septentrionale de la vallée Davis. Les limites de la zone ont été prolongées par le biais de la mesure 2 (2005) pour inclure la région libre de glace tout entière qui est centrée sur la vallée Davis. De nouvelles images ont permis en 2013 d'ajuster les limites de la zone dans le plan de gestion actuel, de façon à suivre les marges de la zone libre de glace.

La zone est comprise entre « Environnement O - calotte de glace de l'Antarctique de l'Ouest » et « Environnement R - montagnes transantarctiques » tels que définis dans l'Analyse des domaines environnementaux de l'Antarctique (résolution 3(2008)), et constitue la seule zone protégée de l'Environnement R. Dans la classification des régions de conservation biogéographiques de l'Antarctique, la zone appartient à la RCBA10 - Montagnes transantarctiques, et est également la seule zone protégée de cette région biologique.

1. Description des valeurs à protéger

L'étang de Forlidas (51°16'48" de longitude ouest, 82°27'28" de latitude sud) et plusieurs étangs le long de la marge glaciaire septentrionale de la vallée Davis (51°05' de longitude ouest, 82°27'30" de latitude sud), dans le massif Dufek, mont Pensacola, ont été à l'origine désignés sur proposition des États-Unis d'Amérique comme une zone spécialement protégée par le biais de la recommandation XVI-9 (1991, ZSP n° 23). Si elle a ainsi été désignée, c'est parce qu'elle « contient quelques-uns des étangs d'eau douce connus les plus au sud dans l'Antarctique et renferme une vie végétale » qui « devrait être protégée car elle est représentative de bassins versants et d'écosystèmes d'eau douce quasiment vierges et uniques en leur genre ». La zone initiale comprenait deux sections éloignées d'environ 500 m l'une de l'autre pour une superficie totale globale de quelque 6 km². Elle comprenait l'étang Forlidas et les étangs d'eau de fonte situés le long du bord de glace à la limite nord de la vallée Davis. Le site a rarement été visité et, récemment encore, on ne disposait guère d'informations sur les écosystèmes existants à l'intérieur de la zone.

Le présent plan de gestion réaffirme la raison initiale pour laquelle la zone a été désignée, les étangs et la vie végétale qui leur est associée étant de parfaits exemples d'un habitat d'eau douce. Les valeurs identifiées pour la protection spéciale et les limites de la zone ont été élargies, comme décrit ci-dessous, suite à la visite de terrain effectuée en décembre 2003 (Hodgson et Convey, 2004).

La vallée Davis et les vallées libres de glace adjacentes sont l'un des systèmes de « vallées sèches » les plus au sud de l'Antarctique et, depuis le mois de mars 2015, elles sont la zone spécialement protégée de l'Antarctique la plus au sud du continent blanc. Bien qu'elle n'occupe qu'une superficie de 53 km², soit moins de 1 % de celle des vallées sèches de McMurdo, la zone n'en referme pas moins le système de vallées libre de glace le plus vaste qui ait jamais été découvert au sud du 80e parallèle entre les méridiens de 90° ouest et 90° est de l'Antarctique. De surcroît, c'est la seule zone connue dans cette partie de l'Antarctique où la géomorphologie permet de retracer l'histoire glaciaire du continent. Quelques aires libres de glace autour de la région de la mer de Weddell possèdent des blocs erratiques et, parfois, des moraines, mais l'assemblage de congères, de moraines et des blocs erratiques à quartz dans la vallée Davis et les vallées associées est très inhabituel. L'emplacement du massif Dufek à proximité de la jonction entre les banquises de l'Antarctique occidental et oriental donne par ailleurs à ce site une très grande utilité lorsqu'il s'agit de collecter des données qui peuvent servir à cerner des paramètres tels que l'épaisseur et les dynamiques passées de ce secteur de la calotte de glace antarctique. Des données de ce genre pourraient être très utiles pour arriver à comprendre la réaction de la calotte de glace antarctique au changement climatique. La zone revêt donc une valeur scientifique exceptionnelle et unique pour l'interprétation des événements glaciaires du passé et du climat dans cette partie de l'Antarctique, valeur qui doit absolument être préservée.

L'écologie terrestre de la zone est certes appauvrie mais elle est également très inhabituelle car rares sont les lacs et cours d'eau de fonte et leurs biotes associés que l'on trouve tellement au sud de l'Antarctique. En tant que tels, ils offrent des possibilités exceptionnelles pour l'étude scientifique des communautés biologiques près de la limite extrême de la répartition de ces environnements. La végétation semble se limiter à des tapis de cyanobactéries ainsi qu'à des petits lichens crustacés très dispersés. La croissance de ces tapis dans les endroits terrestres est étonnamment vaste et représente le meilleur exemple connu de ce type de communauté, si loin au sud. La communauté de cyanobactéries semble survivre dans au moins trois environnements distincts :

- dans les plans d'eau permanents ;
- dans des endroits terrestres exposés, en particulier aux frontières de polygones avec triage ; et
- dans une série de lits d'étang anciens ou saisonnièrement secs sur un sol libre de glace dans la vallée Davis.

À ce jour, on n'a découvert ni arthropode ni nématode dans les échantillons prélevés à l'intérieur de la zone et la faune invertébrée dans la zone est exceptionnellement éparse. Cette caractéristique marque la différence entre la zone et les systèmes de vallées libres de glace situés plus au nord comme ceux que l'on trouve dans la vallée Ablation – hauteurs Ganymède (ZSPA n° 147), sur l'île Alexander ou dans les vallées sèches de McMurdo (ZGSA n° 2) où existent de telles communautés. Des rotifères et tardigrades ont été extraits d'échantillons prélevés à l'intérieur de la zone, les nombres les plus élevés étant découverts dans les anciens lits d'étang de la vallée Davis encore que leur diversité et leur abondance soient très limitées par rapport aux sites antarctiques plus au nord (Hodgson et Convey, 2004). De plus amples analyses des échantillons récoltés et l'identification de tous les taxons présents sont publiés (Hodgson *et al.* 2010 ; Fernandez-Carazo *et al.* 2011 ; Peeters *et al.* 2011, 2012) et sont une contribution importante à la compréhension des relations biogéographiques entre les différentes régions de l'Antarctique.

La zone est très isolée et il est difficile d'y accéder, ce pour quoi un petit nombre seulement de personnes l'a visitée. Les rapports indiquent que des équipes de terrain des Parties ont visité la zone en décembre 1957, au cours des saisons estivales australes de 1965-1966 et de 1973-1974, en décembre 1978 et en décembre 2003. Le nombre total de personnes ayant visité la zone ne dépasse sans doute pas 50, et leurs visites se sont généralement limitées à quelques jours ou semaines. Aucune structure ni installation n'a été construite à l'intérieur de la zone et, pour autant que l'on sache, tout le matériel apporté dans la zone en a ultérieurement été enlevé. Hodgson et Convey (2004) ont certes relaté l'existence d'un nombre très limité d'empreintes humaines et de plusieurs vieilles excavations de fossés pédologiques mais la zone a rarement été exposée à des impacts humains directs. Elle est considérée comme l'un des systèmes de vallées libres de glace les plus vierges en Antarctique et, partant, comme offrant une possibilité exceptionnelle de devenir une zone de référence pour des études microbiologiques, et il est important que ces valeurs bénéficient d'une protection de longue durée.

Le site renferme une faune et une flore exceptionnelles à l'image de ses valeurs esthétiques. Les vallées brunes caractérisées par la sécheresse et l'érosion climatique de la zone sont entourées de grands champs de glace dont les marges délimitent les vallées par une glace sèche de l'ère glaciaire d'un ton bleu vif. Ce cordon de glace bleue à la fois abrupt et époustouflant est diamétralement opposé au paysage libre de glace à la fois nu et rocheux des vallées et, de ce fait, affiche un esthétisme extrêmement frappant. Un des premiers explorateurs sur les lieux en 1957 se souvient « de l'excitation qu'[ils ont] ressentie lorsqu'[ils ont réalisé qu'ils étaient] les premiers à voir et à fouler ce paysage grandiose dans cette région protégée du monde extérieur depuis toujours ». (Behrendt, 1998: 354). La zone a fait l'objet d'autres descriptions : « [la glace bleue] formait devant nous – sur 50 m – une grande vague bleue. On avait l'impression d'être au cœur d'un raz-de-marée figé dans le temps alors que nous pénétrions sous la vague... » (Reynolds, notes de voyage, 1978) ; « je ne peux trouver aucun superlatif adéquat pour décrire les particularités de cette zone, grandes et petites, biologiques ou physiques... Parmi l'éventail de cadres que fournit l'imagination, aucun n'atteint, d'après mon expérience, la côté nord du massif Dufek, et la Vallée Davis en est la cerise sur le gâteau." (Reynolds, communication personnelle, 2000); "[le paysage] le plus singulier que j'ai pu observer sur les sept continents." (Boyer, communication personnelle, 2000); "Peut-être l'environnement le plus exceptionnel que j'aie jamais vu, en Antarctique ou ailleurs" (Convey, communication personnelle, 2004). Burt (2004) dit de la région qu'elle est d'une « inspiration époustouflante ».

Les limites de la zone comprennent la totalité de la région libre de glace située au centre de la vallée Davis, y compris les vallées adjacentes et l'étang Forlidas. En général, les marges des nappes glaciaires avoisinantes constituent le nouveau périmètre de la zone, offrant une protection spéciale de la région en tant qu'unité libre de glace intégrée qui tient précisément compte des bassins hydrologiques de la vallée. La totalité des bassins associés aux glaciers avoisinants qui coulent dans ces vallées s'étend sur des distances considérables depuis la zone libre de glace, mais ne possède pas plusieurs des valeurs justifiant une protection spéciale et est, de ce fait, exclus de la zone.

2. Buts et objectifs

La gestion de la vallée Davis et de l'étang Forlidas a pour objectif de:

- éviter toute détérioration ou tout risque de détérioration des valeurs de la zone en empêchant toute perturbation humaine ou tout échantillonnage inutile dans la zone ;
- préserver l'écosystème en tant que zone dans une large mesure non perturbée par des activités humaines ;
- préserver l'écosystème pratiquement vierge son potentiel pour en faire une zone de référence biologique ;
- permettre des travaux de recherche scientifique sur l'écosystème naturel et l'environnement physique de la zone pour autant que ces travaux soient indispensables et ne puissent pas être menés ailleurs ;
- minimiser les risques d'introduction de plantes, d'animaux ou de microbes exotiques dans la zone ; et
- permettre des visites à des fins de gestion en vue d'appuyer les objectifs du plan de gestion.

3. Activités de gestion

Les activités de gestion ci-après devront être entreprises pour protéger les valeurs de la zone :

- Des dispositifs de bornage, des panneaux et autres structures mis en place dans la zone à des fins scientifiques ou de gestion devront être solidement fixés et soigneusement entretenus.
- Les programmes nationaux devront s'assurer que les limites de la zone et les restrictions qui s'y appliquent figurent sur les plans et les cartes aéronautiques concernés.
- Des visites seront faites selon que de besoin pour déterminer si la zone continue de répondre aux buts pour lesquels elle a été désignée et pour faire en sorte que les mesures de gestion et d'entretien soient adéquates.

4. Période de désignation

La zone est désignée pour une durée indéterminée.

5. Cartes

Carte 1 : Vallée Davis et étang Forlidas, ZSPA n°119, massif Dufek, montagnes Pensacola : carte de localisation.

Spécifications de la carte: Projection : conique conforme de Lambert; parallèles standard : 1er 82°S; 2e 83°S; méridien central : 51°O ; latitude d'origine : 81°S; sphéroïde : WGS84.

Encart : emplacement des monts Pensacola et Carte 1 en Antarctique.

Carte 2 : Vallée Davis et étang Forlidas, ZSPA n° 119 : carte topographique et périmètre de la zone protégée.

Spécifications de la carte: Projection : conique conforme de Lambert; parallèles standard : 1er 82°S; 2e 83°S; méridien central : 51°O ; latitude d'origine : 81°S; sphéroïde : WGS84; datum : WGS84. différentiel de hauteur (EGM96 MSL) : –21 m. Équidistance des courbes de niveau verticales : 25 m. Les données topographiques sont générées par des techniques orthophotogrammétriques et photogrammétriques sur la base de photographies aériennes de l'USGS [TMA400, TMA908, TMA909 (1958) et TMA1498 (1964)] et du *Mapping and Geographic Information Centre* – British Antarctic Survey (Cziferszky et al., 2004). Précision horizontale : 1 m. Précision verticale : 2 m en déclinaison vers le sud à partir des points de contrôle au sol. Les champs de glace environnants et la zone située au-delà de la couverture orthophotographique sont cartographiés à partir de l'imagerie satellite WorldView-1 (05 nov 2013) (© Digital Globe, avec la permission de l'*US NGA Commercial Imagery Program*) avec des données sur l'élévation issues d'un MNE produit par le centre polaire géospatial (CPG) en 2014.

6. Description de la zone

6(i) Coordonnées géographiques, bornage et caractéristiques du milieu naturel

Description générale

La vallée Davis (51°05'O, 82°28'30"S) et l'étang Forlidas (51°16'28"O, 82°27'48"S) sont situés au nord-est du massif Dufek, monts Pensacola. Ils font partie de la chaîne transantarctique (Carte 1). Le massif Dufek est situé approximativement à mi-chemin entre le glacier Force et le courant glaciaire Fondation, deux des principaux glaciers s'écoulant vers le nord à partir du plateau polaire vers les plates-formes glaciaires Filchner-Ronne. À environ 60 km au sud-est se trouve la chaîne Forrestal (faisant également partie des monts Pensacola) qui est séparée du massif Dufek par le champ de neige Sallee. Le piémont Ford sépare le massif Dufek des plates-formes glaciaires Filchner-Ronne, situées à environ 50 km au nord-ouest et 70 km au nord-est respectivement.

La vallée Davis s'étend sur 5 km de large et 7 km de long, la limite septentrionale étant définie par les lobes glaciaires bleus qui constituent une portion de la marge méridionale du piémont Ford (Carte 2). Elle est délimitée au nord-est par la crête Wujek et le mont Pavlovskogo (1074 m) et au sud-est par le mont Beljakova (1240 m) et flanquée, en son pan extérieur, par un glacier s'écoulant vers le nord entre le champ de neige Sallee et le piémont Ford. La limite occidentale de la vallée Davis est définie par la saillie Clemons, le pic Angels (964 m) et la crête Forlidas. Le glacier Edge s'étend sur approximativement 4 km dans la vallée Davis à partir du champ de neige Sallee. La partie méridionale de la vallée Davis est dominée par le mont Beljakova (1240 m), situé sur la marge nord-ouest du champ de neige Sallee. Plusieurs vallées plus petites existent à l'ouest de la zone, à côté des imposantes saillie Preslik et crête Forlidas. Près de 75 % de la région, entourée de grands champs de glace, sont libres de glace, ce qui équivaut à un total de 39 km² sans glace, le reste étant couvert par le glacier Edge, d'autres corps permanents de neige/glace et plusieurs petits étangs.

L'étang Forlidas est enclavé et occupe une petite vallée sèche anonyme qui est séparée de la vallée Davis par une crête tributaire s'étendant vers le nord à partir de la crête Forlidas. La zone renferme d'autres lacs et étangs proglaciaires à différents endroits le long de la marge de glace bleue du piémont Ford, à l'extrémité du glacier

Edge, et le long de la bordure de glace au pied d'un lobe glaciaire à l'ouest de la crête Forlidas et de la saillie Clemons.

Lignes de démarcation

La zone comprend l'ensemble de la vallée Davis ainsi que les vallées contiguës libres de glace, y compris plusieurs des glaciers versants de la vallée (Carte 2). La ligne de démarcation suit principalement les marges des champs de glace avoisinants du piémont Ford et du champ de neige Sallee qui renferme une zone libre de glace dont la valeur est exceptionnelle. La limite septentrionale suit une ligne parallèle à 500 m, au nord de la marge méridionale du piémont Ford dans la vallée Davis et dans la vallée adjacente abritant l'étang Forlidas, s'étendant de 51°24'02" de longitude ouest, 82°26'23.4" de latitude sud au nord-ouest à 50°52'10"de longitude ouest, 82°26'45.5" de latitude sud au nord-est. Cette configuration offre une zone tampon protégeant les corps d'eau douce particulièrement précieux le long de la marge septentrionale du glacier. La limite orientale suit la marge glaciaire le long de la crête Wujek entre le piémont Ford et le mont Pavlovskogo. La limite sud-est s'étend du mont Pavlovskogo, passe le champ de neige Sallee et les versants supérieurs du glacier Edge, suit les zones d'affleurements là où elles existent jusqu'au mont Beljakova. Les limites méridionales et occidentalesde la zone suivent les marges de la glace éternelle, le point le plus au sud étant à 51°17'00" de longitude ouest, 82°33'20" de latitude sud. Le périmètre englobe une surface totale de 55,8 km².

Des dispositifs de bornage ont été installés dans la zone en raison de son éloignement, des rares occasions de visite et des difficultés pratiques posées par l'entretien. En outre, les marges des champs de glace éternelle sont en général très nettement définies et constituent une frontière naturelle facilement observable autour de la majeure partie de la zone.

Météorologie

Plusieurs estimations de la moyenne annuelle des températures au sol ont été réalisées dans la région du massif Dufek sur la base de mesures effectuées dans des crevasses ou par carottage à environ 10 m de profondeur. Une température de -24,96 °C a été enregistrée à 32 kilomètres au nord de l'étang Forlidas sur le piémont Ford en décembre 1957 (puits 12, Carte 1) (Aughenbaugh *et al.*, 1958). Une autre estimation de -9 °C a été effectuée en décembre 1978 dans la vallée enchantée, 26 km au sud (Carte 1) et cette mesure a été prélevée dans une crevasse à 8 m de profondeur (Boyer, communication personnelle, 2000).

Les données météorologiques détaillées concernant la zone proprement dite se limitent aux mesures effectuées pendant deux semaines en 2003. Hodgson et Convey (2004) ont mesuré la température et l'humidité relatives sur les surfaces neigeuses et rocheuses en certains points d'échantillonnage dans la zone entre le 3 et le 15 décembre 2003, les données ayant été recueillies à des intervalles de 30 minutes, mais les capteurs n'étaient pas protégés par un écran Stevenson. Les températures relevées sur la neige oscillaient entre un maximum de +12,8 °C à un minimum de −14.5°C, avec une moyenne sur la période de −0.56°C. Les températures en zone rocheuse allaient de + 16,0 °C à un minimum de -8,6 °C, avec une moyenne sur la période de +0,93 °C (les données concernant les surfaces rocheuses ont été uniquement enregistrées du 3 au 11 décembre 2003). L'humidité relative relevée sur la neige allait d'un maximum de 80,4 % à un minimum de 10,8 %, avec une moyenne sur la période de 42,6 %. Sur les surfaces rocheuses (du 3 au 11 décembre 2003), l'humidité relative a oscillé entre un maximum de 80,9 % et un minimum de 5,6 %, la moyenne sur la période se situant à 38,7 %.

Aucune donnée directement mesurée n'est disponible sur la vitesse et la direction des vents dans la zone, mais des modèles donnent à penser que les vents près de la surface soufflent principalement d'ouest-nord-ouest à des vitesses hivernales moyennes de quelque 10 ms^{-1} (van Lipzig *et al.*, 2004). Bien que les plus vieilles aires libres de glace exposées au-dessus de la limite de dérive glaciaires possèdent de nombreuses caractéristiques d'une érosion à long terme par le vent, certains éléments semblent indiquer que les vents ne sont pas particulièrement violents à cet endroit à l'heure actuelle. Par exemple, peu de débris emportés par les vents ont été constatés sur les surfaces glacées et enneigées, et des tapis de cyanobactéries terrestres parfaitement intacts ont été observés à des endroits exposés dans le fond des vallées sèches (Hodgson et Convey, 2004). Aucune donnée n'est disponible concernant les précipitations. Toutefois, les surfaces rocheuses et glacées dépourvues de flore ainsi que l faible taux d'humidité relative enregistré par Hodgson et Convey (2004) indiquent un environnement sec de faibles précipitations. Cela est conforme à une zone d'ablation dominée du type 2 où une ablation alimentée par une sublimation survient au pied des barrières topographiques abruptes, des vallées de glaciers servant de portes au drainage de l'air du plateau à la plate-forme de glace Ronne-Filchner. Les taux de sublimation les plus forts ont lieu sur ces glaciers localisés dans les montagnes transantarctiques où sont présentes de larges zones de glace bleue (van den Broeke *et al.*, 2006).

Géologie, géomorphologie et sols

Le massif Dufek se caractérise par des bandes stratifiées de cumulats rocheux appartenant à l'inclusion Dufek qui est considérée comme l'une des plus importantes inclusions de gabbro stratifiées au monde (Behrendt *et al.*, 1974; 1980; Ferris *et al.* 1998). Elle est visible dans la vallée Davis où le gabbro Aughenbaugh caractérisé par son ton gris/gris clair et son grain moyen constitue la partie à découvert la moins élevée de l'intrusion Dufek du Jurassique moyen (Ford *et al.*, 1978).

La vallée Davis est principalement composée de talus faiblement érodés et de dépôts morainiques d'origine locale et exotique. Il semble notamment y avoir une abondance de blocs erratiques de grès (Dover Sandstone), une des nombreuses strates métasédimentaires perturbées par l'intrusion Dufek. Une longue tendance géomorphologique glaciaire est évidente. Les particularités indiquent un chevauchement de moraines vallée/glacier, des moraines de nappes glaciaires, un littoral lacustre, des canaux glaciaires latéraux, des surfaces érodées par la glace, des sols striés très développés ainsi que des blocs erratiques. Boyer (1979) a identifié au moins trois grands événements glaciaires et deux grands événements interglaciaires tandis que Hodgson *et al.* (2012) dressent une carte des particularités géomorphologiques dérivées de pas moins de sept phases glaciaires. Du plus ancien au plus jeune, ces phases furent: glaciation alpine du bord d'escarpement; glaciation chaude; avancée du glacier jusqu'à une limite supérieure (760 m); deux avancées de banquise jusqu'à des limites étroitement parallèles dans les vallées; avancée du glacier débouchant sur un plateau (glacier Edge) pour fusionner avec la banquise; et, finalement, une avancée et un retrait de la principale bordure de la plate-forme de glace. Des tentatives ont été faites pour donner un âge à quelques-uns de ces événements glaciaires au moyen d'âges d'exposition cosmogéniques en pair ^{10}Be-^{26}Al sur des rochers erratiques, composés de grès de Douvres. Cela semble indiquer que quelques parties de la vallée ont été exposées pendant > 1,0-1,8 Ma et qu'elles ont expérimenté une petite avancée de la plate-forme de glace au maximum glaciaire, ce qui est conforme à une série de données émergente en provenance du bassin de la mer de Weddell qui suppose un épaississement plutôt modeste aujourd'hui de la couche de glace.

Les sols ne sont pas très développés dans la zone et ne contiennent pas en général de composants organiques importants. Parker *et al.* (1982) a prélevé des échantillons de couleur marron clair, résultant d'une altération climatique de gravier se transformant principalement en muscovite. Le sol contient du sable (81 %) mélangée à de la boue (14 %) et de l'argile (5 %), une composition différente de celle d'autres sites des monts Pensacola où les proportions d'argile dans six échantillons nouveaux de 0,4 à 1,6 %. Les prélèvements effectués dans la vallée de Davis avaient un pH de 6,4 (Parker, *et al.*, 1982).

Lacs, étangs et cours d'eau

L'étang Forlidas est un lac enclavé circulaire, peu profond et gelé en permanence dont le diamètre était d'environ 100 m en 1957 (Behrendt, 1998). En décembre 2003, Hodgson et Convey (2004) ont à nouveau mesuré le diamètre et établi qu'il était de 90,3 m de berge à berge selon un azimut de 306° (magnétique). Lorsque ces calculs ont été réalisés, l'étang était pratiquement gelé jusqu'au fond à l'exception d'une mince couche visqueuse hypersaline en son fond et un creux d'eau douce de fonte partiellement libre de glace et partiellement couverte par 10 à 15 cm de glace (Hodgson and Convey, 2004). La profondeur a été évaluée à 1,83 m et l'épaisseur de la glace oscillait entre 1,63 et 1,83 mètres. La conductivité et la température dans la couche d'eau salée étaient respectivement de 142,02 mS cm-1 et -7,67 °C, contre 2.22 mS cm^{-1} et 0.7°C dans la douve d'eau douce (Hodgson *et al.*, 2010). La salinité des eaux de fonds de l'étang Forlidas est donc environ quatre fois supérieure à celle de l'eau de mer. Cette concentration de sels est le résultat de ce qui reste d'un beaucoup plus grand lac qui s'est évaporé il y a environ 2 200 ans et qu'il est possible d'identifier avec une série de terrasses lacustres et une haute rive située à 17,7 m au-dessus du niveau actuel de l'eau (Hodgson *et al.*, 2012).

Hodgson et Convey (2004) signalent également la présence d'un petit étang proglaciaire à proximité du bord du piémont de glace Ford, à 900 m au nord de l'étang Forlidas. On trouve également deux étangs d'eau de fonte proglaciaires à l'ouest de la crête Forlidas ainsi qu'une série d'étangs similaires le long de la bordure de glace bleue du nord de la vallée Davis, situés au 51° 05.5' O, 82° 27.5'S et 51° 07' O, 82° 27,55' S. Le lac proglaciaire à l'extrémité du glacier Edge est le plus grand de la zone. Son fond est gelé en permanence sauf aux bords est où l'on a aperçu de l'eau de fonte saisonnière.

Des lits asséchés ainsi que des signes d'érosion par les eaux ont été observés dans la zone libre de glace maisseuls quelques petits cours d'eau de fonte glaciaire sur le bord est du glacier Edge ont été à ce jour répertoriés au mois de décembre (Hodgson et Convey, 2004). L'absence apparente de cours d'eau de fonte peut s'expliquer par le fait que l'ensemble des visites réalisées jusqu'à présent a été programmé au mois de décembre, peut-être avant que ces cours d'eau ne deviennent actifs. La présence de creux dans les lacs, les températures positives enregistrées par Hodgson et Convey (2004) ainsi que des facteurs biologiques et géomorphologiques, ou encore des observations d'empreintes sur des terrains précédemment humides (Convey, communication personnelle, 2015) indiquent qu'il est probable qu'au moins quelques cours d'eau deviennent actifs plus tard dans la saison, à la fonte des neiges, sans pour autant que cette activité ne se prolonge sur l'ensemble del'année.

Biologie

Le biote visible est dominé par des tapis de cyanobactéries que l'on trouve dans les lacs ainsi que dans des nappes à la surface du sol libre de glace, ainsi que quelques concentrations éparses de petits lichens crustosés. Neuburg *et al.* (1959) ont observé la présence de lichens jaunes et noirs se développant de manière éparse dans les endroits protégés de la vallée Davis tandis que Hodgson et Convey (2004) ont observé plusieurs formations de lichens se reproduisant à des endroits situés en profondeur dans les crevasses de galets. Celles-ci ont été identifiées comme étant *Lecidea cancrioformis* Dodge & Baker (Hodgson *et al.*, 2010, et voir à l'Annexe 1 : tableau A1 pour une liste des taxons répertoriés dans la zone). La base de données végétales du British Antarctic Survey fait également état de la présence de *Blastenia succinea* Dodge & Baker et de *Xanthoria elegans* (Link.) Th. Fr. dans des échantillons en provenance d'ailleurs du massif Dufek bien que ceux-ci n'aient pas été vérifiés indépendamment. Des rapports anecdotiques antérieurs qui faisaient état de la présence possible de mousse dans la zone n'ont pas pu être corroborés par Hodgson et Convey (2004) et il est probable que le riche tapis de cyanobactéries ait été pris pour des bryophytes par des non-spécialistes. La communauté de cyanobactéries est le biote le plus abondant et elle est présente dans trois environnements distincts au moins :

(1) Dans les masses d'eau permanente, en particulier dans le creux de l'étang Forlidas au fond et dans les zones littorales des étangs de la vallée Davis ainsi que dans le périmètre humide en saison du lac Edge. Ces habitats sont en grande partie recouverts de tapis de cyanobactéries de couleur rouge brunâtre, qui connaissent une photosynthèse active comme en attestent les bulles de gaz piégées contre les surfaces inférieures de la glace ainsi que les bulles incorporées dans la glace. Etant donné que les lacs toujours recouverts de glace ont des concentrations élevées de gaz O_2 dissous, les tapis microbiens qui poussent au fond peuvent prospérer et commencer à se détacher du fond pour devenir des tapis "lift-off" ou encore s'intégrer dans la base de la glace du lac lorsqu'elle entre en contact avec le lit. Dans l'étang Forlidas et les étangs de la vallée Davis, les tapis "lift-off" gelés dans la base de la glace du lac finissent par monter à travers le profil de glace. Dans la vallée Davis, cela semble avoir lieu sur plusieurs années, chaque été étant marqué par la création d'une cavité d'eau de fonte épaisse de 2 à 3 cm que forme la progression vers le haut du flocon à travers la glace du lac en raison du réchauffement préférentiel de sa surface supérieure. Ces flocons qui finissent par se rompre à la surface sont dispersés par le vent sur le littoral ou plus loin. Des cyanobactéries étaient également présentes dans l'eau hypersaline de l'étang Forlidas sous la forme de cellules uniques et de petits flocons. Une souche correspondant à la morphologie de *Leptolyngbya antarctica* a été isolée de la gadoue saline de TM1 (Fernandez-Carazo et al., 2011).

(2) Dans les endroits exposés, à terre, notamment au bord des plus gros rochers et à l'intérieur des crevasses de la ligne de démarcation de polygones gelés avec triage. Elles sont en général de forme très foliose, de couleur marron et surtout développée au bord de plus larges rochers à des profondeurs d'au moins 10-15 cm. La quasi-totalité des mottes étaient sèches lorsqu'elles ont été découvertes encore que celles qui se trouvaient à proximité d'une neige en fonte étaient humides et quelques-unes avaient des thalli moins élevés dont la couleur était souvent d'un vert foncé. Des particulièrement bons exemples de cette forme de croissance ont été découverts dans le sol à mi-hauteur de la vallée Forlidas et dans la vallée Davis (près d'un grand ravin de neige où elle rencontre la deuxième grande terrasse au-dessus du lac Edge).

(3) Dans une série de lits d'étangs asséchés de la vallée Davis, deux d'un diamètre atteignant 50 m, qui abritent d'importantes concentrations de tapis quasi continus de cyanobactéries dans les lits d'anciens étangs. Ces lits et ravins occupent des creux et peuvent donc accumuler de la neige en hiver, permettant ainsi aux cyanobactéries de tirer parti du milieu humide et protégé.

Cette forme de croissance a également été observée dans de nombreuses petites ravines adjacentes entre des polygones et d'autres éléments cryoturbés, qui ont souvent l'apparence de dispositifs d'écoulement naturel temporaires.

Les analyses de la diversité moléculaire cyanobactérienne de quatre échantillons prélevés dans l'étang Forlidas et autour de lui font état d'un épuisement de la diversité, avec de 2 à 5 unités taxonomiques opérationnelles seulement par échantillon (Hodgson *et al*, 2010). C'est probablement de l'isolement géographique conjugué à de multiples facteurs de stress environnemental tels que la salinité et le dessèchement saisonnier, mais aussi les rayons ultraviolets. Quelques-unes des cyanobactéries comme par exemple celles du saumure de l'étang Forlidas sont liées à des séquences d'autres lacs antarctiques hypersalins tandis que d'autres se trouvent quasi exclusivement dans des régions glaciaires. Les six unités taxonomiques cyanobactériennes du massif Dufek sont toutes réparties en plus d'un endroit du continent et on en trouve aussi en dehors de l'Antarctique.

La faune invertébrée à l'intérieur de la zone est tout aussi pauvre, la diversité et l'abondance des organismes étant très limitée par rapport à des sites antarctiques côtiers et d'altitude plus basse. Aucun nématode ni arthropode n'a été découvert, mais il y a trois espèces de tardigrade présentes de deux classes : *Echiniscus* (cf) *pseudowendti* Dastych, 1984 (Hétérotardigradé), *Acutuncus antarcticus* (Richters, 1904) et *Diphascon sanae* Dastych, Ryan et Watkins, 1990 (Eutardigrade) ainsi qu'un petit nombre de rotifères bdelloides non identifiés (Hodgson *et al*, 2010). *Acutuncus antarcticus* est une espèce antarctique qui se trouve dans des habitats humides semi-permanents partout en Antarctique ainsi que dans les îles subantarctiques, mais elle n'a pas été répertoriée sur l'un des continents voisins. *Echiniscus* (cf) *pseudowendti* et *Diphascon sanae* trouvés dans des échantillons de l'étang Forlidas sont également endémiques à l'Antarctique, avec des distributions limitées.

Les sites les plus productifs pour ces organismes ont été non pas les environnements aquatiques des lacs permanents, mais les anciens lits d'étangs dans la vallée Davis. Les échantillons prélevés à ces endroits ont révélé la présence d'un nombre record de rotifères et de tardigrades jamais depuis les premières extractions dans la zone, ce qui indique que ces endroits sont productifs d'un point de vue biologique et requièrent par conséquent une source d'eau liquide. En décembre 2003, très peu de neige a été observée dans le lit de la vallée, ce qui a conduit Hodgson et Convey (2004) à conclure que la source d'humidité pouvait provenir d'une augmentation considérable, plus tard dans la saison, des eaux de fonte provenant de la nappe glacière locale dans la partie supérieure la vallée, ou de moraines locales prises dans les glaces. Bien qu'ils n'aient pu constater ce processus lors de leur visite, des traces de pas ainsi que des excavations de faible profondeur pour l'analyse des sols datant de visites antérieures (il y a 25 à 46 ans) indiquaient que le sol était humide ou gorgé d'eau à l'époque des précédentes visites. Des inondations saisonnières par des eaux liquides expliqueraient l'étendue considérable et l'intégrité de cette communauté de cyanobactéries ainsi que sa résistance apparente aux ravages potentiels causés par les vents solaires ainsi que l'abondance relative d'invertébrés extraits des échantillons prélevés aux différents endroits.

Des espèces de levures viables ont été observées dans le sol avec l'algue *Oscillatoria* sp., *Trebouxia* sp. et *Heterococcus* sp. (Parker *et al.* 1982). Des micro-organismes chasmoendolithiques ont été identifiés dans des roches du massif Dufek (Friedmann, 1977), même si Hodgson et Convey (2004) n'ont trouvé aucune preuve de leur présence dans la zone et ont noté que les types de roche les plus propices au développement d'organismes endolithiques n'étaient pas répandus à cet endroit.

L'avifaune est rare: en décembre 2003, un seul pétrel des neiges (*Pagadroma nivea*) a été aperçu qui volait autour d'un des pics au-dessus de la vallée Davis.

Activités humaines et leur impact

Rares ont été les visites dans la zone et les impacts humains sont considérés comme minimes (Annexe 1). En raison de son éloignement et du nombre très réduit de visites, c'est l'une des rares zones libres de glace de l'Antarctique pour laquelle il existe un relevé complet des activités humaines qui y ont été menées. L'état quasiment vierge de l'environnement donne à la zone une très grande valeur et constitue l'une des principales raisons pour lesquelles une protection spéciale lui est conférée.

On trouvera au tableau A2 de l'Annexe 1 les principales caractéristiques des visites qui ont été effectuées dans la zone ; ce tableau devra être mis à jour selon que de besoin (voir à la section 7 (x)). Les campements ont en général été installés sur la nappe glaciaire à l'extérieur de la zone. Les groupes antérieurs ont enlevé tous les déchets de la zone, à l'exception peut-être de petites quantités de déchets humains. En 2003, tous les déchets, y compris tous les déchets humains ont été enlevés, tant de l'intérieur de la zone que du campement installé à côté, sur le piémont Ford (Carte 2). Hodgson et Convey (2004) ont noté qu'en décembre 2003, les indices de visites antérieures dans la zone se limitaient à quelques traces de pas et à plusieurs excavations peu profondes dans la vallée Davis.

6(ii) Accès à la zone

L'accès à la zone ne peut se faire qu'à pied. L'accès aux champs de glace qui entourent la zone peut se faire par aéronef ou par routes terrestres. L'accès à la zone devrait être aussi proche que possible du site d'étude visé et ce, afin de réduire au minimum la superficie de la zone qui doit être traversée. En raison du terrain et des crevasses, les voies d'accès les plus pratiques à la zone sont celles qui vont du piémont de glace Ford jusqu'au nord de la zone.

6(iii) Emplacement de structures à l'intérieur et à proximité de la zone

Pour autant que l'on sache, il n'y a ni structure, ni installation, ni cache à l'intérieur de la zone.

6(iv) Emplacement d'autres zones protégées à proximité directe de la zone

Il n'y a pas d'autre zone protégée à proximité, la plus proche étant la vallée Ablation – Hauteurs Ganymède (ZSPA n° 147), île Alexandre, qui se trouve à quelque 1300 km au nord-ouest.

6(v) Zones spéciales à l'intérieur de la zone

Aucune.

7. Critères de délivrance d'un permis

7(i) Conditions générales pour l'obtention d'un permis

L'accès à la zone est interdit sauf avec un permis délivré par une autorité nationale compétente. Les critères de délivrance d'un permis pour entrer dans la zone sont les suivants :

- Un permis est délivré uniquement pour des raisons scientifiques ou pédagogiques indispensables qu'il est impossible de satisfaire ailleurs ou pour des raisons de gestion essentielles à la zone ;

- les actions autorisées le seront conformément au présent plan de gestion ;
- Les activités autorisées tiendront dûment compte, via le processus d'études d'impact sur l'environnement, de la protection continue des valeurs environnementales, scientifiques, historiques, esthétiques ou liées à l'état sauvage de la nature de la zone, en particulier de la valeur vierge de la zone et de la possibilité qu'elle a de devenir un site de référence biologique en grande partie non perturbé ;
- Le permis sera délivré pour une durée déterminée ;
- Le permis, ou une copie, sera emporté pour tout passage à l'intérieur de la zone.

7 (ii) Accès à la zone et déplacements à l'intérieur de celle-ci

- Il est interdit aux aéronefs d'atterrir dans la zone et de la survoler à moins de 100 m au-dessus du sol.
- Il est interdit aux véhicules de se déplacer dans la zone.
- L'accès à la zone et les déplacements à l'intérieur se feront à pied.
- Aucune restriction particulière ne s'applique aux moyens d'accès ou aux routes aériennes ou terrestres utilisés pour se rendre des champs de glace entourant les lignes de démarcation de la zone comme pour en revenir.
- L'accès à la zone doit se faire à partir d'un endroit pratique proche des sites d'étude et ce, afin de réduire au minimum la surface de sol à traverser. En raison du relief et des crevasses, l'accès est plus aisé à partir du piémont Ford au nord de la zone.
- Les voies piétonnes doivent éviter les lacs, les étangs, les anciens lits d'étang, les lits de cours d'eau, les sols humides et les aires aux sédiments meubles ou aux caractéristiques sédimentaires. Soin devra être pris d'éviter de causer des dommages aux zones où se développent des tapis de cyanobactéries, en particulier aux vastes superficies trouvées dans les restes de lits d'étang de la vallée Davis (voir Carte 2).
- Les déplacements à pied doivent être réduits au minimum nécessaire pour atteindre les objectifs des activités autorisées et tout doit être mis en œuvre pour en minimiser les effets.

7(iii) Activités pouvant être menées à l'intérieur de la zone

- Recherches scientifiques qui ne portent pas atteinte aux valeurs scientifiques, environnementales, esthétiques ou liées à l'état sauvage de la nature de la zone, ou encore à la valeur vierge de la zone et de la possibilité qu'elle a de devenir un site de référence, et qui ne peuvent être menées ailleurs.
- Activités de gestion essentielles, y compris de suivi.
- Activités de caractère pédagogique menées pour des raisons impératives et qu'il n'est pas possible de satisfaire ailleurs. Activités pouvant inclure des rapports documentaires (photographiques, audio ou écrits) ou la production de ressources ou de services pédagogiques. Les activités pédagogiques ne devront pas mettre en péril les valeurs pour lesquelles la zone est protégée, en particulier sa valeur de site de référence pratiquement intact. Les buts pédagogiques ne comprennent pas le tourisme.
- Les autorités compétentes doivent être informées de toute activité ou mesure qui ne serait pas autorisée par le permis.

7(iv) Installation, modification ou enlèvement de structures

- Aucune structure ne peut être installée dans la zone sauf autorisation précisée dans le permis.
- Les structures permanentes sont interdites.
- Tout le matériel scientifique installé dans la zone doit être autorisé par un permis.
- S'il est prévu de laisser le matériel dans la zone pour une durée supérieure à une campagne, il faudra l'identifier par le nom du pays, le nom du chercheur principal et l'année d'installation. Tous les appareils devront avoir été fabriqués avec des matériaux qui posent un risque minimum de contamination de la zone.

- L'installation (y compris le choix du site), l'entretien, la modification ou l'enlèvement de structures se feront d'une manière qui réduit au minimum les valeurs physiques, écologiques, scientifiques ou esthétiques et de la nature à l'état sauvage de la zone.

- L'enlèvement de structures, de matériels ou de balises pour lesquels le permis est arrivé à expiration sera une des conditions de délivrance de ce permis. Il incombe à l'autorité ayant accordé le permis de s'assurer que cette condition figure dans le permis. Dans l'éventualité où le détenteur du permis ne respecte pas cette obligation, il est de la responsabilité de l'autorité d'effectuer l'enlèvement.

7(v) Emplacement des camps de base

- Il est interdit de camper dans la zone.

- Des sites appropriés ont été réservés pour les campements au nord et à l'ouest de la zone sur le piémont Ford (Carte 2) ainsi que dans la vallée enchantée (Carte 1).

7(vi) Restrictions sur les matériaux et organismes pouvant être introduits dans la zone

En plus des exigences du Protocole au Traité sur l'Antarctique relatif à la protection de l'environnement, les restrictions sur les matériaux et les organismes pouvant être introduits dans la zone sont :

- L'introduction délibérée d'animaux, de matières végétales, de micro-organismes et de terre non stérile dans la zone ne sera pas autorisée. Des précautions seront prises pour empêcher l'introduction accidentelle d'animaux, de matières végétales, de micro-organismes et de terre non stérile en provenance de régions biologiquement distinctes (à l'intérieur ou à l'extérieur de la zone du Traité sur l'Antarctique).

- Pour réduire au minimum les risques d'introduction, les visiteurs doivent nettoyer minutieusement leurs chaussures et tout le matériel qu'ils utiliseront dans la zone – en particulier le matériel d'échantillonnage et de balisage – avant d'y entrer. Les chaussures et autres articles utilisés ou introduits dans la zone (y compris les sacs à dos, les sacs de transport et les tentes) seront sans toute la mesure du possible nettoyés minutieusement avant d'entrer dans la zone. Les visiteurs doivent également consulter et observer les recommandations contenues dans le Manuel sur les espèces non indigènes du Comité pour la protection de l'environnement (CPE, 2011) et dans le Code de conduite environnemental pour les recherches scientifiques terrestres en Antarctique (SCAR, 2009).

- Afin de réduire le risque de contamination microbienne, les surfaces exposées des chaussures, le matériel d'échantillonnage et les balises devront être stérilisés avant leur utilisation dans la zone. La stérilisation devra se faire au moyen d'une méthode acceptable comme celle qui consiste à laver dans une solution d'eau contenant 70 % d'alcool.

- Aucun pesticide ne sera introduit dans la zone;

- Les carburants, les aliments et autres matériaux ne seront pas stockés dans la zone, sauf autorisation spécifique mentionnée par une condition du permis. Ils seront stockés et manipulés d'une manière qui réduise au minimum le risque d'introduction accidentelle dans l'environnement;

- Les matériaux introduits dans la zone ne pourront y demeurer que pour une période fixée par les permis, et ils seront enlevés au plus tard à la fin de ladite période ; et

- Si des matériaux sont introduits qui risquent de mettre en péril les valeurs de la zone, ils ne seront enlevés que si l'impact de leur enlèvement ne sera vraisemblablement pas supérieur à celui consistant à les laisser *in situ*.

7(vii) Prélèvement de végétaux et capture d'animaux ou perturbations nuisibles à la faune et la flore

- Toute capture d'animaux ou toute perturbation nuisible à la faune et la flore indigène est interdite sauf avec un permis délivré en vertu de l'article 3 de l'Annexe II du Protocole au Traité sur l'Antarctique relatif à la protection de l'environnement. En cas de capture d'animaux ou d'interférence nuisible, celles-ci devront au minimum respecter le Code de conduite du SCAR pour l'utilisation d'animaux à des fins scientifiques dans l'Antarctique.

7(viii) Ramassage ou enlèvement des matériaux n'ayant pas été apportés dans la zone par le détenteur du permis

- Les matériaux ne peuvent être ramassés ou enlevés de la zone qu'en conformité avec un permis, mais ils doivent être limités au minimum requis pour répondre aux besoins scientifiques ou de gestion. Un permis ne sera pas délivré s'il y a lieu de croire que l'échantillonnage envisagé impliquerait de prélever, de retirer ou d'endommager des quantités de sols, de sédiments, de faune et de flore sauvages telles que leur distribution ou leur abondance à l'intérieur de la zone en serait fortement modifiée.

- Les matériaux d'origine humaine susceptibles de mettre en péril les valeurs de la zone, qui n'ont pas été introduits dans celle-ci par le détenteur du permis ou qui n'ont pas été autrement autorisés, peuvent être enlevés de la zone à moins que l'impact environnemental de l'enlèvement ne soit plus élevé que si les matériaux sont laissés *in situ*. Si tel est le cas, l'autorité compétente doit être informée et son autorisation obtenue.

7(ix) Élimination des déchets

Tous les déchets, y compris l'eau utilisée pour des activités humaines et la totalité des déchets humains, seront enlevés de la zone. Les particuliers ou les groupes emmèneront avec eux des récipients appropriés pour y placer les déchets humains et les eaux usées de telle sorte qu'ils puissent être transportés et enlevés de la zone en toute sécurité.

7(x) Mesures nécessaires pour continuer de répondre aux buts et objectifs du plan de gestion

Des permis peuvent être délivrés pour avoir accès à la zone afin de :

- mener des activités de suivi et d'inspection de la zone, lesquelles peuvent comprendre le prélèvement d'un petit nombre d'échantillons ou de données pour analyse ou examen ;

- mener à bien des mesures de protection ;

7(xi) Rapports de visites

- Le principal détenteur du permis soumettra, pour chaque visite dans la zone, un rapport à l'autorité nationale compétente, dès que cela lui sera possible, et au plus tard six mois après la fin de ladite visite.

- Ces rapports doivent, le cas échéant, inclure les informations identifiées dans le formulaire de rapport de visite contenu dans l'Annexe 2 du Guide pour l'élaboration des plans de gestion des zones spécialement protégées de l'Antarctique (résolution 2 (2011)). Le cas échéant, l'autorité nationale doit également adresser un exemplaire du rapport de visite à la Partie qui a proposé le plan de gestion, afin d'aider à la gestion de la zone et à la révision du plan de gestion.

- Les Parties doivent, dans la mesure du possible, déposer les originaux ou les copies de ces rapports dans une archive à laquelle le public pourra avoir accès et ce, afin de conserver une archive d'usage qui sera utilisée dans l'examen du plan de gestion et dans l'organisation de l'utilisation scientifique de la zone.

- L'autorité compétente devra être informée de toutes les activités entreprises et de toutes les mesures prises, de toute chose enlevée ainsi que de tous les matériaux introduits et non enlevés, qui ne figuraient pas dans le permis autorisé.

8. Support documentaire

Aughenbaugh, N., Neuburg, H. and Walker P. 1958. Rapport 825-1-Partie I, Octobre 1958, USNC-IGY Antarctic Glaciological Data Field Work 1957 et 1958. Ohio State University Research Foundation. Source: World Data Center for Glaciology at Boulder, Colorado. (ftp://sidads.colorado.edu/pub/DATASETS/AGDC/antarctic_10m_temps/ells-filchner_57.txt).

Behrendt, J.C. 1998. *Innocents on the Ice; a memoir of Antarctic Exploration, 1957.* University Press of Colorado, Boulder.

Behrendt, J.C., Drewry, D.J., Jankowski, E., et Grim, M.S., 1980. Aeromagnetic and radio echo ice-sounding measurements show much greater area of the Dufek intrusion, Antarctica. *Science* **209**: 1014-17.

Behrendt, J.C., Henderson, J.R., Meister, L. et Rambo, W.K., 1974. Geophysical investigations of the Pensacola Mountains and Adjacent Glacierized areas of Antarctica. *U.S. Geological Survey Professional Paper* 844.

Boyer, S.J., 1979. Glacial geologic observations in the Dufek Massif and Forrestal Range, 1978-79. *Antarctic Journal of the United States* 14(5): 46-48.

Burt, R., 2004. Travel Report - Sledge Bravo 2003-2004. SAGES-10K & BIRESA: Field trip to the lakes and dry valleys in the Dufek Massif and the Shackleton Mountains. Unpublished BAS Internal Report Ref. R/2003/K1. British Antarctic Survey, Cambridge.

Cziferszky, A., Fox, A., Hodgson, D. et Convey, P., 2004. Unpublished topographic base map for Davis Valley, Dufek Massif, Pensacola Mountains. Mapping and Geographic Information Centre, British Antarctic Survey, Cambridge.

England, A.W. and Nelson, W.H. 1977. Geophysical studies of the Dufek Instrusion, Pensacola Mountains, Antarctica, 1976-1977. *Antarctic Journal of the United States* **12**(5): 93-94. Fernandez-Carazo, R., Hodgson, D.A., Convey, P. & Wilmotte, A., 2011. Low cyanobacterial diversity in biotopes of the Transantarctic Mountains and Shackleton Range (80-82°S), Antarctica. *FEMS Microbiology Ecology* **77**: 503-17.

Ferris, J., Johnson, A. et Storey, B. (1998). Form and extent of the Dufek intrusion, Antarctica, from newly compiled aeromagnetic data. Earth and Planetary Science Letters **154**: 185-202.

Ford, A.B., 1976. Stratigraphy of the layered gabbroic Dufek intrusion, Antarctica. *Contributions to stratigraphy:* Geological Survey Bulletin 1405-D.

Ford, A.B., 1990. *The Dufek intrusion of Antarctica. Antarctic Research Series* **51**. American Geophysical Union, Washington D.C.: 15-32.

Ford, A.B., Schmidt, D.L. et Boyd, W.W., 1978. Geologic map of the Davis Valley quadrangle and part of the Cordiner Peaks quadrangle, Pensacola Mountains, Antarctica. *U.S Geological Survey Antarctic Geological Map A-10.*

Ford, A.B., Carlson, C., Czamanske, G.K., Nelson, W.H. et Nutt, C.J., 1977. Geological studies of the Dufek Instrusion, Pensacola Mountains, 1976-1977. *Antarctic Journal of the United States* **12**(5): 90-92.

Friedmann, E.I. 1977. Microorganisms in Antarctic desert rocks from dry valleys and Dufek Massif. *Antarctic Journal of the United States* **12**(5): 26-29.

Hodgson, D. and Convey, P. 2004. Scientific Report - Sledge Bravo 2003-2004. BAS Signals in Antarctica of Past Global Changes: Dufek Massif – Pensacola Mountains; Mount Gass – Shackleton Mountains. DRAFT. Unpublished BAS Internal Report Ref. R/2003/NT1. British Antarctic Survey, Cambridge.

Hodgson, D.A., Convey, P., Verleyen, E., Vyverman, W., McInnes, S.J., Sands, C.J., Fernández-Carazo, R., Wilmotte, A., DeWever, A., Peeters, K., Tavernier, I. et Willems, A. 2010. The limnology and biology of the Dufek Massif, Transantarctic Mountains 82° South. *Polar Science* **4**: 197-214.

Hodgson, D.A., Bentley, M.J., Schnabel, C., Cziferszky, A., Fretwell, P., Convey, P. and Xu, S. 2012. Glacial geomorphology and cosmogenic ^{10}Be and ^{26}Al exposure ages in the northern Dufek Massif, Weddell Sea embayment, Antarctica. *Antarctic Science* **24**(4): 377–94. doi:10.1017/S0954102012000016

Hodgson, D.A. & Bentley, M.J. 2013. Lake highstands in the Pensacola Mountains and Shackleton Range 4300-2250 cal. yr BP: Evidence of a warm climate anomaly in the interior of Antarctica. *The Holocene* **23**(3): 388-97. doi: 10,1177/0959683612460790

Neuburg, H., Theil, E., Walker, P.T., Behrendt, J.C and Aughenbaugh, N.B. 1959. The Filchner Ice Shelf. Annals of the Association of American Geographers 49: 110-19.

Parker, B.C., Boyer, S., Allnutt, F.C.T., Seaburg, K.G., Wharton, R.A. and Simmons, G.M. 1982. Soils from the Pensacola Mountains, Antarctica: physical, chemical and biological characteristics. Soil Biology and Biochemistry 14: 265-71.

Parker, B.C., Ford, A.B., Allnutt, T., Bishop, B. and Wendt, S. 1977. Baseline microbiological data for soils of the Dufek Massif. *Antarctic Journal of the United States* **12**(5): 24-26.

Peeters, K., Hodgson, D.A., Convey, P. & Willems, A. 2011. Culturable diversity of heterotrophic bacteria in Forlidas Pond (Pensacola Mountains) and Lundström Lake (Shackleton Range), Antarctica. *Microbial Ecology* **62**(2): 399-413.

Peeters, K., Verleyen, E., Hodgson, D.A., Convey, P., Ertz, D., Vyverman, W. & Willems, A. 2012. Heterotrophic bacterial diversity in terrestrial and aquatic microbial mat communities in Antarctica. *Polar Biology* **35**: 543-54.

Schmidt, D.L. and Ford, A.B. 1967. Pensacola Mountains geologic project. *Antarctic Journal of the United States* **2**(5): 179.

Van den Broeke, M., van de Berg, W.J., van Meijgaard, E. and Reijmer, C. 2006. Identification of Antarctic ablation areas using a regional atmospheric climate model. *Journal of Geophysical Research* **111**: D18110. doi: 10.1029/2006JD007127

Van Lipzig, N.P.M., Turner, J., Colwell, S.R. and van Den Broeke, M.R. 2004. The near-surface wind field over the Antarctic continent. *International Journal of Climatology* 24(15): 1973-82.

Annexe 1. Tableau A1. Programme d'échantillonnage biologique dans les vallées Davis et Forlidas : groupes de taxons identifiés et méthodes utilisées (Hodgson *et al.*, 2010).

Description	Méthode	Nombre d'échantillons	Nombre de taxons	Taxons
Bryophytes	Étude par observation	0	0	n/a
Lichens	Étude par observation	1	1	*Lecidea cancriformis* Dodge & Baker
Bacillariophycées/Diatomées	Étude par microscope optique	2	1	*Pinnularia microstauron* (Ehr.) Cl.††
Cyanobactéries	Bibliothèque clone, DGGE + séquençage en bande, isolement de souches + séquençage (microscopie)	3	6	Échantillon TM1 : 16ST63, 16ST14 Échantillon TM2 : 16ST63, 16ST14, 16ST44, 16ST49, 16ST80 Échantillon TM3 : 16ST44, 16ST49, 16ST80, 16ST07
Chlorophytes /algues vertes	DGGE + séquençage en bande	2	1	*Urospora* sp.
Rhizaria/Cercozoa	DGGE + séquençage en bande	2	2	Heteromitidae, *Paulinella* sp.
Bactéries	DGGE + séquençage en bande	2	32	Cyanobactéries : Nostocales, Oscillatoriales, Chroococcales, Gloeobacteriales** Bacteroidetes : Sphingobacteriales, Flavobacteriales Firmicutes : Clostridiales Gammaprotéobactéries : Pseudomonadales, Psychrobacter
Bactéries	Isolement de souches + séquençage	1	330 isolats	*Firmicutes* 33%, *Bacteroidetes* 23%, *Alphaproteobacteria* 25%, *Actinobacteria* 9%, *Betaproteobacteria*. 8%, *Gammaproteobacteria* 1,5%, Deinococci 0,3%
Arthropodes	Tullenberg	50	0	n/a
Invertébrés	Extractions Baermann	130	3	Voir tardigrades (ci-dessous)
Tardigrades	Microscope optique (moléculaire†)	14 20	3 1	*Echiniscus* (cf) *pseudowendti* Dastych, 1984 (Hétérotardigrades), *Acutuncus antarcticus* (Richters, 1904) *Diphascon sanae* Dastych, Ryan et Watkins, 1990 (Eutardigrades)
Rotifères	Tullenberg et microscope optique	130	présents	Rotifères bdelloides
Bactéries du sol et algues	Cultivées (Parker *et al.*, 1982)*	1	3	Cyanobactéries : *Oscillatoria* sp. Algues: *Trebouxia* sp., *Heterocous* sp. (levures viables présentes)
Avifaune	Observation	n/a	1	*Pétrel des neiges (Pagadroma nivea)*

*précédemment publié, ** tentative d'identification à partir de 100 bases environ, † analyses menées sur des échantillons morphologiquement homogènes de la cordillère Range, †† non considéré comme indice d'une communauté existante

Annexe 1 1. Tableau A2. Visites connues de la vallée Davis et vallées adjacentes libres de glace dans la zone et à proximité

Groupe	Nombre de personnes	Organisation	But	Dates	Durée (jours)	Endroits visités	Camp	Transport
Aughenbaugh, Behrendt, Neuburg, Thiel, Walker	5	AGI (EU)	Géologie Géophysique	Déc. 1957	?	FIP,DV,FP, FR	FIP à l'ouest de FR	Traversé en Sno-Cat jusqu'à FIP puis à pied
Ford, Schmidt, Nelson, Boyd, Rambo (?)	5	USGS	Géologie	Déc. 1965 – janv.	?	?	Camp de base à Neptune Range	Nombreux atterrissages par hélicoptères dans le massif Dufek.
Ford & team	?	USGS	Géologie	Eté 1973-74	?	?	?	?
Ford, Carlson, Czamanske, Nutt, England, Nelson	6	USGS	Géologie	30 nov.–30 déc. 1976 (dates de l'expédition)	?	?	Camp de base près du Pic Walker (sud-ouest du massif Dufek)	Nombreux atterrissages par hélicoptères dans le massif Dufek. Toboggans à moteur et traversées à ski.
Équipe russe dirigée par Shuljatin, O. G. Accompagnée par Ford (et Grue?) des États-Unis d'Amérique et par Paech de l'Allemagne	11	Expédition antarctique soviétique (22)	Géologie Géophysique	Eté 1976-77	49 (nombre total d'expédition)	Massif Dufek et autres endroits dans les monts Pensacola	Campements sur les montagnes Provender, Read et Skidmor. Station Druznaja utilisée comme camp de base.	Campements par hélicoptère, motoneige' puis à pied
Equipe russe dirigée par Kamenev, E. N.	6	Expédition antarctique soviétique (23)	Géologie Géophysique	6 – 17 fév.	11	Massif Dufek	Campement dans les collines Schmidt. Station	Aéronef, motoneige 'Buran', puis à pied

ZSPA n° 119 - vallée Davis et étang Forlidas, massif Dufek, montagnes Pensacola :

Groupe	Nombre de personnes	Organisation	But	Dates	Durée (jours)	Endroits visités	Camp	Transport
							Druznaja utilisée comme camp de base.	
Boyer, Reynolds	2	USGS	Géologie	12 déc. 1978	2	FIP, DV	EV	Toboggan d'EV jusqu'au bord de glace puis à pied
Ford, Boyer, Reynolds Carl?	4	USGS	Géologie	14 déc. 1978	4	FIP, DV, FR, AP	EV	Toboggan d'EV jusqu'au bord de glace puis à pied
Hodgson, Convey, Burt	3	BAS (RU)	Biologie, Limnologie, Géomorphologie glaciaire	3-15 déc. 2003	13	FIP, DV, FP, FR, AP	FIP 1,9 km au nord de FP	Twin Otter jusqu'à FIP puis à pied.
TOTAUX ~30					~40??			

(nombres approximatifs en raison de données incomplètes)

Clé : FIP – Piémont de glace Ford; DV – Vallée Davis; FP – Etand Forlidas; FR– Crête Forlidas; AP – Pic Angels; CS – Eperon Clemons; PS – Eperon Preslik; MB– Mont Beljakova; MP–Mont Pavlovskogo; EV–Vallée enchantée

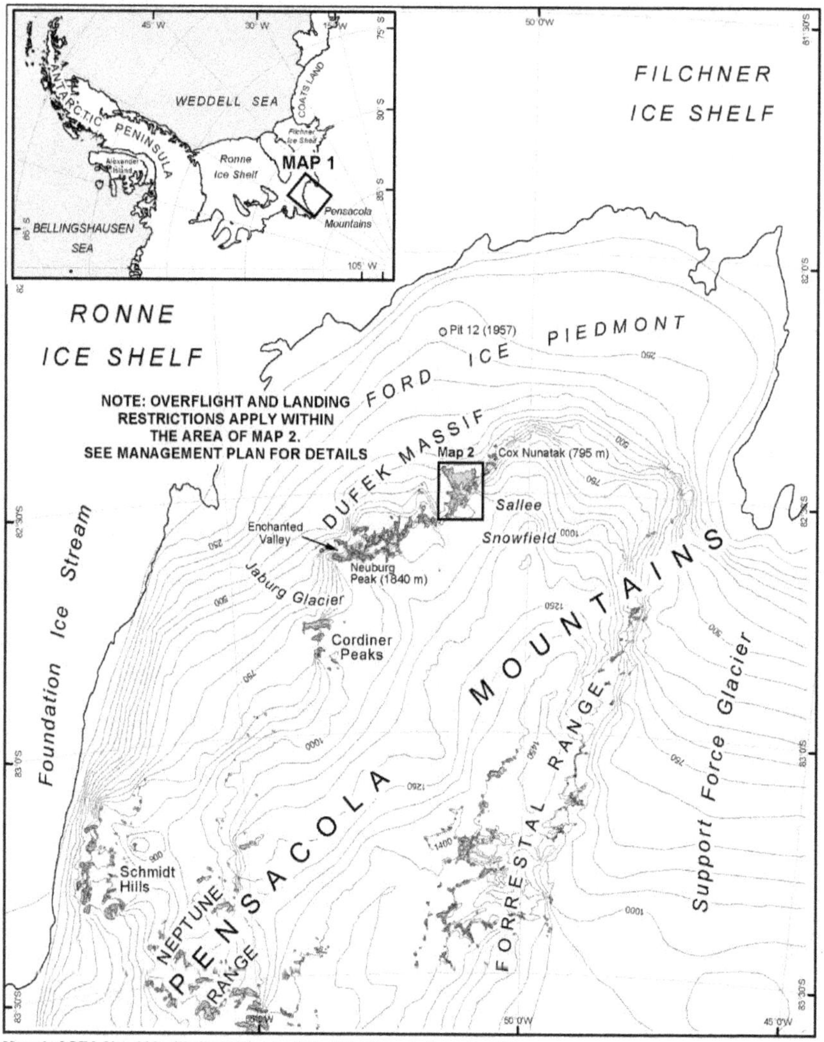

Map 1: ASPA No. 119 - Davis Valley and Forlidas Pond - Location Map

10 Feb 2015 (Map ID: 10068.0005.01)
United States Antarctic Program
Environmental Research & Assessment

Coastline — Contour (50 m) — Ice free ground — Permanent ice — Ice bore

0 10 20 Kilometers

Projection: Lambert Conformal Conic
Spheroid and horizontal datum: WGS84
Data sources: Coast & topography: SCAR ADD (v6, 2012).

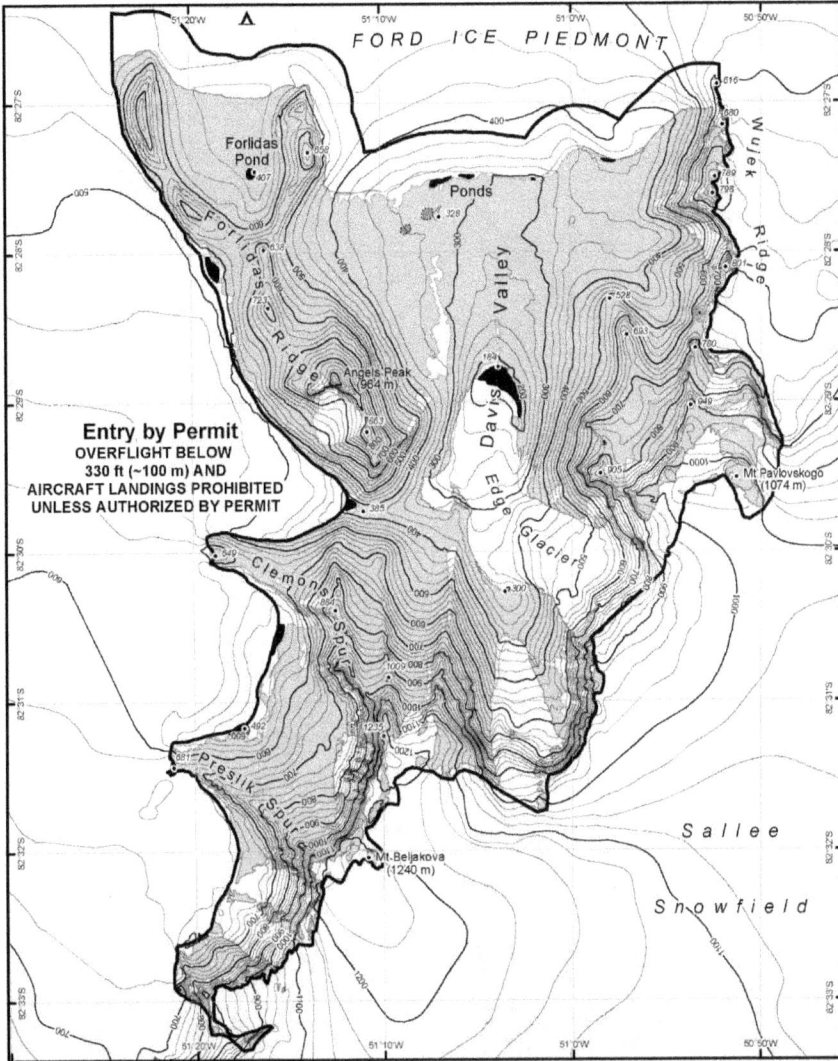

Map 2: ASPA No. 119 - Davis Valley and Forlidas Pond - Topographic Map

Plan de gestion pour la zone spécialement protégée de l'Antarctique n° 148

MONT FLORA, BAIE HOPE, PÉNINSULE ANTARCTIQUE

Introduction

La raison principale de la désignation du mont Flora, (63°25' de latitude sud, 57°01' de longitude ouest, 0,3 km²) comme zone spécialement protégée de l'Antarctique (ZSPA) est de protéger les valeurs scientifiques liées à la riche flore fossile présente dans la zone.

Le mont Flora a été initialement désigné « site d'intérêt scientifique particulier » par la Recommandation XV-6 (1989, SISP n° 31) sur proposition du Royaume-Uni. Cette désignation était intervenue en raison « de l'importance scientifique exceptionnelle de la riche flore fossile du site ». Ce fut l'une des premières flores fossiles découvertes en Antarctique, et son rôle s'est révélé crucial dans la compréhension de l'histoire géologique de la péninsule antarctique. Depuis qu'il a été découvert, le mont Flora, facile d'accès et riche en débris fossilifères grâce aux éboulis, n'a pu résister à la convoitise des collectionneurs de souvenirs, à tel point que la disponibilité de matériaux utiles pour mener des recherches rigoureuses a considérablement diminué. Le plan de gestion a par ailleurs été soumis à une importante révision en 2002 (Mesure 1), notamment de ses limites.

Le géologue Johann Gunnar Andersson a découvert le mont Flora lors de l'expédition suédoise australe (1901-1904). Le refuge en pierre datant de cette époque (monument historique n° 39) subsiste d'ailleurs encore à l'heure actuelle à proximité de la pointe Seal, baie Hope. Otto Nordenskjöld, le responsable de l'expédition, a baptisé l'endroit mont Flora (en suédois « Flora-Berg ») d'après les observations géologiques d'Andersson, marquant ainsi la découverte de la première concentration importante de fossiles en Antarctique. La zone s'est par la suite avérée d'une importance scientifique considérable pour interpréter les corrélations entre les grands phénomènes géologiques de la région.

La zone se trouve à environ trois kilomètres au sud-est de la station Esperanza (Argentine) et de la station Teniente de Navio Ruperto Elichiribehety (Uruguay).

La zone s'inscrit donc dans le champ plus large du système des zones protégées de l'Antarctique au titre des quelques ZSPA qui protègent principalement les valeurs géologiques. La Résolution 3 (2008) recommandait que l'Analyse des domaines environnementaux pour le continent antarctique serve de modèle dynamique pour l'identification des zones spécialement protégées de l'Antarctique dans le cadre environnemental et géographique systématisé visé à l'article 3(2) de l'Annexe V du Protocole (voir également Morgan *et al.*, 2007). Sur la base de ce modèle, la ZSPA n° 148 est intégrée au domaine environnemental A : Géologie nord de la péninsule antarctique (Morgan *et al.*, 2007). La ZSPA n° 148 se trouve dans la région de conservation biogéographique de l'Antarctique (RCBA) 1 : Nord-est de la péninsule antarctique.

1. Description des valeurs à protéger

À la suite d'une visite de la ZSPA effectuée par des gestionnaires environnementaux argentins en janvier 2011 et en janvier 2013, les valeurs spécifiées dans la désignation précédente ont été examinées et confirmées. La zone présente les valeurs suivantes :

- Le mont Flora présente des valeurs scientifiques et historiques importantes liées à son patrimoine significatif en matière de découverte géologique en Antarctique.
- Trois formations géologiques caractérisent le mont Flora : la formation de la baie Hope (groupe de la péninsule Trinité), qui est séparée par une discordance des strates végétales superposées légèrement inclinées de la formation du mont Flora (groupe de la baie Botany) qui, à leur tour, sont recouvertes

d'ignimbrites et de tufs soudés de la formation du glacier Kenney (groupe volcanique de la péninsule antarctique). La corrélation entre ces formations est capitale pour déterminer l'âge des strates végétales, élément fondamental pour interpréter la géologie de la péninsule antarctique.

- Le site a de tout temps constitué un point de référence important pour les comparaisons entre les flores de l'hémisphère sud.
- En outre, la flore fossile a toujours été incontournable pour l'obtention de données sur le paléoclimat de la région au Mésozoïque, car cette information est en général très lacunaire.
- Par ailleurs, le mont Flora abrite une des seules flores de l'Antarctique appartenant au Jurassique et il s'agit du seul site à avoir fait l'objet d'une étude relativement approfondie et documentée. Les assemblages végétaux du Mésozoïque du mont Flora comprennent des sphénophytes, des fougères, des cycadophytes (cycades et bennetites), des ptéridospermées et des conifères. Des échantillons de fossiles ont été utilisés comme modèles de
référence pour de nombreuses études de paléobotanique du Jurassique et du Crétacé.

2. Buts et objectifs

Le plan de gestion au mont Flora vise à :
- éviter toute détérioration ou tout risque de détérioration des valeurs de la zone en empêchant toute perturbation humaine ou tout échantillonnage inutile dans la zone due à l'absence de contrôle de l'accès à la zone et aux collectes de matériel géologique inadéquates ;
- mener des recherches scientifiques, géologiques et paléontologiques tout en protégeant la zone d'échantillonnages excessifs ;
- permettre d'autres travaux de recherche scientifique à l'intérieur de la zone sous réserve qu'ils ne portent pas atteinte aux valeurs pour lesquelles la zone est protégée ;
- permettre des travaux de recherche scientifique dans la zone pour autant que ces travaux soient indispensables et ne puissent pas être menés ailleurs ;
- autoriser des visites à des fins de gestion en vue d'appuyer les buts du plan de gestion.

3. Activités de gestion

Les activités de gestion suivantes seront entreprises pour protéger les valeurs de la zone :
- Une carte indiquant l'emplacement de la zone, et mentionnant toute restriction particulière s'y appliquant, sera affichée à un endroit visible dans les stations scientifiques Esperanza (Argentine) et Teniente de Navio Ruperto Elichiribehety (Uruguay). Des copies du présent plan de gestion devront également y être mises à disposition.
- Quiconque entreprendra l'ascension du mont Flora sera informé qu'il ne peut pénétrer dans la zone sans un permis délivré par l'autorité compétente.
- Les bornes, les panneaux ou autres structures érigés dans la zone à des fins scientifiques et de gestion seront fixés comme il se doit et maintenus en bon état ;
- Le matériel ou l'équipement abandonné devra être enlevé dans toute la mesure du possible, à moins que leur enlèvement n'engendre des impacts irréversibles sur les valeurs de la zone ;
- Des experts devront visiter la zone en fonction des besoins afin de déterminer si la zone répond toujours aux objectifs pour lesquels elle a été désignée et de s'assurer que les mesures de gestion et d'entretien sont adéquates. Une évaluation sur documents doit être entreprise pour examiner les rapports de visite de la ZSPA et les informations disponibles sur les prélèvements de fossiles dans la zone.
- On s'attend à la multiplication d'affleurements rocheux fossilifères sur le mont Flora si la glace glaciaire des environs continue de se retirer comme elle l'a fait au cours des dernières années. La mise à jour régulière des limites doit être entreprise afin de garantir que tout nouvel affleurement de roches fossilifères soit inclus à l'intérieur de la zone lors de la révision du plan de gestion.
- Une archive des prélèvements de fossiles effectués sur le mont Flora sera alimentée sur la base des rapports de visites afin de mieux évaluer la délivrance des permis et de limiter le suréchantillonnage (voir sections *7(iii) (x)* et *(xi)*).

4. Durée de la désignation

La zone est désignée pour une période indéterminée.

5. Cartes et photographies

Carte 1 : mont Flora (ZSPA n° 148) en lien avec la baie Hope, péninsule Trinité, îles
Shetland du Sud. La carte montre l'emplacement des zones protégées les plus proches ainsi que les stations
scientifiques Esperanza (Argentine) et Teniente de Navio Ruperto Elichiribehety (Uruguay). Encart :
emplacement du mont Flora sur la péninsule antarctique.

Carte 2 : mont Flora (ZSPA n° 148), baie Hope, carte topographique. Spécifications de la carte : Projection :
Conique conforme de Lambert : Parallèles d'échelle conservée : 1er 76° 40 ' S ; 2e 63 ° 20 ' S ; méridien
central : 57° 02' O ; latitude d'origine : 70° 00' S ; sphéroïde : WGS84. Datum vertical : niveau moyen de la
mer. Équidistance des courbes de niveau verticales 25 m. Précisions horizontales et verticales inconnues.
Remarque : la topographie et les positions sont basées sur les données d'un relevé réalisé dans les années 50.
Il a été déterminé que les positions réelles contenaient une erreur estimée à quelque 500 m. L'emplacement
des marges glaciaires se base sur une photographie aérienne de 1999.

Carte 3 : mont Flora (ZSPA n° 148), carte géologique, adaptée de « Mapa Geológico de Bahía Esperanza
Antártida » publiée par *l'Instituto geológico y Minero de España et l'Instituto Antártico Argentino* (échelle
1/10 000).

6. Description de la zone

6(i) Coordonnées géographiques, bornage et caractéristiques du milieu naturel

DESCRIPTION GÉNÉRALE
Le mont Flora (latitude sud 63°25', longitude ouest 57°01', 0,3 km²) est situé sur le flanc
sud-est de la baie Hope, à l'extrémité septentrionale de la péninsule Trinité, péninsule antarctique
(Carte 1). Le sommet (520 m) est à environ 1 km de la côte méridionale de la baie Hope. Le mont Flora est
entouré de 4 glaciers. Le glacier Flora s'étend du cirque sous le sommet du mont Flora
vers le nord-est, et ce sur 1 km, avant de déboucher sur un glacier plus important qui couvre les versants est et
sud du mont Flora, s'étendant vers le nord-est à partir de Pyramid (565 m) (Carte 2). Les versants occidentaux
du mont Flora sont délimités par le glacier Kenney qui rejoint le glacier Depot avant de se jeter dans les
profondeurs de la baie Hope. Pyramid est un pic situé à 1,5 km au sud sud-est du mont Flora. Au nord de la
zone sont situés la vallée Five Lakes et les collines Scar, deux zones libres de glace, et au nord-est le lac
Boeckella.

LIMITES
Les limites fixées dans le plan de gestion initial ont été modifiées lors de la révision du plan de gestion en
2002 afin d'inclure tous les affleurements de strates fossilifères connus sur les versants nord du mont Flora.
La crête du sommet et le pic le plus élevé (520 m), composés de roches volcaniques non fossilifères, étaient
auparavant inclus dans les limites de la zone et en sont désormais exclus. La limite s'étend du sommet nord du
mont Flora (516 m) – le plus haut point de la limite – vers l'ouest le long de la crête jusqu'au glacier Kenney,
ensuite du bord oriental du glacier Kenney vers la courbe de 150 m, puis vers l'est le long de cette courbe en
direction de la marge nord-ouest du glacier Flora et, enfin, de cette même marge vers le sud-ouest en direction
de la crête orientée vers l'ouest pour rejoindre le sommet nord du mont Flora. Lorsqu'ils sont présents, les
affleurements inférieurs, les marges glaciaires, la crête ouest et le sommet nord du mont Flora démarquent un
périmètre visible à l'œil nu : aucune autre borne ne délimite la zone.

Les coordonnées des limites de la zone sont indiquées dans le tableau en commençant par le nord du sommet
du mont Flora et se suivent ensuite dans le sens des aiguilles d'une montre.

Tableau 1. Coordonnées des limites de la ZSPA n° 148 mont Flora, baie Hope, péninsule antarctique.

Nombre	Latitude	Longitude
1	63°25'01.6'' S	057°01'44.6'' O
2	63°24'52.7'' S	057°01'58.4'' O
3	63°24'49.2'' S	057°01'47.5'' O
4	63°24'42.5'' S	057°00'51.8'' O
5	63°24'47.9'' S	057°01'12.0'' O
6	63°24'54.4'' S	057°01'19.4'' O
7	63°24'54.8'' S	057°01'31.0'' O

CLIMAT

Il n'existe aucune donnée d'archive détaillée sur la météorologie du mont Flora, mais les conditions sont semblables à celles prévalant à la station Esperanza. En été (décembre, janvier et février), la température moyenne maximale varie entre 2,6 °C et 3,2 °C, tandis que la température moyenne minimale varie entre -2,9 °C et -1,8 °C. Durant cette saison, les températures peuvent atteindre des maxima de 14,8 °C, comme ce fut le cas en 1978, ou des minima de -12,0 °C, comme en 1985. En hiver, les températures maximales moyennes oscillent autour de -6,0 °C, tandis que les températures minimales moyennes descendent aux environs de -15,0 °C. Les températures peuvent exceptionnellement atteindre les 13,0 °C ou descendre à -32,3 °C, comme ce fut le cas en 1975. Du fait de son altitude plus élevée, les températures sur le mont Flora sont probablement plus faibles. Décembre et janvier sont les mois les moins venteux (vitesse moyenne du vent de 20-22 km h^{-1}), tandis que mai, juillet, août et septembre sont les mois les plus venteux (vitesse moyenne du vent > 30 km h^{-1}). Durant avril et mai, des rafales de plus de 380 km h^{-1} engendrées par les vents catabatiques en provenance du glacier local ont été enregistrées. Des vents violents (de 43 km h^{-1} ou plus) ont été observés tout au long de l'année, à une fréquence moyenne d'environ 15 jours par mois. La fréquence annuelle moyenne de jours de neige est de 181 jours. Tout au long de l'année, on observe des chutes de neige, en moyenne 13 à 16 jours par mois, la moyenne minimale étant de 13 jours en juin. La fréquence moyenne de jours de ciel couvert est élevée en été (23 jours en janvier), mais plus faible durant les mois hivernaux (environ 13 jours par mois). La fréquence des jours de ciel dégagé est faible tout au long de l'année, et oscille entre 1 et 5 jours par mois. (Servicio Meteorológico Nacional, Argentina).

GÉOLOGIE, SOLS ET PALÉONTOLOGIE

La géologie de la zone est composée de trois formations principales : la formation de la baie Hope, la formation du mont Flora et la formation du glacier Kenney. La formation de la baie Hope (groupe de la péninsule Trinité), a une épaisseur, à sa base, de 1 200 m et est caractérisée par des grès et des turbidites silicoclastiques marins dont on déduit qu'ils appartiennent au Permo-carbonifère par la présence de certaines spores supposées carbonifères (Grikurov et Dibner, 1968) et une datation isotopique Rb-Sr de schistes boueux et de grès à gros grain (281 ±16 Ma, Pankhurst, 1983). Toutefois, les éléments susceptibles de corroborer le facteur temporel sont minces et cette absence de preuves peut prêter à des interprétations ambiguës (Smellie et Millar, 1995). La formation de la baie Hope est séparée de la formation du mont Flora par une discordance angulaire et une longue lacune stratigraphique. La formation du mont Flora (groupe de la baie Botany) se compose principalement de grès, de conglomérats et de schistes, et contient des strates fossiles très importantes. La formation superposée du glacier Kenney (groupe volcanique de la péninsule antarctique), qui est aussi séparée de la formation du mont Flora par une discordance angulaire, se compose d'ignimbrites et de tufs soudés. L'âge du mont Flora a fait l'objet de nombreux débats (Andersson, 1906 ; Halle, 1913 ; Bibby, 1966 ; Thomson, 1977 ; Farquharson, 1984 ; Francis, 1986 ; Gee, 1989 et Rees, 1990). Les données radiométriques et paléobotaniques les plus récentes situent le mont au début/milieu du Jurassique (Rees, 1993, a et b ; Rees et Cleal, 1993 ; Riley et Leat, 1999). Des failles ont été observées sur la face nord du mont Flora (Birkenmajer, 1993, a) et cartographiées en séparant le groupe de la péninsule Trinité de la formation du mont Flora (Smellie, comm. pers., 2000).

La formation du mont Flora a une épaisseur de 230 à 270 m et peut être subdivisée comme suit : un membre inférieur de la vallée Five Lakes et un membre supérieur du glacier Flora qui contiennent les dépôts fossiles

les plus importants. Le membre de la vallée Five Lakes a une épaisseur d'environ 170 m et se compose de schistes boueux, de conglomérats et de brèches de sédiments phanérogames grossiers. La lithologie dominante, notamment dans la partie inférieure de la succession, présente des constituants allant du conglomérat pierreux -clastolithe- au conglomérat rocheux (Farquharson, 1984). Ce membre affleure clairement sur les versants nord et nord-est du mont Flora entre le glacier Flora et la vallée Five Lakes. Sa limite inférieure est une discordance angulaire par rapport à la formation de la baie Hope. Le contact entre la formation du mont Flora et la formation de la baie Hope est couvert d'éboulis. On présume qu'environ 50 m des couches de base du membre de la vallée Five Lakes ne donnent lieu à aucun affleurement. Une section plus élevée de ce même membre est bien découverte au niveau d'un contrefort qui sépare le glacier Flora de la vallée Five Lakes (Martin Serrano *et al.* 2005, Montes *et al.* 2004).

Le membre du glacier Flora est composé d'un complexe grès-conglomérats d'une épaisseur de 60 à 100 m, recouvert localement d'un complexe schisteux d'une épaisseur pouvant aller jusqu'à 10 m et qui constitue la principale zone fossilifère. L'affleurement le plus évident se trouve au niveau d'un contrefort qui divise le cirque du glacier Flora de la vallée Five Lakes à environ 350 m. Un sill d'un mètre d'épaisseur se trouve dans la section supérieure du schiste à proximité du contact avec la formation du glacier Kenney. L'association de grès est caractérisée par des cycles à granocroissance inverse (diminution de la grosseur du grain) dont l'épaisseur varie de 2,5 à 11,5 m (Farquharson, 1984). Bien que pratiquement inaccessibles, les affleurements du membre du glacier Flora se prolongent sur les pentes raides du mont Flora au-dessus de la vallée Five Lakes et rejoignent à l'ouest la marge du glacier Kenney. L'épaisseur de cette unité augmente de 50/60 m au niveau du contrefort, à environ 100 m à la marge du glacier. Les dépôts volcanogéniques constituent une partie réduite, mais importante, de la formation du mont Flora. Une seule ignimbrite, de 26 m d'épaisseur, forme une bande pâle sur le versant nord du mont Flora, environ à mi-hauteur sur la séquence sédimentaire (Farquharson, 1984). La roche volcanique de la formation du glacier Kenney recouvre la formation du mont Flora affleurant dans les parties les plus élevées de ce dernier. Il recouvre également, de manière plus étriquée, la formation de la baie Hope sur la saillie est de Pyramid (Smellie, commentaire personnel, 2000). La formation incomplète est un complexe principalement de tourbes, d'agglomérats, d'ignimbrites et de laves rhyolites et dacites (Birkenmajer, 1993 a et b). Farquharson (1984) a identifié la présence de tufs, d'agglomérats à fin grain et de tufs soudés. Les affleurements fossiles les plus importants se trouvent sur les flancs nord et nord-ouest du mont Flora.

La plupart des études ont porté sur des échantillons prélevés sur le flanc nord relativement facile d'accès. La flore fossile a été décrite pour la première fois de manière exhaustive par Halle (1913) et ses analyses sont depuis lors restées le critère de référence pour les études biostratigraphiques et floristiques du Gondwana au Mésozoïque (Rees et Cleal, 1993). Halle (1913) avait au départ répertorié 61 espèces de fossiles, mais ce chiffre a été plus récemment ramené à 43 espèces (Gee 1989), puis à 38 espèces (Rees, 1990) et plus tard encore à 32 espèces (Baldoni, 1986 ; Morel *et al.* 1994 ; Rees et Cleal, 2004). Plus récemment, 41 taxons ont été décrits (Ociepa, 2007 ; Birkenmajer et Ociepa, 2008 ; Ociepa et Barbacka, 2011). Du bois fossile de la ZSPA a également été étudié (Torres *et al.* 2000).

La flore se caractérise principalement par des petites feuilles d'hépatiques en forme d'écailles, par des tiges et des fragments de cônes de sphénophytes (*Equisetaceae*, *Equisetum*), ainsi que par des feuilles de fougères (*Dipteridaceae*, *Matoniaceae*, *dicksoniaceae*, *Osmundaceae*) et des feuilles et des branches de gymnospermes (Caytoniales, Cycadales, Bennettitales, ptéridospermes et conifères). Des écailles de cônes (conifère) et de cycadophytes, des graines et des tiges non identifiées, ainsi que des feuilles et des branches feuillues sont également préservées (Taylor, aucune date ; Rees, commentaire personnel, 1999). D'autres fragments de fleurs ont été identifiés comme étant des frondes fertiles de fougères ou des cônes de conifères, mais des incertitudes demeurent quant au lieu de cette espèce avec d'autres taxons, car aucune spore et aucun pollen n'a pu être obtenu à ce jour à partir de ces fragments (Ociepa et Barbacka, 2011). De façon plus générale, des palynomorphes identifiables à partir des strates végétales de la formation du mont Flora n'ont pas pu être récupérés (Rees et Cleal, 2004 ; Ociepa et Barbacka, 2011). Quatre élytres (exosquelettes) de coccinelle (ordre : coléoptère) ont été identifiés dans des petits échantillons de schistes prélevés sur le mont Flora qui contenaient également des plantes fossiles (Zeuner, 1959). Il s'agit de *Grahamelytron crofti* et *Ademosynoides antarctica*. *G. crofti* pourrait être un Carabidé, malgré sa ressemblance avec un Chrysomelidae, tandis que *A. antarctica* a été considéré comme un Carabidé, un Ténébrionide, un Élatéridé ou comme appartenant à la famille fossile des Permosinidae (Zeuner, 1959). Aucun autre représentant de la faune fossile n'a pu être relevé. Il n'existe aucun dépôt de faune ou de flore fossile marine dans la zone.

BIOLOGIE DE L'ÉCOSYSTÈME TERRESTRE ET DULÇAQUICOLE

La flore vivant dans la zone est peu abondante et clairsemée. Bien qu'un recensement complet de la flore n'ait jamais été effectué, un certain nombre d'espèces de lichens et de mousses ont été identifiées à ce jour. Les espèces de mousses sont les suivantes : *Andreaea gainii, Bryum argenteum, Ceratodon purpureus, Hennediella heimii, Pohlia nutans, Sanionia uncinata, Schistidium antarctici* et *Syntrichia princeps*. Les espèces de lichens sont les suivantes : *Acarospora macrocyclos, Buellia anisomera, Buellia* spp., *Caloplaca* spp., *Candelariella vitellina, Cladonia pocillum, Haematomma erythromma, Physcia caesia, Pleopsidium chlorophanum, Pseudephebe minuscula, Rhizocarpon geographicum, Rhizoplaca aspidophora, Stereocaulon antarcticum, Tremolecia atrata, Umbilicaria antarctica, Umbilicaria decussata, Umbilicaria kappeni, Usnea antarctica, Xanthoria candelaria* et *Xanthoria elegans*. Il n'existe ni lac ni cours d'eau permanents dans la zone. Aucune information n'est disponible sur les communautés de microbes et de faune invertébrée sur le mont Flora.

OISEAUX REPRODUCTEURS

Les informations disponibles sur les communautés d'oiseaux présentes sur le mont Flora sont lacunaires, à l'exception d'un rapport sur l'emplacement exact des sites de nidification de certaines espèces indiquant que les oiseaux, selon toute vraisemblance, ne se reproduisent pas dans la zone (Marshall, 1945). Toutefois, les oiseaux reproducteurs dans la baie Hope

ont en général fait l'objet d'une étude détaillée. L'Argentine suit par exemple les colonies de manchots depuis le début des années 1990. Une partie de l'importante colonie de manchots Adélie (*Pygoscelis adeliae*), dont le nombre est estimé à 102 000 couples, est située à quelque 500 m au nord-est de la zone (Santos *et al.* 2013) (Carte 2). Parmi les autres oiseaux reproducteurs dans la baie Hope, on trouve le manchot papou (*Pygoscelis papua*), le labbe brun (*Catharacta loennbergi*), le sterne antarctique (*Sterna vittata*), l'océanite de Wilson (*Oceanites oceanicus*), le cormoran dominicain (*Larus dominicanus*) et le chionis blanc (*Chionis alba*). L'Argentine possède des informations détaillées sur le nombre d'oiseaux reproducteurs à proximité du mont Flora (1997), Santos *et al.* (2013) et Coria et Montalti (1993).

ACTIVITÉS HUMAINES ET IMPACTS

Le mont Flora a été découvert en 1903 par Johann Gunnar Andersson, un membre de l'expédition australe suédoise (1901-1904), qui a exploré et cartographié la majeure partie septentrionale de la péninsule antarctique. Andersson a prélevé des échantillons minéralogiques et fossiles du mont Flora au cours de l'hiver 1903 alors qu'il était bloqué et attendait les secours dans la baie Hope. Andersson et ses compagnons de route ont passé l'hiver dans un refuge en pierre (monument historique n° 39). Le responsable de l'expédition était Otto Nordenskjöld, qui a nommé le mont « Flora » suite aux découvertes géologiques d'Andersson. Le Royaume-Uni a établi la base D dans la baie Hope en 1945 dans le cadre de l'opération Tabarin. La station a été exploitée jusqu'en février 1964 et a accueilli chaque hiver un personnel de 7 à 19 membres. La base D a été transférée du Royaume-Uni à l'Uruguay en 1997 et a été renommée Teniente de Navio Ruperto Elichiribehety. L'Argentine a établi la station Esperanza le 31 décembre 1951 qui, depuis lors, n'a cessé de fonctionner et accueille 50 personnes en hiver et jusqu'à 70 en été. Celles-ci se consacrent à l'étude de diverses disciplines scientifiques comme la séismologie, la géologie, la géomorphologie, ainsi qu'au suivi des différents paramètres de l'écosystème et de la pollution.

Le mont Flora a été désigné site d'intérêt scientifique particulier en 1989 lorsqu'il a été constaté que des visiteurs occasionnels subtilisaient les plus beaux spécimens de fossiles qui devenaient dès lors perdus pour la science.

6(ii) Accès à la zone

La zone est uniquement accessible à pied. Les versants inférieurs du mont Flora sont facilement accessibles à pied à partir des stations de recherche locales et de la baie Hope. Cependant, une randonnée difficile est nécessaire pour atteindre la limite de la zone et se déplacer à l'intérieur de celle-ci, en raison de la nature escarpée du terrain local. Pour accéder à la zone, il faut suivre le terrain relativement plat au sud de la station Esperanza jusqu'au lac Boeckella. Ensuite, il convient de suivre un sentier en direction du sud, qui mène à la partie orientale de la ZSPA, ce qui permet d'accéder à la zone en évitant les chemins les plus escarpés (Carte 2). Il est interdit aux hélicoptères d'atterrir dans la zone, sauf pour les cas d'urgence pour lesquels les hélicoptères peuvent éventuellement être utilisés conformément aux cas énoncés dans la section *7 (ii) Accès à la zone et déplacements à l'intérieur et au-dessus de celle-ci.*

6(iii) Emplacement des structures à l'intérieur de la zone et à proximité de celle-ci
Il n'y a pas de structure à l'intérieur de la zone. Les stations de recherche scientifique les plus proches sont la station Esperanza (Argentine) (63°24' de latitude sud, 56°59' de longitude ouest) et la station Teniente de Navio Ruperto Elichiribehety (Uruguay) (63° 24' de latitude sud, 56°59' de longitude ouest), toutes deux situées à environ 1,5 km au nord-est de la zone. Les ruines d'une base britannique ravagée par un incendie en 1948 se trouvent à 300 m au nord-est de la base uruguayenne. Les tombes de deux Britanniques décédés dans l'incendie susmentionné se trouvent sur un petit promontoire, à environ 300 m au nord de la base uruguayenne. Deux abris, gérés par l'Argentine, sont situés à l'est du mont Flora (63°25'10" de latitude sud, 56°59'50" de longitude ouest et 63°27'36" de latitude sud, 57°11'14" de longitude ouest).

6(iv) Emplacement d'autres zones protégées à proximité de la zone
Les zones protégées les plus proches du mont Flora sont la péninsule Potter (ZSPA n° 132), la côte occidentale de la baie de l'Amirauté (ZSPA n° 128), Lions Rump (ZSPA n° 151) et la pointe Narebski, péninsule de Barton (ZSPA n° 171), qui se trouvent toutes sur l'île du roi George, îles Shetland du Sud, à environ 150 km à l'ouest (Carte 1). Une cabane en pierre (monument historique n° 39) construite par les membres de l'expédition australe suédoise et un buste du général San Martin, une grotte contenant une statue de la Vierge de Luján, et un mât de drapeau érigé par l'Argentine en 1955, ainsi qu'un tombeau avec une stèle à la mémoire des membres des expéditions argentines décédés dans la zone (site et monument historique n° 40) se trouvent à proximité de la station Esperanza (Carte 2).

6(v) Zones spéciales à l'intérieur de la zone
Aucune.

7. Critères de délivrance d'un permis

7(i) Critères généraux
L'accès à la zone est interdit sauf que sur présentation d'un permis délivré par une autorité compétente en vertu de l'article 7 de l'Annexe V du Protocole au Traité sur l'Antarctique relatif à la protection de l'environnement.

Les critères de délivrance d'un permis pour entrer dans la zone sont les suivants :
- un permis est délivré pour des raisons scientifiques indispensables qu'il est impossible de satisfaire ailleurs ou pour des raisons de gestion essentielles à la zone ;
- toutes les activités de gestion entreprises le seront à l'appui des objectifs du plan de gestion ;
- les activités autorisées sont conformes au présent plan de gestion ;
- les activités autorisées veilleront, au moyen d'un processus d'évaluation d'impact sur l'environnement, à la protection permanente des valeurs scientifiques et historiques de la zone ;
- dans le cas où un demandeur de permis souhaiterait procéder au prélèvement de roches, il devra, avant la délivrance du permis, prouver à l'autorité nationale compétente que les recherches envisagées ne peuvent pas être menées de manière adéquate au moyen des échantillons déjà prélevés et conservés dans diverses collections du monde entier ;
- le permis, ou une copie, sera emporté à l'intérieur de la zone ;
- un rapport de visite devra être soumis à l'autorité désignée dans le permis ;
- le permis est délivré pour une période limitée ;
- les autorités compétentes doivent être informées de toute activité ou mesure qui ne serait pas autorisée par le permis.

7 (ii) Accès à la zone et déplacements à l'intérieur et au-dessus de celle-ci
- L'accès à la zone et les déplacements à l'intérieur de celle-ci se feront à pied.
- Au vu de l'inclinaison du terrain, qui rend tout atterrissage d'hélicoptère dans la zone techniquement difficile, l'accès à la zone en hélicoptère est interdit, sauf en cas d'urgence. En cas d'urgence, et si les conditions de vent le permettent, un hélicoptère peut pénétrer dans la zone à des fins de sauvetage, idéalement sans atterrir. Si le type d'urgence en question le nécessite, l'hélicoptère peut atterrir sur le glacier Flora. En cas d'urgence nécessitant l'intervention d'un hélicoptère, celui-ci devra suivre les couloirs aériens indiqués sur la Carte 2. En outre, les atterrissages d'hélicoptères dans la zone avoisinante sont déconseillés en raison de la forte concentration d'oiseaux nichant à proximité du mont Flora. Le site d'atterrissage recommandé pour les hélicoptères est l'hélisurface de la station Esperanza (voir Carte 2). Il convient également de consulter les Lignes directrices pour les aéronefs à proximité des concentrations d'oiseaux énoncées dans la Résolution 2 (2004).
- Les véhicules terrestres sont interdits dans la zone.
- Les déplacements à pied doivent être réduits au minimum en fonction des objectifs de toute activité autorisée et il convient à tout moment de veiller à limiter les effets du piétinement, comme le bris de roches, surtout les roches *in situ*.

7(iii) Activités pouvant être menées dans la zone
Les activités suivantes peuvent être menées dans la zone :
- les études scientifiques indispensables qui ne peuvent être menées ailleurs ;
- les travaux de recherche scientifique qui ne porteront pas atteinte aux valeurs de la zone ;
- les activités de gestion essentielles, notamment le suivi.

En cas d'échantillonnage géologique, celui-ci devra être pratiqué, au minimum, conformément aux principes suivants :
1. L'échantillonnage doit donner lieu aux moins de perturbations possibles.
2. Le niveau d'échantillonnage doit être maintenu au minimum nécessaire pour répondre aux objectifs de recherche.
3. Il convient de laisser suffisamment de matériaux/spécimens pour permettre à de futurs chercheurs de comprendre le contexte géologique.
4. Les sites d'échantillonnage ne doivent pas être marqués (peinture, étiquette, etc.).
5. À la fin du projet, les spécimens devront être conservés dans un dépôt reconnu.
6. Les informations relatives à la situation GPS des sites d'échantillonnage, au volume/poids des échantillons, au type d'échantillonnage et au type de matériaux prélevés, ainsi qu'à l'endroit où les échantillons seront stockés, doivent être indiquées dans les rapports de visite remis à l'autorité nationale compétente.
7. Une copie de ces informations doit également être transmise aux Parties prenantes afin de faciliter la révision du plan de gestion et de leur permettre d'aviser les autres Parties de la présence de certains matériels géologiques dans les dépôts, en vue de limiter les échantillonnages complémentaires inutiles.

7(iv) Installation, modification ou enlèvement de structures
Aucune structure ne doit être érigée dans la zone et aucun matériel scientifique ne doit y être installé, sauf pour des raisons scientifiques ou de gestion indispensables et pour une période préétablie définies dans un permis. Les structures ou installations permanentes sont interdites. Toutes les bornes, les structures et tout l'équipement scientifique installés dans la zone doivent clairement identifier le pays, le nom du principal chercheur ou de la principale agence, l'année d'installation et la date d'enlèvement prévue. Tous ces objets ne doivent contenir aucun organisme, propagule (semence, œufs) ou terre non stérile, et doivent être composés de matériaux résistants aux conditions environnementales et présenter un risque de contamination minime pour la zone. L'enlèvement d'un équipement spécifique pour lequel le permis est arrivé à expiration sera un des critères de délivrance du permis.

7(v) Emplacement de campements
Il est interdit de camper dans la zone.

7 (vi) Restrictions sur les matériaux et les organismes pouvant être introduits dans la zone
Outre les exigences du Protocole au Traité sur l'Antarctique relatif à la protection de l'environnement, les restrictions quant à l'introduction de matériaux et organismes dans la zone sont les suivantes :

- L'introduction délibérée d'animaux, de matières végétales, de micro-organismes et de terre non stérile dans la zone ne sera pas autorisée. Des mesures de précaution doivent être prises pour éviter l'introduction accidentelle de tout animal, forme végétale, micro-organisme et terre non stérile provenant de régions biologiquement distinctes (comprises à l'intérieur ou à l'extérieur de la zone du Traité sur l'Antarctique). En outre, tous les outils (perceuses, pics, pelles, marteaux de géologue, etc.) doivent être minutieusement nettoyés avant d'être apportés en Antarctique, en particulier les outils qui ont précédemment été utilisés dans des zones de haute altitude ou de haute latitude en dehors de la zone du Traité sur l'Antarctique.
- Aucun herbicide ou pesticide ne doit être introduit dans la zone.
- Tout autre produit chimique, y compris les radionucléides ou les isotopes stables, qui peuvent être introduits pour des raisons scientifiques ou raisons de gestion visées dans le permis, seront enlevés de la zone au plus tard à la fin de l'activité pour laquelle le permis a été délivré.
- Le carburant ou tout autre matériau chimique ne peut être entreposé dans la zone, à moins que le permis ne l'autorise spécifiquement. Auquel cas, ces matériaux doivent être entreposés et manipulés de sorte à limiter les risques d'introduction accidentelle dans l'environnement.
- Les matériaux sont introduits dans la zone pour une période déterminée et doivent en être retirés au plus tard à la fin de cette période, et en cas de déversement susceptible de mettre en péril les valeurs de la zone, leur enlèvement est encouragé à condition que l'impact de celui-ci ne soit pas susceptible d'être supérieur à celui consistant à laisser le matériel *in situ*.
- L'autorité compétente devra être informée des matériaux qui ont été libérés et non enlevés, alors qu'ils n'étaient pas inclus dans le permis approuvé.

7(vii) Prélèvement ou perturbations nuisibles de la faune et de la flore
Toute capture d'animaux ou toute perturbation nuisible à la faune et la flore indigène est interdite sauf avec un permis distinct délivré spécifiquement conformément à l'Annexe II du Protocole au Traité sur l'Antarctique relatif à la protection de l'environnement. Dans le cas de prélèvements ou de perturbations nuisibles d'animaux, le Code de conduite du SCAR pour l'utilisation d'animaux à des fins scientifiques dans l'Antarctique devra être utilisé comme norme minimale.

7(viii) Ramassage ou enlèvement de tout matériel non introduit dans la zone par le détenteur du permis
Le ramassage ou l'enlèvement de matériel dans la zone ne peut se faire qu'en conformité avec un permis et doit se limiter au minimum nécessaire pour répondre aux besoins scientifiques et de gestion (voir sections *7(iii) Activités pouvant être menées dans la zone* et *7(x) Mesures nécessaires pour continuer de répondre aux objectifs du plan de gestion*).
  Le permis ne sera pas délivré s'il y a lieu de croire que l'échantillonnage envisagé impliquerait de prélever, de retirer ou d'endommager des quantités de roches fossiles de sorte que leur abondance sur le mont Flora en serait significativement altérée. Les matériaux d'origine humaine susceptibles de mettre en péril les valeurs de la zone, qui n'ont pas été introduits dans celle-ci par le détenteur du permis ou qui n'ont pas été autrement autorisés, peuvent être enlevés de la zone à moins que l'impact de l'enlèvement sur l'environnement ne soit supérieur à celui consistant à les laisser *in situ*. Si tel est le cas, l'autorité compétente doit en être informée et son autorisation obtenue.

7(ix) Élimination des déchets
Tous les déchets, y compris les déchets humains, seront retirés de la zone, conformément à l'Annexe III (élimination des déchets et gestion des déchets) du Protocole au Traité sur l'Antarctique relatif à la protection de l'environnement (1998).

7(x) Mesures nécessaires pour continuer de répondre aux objectifs du plan de gestion

Au vu du fait que l'échantillonnage géologique est permanent et donne lieu à un impact cumulatif, les mesures ci-après seront prises pour protéger les valeurs scientifiques de la zone :

- Les visiteurs qui collectent des échantillons rocheux dans la zone doivent remplir un formulaire décrivant le type de roche, la quantité et le lieu du prélèvement et le remettre à tout le moins à leur centre national de données antarctiques et/ou au Répertoire maître sur l'Antarctique.
- Les visiteurs envisageant de procéder à des prélèvements dans la zone doivent démontrer qu'ils ont pris connaissance des précédents prélèvements afin d'éviter les doubles échantillonnages. Des collections d'échantillons sont présentées dans plusieurs lieux de par le monde, dont :

Dépôts	Site internet d'information/des dépôts
Musée des sciences naturelles, B. Rivadavia, Buenos Aires, Argentine	http://wander-argentina.com/natural-sciences-museum-buenos-aires/
Musée des sciences naturelles, La Plata, Argentine	http://www.welcomeargentina.com/laplata/museum-natural-sciences.html
Musée d'histoire naturelle, Londres, Royaume-Uni	http://www.nhm.ac.uk/visit-us/galleries/green-zone/minerals/index.html
British Antarctic Survey, Cambridge, Royaume-Uni	http://www.antarctica.ac.uk/bas_research/data/collections/terrestrial_geology.php
Musée d'histoire naturelle suédois, Stockholm	http://www.nrm.se/english.16_en.html
Byrd Polar Research Center Polar Rock Repository, Ohio, États-Unis d'Amérique	http://bprc.osu.edu/rr/
Institut des sciences géologiques, Académie polonaise des sciences, Cracovie, Pologne	http://www.ing.pan.pl/index_E.htm
Département de géologie de l'Institut des géosciences, Université fédérale de Rio de Janeiro, Brésil	http://www.geologia.ufrj.br/index.php?module=pagemaster&PAGE_user_op=view_page&PAGE_id=50

7(xi) Rapports de visite

Le principal détenteur du permis soumettra, pour chaque visite dans la zone, un rapport de visite à l'autorité nationale compétente dès que cela lui sera possible et au plus tard six mois après la fin de ladite visite. Ces rapports doivent contenir, le cas échéant, les catégories d'informations mentionnées dans le formulaire de rapport de visite repris dans le Guide révisé pour l'élaboration des plans de gestion pour les zones spécialement protégées de l'Antarctique (Annexe 2). Entre autres détails, le rapport de visite doit inclure les informations figurant au sixième point de la section *7 (iii) Activités pouvant être menées dans la zone* du présent plan de gestion. Dans la mesure du possible, l'autorité nationale doit également transmettre une copie du rapport de visite à la Partie qui a proposé le plan de gestion afin de contribuer à la gestion de la zone et à la révision du plan de gestion. Les Parties doivent, dans la mesure du possible, déposer les originaux ou les copies de ces rapports de visite dans une archive à laquelle le public pourra avoir accès, et ce afin de conserver une archive d'usage qui sera utilisée dans l'examen du plan de gestion et dans l'organisation de l'utilisation scientifique de la zone.

8. Support documentaire

Andersson, J.G. 1906. On the geology of Graham Land. *Bulletin of the Geological Institution of the University of Upsala* 7:19-71.

Argentina. 1997. Environmental review of Argentine activities at Esperanza (Hope) Bay, Antarctic Peninsula. *ATCM XXI, Information Paper 36.*

Baldoni, A.M. 1986. Características generales de la megaflora, especialmente de la especie *Ptilophyllum antarcticum*, en el Jurásico Superior-Cretácico Inferior de Antártida y Patagonia, Argentina. *Boletim IG-USP, Instituto de Geociencias, Universidade de Sao Paulo* 17: 77-87.

Bibby, J.S. 1966. The stratigraphy of part of north-east Graham Land and the James Ross Island group. *British Antarctic Survey Scientific Report* **53**.

Birkenmajer, K. 1992. Trinity Peninsula Group (Permo-Triassic?) at Hope Bay, Antarctic Peninsula. *Polish Polar Research* **13**(3-4) : 215-240.

Birkenmajer, K. 1993a. Jurassic terrestrial clastics (Mount Flora Formation) at Hope Bay, Trinity Peninsula (West Antarctica). *Bulletin of the Polish Academy of Sciences: Earth Sciences* **41**(1) : 23-38.

Birkenmajer, K. 1993b. Geology of late Mesozoic magmatic rocks at Hope Bay, Trinity Peninsula (West Antarctica). *Bulletin of the Polish Academy of Sciences: Earth Sciences* **41**(1) : 49-62.

Birkenmajer, K. and Ociepa, A.M. 2008. Plant-bearing Jurassic strata at Hope Bay, Antarctic Peninsula (West Antarctica); geology and fossil plant description. In : K. Birkenmajer (ed.) Geological Results of the Polish Antarctic Expeditions, Part 15. *Studia Geologica Polonica* **128**: 5–96.

Coria, N. R., and Montalti, D. 1993. Flying birds at Esperanza Bay, Antarctica. *Polish Polar Research* **14**(4) : 433-439.

Croft, W.N. 1946. Notes on the geology of the Hope Bay area. Unpublished report, British Antarctic Survey Archives Ref AD6/2D/1946/G1.

Farquharson, G.W. 1984. Late Mesozoic, non-marine conglomeratic sequences of Northern Antarctic Peninsula (Botany Bay Group). *British Antarctic Survey Bulletin* **65** : 1-32.

Francis, J.E. 1986. Growth rings in Cretaceous and Tertiary wood from Antarctica and their palaeoclimatic implications. *Palaeontology* **29**(4) : 665-684.

Gee, C.T. 1989. Revision of the late Jurassic/early Cretaceous flora from Hope Bay, Antarctica. *Palaeontographica* **213**(4-6) : 149-214.

Grikurov, G.E. and Dibner, A.F. 1968. Novye dannye o Serii Triniti (C1-2) v zapadnoy Antarktide. [New data on the Trinity Series (C1-2) in West Antarctica.] *Doklady Akademi Nauk SSSR* : **179**, 410-412. (English translation: *Proceedings of the Academy of Science SSSR (Geological Sciences)* **179**: 39-41).

Halle, T.G. 1913. The Mesozoic flora of Graham Land. *Wissenschaftliche ergebnisse der Schwedischen Südpolar-expedition 1901-1903* **3**(14).

Hathway, B. (2000). Continental rift to back-arc basin : stratigraphical and structural evolution of the Larsen Basin, Antarctic Peninsula. *Journal of the Geological Society of London* **157**: 417-432.

Marshall, N.B. 1945. Annual report. Base D. Biology and Hydrography. Unpublished report, British Antarctic Survey Archives Ref AD6/1D/1945/N2. Nathorst, A.G. 1906. On the upper Jurassic flora of Hope Bay, Graham Land. *Compte Rendu, 10th International Geological Congress, Mexico* **10**(2) : 1269-1270.

Martín-Serrano, A., Montes, M., Martín, F. N., and Del Valle, R. (2005). Geomorfología de la costa austral de Bahía Esperanza (Península Antártica). *Geogaceta* **38** : 95-98.

Montes, M. Martin-Serrano, A., Nozal, F. 2005. Geología de la Costa austral de Bahia Esperanza (Península Antárctica). *Geogaceta* **38** : 91-94.

Montes, M. J., Martín-Serrano, A., and del Valle, R. A. (2004). Mapa Geológico de la costa austral de Bahía Esperanza y el Monte Flora, Peninsula Antartica. In S. Marenssi (Ed.), 5º1º Simposio Argentino Latinoamericano sobre Investigaciones Antárticas. Buenos Aires : Instituto Antártico Argentino.

Montes, M., Martin-Serrano, A., Nozal, F., Rodríguez Fernández, L. R., and Del Valle, R. 2013. Mapa geológico de Bahía Esperanza. Antártica ; scale 1:10, 000. 1st edition. Serie Cartográfica Geocientifica Antártica. Madrid : Instituto Geológico y Minero de España, Buenos Aires: Instituto Antártico Argentino.

Morel, E. M., Artabe, A. E., Ganuza, D. G., and Brea, M. 1994. Las plantas fósiles de la Formación Monte Flora, en Bahía Botánica, Península Antártica, Argentina. 1. Dipteridaceae. *Ameghiniana* **31** : 23-31.

Morgan, F., Barker, G., Briggs, C., Price, R. and Keys, H. 2007. Environmental Domains of Antarctica Version 2.0 Final Report, Manaaki Whenua Landcare Research New Zealand Ltd. 89 pp.

Nozal, F., Martin-Serrano, A., Montes, M., and Del Valle, R. 2013. Mapa geomorfológico de Bahía Esperanza. Antártica ; scale 1:10, 000. 1st edition. Serie Cartográfica Geocientifica Antártica. Madrid : Instituto Geológicao y Minero de España, Buenos Aires: Instituto Antártico Argentino.

Ociepa, A. M. 2007. Jurassic liverworts from Mount Flora, Hope Bay, Antarctic Peninsula. *Polish Polar Research* **28**(1) : 31–36.

Ociepa, A. M. and Barbacka, M. 2011. *Spesia antarctica* gen. et sp. nov. – a new fertile fern spike from the Jurassic of Antarctica. *Polish Polar Research* **32**(1) : 59-66.

Pankhurst, R.J. 1983. Rb-Sr constraints on the ages of basement rocks of the Antarctic Peninsula. In Oliver, R.L., James, P.R. and Jago, J.B. eds. *Antarctic Earth Science*. Canberra, Australian Academy of Science : 367-371.

Pankhurst, R.J., Leat, P.T., Sruoga, P., Rapela, C.W., Marquez, M., Storey, B.C., and Riley, T.R., 1998. The Chon Aike province of Patagonia and related rocks in West Antarctica: a silicic large igneous province. *Journal of Volcanology and Geothermal Research* **81**: 113-136.

Rees, P. M. 1990. Palaeobotanical contributions to the Mesozoic geology of the northern Antarctic Peninsula region. Unpublished PhD thesis, Royal Holloway and Bedford New College, University of London.

Rees, P. M. 1993a. Dipterid ferns from the Mesozoic of Antarctica and New Zealand and their stratigraphical significance. *Palaeontology* **36**(3) : 637-656.

Rees, P. M. 1993b. Caytoniales in early Jurassic floras from Antarctica. *Geobios* **26**(1) : 33-42.

Rees, P.M., 1993c. Revised interpretations of Mesozoic palaeogeography and volcanic arc evolution in the northern Antarctic Peninsula region. *Antarctic Science* **5** : 77-85

Rees, P.M. and Cleal, C.J. 1993. Marked Polymorphism in *Archangelskya furcata*, a pteridospermous frond from the Jurassic of Antarctica. *Special papers in Palaeontology* **49**:85-100.

Rees, P.M. and Cleal, C.J. 2004. Lower Jurassic floras from Hope Bay and Botany Bay, Antarctica. *Special Papers in Palaeontology* **72**: 5-89.

Riley, T.R and Leat, P.T. 1999. Large volume silicic volcanism along the proto-Pacific margin of Gondwana: lithological and stratigraphical investigations from the Antarctic Peninsula. *Geological Magazine* **136** (1) : 1-16.

Santos, M.M., Coria, N.R., Barrera-Oro, E. and Hinke, J.T. 2013. Abundance estimation of Adélie penguins colony at Esperanza/Hope Bay. WG- EMM 13/43 CCAMLR, Hobart, Australia.

Smellie, J.L. and Millar, I.L. 1995. New K-Ar isotopic ages of schists from Nordenskjold Coast, Antarctic Peninsula: oldest part of the Trinity Peninsula Group? *Antarctic Science* **7** : 191-96.

Taylor, B.J. [no date]. Middle Jurassic plant material from Mount Flora, Hope Bay. Unpublished report, British Antarctic Survey Archives Ref ES3/GY30/6/1.

Thomson, M.R.A. 1977. An annotated bibliography of the paleontology of Lesser Antarctica and the Scotia Ridge. *New Zealand Journal of Geology and Geophysics* **20** (5) : 865-904.

Torres, T., Galleguillos, H., and Philippe, M. 2000. Maderas fósiles en el Monte Flora, Bahía Esperanza, Península Antártica. In Congreso Geológico Chileno, No. 9, Actas, Vol. 2, p. 386-390. Puerto Varas.

Truswell, E.M., 1991. Antarctica: a history of terrestrial vegetation. In Tingey, R.J., ed. *The geology of Antarctica.* Oxford : Clarendon Press, 499-537.

Woehler, E.J. (ed) 1993. The distribution and abundance of Antarctic and sub-Antarctic penguins. SCAR, Cambridge.

Zeuner, F.E. 1959. Jurassic beetles from Graham Land, Antarctica. *Palaeontology* **1**(4) : 407-409.

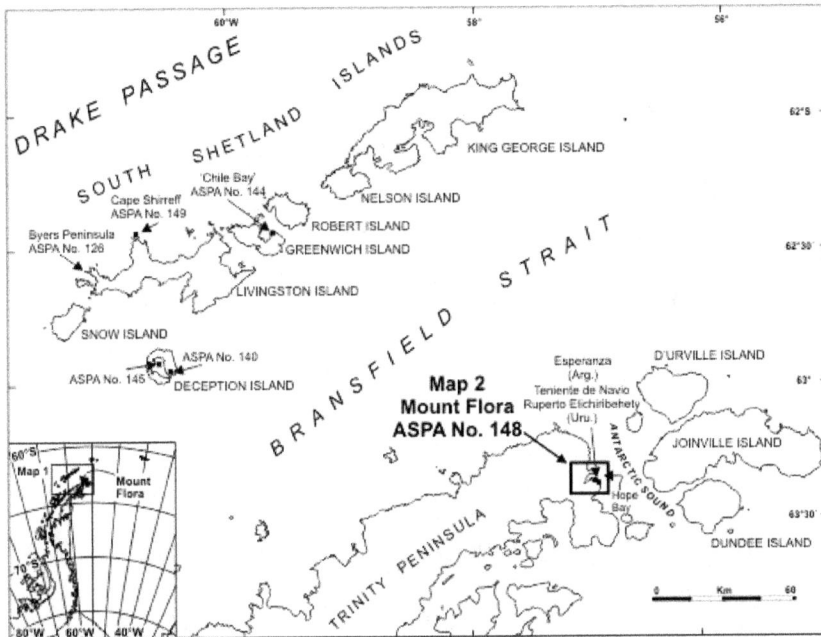

Map 1. Mount Flora (ASPA No. 148), Hope Bay, Antarctic Peninsula, location map.
Inset: location of Mount Flora on the Antarctic Peninsula.

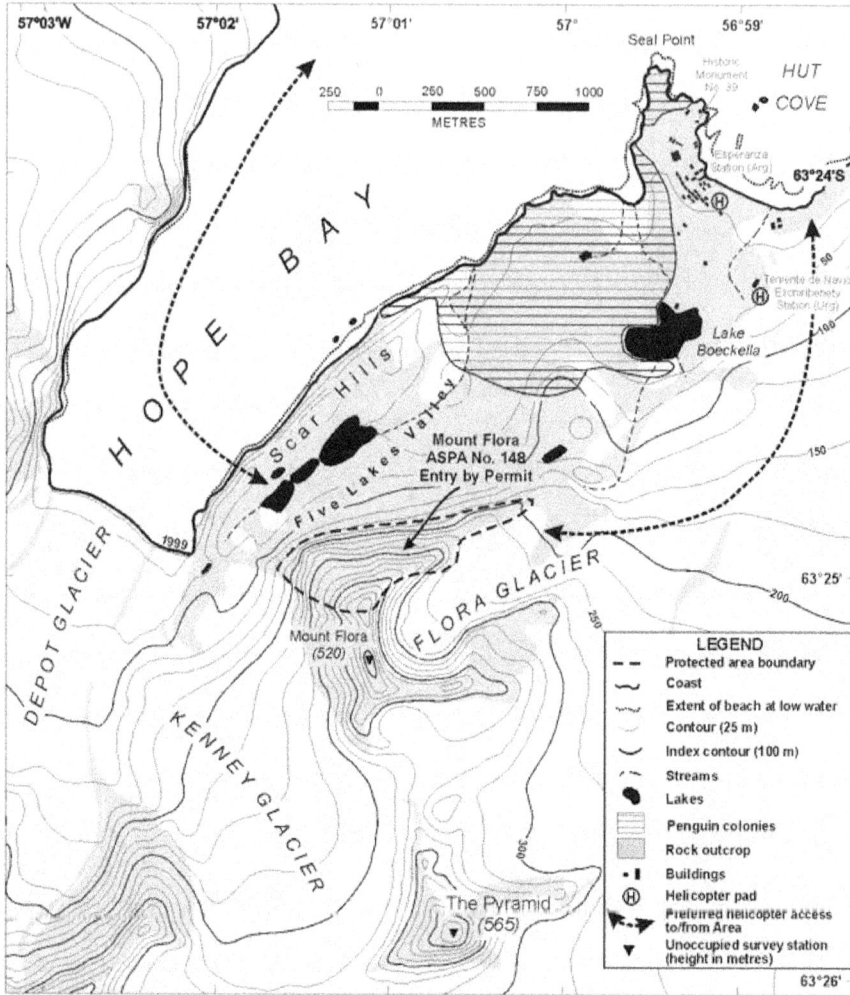

Map 2. Mount Flora (ASPA No. 148), Hope Bay, topographic map.

Carte 3 : mont Flora, ZSPA nº 148, carte géologique adaptée de la « *Mapa geológico de Bahía Esperanza Antártida* » publiée par l'*Instituto Geológico y Minero de España* et l'*Instituto Antártico Argentino* (échelle 1/10 000). Le croquis cartographique est orienté nord. La zone décrite fait environ 1,5 km de large. Légende : 4. Conglomérats massifs d'épaisseur différente. 5. Grés, conglomérats et schistes noirs, avec des fossiles végétaux. 5a. Roches volcaniques fragmentées. 6 Tufs soudés interstratifiés de grés, de brèches volcaniques et d'ignimbrites soudées. 6a Contact thermique rougeâtre. 7. Brèches, grés et siltite interstratifiés d'ignimbrites volcaniques. 8. Tufs soudés, interstratifiés d'ignimbrites d'ignimbrites soudées et de lits de brèches et de grés. 8a. siltite volcanique feuilletée, grés et couche de lave volcanique baslatique. 8b. Contact thermique rougeâtre. 9 Brèches et grés interstratifiés d'ignimbrites volcaniques. 10. Rochers anguleux avec une matrice silto-sableuse. Till et moraines en arrière-plan. 11. Rochers anguleux. Versants et débris de cones. γ: fissures◀ : fossiles paléobotaniques.

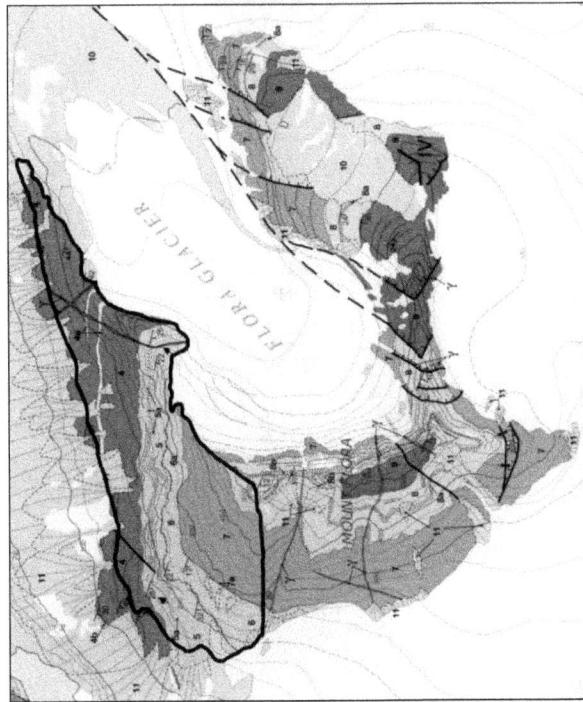

Plan de gestion
pour la zone spécialement protégée de l'Antarctique N°152
DÉTROIT DE WESTERN BRANSFIELD

Introduction

Cette zone se trouve au large des côtes ouest et sud de l'île Low, dans les îles Shetland du Sud, entre 63 °15 ' S et 63 ° 30 ' S ; 62 ° 00 ' O et 62 ° 45 ' O, et est exclusivement marine. Surface approximative : 916 km². Elle a été désignée au motif que le plateau peu profond dans cette région près de l'île Low est l'un des deux seuls sites connus dans les environs de la station Palmer (États-Unis d'Amérique) qui se prêtent au chalutage de fond des poissons et d'autres organismes benthiques (voir également la ZSPA n° 153, est de la baie Dallmann). Le site offre des possibilités uniques en leur genre pour étudier la composition, la structure et la dynamique de plusieurs communautés marines auxquelles il est possible d'accéder. La désignation de cette zone a été proposée par les États-Unis d'Amérique et adoptée par la recommandation XVI-3 (Bonn, 1991 : SISP n° 35). Sa date d'expiration a été prolongée par la Mesure 3 (2001), elle a été renommée et renumérotée par la Décision 1 (2002), puis son plan de gestion révisé a été adopté par la Mesure 2 (2003) et la Mesure 10 (2009). La zone est approuvée dans le cadre de la Convention Commission pour la conservation de la faune et de la flore marines de l'Antarctique (CCAMLR) conformément à la Décision 9 (2005).

Les classifications de l'Analyse des domaines environnementaux pour l'Antarctique (Résolution 3 (2008)) et des Régions de conservation biogéographiques de l'Antarctique (Résolution 6 (2012)) sont fondées sur des critères terrestres, et leur application dans les milieux marins s'en trouve par conséquent limitée.

1. Description des valeurs à protéger

Le détroit de Western Bransfield (entre les latitudes 63 ° 20 S et 63 ° 35 S et les longitudes 61 ° 45 ' O et 62 ° 30 ' O, pour une superficie d'environ 916 km²) a été à l'origine désigné comme un Site présentant un intérêt scientifique particulier par la Recommandation XVI-3 (1991, SISP n° 35). Elle a été désignée en raison du fait que « le plateau peu profond situé au sud de l'île Low est l'un des deux seuls sites connus à proximité de la station Palmer qui se prêtent au chalutage démersal des poissons et d'autres organismes benthiques. D'un point de vue écologique, l'île Low offre des possibilités uniques en leur genre pour étudier la composition, la structure et la dynamique de plusieurs communautés marines auxquelles il est possible d'accéder. Le site, et en particulier, sa faune benthique, revêtent un intérêt scientifique exceptionnel et requièrent une protection à long terme contre toute interférence nuisible potentielle ». Avec la baie d'Eastern Dallmann (ZSPA n° 153), la zone est utilisée dans plus de 90 pour cent des prélèvements de spécimens qu'effectuent les chercheurs américains qui étudient de près ces communautés de poissons dans la région (Detrich, communications personnelles, 2009 et 2015).

Les limites de la zone ont été revues par la Mesure 2 (2003) pour inclure la totalité du plateau peu profond jusqu'à une profondeur de 200 m vers l'ouest et le sud de l'île Low, alors que les eaux plus profondes du détroit de Bransfield à l'est ont été exclues. Les limites de la zone située dans le détroit de Western Bransfield se trouvent entre les latitudes 63 ° 15' S et 63 ° 30 S et les longitudes 62 ° 00' O et 62 ° 45' O, et sont délimitées au nord-est par le rivage de l'île Low, et couvre une superficie d'environ 916 km² (Carte 1).

La zone continue d'être considérée comme importante pour les études sur la composition, la structure et la dynamique des communautés marines, les raisons initiales de sa désignation étant réaffirmées dans le plan de gestion actuel. En outre, la zone est reconnue comme une frayère importante de plusieurs espèces de poisson, y compris le sébaste *Notothenia coriiceps* et le poisson des glaces *Chaenocephalus aceratus*. Des poissons ont été capturés dans la zone depuis le début des années 70 par des scientifiques de la station Palmer. La zone se trouve à l'intérieur de l'aire de recherche du programme intitulé « Palmer Long Term Ecological Research (LTER) ». Les poissons capturés dans la zone sont utilisés pour l'étude des adaptations biochimiques et physiologiques aux basses températures. Certains des poissons capturés ont été utilisés dans des études comparatives avec la zone plus sérieusement affectée de port Arthur. Des travaux de recherche scientifique sont également entrepris sur les communautés de faune benthique.

2. Buts et objectifs

Les buts du plan de gestion du détroit de Western Bransfield sont les suivants :

- éviter la dégradation des valeurs de la zone, ou les risques substantiels qu'elles pourraient courir, en empêchant les perturbations humaines inutiles dans la zone ;
- permettre des travaux de recherche scientifique sur l'environnement marin en veillant à éviter un échantillonnage excessif ;
- permettre d'autres travaux de recherche scientifique à l'intérieur de la zone sous réserve qu'ils ne portent pas atteinte aux valeurs pour lesquelles la zone est protégée ;
- permettre des visites à des fins de gestion en vue d'appuyer les buts du plan de gestion.

3. Activités de gestion

Les activités de gestion ci-après sont entreprises pour protéger les valeurs de la zone :

- une carte indiquant l'emplacement de la zone (donnant les restrictions particulières qui s'y appliquent) doit être affichée bien en vue et des copies de ce plan de gestion doivent être mises à disposition à la station Palmer (États-Unis d'Amérique) ;
- les programmes nationaux doivent veiller à ce que les limites de la zone et les restrictions qui s'y appliquent soient indiquées sur les cartes et les plans marins appropriés dont ils ont la responsabilité ;
- des copies de ce plan de gestion doivent être mises à la disposition des navires se déplaçant dans le voisinage de la zone ;
- les balises flottantes, panneaux et autres structures érigés à l'intérieur de la zone à des fins scientifiques ou à des fins de gestion doivent être sécurisés, maintenus en bon état et enlevés lorsqu'ils ne sont plus nécessaires ;
- des visites sont réalisées selon les besoins pour déterminer si la zone continue de répondre aux buts pour lesquels elle a été désignée et pour faire en sorte que les mesures de gestion et d'entretien sont adéquates.

4. Durée de la désignation

La zone est désignée pour une durée indéterminée.

5. Cartes et photographies

Carte 1 :   ZSPA n° 152, carte bathymétrique du détroit de Western Bransfield. Les données du littoral sont tirées de la Base de données numériques sur l'Antarctique du SCAR, version 6.0 (2012). Les mesures bathymétriques sont tirées de la Carte bathymétrique internationale de l'océan Austral,, version 1.0 (2013). Données relatives aux oiseaux : ERA (2015). Zones importantes pour la conservation des oiseaux : BirdLife International/ERA (Harris *et al.* 2011).

Spécifications de la carte : projection : conique conforme de Lambert ; parallèles standard : 1er 63 ° 15 ' S ; 2e 63 ° 30 ' S ; méridien central : 62 ° 00 ' O ; latitude d'origine : 64 ° 00 ' S ; ligne de référence sphéroïde et horizontale : WGS84 ; précision horizontale : erreur maximale de ± 300 m. Isobathe de 200 m.

<u>Encart</u> : emplacement de la carte 1, ZSPA n° 152, correspondant au détroit de Western Bransfield, dans la péninsule Antarctique, montrant la zone protégée la plus proche, ZSPA n°153, est de la baie Dallmann.

6. Description de la zone

6(i) Coordonnées géographiques, bornage et caractéristiques naturelles

Description générale

Le détroit de Bransfield est un passage d'eau profonde d'environ 220 km de long et 120 km de large entre la péninsule Antarctique et les nombreuses îles qui comprennent les îles Shetland du Sud. Le passage Drake se trouve au nord et la mer de Bellingshausen à l'ouest. La zone est située à environ 80 km à l'ouest de la péninsule Antarctique, principalement à l'intérieur de l'isobathe de 200 m directement au sud et à l'ouest de l'île Low (Carte 1). L'île Low est l'île située le plus au sud des îles Shetland du Sud, à environ 60 km au sud-ouest de l'île de la Déception et à 25 km au sud-est de l'île Smith. A l'ouest et au sud de l'île Low, et sur environ 20 km depuis le littoral, le plancher marin descend lentement de la zone intertidale jusqu'à des profondeurs d'environ 200 m. Le plancher marin s'incline en pente raide à l'est de l'île Low, pour atteindre des profondeurs allant jusqu'à 1 200 m dans cette partie du détroit de Bransfield. Les carottes prélevées dans le cadre du programme de recherche BENTART pendant les étés austraux de 2003 et 2006 révèlent que le plancher marin à l'intérieur de la zone se compose en général de sédiments boueux contenant du gravier ou des petites pierres, ainsi que des communautés épifaunes sessiles (Troncoso *et al.* 2008), qui soit restent fermement attachés à des substrats ou se déplacent très lentement (Robinson *et al.* 1996).

Limites

Les limites de la zone située dans le détroit de Western Bransfield sont définies au nord par la ligne de latitude 63 ° 15 ' S et au sud par la ligne de latitude 63 ° 30 ' S ; à l'est, cette ligne est définie comme la ligne de longitude 62 ° 00 ' O et à l'ouest la ligne de longitude 62 ° 45 ' O (Carte 1). La limite nord-est est définie comme étant le littoral de l'île Low, s'étendant de 62 ° 00 ' O, et de 63 ° 20 ' S au sud-est (à deux kilomètres environ du cap Hooker) jusqu'à 62 ° 13 ' 30 ' O et 63 ° 15 ' S au nord-ouest (cap Wallace). La limite côtière sur les rives ouest et sud de l'île Low est définie comme étant le niveau à marée haute, et la zone intertidale est incluse à l'intérieur de la zone. La zone s'étend sur un maximum de 27,6 km du nord au sud et un maximum de 37,15 km d'est en ouest, englobant une superficie d'environ 916 km^2. Les bornes n'ont pas été installées car il n'est pas possible de le faire dans la zone marine alors que, à l'île Low, la côte elle-même constitue une limite clairement définie et visuellement évidente.

Océanographie, climat et géologie marine

La glace de mer dans la région du détroit de Bransfield varie considérablement d'une année sur l'autre, encore que sa couverture semble être présente moins de 100 jours par an (Parkinson, 1998). Le rythme auquel la glace de mer avance et recule le long de la péninsule Antarctique nord-ouest varie lui aussi. La glace de mer avance pendant approximativement cinq mois, phénomène qui est suivi d'un recul durant sept mois environ. C'est pendant les mois de juin et juillet que la glace croît le plus rapidement et c'est pendant les mois de décembre et janvier qu'elle diminue le plus vite (Stammerjohn et Smith, 1996). Les mesures effectuées dans le détroit de Bransfield entre le 20 janvier et le 9 février 2001 révèlent que les températures moyennes de l'océan dans la zone étaient de 1,7 à 1,8 °C à une profondeur de 5 m et de 0,2 à 0,3 °C sur la courbe de niveau à 150 m (Catalan *et al.* 2008). La salinité de l'eau à l'intérieur de la zone variait entre 34,04 et 34,06 psu à une profondeur de 5 m, alors qu'elle était de 34,40 psu à une profondeur de 150 m.

Les vents soufflent principalement de la direction nord-nord-ouest, ce qui crée un courant côtier s'écoulant vers le sud le long de la péninsule Antarctique de l'ouest (Hofman *et al.* 1996). Associé au flux allant vers le nord du courant circumpolaire de l'Antarctique, il en résulte une circulation qui se fait essentiellement dans le sens des aiguilles d'une montre dans le détroit de Bransfield (Dinniman et Klinck 2004 ; Ducklow *et al.* 2007), dominée par le courant du détroit de Gerlache et le courant du détroit de Bransfield (Zhou *et al.* 2002 et 2006). Les dériveurs déployés entre 1988 et 1990 dans le cadre du programme intitulé « RACER (Research on Antarctic Coastal Ecosystems and Rates) » révèlent que la formation de revolin à l'intérieur de la zone est minime et qu'un flux violent dans la direction nord-est a pour origine le sud de l'île Low (Zhou *et al.* 2002). Le courant bifurque vers l'ouest de l'île Low, l'eau s'écoulant vers le nord-est pour fusionner avec le courant du détroit de Bransfield et vers le nord-ouest, en direction de l'île Smith. La circulation locale est également influencée par les marées, les chiffres record de marée obtenus à l'île Low durant une période de six semaines entre décembre 1992 et janvier1993 faisant état d'une variation maximale du niveau de l'eau de 1,70 m (López *et al.* 1994).

Les mesures sismiques mesurées par la station de suivi de l'expérience intitulée « Seismic Experiment in Patagonia and Antarctica (SEPA) », située sur la côte nord-est de l'île Low, ont révélé une forte activité sismique à l'intérieur de la zone, laquelle pourrait être le résultat du croisement de la zone de fracture Hero avec la plate-forme des Shetland du Sud au niveau de l'île Smith (Maurice *et al.* 2003). Durant la campagne Antarctique espagnole de 2006-2007, une station supplémentaire de surveillance sismique a été installée sur la côte sud de l'île Low, afin d'étendre la surveillance géodésique à l'intérieur de la zone du détroit de Bransfield (Berrocoso *et al.* 2007).

Biologie marine

Le substrat de la zone qui se compose essentiellement de sable doux, de boue et de pierres rocheuses alimente un riche benthos comprenant de nombreuses espèces de poisson, des invertébrés (éponges, anémones, annélides, mollusques, crustacés, astéroïdes, ophiuroïdes, échinoïdes, holothurioïdes, brachiopodes, tuniciers) et des plantes marines dans plusieurs communautés distinctes.

Les espèces de poisson couramment capturées à proximité de l'île Low, à des profondeurs allant de 80 à 200 m, comprennent *Chaenocephalus aceratus, Harpagifer bispinis, Notothenia coriiceps, Gobionotothen gibberifrons (précédemment connu sous le nom de N. gibberifrons), Parachaenichthys charcoti* et *Trematomus newnesi* (Grove et Sidell 2004 ; Lau *et al.* 2001). Au nombre des espèces rarement trouvées à l'île Low figurent *Champsocephalus gunnari, Chionodraco rastrospinosus* et *Pseudochaenichthys georgianus*. En outre, le plateau de l'île Low semble constituer une frayère pour plusieurs espèces de poisson comme par exemple le poisson de glace *Chaenocephalus aceratus* et *N. coriiceps,* avec la famille Nototheniidae, représentant la majeure partie des larves et des alevins capturés dans la zone (Catalan *et al.* 2008). Au nombre des autres espèces d'alevins capturées à proximité de l'île Low figurent *Trematomus lepidorhynus et Notothenia kempi.* La zone est une aire de reproduction pour le sébaste jaune (*Notothenia coriiceps*) (comme indiqué par les oeufs) (Kellermann, 1996). Les poissons fraient en mai-juin. Les grands oeufs (d'un diamètre d'environ 4,5 mm) sont pélagiques après leur fertilisation et montent vers les eaux de surface où ils incubent durant l'hiver. Les espèces larvaires enregistrées dans la région comprennent *Bathylagus antarcticus, Electrona antarctica, acuticeps Gymnodraco, Notothenioids larseni, Notothenia kempi* et *Pleuragramma antarcticum* (Sinque *et al.* 1986 ; Loeb *et al.* 1993 ; Morales-Nin *et al.* 1995).

Les échantillons prélevés durant la période d'avril à juin en 2008 et en 2010 ont été utilisés pour étudier le repliement des protéines des *Gobionotothen gibberifrons* par rapport au réchauffement des océans (Cuellar *et al.* 2014).

Les espèces amphipodes benthiques suivantes ont été enregistrées à l'intérieur de la zone : *Ampelisca barnardi, A. bouvieri, Byblis subantarctica, Epimeria inermis, E. oxicarinata, E. walkeri, Eusirus antarcticus, E. perdentatus, Gitanopsis squamosa, Gnathiphimedia sexdentata, espèces Jassa., Leucothoe spinicarpa, Liljeborgia georgiana, Melphidippa antarctica, Oediceroides calmani, O. lahillei, Orchomenella zschaui, Parharpinia obliqua, Parepimeria bidentata, Podocerus septemcarinatus, Prostebbingia longicornis, Shackeltonia robusta, Torometopa perlata, Uristes georgianus* et *Waldeckia obesa* (Wakabara *et al.* 1995).

Des assemblages de mollusques ont été analysés en quatre endroits d'échantillonnage à l'intérieur de la zone dans le cadre d'une étude intégrée de l'écosystème benthique du détroit de Bransfield, qui a été effectuée entre le 24 janvier et le 3 mars 2003 (BENTART 03) ainsi que du 2 janvier au 17 février 2006 (BENTART 06) (Troncoso *et al.* 2008). L'espèce la plus abondante à l'intérieur de la zone a été le bivalve *Lissarca notorcadensis,* suivie de loin par *Pseudamauropsis aureolutea,* qui était l'espèce la plus largement distribuée. Au nombre des autres espèces capturées figuraient *Marseniopsis conica, Onoba gelida, Yoldiella profundorum, Anatoma euglypta, Chlanidota signeyana* et *Thyasira debilis.*

On ne dispose d'aucune information sur le zooplancton ou la flore marine qui se pourrait se trouver à l'intérieur de la zone.

Mammifères marins

Des études de suivi par satellite effectuées entre janvier 2004 et 2006 semblent indiquer que des baleines à bosse (*Megaptera novaeangliae*) passent près de la zone et qu'elles peuvent y entrer lorsqu'elles s'alimentent (Dalla Rosa *et al.* 2008). Des éléphants de mer (*Mirounga leonina*) ont été suivis dans la zone à l'aide d'émetteurs satellites entre décembre 1996 et février 1997 (Bornemann *et al.* 2000).

Oiseaux

Environ 325 000 couples de manchots à jugulaire (*Pygoscelis antarctica*) se reproduisaient sur environ 13 emplacements sur et à proximité de la rive de l'île Low en 1987 (Shuford et Spear, 1988), dont la plupart faisaient partie de colonies situées le long ou près de la limite nord-est de la zone. Les plus grandes colonies sont situées immédiatement au nord de la zone au niveau et à proximité du cap Wallace (129 000 à 229 000 couples) et au niveau et à proximité du cap Garry (environ 104 375 couples) et de la pointe Jameson (20 000 à 35 000 couples) (Carte 1). Ces sites de reproduction, ainsi que les environs du cap Hooker, ont été identifiés par BirdLife International comme des zones importantes pour la conservation des oiseaux en raison de leurs grandes colonies de manchots à jugulaire (Harris *et al.* 2011). On pense que les grandes colonies de manchots à jugulaire influencent la zone. De petites colonies de cormorans antarctiques (*Phalacrocorax* [atriceps] *bransfieldensis*) ont été observées au cap Garry, sur une île située à l'intérieur de la zone entre le cap Garry et la pointe Jameson, de même que sur une île à plusieurs kilomètres au nord-est du cap Wallace (Poncet et Poncet, données non publiées datant de février 1987, dans Harris 2006) (Carte 1).

Activités humaines et impacts

Les poissons capturés à l'intérieur de la zone ont été utilisés pour une variété de recherches biochimique, génétique et physiologique, notamment : des études sur les adaptations chez le poisson qui permettent aux protéines de fonctionner à basse température (Detrich *et al.* 2000 ; Cheng et Detrich 2007) ; les adaptations du métabolisme du muscle et de l'énergie, y compris le traitement des acides gras à basse température (Hazel et Sidell 2003 ; Grove et Sidell 2004) ; la transcription efficace du génome en eau froide (Lau *et al.* 2001 ; Magnoni *et al.* 1998) ; l'influence de la pression hydrostatique sur la fonction enzymatique dans le foie des poissons (Ciardiello *et al.* 1999) ; et les adaptations cardiovasculaires des poissons de glace, pour compenser leur absence totale d'hémoglobine (Sidell et O'Brien 2006).

Des spécimens capturés durant les opérations de chalutage en mars et avril 1991, 1992 et 1993 ont été utilisés dans des études comparatives sur la contamination par hydrocarbures aromatiques polycycliques (HAP) des poissons avec ceux capturés dans le port Arthur et les effets du carburant diesel pour l'Arctique (Diesel Fuel Arctic, DFA) sur *Notothenia gibberifrons* (maintenant connu sous le nom de *Gobionotothen gibberifrons*) (McDonald *et al.* 1995 ; Yu *et al.* 1995). La première étude a permis de découvrir que les niveaux de contamination chez les poissons capturés dans la zone étaient considérablement plus bas que ceux des poissons capturés dans les environs de l'épave du *Bahia Paraiso* à port Arthur en 1989 et que les poissons capturés à proximité de stations scientifiques américaines sont exposés aux HAP quoiqu'à de faibles niveaux (McDonald *et al.* 1992 et 1995). Toutefois, les concentrations en HAP étaient plus élevées que ce à quoi on s'attendait chez les poissons capturés à l'intérieur de la zone, les niveaux de contamination étant similaires à ceux des poissons capturés à proximité de la vieille station Palmer.

6(ii) Accès à la zone

L'accès à l'intérieur de la zone se fait généralement par bateau depuis le détroit de Bransfield, ou depuis la direction du passage de Drake, ou du détroit de Boyd qui se trouve au nord entre les îles Smith et Snow. Les navires peuvent transiter par la zone, bien que tout ancrage doi être évitéà moins d'y être contraint par les circonstances. Il est possible d'accéder à la zone par les airs ou sur la glace de mer lorsque les conditions le permettent. Aucune route d'accès vers ou dans la zone n'a été définie.

6(iii) Emplacement des structures à l'intérieur de la zone et adjacente à elle

Il n'existe pas de structure connue à l'intérieur ou à proximité de la zone. Les stations scientifiques les plus proches sont celles de la Déception (Argentine) et Gabriel de Castilla (Espagne), l'une comme l'autre situées à environ 70 km au nord-est de l'île de la Déception.

6(iv) Emplacement d'autres zones protégées dans les environs

Les zones protégées les plus proches du détroit de Western Bransfield sont l'est de la baie Dallmann (ZSPA n° 153), qui se trouve à environ 45 km au sud-sud-est, ainsi que le port de Foster et d'autres parties de l'île de la Déception (ZSPA n°140 et 145 respectivement), lesquels se trouvent à environ 70 km au nord-est (Carte 1, Encart).

6(v) Zones spéciales à l'intérieur de la zone

Aucune.

7. Critères de délivrance des permis d'accès

7(i) Conditions générales relatives aux permis

L'entrée dans la zone est interdite sauf si un permis a été délivré par une autorité nationale compétente. Les critères de délivrance d'un permis pour entrer dans la zone sont les suivants :

- il est délivré uniquement à des fins scientifiques ou à des fins pédagogiques qui ne peuvent être menées ailleurs, ou pour des raisons essentielles à la gestion de la zone ;
- les actions autorisées le sont conformément au plan de gestion ;
- les activités autorisées doivent prendre dûment en considération, selon le mécanisme d'étude d'impact sur l'environnement, la protection continue des valeurs environnementales et scientifiques de la zone ;
- le permis doit être délivré pour une période limitée ;
- le permis, ou une copie de celui-ci, doit être emporté lorsque la personne se trouve à l'intérieur de la zone.

7(ii) Accès à la zone et déplacements à l'intérieur ou au-dessus de celle-ci

L'accès à la zone doit se faire par la mer, sur la glace de mer ou par les airs. Il n'existe aucune restriction spécifique concernant les voies d'accès à la zone ou les déplacements à l'intérieur de celle-ci, même si les mouvements doivent être limités au minimum nécessaire pour se conformer aux objectifs de toutes les activités autorisées. Tout doit être fait pour réduire autant que possible les perturbations. Les navires peuvent transiter par la zone, bien que tout ancrage doive être évité, sauf s'il résulte de circonstances impérieuses. Il n'existe pas de restriction particulière concernant le survol de la zone, et les aéronefs peuvent atterrir sur délivrance d'un permis lorsque les conditions de la glace de mer le permettent, bien que les pilotes doivent prendre en compte les grandes colonies de manchots présentes à proximité de la limite nord-est de la zone sur la côte de l'île Low (Carte 1).

7(iii) Activités pouvant être menées dans la zone

- Travaux de recherche scientifique qui ne porteront pas atteinte aux valeurs de la zone ;
- Activités opérationnelles essentielles des navires qui ne porteront pas atteinte aux valeurs de la zone, comme le transit à travers la zone ou le stationnement à l'intérieur de celle-ci en vue de faciliter les activités scientifiques ou d'autres activités, y compris le tourisme, ou en vue d'accéder à des sites à l'extérieur de la zone ;
- Activités de gestion essentielles, y compris de suivi.

7(iv) Installation, modification ou enlèvement de structures

- Aucune structure ne doit être établie à l'intérieur de la zone sauf si un permis le précise et les structures ou installations permanentes sont interdites ;
- Toutes les structures, tout le matériel scientifique et tous les repères installés dans la zone doivent être autorisés par un permis et clairement identifiés par pays, nom du chercheur principal et année

d'installation. Tous ces éléments doivent avoir été fabriqués avec des matériaux qui présentent un risque minimum de contamination pour la zone ;

- L'installation (y compris le choix du site), l'entretien, la modification ou l'enlèvement de structures doivent se faire de manière à réduire au minimum les perturbations sur la flore et de la faune.
- L'enlèvement d'équipements spécifiques pour lesquels le permis a expiré est du ressort de l'autorité qui a délivré le permis d'origine, et il sera l'un des critères régissant la délivrance du permis.

7(v) Emplacement des camps de base

Aucun.

7(vi) Restrictions sur les matériaux et organismes pouvant être introduits dans la zone

En plus des exigences du Protocole au Traité sur l'Antarctique relatif à la protection de l'environnement, les restrictions liées aux matériaux et aux organismes pouvant être introduits dans la zone sont les suivantes :

- l'introduction délibérée d'animaux, de végétaux, de microorganismes et de terre non stérile à l'intérieur de la zone est interdite. des précautions doivent être prises pour empêcher l'introduction accidentelle d'animaux, de végétaux, de microorganismes et de terre non stérile provenant d'autres régions biologiquement distinctes (à l'intérieur ou au-delà de la zone du Traité sur l'Antarctique) ;
- les visiteurs doivent s'assurer que le matériel d'échantillonnage et de balisage introduit à l'intérieur de la zone est propre. Dans toute la mesure du possible, le matériel utilisé dans la zone doit être minutieusement nettoyé avant d'être introduit à l'intérieur de la zone. Les visiteurs doivent également consulter et suivre le cas échéant les recommandations contenues dans le manuel sur les espèces non indigènes du Comité pour la protection de l'environnement (CPE 2011) ;
- aucun pesticide ne doit être introduit dans la zone ;
- le carburant, la nourriture, les produits chimiques et autres matériaux ne doivent pas être stockés dans la zone, sauf autorisation expresse d'un permis, et doivent être stockés et manipulés de sorte à réduire autant que possible le risque associé à leur introduction accidentelle dans l'environnement ;
- tous les matériaux introduits doivent l'être pour une période donnée uniquement, et doivent être enlevés au plus tard à la fin de ladite période ; et
- en cas de déversements susceptibles de mettre en péril les valeurs de la zone, leur retrait est encouragé uniquement si l'impact de leur enlèvement n'est pas susceptible d'être supérieur à celui consistant à les laisser *in situ*.

7(vii) Prélèvement ou perturbations nuisibles de la faune et de la flore

- Tout prélèvement de faune ou de flore indigène, ou toute perturbation nuisible à la faune et la flore indigènes, sont interdits sauf s'ils sont conformes à un permis délivré en vertu de l'article 3 de l'annexe II du Protocole au Traité sur l'Antarctique relatif à la protection de l'environnement. Dans les cas de captures d'animaux ou de perturbations nuisibles, celles-ci doivent au minimum se conformer au Code de conduite du SCAR pour l'utilisation d'animaux à des fins scientifiques dans l'Antarctique.

7(viii) Ramassage ou enlèvement de matériaux qui n'ont pas été apportés dans la zone par le détenteur du permis

- Des matériaux peuvent être prélevés ou enlevés de la zone mais uniquement avec un permis, et ces prélèvements ou enlèvements doivent être limités au minimum nécessaire pour répondre aux besoins scientifiques ou de gestion.
- Un matériau d'origine humaine susceptible de mettre en péril les valeurs de la zone, qui n'a pas été introduit dans celle-ci par le détenteur du permis ou qui n'a pas été autrement autorisé, peut être enlevé de n'importe quelle partie de la zone, sauf si l'impact de son enlèvement risque d'être supérieur à celui consistant à laisser ce matériau *in situ* : si tel est le cas, l'autorité compétente doit en être informée et accorder son approbation.

7(ix) Élimination des déchets

Tous les déchets, y compris les déchets humains, doivent être enlevés de la zone.

7(x) Mesures éventuellement nécessaires à la poursuite de l'accomplissement des objectifs du plan de gestion

Des permis peuvent être délivrés pour entrer dans la zone dans le but de :

- effectuer des activités de suivi et d'inspection de la zone, ce qui peut impliquer la collecte d'un petit nombre d'échantillons ou de données à des fins d'analyse ou d'examen ;
- ériger, installer ou entretenir des structures ou du matériel scientifique ;
- mettre en place des mesures de protection.

7(xi) Exigences relatives aux rapports

- Le principal détenteur du permis pour chaque visite dans la zone doit soumettre un rapport à l'autorité nationale compétente dès que possible et, si possible, dans les six mois suivant l'achèvement de la visite.
- Ces rapports doivent inclure, le cas échéant, les renseignements identifiés dans le formulaire du rapport de visite figurant à l'annexe 2 du Guide pour l'élaboration des plans de gestion des zones spécialement protégées de l'Antarctique (Résolution 2 (2011)). Le cas échéant, l'autorité nationale doit également faire parvenir une copie du rapport de visite à la Partie qui a proposé le plan de gestion, pour aider à gérer la zone et à revoir le plan de gestion.
- Les Parties doivent, dans la mesure du possible, déposer les originaux ou les copies de ces rapports originaux dans une archive à laquelle le public pourra avoir accès, et ce afin de conserver une archive d'usage qui sera utilisée dans l'examen du plan de gestion et dans l'organisation de l'utilisation scientifique de la zone.
- L'autorité compétente doit être notifiée de toutes les activités entreprises et de toutes les mesures prises, de tous les matériaux enlevés et/ou de tous les matériaux introduits et non enlevés, qui ne figuraient pas dans le permis autorisé.

8. Support documentaire

Berrocoso, M., Ramírez, M.E., Fernández-Ros, A., Pérez-Peña, A. et Salamanca, J.M. 2007. Tectonic deformation in South Shetlands Islands, Bransfield Sea and Antarctic Peninsula environment from GPS surveys, in Antarctica: a keystone in a changing world. Comptes-rendus en ligne du 10ᵉ ISAES X, Cooper A.K. et Raymond C.R. *et al.* (éditions) Rapport public de l'USGS 2007-1047, résumé détaillé **085** : 4.

Bornemann, H., Kreyscher, M., Ramdohr, S., Martinz, T., Carlinp, A.,Sellmann, L. et Plötz, J. 2000. Southern elephant seal movements and Antarctic sea ice. *Antarctic Science* **12**(1) : 3-15.

Catalan, I.A., Morales-Nin, B., Company J. B. Rotllant G. Palomera I. et Emelianov M. 2008. Environmental influences on zooplankton and micronekton distribution in the Bransfield Strait and adjacent waters. *Polar Biology* **31** : 691–707. [doi 10.1007/s00300-008-0408-1]

Cheng, C.C.H. et Detrich III, H.W. 2007. Molecular ecophysiology of Antarctic notothenioid fishes. *Philosophical Transactions of the Royal Society B* **362** (1488) : 2215-32.

Ciardiello, M.A., Schmitt B., di Prisco G. & Hervé, G. 1999. Influence of hydrostatic pressure on l-glutamate dehydrogenase from the Antarctic fish *Chaenocephalus aceratus*. *Marine Biology* **134** (4) : 631-36.

Cuellar, J., Yébenes, H., Parker, S.K., Carranza, G., Serna, M., Valpuesta, J.M., Zabala, J.C. & Detrich, H. W. 2014. Assisted protein folding at low temperature: evolutionary adaptation of the Antarctic fish chaperonin CCT and its client proteins. *Biology Open* **3** : 261–270. doi:10.1242/bio.20147427Dalla Rosa. L., Secchi, E. R., Maia Y. G., Zerbini A. N. & Heide-Jørgensen, M. P. 2008. Movements of satellite-monitored humpback whales on their feeding ground along the Antarctic Peninsula. *Polar Biology* **31** : 771–81.

Detrich III, H.W., Parker, S.K., Williams, R.B. Jr, Nogales, E. et Downing, K.H. 2000. Cold adaptation of microtubile assembly and dynamics. *Journal of Biological Chemistry* **275** (47) : 37038–47.

Dinniman, M.S. et Klinck, J.M. 2004. A model study of circulation and cross-shelf exchange on the west Antarctic Peninsula continental shelf. *Deep-Sea Research II* **51** : 2003-22.

Ducklow, H.W., Baker, K., Martinson, D.G., Quetin, L. G., Ross, R.M., Smith, R.C., Stammerjohn, S.E., Vernet, M. *et* Fraser, W. 2007. Marine pelagic ecosystems: the West Antarctic Peninsula. *Philosophical Transactions of the Royal Society B* **362**: 67–94. [doi:10.1098/rstb.2006.1955]

Grove, T.J. et Sidell, B.D. 2004. Fatty acyl CoA synthetase from Antarctic notothenioid fishes may influence substrate specificity of fat oxidation. *Comparative Biochemistry and Physiology* Part B **139** : 53–63.

Harris, C.M. 2006. *Wildlife Awareness Manual : Antarctic Peninsula, South Shetland Islands and South Orkney Islands*. Environmental Research & Assessment, Cambridge.

Harris, C.M., Carr, R., Lorenz, K. et Jones, S. 2011. Important Bird Areas in Antarctica : Antarctic Peninsula, South Shetland Islands, South Orkney Islands. Final Report for BirdLife International and UK Foreign & Commonwealth Office. Environmental Research & Assessment, Cambridge.

Hazel, J.R. et Sidell, B.D. 2003. The substrate specificity of hormone-sensitive lipase from adipose tissue of the Antarctic fish *Trematomus newnesi*. *Journal of Experimental Biology* **207** : 897-903.

Hofmann, E.E., Klinck, J.M., Lascara, C.M. et Smith, D.A. 1996. Water mass distribution and circulatuin west of the Antarctic Peninsula and including Bransfield Strait. In Ross, R.M., Hofmann, E.E. et Quetin, L.B. (éditions) *Foundations for ecological research west of the Antarctic Peninsula. Antarctic Research Series* **70** : 61-80.

Kellermann, A.K. 1996. Midwater fish ecology. In Ross, R.M., Hofmann, E.E. et Quetin, L.B. (éditions) *Foundations for ecological research west of the Antarctic Peninsula. Antarctic Research Series* **70** : 231-56.

Lau, D.T., Saeed-Kothe, A., Parker, S.K. et Detrich III, H.W. 2001. Adaptive evolution of gene expression in Antarctic fishes: divergent transcription of the 59-to-59 linked adult a1- and b-globin genes of the Antarctic teleost *Notothenia coriiceps* is controlled by dual promoters and intergenic enhancers. *American Zoologist* **41** : 113–32.

Loeb, V.J., Kellermann, A.K., Koubbi, P., North, A.W. et White, M.G. 1993. Antarctic larval fish assemblages : a review. *Bulletin of Marine Science* **53**(2) : 416-49.

López, O., García, M.A. et Arcilla, A.S. 1994. Tidal and residual currents in the Bransfield Strait, Antarctica. *Annales Geophysicae* **12** (9) : 887-902.

Magnoni, J.L. 2002. Antarctic Notothenioid fishes do not display metabolic cold adaptation in hepatic gluconeogenesis. Masters thesis, Department of Marine Biology, University of Maine.

McDonald, S., Kennicutt II, M., Foster-Springer, K. et Krahn, M. 1992. Polynuclear aromatic hydrocarbon exposure in Antarctic fish. *Antarctic Journal of the United States* **27**(5) : 333-35.

McDonald, S.J.,. Kennicutt II M. C., Liu H., et Safe S. H. 1995. Assessing aromatic hydrocarbon exposure in Antarctic fish captured near Palmer and McMurdo Stations, Antarctica. *Archives of Environmental Contamination and Toxicology* **29** : 232-40.

Morales-Nin, B., Palomera, I & Schadwinkel, S. 1995. Larval fish distribution and abundance in the Antarctic Peninsula region and adjacent waters. *Polar Biology* **15** : 143-54.

Parkinson, C.L. 1998. Length of the sea ice season in the Southern Ocean, 1988-1994. In Jeffries, M.O. (ed) *Antarctic sea ice: physical processes, interactions and variability. Antarctic Research Series* **74** : 173-86.

Robinson, C.L.K., D. E. Hay, J. Booth et J. Truscott. 1996. Standard methods for sampling resources and habitats in coastal subtidal regions of British Columbia : Part 2 - Review of Sampling with Preliminary Recommendations. *Canadian Technical Report of Fisheries and Aquatic Sciences 2119*.

Robertson Maurice, S.D., Wiens D.A., Shore P.J., Vera E. et Dorman L.M. 2003. Seismicity and tectonics of the South Shetland Islands and Bransfield Strait from a regional broadband seismograph deployment. *Journal of Geophysical Research* **108** (B10) : 2461.

Schenke H.W., Dijstra, S., Neiderjasper F., Schone, T., Hinze H. & Hoppman, B. 1998. The new bathymetric charts of the Weddell Sea : AWI BCWS. In Jacobs, S.S. et Weiss, R.F (éditions) *Ocean, ice and atmosphere: interactions at the Antarctic continental margin. Antarctic Research Series* **75** : 371-80.

Shuford, W.D., et Spear, L.B. 1988. Surveys of breeding Chinstrap Penguins in the South Shetland Islands, Antarctica. *British Antarctic Survey Bulletin* **81** : 19-30.

Sidell, B.D. et O'Brien, K.M. 2006. When bad things happen to good fish: the loss of hemoglobin and myoglobin expression in Antarctic icefishes. *Journal of Experimental Biology* **209** : 1791-1802.

Sinque, C., Koblitz, S. et Marília Costa, L. 1986. Ichthyoplankton of Bransfield Strait – Antarctica. *Nerítica* 1(3) : 91-102.

Stammerjohn, S.E. et Smith, R.C. 1996. Spatial and temporal variability of western Antarctic Peninsula sea ice coverage. In Ross, R.M., Hofmann, E.E. and Quetin, L.B. (éditions) *Foundations for ecological research west of the Antarctic Peninsula. Antarctic Research Series* **70** : 81-104.

Troncoso, J.S. et Aldea, C. 2008. Macrobenthic mollusc assemblages and diversity in the West Antarctica from the South Shetland Islands to the Bellingshausen Sea. *Polar Biology* **31** : 1253–65.

Wakabara, Y., Tararam, A.S. et Miyagi, V.K. 1995. The amphipod fauna of the west Antarctic region (South Shetland Islands and Bransfield Strait). *Polskie Archiwum Hydrobiologii* **42** (4) : 347-65.

Yu, Y., Wade T. L., Fang J., McDonald S. et Brooks J. M. 1995. Gas chromatographic-mass spectrometric analysis of polycyclic aromatic hydrocarbon metabolites in Antarctic fish (*Notothenia gibberifrons*) injected with Diesel Fuel Arctic. *Archives of Environmental Contamination and Toxicology* **29** : 241-46.

Zhou, M., Niiler, P.P. et Hi, J.H. 2002. Surface currents in the Bransfield and Gerlache Straits, Antarctica. *Deep-Sea Research I* **49** : 267–80.

Zhou, M., Niiler, P.P., Zhu, Y. et Dorland, R.D. 2006. The western boundary current in the Bransfield Strait, Antarctica. *Deep-Sea Research I* **53** : 1244–52.

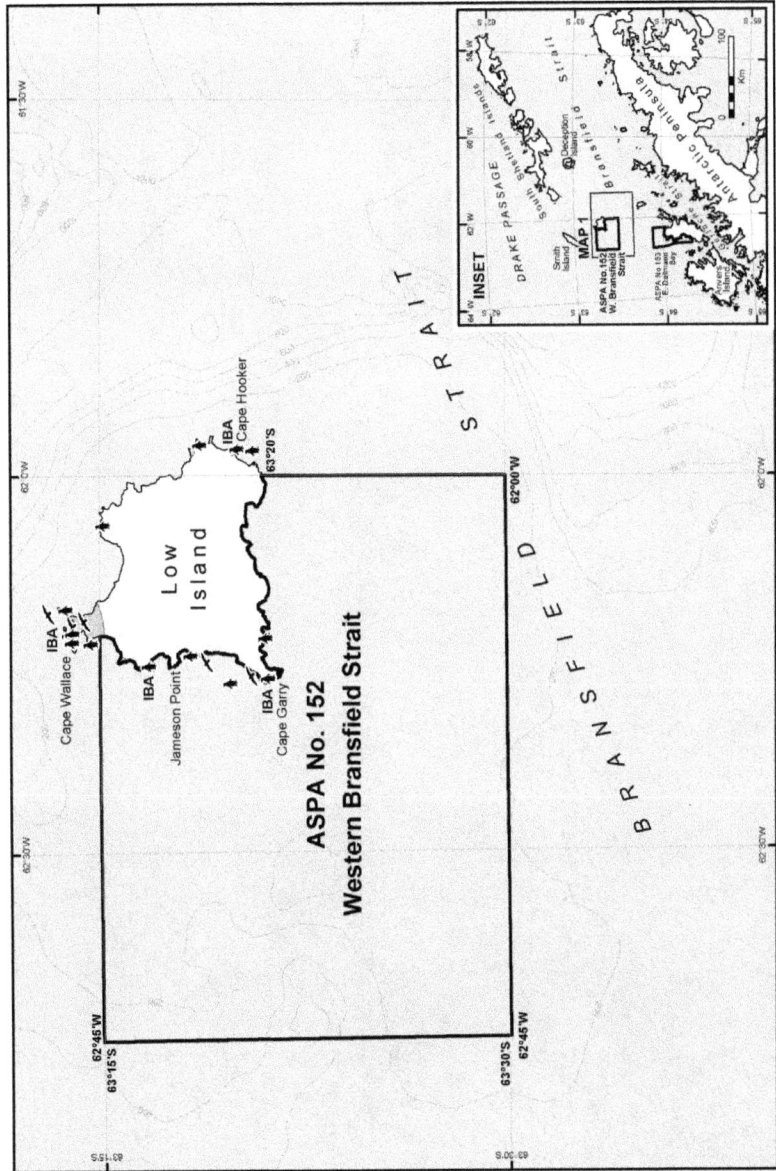

Map 1: ASPA No. 152 - Western Bransfield Strait

31 Mar 2015 (Map ID: T0MA A001 R2)
United States Antarctic Program
Environmental Research & Assessment

Coastline
Isobath (200 m)
Ice free ground
Permanent ice
Ocean
Antarctic Specially Protected Area (ASPA) boundary

IBA Important Bird Area
Flying bird colony
Penguin colony

Projection: Lambert Conic Conformal
Spheroid and horizontal datum: WGS84

Data sources: Coast & topography: SCAR ADD (v6, 2012);
updated by ERA (Mar 2015). Bathymetry: ADSO 1.1 (2013);
IBA (Mar 2015). IBA: Birds: Int ERA (2011).
Bird data: ERA (Mar 2015). IBA Birds: Int ERA (2011).
Protected areas: ERA Antarctic Protected Areas v3.0 (Jan 2014)

151

Plan de gestion pour
la zone spécialement protégée de l'Antarctique n° 153
BAIE EASTERN DALLMANN

Introduction

Cette zone totalement marine se trouve au large des côtes nord et ouest de l'île Brabant, archipel Palmer, entre les 64°00'S et 64°20'S; 62°50'O et la côte ouest de cette île. Sa superficie totale est d'environ 610 km². Elle a été désignée au motif que le plateau peu profond dans cette région à proximité de l'île Brabant est l'un des deux seuls sites connus dans les environs de la station Palmer (États-Unis d'Amérique) qui se prêtent à la pêche au chalut de fond et d'autres organismes benthiques (voir également la ZSPA n° 152, détroit de Western Bransfield). La faune benthique du site revêt un intérêt scientifique exceptionnel et la zone fournit aux poissons juvéniles un habitat important. La désignation de cette zone a été proposée par les États-Unis d'Amérique et adoptée par la Recommandation XVI-3 (Bonn, 1991 : SISP n° 36). Sa date d'expiration a été prorogée par la Mesure 3 (2001). La zone a été renommée et renumérotée par la Décision 1 (2002), puis son plan de gestion révisé adopté par la Mesure 2 (2003) et la Mesure 11 (2009). La zone est approuvée dans le cadre de la Convention sur la conservation de la faune et la flore marines de l'Antarctique (CCAMLR) conformément à la Décision 9 (2005).

Les classifications de l'Analyse des domaines environnementaux de l'Antarctique (Résolution 3 (2008)) et les régions de conservation biogéographiques de l'Antarctique (Résolution 6 (2012)) se fondent sur des critères terrestres et leur application aux environnements marins est donc limitée.

1. Description des valeurs à protéger

La baie Eastern Dallmann (entre 64°00' et 64°20' de latitude sud et 62°50' de longitude ouest vers l'est jusqu'à la côte occidentale de l'île Brabant, pour une superficie d'environ 610 km²) a été à l'origine, sur proposition des États-Unis d'Amérique et dans la Recommandation XVI-3, désignée comme un site d'intérêt scientifique particulier (1991, SISP n° 36). Si elle a été ainsi désignée, c'est parce que « le plateau peu profond situé à l'ouest de la baie Eastern Dallmann est l'un des deux seuls sites connus à proximité de la station Palmer qui se prêtent au chalutage démersal de poissons et d'autres organismes benthiques. Le site, et en particulier, sa faune benthique, revêtent un intérêt scientifique exceptionnel et requièrent une protection à long terme de toute interférence nuisible ». Avec le détroit de Western Bransfield (ZSPA n° 152), la zone est utilisée dans plus de 90 pour cent des prélèvements de spécimens qu'effectuent des chercheurs des États-Unis qui étudient de près ces communautés halieutiques dans la région (Detrich, communication personnelle, 2009 et 2015).

Les limites de la zone ont été revues par la Mesure 2 (2003) pour privilégier de manière plus concrète le plateau peu profond à une profondeur de 200 m vers l'ouest et le nord de l'île Brabant, tandis que les eaux plus profondes de la baie Dallmann à l'ouest ont été exclues. Les limites de la zone à la baie Dallmann se trouvent entre les latitudes 63°53'S et 64°20'S et les longitudes 62°16'O et 62°45'O, et elles sont définies à l'est par le littoral de l'île Brabant, et couvre une superficie de quelque 610 km² (Carte 1).

La zone demeure importante pour l'obtention d'échantillons scientifiques de poisson et d'autres organismes benthiques, et les raisons initiales de sa désignation sont réitérées dans le plan de gestion actuel. En outre, la zone constitue un habitat important pour les espèces d'alevins, dont la bocasse *Notothenia coriiceps* et le poisson des glaces *Chaenocephalus aceratus*. Des poissons ont été capturés dans la zone depuis le début des années 70 par des scientifiques de la station Palmer. La zone se trouve à l'intérieur de l'aire de recherche du Programme de recherche écologique à long terme à Palmer (*Palmer Long Term Ecological Research* (LTER) *Program*). Les poissons capturés dans la zone sont utilisés pour l'étude des adaptations biochimiques et physiologiques aux basses températures. Quelques-uns des poissons capturés ont été utilisés à des fins de comparaison avec la zone plus sérieusement affectée de port Arthur. Des travaux de recherche scientifiques sont également entrepris sur les communautés de faune benthique.

2. Buts et objectifs

Le plan de gestion de la baie Eastern Dallmann vise à :

- éviter la dégradation des valeurs de la zone et les dangers substantiels que celles-ci courent en empêchant les perturbations humaines inutiles ;
- permettre des travaux de recherche scientifiques sur l'environnement marin en veillant à éviter un échantillonnage excessif ;
- permettre d'autres travaux de recherche scientifiques à l'intérieur de la zone sous réserve qu'ils ne portent pas atteinte aux valeurs pour lesquelles la zone est protégée;
- autoriser des visites à des fins de gestion en vue d'appuyer les buts du plan de gestion.

3. Activités de gestion

Les activités de gestion ci-après seront entreprises pour protéger les valeurs de la zone :

- Une carte indiquant l'emplacement de la zone (indiquant les restrictions particulières qui s'y appliquent) sera affichée bien en vue et des copies du présent plan de gestion seront disponibles à la station Palmer (États-Unis d'Amérique) ;
- Les programmes nationaux s'assureront que les limites de la zone et les restrictions qui y sont d'application sont indiquées sur les cartes terrestres et marines appropriées dont ils sont responsables ;
- Des copies du présent plan de gestion seront mises à la disposition des navires naviguant à proximité de la zone.
- Les bouées et autres bornes et structures érigées à l'intérieur de la zone à des fins scientifiques ou à des fins de gestion seront maintenus en bon état et enlevées lorsqu'elles ne seront plus nécessaires ;
- Des visites seront effectuées selon les besoins pour évaluer si la zone continue de servir les objectifs pour lesquels elle a été désignée et pour assurer l'adéquation des mesures de gestion et d'entretien.

4. Durée de désignation

La zone est désignée pour une durée indéterminée.

5. 5.Cartes et photographies

Carte 1 : ZSPA n° 153, carte bathymétrique de la baie Eastern Dallmann. Les données du littoral et des contours terrestres sont tirées de la base numérique de données antarctiques du Comité scientifique pour la recherche en Antarctique version 6.0 (2012). La bathymétrie est tirée de la Carte bathymétrique internationale de l'océan Austral (IBCSO) v1.0 (2013). Données relatives aux oiseaux : ERA (2015). Zones importantes pour la conservation des oiseaux : BirdLife International/ERA (Harris *et al.* 2011). Sites et monuments historiques ATS, mise à jour par ERA (2014).

Spécifications de la carte : Projection : conique conforme de Lambert; parallèles types : 1er 64° 00' S; 2e 64° 30' S; méridien central : 62° 30'O; latitude d'origine : 65° 00'S; sphéroïde et datum horizontal : WGS84; Précision horizontale : marge d'erreur maximale de ±300 m. Intervalle de contour vertical 100 m, précision verticale de ±50 m. Isobathe de 200 m.

Encadré : emplacement de la carte 1, ZSPA n° 153 est de la baie Eastern Dallmann, péninsule Antarctique, montrant la zone protégée la plus proche, la ZSPA n° 152 détroit de Western Bransfield.

6. Description de la zone

6(i) Coordonnées géographiques, bornage et caractéristiques du milieu naturel

Description générale

La baie Dallmann (entre 64°00' et 64°20' de latitude sud et 63°15' de longitude ouest vers l'est jusqu'à la côte occidentale de l'île Brabant) est située à environ 65 km à l'ouest de la péninsule Antarctique entre l'île Brabant et l'île Anvers, avec le détroit de Bransfield au nord et le détroit de Gerlache au sud (Carte 1). L'île Brabant est essentiellement couverte de glace, avec une haute chaîne de montagnes nord-sud qui qui s'élève jusqu'à 2 520 m au mont Parry et descend brusquement vers la mer sur la côte occidentale (Smellie *et al.* 2006). Le littoral ouest se caractérise par des falaises de roches et de glace ainsi que par des promontoires libres de glace intercalés de plages de pierres et de cailloux étroites. Des plates-formes rocheuses sont exposées à marée basse en divers endroits au nord de la pointe Driencourt (Carte 1) qui, selon les études de terrain effectuées en janvier 2002, font partie d'un affleurement beaucoup plus grand de roches volcaniques s'étendant sur environ 10 km depuis l'île Brabant et qui avaient été formées par deux phases de volcanisme phréatomagmatique durant la fin du quaternaire (Smellie*et al.* 2006). De nombreux îlots rocheux s'étendent sur plusieurs kilomètres au large des côtes, dont Astrolabe Needle (104 m) qui se trouve à un kilomètre au large des côtes et à deux kilomètres au sud de la pointe Claude. À l'ouest de l'île Brabant, le fond de la mer descend légèrement de la zone intertidale à des profondeurs d'environ 200 m avant que la pente ne s'adoucisse à des profondeurs de 400 à 500 m au-delà de la limite ouest de la zone. Le gradient qui va du littoral jusqu'à 200 m s'incline plus faiblement dans le nord de la zone. Celle-ci est située principalement à l'intérieur du contour d'une profondeur de 200 m à l'ouest et au nord de l'île Brabant (Carte 1). Le fond de la mer dans la zone se compose en général d'une matrice de sable doux, de boue et de pierres rocheuses.

Limites

La zone désignée est délimitée au sud au 64°20' de latitude sud, et s'étend de la pointe Fleming en direction de l'ouest sur deux kilomètres jusqu'au 62°40' de longitude ouest. De là, la limite occidentale s'étend du nord au 62°40' de longitude ouest sur 18,5 km au 64°10' de latitude sud, au sud-sud-ouest de l'Astrolabe Needle. La limite occidentale s'étend ensuite en direction nord-nord-ouest sur près de 19 km au 62°45' de longitude ouest, 64°00' de latitude sud. La limite occidentale s'étend ensuite sur environ 13 km du nord au 62°45' de longitude ouest jusqu'au 63°53' de latitude sud, la limite nord de la zone. La limite nord s'étend le long du 63°53' de latitude sud du 62°45' de longitude ouest jusqu'au 62°16' de longitude ouest, sur une distance d'environ 23,4 km. La limite orientale s'étend du sud sur environ 16 km, du 62°16 de longitude ouest et 63°53' de latitude sud jusqu'à l'extrémité orientale de la péninsule Pasteur, île Brabant, au 62°16' de longitude ouest, 64°02' de latitude sud. De là, la limite orientale est définie comme la laisse de haute mer moyenne des côtes nord et occidentale de l'île Brabant, qui comprend la zone intertidale au sein de la zone. La zone couvre 50 km de nord en sud et elle s'étend jusqu'à un maximum de 23,4 km d'est en ouest. À l'ouest de l'île Brabant, la largeur de la zone varie entre 10 km (à la baie Guyou) et 1,5 km (près de pointe Claude). La superficie totale est d'environ 610 km^2.

Océanographie, géologie marine et climat

Les vents régionaux soufflent essentiellement du nord-nord-ouest, produisant un courant côtier continu vers le sud le long de la péninsule Antarctique occidentale (Hofmann *et al.*, 1996). Conjugué au flux du courant antarctique circumpolaire en direction du nord, cela donne lieu à une circulation océanique qui va essentiellement dans le sens des aiguilles d'une montre le long de la péninsule Antarctique occidentale (Dinniman et Klinck, 2004 ; Ducklow *et al.*, 2007). Dans le détroit de Bransfield, une circulation cyclonique prédomine, les deux principaux courants (le courant du détroit de Gerlache et celui du détroit de Bransfield) ayant pour origine le sud de l'île Brabant (Zhou *et al.* 2002, 2006). Les dériveurs déployés entre 1988 et 1990 dans le cadre du programme RACER (*Research on Antarctic Coastal Ecosystems and Rates*) semblent indiquer un flux d'est en ouest à l'intérieur de la zone nord de la zone ainsi que la formation de tourbillons entre la pointe Metchnikoff et Astrolabe Needle (Zhou *et al.*, 2002). La variation intertidale sur l'île Brabant atteint près de deux mètres et les observations faites durant les activités de pêche font état de courants violents à proximité du littoral (Furse, 1986).

Les mesures effectuées entre le 20 janvier et le 9 février 2001 ont révélé que les températures de l'océan dans la zone oscillaient de 1,8 à 1,9 ºC à une profondeur de 5 m, et de 0,3 à 0,45 ºC à 150 m de profondeur (Catalan *et al.*, 2008). Les mesures effectuées entre le 11 juin et le 16 juillet 2001 ont suggéré que les températures de l'eau dans la zone variaient entre -0,8 et -1,1 °C à des profondeurs de 100 à 200 m (Eastman et Lannoo, 2004). La salinité de l'eau à l'intérieur de la zone variait de 33,84 à 34,04 psu à une profondeur de 5 m, et de 34,42 à 34,45 psu à 150 m de profondeur (Catalan *et al.* 2008). La couverture de glace de mer est présente en moyenne pendant 140 jours par an dans la baie Eastern Dallmann et persiste pendant environ 82% de la période hivernale (Stammerjohn *et al.*, 2008). Les concentrations de glace de mer font état d'une variabilité interannuelle considérable, qui serait liée à des changements progressifs de l'ENSO et du Mode annulaire austral (SAM) (Stammerjohn *et al.* 2008).

Les mesures sismiques du réseau de suivi géodésique de l'expérience sismique en Patagonie et en Antarctique (SEPA) révèlent une activité sismique substantielle à l'intérieur de la zone, en particulier au nord de l'île Brabant, activité qui résulterait du croisement de la zone de la fracture Hero et de la plate-forme des Shetland du Sud à l'île Smith (Maurice *et al.*, 2003).

Biologie marine

La zone abrite une riche communauté benthique qui comprend de nombreuses espèces de poissons, d'invertébrés et de plantes marines ; elle constitue également un habitat important pour des espèces d'alevins. Parmi les espèces de poissons couramment capturées à une profondeur de 80 à 200 m dans la baie Eastern Dallmann, on trouve : *Gobionotothen gibberifrons* (antérieurement *Notothenia gibberifrons*), *Chaenocephalus aceratus, Champsocephalus gunnari, Pseudochaenichthys georgianus* et *Chionodraco rastrospinosus* (Eastman and Lannoo 2004 ; Dunlap *et al.* 2002). Outre de nombreuses espèces courantes, les chalutages effectués entre le 15 juin et le 4 juillet 2001 ont permis de capturer un certain nombre de *Lepidonotothen larseni, Lepidonotothen nudfrons Notothenia rossii* et *Notothenia coriiceps* et des exemples de *Parachaenichthys charcoti, Chaenodraco wilsoni, Dissostichus mawsoni, Trematomus eulepidotus* et *Lepidonotothen squamifrons* (Eastman et Sidell, 2002; Grove et Sidell, 2004). Des spécimens de *Trematomus newnesi* et *Gymnodraco acuticeps* ont été capturés occasionnellement à l'intérieur de la zone (Hazel et Sidell, 2003; Wujcik *et al.* 2007). Les espèces larvaires trouvées dans la zone comprennent *Artedidraco skottsberg, Gobionotothen gibberifrons, Lepidonotothen nudifrons* et *Pleuragramma antarcticum* (Sinque *et al.*, 1986 ; Loeb *et al.* 1993).

Parmi les invertébrés capturés à l'intérieur de la zone, on trouve diverses espèces d'éponges, d'anémones, d'annélides, de mollusques, de crustacés, d'astéroïdes, d'ophiuroïdes, d'échinoïdes, d'holothurioïdes et de tuniciers. Des dispositifs de détection acoustique ont été utilisés pour mesurer des agrégations de krill antarctique (*Euphausia superba*) durant des croisières entre 1985 et 1988 (Ross *et al.* 1996). Des agrégations ont en général été enregistrées dans les 120 m supérieurs de la colonne d'eau. C'est au début du printemps que le minimum d'agrégations a été observé, avant d'augmenter pour atteindre un maximum à la fin de l'été et au début de l'hiver, la ponte ayant lieu de novembre à mars (Zhou *et al.* 2002). La zone est une alevinière riche en aliments pour le krill qui peuvent être entraînés à l'intérieur de la zone par des tourbillons.

Oiseaux

Deux colonies de manchots à jugulaire (*Pygoscelis antarctica*) ont été découvertes sur la côte nord-ouest de l'île Brabant qui est immédiatement adjacente à la zone. Environ 5000 couples reproducteurs ont été dénombrés en 1985 à la pointe Metchnikoff et quelque 250 couples à la pointe Claude (Woehler, 1993). Des colonies de fulmars argentés (*Fulmaris glacialoides*) ont été observées en trois endroits le long de la côte de l'île Brabant (Poncet et Poncet, données non publiées : dans Harris, 2006) et, selon les estimations, quelque 1 000 couples reproducteurs nichaient en 1987 le long des falaises du cap Cockburn, à la limite nord-est de la zone (Creuwels *et al.*, 2007). On a vu des cormorans impériaux (*Phalacrocorax* [atriceps] *bransfieldensis*) nicher en quatre endroits le long de la côte ouest de l'île Brabant (Poncet et Poncet, données non publiées de janvier et février 1987, dans Harris, 2006). Parmi d'autres oiseaux observés se reproduisant sur la côte ouest de l'île Brabant et fréquentant la zone, on trouve : les sternes antarctiques (*Sterna vittata*) ; les océanites à ventre noir (*Fregetta tropica*) ; les labbes bruns (*Catharacta loennbergi*) ; les damiers du cap (*Daption capense*) ; les chionis blancs (*Chionis alba*) ; les goélands dominicains (*Larus dominicanus*) ; les pétrels des neiges (*Pagodroma nivea*) ; les labbes antarctiques (*Catharacta maccormicki*) ; et les océanites de Wilson (*Oceanites oceanicus*) (Parmelee et Rimmer, 1985 ; Furse, 1986). Les pétrels antarctiques (*Thalassoica antarctica*), les albatros à sourcils noirs (*Diomedea melanophris*) et les pétrels géants (*Macronectes giganteus*) viennent fréquemment s'alimenter dans la zone (Furse, 1986).

Mammifères marins

De nombreux mammifères marins ont été observés entre janvier 1984 et mars 1985 dans la baie Dallmann (Furse, 1986). Les baleines à bosse (*Megaptera novaeangliae*) étaient l'espèce de baleines la plus fréquemment observée. Des épaulards (*Ornicus orca*) auraient également été observés au large de la pointe Metchnikoff en mai et juin 1985. Un suivi satellite des baleines à bosse entre janvier 2004 et janvier 2006 a montré que bon nombre d'animaux traversaient la zone et s'y alimentaient, la région plus vaste du détroit de Gerlache constituant une aire d'alimentation importante pour les baleines à bosse (Dalla Rosa *et al.* 2008). Des baleines à bosse ont été aperçues à l'intérieur de la zone, au nord de l'île Brabant, durant l'été austral (décembre–février) (Scheidat *et al.* 2008).

Des phoques crabiers (*Lobodon carcinophagus*), des éléphants de mer (*Mirounga leonina*), de nombreuses otaries à fourrure antarctique (*Arctocephalus gazella*), des léopards de mer (*Hydrurga leptonyx*) et des phoques de Weddell (*Leptonychotes weddelli*) ont été observés dans la zone au large de la pointe Metchnikoff (Furse 1986).

Activités et impacts humains

De nombreuses croisières de recherche le long de la péninsule Antarctique occidentale ont inclu des stations d'échantillonnage à l'intérieur de la zone pour y mener des travaux de recherche océanographiques et/ou biologiques. Les poissons capturés à l'intérieur de la zone ont été utilisés pour divers travaux de recherche biochimiques, génétiques et physiologiques. Parmi les études portant sur les processus biochimiques des *Notothenioidei*, on trouve : des études sur les adaptations des poissons qui permettent aux protéines de fonctionner à des températures basses (Dunlap *et al.* 2002 ; Cheng et Detrich 2007) ; les adaptations de la structure musculaire et du métabolisme énergétique, dont l'assimilation des acides gras à des températures basses (Hazel et Sidell 2003 Grove et Sidell 2004 ; O'Brien *et al.* 2003) ; l'influence de la pression hydrostatique sur la fonction des enzymes dans les foies des poissons (Ciardiello *et al.* 1999) et la transcription efficace du génome à des températures basses (Lau *et al.* 2001; Magnoni *et al.* 2002). De nombreuses études se sont penchées sur la morphologie des poissons de glace, notamment sur les adaptations cardiovasculaires des poissons de glace pour compenser leur absence d'hémoglobine (Wukcik *et al.* 2007 ; Sidell et O'Brien 2006) ; l'histologie et l'anatomie des organes sensoriels et du cerveau des poissons de mer (Eastman et Lannoo 2004) ; et la flottabilité neutre des poissons de glace liée à leurs cycles de vie et à la structure de leur squelette (Eastman et Sidell 2002).

Des spécimens capturés durant les opérations de chalutage en mars et avril 1991, 1992 et 1993 ont été utilisés dans des études comparatives de la contamination par hydrocarbures aromatiques polycycliques (HAP) des poissons avec celle des poissons capturés dans port Arthur et les effets du diesel arctique sur *Notothenia gibberifrons* (maintenant *Gobionotothen gibberifrons*) (McDonald et al., 1995; Yu et al., 1995). 1995; Yu *et al.* 1995). L'étude précédente avait permis de découvrir que les niveaux de contamination chez les poissons capturés dans la zone étaient considérablement plus bas que ceux des poissons capturés dans les environs de l'épave de 1989 du *Bahia Paraiso* à port Arthur et que les poissons capturés à proximité de stations scientifiques américaines sont exposés aux HAP, bien qu'à de faibles niveaux (McDonald*et al.* 1992 et 1995). Toutefois, les concentrations de PAH étaient plus élevées que celles que l'on pensait trouver chez les poissons capturés à l'intérieur de la zone, les niveaux de contamination étant similaires à ceux des poissons capturés à proximité de la vieille station Palmer.

Des spécimens ont régulièrement été prélevés ces dernières années (2008, 2009, 2010, 2011) à des fins de recherches complémentaires liées aux processus biochimiques des *Notothenioidei* (Cuellar *et al.* 2014, Devor 2013, Mueller *et al.* 2011, Mueller *et al.* 2012, Teigen 2014).

Une expédition britannique de services conjoints composée de 35 personnes a passé une année (de janvier 1984 à mars 1985) sur l'île Brabant (Furse, 1986). Plusieurs camps et de nombreuses caches ont été établis le long du littoral occidental, y compris un camp de base principal à pointe Metchnikoff. Plusieurs structures, équipements et du matériel liés au camp ont été abandonnés après l'expédition, et leur état demeure inconnu en 2015. Le niveau de l'impact de l'expédition sur l'environnement marin adjacent reste également inconnu.

La région île Brabant – île Anvers est une destination très touristique. Les données sur les visites touristiques compilées par la *US National Science Foundation* montrent que, depuis la désignation initiale de la zone en 1991, un certain nombre de navires de tourisme ont visité la baie Dallmann et, plus particulièrement, la pointe Metchnikoff. On trouvera au tableau 1 un récapitulatif des activités touristiques dans les environs depuis la désignation initiale de la zone. On ne sait pas avec précision où, dans la baie Dallman, les visites touristiques notifiées ont eu lieu, mais on pense que les activités se déroulent essentiellement dans l'ouest de la baie Dallman, plus précisément le long de la côte de l'île Anvers et près des îles Melchior (Crosbie, communication personnelle, 2008). En février 2010, un navire est entré en collision avec une baleine à bosse en approchant de la baie Dallman (Liggett *et al.* 2010). Il demeure cependant nécessaire de se déplacer à travers la zone pour avoir accès par la mer à la pointe Metchnikoff.

Tableau 1. Activité touristique dans les environs de la ZSPA n° 153, baie Eastern Dallman, 1991-92 à 2007-08. Les chiffres mentionnés entre parenthèses indiquent l'activité à la pointe Metchnikoff.

Année	Nombre de navires	Nombre total de touristes	Petits navires de croisière (passagers)	Débarquement de petites embarcations (passagers)	Vol d'hélicoptère	Kayaking	Plongée sous-marine
1991-92	(1)		(12)				
1992-93							
1993-94	1		84				
1994-95							
1995-96	2		104				
1996-97	1		70				
1997-98	(1)			(55)			
1998-99	(1)			(2)			
1999-00	2		102				
2000-01	0						
2001-02	(1)		0 (96)				
2002-03	0		0				
2003-04	0	0	0	0	0	0	0
2004-05	1	56	0	0	0	0	0
2005-06	7	1399	467	0	0	107	0
2006-07	8	1232	318	0	0	101	0
2007-08	8	10 068	61	0	0	0	0
2008-09	9	6545	170	0	0	0	0
2009-10	9	13 759	107	0	0	0	0
2010-11	9	2402	103	0	26	0	14
2011-12	4	2131	78	0	0	0	0
2012-13	8	3715	0	4	0	0	0
2013-14	9	3558	29	0	0	0	0

6(ii) Accès à la zone

La zone est accessible par navire depuis le détroit de Bransfield, ou en direction du sud depuis le détroit de Gerlache, ou depuis le passage Drake à l'ouest et à travers la baie Dallmann. Les navires peuvent traverser la zone, mais l'ancrage y est interdit, sauf en cas d'urgence. La zone est également accessible par voie aérienne ou par la glace de mer lorsque les conditions le permettent. Aucune route d'accès n'a été définie vers et au sein de la zone.

6(iii) Emplacement des structures à l'intérieur et à proximité de la zone

Il n'y a pas de structure connue à l'intérieur de la zone. Il est possible que des structures et autres équipements de l'expédition britannique de services conjoints à l'île Brabant (Janvier 1984 – mars 1985) puissent rester sur les côtes occidentales de cette île, en particulier à la pointe Metchnikoff. Les stations les plus proches sont les suivantes : Président González Videla (Chili), à environ 55 km au sud dans le port Paradise ; port Lockroy (Royaume-Uni), à environ 75 km au sud-ouest sur l'île Goudier ; Yelcho (Chili), à environ 80 km au sud-ouest sur l'île Doumar ; et Palmer (États-Unis d'Amérique), à environ 90 km au sud-ouest sur l'île Anvers.

6(iv) Emplacement des autres zones protégées à proximité

La zone protégée la plus proche de la baie Eastern Dallmann est le détroit de Western Bransfield (ZSPA n° 152) qui se trouve à environ 45 km au nord. La zone gérée spéciale de l'Antarctique n° 7, île Southwest Anvers et bassin Palmer, se trouve à quelque 80 km au sud-ouest sur la côte australe de l'île Anvers (Carte 1).

6(v) Zones spéciales à l'intérieur de la Zone

Aucune.

7. Critères de délivrance des permis d'accès

7(i) Critères généraux

L'accès à la zone est interdit sauf si un permis est délivré par une autorité nationale compétente. Les critères de délivrance d'un permis pour entrer dans la zone sont les suivants :

* le permis est délivré à des fins exclusivement scientifiques ou pédagogiques qui ne peuvent être satisfaites ailleurs, ou pour des raisons essentielles à la gestion de la zone ;
* les actions autorisées sont conformes au plan de gestion ;
* les activités autorisées doivent prendre dûment en considération, au moyen d'un processus d'étude d'impact sur l'environnement, à la protection continue des valeurs environnementales et scientifiques de la zone ;
* le permis est délivré pour une période limitée ;
* le permis, ou une copie, sera emporté pour tout passage à l'intérieur de la zone.

7(ii) Accès à la zone et déplacements à l'intérieur ou au-dessus de celle-ci

L'accès à la zone se fera par la mer, sur la glace de mer ou par voie aérienne. Il n'y a aucune restriction spécifique aux voies d'accès à la zone ou aux déplacements à l'intérieur de celle-ci, bien que les mouvements doivent être maintenus au niveau minimum nécessaire pour se conformer aux objectifs de toute activité autorisée. Tout doit être mis en œuvre pour minimiser les perturbations. Les navires peuvent traverser la zone, mais l'ancrage y est interdit sauf en cas d'urgence. Il n'y a aucune restriction spécifique relative au survol, et les aéronefs peuvent atterrir avec un permis lorsque l'état de la glace de mer le permet. Les pilotes doivent néanmoins tenir compte des colonies d'oiseaux nicheurs présentes le long de la limite orientale de la zone sur la côte de l'île Brabant (carte 1).

7(iii) Activités pouvant être menées dans la zone

* Les travaux de recherche scientifique qui ne porteront pas atteinte aux valeurs de la zone ;
* Activités opérationnelles essentielles de navires qui ne porteront pas atteinte aux valeurs de la zone, comme le transit à travers la zone ou le stationnement à l'intérieur de celle-ci en vue de faciliter les activités scientifiques ou autres, dont le tourisme, ou afin d'accéder à des sites à l'extérieur de la zone ;
* Activités de gestion essentielles, notamment de suivi.

7(iv) Installation, modification ou enlèvement de structures

- Aucune structure ne doit être établie à l'intérieur de la zone sauf si un permis le précise et les structures ou installations permanentes sont interdites.

- Toutes les structures, tout le matériel scientifique et tous les repères installés dans la zone doivent être autorisés par un permis et clairement identifiés par pays, nom du principal chercheur et année d'installation. Tous ces éléments doivent être composés de matériels dont le risque de contamination pour la zone est minimal.

- L'installation (y compris le choix du site), l'entretien, la modification ou l'enlèvement de structures doit se faire de manière à réduire au minimum les perturbations de la flore et de la faune.

- L'enlèvement de matériel spécifique pour lequel le permis a expiré sera du ressort de l'autorité qui a délivré le permis original et figurera parmi les critères régissant la délivrance du permis.

7(v) Emplacement de camps de base

Aucun.

7(vi) Restrictions sur les matériels et organismes pouvant être introduits dans la zone

En plus des exigences du Protocole au Traité sur l'Antarctique relatif à la protection de l'environnement, les restrictions quant à l'introduction de matériels et organismes dans la zone sont les suivantes :

- Il est interdit d'introduire délibérément tout animal, forme végétale, micro-organisme ou terre non-stérilisée dans la zone. Des mesures de précaution doivent être prises pour éviter l'introduction accidentelle de tout animal, forme végétale, micro-organisme et terre non stérilisée provenant de régions biologiquement distinctes (comprises à l'intérieur ou à l'extérieur de la zone du Traité sur l'Antarctique) ;

- Les visiteurs doivent veiller à ce que le matériel d'échantillonnage et de balisage soit stérile avant d'entrer dans la zone. Dans toute la mesure du possible, le matériel destiné à être utilisé dans la zone sera minutieusement nettoyé avant d'être introduit dans la zone. Les visiteurs doivent également consulter et se conformer, le cas échéant, aux recommandations du Manuel sur les espèces non indigènes du Comité pour la protection de l'environnement (CPE 2011) ;

- Aucun pesticide ne sera introduit dans la zone ;

- Aucun combustible, produit chimique, alimentaire ou autre ne doit être stocké à l'intérieur de la zone, sauf autorisation spécifique du permis ; ils doivent être entreposés et gérés de sorte à limiter les risques d'introduction accidentelle dans l'environnement ;

- Tout matériel est introduit dans la zone pour une période déterminée. Il en sera retiré au plus tard à la fin de ladite période ; et

- en cas de déversement susceptible de mettre en péril les valeurs de la zone, leur enlèvement est encouragé à condition que l'impact de celui-ci ne soit pas susceptible d'être supérieur à celui consistant à laisser le matériel *in situ*.

7(vii) Prélèvement de végétaux et capture d'animaux ou perturbations nuisibles à la faune et la flore

- Toute capture d'animaux ou toute perturbation nuisible à la faune et la flore indigène est interdite sauf avec un permis distinct délivré spécifiquement à cette fin en vertu de l'article 3 de l'Annexe II au Protocole au Traité sur l'Antarctique relatif à la protection de l'environnement. Dans le cas de captures d'animaux ou de perturbations nuisibles, celles-ci doivent au minimum se conformer au Code de conduite du SCAR pour l'utilisation d'animaux à des fins scientifiques dans l'Antarctique.

7(viii) Prélèvement ou enlèvement de matériels qui n'ont pas été apportés dans la zone par le détenteur du permis

- Le matériel ne peut être prélevé ou enlevé de la zone qu'en conformité avec un permis et doit se limiter au minimum requis pour répondre aux besoins scientifiques ou de gestion.
- Tout matériel d'origine humaine susceptible de mettre en péril les valeurs de la zone, qui n'a pas été introduit dans celle-ci par le détenteur du permis ou qui n'a pas été autrement autorisé, peut être enlevé de n'importe quelle partie de la zone à condition que l'impact de son enlèvement ne soit pas susceptible d'être supérieur à celui consistant à laisser le matériel *in situ*. Si tel est le cas, il convient d'en informer l'autorité compétente et d'obtenir son approbation.

7(ix) Élimination des déchets

Tous les déchets, y compris les déchets humains, doivent être enlevés de la zone.

7(x) Mesures éventuellement nécessaires pour continuer de répondre aux objectifs du Plan de gestion

Des permis d'accès à la zone peuvent être délivrés pour :

1. Mener des activités de suivi et d'inspection de la zone, ce qui peut impliquer la collecte d'un petit nombre d'échantillons ou de données à des fins d'analyse ou d'examen ;
2. Ériger, installer ou entretenir des structures ou des équipements scientifiques ;
3. Mener des mesures de protection.

7(xi) Exigences relatives aux rapports

- Pour chaque visite effectuée dans la zone, le principal détenteur du permis devra soumettre à l'autorité nationale compétente un rapport dans les plus brefs délais et, si possible, au plus tard dans les six mois suivant la visite dans la zone.
- Ces rapports doivent contenir, le cas échéant, les catégories d'informations mentionnées dans le formulaire de rapport de visite repris à l'Annexe 2 du Guide pour l'élaboration des plans de gestion des zones spécialement protégées de l'Antarctique (Résolution 2 (2011)). Le cas échéant, l'autorité nationale doit également transmettre une copie du rapport de visite à la Partie qui a proposé le plan de gestion afin de contribuer à la gestion de la zone et à la révision du plan de gestion.
- Les Parties doivent, dans la mesure du possible, déposer les originaux ou les copies de ces rapports dans une archive à laquelle le public pourra avoir accès, et ce, afin de conserver une archive d'usage qui sera utilisée lors de la révision du plan de gestion et de l'organisation de l'utilisation scientifique de la zone.
- L'autorité compétente devra être notifiée de toutes les activités entreprises et de toutes les mesures prises, de tout ce qui a été enlevé ainsi que de tout le matériel introduit et non enlevé, qui ne figuraient pas dans le permis autorisé.

8. Support documentaire

Catalan, I.A., Morales-Nin, B., Company J. B. Rotllant G. Palomera I. & Emelianov M. 2008. Environmental influences on zooplankton and micronekton distribution in the Bransfield Strait and adjacent waters. *Polar Biology* **31**: 691–707.

Cheng, C.C.H. & Detrich III, H.W. 2007. Molecular ecophysiology of Antarctic notothenioid fishes. *Philosophical Transactions of the Royal Society B* **362** (1488): 2215-32.

Ciardiello, M.A., Schmitt B., di Prisco G. &. Hervé G. 1999. Influence of hydrostatic pressure on l-glutamate dehydrogenase from the Antarctic fish *Chaenocephalus aceratus*. *Marine Biology* **134** (4): 631-36.

Creuwels, J.C.S., Poncet, S., Hodum, P.J. & van Franeker. J.A. 2007. Distribution and abundance of the southern fulmar *Fulmarus glacialoides*. *Polar Biology* **30**:1083–97. [doi 10.1007/s00300-007-0276-0]

Cuellar, J., Yébenes, H., Parker, S.K., Carranza, G., Serna, M., Valpuesta, J.M., Zabala, J.C. & Detrich, H. W. 2014. Assisted protein folding at low temperature: evolutionary adaptation of the Antarctic fish chaperonin CCT and its client proteins. *Biology Open* **3**:261–270. doi:10.1242/bio.20147427

Dalla Rosa. L., Secchi, E.R., Maia Y.G., Zerbini A.N. & Heide-Jørgensen, M.P. 2008. Movements of satellite-monitored humpback whales on their feeding ground along the Antarctic Peninsula. *Polar Biology* **31**: 771–81. [doi 10.1007/s00300-008-0415-2]

Detrich III, H.W., Parker, S.K., Williams, R.B. Jr, Nogales, E. & Downing, K.H. 2000. Cold adaptation of microtubile assembly and dynamics. *Journal of Biological Chemistry* **275** (47): 37038–47.

Devor, D.P. 2013. Effects of hyperoxia on thermal tolerance and indicators of hypoxic stress in Antarctic fishes that differ in expression of oxygen-binding proteins. Unpublished MSc. Thesis. Ohio University, USA.

Dinniman, M.S. & Klinck, J.M. 2004. A model study of circulation and cross-shelf exchange on the west Antarctic Peninsula continental shelf. *Deep-Sea Research II* **51**: 2003–22.

Ducklow, H.W., Baker, K., Martinson, D.G., Quetin, L. G., Ross, R.M., Smith, R.C., Stammerjohn, S.E., Vernet, M. & Fraser, W. 2007. Marine pelagic ecosystems: the West Antarctic Peninsula. *Philosophical Transactions of the Royal Society B* **362**: 67–94. [doi:10.1098/rstb.2006.1955]

Dunlap, W.C., Fujisawa A., Yamamoto, Y., Moylan, T.J. & Sidell, B.D. 2002. Notothenioid fish, krill and phytoplankton from Antarctica contain a vitamin E constituent (a-tocomonoenol) functionally associated with cold-water adaptation. *Comparative Biochemistry and Physiology Part B* **133**: 299–305.

Eastmann, J.T. & Lannoo, M.J. 2004. Brain and sense organ anatomy and histology in hemoglobinless Antarctic icefishes (Perciformes: Notothenioidei: Channichthyidae). *Journal of Morphology* **260**: 117–40.

Eastman, J.T. & Sidell, B.D. 2002.Measurements of buoyancy for some Antarctic notothenioid fishes from the South Shetland Islands. *Polar Biology* **25**: 753–60. [doi 10.1007/s00300-002-0398-3]

Furse, C. 1986. *Antarctic year: Brabant Island expedition*. Croom Helm, Australia.

Grove. T.J. & Sidell, B.D. 2004. Fatty acyl CoA synthetase from Antarctic notothenioid fishes may influence substrate specificity of fat oxidation. *Comparative Biochemistry and Physiology, Part B* **139**: 53–63.

Hazel, J.R. & Sidell, B.D. 2003. The substrate specificity of hormone-sensitive lipase from adipose tissue of the Antarctic fish *Trematomus newnesi*. *Journal of Experimental Biology* **207**: 897-903.

Harris, C.M. 2006. *Wildlife Awareness Manual: Antarctic Peninsula, South Shetland Islands and South Orkney Islands*. Environmental Research & Assessment, Cambridge.

Harris, C.M., Carr, R., Lorenz, K. & Jones, S. 2011. Important Bird Areas in Antarctica: Antarctic Peninsula, South Shetland Islands, South Orkney Islands. Final Report for BirdLife International and UK Foreign & Commonwealth Office. Environmental Research & Assessment, Cambridge.

Hofmann, E.E., Klinck, J.M., Lascara, C.M. & Smith, D.A. 1996. Water mass distribution and circulation west of the Antarctic Peninsula and including Bransfield Strait. In Ross, R.M., Hofmann, E.E. & Quetin, L.B. (eds) *Foundations for ecological research west of the Antarctic Peninsula. Antarctic Research Series* **70**: 61-80.

Lau, D.T., Saeed-Kothe, A., Paker, S.K. & Detrich III, H.W. 2001. Adaptive evolution of gene Expression in Antarctic fishes: divergent transcription of the 59-to-59 linked adult a1- and b-globin genes of the Antarctic teleost *Notothenia coriiceps* is controlled by dual promoters and intergenic enhancers. *American Zoologist* **41**: 113–32.

Liggett, D., McIntosh, A., Thompson, A., Gilbert, N. & Storey, B. 2011. From frozen continent to tourism hotspot? Five decades of Antarctic tourism development and management, and a glimpse into the future. *Tourism Management* **32**: 357–66. doi:10.1016/j.tourman.2010.03.005

Loeb, V.J., Kellermann, A.K., Koubbi, P., North, A.W. & White, M.G. 1993. Antarctic larval fish assemblages: a review. *Bulletin of Marine Science* **53**(2): 416-49.

Magnoni, J.L. 2002. Antarctic notothenioid fishes do not display metabolic cold adaptation in hepatic gluconeogenesis. Unpublished Masters thesis, Department of Marine Biology, University of Maine.

McDonald, S., Kennicutt II, M., Foster-Springer, K. & Krahn, M. 1992. Polynuclear aromatic hydrocarbon exposure in Antarctic fish. *Antarctic Journal of the United States* **27**(5): 333-35.

McDonald, S.J., Kennicutt II, M.C., Liu H. & Safe S.H. 1995. Assessing Aromatic Hydrocarbon Exposure in Antarctic Fish Captured near Palmer and McMurdo Stations, Antarctica. *Archives of Environmental Contamination and Toxicology* **29**: 232-40.

Mueller, I.A., Grim, J.M., Beers, J.M., Crockett, E.L., & O'Brien, K.M. 2011. Inter-relationship between mitochondrial function and susceptibility to oxidative stress in red- and white-blooded Antarctic notothenioid fishes. *Journal of Experimental Biology* **214**: 3732–41. doi:10.1242/jeb.062042

Mueller, I.A., Devor, D.P., Grim, J.M., Beers, J.M., Crockett, E.L., & O'Brien, K.M. 2012. Exposure to critical thermal maxima increases oxidative stress in hearts of white- but not red-blooded Antarctic notothenioid fishes. *Journal of Experimental Biology* **215**: 3655–64. doi:10.1242/jeb.071811

O'Brien, K.M, Skilbeck, C., Sidell, B.D. & Egginton, S. 2002. Muscle fine structure may maintain the function of oxidative fibres in haemoglobinless Antarctic fishes. *Journal of Experimental Biology* **206**: 411-21.

Parmelee, D.F. & Rimmer, C.C. 1985. Ornithological observations at Brabant Island, Antarctica. *British Antarctic Survey Bulletin* **67**: 7-12.

Robertson Maurice, S.D., Wiens D.A., Shore P.J., Vera E. & Dorman L.M. 2003. Seismicity and tectonics of the South Shetland Islands and Bransfield Strait from a regional broadband seismograph deployment. *Journal of Geophysical Research* **108**(B10) 2461. [doi:10.1029/2003JB002416]

Ross, R.M. & Quetin, L.B. 1996. Distribution of Antarctic krill and dominant zooplankton west of the Antarctic Peninsula. In Ross, R.M., Hofmann, E.E. & Quetin, L.B. (eds) *Foundations for ecological research west of the Antarctic Peninsula. Antarctic Research Series* **70**: 199-217.

Scheidat, M., Bornemann, H., Burkahardt, E., Flores, H., Friedlaender, A. Kock, K.-H, Lehnert, L., van Franekar, J. & Williams, R. 2008. Antarctic sea ice habitat and minke whales. Annual Science Conference in Halifax, 22-26 September, 2008, Halifax, Canada.

Schenke H. W., S. Dijstra, F. Neiderjasper, T. Schone, H. Hinze, & B. Hoppman. 1998. The new bathymetric charts of the Weddell Sea: AWI BCWS. In Jacobs, S.S. & Weiss, R.F. (eds). *Ocean, ice and atmosphere: interactions at the Antarctic continental margin. Antarctic Research Series* **75**: 371-80.

Sidell, B.D. & O'Brien, K.M. 2006. When bad things happen to good fish: the loss of hemoglobin and myoglobin expression in Antarctic icefishes. *Journal of Experimental Biology* **209**: 1791-1802.

Smellie J.L., McIntosh W.C. & Esser, R. 2006. Eruptive environment of volcanism on Brabant Island: Evidence for thin wet-based ice in northern Antarctic Peninsula during the Late Quaternary. *Palaeogeography, Palaeoclimatology, Palaeoecology* **231**: 233–52.

Sinque, C., Koblitz, S. & Marília Costa, L. 1986. Ichthyoplankton of Bransfield Strait – Antarctica. *Nerítica* **1**(3): 91-102.

Stammerjohn, S.E., Martinson, D.G, & Iannuzzi, R.A. 2008. Sea ice in the western Antarctic Peninsula region: Spatio-temporal variability from ecological and climate change perspectives. *Deep-Sea Research II* **55**: 2041–58.

Teigen, L.E. 2014. Induction of heat shock proteins in cold-adapted and cold-acclimated fishes. Unpublished MSc. Thesis. University of Alaska Fairbanks, USA.

Woehler, E.J. (ed) 1993. *The distribution and abundance of Antarctic and sub-Antarctic penguins.* Cambridge, SCAR.

Wujcik, J.M. Wang, G., Eastman, J.T. & Sidell, B.D. 2007. Morphometry of retinal vasculature in Antarctic fishes is dependent upon the level of hemoglobin in circulation. *Journal of Experimental Biology* **210**: 815-24.

Yu, Y., Wade T. L., Fang J., McDonald S. & Brooks J. M. 1995. Gas chromatographic – mass spectrometric analysis of Polycyclic Aromatic Hydrocarbon metabolites in Antarctic fish *(Notothenia gibberifrons)* injected with Diesel Fuel Arctic. *Archives of Environmental Contamination and Toxicology* **29**: 241-46.

Zhou, M., Niiler, P.P. & Hi, J.H. 2002.Surface currents in the Bransfield and Gerlache Straits, Antarctica. *Deep-Sea Research I* **49**: 267–80.

Zhou, M., Niiler, P.P., Zhu, Y. & Dorland, R.D. 2006. The western boundary current in the Bransfield Strait, Antarctica. *Deep-Sea Research I* **53**: 1244–52.

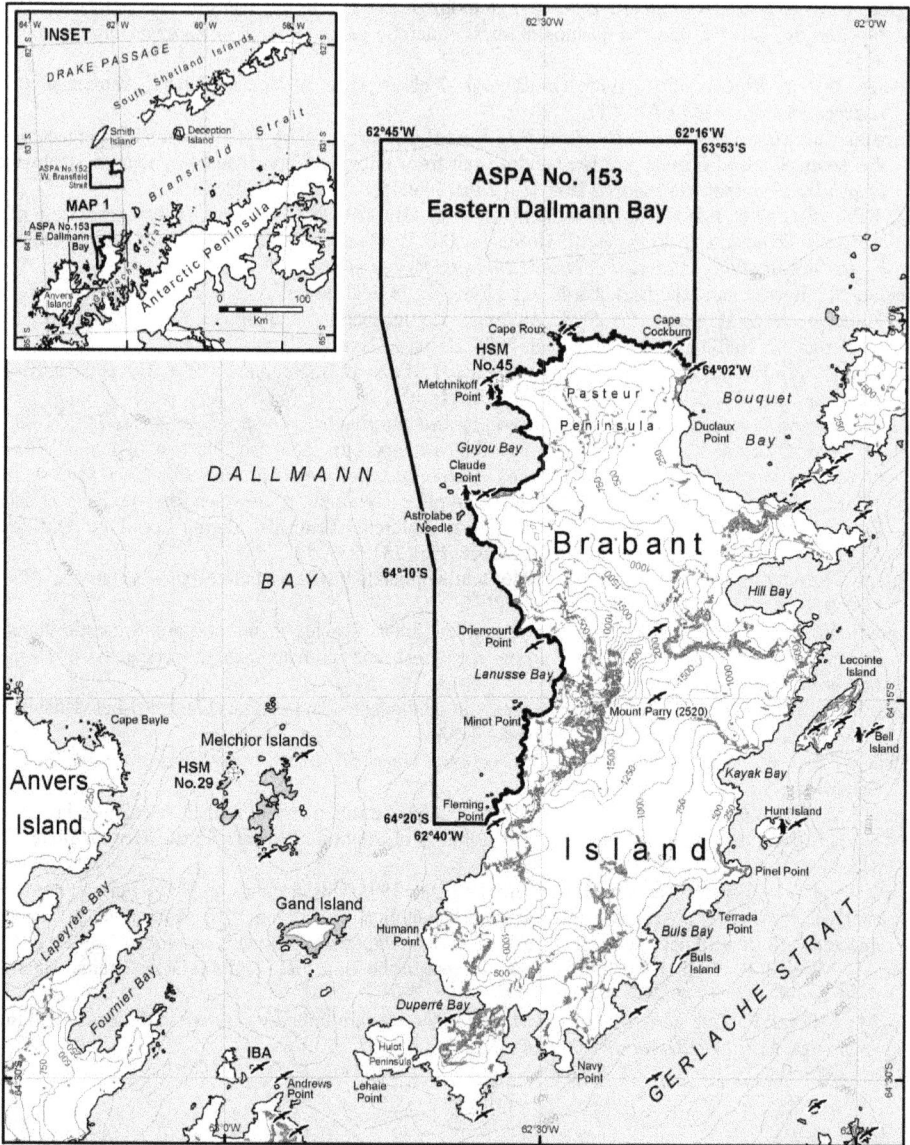

Map 1: ASPA No. 153 - Eastern Dallmann Bay

Plan de gestion de la
zone spécialement protégée de l'Antarctique (ZSPA) n° 155
CAP EVANS, ÎLE DE ROSS
(y compris les sites et monuments historiques nᵒˢ 16 et 17, la cabane historique *Terra Nova* du capitaine Robert Falcon Scott et ses alentours ainsi que la croix sur la colline Wind Vane)

1. Description des valeurs à protéger

La valeur historique importante de cette zone a été formellement reconnue lorsque ladite zone a été désignée comme sites et monuments historiques nᵒˢ 16 et 17 par la Recommandation 9 (1972). Une zone contenant les deux sites a été désignée comme zone spécialement protégée n° 25 par la Mesure 2 (1997) et renommée comme zone spécialement protégée de l'Antarctique n° 155 par la Décision 1 (2002).

La cabane *Terra Nova* (site et monument historique n° 16) est la plus grande des cabanes historiques situées dans la région de la mer de Ross. Elle a été construite en janvier 1911 par l'expédition britannique en Antarctique *Terra Nova* (1910-1913) que dirigeait le capitaine Robert Falcon Scott de la Royal Navy. Elle a ensuite servi de base au groupe de la mer de Ross appartenant à l'expédition impériale transantarctique de Sir Ernest Shackleton (1914-1917).

Sur le site et monument historique n° 17 se trouve la croix érigée sur la colline Wind Vane à la mémoire de trois membres du groupe de la mer de Ross (Shackleton) qui y périrent en 1916. De plus, deux ancres du navire *Aurora* de l'expédition impériale transantarctique, deux abris pour instruments (un sur la colline Wind Vane et l'autre près de la cabane *Terra Nova*), plusieurs décharges ainsi que de nombreux artefacts sont disséminés sur le site.

Le site du cap Evans est l'un des premiers grands sites ayant fait l'objet d'activités humaines dans l'Antarctique. C'est un symbole important de l'âge héroïque de l'exploration de l'Antarctique et, en tant que tel, il revêt une signification historique et culturelle considérable. Quelques-uns des tout premiers progrès accomplis dans l'étude des sciences de la Terre, de la météorologie, de la faune et de la flore sont directement associés à l'expédition *Terra Nova* qui avait fait de ce site sa base. Les données collectées peuvent fournir un repère en fonction duquel il est possible de comparer les mesures actuelles. L'histoire de ces activités et la contribution qu'elles ont apportée à la compréhension et à la connaissance de l'Antarctique donnent à cette zone une valeur scientifique et historique significative.

Une version révisée du plan de gestion a été adoptée par la Mesure 2 (2005) et les modifications apportées aux dispositions sur l'accès et les déplacements ont quant à elles été adoptées par la Mesure 12 (2008) et la Mesure 8 (2010).

Le cap Evans est situé dans l'environnement S - géologique de McMurdo, terre Victoria du Sud, selon l'Analyse des domaines environnementaux de l'Antarctique (Résolution 3 (2008)) et dans la région 9, terre Victoria du Sud selon les régions de conservation biogéographiques de l'Antarctique (Résolution 6 (2012)). D'autres zones protégées se trouvent également dans l'environnement S, notamment les ZSPA n°105, 116, 121, 122, 123, 124, 131, 137, 138, 154, 156, 157, 158, 161, 172 et 175, ainsi que la ZGSA n°2.

2. Buts et objectifs

Le but du plan de gestion est d'assurer la protection de la zone et de ses caractéristiques afin que ses valeurs puissent y être préservées. Les objectifs du plan de gestion sont les suivants :
- éviter la dégradation des valeurs de la zone ou leur mise en péril ;
- préserver les valeurs historiques de la zone par le biais de travaux de conservation bien planifiés qui peuvent comprendre :
  a. un programme d'entretien annuel *in situ* ;
  b. un programme de suivi de l'état des artefacts et structures, et des facteurs qui les affectent et ;
  c. un programme de conservation des artefacts à mener sur place et hors site ;
- permettre des activités de gestion à l'appui de la protection des valeurs et des caractéristiques de la zone, y compris :
  a. la cartographie et l'enregistrement de la disposition des objets historiques dans les environs de la cabane ; et
  b. l'enregistrement d'autres données historiques pertinentes ; et
- empêcher toute perturbation humaine inutile de la zone, de ses caractéristiques et de ses artefacts en gérant l'accès à la cabane *Terra Nova*.

3. Activités de gestion

Les activités de gestion ci-après seront entreprises pour protéger les valeurs de la zone :
- Un programme régulier de travaux de conservation de la cabane *Terra Nova* et de ses artefacts associés dans la zone sera entrepris.
- Des visites y seront faites selon les besoins à des fins de gestion.
- Un mécanisme de suivi systématique sera mis en place pour évaluer les impacts des limites actuelles imposées au nombre de visiteurs tandis que les résultats et recommandations de gestion y relatives seront incorporés dans les révisions de ce plan de gestion.
- Les directeurs des programmes antarctiques nationaux opérant dans la région, ou ceux qui portent un intérêt à cette zone se livreront à des consultations entre eux pour veiller à ce que les dispositions susmentionnées soient appliquées.
- Des copies du présent plan de gestion, y compris des cartes de la zone, seront mises à disposition aux stations de terrain/recherche opérationnelles adjacentes.

4. Durée de la désignation

La zone est désignée pour une période indéterminée.

5. Cartes

Carte A : Carte régionale du cap Evans. Cette carte montre les limites de la zone avec d'importantes caractéristiques topographiques, les sites des campements ainsi que les aires d'atterrissage des hélicoptères. Elle montre également l'emplacement approximatif des artefacts significatifs dans la zone. Encart : L'île de Ross montrant les sites de zones protégées avoisinantes et de stations.

Carte B : Carte du site du cap Evans. Cette carte montre l'emplacement approximatif d'artefacts et de sites historiques spécifiques dans la zone.

6. Description de la zone

6(i) Coordonnées géographiques, bornage et caractéristiques du milieu naturel
Le cap Evans est une petite zone triangulaire libre de glace située au sud-ouest de l'île de Ross, à 10 kilomètres au sud du cap Royds et à 22 kilomètres au nord de la péninsule de la pointe Hut sur l'île de Ross. La zone libre de glace est composée de roches de fonds de basalte recouvertes de dépôts glaciaires. La zone désignée est située sur la côte nord-ouest du cap Evans adjacente à la plage Home et centrée sur la cabane de Scott, *Terra Nova*. Les lignes de démarcation de la ZSPA sont les suivantes :

- Sud : une ligne s'étendant vers l'est à partir d'un point 77°38'15,47S", 166°25'9,48"E – 20 mètres au sud de la croix sur la colline Wind Vane ;
- Sud-ouest : une ligne partant du point de référence cité ci-dessus qui s'étend pour suivre le pic de la petite crête descendant vers le nord-ouest jusqu'à la côte, au point 77°38'11,50" – 166°24'49,47" ;
- Nord-ouest : le long de la côte de la plage Home ;
- Nord-est : le long du ruisseau d'écoulement du lac Skua jusqu'à la plage Home, au 77°38'4,89" – 166°25'13,46" ;
- Est : le long de la ligne s'étendant vers le sud de la rive ouest du lac Skua au 77°38'5,96" – 166°25'35,74" pour croiser la limite sud au 77°38'15,48" – 166°25'35,68".

Des labbes (*Catharacta maccormicki*) nichent au cap Evans et des manchots Adélie (*Pygoscelis adeliae*) de la colonie au cap Royds peuvent à l'occasion traverser la zone. Des phoques de Weddel (Leptonychotes weddellii) ont également été vus étendus sur la plage Home.

6 (ii) Accès à la zone
Lorsque les conditions le permettent en toute sécurité, il est possible d'approcher la zone en véhicule sur la glace de mer. Il est interdit aux véhicules d'entrer dans la zone à moins qu'ils ne soient autorisés à le faire pour des activités de gestion conformément à l'alinéa (i) du paragraphe 7 ci-dessous. Pendant la saison des eaux libres, les débarquements par bateau peuvent s'effectuer directement en face de la cabane à la plage Home. Les hélicoptères peuvent atterrir à l'un des deux sites de débarquement désignés, qui sont indiqués sur les cartes A et B. Un premier site se trouve à environ 100 m au nord de la cabane, juste à l'extérieur de la zone. Le second se trouve à côté de la cabane refuge néo-zélandaise, à environ 250 m au-delà de la limite de démarcation sud-ouest de la zone.

6(iii) Emplacement des structures à l'intérieur de la zone et adjacentes à elle
Toutes les structures situées dans la zone ont une origine historique, bien qu'une clôture de protection moderne et temporaire autour de la cabane magnétique reste en place. Une des principales caractéristiques de la zone est la cabane *Terra Nova* de Scott qui se trouve sur la côte nord-ouest du cap Evans à la plage Home. La cabane est entourée de nombreuses reliques historiques, y compris les deux ancres de l'*Aurora*, des squelettes de chiens, un abri pour instruments, deux cordes de chien, un écran météorologique, un dépôt de carburant, une cabane magnétique, des briquettes de charbon, des dépôts de provisions et un mât de drapeau, sans oublier la cabane rocheuse/dépotoir, une structure rocheuse historique liée au « Pire voyage au monde » au cap Crozier (1911) qui contient une petite collection d'artefacts. Une croix à la mémoire de trois des membres de l'expédition de Shackleton

dans la mer de Ross (1914-1917) est érigée sur la colline Wind Vane. Toutes ces caractéristiques se trouvent à l'intérieur des limites de démarcation de la zone.

Une cabane refuge néo-zélandaise, un site de campement et un site d'atterrissage pour hélicoptères sont situés à quelque 250 m au sud-ouest de la zone.

L'ancien site de la base World Park de Greenpeace, base ouverte toute l'année, se trouvait au nord-est de la cabane *Terra Nova* de Scott de 1987 à 1992. Il ne reste aucun signe de cette base.

6(iv) Emplacement d'autres zones protégées à proximité de la zone
- ZSPA n°121 (anciennement SISP n°1), cap Royds, et
- ZSPA n°157 (ZSP n°27), baie Backdoor, cap Royds, se trouvent à 10 km au nord du cap Evans.
- ZSPA n°122 (anciennement SISP n°2), hauteurs Arrival et
- ZSPA n° 158 (ZSP n° 28), pointe Hut, à environ 22 kilomètres au sud du cap Evans dans la péninsule de la pointe Hut.
- ZSPA n° 130 (SISP n° 11), crête Tramway, à environ 20 kilomètres à l'est du cap Evans.

Tous ces sites se trouvent sur l'île de Ross.

6(v) Aires spéciales à l'intérieur de la zone
Il n'y a aucune aire spéciale à l'intérieur de la zone.

7. Critères de délivrance d'un permis

L'accès à la zone est interdit sauf avec un permis. Les permis seront délivrés uniquement par les autorités nationales compétentes et ils peuvent être assortis de conditions à la fois générales et spécifiques. Un permis peut être délivré par une autorité nationale pour couvrir plusieurs visites pendant une saison. Les Parties présentes dans la zone doivent se consulter et consulter également les groupes et organisations intéressés par la visite de la zone pour s'assurer que le nombre maximum de visiteurs ne sera pas dépassé. Les permis d'accès au site peuvent être délivrés pour une période donnée et portent sur les activités suivantes :
- activités ayant pour but la conservation, la recherche et/ou le suivi ;
- activités de gestion à l'appui des objectifs du plan ;
- activités récréatives ou pédagogiques, y compris touristiques, à condition qu'elles n'aillent pas à l'encontre des objectifs du plan ; et
- toute autre activité prévue dans ce plan.

7(i) Accès à la zone et déplacements à l'intérieur de celle-ci
- Le contrôle des déplacements à l'intérieur de la zone est nécessaire pour empêcher les dommages que pourrait causer la présence d'un attroupement autour des nombreuses caractéristiques vulnérables de la zone. Le nombre maximum de visiteurs dans la zone (y compris les guides et les personnes qui se trouvent dans la cabane) sera de **40 personnes**.
- Le contrôle du nombre de personnes se trouvant dans la cabane est nécessaire pour empêcher tout dégât que causerait la présence d'un attroupement autour des nombreuses caractéristiques vulnérables à l'intérieur de la cabane. Le nombre maximum de visiteurs autorisés à l'intérieur de la cabane à tout moment (y compris les guides) sera de **8 personnes**.

- Pour éviter les impacts cumulatifs à l'intérieur de la cabane, il importe de limiter le nombre annuel de visiteurs. Les effets causés par le nombre actuel de visiteurs (1042 en moyenne par année entre 1998/1999 et 2013/2014) semblent indiquer qu'une augmentation marquée pourrait en effet avoir des impacts très défavorables. Le nombre maximum de visiteurs par an sera de **2 000 personnes**.
- Ces limites ont été fixées sur la base du nombre actuel de visiteurs et à la lumière des meilleurs avis disponibles que fournissent les organismes de conservation consultés (y compris les conservateurs, archéologues, historiens, conservateurs de musée et autres professionnels spécialisés dans la protection du patrimoine). Les limites reposent sur l'idée que toute augmentation significative du nombre actuel de visiteurs se ferait au détriment des valeurs à protéger. Un programme de suivi continu de l'impact des visiteurs est requis pour fournir l'assise de futures révisions du plan de gestion et, en particulier, pour déterminer si les limites actuelles imposées au nombre de visiteurs sont appropriées.
- Une supervision adéquate des visites dans la zone est nécessaire pour éviter un attroupement et des actions incompatibles avec le Code de conduite décrit à l'alinéa (ii) de la section 7 ne causent des dégâts. Toutes les visites touristiques, pédagogiques et récréatives doivent être supervisées par un guide expérimenté qu'aura désigné l'opérateur (voir l'alinéa (ix) de la section 7).
- L'atterrissage d'hélicoptères est interdit dans la zone, car ces appareils risquent d'endommager le site d'une part en projetant des scories et particules de glace et, d'autre part, en accélérant ainsi l'usure de la cabane et des objets environnants. Voir la section 6(ii) pour les approches et sites d'atterrissage recommandés.
- Il est interdit aux véhicules d'entrer dans la zone sauf lorsque cela s'avère nécessaire pour leur utilisation à des fins de gestion. Cela peut inclure, sans pour autant y être limité, des activités telles que l'enlèvement de la glace et de la neige qui sont jugées comme un danger pour la cabane ou d'autres artefacts. Dans tous les cas, il sera pris grand soin :
  - i. d'utiliser le véhicule de la taille minimum requise pour la tâche à exécuter ;
  - ii. de veiller à ce que l'exploitant du véhicule soit parfaitement entraîné et conscient des dispositions de ce plan de gestion ainsi que des sensibilités au site d'exploitation du véhicule ;
  - iii. de programmer et de contrôler minutieusement tous les déplacements du véhicule à l'intérieur du site de manière à éviter de causer des dommages soit à la cabane soit aux artefacts ensevelis en dessous d'une accumulation de glace et de neige.

7(ii) Activités qui peuvent être menées dans la zone

Les activités suivantes font partie des activités pouvant être menées dans la zone :
- visites à des fins de conservation ;
- visites pédagogiques et/ou ludiques, y compris les visites touristiques ; et
- activités scientifiques qui ne portent pas atteinte aux valeurs de la zone.

Les visiteurs doivent respecter le code de conduite suivant, sauf lorsque les activités de conservation, de recherche, de suivi ou de gestion décrites dans le permis en disposent autrement :
- nettoyer soigneusement avec des brosses qui leur seront remises avant d'entrer dans la cabane leurs bottines pour en enlever les poussières et les scories, la glace et la neige afin de réduire l'usure du plancher et n'utiliser que des tripodes ou monopodes équipés de bases en caoutchouc à fond plat par opposition à ceux qui sont équipés de crampons en métal et peuvent donc endommager le plancher ;

- enlever tous les vêtements rendus humides par l'eau de mer ainsi que tous les cristaux de glace de mer collés aux bottines, les particules de sel accélérant en effet la corrosion des objets en métal ;
- ne pas toucher les objets ou le mobilier qui se trouvent dans les cabanes, ne pas les déplacer et ne pas s'asseoir sur eux – la manutention des artefacts provoque des dégâts ;
- étant donné que de nombreux endroits sont exigus et qu'il est possible de heurter sans le vouloir des artefacts, ne pas entrer avec un sac à dos et, lorsque le nombre maximum de visiteurs (8) se trouve en même temps dans la cabane, il est interdit d'utiliser des tripodes ou des monopodes ;
- durant les déplacements autour des sites, veillez soigneusement à ne pas marcher sur des objets que la neige peut avoir dissimulés et restez sur les chemins établis ;
- il est strictement interdit d'utiliser des lanternes du type à combustion, de recourir à des flammes nues et de fumer dans la cabane et autour d'elles, car le feu représente un sérieux danger ; et
- les visites doivent être enregistrées dans le livre fourni à cet effet. Cela permet de mettre en corrélation les époques et niveaux de visite avec les données de température et d'humidité automatiquement consignées à l'intérieur de la cabane.

7(iii) Installation, modification ou démantèlement des structures
- Aucune structure nouvelle ne doit être érigée dans la zone. Aucun équipement scientifique ne doit y être installé sauf pour les activités de conservation définies dans la section 1.
- Aucune structure historique ne doit être enlevée de la zone sauf si un permis l'autorise, qui aura été délivré en conformité avec les dispositions de l'alinéa (vii) de la section 7.

7 (iv) Emplacement des campements
- Il est interdit d'utiliser la cabane historique pour y vivre. Le camping est interdit dans la zone, quelles que soient les circonstances.
- Le site d'un campement existant est associé aux deux abris du programme antarctique néo-zélandais qui se trouvent à 250 m au sud-ouest de la zone et il devrait être utilisé par toutes les Parties qui ont l'intention de camper dans cette zone. Un deuxième campement se trouve au nord de la zone à proximité de l'héliport sur la plage Home (Cartes A et B).

7(v) Restrictions sur les matériels et organismes pouvant être introduits dans la zone
- Aucun animal vivant, aucune matière végétale, aucun micro-organisme et aucun type de terre ne sera introduits dans la zone. Aucun produit alimentaire ne sera emmené dans la zone.
- Des produits chimiques ne peuvent être introduits qu'à des fins scientifiques ou des fins de conservation autorisées. Ces produits (y compris le carburant) ou d'autres matériaux ne pourront être laissés dans la zone à moins que cela ne s'avère nécessaire pour des raisons essentielles liées à la conservation des structures historiques ou reliques connexes.
- Tous les matériaux introduits doivent être retirés de la zone lorsque leur présence n'est plus justifiée et avant une date qui sera fixée dans le permis approprié.

7(vi) Prélèvement de végétaux et capture d'animaux ou perturbations nuisibles à la faune et la flore
- Ces activités sont interdites sauf si le permis délivré par l'autorité nationale compétente en dispose autrement, conformément à l'article 3 de l'Annexe II du Protocole relatif à la protection de l'environnement.
- Dans les cas où il est procédé à un prélèvement ou à une perturbation nuisible, il faut que l'opération se déroule au minimum en conformité avec le code de conduite du SCAR pour l'utilisation d'animaux en Antarctique à des fins scientifiques.

7(vii) Ramassage ou enlèvement de toute chose qui n'a pas été apportée dans la zone par le détenteur du permis

- Les matériaux peuvent être ramassés dans la zone et ils peuvent en être enlevés pour des raisons de conservation qui sont conformes aux objectifs du plan mais uniquement lorsqu'un permis délivré par l'autorité nationale compétente l'autorise.
- Les matériaux qui constituent une menace pour l'environnement ou la santé humaine peuvent être enlevés de la zone aux fins de leur élimination en conformité avec un permis et ce, lorsqu'ils répondent à un ou plusieurs des critères suivants :

i. l'objet constitue une menace pour l'environnement, la faune et la flore sauvages, ou la santé et la sécurité de l'homme ;

ii. il est à ce point en mauvais état qu'il n'est pas réellement possible de le conserver ;

iii. il ne contribue pas de manière significative à notre compréhension de la cabane, de ses occupants ou de l'histoire de l'Antarctique ;

iv. il ne contribue pas aux qualités visuelles du site ou de la cabane, et il ne nuit en rien à ces qualités, et/ou ;

v. ce n'est pas un objet unique en son genre ou rare;

et lorsqu'une telle mesure :

i. est prise par des parties ayant des compétences appropriées en matière de conservation du patrimoine ; et

ii. fait partie d'un plan général de travail de conservation sur place.

- Les autorités nationales devraient veiller à ce que l'enlèvement d'artefacts et l'évaluation faite en fonction des critères ci-dessus incombent à un personnel doté de compétences appropriées dans le domaine de la conservation du patrimoine.
- Les artefacts considérés comme revêtant une grande valeur historique, qui ne peuvent pas être conservés sur place avec les techniques actuellement disponibles, peuvent être enlevés avec un permis pour le stockage dans un milieu contrôlé jusqu'à ce qu'ils puissent être ramenés en toute sécurité dans la zone.
- Sauf lorsqu'il s'agit d'une partie ou du contenu d'un site ou monument historique, des échantillons de terre et d'autres matières naturelles peuvent être enlevés de la zone à des fins scientifiques. Cet enlèvement doit se faire avec un permis approprié.

7(viii) Élimination des déchets
Tous les déchets humains, toutes les eaux usées et tous les autres déchets produits par des équipes de travail ou des visiteurs doivent être enlevés de la zone.

7(ix) Mesures nécessaires pour continuer de répondre aux buts et objectifs du plan de gestion
- Le permis, ou une copie certifiée, doit être apporté dans la zone.
- Les informations sur les exigences de ce plan seront fournies à tous les visiteurs.
- Le code de conduite décrit à l'alinéa ii) de la section 7 sera respecté par tous les visiteurs sauf lorsque les activités de conservation, de recherche, de suivi ou de gestion en disposent autrement.
- Les opérateurs qui rendent possibles des visites pédagogiques et récréatives (y compris touristiques) dans la zone désigneront, avant le début de la saison estivale, des personnes ayant une connaissance pratique du site comme du plan de gestion pour servir de guides durant les visites.

- Toutes les visites organisées à des fins pédagogiques et récréatives (y compris touristiques) seront supervisées par un guide désigné qui sera chargé d'expliquer aux visiteurs le code de conduite et les exigences de ce plan et de veiller à ce qu'elles soient appliquées.
- Les Parties se consulteront et coordonneront leurs efforts pour mettre en valeur compétences et ressources, en particulier celles qui portent sur les techniques de conservation, en vue de faciliter la protection des valeurs de la zone.

7(x) Rapports de visites

Les Parties doivent veiller à ce que le principal détenteur de chaque permis délivré soumette aux autorités compétentes un rapport décrivant les activités entreprises. Ce rapport doit inclure, selon le cas, les informations identifiées dans le formulaire du rapport de visite figurant à l'Appendice 4 de la Résolution 2 (1998). En outre, l'enlèvement de matériaux en conformité avec l'alinéa (vii) de la section 7 sera décrit en détail, y compris sa raison d'être et l'emplacement actuel des objets ou la date de leur sortie. Le retour éventuel de ces objets sera également déclaré.

Les Parties conserveront une archive des activités menées dans la zone et, lors de l'échange annuel d'informations, fourniront une description synoptique des activités conduites par les personnes relevant de leur juridiction, avec suffisamment de détails pour permettre une évaluation de l'efficacité du plan de gestion. Les Parties doivent, dans toute la mesure du possible, déposer les originaux ou les copies de ces rapports dans une archive à laquelle le public pourra avoir accès en vue de préserver une archive des visites, laquelle sera utilisée et pour réviser le plan de gestion et pour gérer les futures visites du site.

Map A - Cape Evans, Ross Island, Antarctic Specially Protected Area 155: Regional Map

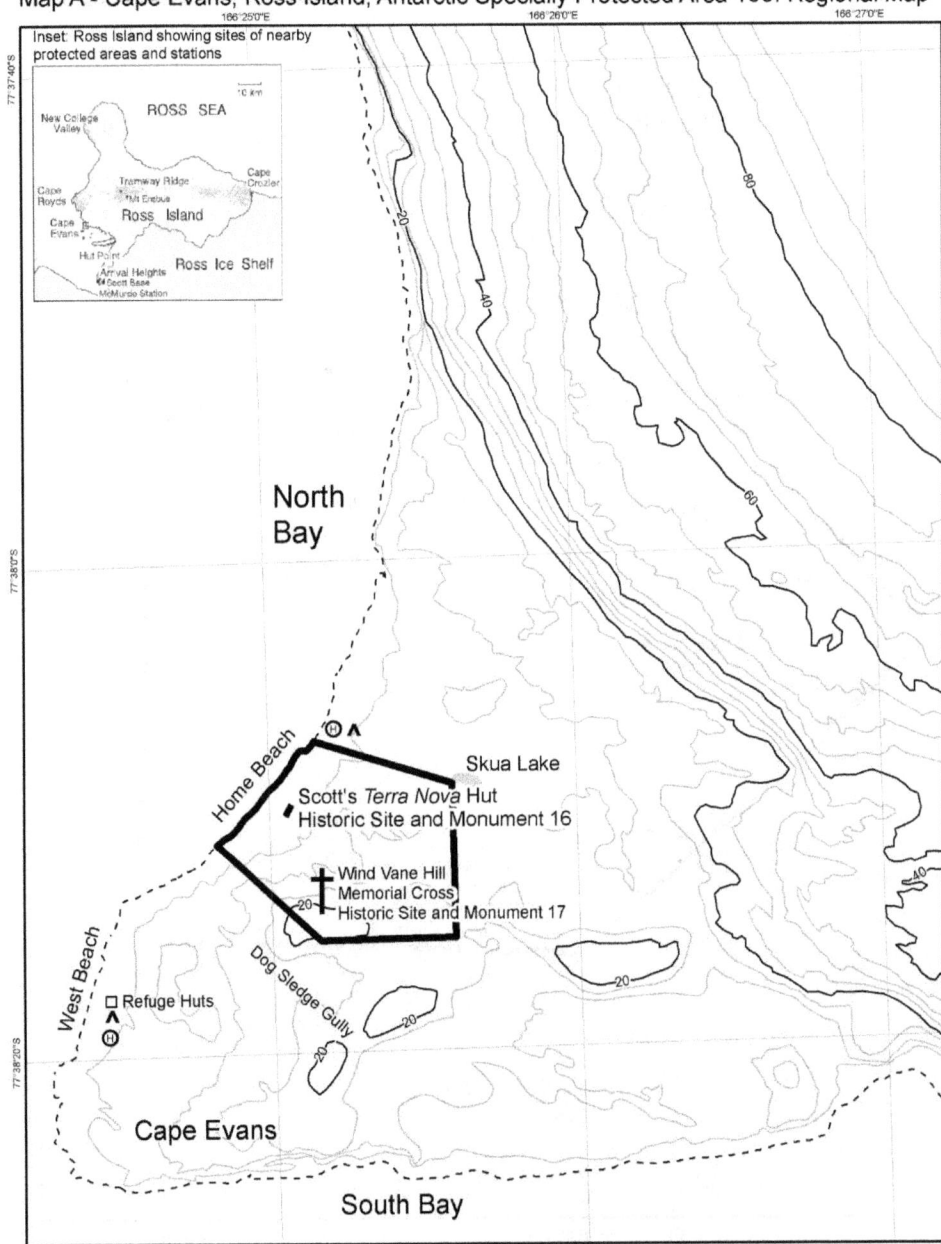

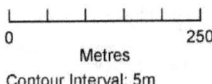

Inset: Ross Island showing sites of nearby protected areas and stations

ROSS SEA

New College Valley

Cape Crozier

Tramway Ridge
Mt Erebus

Cape Royds

Ross Island

Cape Evans

Hut Point

Arrival Heights
Scott Base
McMurdo Station

Ross Ice Shelf

North Bay

Home Beach

Skua Lake

Scott's *Terra Nova* Hut
Historic Site and Monument 16

Wind Vane Hill
Memorial Cross
Historic Site and Monument 17

West Beach

Dog Sledge Gully

Refuge Huts

Cape Evans

South Bay

- - - - Estimated position of coastline

━━━ Protected area boundary

■ Historic structures

⊕ Helicopter pad

∧ Campsite

0   250
Metres
Contour Interval: 5m

Projection: Lambert conformal conic
       Standard Parallel 1: 76.6°S
       Standard Parallel 2: 79.3°S
Spheroid: WGS84

Source: Cape Evans historic area
management plan

Map B - Cape Evans, Ross Island, Antarctic Specially Protected Area 155: Site Map

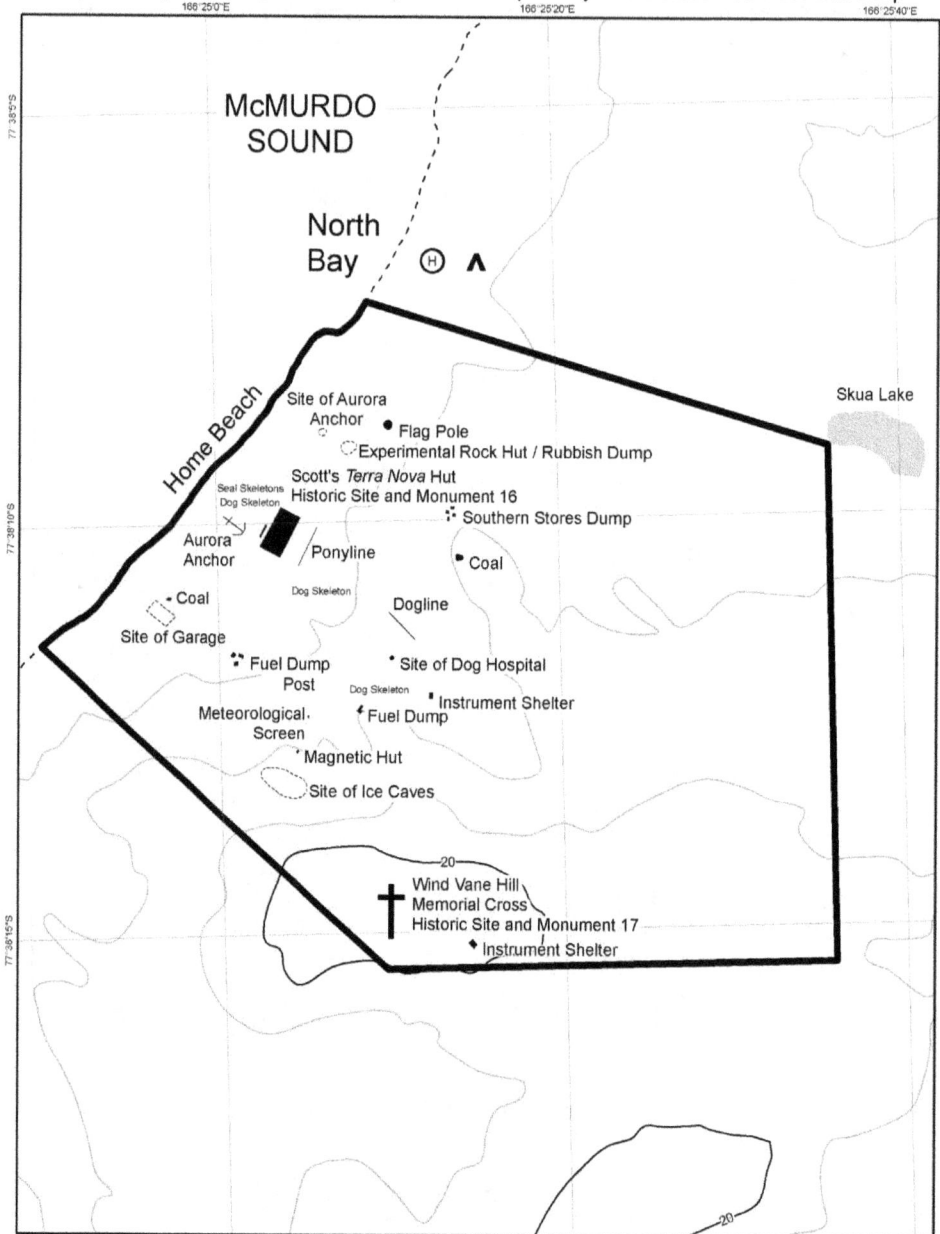

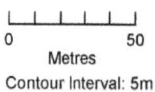

166°25'0"E · 166°25'20"E · 166°25'40"E

77°38'5"S

McMURDO SOUND

North Bay ⊕ Λ

Skua Lake

Home Beach

Site of Aurora Anchor
● Flag Pole
◌ Experimental Rock Hut / Rubbish Dump
Scott's *Terra Nova* Hut
Seal Skeletons
Dog Skeleton
Historic Site and Monument 16
⁑ Southern Stores Dump

77°38'10"S

Aurora Anchor
/ Ponyline
● Coal
Dog Skeleton
Dogline
● Coal
Site of Garage
⁑ Fuel Dump
Post
Dog Skeleton
● Site of Dog Hospital
Instrument Shelter
Meteorological Screen
Fuel Dump
Magnetic Hut
Site of Ice Caves

—20—

77°38'15"S

Wind Vane Hill
✝ Memorial Cross
Historic Site and Monument 17
Instrument Shelter

—20—

Legend

- - - - Estimated position of coastline

⬤ Protected area boundary

■ Historic structures

⊕ Helicopter pad

Λ Campsite

0 — 50 Metres
Contour Interval: 5m

Projection: Lambert conformal conic
Standard Parallel 1: 76.6°S
Standard Parallel 2: 79.3°S
Spheroid: WGS84

Source: Cape Evans historic area management plan

Plan de gestion de la
zone spécialement protégée de l'Antarctique (ZSPA) n° 157
BAIE BACKDOOR, CAP ROYDS, ÎLE DE ROSS
(y compris le site et monument historique n° 15, cabane historique de Sir Ernest Shackleton et ses environs)

1. Description des valeurs à protéger

La valeur historique importante de cette zone a été formellement reconnue lorsqu'elle a été inscrite comme SMH n° 15 sur la liste des sites et monuments historiques par la Recommandation 9 (1972). La zone a été désignée comme zone spécialement protégée n° 27 par la Mesure 1 (1998) et renommée comme zone spécialement protégée de l'Antarctique n° 157 par la Décision 1 (2002). Le plan de gestion a été réexaminé et une version révisée contenant des dispositions additionnelles sur la gestion des visiteurs a été adoptée par la Mesure 2 (2005) et la Mesure 9 (2010).

La cabane (site et monument historique n° 15) sur laquelle cette zone est centrée a été construite en février 1908 par l'expédition britannique *Nimrod* de 1907-1909 à la tête de laquelle se trouvait Sir Ernest Shackleton. Elle a également été utilisée régulièrement par l'expédition transantarctique impériale de Shackleton lors de missions dans la mer de Ross de 1914-1917.

Les structures associées à la cabane comprennent des étables, des chenils, une latrine et un garage créé pour le premier véhicule à moteur jamais utilisé en Antarctique. Au nombre d'autres reliques importantes que l'on trouve dans la zone figurent un abri pour instruments, des dépôts de provisions et un dépotoir. On trouve enfin de nombreux autres artefacts disséminés un peu partout autour de la zone.

Le cap Royds est une des principales zones où l'homme a entrepris ses activités dans l'Antarctique. C'est un symbole important de l'âge héroïque de l'exploration de l'Antarctique et, en tant que tel, il a une signification historique et culturelle considérable. Quelques-unes des premières avancées dans l'étude des sciences de la terre, de la météorologie ainsi que de la faune et la flore dans l'Antarctique sont associées à l'expédition *Nimrod* qui avait fait de ce site sa base. L'histoire de ces activités et la contribution qu'elles ont faite à la compréhension comme à la connaissance de l'Antarctique confèrent à cette zone une valeur scientifique, esthétique et sociale importante.

Le cap Royds se trouve dans l'environnement S - Géologique de McMurdo –Terre South Victoria, basésur l'Analyse des domaines environnementaux (ADE) de l'Antarctique (Résolution 3) (2008) et dans la Région 9 - Terre Victoria du Sud, basé sur les Régions de conservation biogéographique de l'Antarctique (Résolution 6) (2012). Les autres zones protégées dans l'environnement S sont les ZSPA 105, 116, 121, 122, 123, 124, 131, 137, 138, 154, 155, 156, 158, 161, 172 et 175 et la ZGSA 2.

2. Buts et objectifs

Le but du plan de gestion est d'assurer la protection de la zone et de ses caractéristiques afin que ses valeurs puissent y être préservées. Les objectifs du plan sont les suivants :
- éviter la dégradation des valeurs de la zone ou leur mise en péril ;
- préserver les valeurs historiques de la zone en établissant des plans de conservation qui peuvent inclure :
  a. un programme d'entretien annuel in situ ;
  b. un programme de suivi de l'état des artefacts et structures, et des facteurs qui les affectent et la conservation des objets exécutée sur place et hors site ;
  c. un programme de conservation des artefacts sur place et hors site.
- permettre des activités de gestion à l'appui de la protection des valeurs et des caractéristiques de la zone, y compris :
  a. la cartographie et l'enregistrement de la disposition des objets historiques dans les environs de la cabane ; e
  b. l'enregistrement d'autres données historiques pertinentes ;
- empêcher les perturbations inutiles que l'homme pourrait causer à la zone, à ses caractéristiques et à ses artefacts en gérant l'accès à la cabane *Nimrod*.

3. Activités de gestion

Les activités de gestion ci-après seront exécutées pour protéger les valeurs de la zone :
- Un programme de travaux de conservation de la cabane *Nimrod* et des artefacts présents dans la zone qui y sont apparentés sera entrepris.
- Des visites y seront effectuées selon que de besoin à des fins de gestion.
- Un mécanisme systématique de suivi sera mis en place pour évaluer les impacts des limites actuelles imposées au nombre de visiteurs tandis que les résultats et recommandations de gestion y relatives seront incorporés dans les révisions de ce plan de gestion.
- Les directeurs des programmes antarctiques nationaux opérant dans la région ou ceux qui portent un intérêt à cette zone se livreront à des consultations entre eux pour veiller à ce que les dispositions susmentionnées soient appliquées.
- Des copies de ce plan de gestion, y compris des cartes de la zone, seront mises à disposition aux stations de recherche et de terrain opérationnelles adjacentes. Elles seront également transmises aux navires qui évoluent dans la zone et ses alentours.

4. Durée de la désignation

La zone est désignée pour une période indéterminée.

5. Cartes et photographies

Carte 1 : ZSPA n° 157, baie Backdoor, carte régionale topographique.
Projection : conique conforme de Lambert ; parallèles types : 1er 77°33' 30"S, 2e 77°33' 30"S :
Méridien central : 166°10' 00"E ; latitude d'origine : 78°00' 00"S : Sphéroïde : WGS84.
Sources des données :
La carte de référence et les courbes de niveau ont été obtenues par orthophotographie sur base d'images aériennes prises par le USGS/DoSLI (SN7847) le 16 novembre 1993, préparée à 1/2500

avec une précision de position de ± 1.25 m (horizontal) et ± 2.5 m (vertical) et une résolution en pixels au sol de 0,4 m. Repère visuel : UNAVCO (janvier 2014). Limite de la ZSPA : ERA (janvier 2014). Repères : LINZ (2011). Aires d'observation et STA (environ) : ERA (janvier 2014). Les emplacements approximatifs des nids de manchots sont numérisés sur base d'images aériennes géoréférencées obtenues le 19 janvier 2005 et fournies par P. Lyver, Landcare Research, en mars 2014. Courbes de niveau (intervalle 10 m) et autres infrastructures fournies par Gateway Antarctica (2009).

Encart 1 : région de la mer de Ross, indiquant l'emplacement de l'encart 2.

Encart 2 : région de la mer de Ross, indiquant l'emplacement de la Carte 1, de la station McMurdo (États-Unis) et de la base Scott (Nouvelle-Zélande).

Carte 2 : ZSPA n° 157, baie Backdoor, carte régionale topographique. Caractéristiques de la carte identiques à la carte 1, à l'exception des courbes de niveau qui sont espacées de 2 m.

6. Description de la zone

6(i) Coordonnées géographiques, bornage et caractéristiques du milieu naturel
Le cap Royds est une zone libre de glace située à l'extrémité occidentale de l'île de Ross, à environ 40 kilomètres au sud du cap Bird et à 35 kilomètres au nord de la péninsule de pointe Hut sur l'île de Ross. Cette zone libre de glace se compose de roches de fond basaltiques. La zone désignée est située au nord-est du cap Royds à côté de la baie Backdoor. Elle se trouve immédiatement à l'est de la ZSPA n° 121 qui renferme une colonie de manchots Adélie. La zone est centrée sur la cabane de l'expédition du *Nimrod* de Shackleton.

Les limites est et sud sont composées des rives de la côte est du cap Royds à partir d'un point non balisé dans la baie Backdoor (77°33' 07.5"S, 166°10' 32.6"E) jusqu'à un point non balisé dans la baie Arrival (77°33' 15.8"S, 166°10' 06.6"E).

Les limites ouest longent les limites de la ZSPA n° 121 à partir des rives de la baie Arrival (77°33' 15.8"S, 166°10' 06.6"E) à 18 mètres au nord-ouest jusqu'au repère situé à l'extrémité sud d'une aire d'observation de manchots (77°33′ 15.2" S, 166° 10′ 05.7" E), puis à 74 mètres jusqu'au repère (77°33' 12.9"S, 166°10' 01.9"E) situé à l'extrémité nord d'une aire d'observation de manchots et ensuite à 42 mètres jusqu'au repère (77°33' 11.8"S, 166°09' 59.0"E) situé à l'est du lac Pony.

La limite se prolonge ensuite vers le nord-ouest à partir du repère à l'est du lac Pony (77°33' 11.8"S, 166° 09' 59.0"E), longe un ravin qui mène à un point non balisé (77° 33' 07.5" S, 166° 10' 12.9" E) adjacent à l'abri de refuge néo-Zélandais.

La limite nord s'étend à l'est de l'abri néo-Zélandais (à partir du point non balisé 77° 33' 07.5" S, 166° 10' 12.9" E) vers la rive de la baie Backdoor (77°33' 07.5"S, 166°10' 32.6"E).

Des labbes (*Catharacta maccormicki*) nichent dans les environs de la zone et des manchots Adélie (*Pygoscelis adeliae*) de la colonie adjacente au cap Royds transitent souvent par la zone.

6 (ii) Accès à la zone
L'accès à la zone se fait à pied à partir de la baie Backdoor ou en hélicoptère en utilisant le site d'atterrissage et en suivant la route indiquée sur la Carte 2. Les débarquements par bateau (lorsque l'eau est libre de glace), ou l'arrivée en véhicule (lorsque les conditions de glace le permettent en

toute sécurité) sont autorisés dans la baie Backdoor. Il convient de veiller à éviter l'étendue marine de la ZSPA n° 121 (voir cartes 1 et 2).

Les hélicoptères doivent atterrir toute l'année sur le site d'atterrissage principal (166°10.38'E, 77°33.06'S) situé au nord de l'abri de refuge de la Nouvelle-Zélande (Carte 2). Un site d'atterrissage secondaire est situé à 166°10.24'E, 77°33.11'S, à environ 100 m au sud-ouest du site principal. Il convient d'éviter le site lorsque les colonies de manchots sont présentes (du 1er novembre au 1er mars).

6(iii) Emplacement des structures à l'intérieur de la zone et adjacentes à celle-ci
En dehors d'une plaque consacrée au Traité, toutes les structures à l'intérieur de la zone ont une origine historique. Une des principales caractéristiques de la zone est la cabane de l'expédition du *Nimrod* de Shackleton qui est située dans un bassin abrité. Cette cabane est entourée de nombreuses autres reliques historiques, y compris un abri pour instruments, des dépôts de provisions et un dépotoir. De nombreux autres artefacts sont disséminés un peu partout autour du site.

Une cabane refuge et un campement néo-zélandais sont situés à l'extrémité nord-ouest de la ZSPA.

6(iv) Emplacement d'autres zones protégées à proximité de la zone
- La ZSPA n° 121 (antérieurement SISP n° 1), cap Royds, est immédiatement adjacente à cette zone ;
- La ZSPA n°122 (SISP N°2), hauteurs d'Arrival et
- La ZSPA n° 158 (ZSP n° 28), pointe Hut, se trouve à environ 35 kilomètres au sud du cap Royds à la péninsule de la pointe Hut ;
- la ZSPA n° 130 (SISP n° 11), crête Tramway, est située à 20 kilomètres à l'est du cap Royds ;
- la ZSPA n° 116 (SISP n° 10 et ZSP n° 20), vallée New College, est située à 35 kilomètres au nord dans les environs du cap Bird ;
- la ZSPA n° 155 (ZSP n° 25), cap Evans, se trouve à 12 kilomètres au sud ; et
- la ZSPA n° 156 (ZSP n° 26), baie Lewis, à 36 kilomètres au nord-est.

Tous ces sites se trouvent sur l'île de Ross.

6 (v) Aires spéciales à l'intérieur de la zone
Il n'y a aucune aire spéciale à l'intérieur de la zone.

7. Critères de délivrance d'un permis

L'accès à la zone est interdit sauf avec un permis. Les permis seront délivrés uniquement par les autorités nationales compétentes et ils peuvent être assortis de conditions à la fois générales et spécifiques. Un permis peut être délivré par une autorité nationale pour couvrir plusieurs visites pendant une saison. Les Parties présentes dans la zone de la mer de Ross doivent se consulter et consulter également les groupes et organisations intéressés par la visite de la zone pour s'assurer que le nombre maximum de visiteurs ne sera pas dépassé.

Les permis d'accès au site peuvent être délivrés pour une période donnée et portent sur les activités suivantes :
- activités ayant pour but la conservation, la recherche et/ou le suivi ;
- activités de gestion à l'appui des objectifs du plan de gestion ;

- activités récréatives ou pédagogiques, y compris touristiques, à condition qu'elles n'aillent pas à l'encontre des objectifs du présent plan de gestion.

7(i) Accès à la zone et déplacements à l'intérieur de celle-ci

- Le contrôle des déplacements à l'intérieur de la zone est nécessaire pour empêcher les dommages que pourrait causer la présence d'un attroupement autour des nombreuses caractéristiques vulnérables de la zone. Le nombre maximum de visiteurs dans la zone (y compris les guides et les personnes qui se trouvent dans la cabane) sera de : **40 personnes.**
- Le contrôle du nombre de personnes se trouvant dans la cabane est nécessaire pour empêcher tout dégât que causerait la présence d'un attroupement autour des nombreuses caractéristiques vulnérables à l'intérieur de la cabane. Le nombre maximum de visiteurs autorisés à l'intérieur de la cabane à tout moment (y compris les guides) sera de : **8 personnes.**
- Pour éviter les impacts cumulatifs à l'intérieur de la cabane, il importe de limiter le nombre annuel de visiteurs. Les effets du nombre actuel de visiteurs (767 en moyenne par an entre 1998/99 et 2013/14) semblent indiquer qu'une augmentation marquée risquerait d'avoir des impacts négatifs considérables. Le nombre maximum de visiteurs par an sera de : **2 000 personnes.**
- Ces limites ont été fixées sur la base du nombre actuel de visiteurs et à la lumière des meilleurs avis disponibles que fournissent les organismes de conservation consultés (y compris les conservateurs, archéologues, historiens, conservateurs de musée et autres professionnels spécialisés dans la protection du patrimoine). Elles reposent sur l'idée que toute augmentation significative du nombre actuel de visiteurs se ferait au détriment des valeurs à protéger. Un programme en cours de suivi de l'impact des visiteurs est requis pour fournir l'assise de futures révisions du plan de gestion et, en particulier, pour déterminer si les limites actuelles imposées au nombre de visiteurs sont appropriées.
- Une supervision adéquate des visites dans la zone est nécessaire pour éviter un attroupement et des actions incompatibles avec le Code de conduite décrit à l'alinéa ii) de la section 7 ne causent des dégâts. Toutes les visites touristiques, pédagogiques et récréatives doivent être supervisées par un guide expérimenté qu'aura désigné l'opérateur (voir l'alinéa ix) de la section 7).
- L'atterrissage d'hélicoptères est interdit dans la zone, car ces appareils risquent d'endommager le site d'une part en projetant des scories et particules de glace et, d'autre part, en accélérant ainsi l'usure de la cabane et des artefacts environnants. Les véhicules sont interdits dans la zone. Voir le paragraphe 6 (ii) pour les approches et sites d'atterrissage recommandés à proximité de la zone.

7(ii) Activités qui peuvent être menées dans la zone

Les activités suivantes font partie des activités pouvant être menées dans la zone :

- visites à des fins de conservation ;
- visites éducatives et/ou récréatives, y compris les visites touristiques ; et
- activités scientifiques qui ne portent pas atteinte aux valeurs de la zone.

Les visiteurs doivent respecter le code de conduite suivant, sauf lorsque les activités de conservation, de recherche, de suivi ou de gestion décrites dans le permis en disposent autrement :

- Pour réduire l'usure du sol, nettoyer soigneusement avec des brosses qui leur seront remises avant d'entrer dans la cabane les bottines pour en enlever les poussières et les scories, la glace et la neige, et utiliser uniquement des tripodes ou monopodes équipés de bases en caoutchouc à fond plat par opposition à ceux qui sont équipés de crampons en métal et peuvent endommager le plancher ;

- enlever tous les vêtements rendus humides par l'eau de mer ainsi que tous les cristaux de glace de mer collés aux bottines, les particules de sel accélérant en effet la corrosion des objets en métal ;
- ne pas toucher les objets ou le mobilier qui se trouvent dans les cabanes, ne pas les déplacer et ne pas s'asseoir sur eux – la manutention des artefacts provoque des dégâts ;
- En raison de l'exiguïté des lieux et afin d'éviter de renverser accidentellement les artefacts, il convient de ne pas emporter de sac à l'intérieur, ni d'utiliser de tripodes ou de monopodes lorsque le nombre maximal de visiteurs (8) est atteint dans l'abri en un temps donné ;
- Durant les déplacements autour des sites, veiller soigneusement à ne pas marcher sur des objets que la neige peut avoir dissimulés et demeurer sur les voies de marche établies ;
- Il est strictement interdit d'utiliser des lanternes du type à combustion, de recourir à des flammes nues et de fumer dans la cabane et autour d'elle, car le feu représente un danger réel ; et
- les visites doivent être enregistrées dans le livre fourni à cet effet. Cela permet de mettre en corrélation les époques et niveaux de visite avec les données de température et d'humidité automatiquement consignées à l'intérieur de la cabane.

7 (iii) Installation, modification ou enlèvement des structures

- Aucune nouvelle structure ne doit être érigée dans la zone et aucun matériel scientifique ne doit y être installé, sauf à des fins d'activités de conservation ou des activités scientifiques qui ne quittent rien aux valeurs de la zone (voir à la Section 1).
- Aucun élément historique ne doit être enlevé de la zone sauf si un permis l'autorise, lequel aura été délivré en conformité avec les dispositions de l'alinéa vii) de la section 7.

7 (iv) Emplacement des campements

- Il est interdit d'utiliser la cabane historique pour y vivre. Le camping est interdit dans la zone, quelles que soient les circonstances.
- Un campement existant et un abri néo-zélandais se trouvent à la limite de démarcation nord-ouest de la zone (Carte 2).

7(v) Restrictions sur les matériels et organismes pouvant être introduits dans la zone

- Aucun animal vivant, aucune matière végétale, aucun micro-organisme et aucun type de terre ne seront introduits dans la zone. Aucun produit alimentaire ne sera apporté dans la zone.
- Des produits chimiques ne peuvent être introduits qu'à des fins scientifiques ou des fins de conservation autorisées. Ces produits (y compris le carburant) ou d'autres matériaux ne pourront pas être laissés dans la zone à moins que cela ne s'avère nécessaire pour des raisons essentielles liées à la conservation des structures historiques ou reliques connexes.
- Tous les matériaux doivent être retirés de la zone lorsque leur présence n'est plus justifiée et avant une date qui sera fixée dans le permis approprié.

7(vi) Prélèvement de végétaux et capture d'animaux ou perturbations nuisibles à la faune et la flore

- Ces activités sont interdites sauf si le permis délivré par l'autorité nationale compétente en dispose autrement conformément à l'article 3 de l'Annexe II du Protocole relatif à la protection de l'environnement.
- Dans les cas où il est procédé à un prélèvement ou à une perturbation nuisible, il faut que l'opération se déroule au minimum en conformité avec le code de conduite du SCAR pour l'utilisation d'animaux en Antarctique à des fins scientifiques.

7(vii) Ramassage de toute chose qui n'a pas été apportée dans la zone par le détenteur du permis

- Les matériaux peuvent être ramassés dans la zone et ils peuvent en être enlevés pour des raisons scientifiques ou de conservation qui sont conformes aux objectifs du plan mais uniquement lorsqu'un permis délivré par l'autorité nationale compétente l'autorise.
- Les matériaux qui constituent une menace pour l'environnement ou la santé humaine peuvent être enlevés de la zone aux fins de leur élimination en conformité avec un permis et ce, lorsqu'ils répondent à un ou plusieurs des critères suivants :
  i.   l'artefact constitue une menace pour l'environnement, la faune et la flore sauvages, ou la santé et la sécurité de l'homme ;
  ii. il est à ce point en mauvais état qu'il n'est pas réellement possible de le conserver ;
  iii. il ne contribue pas de manière significative à notre compréhension de la cabane, de ses occupants ou de l'histoire de l'Antarctique ;
  iv. il ne contribue pas aux qualités visuelles du site ou de la cabane, et il ne nuit en rien à ces qualités, et/ou ;
  v.   ce n'est pas un objet unique en son genre ou rare ; et

lorsqu'une telle mesure :

  i.   est prise par des parties ayant des compétences appropriées en matière de conservation du patrimoine ; et
  ii. fait partie d'un plan général de travail de conservation sur place.

- Les autorités nationales devraient veiller à ce que l'enlèvement d'objets et l'évaluation faite en fonction des critères ci-dessus relèvent d'un personnel doté de compétences appropriées dans le domaine de la conservation du patrimoine.
- Les artefacts considérés comme revêtant une grande valeur historique, qui ne peuvent pas être conservés sur place avec les techniques actuellement disponibles, peuvent être enlevés avec un permis pour le stockage dans un milieu contrôlé jusqu'à ce qu'ils puissent être ramenés en toute sécurité dans la zone.
- Les échantillons de sol ou autres matériaux naturels peuvent être prélevés pour des besoins scientifiques uniquement et sur délivrance d'un permis prévu à cette fin.

7 (viii) *Élimination des déchets*
Tous les déchets humains, toutes les eaux usées et tous les autres déchets produits par des équipes de travail ou des visiteurs doivent être enlevés de la zone.

7 (ix) *Mesures nécessaires pour **continuer de répondre aux** buts et objectifs du plan de gestion*
- Le permis ou une copie certifiée doit être apporté(e) dans la zone.
- Les informations sur les obligations de ce plan de gestion seront fournies à tous les visiteurs.
- Le code de conduite décrit à l'alinéa ii) de la section 7 sera respecté par tous les visiteurs sauf lorsque les activités de conservation, de recherche, de suivi ou de gestion en disposent autrement.
- Les opérateurs qui rendent possibles des visites pédagogiques et récréatives (y compris touristiques) dans la zone désigneront, avant le début de la saison estivale, des personnes ayant une connaissance pratique du site comme du plan de gestion pour servir de guides durant les visites.
- Toutes les visites organisées à des fins pédagogiques et récréatives (y compris touristiques) seront supervisées par un guide désigné qui sera chargé d'expliquer aux visiteurs le code de conduite et les dispositions de ce plan et de veiller à ce qu'ils soient appliqués.

- Les Parties se consulteront et coordonneront leurs efforts pour mettre en valeur compétences et ressources, en particulier celles qui portent sur les techniques de conservation, en vue de faciliter la protection des valeurs de la zone.

7 (x) Rapports de visites

Les Parties doivent veiller à ce que le principal détenteur de chaque permis délivré soumette aux autorités compétentes un rapport décrivant les activités entreprises. Ce rapport doit inclure, selon le cas, les informations identifiées dans le formulaire du rapport de visite qui se trouve à l'Annexe 4 de la Résolution 2 (1998). En outre, l'enlèvement de matériaux en conformité avec l'alinéa vii) de la section 7 sera décrit en détail, y compris sa raison d'être et l'emplacement actuel des objets ou la date de leur évacuation. Le retour éventuel de ces objets sera également déclaré.

Les Parties doivent conserver une archive de ces activités et, lors de l'échange annuel d'informations, fournir une description synoptique des activités menées par les personnes relevant de leur juridiction, avec suffisamment de détails pour permettre une évaluation de l'efficacité du plan de gestion. Les Parties doivent, dans toute la mesure du possible, déposer les originaux ou les copies de ces rapports dans une archive à laquelle le public pourra avoir accès en vue de préserver une archive d'usage, laquelle sera utilisée et pour réviser le plan de gestion et pour gérer les futures visites du site.

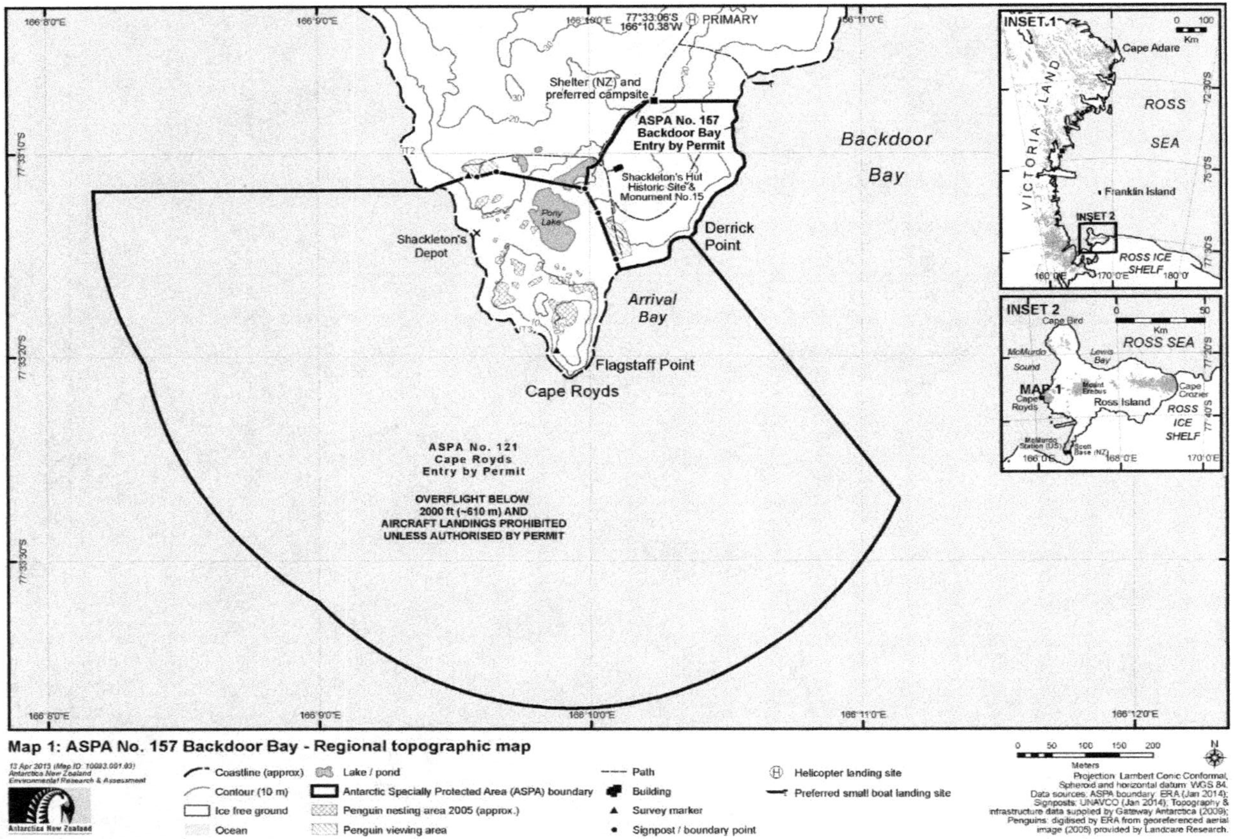

Map 1: ASPA No. 157 Backdoor Bay - Regional topographic map

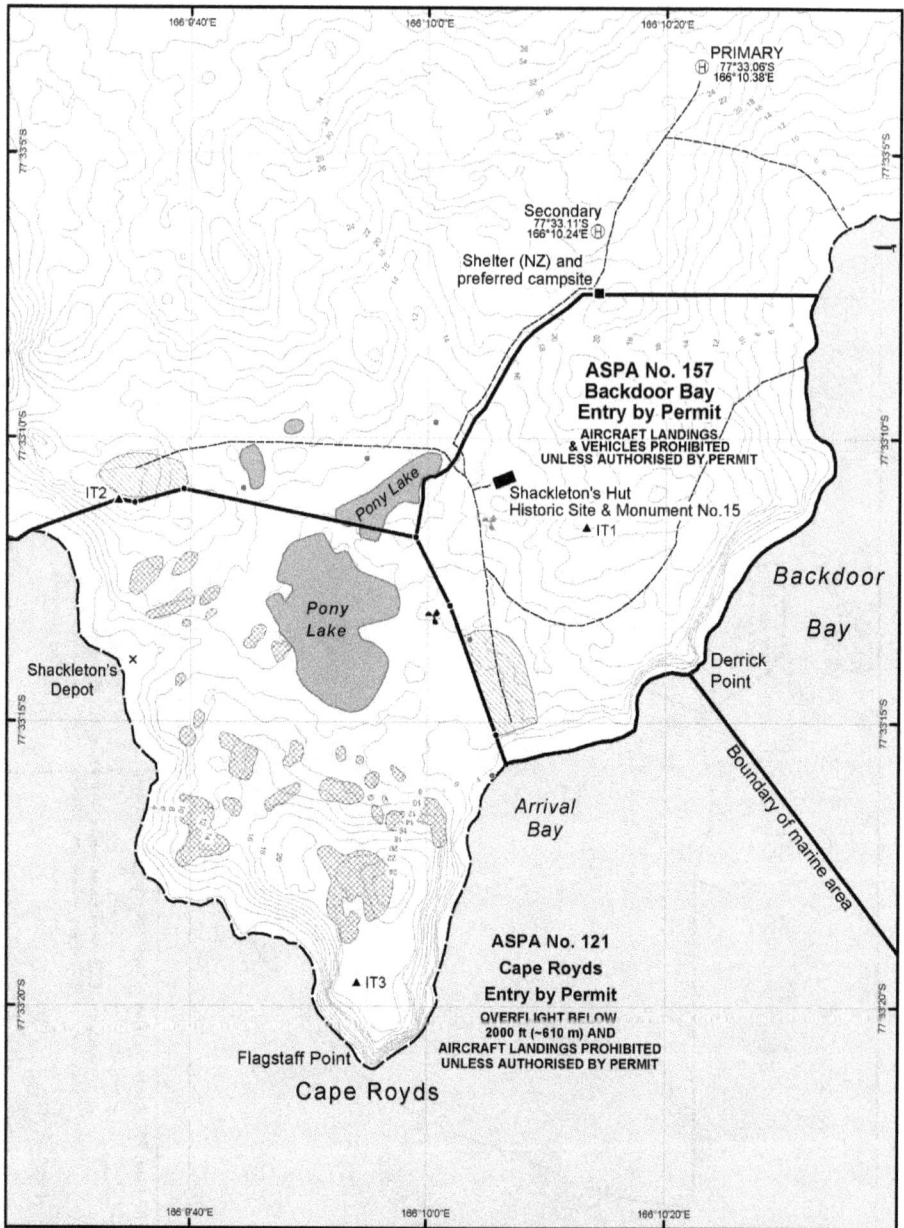

Map 2: ASPA No. 157 Backdoor Bay - Site topographic map

Plan de gestion pour la
zone spécialement protégée de l'Antarctique (ZSPA) n° 158
POINTE HUT, ILE DE ROSS
(contenant le site et monument historique n° 18, cabane historique « Discovery » du commandant Robert Falcon Scott)

1. Description des valeurs à protéger

La valeur historique significative de cette zone a été formellement reconnue lorsque, dans la Recommandation 9 (1972), ladite zone a été désignée comme site et monument historique n° 18. Dans la Mesure 1 (1998), la zone avait d'abord été désignée comme la zone spécialement protégée n° 28, avant d'être ensuite renommée comme la zone spécialement protégée de l'Antarctique n° 158 dans la Décision 1 (2002). Le plan de gestion a été réexaminé et une version révisée contenant des dispositions additionnelles relatives à la gestion des visiteurs a été adoptée par la Mesure 2 (2005) et la Mesure 10 (2010).

La cabane fut construite en février 1902 durant l'expédition antarctique nationale « Discovery » de 1901-1904 dirigée par le commandant Robert Falcon Scott. Ayant saisi toute son utilité, celui-ci s'en servira plus tard comme d'un avant-poste pour ses voyages sur la « barrière » tout au long de son expédition de 1910-1913. Elle a également été utilisée par Sir Ernest Shackleton durant l'expédition antarctique britannique « Nimrod » de 1907-1909 et, ultérieurement, par son équipe égarée dans la mer de Ross durant l'expédition transantarctique impériale de 1914-1917. Cette structure avait été préfabriquée en Australie sur la base d'un design « outback » qui comportait des vérandas sur trois côtés.

Le site de la pointe Hut est l'un des principaux sites où l'homme a entrepris des activités dans l'Antarctique. C'est un symbole important de l'âge héroïque de l'exploration de l'Antarctique et, en tant que tel, il a une signification historique et culturelle considérable. Quelques-unes des premières avancées dans l'étude des sciences de la terre, de la météorologie ainsi que de la faune et la flore dans l'Antarctique sont associées à l'expédition « Discovery » qui avait fait de ce site sa base. L'histoire de ces activités et la contribution qu'elles ont apportée à la compréhension comme à la connaissance de l'Antarctique donnent à cette zone une valeur scientifique, esthétique et historique fondamentale.

La zone se trouve dans l'Environnement S – Géologique de McMurdo, Terre South Victoria, selon l'Analyse des domaines environnementaux du continent antarctique (Résolution 3 (2008)) et dans la Région 9 – Terre Victoria du Sud, selon le système des Régions de conservation biogéographiques de l'Antarctique (Résolution 6(2012)). L'Environnement S comprend encore d'autres ZSPA, telles que les ZSPA n° 105, 116, 121, 122, 123, 124, 131, 137, 138, 154, 155, 156, 157, 161, 172 et 175 et la ZSGA n° 2.

2. Buts et objectifs

Le but du plan de gestion est d'assurer la protection de la zone et de ses caractéristiques afin que ses valeurs puissent y être préservées. Les objectifs du plan sont les suivants :

- éviter la dégradation des valeurs de la zone ou leur mise en péril ;

- préserver les valeurs historiques de la zone en établissant des plans de conservation qui peuvent inclure :
  a. un programme d'entretien annuel *in situ*,
  b. un programme de suivi de l'état des artefacts et des structures ainsi que des facteurs qui les affectent, et
  c. un programme de conservation des artefacts sur place et hors site ;
- permettre la réalisation d'activités de gestion à l'appui de la protection des valeurs et des caractéristiques de la zone, ce qui inclut l'enregistrement de toutes les données historiques pertinentes ; et
- empêcher les perturbations inutiles que l'homme pourrait causer à la zone, à ses caractéristiques et à ses artefacts en gérant bien l'accès à la cabane « Discovery ».

3. Activités de gestion

Les activités de gestion ci-après seront entreprises pour protéger les valeurs de la zone :

- il sera procédé à un programme régulier de conservation de la cabane « Discovery » et des artefacts qui y sont apparentés dans la zone ;
- des visites y seront faites selon que de besoin à des fins de gestion ;
- un mécanisme systématique de suivi sera mis en place pour évaluer les impacts des limites actuelles imposées aux visiteurs tandis que les résultats et recommandations de gestion afférentes seront incorporés dans les révisions du présent plan de gestion ;
- les programmes antarctiques nationaux opérant dans la région ou ceux qui portent un intérêt à cette zone se livreront à des consultations pour veiller à ce que les activités de gestion susmentionnées soient appliquées.
- des copies de ce plan de gestion, y compris des cartes de la zone, seront mises à disposition aux stations de recherche et de terrain opérationnelles environnantes et seront distribuées aux navires visitant la région et ses environs.

4. Durée de la désignation

La zone est désignée pour une période indéterminée.

5. Cartes et photographies

Carte A : carte topographique régionale de la pointe Hut. Cette carte montre les environs élargis de la zone avec des caractéristiques topographiques importantes ainsi que la station américaine McMurdo se trouvant à proximité. L'encart montre la position qu'occupe le site par rapport à d'autres sites protégés sur l'île de Ross.

Carte B : carte topographique du site de la pointe Hut. Cette carte montre l'emplacement de la cabane historique, de la croix de Vince et d'autres détails des environs immédiats.

6. Description de la zone

6(i) Coordonnées géographiques, bornage et caractéristiques du milieu naturel

La pointe Hut est une petite zone libre de glace qui s'élève au sud-ouest de la péninsule de la pointe Hut et qui est située à l'ouest de la station américaine McMurdo. La zone désignée se compose uniquement de la structure de la cabane (77° 50'S, 166° 37'E) établie près de l'extrémité sud-ouest de la pointe Hut.

6(ii) Accès à la zone
Il n'y a pas à proximité de la cabane de site désigné pour l'atterrissage des hélicoptères, lesquels risquent en effet d'endommager la cabane en projetant des scories et des particules de glace et d'accélérer l'usure de la cabane et des artefacts l'entourant. Les véhicules peuvent s'approcher de la cabane par la route qui part de la station américaine McMurdo ou encore par la glace de mer lorsque les conditions le permettent. Durant la saison des eaux libres, les débarquements par bateau peuvent se faire au nord de la cabane.

6(iii) Emplacement des structures à l'intérieur de la zone et à proximité de celle-ci
La zone désignée comprend uniquement la structure de la cabane historique « Discovery », site et monument historique n° 18. Le site et monument historique n° 19, une croix à la mémoire de George T. Vince, un membre de l'expédition « Discovery » qui a péri dans les environs, se trouve à environ 75 m à l'ouest de la cabane.

6(iv) Emplacement d'autres zones protégées à proximité de la zone
- Les ZSPA n° 121 (antérieurement SISP n°1) cap Royds, et
- ZSPA n° 157 (ZSP n° 28), baie Backdoor, cap Royds, se trouvent à 32 km au nord de la pointe Hut.
- La ZSPA n° 122 (SISP n° 2), Arrival Heights, se trouve à 2 km au nord de la pointe Hut sur la péninsule de la pointe Hut.
- Enfin, la ZSPA n° 155 (ZSP n° 25), cap Evans, se trouve à 22 kilomètres au nord de la pointe Hut.

Tous ces sites sont situés sur l'île Ross.

6(v) Zones spéciales à l'intérieur de la zone
Il n'y a aucune zone spéciale à l'intérieur de la zone.

7. Conditions pour obtenir un permis d'accès

L'accès à la zone est interdit, sauf avec un permis. Les permis seront délivrés uniquement par les autorités nationales compétentes et ils peuvent être assortis de conditions à la fois générales et spécifiques. Un permis peut être délivré par une autorité nationale pour couvrir plusieurs visites pendant une saison. Les Parties présentes dans la zone de la mer de Ross doivent se consulter et consulter également les groupes et organisations intéressés par la visite de la zone pour s'assurer que le nombre maximum de visiteurs ne sera pas dépassé.

Les permis d'accès au site peuvent être délivrés pour une période donnée et portent sur les activités suivantes :
- activités ayant pour but la conservation, la recherche et/ou le suivi ;
- activités de gestion à l'appui des objectifs du présent plan de gestion ; et
- activités récréatives ou pédagogiques, y compris touristiques, à condition qu'elles n'aillent pas à l'encontre des objectifs du présent plan de gestion.

7(i) Accès à la zone et déplacements à l'intérieur de celle-ci
- Le contrôle du nombre de personnes se trouvant dans la cabane est nécessaire pour empêcher tout dégât que causerait la présence d'un attroupement autour des nombreuses caractéristiques vulnérables à l'intérieur de la cabane. Le nombre maximum de personnes autorisées à l'intérieur de la cabane sera à tout moment de **8 personnes.**
- Pour éviter les impacts cumulatifs à l'intérieur de la cabane, il importe de limiter le nombre annuel de visiteurs. Les effets du nombre actuel de visiteurs (1 015 en moyenne par an entre 1998/99 et 2013/14) semblent indiquer qu'une augmentation marquée risquerait d'avoir des impacts négatifs considérables. Le nombre maximum de visiteurs par an sera de **2 000 personnes.**
- Ces limites ont été fixées sur la base du nombre actuel de visiteurs et à la lumière des meilleurs avis disponibles fournis par les organismes de conservation consultés (ce qui inclut les conservateurs, les archéologues, les historiens, les conservateurs de musée et autres professionnels spécialisés dans la protection du patrimoine). Elles reposent sur l'idée que toute augmentation significative du nombre actuel de visiteurs se ferait au détriment des valeurs à protéger. Un programme continu de suivi de l'impact des visiteurs est requis pour fournir l'assise de futures révisions du plan de gestion et, en particulier, pour déterminer si les limites actuelles relatives au nombre de visiteurs sont appropriées.
- Une supervision adéquate des visites dans la zone est nécessaire pour éviter qu'un attroupement et des actions incompatibles avec le code de conduite décrit à l'alinéa ii) de la section 7 ne causent des dégâts. Toutes les visites touristiques, pédagogiques et récréatives doivent être supervisées par un guide expérimenté qu'aura désigné l'opérateur (voir l'alinéa ix) de la section 7).
- Sauf à des fins de gestion, les véhicules éviteront de s'approcher à moins de 50 mètres de la structure de la cabane.

7(ii) Activités qui peuvent être menées dans la zone
Les activités suivantes font partie des activités pouvant être menées dans la zone :
- visites à des fins de conservation ;
- visites éducatives et/ou récréatives, y compris les visites touristiques ;
- activités scientifiques qui ne portent pas atteinte aux valeurs de la zone.

Les visiteurs doivent adhérer au code de conduite suivant, sauf lorsque les activités de conservation, de recherche, de suivi ou de gestion décrites dans le permis en disposent autrement :
- Pour réduire l'usure du sol, nettoyer minutieusement les bottes pour en enlever les poussières et les scories, la glace et la neige à l'aide de brosses qui seront remises avant d'entrer dans la cabane et utiliser uniquement des tripodes ou monopodes équipés de bases en caoutchouc à fond plat par opposition à ceux qui sont équipés de crampons en métal et peuvent endommager le plancher ;
- Enlever tous les vêtements rendus humides par l'eau de mer ainsi que tous les cristaux de glace de mer collés aux bottines, les particules de sel accélérant en effet la corrosion des objets en métal ;
- Ne pas toucher les artefacts ou le mobilier qui se trouvent dans les cabanes, ne pas les déplacer et ne pas s'asseoir sur eux, la manipulation des artefacts pouvant provoquer des dégâts ;
- Comme l'espace est assez exigu et que les artefacts peuvent accidentellement être déplacés, ne pas porter de sac à dos à l'intérieur des cabanes et éviter d'utiliser des tripodes ou monopodes lorsque le nombre maximal de visiteurs (8) est atteint ;
- Durant les déplacements autour des sites, veiller soigneusement à ne pas marcher sur des objets que la neige peut avoir dissimulés s ;

- Il est strictement interdit d'utiliser des lanternes à combustion, de recourir à des flammes nues et de fumer dans la cabane et autour d'elle, car le feu représente un sérieux danger ; et
- Les visites doivent être enregistrées dans le livre fourni à cet effet. Cela permet de mettre en corrélation les époques et niveaux de visite avec les données de température et d'humidité automatiquement consignées à l'intérieur de la cabane.

7(iii) Installation, modification ou démantèlement des structures
- Aucune structure ne doit être modifiée, sauf à des fins de conservation ou pour des activités scientifiques qui n'altèrent en rien les valeurs de la zone comme précisé à la section 1.
- Aucun élément historique ne doit être enlevé de la zone sauf si un permis l'autorise, qui aura été délivré conformément aux dispositions de l'alinéa vii) de la section 7.

7(iv) Emplacement des campements
Il est interdit d'utiliser la cabane historique pour y séjourner.

7(v) Restrictions sur les matériaux et organismes pouvant être introduits dans la zone
- Aucun animal vivant, aucune matière végétale, aucun micro-organisme et aucun type de terre ne sera introduit dans la zone. Aucun produit alimentaire ne sera emmené dans la zone.
- Des produits chimiques ne peuvent être introduits qu'à des fins scientifiques ou à des fins de conservation autorisées. Ces produits (y compris le carburant) ou d'autres matériaux ne pourront pas être laissés dans la zone à moins que cela ne s'avère nécessaire pour des raisons essentielles liées à la conservation des structures historiques ou reliques connexes.
- Tous les matériaux doivent être retirés de la zone lorsque leur présence n'est plus justifiée et avant une date qui sera fixée dans le permis approprié.

7(vi) Prélèvement de végétaux et capture d'animaux ou perturbations nuisibles à la faune et à la flore indigènes
Il n'y a ni flore ni faune sauvage à l'intérieur de la zone désignée.

7(vii) Ramassage de toute chose qui n'a pas été apportée dans la zone par le détenteur du permis
- Les matériaux peuvent être ramassés dans la zone et ils peuvent en être enlevés pour des raisons scientifiques ou de conservation qui sont conformes aux objectifs du plan de gestion, mais uniquement lorsqu'un permis délivré par l'autorité nationale compétente l'autorise.
- Les matériaux qui constituent une menace pour l'environnement ou la santé humaine peuvent être enlevés de la zone aux fins de leur élimination en conformité avec un permis, et ce, lorsqu'ils répondent à un ou plusieurs des critères suivants :
  i. l'artefact constitue une menace pour l'environnement, la faune et la flore sauvages, ou la santé et la sécurité de l'homme ;
  ii. il est à ce point en mauvais état qu'il n'est pas réellement possible de le conserver ;
  iii. il ne contribue pas de manière significative à notre compréhension de la cabane, de ses occupants ou de l'histoire de l'Antarctique ;
  iv. il ne contribue pas aux qualités visuelles du site ou de la cabane, et il ne nuit en rien à ces qualités, et/ou ;
  v. ce n'est pas un objet unique en son genre ou rare ; et

lorsqu'une telle mesure :

  i. est prise par des parties ayant des compétences appropriées en matière de conservation du patrimoine ; et
  ii. fait partie d'un plan général de travail de conservation sur place.

- Les autorités nationales devraient veiller à ce que l'enlèvement d'artefacts et l'évaluation faite en fonction des critères ci-dessus relèvent d'un personnel doté des compétences appropriées dans le domaine de la conservation du patrimoine.
- Les artefacts considérés comme revêtant une grande valeur historique, qui ne peuvent pas être conservés sur place avec les techniques actuellement disponibles, peuvent être enlevés avec un permis pour le stockage dans un milieu contrôlé jusqu'à ce qu'ils puissent être ramenés en toute sécurité dans la zone.

7(viii) Élimination des déchets

Tous les déchets humains, toutes les eaux usées et tous les autres déchets produits par des équipes de travail ou des visiteurs doivent être enlevés de la zone.

7(ix) Mesures nécessaires pour continuer de répondre aux les buts et objectifs du plan de gestion

- Le permis ou une copie certifiée doit être apporté(e) dans la zone.
- Les informations sur les obligations de ce plan de gestion seront fournies à tous les visiteurs.
- Le code de conduite décrit à l'alinéa ii) de la section 7 sera appliqué par tous les visiteurs, sauf lorsque les activités de conservation, de recherche, de suivi ou de gestion en disposent autrement.
- Les opérateurs qui rendent possibles des visites pédagogiques et récréatives (y compris touristiques) dans la zone désigneront, avant le début de la saison estivale, des personnes ayant une connaissance pratique du site comme du plan de gestion pour servir de guides durant les visites.
- Toutes les visites organisées à des fins pédagogiques et récréatives (y compris touristiques) seront supervisées par un guide désigné qui sera chargé d'expliquer aux visiteurs le code de conduite et les obligations du présent plan de gestion, et d'en assurer l'application.
- Les Parties se consulteront et coordonneront leurs efforts pour mettre en valeur compétences et ressources, en particulier celles qui portent sur les techniques de conservation, en vue de faciliter la protection des valeurs de la zone.

7(x) Rapports de visites

Les Parties doivent veiller à ce que le principal détenteur de chaque permis délivré soumette aux autorités compétentes un rapport décrivant les activités entreprises. Ce rapport doit inclure, selon le cas, les informations identifiées dans le formulaire du rapport de visite qui se trouve à l'annexe 4 de la Résolution 2 (1998). En outre, l'enlèvement de matériaux en conformité avec l'alinéa vii) de la section 7 sera décrit en détail, y compris sa raison d'être et l'emplacement actuel des objets ou la date de leur évacuation. Le retour éventuel de ces objets sera également déclaré.

Les Parties doivent conserver une archive de ces activités et, lors de l'échange annuel d'informations, fournir une description synoptique des activités menées par les personnes relevant de leur juridiction, avec suffisamment de détails pour permettre une évaluation de l'efficacité du plan de gestion. Les Parties doivent, dans toute la mesure du possible, déposer les originaux ou les copies de ces rapports dans une archive à laquelle le public pourra avoir accès en vue de conserver une archive d'usage, laquelle sera utilisée et pour réviser le plan de gestion et pour gérer les futures visites du site.

Map A - Historic Hut, Hut Point, Ross Island, Antarctic Specially Protected Area 158: Regional Topographic Map

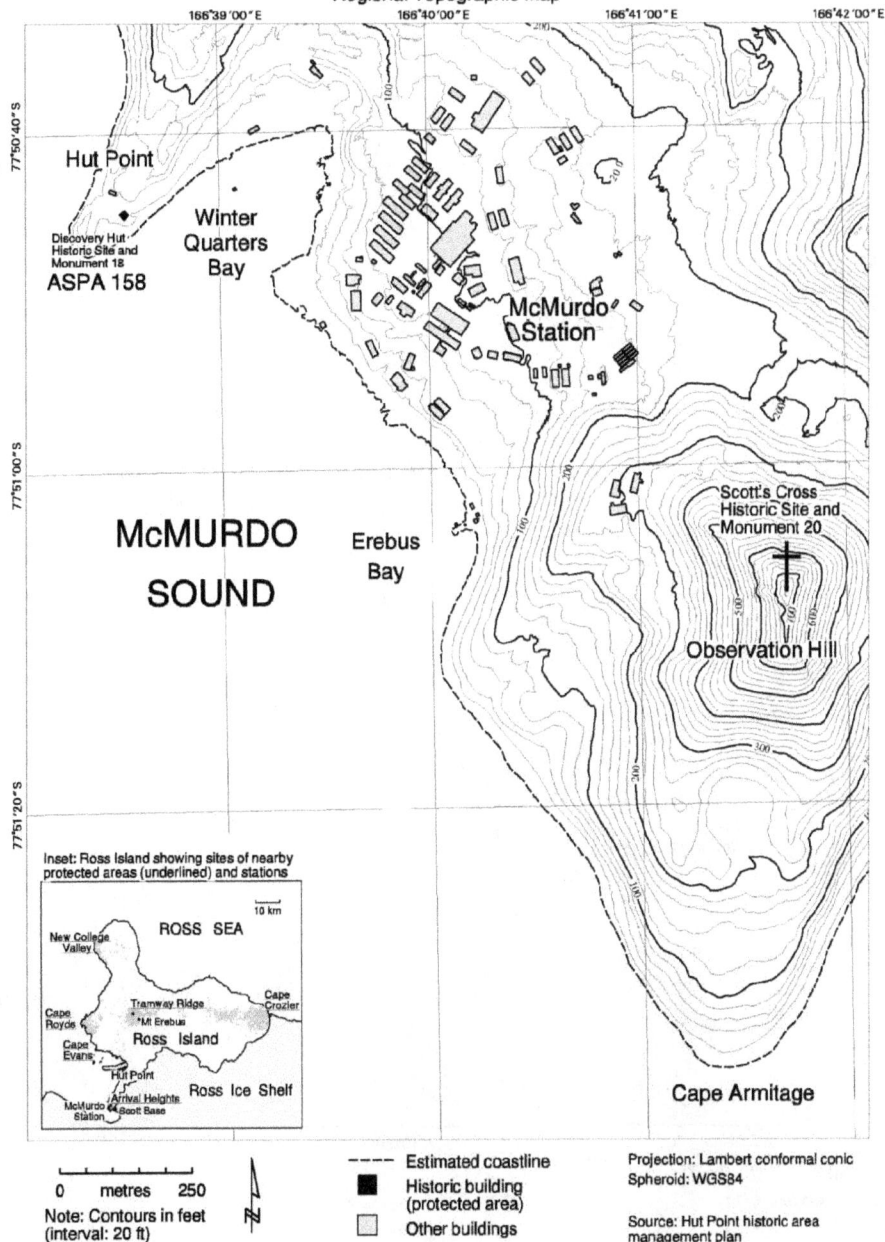

166°39'00"E   166°40'00"E   166°41'00"E   166°42'00"E

77°50'40"S

Hut Point

Discovery Hut
Historic Site and
Monument 18
ASPA 158

Winter
Quarters
Bay

McMurdo
Station

77°51'00"S

McMURDO
SOUND

Erebus
Bay

Scott's Cross
Historic Site and
Monument 20

Observation Hill

77°51'20"S

Inset: Ross Island showing sites of nearby
protected areas (underlined) and stations

10 km

New College
Valley

ROSS SEA

Cape
Royds

Tramway Ridge
*Mt Erebus

Cape
Crozier

Cape
Evans

Ross Island

Hut Point
Arrival Heights

Ross Ice Shelf

McMurdo
Station

Scott Base

Cape Armitage

0   metres   250

Note: Contours in feet
(interval: 20 ft)

N

- - - -   Estimated coastline

■   Historic building
(protected area)

▨   Other buildings

Projection: Lambert conformal conic
Spheroid: WGS84

Source: Hut Point historic area
management plan

Map B - Historic Hut, Hut Point, Ross Island, Antarctic Specially Protected Area 158:
Site Topographic Map

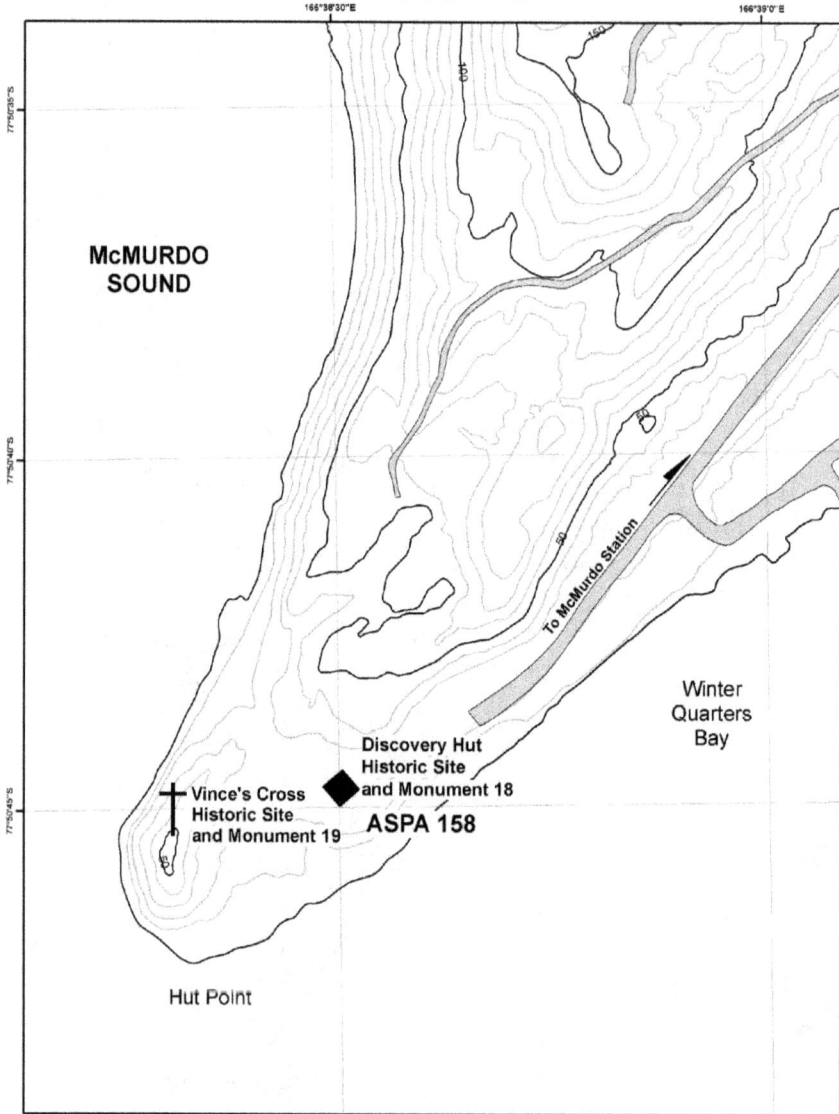

McMURDO
SOUND

To McMurdo Station

Winter
Quarters
Bay

Discovery Hut
Historic Site
and Monument 18

Vince's Cross
Historic Site
and Monument 19   ASPA 158

Hut Point

0 metres 50	Estimated coastline
	Historic building (protected area)
Note: Contours in feet (interval: 10 ft)	Roads

Projection: Lambert conformal conic
Spheroid: WGS84

Source: Hut Point historic area
management plan

Plan de gestion de la
zone spécialement protégée de l'Antarctique (ZSPA) n° 159
CAP ADARE, CÔTE BORCHGREVINK
(y compris le site et monument historique n° 22, les cabanes historiques de Carsten Borchgrevink ainsi que de la mission nord de Scott et leurs environs)

1. Description des valeurs à protéger

La valeur historique de cette zone a été formellement reconnue lorsqu'elle a été inscrite sur la liste des sites et monuments historiques (n° 22) par la Recommandation VII-9 (1972). La zone a été désignée comme zone spécialement protégée n° 29 par la Mesure 1 (1998) et renommée comme zone spécialement protégée de l'Antarctique n° 159 par la Décision 1 (2002). Le plan de gestion a été réexaminé et une version révisée a été adoptée par la Mesure 2 (2005) et la Mesure 11 (2011).

Il y a pas trois structures principales à l'intérieur de la zone. Deux cabanes construites en février 1899 durant l'expédition antarctique britannique (*Southern Cross*) de 1898-1900 dirigée par Carston E. Borchgrevink. Une cabane a servi de cabane d'hébergement et l'autre d'entrepôt. Elles ont été utilisées pendant le premier hiver passé sur le continent antarctique. Les ruines d'une troisième cabane construite en février 1911 pour la mission nord, menée par Victor L.A. Campbell, dans les expéditions antarctiques britanniques *Terra Nova* de Robert Falcon Scotts (1910-1913) se situent à 30 m au nord de la cabane Borchgrevink. La mission nord a passé l'hiver dans cette cabane en 1911.

Outre ces caractéristiques, de nombreuses reliques historiques se trouvent dans la zone. Celles-ci incluent des dépôts, une structure de latrines, deux ancres du navire *Southern Cross*, une ancre pour les glaces du navire *Terra Nova*, et des réserves de briquettes de charbon. D'autres objets historiques dans la zone sont enfouis dans du guano. Ensemble, les trois cabanes et les reliques historiques associées ont été désignées site et monument historique n° 22.

Le cap Adare est un des principaux sites des premières activités humaines dans l'Antarctique car il inclut le premier bâtiment érigé sur le continent. C'est un symbole important de l'âge héroïque de l'exploration de l'Antarctique et, en tant que tel, il a une signification historique et culturelle considérable. Quelques-unes des premières avancées dans l'étude des sciences de la terre, de la météorologie ainsi que de la faune et la flore de l'Antarctique sont associées aux deux toutes premières expéditions qui avaient installé leur base en ce site. L'histoire de ces activités et la contribution qu'elles ont apportée à la compréhension comme à la connaissance de l'Antarctique donnent à cette zone une valeur scientifique, esthétique et historique importante.

Le cap Adare est situé dans l'environnement U - géologique du nord de terre Victoria, selon l'Analyse des domaines environnementaux de l'Antarctique (Résolution 3 (2008)) et dans la région 8, nord de la terre Victoria selon les régions de conservation biogéographiques de l'Antarctique (Résolution 6 (2012)). D'autres zones protégées se trouvent dans l'environnement U, notamment les zones n° 106, 165, 173 et 175.

2. Buts et objectifs

Le but du plan de gestion est d'assurer la protection de la zone et de ses caractéristiques afin que ses valeurs puissent y être préservées. Ses objectifs sont les suivants :

- éviter la dégradation des valeurs de la zone ou leur mise en péril ;
- préserver les valeurs historiques de la zone en établissant des plans de conservation qui peuvent inclure :
  a. un programme annuel d'entretien *in situ* ;
  b. un programme de surveillance continue de l'état dans lequel se trouvent les artefacts et les structures ainsi que des facteurs qui les affectent ; et
  c. un programme de conservation des artefacts sur place et hors site ;
- permettre des activités de gestion à l'appui de la protection des valeurs et des caractéristiques de la zone, y compris :
  a. la cartographie et l'enregistrement de la disposition des objets historiques dans les environs de la cabane ; et
  b. l'enregistrement d'autres données historiques pertinentes ;
- empêcher les perturbations inutiles que l'homme pourrait causer à la zone, à ses caractéristiques et à ses objets en gérant bien l'accès à la cabane Borchgrevink.

3. Activités de gestion

- Il sera procédé à un programme de conservation des cabanes historiques ainsi que des structures et des artefacts qui y sont apparentés dans la zone.
- Des visites y seront faites selon les besoins à des fins de gestion.
- Un mécanisme de suivi systématique sera mis en place pour évaluer les impacts des limites actuelles imposées au nombre de visiteurs tandis que les résultats et recommandations de gestion y relatives seront incorporés dans les révisions de ce plan de gestion.
- Les directeurs des programmes antarctiques nationaux opérant dans la région ou ceux qui portent un intérêt à cette zone se livreront à des consultations entre eux pour veiller à ce que les dispositions susmentionnées soient appliquées.
- Des copies de ce plan de gestion, y compris des cartes de la zone, seront mises à disposition aux stations de recherche/de terrain opérationnelles les plus proches, et seront fournies aux navires visitant la zone et ses alentours.

4. Durée de la désignation

La zone est désignée pour une période indéterminée.

5. Cartes

Carte A : Carte régionale du cap Adare. Cette carte montre la région du cap Adare ainsi que les lignes de démarcation de la zone avec des caractéristiques topographiques importantes. Elle montre également l'emplacement approximatif d'objets historiques importants se trouvant à l'intérieur de la zone.

Carte B : Carte du site du cap Adare. Cette carte montre l'emplacement approximatif des reliques et structures historiques à l'intérieur de la zone.

6. Description de la zone

6(i) Coordonnées géographiques, bornage et caractéristiques du milieu naturel
Le cap Adare est une côte accore volcanique bien en vue qui est généralement libre de glace, située à l'extrémité nord de erre Victoria qui marque les approches de la mer de Ross par l'ouest. La zone se trouve au sud-ouest du cap sur la rive sud de la plage Ridley qui comprend une vaste zone plate et triangulaire de bardeau.

La totalité de la zone plate et les pentes occidentales inférieures de la péninsule Adare sont occupées par une des colonies de manchots Adélie (*Pygoscelis adeliae*) les plus grandes d'Antarctique. Les manchots ont presque complètement occupé la zone et la nécessité d'éviter des perturbations restreint souvent l'accès aux cabanes.

Les lignes de démarcation de la ZSPA sont les suivantes :
- au nord, par une ligne est-ouest de 50 mètres au nord de la cabane de la mission du nord ;
- à l'est, par une ligne nord-sud de 50 mètres à l'est de la cabane à provisions de Borchgrevink. L'extrémité nord-est de la ligne est de 71° 18,502'S, 170° 11,735'E et l'extrémité sud-est de 71° 18,633'S 170°11,735'E ;
- à l'ouest, par une ligne nord-sud de 50 mètres à l'ouest de la cabane à provisions de Borchgrevink. L'extrémité nord-est de la ligne est de 71° 18,502'S, 170° 11,547'E et l'extrémité sud-est de 71° 18,591'S 170°11,547'E ; et
- au sud, par la laisse de haute mer de la plage Ridley.

Des labbes (*Catharacta maccormicki*) nichent dans les environs et des phoques de Weddell (Leptonychotes weddellii) fréquentent également la plage.

6(ii) Accès à la zone
Il n'y a aucun héliport désigné à proximité de la zone. Les hélicoptères doivent éviter d'y atterrir car, durant la majeure partie de la saison d'été, il est difficile d'exploiter de tels engins sans causer de perturbations pour les manchots et les labbes. Les débarquements de la mer par bateau ou au moyen de véhicules se déplaçant sur la glace de mer peuvent se faire directement sur la plage lorsque l'état de la glace et des vagues le permettent. De la plage, l'accès à la zone se fait à pied. Tout doit être mis en oeuvre pour éviter de causer des dommages aux artefacts dans la zone et de perturber les oiseaux dont le nid se trouve sur les structures ou autour d'elles.

6(iii) Emplacement des structures à l'intérieur de la zone et adjacentes à elle
En dehors d'une plaque qui commémore le Traité, toutes les structures qui se trouvent à l'intérieur de la zone ont une origine historique. Au nombre des principales caractéristiques de la zone figurent la cabane d'hébergement et les dépôts de provisions sans toit de l'expédition *Southern Cross* de Borchgrevink. La cabane de la mission nord de Scott est située à 30 m au nord de la cabane d'hébergement de Borchgrevink et elle est dans un état d'effondrement.

Outre ces structures, de nombreuses reliques historiques se trouvent dans la zone. Celles-ci incluent des dépôts de provisions, une structure de latrines, deux ancres du navire *Southern Cross*, une ancre pour les glaces du navire *Terra Nova*, et des réserves de briquettes de charbon. Bon nombre de ces objets sont en partie ou complètement recouverts de guano des manchots Adélie qui occupent également la zone.

La tombe (site et monument historique n° 23) de Nicolai Hanson (un biologiste qui faisait partie de l'expédition *Southern Cross*) se trouve à environ 1,5 km au nord-est des cabanes historiques. Elle est marquée d'un grand rocher surmonté d'une croix de fer, d'une plaque en bronze et d'une croix blanche balisée de cailloux de quartz.

6(iv) Emplacement d'autres zones protégées à proximité de la zone
La zone protégée la plus proche est la ZSPA n° 106 (antérieurement ZSP n° 7), à environ 115 km au sud, du côté occidental du cap Hallett.

6(v) Aires spéciales à l'intérieur de la zone
Il n'y a aucune aire spéciale à l'intérieur de la zone.

7. Critères de délivrance d'un permis

L'accès à la zone est interdit sauf avec un permis. Les permis seront délivrés uniquement par les autorités nationales compétentes et ils peuvent être assortis de conditions à la fois générales et spécifiques. Un permis peut être délivré par une autorité nationale pour couvrir plusieurs visites pendant une saison. Les Parties présentes dans la zone doivent se consulter et consulter également les groupes et organisations intéressés par la visite de la zone pour s'assurer que le nombre maximum de visiteurs ne sera pas dépassé.

Les permis d'accès au site peuvent être délivrés pour une période donnée et portent sur les activités suivantes :
- activités ayant pour but la conservation, la recherche et/ou le suivi ;
- activités de gestion à l'appui des objectifs du plan de gestion ; et
- activités récréatives ou pédagogiques, y compris touristiques, à condition qu'elles n'aillent pas à l'encontre des objectifs du plan de gestion.

7(i) Accès à la zone et déplacements à l'intérieur de celle-ci
- Le contrôle des déplacements à l'intérieur de la zone est nécessaire pour ne pas perturber la faune sauvage et pour empêcher tout dégât que causerait la présence d'un attroupement autour des nombreuses caractéristiques vulnérables à l'intérieur de la zone. Le nombre maximum de personnes dans la zone (y compris les guides et les personnes qui se trouvent dans la cabane) sera de **40 personnes.**
- Le contrôle du nombre de personnes se trouvant dans la cabane Borchgrevink est nécessaire pour empêcher tout dégât que causerait la présence d'un attroupement autour des nombreuses caractéristiques vulnérables à l'intérieur de la cabane. Le nombre maximum de personnes autorisées à l'intérieur de la cabane à tout moment (y compris les guides) sera de **4 personnes.**
- Pour éviter les impacts cumulatifs à l'intérieur de la cabane de Borchgrevink, il importe de limiter le nombre annuel de visiteurs. Ce nombre varie considérablement d'une année à l'autre (181 en moyenne par an entre 1998/1999 et 2013/2014) mais les effets causés par les visiteurs sur d'autres cabanes historiques dans la région de la mer de Ross semblent indiquer que des limites similaires devraient s'appliquer. Le nombre maximum de visiteurs par an sera de **2 000 personnes.**
- Ces limites ont été fixées sur la base du nombre actuel de visiteurs et à la lumière des meilleurs avis disponibles que fournissent les organismes de conservation consultés (y compris les conservateurs, archéologues, historiens, conservateurs de musée et autres professionnels spécialisés dans la protection du patrimoine). Elles reposent sur l'idée que toute augmentation significative du nombre actuel de visiteurs se ferait au détriment des valeurs à protéger. Un programme de suivi continu de l'impact des visiteurs est requis pour

fournir l'assise de futures révisions du plan de gestion et, en particulier, pour déterminer si les limites actuelles imposées au nombre de visiteurs sont appropriées.

- Une supervision adéquate des visites dans la zone est nécessaire pour éviter qu'un attroupement et des actions incompatibles avec le Code de conduite décrit à l'alinéa (ii) de la section 7 ne causent des dégâts. Toutes les visites touristiques, pédagogiques et récréatives doivent être supervisées par un guide expérimenté qu'aura désigné l'opérateur (voir l'alinéa (ix) de la section 7).
- L'atterrissage d'hélicoptères est interdit dans la zone.
- L'opération d'un aéronef au-dessus de la zone ou aux alentours de la zone doit s'effectuer, au moins conformément aux « Lignes directrices relatives à l'opération d'aéronefs à proximité de concentrations d'oiseaux » inscrites dans la Résolution 2 (2004).
- Les véhicules sont interdits dans la zone.

7(ii) Activités qui peuvent être menées dans la zone
Les activités suivantes font partie des activités pouvant être menées dans la zone :
- visites à des fins de conservation ;
- visites pédagogiques et/ou récréatives, y compris les visites touristiques ;
- activités scientifiques qui ne portent pas atteinte aux valeurs de la zone.

Les visiteurs doivent adhérer au code de conduite suivant, sauf lorsque les activités de conservation, de recherche, de suivi ou de gestion décrites dans le permis en disposent autrement :
- nettoyer soigneusement avec des brosses qui leur seront remises avant d'entrer dans la cabane leurs bottes pour en enlever les poussières et les scories, la glace et la neige afin de réduire l'usure du plancher et n'utiliser que des tripodes ou monopodes équipés de bases en caoutchouc à fond plat par opposition à ceux qui sont équipés de crampons en métal et peuvent donc endommager le plancher ;
- enlever tous les vêtements rendus humides par l'eau de mer ainsi que tous les cristaux de glace de mer collés aux bottines, les particules de sel accélérant en effet la corrosion des objets en métal ;
- ne pas toucher les objets ou le mobilier qui se trouvent dans les cabanes, ne pas les déplacer et ne pas s'asseoir sur eux – la manutention des artefacts provoque des dégâts ;
- puisque de nombreuses zones sont exiguës et qu'il est aisé de se heurter aux artefacts, ne pas porter de sacs à l'intérieur et éviter l'utilisation de tripodes ou de monopodes lorsque le nombre de visiteurs maximum (4) pouvant être présents en même temps dans la cabane est atteint ;
- durant les déplacements autour des sites, veiller soigneusement à ne pas marcher sur des objets que la neige peut avoir dissimulés et rester sur les chemins établis ;
- il est strictement interdit d'utiliser des lanternes du type à combustion, de recourir à des flammes nues et de fumer dans la cabane et autour d'elle car le feu représente un sérieux danger ; et
- Les visites doivent être enregistrées dans le livre fourni à cet effet. Cela permet de mettre en corrélation les époques et niveaux de visite avec les données de température et d'humidité automatiquement consignées à l'intérieur de la cabane.

7(iii) Installation, modification ou démantèlement des structures
- Aucune nouvelle structure ne doit être érigée dans la zone et aucun matériel scientifique ne doit y être installé, sauf pour des activités de conservation ou des activités scientifiques qui n'altèrent en rien les valeurs de la zone comme précisées à la section 1.
- Aucun objet historique ne doit être enlevé de la zone sauf si un permis l'autorise, qui aura été délivré conformément aux dispositions de l'alinéa (vii) de la section 7.

7 (iv) Emplacement des campements
- L'utilisation de la cabane historique ou d'autres structures dans la zone à des fins d'hébergement n'est pas autorisée.
- Le camping est interdit dans la zone quelles que soient les circonstances.

7(v) Restrictions sur les matériaux et organismes pouvant être introduits dans la zone
- Aucun animal vivant, aucune matière végétale, aucun micro-organisme et aucun type de terre ne sera introduit dans la zone.
- Aucun produit alimentaire ne sera apporté dans la zone.
- Des produits chimiques ne peuvent être introduits qu'à des fins scientifiques ou des fins de conservation autorisées. Ces produits (y compris le carburant) ou d'autres matériaux ne pourront pas être laissés dans la zone à moins que cela ne s'avère nécessaire pour des raisons essentielles liées à la conservation des structures historiques ou reliques connexes.
- Tous les matériaux introduits doivent être enlevés de la zone lorsque leur présence n'est plus justifiée et avant une date qui sera précisée dans le permis approprié.

7(vi) Prélèvement de végétaux et capture d'animaux ou perturbations nuisibles à la faune et la flore
- Ces activités sont interdites sauf si le permis délivré par l'autorité nationale compétente en dispose autrement conformément à l'article 3 de l'Annexe II du Protocole relatif à la protection de l'environnement.
- Dans les cas où il est procédé à un prélèvement ou à une perturbation nuisible, il faut que l'opération se déroule au minimum en conformité avec le code de conduite du SCAR pour l'utilisation d'animaux en Antarctique à des fins scientifiques.

7(vii) Ramassage de toute chose qui n'a pas été apportée dans la zone par de détenteur du permis du permis
- Les matériaux peuvent être ramassés dans la zone et ils peuvent en être enlevés pour des raisons scientifiques ou de conservation qui sont conformes aux objectifs du plan mais uniquement lorsqu'un permis délivré par l'autorité nationale compétente l'autorise.
- Les matériaux qui constituent une menace pour l'environnement ou la santé humaine peuvent être enlevés de la zone aux fins de leur élimination en conformité avec un permis et ce, lorsqu'ils répondent à un ou plusieurs des critères suivants :
  i. l'artefact constitue une menace pour l'environnement, la faune et la flore sauvages, ou la santé et la sécurité de l'homme ;
  ii. il est à ce point en mauvais état qu'il n'est pas réellement possible de le conserver ;
  iii. il ne contribue pas de manière significative à notre compréhension de la cabane, de ses occupants ou de l'histoire de l'Antarctique ;
  iv. il ne contribue pas aux qualités visuelles du site ou de la cabane, et il ne nuit en rien à ces qualités, et/ou ;
  v. Ce n'est pas un objet unique en son genre ou rare ; et

lorsqu'une telle mesure :

  i. est prise par des parties ayant des compétences appropriées en matière de conservation du patrimoine ; et
  ii. fait partie d'un plan général de travail de conservation sur place.

- Les autorités nationales devraient veiller à ce que l'enlèvement d'artefacts et l'évaluation faite en fonction des critères ci-dessus incombent à un personnel doté de compétences appropriées dans le domaine de la conservation du patrimoine.
- Les artefacts considérés comme revêtant une grande valeur historique, qui ne peuvent pas être conservés sur place avec les techniques actuellement disponibles, peuvent être enlevés avec un permis pour le stockage dans un milieu contrôlé jusqu'à ce qu'ils puissent être ramenés en toute sécurité dans la zone.

7(viii) Élimination des déchets
Tous les déchets humains, toutes les eaux usées et tous les autres déchets produits par des équipes de travail ou des visiteurs doivent être enlevés de la zone.

7(ix) Mesures nécessaires pour faire en sorte que les buts et objectifs du plan de gestion continuent à être atteints
- Le permis, ou une copie certifiée, doit être apporté dans la zone.
- Les informations sur les obligations de ce plan de gestion seront fournies à tous les visiteurs.
- Le code de conduite décrit à l'alinéa (ii) de la section 7 sera appliqué par tous les visiteurs sauf lorsque les activités de conservation, de recherche, de suivi ou de gestion en disposent autrement.
- Les opérateurs qui rendent possibles des visites pédagogiques et récréatives (y compris touristiques) dans la zone désigneront, avant le début de la saison estivale, des personnes ayant une connaissance pratique du site comme du plan de gestion pour servir de guides durant les visites.
- Toutes les visites organisées à des fins pédagogiques et récréatives (y compris touristiques) seront supervisées par un guide désigné qui sera chargé d'expliquer aux visiteurs le code de conduite, et d'en assurer l'application.
- Les Parties se consulteront et coordonneront leurs efforts pour renforcer les compétences et ressources, en particulier celles qui portent sur les techniques de conservation, en vue de faciliter la protection des valeurs de la zone.

7(x) Rapports de visites
Les Parties doivent veiller à ce que le principal détenteur de chaque permis délivré soumette aux autorités compétentes un rapport décrivant les activités entreprises. Ce rapport doit inclure, selon le cas, les informations identifiées dans le formulaire du rapport de visite qui se trouve à l'Annexe 4 de la Résolution 2 (1998). En outre, l'enlèvement de matériaux conformément à l'alinéa (vii) de la section 7 sera décrit en détail, y compris sa raison d'être et l'emplacement actuel des objets ou la date de leur évacuation. Le retour éventuel de ces objets sera également déclaré.

Les Parties doivent conserver une archive de ces activités et, lors de l'échange annuel d'informations, fournir une description synoptique des activités menées par les personnes relevant de leur juridiction, avec suffisamment de détails pour permettre une évaluation de l'efficacité du plan de gestion. Les Parties doivent, dans toute la mesure du possible, déposer les originaux ou les copies de ces rapports dans une archive à laquelle le public pourra avoir accès en vue de préserver une archive des visites, laquelle sera utilisée et pour réviser le plan de gestion et pour gérer les futures visites du site.

Map A - Historic Hut, Cape Adare, Antarctic Specially Protected Area 159: Regional Map

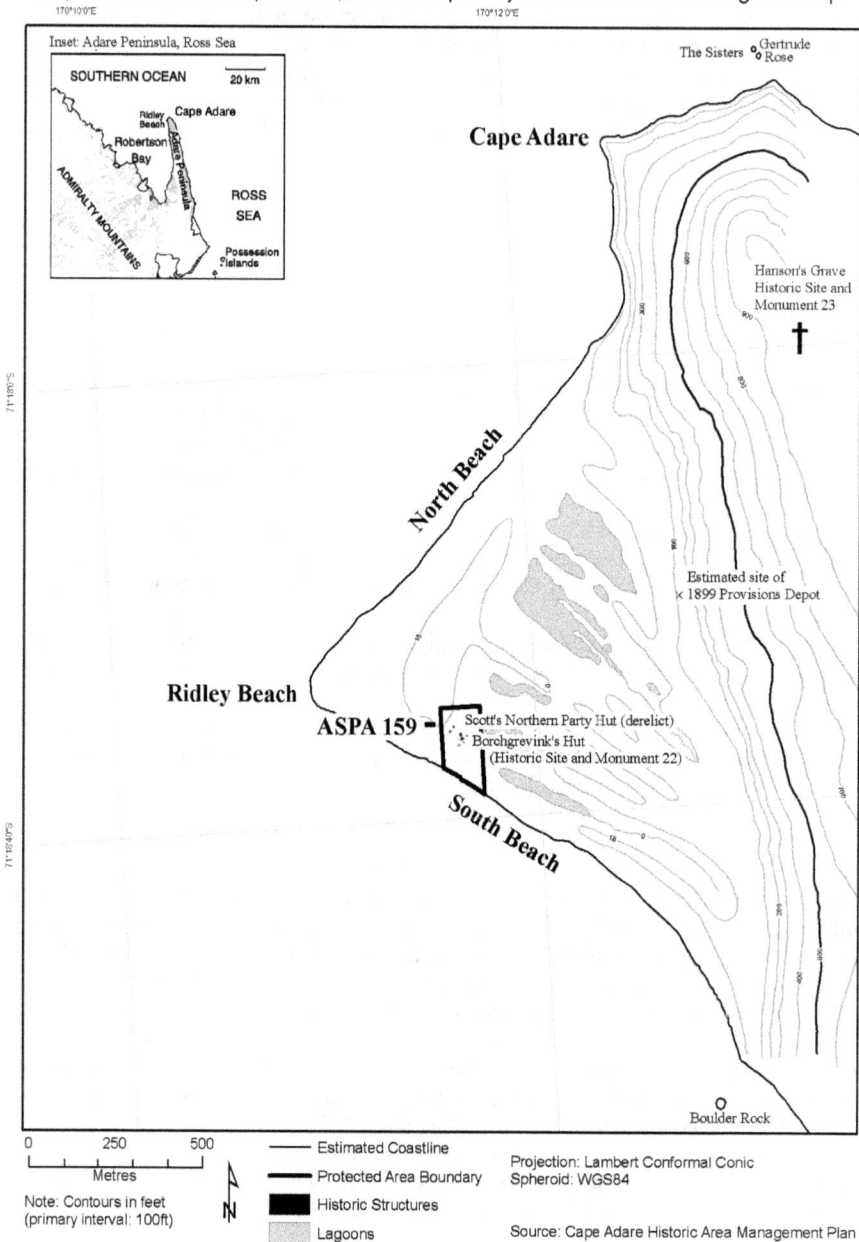

Inset: Adare Peninsula, Ross Sea

SOUTHERN OCEAN   20 km

Ridley Beach   Cape Adare

Robertson Bay

ADMIRALTY MOUNTAINS

ROSS SEA

Possession Islands

The Sisters   Gertrude Rose

Cape Adare

Hanson's Grave Historic Site and Monument 23

North Beach

Estimated site of 1899 Provisions Depot

Ridley Beach

ASPA 159   Scott's Northern Party Hut (derelict)
Borchgrevink's Hut
(Historic Site and Monument 22)

South Beach

Boulder Rock

0   250   500
Metres

Note: Contours in feet
(primary interval: 100ft)

N

——— Estimated Coastline
▬▬▬ Protected Area Boundary
■ Historic Structures
░ Lagoons

Projection: Lambert Conformal Conic
Spheroid: WGS84

Source: Cape Adare Historic Area Management Plan

Map B - Historic Hut, Cape Adare, Antarctic Specially Protected Area 159: Site Map

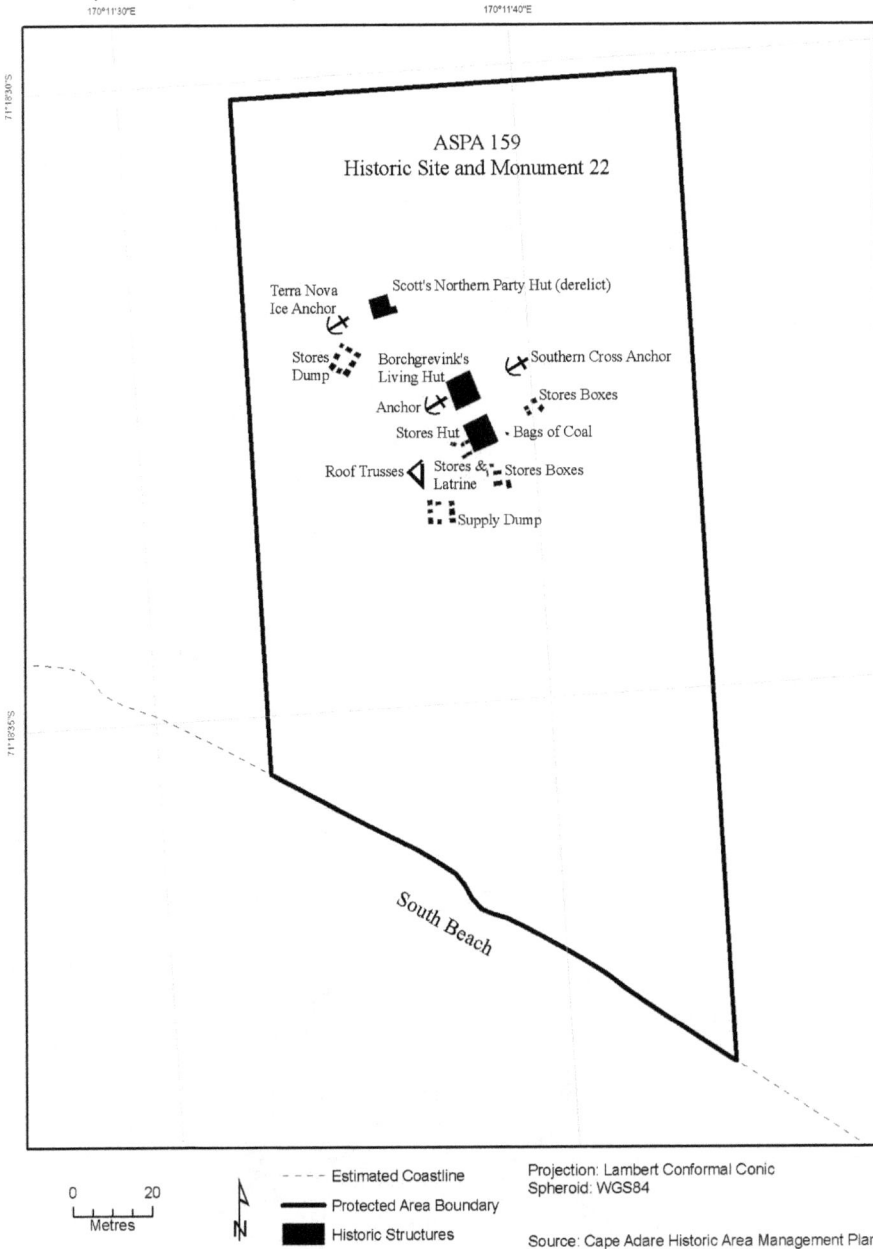

ASPA 159
Historic Site and Monument 22

Terra Nova Ice Anchor

Scott's Northern Party Hut (derelict)

Stores Dump

Borchgrevink's Living Hut

Southern Cross Anchor

Anchor

Stores Boxes

Stores Hut

Bags of Coal

Roof Trusses

Stores & Latrine

Stores Boxes

Supply Dump

South Beach

0   20
Metres

N

- - - Estimated Coastline
——— Protected Area Boundary
■ Historic Structures

Projection: Lambert Conformal Conic
Spheroid: WGS84

Source: Cape Adare Historic Area Management Plan

Plan de gestion pour la zone spécialement protégée de l'Antarctique (ZSPA) n° 163 :

GLACIER DAKSHIN GANGOTRI, TERRE DE LA REINE MAUD

Introduction

À la XXVᵉ RCTA, l'Inde a soumis un document de travail (WP47) sur un projet de plan de gestion pour un site présentant un intérêt scientifique particulier, à savoir la langue du glacier Dakshin Gangotri, collines Schirmacher, terre de la Reine Maud. Le Comité a fait remarquer que ce site devait être désigné une ZSPA plutôt qu'un SISP. Par conséquent, durant la XXVIᵉ RCTA, l'Inde a soumis un projet de plan de gestion pour une zone spécialement protégée de l'Antarctique (RCTA XXVI/WP38) et, ultérieurement, à l'occasion de la XXVIIᵉ RCTA, un plan de gestion révisé (WP 33). Ce plan de gestion a été adopté par la Mesure 2 (2005) et le site désigné ZSPA n° 163 lors de la XXVIIIᵉ RCTA (WP 25). Ce plan de gestion a fait l'objet d'une révision après une période de cinq ans, à la suite de laquelle des modifications mineures ont été apportées. Il a été soumis à la XXXIIIᵉ RCTA (WP 55 rév.1) et a été adopté par la Mesure 12 (2010).

Le glacier Dakshin Gangotri a une grande valeur lorsqu'il s'agit de surveiller le recul d'un glacier. Une langue fait l'objet d'un suivi depuis 1983 afin de comprendre les effets des changements climatiques sur le glacier. Cette zone est également importante pour l'étude des algues, des mousses, des cyanobactéries et des lichens qui sont très répandus dans les collines Schirmacher et, en particulier, à l'intérieur de la ZSPA. Les cyanobactéries contribuent grandement à la fixation de l'azote et de nombreuses espèces ont jusqu'ici été identifiées comme provenant de cette zone. D'après une étude menée depuis 2003, bon nombre d'espèces de lichens ont également été identifiées dans cette zone.

1. Description des valeurs à protéger

Valeur historique

Le glacier Dakshin Gangotri est une petite langue de glace polaire continentale qui chevauche les collines Schirmacher au centre de la terre de la Reine Maud. Il a été identifié en 1982-1983 par la deuxième expédition indienne en Antarctique et, depuis, sa langue fait l'objet d'un suivi régulier pour en déterminer le recul ou la progression.

Valeur scientifique

Grâce à la quantité substantielle de données recueillies au cours des deux dernières décennies, ce site est devenu particulièrement intéressant pour observer les mouvements de la calotte de glace antarctique sous l'effet du réchauffement de la planète. La zone revêt une importance scientifique de premier ordre pour les spécialistes de la glaciologie et de l'environnement. Compte tenu des valeurs scientifiques de la zone ainsi que de la nature des recherches qui y sont menées, la zone bénéficie du statut de zone spécialement protégée de l'Antarctique conformément aux articles 2, 3, 5 et 6 de l'Annexe V du Protocole au Traité sur l'Antarctique relatif à la protection de l'environnement, statut qui permet d'éviter toute interférence avec les recherches scientifiques en cours et envisagées.

Des campagnes de positionnement global par satellite (GPS) ont été réalisées durant les saisons de l'été austral 2003 et 2004 afin d'obtenir des informations quant à la vitesse de déformation et de sa distribution sur le bord de la plate-forme glaciaire continentale surplombant la partie sud des collines

Schirmacher. Des données GPS ont été collectées pendant deux ans sur 21 sites, puis analysées pour estimer les coordonnées de base et les vitesses du site. Les vitesses horizontales des sites de glaciers oscillent entre 1,89±0,01 et 10,88±0,01 m a-1 au nord-nord-est, avec une vitesse moyenne de 6,21±0,01 m a-1. Les principales vitesses de déformation fournissent une mesure quantitative des vitesses d'extension, qui vont de (0,11±0.01) fois 10-3 à (1,48±0.85) × 10-3 a-1, et des vitesses de raccourcissement qui vont de (0,04±0,02) × 10-3 à (0,96±0.16) × 10-3 a-1 (Sunil et al., 2007).

Valeur environnementale

L'exploration de la zone désignée a révélé une grande diversité de la faune des invertébrés terrestres habitant dans les mousses. Les collines Schirmacher se caractérisent également par la diversité de leurs algues et cyanobactéries. Les mousses terrestres y sont très répandues et colonisent de nombreux habitats. Les mousses, en raison de leur nature poïkilohydrique et de leur stratégie alternative d'adaptation, sont l'un des groupes de plantes qui poussent en Antarctique. Elles jouent un rôle dans la modification des habitats et le cycle des substances nutritives, fournissant abri et sécurité aux animaux invertébrés associés. Les études sur les mousses dans les collines Schirmacher ont révélé que la répartition des mousses est significative dans le centre de la zone et dans une aire désignée par rapport aux parties orientale et occidentale.

La répartition des algues et des cyanobactéries ainsi que de la flore des cours d'eau douce à l'endroit désigné ont été étudiées. Les espèces observées sont G.magma, Chaemosiphon subglobosus, Oscillatoria limosa, O.limnetica,P. frigidum, P. *autumnale, Nostoc commune, N.punctiforme, Calothrix gracilis, C.brevissima, Uronema sp.,* et Cosmarium leave. Parmi les cyanobactéries rencontrées dans le cours d'eau des collines Schirmacher, les espèces qui fixent l'azote pourraient jouer un rôle important dans l'économie d'azote de l'écosystème par le biais de la fixation de N_2. Des études ont également été menées dans les collines Schirmacher sur des labbes antarctiques; la réussite de leur nidification et de leur reproduction a été rapportée aux alentours de la zone désignée.

Une étude plus approfondie des lichens, en cours depuis 2003-2004, à l'intérieur de la zone protégée, a révélé la présence d'espèces telles que *Acarospora geynnii* (C.W.Dodge et E.D.Rudolph), *Acarospora williamsii* (Filson), *Amandinea punctata* (Hoffm.) Coppins & Scheid, *Buellia frigida*, Darb., *Buellia grimmiae*, Filson, *Candelaria murrayi*, Poelt, *Candelariella flava* , (C.W.Dodge & G.E. Baker), Castello & Nimis, *Carbonea vorticsa*, (Florke) Hertel, *Lecanora expectans* , Darb., *Lecanora fuscobrunnea*, C.W. Dodge & G.E. Baker, *Lecanora geophila* (Th. Fr.) Poelt, *Lecidea andersonii*, Filson, *Lecidea cancriformis* , C.W.Dodge & G.E. Baker, *Lecidella siplei* , (C.W. Dodge & G.E. baker) May., *Lepraria cacuminum* , (A. Massal.) *Physcia caesia* (Hoffm.) (Furnr.), *Pseudephebe minuscule* (Nyl. Ex Arnold) (Brodo et D. Hawksw) et *Rhizoplaca melanophtalma* (Ram.) Luckert et Poelt (Olech et al. 2010).

2. Buts et objectifs

- Les buts du plan de gestion pour le glacier Dakshin Gangotri sont les suivants : éviter la dégradation des valeurs de la zone en empêchant toute perturbation humaine injustifiée ;

- permettre des recherches scientifiques dans le domaine de la glaciologie et de l'environnement tout en protégeant la rigueur des observations de toute interférence humaine ;

- veiller à ce que les points situés à la périphérie de la langue ne subissent pas de perturbations issues d'activités humaines dans la zone ;

- conserver la zone comme point de référence pour l'étude des cycles de déplacement de cette partie de l'inlandsis antarctique sous l'effet du réchauffement de la planète ;

- permettre des visites à des fins de gestion et ce, à l'appui des buts et objectifs du plan de gestion pour cette zone ;
- réduire au minimum la possibilité d'introduction de plantes, d'animaux et de microbes non indigènes dans la zone.

3. Activités de gestion

Les activités de gestion ci-dessous seront menées à bien afin de protéger les valeurs de la zone :

- Une carte détaillée indiquant l'emplacement et les lignes de démarcation de la zone, et précisant les restrictions particulières pertinentes, sera affichée à un endroit bien en vue dans les stations de recherche Maitri (Inde) et Novolazarevskaya (Fédération de Russie) ; des copies de ce plan de gestion seront également disponibles dans les deux stations.
- Deux panneaux indiquant l'emplacement et les limites de la zone, qui mentionnent clairement les restrictions d'accès, seront installés sur des rochers bien visibles à proximité des deux points d'accès à la vallée, c'est-à-dire à l'extrémité est et à l'extrémité sud-est, afin d'éviter toute entrée inopportune.
- Des copies de ce plan de gestion, accompagnées de cartes indiquant l'emplacement et les limites de démarcation de la zone, seront remises aux responsables de tous les aéronefs/embarcations en visite dans la région.
- Les bornes, les panneaux, les cairns et autres structures mis en place dans la zone à des fins scientifiques ou à des fins de gestion devront être solidement fixés, maintenus en bon état et retirés lorsqu'ils ne seront plus nécessaires.
- Des visites seront organisées selon que de besoin (au moins une fois tous les ans) afin de déterminer si la zone répond toujours aux objectifs pour lesquels elle a été désignée et de s'assurer que les mesures de gestion et d'entretien sont adéquates.
- Le plan de gestion fera l'objet d'une révision une fois au moins tous les cinq ans et, s'il y a lieu, il sera mis à jour.

4. Durée de la désignation

La zone est désignée pour une période indéterminée.

5. Cartes et photographies

Les cartes et photographies ci-après sont annexées au présent document afin d'illustrer la zone et le plan de gestion proposé :

Carte 1 : Emplacement des collines Schirmacher au centre de la terre de la Reine Maud, Antarctique oriental.

Carte 2 : Collines Schirmacher, donnant l'emplacement de la station de recherche Maitri (Inde) et de la station de recherche Novolazarevskaya (Russie).

Carte 3 : Classement et numérotation des lacs des collines Schirmacher. (d'après Ravindra et al, 2001)

Carte 4 : Carte topographique de la zone. (équidistance entre les courbes de niveau : 10 m)

Carte 5 : Chemins des glaciers fossiles dans les collines Schirmacher. (d'après Beg et al, 2000)

Carte 6 : Vue aérienne de la langue du glacier Dakshin Gangroti.

Figure 1 : Image montrant les bornes qui indiquent les limites de la ZSPA

6. Description de la zone

i. Coordonnées géographiques, bornage et caractéristiques du milieu naturel

Les collines Schirmacher sont une zone de collines rocheuses, de près de 17 km de long orienté E-O (limité par les longitudes 11 °22'40" et 11°54'20") et de près de 0,7 km à 3,3 km de large (limité par les latitudes sud 70°43'50" et 70°46'40"). Son altitude varie de 0 à 228 m au-dessus du niveau moyen de la mer. Elle constitue une partie du centre de la terre de la Reine Maud en Antarctique oriental. La zone proposée constitue un fragment de la partie occidentale des collines Schirmacher.

La zone proposée (ZSPA) est délimitée par les longitudes est 11° 33' 30" et 11° 36' 30" et les latitudes sud 70° 44' 10" et 70° 45' 30. Elle s'étend sur une superficie de 4,53 km². Les coins nord-est et nord-ouest de la zone sont situés sur la glace de banquise tandis que l'extrémité sud-ouest se trouve sur la calotte de glace polaire. L'extrémité sud-est est délimitée par un affleurement rocheux.

D'un point de vue topographique, la zone peut être divisée en quatre unités distinctes – la plate-forme glaciaire continentale au sud, les versants rocheux des collines, un grand lac central proglaciaire (lac B7, lac Sbrosovoye) et la banquise ondulante au nord.

La calotte de glace située à la limite la plus méridionale est constituée de 'glace bleue' brute, allant de la courbe des 180 m à la courbe des 10 m, au niveau de la langue du glacier. Elle est crevassée et craquelée par des fractures d'orientation NE/SO-NNE/SSO. Deux petits cours d'eau supraglaciaires éphémères coulent sur la langue du glacier dans le sens nord/nord-est.

Le sol rocheux est accidenté et sa largeur minimale au niveau de la langue, dans les collines Schirmacher, est de moins de 50 m à peine. Les flancs est et ouest des collines descendent vers la langue du glacier, formant une large vallée. Les courbes descendent de 150 m au niveau moyen de la mer au bord septentrional des affleurements rocheux.

La partie centrale de la zone est occupée par le lac B7. Il s'agit d'un lac d'origine glaciaire. Il s'étend sur une superficie de 500 x 300 m.

La région la plus septentrionale de la zone est constituée de glace de banquise avec des rides de pression, des fractures et des crevasses. Le point de contact entre la glace et les versants rocheux situés à l'est se caractérise par un linéament NNE/SSO très prononcé de 3 km de long. Les fractures dans la glace sont également alignées parallèlement à ce linéament.

Les collines Schirmacher se caractérisent par un sol métamorphique en faciès granulite à amphibolite. Les types de roches sont représentés par des charnockites, des enderbites, du grenat-sillimanite, des gneiss, des gneiss à grenat-biotite, des gneiss à augen quartzofeldspathique avec du métabasalte, du métagabbro, de la dolérite, des amphibolites et des lamprophyres feuillus. Les suites de roches portent principalement la marque de l'événement du Grenvillien (1000 millions d'années) et de l'événement panafricain (550 millions d'années). Trois phases de déformation sont très claires.

La zone comprend principalement des roches de type charnockites-khondalites (quartz-grenat-sillimanite-perthite±graphite gneiss) avec des couches intermédiaires constituées de quartzites grenat-sillimanite, gneiss silicates calciques et de granulite mafique. Deux séries de failles (N30E et N50E) sont très visibles. Une de ces deux grandes failles part du coin nord-est de la zone et traverse les trois unités géomorphologiques : la glace de banquise, la roche et la calotte de glace.

Les données météorologiques émanant de la station de recherche indienne Maitri, située à proximité, indiquent que la zone jouit d'un climat polaire sec. Les températures extrêmes pour les mois les plus chaud et plus froid oscillent entre 7,4 et -34,8°C. La température moyenne annuelle est de -10,2°C. Le mois de décembre est le mois le plus chaud de l'année et le mois d'août est le plus froid. Les blizzards entraînent des rafales vents de l'ordre de 90 à 95 nœuds, tandis que la vitesse moyenne annuelle des vents est de 18 nœuds. Les vents soufflent principalement de secteur est en sud-est. Les chutes de neige sont assez fréquentes durant les mois d'hiver, mais les rafales de vent balaient et nettoient les surfaces rocheuses et les accumulations de neige sont très répandues sur le flanc des tertres glaciaires exposé aux vents.

Des observations glaciologiques ont été faites entre 1983 et 1996 à partir de deux points fixes ('G' et 'H') et à l'aide d'instruments de mesure à distance ou de théodolites. Les résultats ont montré que le glacier recule chaque année à raison de 70 cm par an.

En 1996, pour accroître la précision des observations, 19 points périphériques ont été marqués autour de la langue du glacier. Entre 1997 et 2002, le glacier a suivi respectivement l'évolution suivante : 48,7 cm, 74,9 cm, 69,5 cm, 65,8 cm et 62,7 cm. Ce phénomène se traduit par une récession moyenne globale de 65,3 cm par an entre 1996 et 2002, ce qui est conforme aux observations correspondant à la période précédente (1983-1996), c'est-à-dire à un taux de récession de 7 m par décennie.

Un suivi plus approfondi a été fait et les données ont révélé que le recul annuel moyen du glacier pour 2003, 2004, 2005 et 2006 avait progressivement augmenté pour atteindre 68,0, 69,4, 71,3 et 72,8 cm par an. En 2006-2007 cependant, le recul moyen du front de glace polaire du glacier Dakshin Gangotri n'a été que de 0,6 m alors que les données collectées du bord ouest des collines Schirmacher faisaient, elles, état d'un recul annuel moyen de 1,4 m environ pendant cette année-là. Le recul annuel moyen de la langue du glacier Dakshin Gangotri a été d'environ 1 m en 2008 contre 2 m environ pour l'extension ouest du front de glace polaire. Le recul maximum a été observé au point d'observation -14, qui a enregistré un recul cumulatif de 17,21 mètres en dix ans (1996-2006).

Des observations ont été menées chaque année depuis 2008-2009, jusqu'à ce jour. Les résultats montrent que le recul annuel de la langue, selon les calculs, est de 1,1 m, 0,26 m, 0,59 m, 0,33 m, 0,92 m, 0,29 m, 1,31 m, par année, respectivement. Les valeurs de recul calculées depuis 1996-1997 montrent que le recul le moins marqué a eu lieu en 2009-2010, 0,26 m, alors que le recul le plus marqué a été enregistré en 2014-2015, à savoir 1,31 m.

En février 1996, 19 points d'observation ont été désignés à la périphérie du glacier Dakshin Gangotri. Grâce à ces identificateurs, il a été possible de suivre le déplacement du glacier avec une précision de 1 cm. Une évaluation précise sur une échelle en centimètres est également disponible pour la période 1996-2002. L'accès à cette zone devrait être limité. Il est proposé de créer un rayon de 100 m tout au long de la périphérie du glacier, dans lequel l'accès serait limité, afin de protéger l'exactitude des observations scientifiques.

ii.   Structures à l'intérieur et à proximité de la zone

Il n'y a aucune structure à l'intérieur de la zone, à l'exception de deux cairns (« G » et « H ») qui marquent les sites utilisés pour les relevés géologiques et topographiques.

A l'avenir, des panneaux et des cairns seront érigés afin d'indiquer que la zone est désormais protégée.

iii.   Emplacement d'autres zones protégées à proximité directe de la zone

Il n'existe aucune autre zone protégée sur l'ensemble des collines Schirmacher.

7. Critères de délivrance des permis

i.   Accès à la zone et déplacements à l'intérieur de la zone

L'accès à la zone sera interdit sauf si un permis a été délivré par une autorité nationale compétente qui aura été désignée conformément à l'article 7 de l'Annexe V du Protocole au Traité sur l'Antarctique relatif à la protection de l'environnement.

Un permis pour pénétrer dans la zone ne peut être délivré que pour la conduite de recherches scientifiques ou pour des raisons de gestion essentielles qui sont conformes aux objectifs et aux dispositions du plan de gestion, sous réserve bien sûr que les actions autorisées ne mettent pas en péril les valeurs scientifiques et environnementales de la zone et n'entravent pas les études scientifiques en cours. L'accès au site n'est autorisé qu'à pied; l'accès au site au moyen de véhicules terrestres ou d'hélicoptères est quant à lui interdit à l'intérieur de la zone.

ii.   *Activités menées ou pouvant être menées dans la zone, y compris les restrictions relatives à la durée et à l'endroit*

Les activités suivantes peuvent être menées à bien dans la zone :

- Programmes de recherche scientifique qui répondent aux objectifs du plan de gestion, y compris les valeurs pour lesquelles la zone a été désignée, qui ne peuvent pas être menés ailleurs et qui ne mettront pas en péril l'écosystème de la zone.
- Activités de gestion essentielles, y compris le suivi.

iii.   *Installation, modification ou enlèvement de structures*

Aucune structure ne peut être installée dans la zone sauf autorisation précisée dans le permis. Aucun matériel ne peut être installé s'il n'est pas indispensable à la réalisation des activités de recherches scientifiques ou de gestion et, lorsqu'il l'est, son installation doit être autorisée par un permis. Tout le matériel scientifique installé dans la zone devra identifier clairement le pays, le nom du responsable de l'équipe de recherche, l'année de l'installation et la date prévue d'achèvement de l'étude. Les détails doivent être inclus dans le rapport de visite. Tout l'équipement doit être fabriqué avec des matériaux qui posent un risque minimum de pollution de la zone et il doit être enlevé immédiatement une fois l'étude terminée. L'enlèvement d'un matériel spécifique pour lequel le permis est arrivé à expiration sera l'un des critères de délivrance du permis.

iv.   *Emplacement des campements*

Le camping n'est pas autorisé dans la zone. Les parties sur le terrain peuvent camper à l'est du « lac Kalika », à « VK-ground », ou au-delà de la limite occidentale de la zone.

v.   *Restrictions sur les matériaux et organismes pouvant être introduits dans la zone*

- L'introduction délibérée d'animaux, de végétaux ou de micro-organismes est interdite et les précautions d'usage seront prises contre toute introduction accidentelle.
- Aucun pesticide, herbicide, produit chimique ou radio-isotope ne sera introduit dans la zone, sauf autorisation octroyée pour répondre aux objectifs de gestion et de recherche scientifique. Ces agents autorisés devront être enlevés de la zone dès que prendra fin l'activité prévue.
- Les visiteurs doivent également consulter et observer les recommandations contenues dans le Manuel sur les espèces non indigènes du Comité pour la protection de l'environnement (CPE, 2011) et dans le Code de conduite environnemental pour les recherches scientifiques terrestres en Antarctique (SCAR, 2009).
- Aucun combustible ne sera entreposé dans la zone sauf autorisation pour réaliser l'activité prévue. Aucun entrepôt permanent ne devra être construit dans la zone.
- Tous les matériaux introduits dans la zone le seront pour une période déterminée et ils en seront retirés au plus tard à la fin de cette période.

vi.   *Prélèvement de végétaux et capture d'animaux ou perturbations nuisibles à la faune et la flore*

Toute perturbation de la faune et de la flore indigène dans la zone sera menée conformément aux exigences de l'article 3 de l'Annexe II du Protocole au Traité sur l'Antarctique relatif à la protection de l'environnement (1991). Dans le cas de prélèvements ou de perturbations nuisibles d'animaux, le SCAR Code of Conduct for Use of Animals for Scientific Purposes in Antarctica (Code de conduite du SCAR pour l'utilisation d'animaux à des fins scientifiques dans l'Antarctique) sera utilisé comme norme minimale.

vii. *Ramassage ou enlèvement de toute chose qui n'a pas été apportée dans la zone par le détenteur du permis*

Le ramassage ou l'enlèvement de matériaux présents dans la zone peut être autorisé par le permis mais ils doivent se limiter au minimum requis pour les activités menées à des fins scientifiques ou à des fins de gestion.

Le matériel d'origine humaine qui n'est pas apporté dans la zone par le détenteur du permis, mais qui risque de porter atteinte aux valeurs de la zone peut être enlevé de la zone à moins que l'impact de l'enlèvement soit supérieur à celui consistant à le laisser *in situ*. Si tel est le cas, l'autorité compétente doit en être notifiée.

viii. *Élimination des déchets*

Tous les déchets, y compris les déchets humains, seront enlevés de la zone.

ix. *Mesures nécessaires pour continuer à répondre aux buts et objectifs du plan de gestion*

- Des permis peuvent être délivrés pour entrer dans la zone afin d'y réaliser des activités de suivi biologique et d'inspection.
- Tous les sites spécifiques qui doivent faire l'objet d'un suivi de longue durée doivent être bien balisés et les positions GPS obtenues seront consignées au Système de répertoire de données de l'Antarctique par le biais de l'autorité nationale compétente.

x. *Rapports de visite*

Le principal détenteur de chaque permis délivré soumettra à l'autorité nationale compétente un rapport décrivant les activités menées dans la zone par les détenteurs d'un permis. Ce rapport doit être soumis le plus vite possible après la date d'expiration du permis et inclure les catégories de renseignements identifiées dans le formulaire du rapport de visite suggéré par le SCAR, ou conformément à la législation nationale. L'autorité tiendra un registre de ces activités, qu'elle mettra à la disposition des Parties intéressées.

8. Bibliographie

ASTHANA R., GAUR M.P., CHATURVEDI, A. (1996). Notes on Pattern of Snow Accumulation/ablation on ice shelf and Secular Movement of Dakshin Gangotri Glacier Snout in Central Dronning Maud Land, East Antarctica. Dans : *Scientific Report of the Twelfth Indian Scientific Expedition to Antarctica,* Tech. Pub. No. 10 D.O.D., Govt. of India, New Delhi, pp.111-122.

BEG M.J., PRASAD A.V.K., CHATURVEDI, A. (2000). Interim Report on Glaciological Studies in the Austral Summer of 19th Indian Antarctic Expedition. Dans : *Scientific Report of Nineteenth Indian Expedition to Antarctica,* Tech. Pub. No. 17 D.O.D., Govt. of India, New Delhi, pp. 121-126.

BEJARNIYA B.R., RAVIKANT V., KUNDU A. (2000). Glaciological Studies in Schirmacher Hill and on Ice Shelf during XIV Antarctica Expedition. Dans : *Scientific Report of Sixteenth Indian Expedition to Antarctica,* Tech. Pub. No. 14 D.O.D., Govt. of India, New Delhi, pp. 121-126.

CHATURVEDI A., SINGH A., GAUR M.P., KRISHNAMURTHY, K.V., BEG M.J. (1999). (1999) : A confirmation of Polar Glacial Recession by Monitoring the Snout of Dakshin Gangotri Glacier in Schirmacher Range. Dans : *Scientific Report of Fifteenth Indian Expedition to Antarctica,* Tech. Pub. No. 13 D.O.D., Govt. of India, New Delhi, pp. 321-336.

D'SOUZA M.J., KUNDU A. (2000). Glaciological studies during the Seventeenth Antarctic Expedition. Dans : *Scientific Report of Seventeenth Indian Expedition to Antarctica,* Tech. Pub. No. 15, D.O.D., Govt. of India, New Delhi, pp.67-72.

KASHYAP A.K. (1988) : Studies on Algal flora of Schirmacher Oasis, Dronning Maud land, Antarctica . Dans : *Proceedings of Workshop on Antarctic Studies,* D.O.D.,CSIR, Govt. of India, New Delhi, pp.435-439

KAUL M.K., CHAKRABORTY S.K., RAINA V.K. (1985). (1985) : A Note on the snout of the Dakshin Gangotri Glacier, Antarctica. Dans : *Scientific Report of Second Indian Expedition to Antarctica,* Tech. Pub. No. 2 D.O.D., Govt. of India, New Delhi, pp. 91-93.

KAUL M.K., SINGH R.K., SRIVASTAVA D., MUKERJI S., JAYARAM S. (1998). Observations on the Changes in the Snout of Dakshin Gangotri Glacier, Antarctica. Dans : *Scientific Report of the Fifth Indian Expedition to Antarctica, Tech.* Pub. No. 5 D.O.D., Govt. of India, New Delhi, pp. 205-209.

MUKERJI S., RAVIKANT V., BEJARNIYA B.R., OBEROI L.K., NAUTIYAL S.C. (1995). (1995) : A Note on the Glaciological Studies Carried Out During Eleventh Indian Expedition to Antarctica. Dans : *Scientific Report of Eleventh Indian Expedition to Antarctica,* Tech. Pub. No. 9 D.O.D., Govt. of India, New Delhi, pp. 153-162.

OLECH M., SINGH S.M. (2010) : Lichens and Lichenicolous Fungi of Schirmacher Oasis, Antarctica. *Monograph,* National Centre for Antarctic and Ocean Research, India. NISCAIR, New Delhi (In press).

PANDEY K.D., KASHYAP A.K. (1995). (1995) : Diversity of Algal Flora in Six Fresh Water Streams of Scirmacher Oasis, Antarctica. Dans : *Scientific Report of Tenth Indian Expedition to Antarctica,* Tech. Pub. No. 8 D.O.D., Govt. of India, New Delhi, pp. 218-229.

RAVINDRA R., CHATURVEDI A. AND BEG M.J. (2001). (2001) : Melt Water Lakes of Schirmacher Oasis - Their Genetic Aspects and Classification. Dans : *Advances in Marine and Antarctic Science,* Ed. Sahu, DB and Pandey, PC, Dariyaganj, New Delhi, pp. 301-313.

RAVINDRA R., SRIVASTAVA V.K., SHARMA B.L., DEY A., BEDI, A.K. (1994). (1994) : Monitoring of Icebergs in Antarctic Waters and a Note on the Secular Movement of Dakshin Gangotri Glacier. Dans : *Scientific Report of Ninth Indian Expedition to Antarctica,* Tech Pub. No. 6 D.O.D., Govt. of India, New Delhi, pp. 239-250.

RAVINDRA, R. (2001) : Geomorphology of Schirmacher Oasis, East Antarctica. *Proc. Symp. on Snow, Ice and Glaciers*, Geol. Sur. India, Spl. Pub. No. 53, pp. 379-390.

SINGH D.K., SEMWAL R.C. (2000). (2000) : Bryoflora of Schirmacher Oasis, East Antarctica: A Preliminary Study. Dans : *Scientific Report of Sixteenth Indian Expedition to Antarctica,* Tech. Pub. No. 14, D.O.D., Govt. of India, New Delhi, pp.173-186

SUNIL P.S., REDDY C.S., PONRAJ M., DHAR A., JAYAPAUL D. (2007). GPS Determination of the Velocity and Strain-Rate Fields on Schirmacher Glacier, Central Dronning Maud Land, Antarctica. *Journal of Glaciology*, vol. 53, pp. 558-564.

VENKATARAMAN K. (1998): Studies on Phylum Tardigrada and Other Associated Fauna, South Polar Skua and Bird and Mamal Ligging during 1994-1995 Expedition. Dans : *Scientific Report of Fourteenth Indian Expedition to Antarctica,* Tech. Pub. No. 12, D.O.D., Govt. of India, New Delhi, pp.220-243

Figure 1: Images of Secured Markers at two Locations at the Boundary of ASPA-163

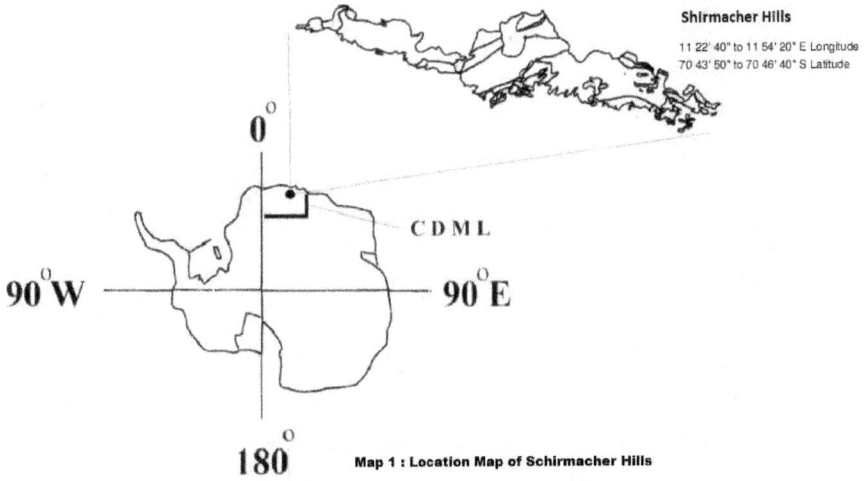

Shirmacher Hills

11 22' 40" to 11 54' 20" E Longitude
70 43' 50" to 70 46' 40" S Latitude

Map 1 : Location Map of Schirmacher Hills

MAP 2: MAP SHOWING LOCATION OF MAITRI AND NOVOLAZAREVSKAYA STATION

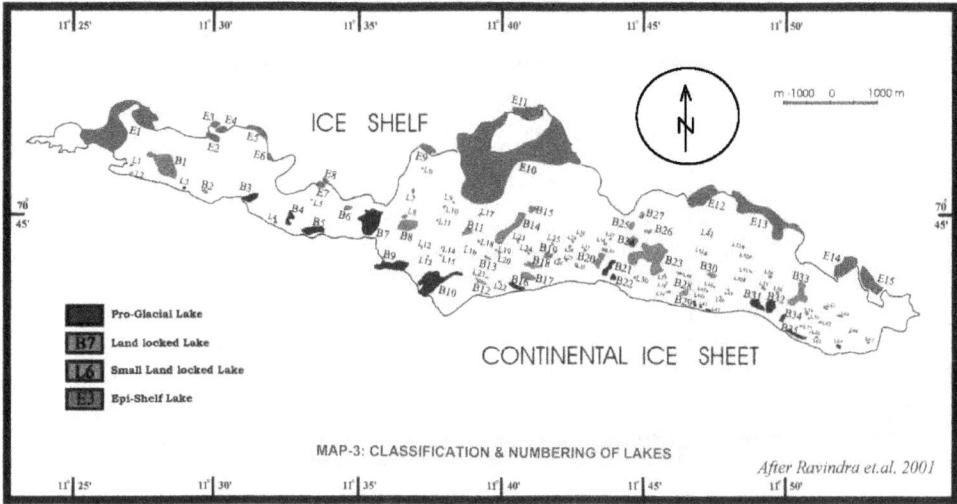

MAP-3: CLASSIFICATION & NUMBERING OF LAKES

After Ravindra et.al. 2001

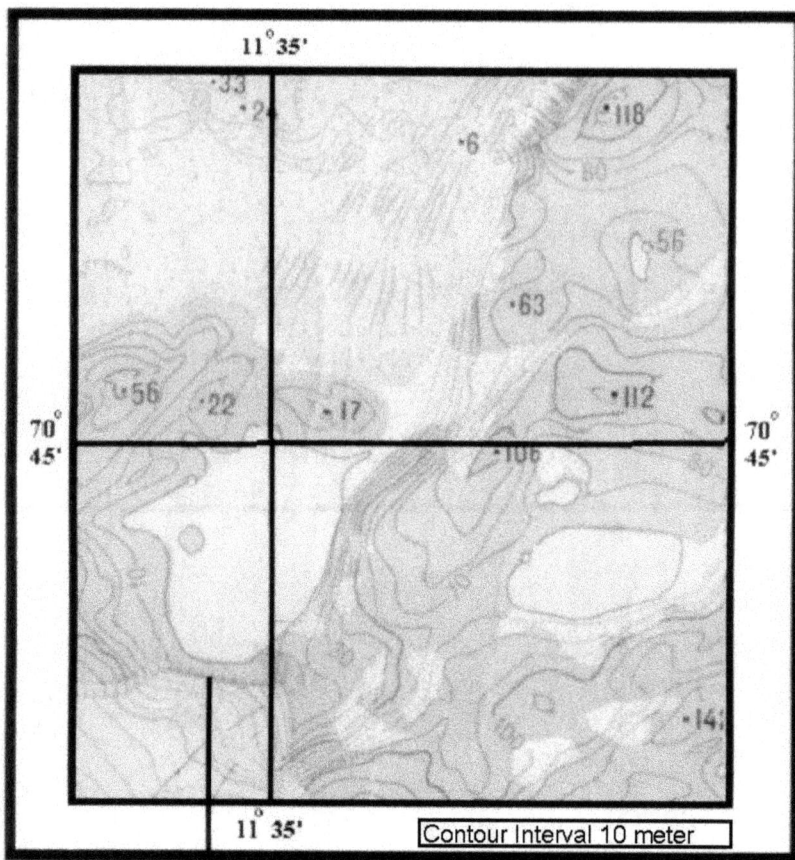

Plate - 4

Dakshin Gangotri Snout

MAP-4: TOPOGRAPHIC MAP OF THE AREA

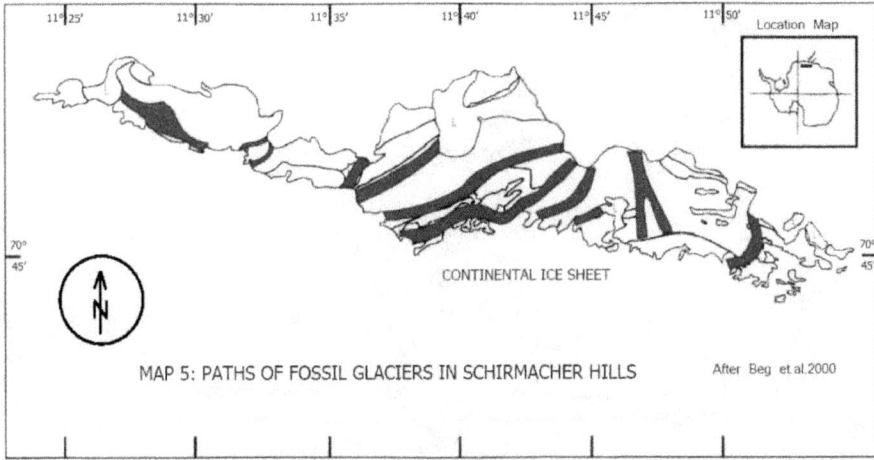

MAP 5: PATHS OF FOSSIL GLACIERS IN SCHIRMACHER HILLS

After Beg et.al.2000

MAP-6: DAKSHIN GANGOTRI SNOUT (MARCH 2013)

Plan de gestion pour la zone spécialement protégée de l'Antarctique n° 164

MONOLITHES DE SCULLIN ET DE MURRAY, TERRE MAC.ROBERTSON

Introduction

Le monolithe de Scullin (67° 47' 37" S, 66° 43' 8" E) et celui de Murray (67° 47' 3" S, 66° 53' 17" E) (carte A) ont été, sur proposition de l'Australie et par la Mesure 2 (2005), désignés comme zone spécialement protégée de l'Antarctique (ZSPA) n° 164. Un plan de gestion révisé pour la zone a été adopté par la Mesure 13 (2010). Cette zone a pour but de protéger la plus grande concentration de colonies d'oiseaux de mer que l'on trouve dans l'Antarctique de l'Est. Sept espèces y occupent des territoires, à savoir cinq espèces de pétrel (pétrel antarctique ou *Thalassoica antarctica*, damier du Cap ou *Daption capense*, fulmar antarctique ou *Fulmarus glacialoides*, pétrel des neiges ou *Pagodroma nivea*, océanite de Wilson ou *Oceanites oceanicus*), une espèce de manchot (manchot Adélie ou *Pygoscelis adeliae*) et une espèce de mouette (labbe antarctique ou *Catharacta maccormicki*).

Par rapport à quelques autres sites de l'Antarctique de l'Est, les monolithes de Scullin et de Murray n'ont été qu'assez peu visités et, à une exception connue près, toutes les visites ont été brèves (moins d'un jour). Les monolithes de Scullin et de Murray ont été visités pour la première fois le 13 février 1931 durant le deuxième voyage de l'expédition antarctique britannique, australienne et néo-zélandaise (BANZARE) en 1930-31. Sir Douglas Mawson a donné pendant cette visite un nom aux deux monolithes. Le monolithe de Murray a ainsi été renommé à la mémoire de Sir George Murray, président de la Cour suprême d'Australie du Sud, président de l'University of Adelaide et un des promoteurs de l'expédition, alors que celui de Scullin l'a été à la mémoire de James H. Scullin, premier ministre de l'Australie entre 1929 et 1931.

Un débarquement de courte durée a eu lieu le 26 février 1936 au monolithe de Scullin (R.R.S.William Scoresby) pour y faire une ascension de plusieurs centaines de mètres. Le 30 janvier 1937, un Norvégien, Lars Christensen, a débarqué et visité le monolithe de Scullin. Du personnel du programme antarctique australien se rend quelques fois dans la zone à partir de la station Mawson, à environ 160 km à l'ouest. Le seul séjour enregistré dans la zone a été une visite de six jours (du 1 au 6 février 1987), lorsqu'y ont été effectuées des études ornithologiques détaillées. La première visite d'un navire de tourisme commercial dans la zone a eu lieu le 10 décembre 1992 et un petit nombre de visites de courte durée ont été effectuées les années suivantes.

1. *Description des valeurs à protéger*

La zone a été essentiellement désignée pour protéger les valeurs écologiques et scientifiques associées à l'assemblage important d'oiseaux de mer découverts aux monolithes de Scullin et de Murray.

Avec 160 000 couples au moins, la colonie de pétrels antarctiques située sur le monolithe de Scullin se classe, en nombre d'individus, au deuxième rang juste après la colonie de Svarthameren dans la Mühlig Hofmannfjella, Terre de la reine Maude (ZSPA n° 142). Par conséquent, un tiers environ de la population mondiale estimée de ces pétrels (environ 500 000 couples) se reproduit au monolithe de Scullin.

Des colonies de manchots Adélie occupent les pentes inférieures des deux monolithes, s'étendant vers l'estran. La dernière étude en date, effectuée en décembre 2010, a répertorié pas loin de 43 000 oiseaux au monolithe de Scullin et quelque 80 000 couples supplémentaires au monolithe de Murray. (À ce moment de la saison de reproduction, qui correspond à la moitié de la période d'incubation, le nombre d'oiseaux présents avoisine le nombre de couples en reproduction.) Cela représente approximativement 5 % de la population nicheuse de manchots Adélie en Antarctique de l'Est et environ 2 % de la population totale.

Bon nombre des pentes des deux monolithes qui font face à l'océan sont occupées par les autres espèces de pétrels. On trouve de vastes colonies nicheuses sur un grand nombre des pentes plus abruptes et en altitude plus élevée de ces monolithes. Des labbes antarctiques nichent partout dans la zone, se servant de la forte densité d'oiseaux de mer nicheurs comme animaux de proie pendant leur saison de reproduction.

S'il est vrai qu'il existe ailleurs dans l'Antarctique de l'Est de plus grandes colonies d'oiseaux de mer (comme le groupe Rauer par exemple), ce sont la population nicheuse prudemment estimée à 230 000 couples et l'abondante diversité des espèces dans les petites aires libres de glace des monolithes de Scullin et de Murray (environ 1,9 et 0,9 km² respectivement) qui en font la plus grande des concentrations et l'un des endroits de reproduction d'oiseaux de mer les plus divers connus de l'Antarctique de l'Est (Annexe 1).

En plus des valeurs écologiques et scientifiques exceptionnelles déjà identifiées, la zone possède des valeurs esthétiques exceptionnelles dans la géomorphologie des deux monolithes ainsi que dans la nature spectaculaire des glaciers descendant du plateau continental qui coulent autour des monolithes pour terminer en glaciers vêlants.

L'assemblage nicheur très vaste et divers d'oiseaux de mer dans un cadre de valeurs esthétiques et de nature à l'état sauvage exceptionnelles justifie le degré de protection le plus élevé.

2. Buts et objectifs

La gestion des monolithes de Scullin et de Murray poursuit les objectifs suivants :

- éviter la dégradation des valeurs de la zone et les risques substantiels qu'elles pourraient courir en empêchant les perturbations humaines inutiles dans la zone ;

- préserver la nature vierge de la zone afin qu'elle puisse être utilisée dans l'avenir comme un site de référence ;

- permettre des travaux de recherche scientifique sur l'écosystème et les valeurs de la zone, à condition qu'ils soient effectués pour des raisons impérieuses qui ne peuvent pas être satisfaites ailleurs et qu'ils ne portent pas atteinte aux valeurs de la zone, en particulier les valeurs ornithologiques ;

- accorder une priorité élevée à la collecte de données de recensement sur les oiseaux de mer dans des aires d'échantillonnage représentatives, des colonies de reproducteurs de référence ou des populations de reproducteurs tout entières. Ces données de recensement constitueront un facteur primordial des futures révisions de la stratégie de gestion pour la zone et elles y contribueront ;

- accorder une priorité élevée à la collecte d'autres données d'études biologiques, en particulier d'études sur la flore et les invertébrés. Ces données seront incorporées dans de futures révisions de la stratégie de gestion de la zone ;

- permettre, à des fins de gestion, des visites à l'appui des buts et objectifs du plan de gestion ; et

- réduire au minimum les risques d'introduction de plantes, d'animaux et de micro-organismes non indigènes, en particulier les agents pathogènes aviaires.

3. Activités de gestion

Les activités de gestion ci-après seront entreprises pour protéger les valeurs de la zone :

- dans la mesure du possible, la zone sera visitée selon que de besoin et, de préférence, une fois au moins tous les cinq ans, pour y effectuer des recensements des populations d'oiseaux de mer reproducteurs, y compris la cartographie des colonies et des sites de nidification ;

- des informations sur la ZSPA qui couvre les monolithes de Scullin et de Murray ainsi que des exemplaires du plan de gestion seront mis à disposition de tous les visiteurs aux stations Davis et Mawson ;

- les programmes antarctiques nationaux qui opèrent dans les environs ou qui ont l'intention de visiter la zone consulteront d'autres programmes nationaux afin de s'assurer que leurs projets de recherche ne font pas double emploi ou ne sont pas contradictoires ; et

- dans la mesure du possible, des visites de gestion seront effectuées pour enlever les matériaux inutiles qui se trouvent actuellement à l'intérieur de la zone.

4. Durée de la désignation

La zone sera désignée pour une durée indéterminée.

5. Cartes et photographies

- **Carte A** : zone spécialement protégée de l'Antarctique n° 164, monolithes de Scullin et de Murray, Terre Mac.Robertson, Antarctique de l'Est. L'encart indique l'emplacement par rapport au continent antarctique.

- **Carte B** : zone spécialement protégée de l'Antarctique n° 164, monolithe de Scullin : topographie et distribution des oiseaux.

- **Carte C** : zone spécialement protégée de l'Antarctique n° 164, monolithe de Murray : topographie et distribution des oiseaux.

- **Carte D** : zone gérée spéciale de l'Antarctique n° 164 : monolithe de Scullin : approche par hélicoptère et sites d'atterrissage.

Spécifications pour toutes les cartes : référentiel géodésique (horizontal) : WGS84 ; référentiel géodésique (vertical) : niveau moyen de la mer.

6. Description de la zone

6(i) Coordonnées géographiques, bornage et caractéristiques du milieu naturel

Le monolithe de Scullin (67° 47' 37" S, 66° 43' 8" E) et le monolithe de Murray (67° 47' 3" S, 66° 53' 17" E) sont situés sur la Terre Mac. Robertson, à environ 160 km à l'est de la station Mawson (carte A). Les monolithes se trouvent à environ 7 km l'un de l'autre et rejoignent la mer à l'extrémité de la calotte glaciaire continentale. La bande côtière à l'ouest et à l'est, ainsi qu'entre les monolithes, est constituée de falaises de glace de 30 à 40 m de haut. Le plateau antarctique s'élève fortement en pente raide à partir de là vers le sud. Le monolithe de Scullin est un massif en forme de croissant dont le point culminant est situé à 443 m au-dessus du niveau de la mer. Il renferme une grande anse orientée vers le nord dont l'entrée fait environ 1 km de large. Toutes les pentes supérieures du monolithe sont très raides, mais sur les 100 derniers mètres au niveau inférieur, la pente s'atténue à de nombreux endroits et ses zones sont parsemées de moraines et de gros rochers. Ailleurs dans les parties inférieures, la face du rocher tombe directement à la mer ; des pentes d'éboulis font également partie de ce paysage.

Les parois du monolithe de Murray s'élèvent de la mer et se caractérisent, au sommet situé à 340 m au-dessus du niveau de la mer, par une forme de dôme. Sur le flanc occidental de ce monolithe, les pentes inférieures rejoignent une plate-forme côtière. La zone s'étend sur l'ensemble des zones libres de glace associées aux deux monolithes ; et comprend une partie de la glace continentale adjacente ainsi que de la montagne de

Torlyn au sud-ouest du monolithe de Murray, qui s'élève à environ 400 m au-dessus du niveau de la mer. Aucune borne ne délimite le site.

La ZSPA des monolithes de Scullin et de Murray comprend deux secteurs (voir les cartes B et C) :

- Monolithe de Scullin – La ligne de démarcation commence à une coordonnée sur le littoral au 67° 46' 59" de latitude sud, 66° 40' 30" de longitude est, pour ensuite se déplacer vers le sud jusqu'à une coordonnée au 67° 48' 3" de latitude sud, 66° 40' 26" de longitude est, vers l'est à une coordonnée au 67° 48' 6" de latitude sud, 66° 44' 33" de longitude est, puis vers le nord à une coordonnée sur la côte au 67° 46' 41" de latitude sud, 66° 44' 37" de longitude est, puis vers l'ouest suivant la ligne du littoral à marée basse jusqu'à la coordonnée 67° 46' 59" de latitude sud, 66° 40' 30" de longitude est.

- Monolithe de Scullin – La ligne de démarcation commence à une coordonnée sur le littoral au 67° 46' 36" de latitude sud, 66° 51' 1" de longitude est, pour ensuite se déplacer vers le sud jusqu'à une coordonnée au 67° 48' 3" de latitude sud, 66° 50' 55" de longitude est, vers l'est à une coordonnée au 67° 48' 5" de latitude sud, 66° 53' 51" de longitude est, puis vers le nord à une coordonnée sur la côte au 67° 46' 38" de latitude sud, 66° 54' de longitude est, puis vers l'ouest suivant la ligne du littoral à marée basse jusqu'à la coordonnée 67° 46' 36" de latitude sud, 66° 51' 1" de longitude est.

Oiseaux

Sept espèces y occupent des territoires, à savoir cinq espèces de pétrel (pétrel antarctique ou *Thalassoica antarctica*, damier du Cap ou *Daption capense*, fulmar antarctique ou *Fulmarus glacialoides*, pétrel des neiges ou *Pagodroma nivea*, océanite de Wilson ou *Oceanites oceanicus*), une espèce de manchot (manchot Adélie ou *Pygoscelis adeliae*) et une espèce de mouette (labbe antarctique ou *Catharacta maccormicki*). Le monolithe de Scullin héberge la deuxième plus grande colonie de pétrels antarctiques avec une population d'au moins 160 000 couples et d'importantes colonies de manchots Adélie. On en sait moins de la diversité des espèces au monolithe de Murray. On y a cependant répertorié quelque 8 000 manchots Adélie au cours de la période 2010/11 (Annexe 1).

On a tenté qu'une seule fois – c'était au cours de la période 1986/87 –, de dénombrer la population de chaque espèce dans la zone. Une étude ultérieure de la population d'oiseaux a eu lieu en 2010/11, mais elle s'est exclusivement concentrée sur la population des manchots Adélie. Ce qui explique pourquoi il s'agit de la seule espèce pour laquelle nous disposons de données quant à l'évolution de la population. Les estimations de la population de manchots Adélie arrivaient aux mêmes résultats pour ces deux périodes (environ 50 000 et 43 000 couples). La différence entre les deux résiderait au niveau d'erreurs commises lors du calcul de la population. Les estimations pour le monolithe de Murray présentent en revanche des écarts significatifs (environ 20 000 et 8 000 couples), mais on en sait peu sur la façon dont ont été calculées les premières estimations, ce qui remet en doute leur crédibilité. Il est possible en effet que le recensement de 1986/87 ait sous-estimé la population nicheuse étant donné que celui-ci fut réalisé assez tard durant la saison de reproduction.

Géologie

La géologie des deux monolithes est mal comprise, car ils n'ont ni l'un ni l'autre fait l'objet d'une étude spécialisée ou de l'établissement de cartes géologiques particulières. Elle semble dans l'ensemble assez similaire à celle de la région autour de la station Mawson. Les roches se composent essentiellement de gneiss d'origine métasédimentaire en faciès granulite à teneur élevée ainsi que de roches renfermant de la saphirine. Ce métamorphisme est intervenu dans des conditions anhydreuses, il y a probablement 1000 millions d'années. Un âge s'inscrivant dans une fourchette allant de 1 254 millions d'années au maximum et 625 millions d'années au minimum a été documenté pour les gneiss du monolithe de Scullin. Le métamorphisme a impliqué des roches sédimentaires initialement du Protérozoïque. Ces socles rocheux métamorphiques ont été pénétrés il y a environ 925 à 985 millions d'années par de la charnockite Mawson, une forme de granit qui se caractérise par la présence d'orthopyroxène et que l'on rencontre fréquemment dans cette région. Celui-ci constitue les flancs des monolithes. La datation, qui s'inscrit entre 433 et 450 millions d'années, peut refléter une influence ultérieure de l'« événement panafricain » (il y a 500 millions d'années) qui a été observé très largement sur l'ensemble du Gondwana. Les marges des monolithes contiennent des sédiments amenés par la calotte glaciaire et déposés par la glace fondante. La source ne peut être spécifiée, mais elle peut contenir de la matière recyclée provenant d'endroits plus éloignés à l'intérieur des terres et pourrait peut-être corroborer certains des aspects de la géologie sous la glace.

Domaines environnementaux et Régions de conservation biogéographique de l'Antarctique

Si l'on se fonde sur l'analyse des domaines environnementaux pour l'Antarctique (Résolution 3(2008)), les monolithes de Scullin et de Murray se trouvent respectivement dans les environnements D – *Géologique du littoral de l'Antarctique de l'Est* et L – *Calotte de glace de la zone côtière du continent*. Cependant, sur la base des régions de conservation biogéographiques de l'Antarctique (Résolution 6 (2012)), la zone n'a pas été attribuée à une région biogéographique.

Végétation

On trouvera à l'Annexe 3 les plantes qui ont été répertoriées au monolithe de Scullin sur la base de visites effectuées en 1972 et 1987. Toutes les espèces de lichen et de mousse découvertes sur le monolithe de Scullin l'ont également été ailleurs sur la terre Mac. Robertson (Annexe 2) La végétation sur le monolithe de Scullin se limite principalement au plateau occidental et aux nunataks qui y sont associés. Les pentes côtières sont en général dénuées de végétation à cause des grandes quantités de guano que l'on y trouve. La distribution de la végétation sur le plateau occidental est influencée par une microtopographie qui contrôle l'ampleur de l'exposition et la disponibilité d'humidité. Bien qu'elle ne soit pas répertoriée, il est probable que la végétation au monolithe de Murray soit similaire à celle observée au monolithe de Scullin.

Autres biotes

Aucune étude approfondie des invertébrés n'a été réalisée aux monolithes de Scullin et de Murray. Un léopard de mer (*Hydrurga leptonyx*) a été aperçu durant une visite en 1936 ainsi que plusieurs phoques de Weddell (*Leptonychotes weddellii*) durant des visites en 1997 et 1998. Il n'y a rien d'autre à signaler quant aux observations des biotes.

6(ii) Accès à la zone

Il est possible d'accéder à la zone à l'aide de petites embarcations, de véhicules sur neige ou sur glace ou d'aéronefs, conformément à la section 7(ii) de ce plan.

6(iii) Structures dans la zone et à proximité

À l'époque où le présent document a été rédigé (mars 2015), il y avait un abri « Apple » en fibres de verre qui est situé sur la crête sud-ouest du sommet du monolithe de Scullin (environ 67° 47' 24" S, 66° 41' 38" E) (cartes B et D). Il y a quatre fûts de 200 litres chacun de carburant pour hélicoptère et un fût vide de 200 litres ainsi que les restes (enregistrés) d'une réserve de vivres (1985/86). Il est prévu de faire enlever tous ces matériaux de la zone à la première occasion.

6(iv) Emplacement d'autres zones protégées à proximité directe de la zone

Il y a deux ZSPA situées à l'ouest des monolithes de Scullin et de Murray. La zone spécialement protégée de l'Antarctique n° 102, îles Rookery (67° 36' 36" S, 62° 32' 1" E), se trouve à quelque 180 km à l'ouest (à grosso modo 20 km à l'ouest de Mawson), tandis que la zone spécialement protégée de l'Antarctique n° 101, Taylor Rookery (67° 27' -1" S ; 60° 53' -1" E), se trouve, quant à elle, à 70 km plus à l'ouest de la première.

6(v) Zones spéciales à l'intérieur de la zone

Il n'y a pas de zone spéciale à l'intérieur de la zone.

7. Critères de délivrance d'un permis

7(i) Critères généraux

L'entrée dans la zone est interdite sauf avec un permis délivré par une autorité nationale compétente. Les critères généraux de délivrance d'un permis pour entrer dans la zone sont les suivants :

- le permis n'est délivré qu'à des fins scientifiques ou pour des raisons de gestion essentielles qu'il n'est pas possible de satisfaire ailleurs, en particulier pour l'étude scientifique de l'avifaune et de l'écosystème de la zone, ou pour des raisons conformes aux objectifs du plan comme des activités d'inspection, d'entretien ou de révision ;
- les activités autorisées sont conformes à ce plan de gestion et elles ne porteront pas atteinte aux valeurs de la zone ;
- le permis est délivré pour une durée déterminée ;
- le permis autorisera l'entrée dans la zone d'un maximum de 10 personnes à la fois durant la saison de reproduction des oiseaux de mer et de 15 personnes à la fois pendant le reste de l'année ;
- le détenteur du permis doit l'avoir sur lui ou en avoir une copie conforme lorsqu'il se trouve dans la zone ;
- un rapport de visite sera remis à l'autorité nationale compétente à l'issue de l'activité autorisée ; et
- l'autorité nationale compétente sera notifiée de toutes les activités et mesures entreprises qui ne sont pas incluses dans le permis délivré.

7(ii) Accès à la zone et déplacements à l'intérieur et au-dessus d'elle

- Il est possible d'accéder à la zone à l'aide de petites embarcations, de véhicules sur neige ou sur glace ou d'aéronefs.
- Tous ceux et celles qui se déplacent à l'intérieur et autour de la zone doivent respecter les distances d'approche minimales indiquées de la faune sauvage (Annexe 3). Un permis peut cependant autoriser à approcher la faune sauvage de plus près.
- Les visiteurs ne peuvent se déplacer qu'à pied à l'intérieur de la zone.
- La vitesse des petites embarcations utilisées pour s'approcher de la zone ne doit pas dépasser cinq nœuds dans un rayon de 500 m de la côte.
- Il est recommandé que les visiteurs qui ne sont pas autorisés à entrer dans la zone ne pénètrent pas dans un rayon de moins de 50 m du littoral.
- Pour réduire les perturbations de la faune et de la flore, les niveaux sonores, y compris des conversations, doivent être réduits à leur plus simple expression. L'utilisation d'outils à moteur ainsi que toute autre activité susceptible de générer une pollution par le bruit et, par conséquent, de perturber les oiseaux nicheurs, est interdite dans la zone pendant la saison estivale de reproduction des oiseaux de mer (du 1er octobre au 31 mars).

Un aéronef peut être utilisé pour entrer dans la zone sous réserve des conditions suivantes :

- la perturbation des colonies par les aéronefs sera évitée en tout temps ;
- les survols de la zone en deçà de 1 500 m (5000 pieds) pour les hélicoptères bimoteurs et de 930 m (3 050 pieds) pour les hélicoptères monomoteurs et les aéronefs à voilure fixe sont interdits durant la saison de reproduction (du 1er octobre au 31 mars) ;
- les atterrissages à l'intérieur de la zone peuvent uniquement avoir lieu au site désigné au monolithe de Scullin (carte D) et seuls les hélicoptères monomoteurs sont autorisés à atterrir ;

- les hélicoptères gagneront le site d'atterrissage par le flanc sud-ouest (comme indiqué par le couloir de vol approuvé sur la carte D) ;

- durant la saison de reproduction, les hélicoptères bimoteurs n'atterriront pas, ne décolleront pas ou ne voleront pas dans un rayon de 1 500 m de la zone ;

- durant la saison de reproduction, il est interdit aux aéronefs à voilure fixe d'atterrir ou de décoller dans un rayon de 930 m de la zone et d'y voler dans un rayon de 750 m (2 500 pieds) ;

- en aucun cas, les aéronefs ne peuvent voler dans l'amphithéâtre du monolithe de Scullin durant la saison de reproduction ;

- les hélicoptères bimoteurs peuvent atterrir au site désigné en dehors de la saison de reproduction (du 1er octobre au 31 mars) ; et

- le ravitaillement des aéronefs n'est pas autorisé à l'intérieur de la zone.

7(iii) Activités menées ou pouvant être menées dans la zone, y compris les restrictions relatives à la durée et à l'endroit

Les activités suivantes peuvent être menées dans la zone avec l'autorisation d'un permis :

- des travaux de recherche indispensables qui ne peuvent pas être effectués ailleurs, y compris le démarrage ou la poursuite de programmes de suivi en cours ; et

- d'autres travaux de recherche scientifique et des activités de gestion essentielles, conformes au plan de gestion, qui ne porteront pas atteinte aux valeurs de la zone ou de l'intégrité de son écosystème.

7(iv) Installation, modification ou démantèlement de structures

Aucune structure nouvelle ne doit être érigée dans la zone et aucun équipement ne doit y être installé, sauf pour des raisons scientifiques ou de gestion impérieuses et pour une période préétablie, selon les spécifications contenues dans un permis. Tous les dispositifs de bornage ainsi que le matériel scientifique installé dans la zone devront être fixés et soigneusement entretenus, et identifier clairement le pays, le nom du responsable de l'équipe de recherche et l'année de l'installation. Tout équipement doit être fabriqué avec des matériaux qui posent un risque minimum, non seulement de perturbation de la faune et de la flore, mais aussi de pollution de la zone.

Le permis sera notamment octroyé sous la condition que le matériel utilisé pour mener l'activité autorisée soit retiré de la zone, au plus tard lorsque ladite activité sera terminée. Des informations détaillées sur les bornes et le matériel laissés temporairement sur place (coordonnées GPS, description, identification, etc., ainsi que la date de retrait prévue) doivent être transmises à l'autorité ayant délivré le permis.

7(v) Emplacement des campements

Des camps temporaires peuvent être installés dans la zone pour les équipes sur le terrain, mais ils doivent l'être aussi loin que possible des colonies d'oiseaux de mer et de leurs sites de nidification, tout en respectant la sécurité des visiteurs. Ils seront installés pendant le minimum de temps nécessaire pour effectuer les travaux de recherche approuvés et ils ne pourront pas rester sur place d'une saison de reproduction à l'autre.

7 (vi) Restrictions sur les matériels et les organismes pouvant être introduits dans la zone

- Une petite quantité de carburant peut être introduite dans la zone pour que les équipes sur le terrain puissent y cuisiner. Il est sinon interdit de stocker des combustibles à l'intérieur de la zone.

- Aucun produit à base de volaille, y compris des aliments lyophilisés contenant des œufs en poudre, ne peut être introduit dans la zone.

- Aucun herbicide ou pesticide ne peut être introduit dans la zone.

- Tous les produits chimiques nécessaires pour mener à bien des travaux de recherche doivent être approuvés par le permis et ils seront retirés au plus tard à la fin de ces travaux. Il est interdit d'importer ou d'utiliser des radionucléides ou des isotopes stables à l'intérieur de la zone.

- L'introduction délibérée d'animaux, de matières végétales, de micro-organismes et de terre non stérile dans la zone est interdite. Des mesures de précaution draconiennes doivent être prises pour éviter l'introduction accidentelle de tout animal, forme végétale, micro-organisme et terre non stérile provenant de régions biologiques distinctes (comprises à l'intérieur ou à l'extérieur de la zone du Traité sur l'Antarctique).

- Les vêtements, les chaussures et autres équipements utilisés ou introduits dans la zone (y compris les sacs à dos, les sacs à provisions et les tentes) seront, dans toute la mesure du possible, minutieusement nettoyés avant d'entrer dans la zone.

- Les bottes, l'équipement de recherche et d'échantillonnage ainsi que les marqueurs en contact avec le sol seront désinfectés et nettoyés à l'eau chaude et à l'eau de javel avant de pénétrer dans la zone et à sa sortie afin de prévenir l'introduction accidentelle de tout animal, forme végétale, micro-organisme ou terre non stérile dans la zone. Le nettoyage doit être effectué à l'intérieur de la zone.

- Les visiteurs doivent également consulter et observer les recommandations contenues dans le Manuel sur les espèces non indigènes du Comité pour la protection de l'environnement (CPE, 2011) et dans le Code de conduite environnemental pour les recherches scientifiques terrestres en Antarctique (SCAR, 2009).

7(vii) Prélèvement de végétaux, capture d'animaux ou perturbations nuisibles de la faune et de la flore

Tout prélèvement de végétaux, toute capture d'animaux, ou toute perturbation nuisible à la flore et à la faune est interdit, sauf si un permis l'autorise. Dans le cas de prélèvements ou de perturbations nuisibles d'animaux, le Code de conduite du SCAR pour l'utilisation d'animaux à des fins scientifiques dans l'Antarctique devra être utilisé comme norme minimale. La perturbation de la nature à l'état sauvage doit être évitée en tout temps.

7(viii) Ramassage ou enlèvement de toute chose qui n'a pas été apportée dans la zone par le détenteur du permis

Les matériels d'origine humaine qui risquent de porter atteinte aux valeurs de la zone et qui n'ont pas été apportés dans la zone par le détenteur du permis peuvent être enlevés, à moins que l'impact qui en résulte ne soit plus grand que celui de les laisser sur place. Si de tels matériels sont retrouvés, l'équipe sur le terrain devra en informer l'autorité qui délivre les permis alors qu'elle est encore présente dans la zone.

Les spécimens de matériaux naturels ne peuvent être ramassés ou enlevés de la zone qu'avec un permis l'autorisant, mais leur nombre ne doit pas dépasser le minimum requis pour répondre à des besoins scientifiques ou à des besoins de gestion.

7(ix) Élimination des déchets

Tous les déchets, y compris les déchets humains, doivent être retirés de zone. Les déchets des équipes sur le terrain seront stockés de telle sorte que la vie sauvage (labbes par exemple) ne puisse pas s'en nourrir en attendant leur évacuation ou leur enlèvement. Les déchets doivent être retirés au plus tard à la date à laquelle l'équipe quitte la zone. Les déchets humains et les eaux usées peuvent être évacués dans la mer bien en dehors de la zone.

7(x) Mesures nécessaires pour faire en sorte que les buts et objectifs du plan de gestion continuent à être atteints

- Des permis peuvent être délivrés pour entrer dans la zone afin d'y réaliser des activités de suivi biologique et d'inspection, qui peuvent faire intervenir le prélèvement d'échantillons pour analyse ou examen.

- Les études ornithologiques, y compris les photographies aériennes pour faciliter le recensement des populations, seront considérées comme prioritaires.

- Toutes les données GPS et toutes les données de recensement/dénombrement collectées par les équipes sur le terrain visitant la zone seront mises à la disposition de l'autorité qui a délivré le permis et de la Partie chargée d'élaborer le plan de gestion (si ce n'est pas la même).

- Ces données seront consignées dans le Répertoire maître des données antarctiques.

- Les visiteurs prendront toutes les précautions possibles pour éviter l'introduction d'organismes étrangers dans la zone. L'introduction de pathogènes, de microbes ou de végétation provenant des sols, de la flore ou de la faune d'autres sites antarctiques, en ce compris des stations de recherche ou de régions situées en dehors de l'Antarctique, constitue la principale préoccupation. Dans le but de minimiser ces risques, les visiteurs, avant même de pénétrer dans la zone, procéderont à un nettoyage minutieux des chaussures et de tout équipement qui sera utilisé dans la zone, et tout particulièrement l'équipement d'échantillonnage et les marqueurs.

7(xi) Rapports de visites

Le principal détenteur du permis soumettra, pour chaque visite dans la zone, un rapport à l'autorité nationale compétente, dès que cela lui sera possible, et au plus tard six mois après la fin de ladite visite. Ces rapports de visite devront inclure, s'il y a lieu, les informations identifiées dans le formulaire recommandé figurant dans le Guide pour l'élaboration des plans de gestion des zones spécialement protégées de l'Antarctique. Le cas échéant, l'autorité nationale doit également adresser un exemplaire du rapport de visite à la Partie qui a proposé le plan de gestion, afin d'aider à la gestion de la zone et à la révision du plan de gestion. Les Parties doivent, dans la mesure du possible, déposer les originaux ou les copies de ces rapports dans une archive à laquelle le public pourra avoir accès et ce, afin de conserver une archive d'usage qui sera utilisée, dans l'examen du plan de gestion et dans l'organisation de l'utilisation scientifique de la zone.

Une copie du rapport doit être transmise à la Partie responsable de l'élaboration du plan de gestion (Australie) afin de contribuer à la gestion de la zone et au suivi des populations aviaires.

8. Bibliographie

Alonso J.C., Johnstone G.W., Hindell M., Osborne P. & Guard R. (1987): Las aves del Monolito Scullin, Antártida oriental (67° 47' -1" S, 66° 42' -1" E). In: Castellvi J (ed) *Actas del Segundo symposium Espanol de estudios antarcticos*, pp. 375-386, Madrid.

Bergstrom, D.M., Seppelt, R.D. (1990): The lichen and bryophyte flora of Scullin Monolith Mac.Robertson Land. *Polar Record* 26, 44

Christensen L. (1938): My last expedition to the Antarctic 1936 - 1937. JG Tanum, Oslo. Christensen L 1939. Charting the Antarctic. *Polar Times* 8, 7-10.

Filson R.B. (1966): The lichens and mosses of Mac.Robertson Land. *ANARE Scientific Reports* B(II) Botany.

Funaki, M., Saito, K. (1992): Paleomagnetic and Ar-40/Ar-39 dating studies of the Mawson charnockite and some rocks from the Christensen Coast., In Y. Yoshida (ed) *Recent progress in Antarctic earth science.* pp191-201, Terra Scientific Publishing Company, Tokyo.

Lee J.E, Chown S.L. 2009: Breaching the dispersal barrier to invasion: quantification and management. *Ecological Applications* **19**: 1944-1959.

Johnstone, G. (1987): Visit to Scullin Monolith. *ANARE News*, June 1987, 3.

Klages, N. T.W., Gales, R., Pemberton, D. (1990): The stomach contents of Antarctic petrels Thalassoica antarctica feeding young chicks at Scullin Monolith, Mawson Coast, Antarctica. *Polar Biology* 10, 545-547

Rayner, G.W. & Tilley C.E. (1940): Rocks from Mac Robertson Land and Kemp Land, Antarctica. *Discovery Reports*, XIX, 165-184.

Southwell, C.J. & Emmerson, L.M. (2013) New counts of Adélie penguin populations at Scullin and Murray monoliths, Mac. Robertson Land, East Antarctica. *Antarctic Science* 25: 381-384.

Takigami, Y., Funaki M. & Tokieda K. (1992): 40Ar-39Ar geochronological studies on some paleomagnetic samples of East Antarctica. in Y. Yoshida et al. (editors) *Recent Progress in Antarctic Earth Science*, pp 61-66, Tokyo, Terra Scientific Publishing Co.

Tingey R.J. (1991): The regional geology of Archaean and Proterozoic rocks in Antarctica. In Tingey R.J. (ed) *The Geology of Antarctic*, pp 1-73, Oxford, Oxford Science Publications.

Whinam J, Chilcott N, Bergstrom D.M. 2005: Subantarctic hitchhikers: expeditioners as vectors for the introduction of alien organisms. *Biological Conservation* 121: 207-219.

van Franeker J.A., Gavrilo M., Mehlum F., Veit R.R. & Woehler E.J. (1999): Distribution and abundance of the Antarctic Petrel. *Waterbirds* 22, 14-28.

Annexe 1 : Estimations de la population (couples) d'oiseaux de mer reproducteurs aux monolithes de Scullin et de Murray

Espèce	Monolithe de Scullin	Monolithe de Murray
Manchot Adélie *Pygoscelis adeliae*	43 000	8 000
Fulmar antarctique *Fulmarus glacialoides*	1 350	150
Pétrel antarctique *Thalassoica antarctica*	157 000	3 500
Damier du cap *Daption capense*	14	ND
Pétrel des neiges *Pagodroma nivea*	1 200	ND
Océanite de Wilson *Oceanites oceanicus*	ND	ND
Labbe antarctique *Catharacta maccormicki*	30	ND

Note : ND indique qu'il n'y a aucune donnée de recensement disponible.

Annexe 2 : Plantes répertoriées au monolithe de Scullin

Les taxons ci-après ont été prélevés au monolithe de Scullin en 1972 (R. Seppelt) et en 1987 (D. Bergstrom) et ont été publiés dans Bergstrom et Seppelt 1990.

LICHENS **Acarosporacées**	**Teloschistacées**	
Biatorella cerebriformis (Dodge) Filson	*Caloplaca citrina* (Hoffm.) Th. Fr.	
Acarosporagwynii Dodge et Rudolph	*Xanthoriaelegans* (Link.) Th. Fr.	
Lecanoracées *Lecanora expectans* Darb *Rhizoplaca melanophthalma* (Ram.) Leuck.	*Xanthoria mawsonii* Dodge **Candelariacées** *Candellariella hallettensis* Murray	
Lecideacées	**Umbilicariacées**	
Lecidea phillipsiana Filson	*Umbilicaria decussata* (Vill.) Zahlbr.	
Lecidea woodberryi Filson **Physciacées** *Physcia caesia* (Hoffm.) Hampe	**Usneacées** *Usnea antarctica* Du Rietz *Pseudophebe miniscula* (Nyl. Ex Arnold) Brodo et Hawksw.	
Buellia frigida Darb		
Buellia grimmiae Filson *Buellia lignoides* Filson	**BRYOPHYTES**	
Rinodina olivaceobrunnea Dodge et Baker	**Grimmiacées** *Grimmia lawiana* Willis **Pottiacées** *Sarconeurum glaciale* (C. Muell.) Card. Et Bryhn	

Annexe 3 : Matrice des distances d'approche : distances minimales (en m) à respecter lorsqu'on s'approche d'animaux et de plantes sauvages sans permis.

Espèce	Personnes à pied/à ski	Quad/skidoo	Hagglunds
Pétrel géant	100	150	250
Manchots empereurs en colonies	30		
Autres manchots en colonies Manchots en mue Phoques avec bébés Bébés phoques seuls Prions et pétrels en nidation Labbes antarctiques en nidation	15		
Manchots sur la glace marine Phoques adultes hors âge reproducteur	5		

Notes :

1. Ces distances constituent un indicateur et, si vous découvrez que votre activité perturbe la faune et la flore sauvages, il faudra que vous restiez à une plus grande distance d'elles.

2. Les « prions et pétrels » comprennent les damiers du cap, les pétrels antarctiques, les océanites de Wilson, les pétrels des neiges et les fulmars antarctiques.

Rapport final XXXVIIIe RCTA

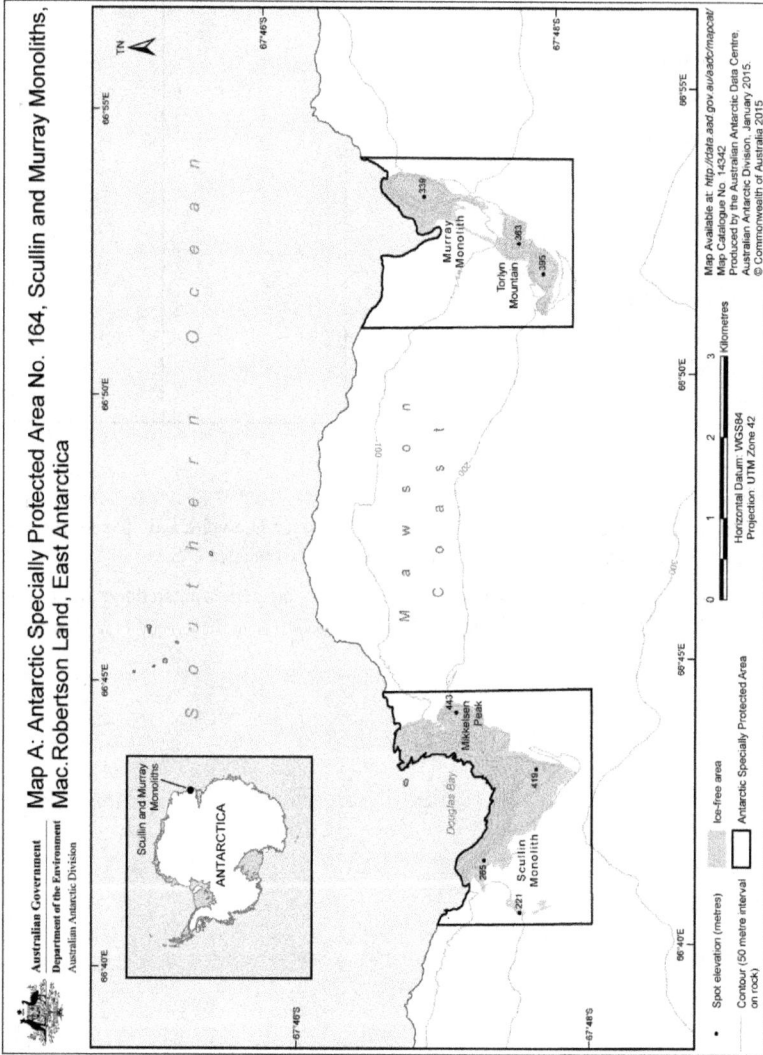

Map A: Antarctic Specially Protected Area No. 164, Scullin and Murray Monoliths, Mac.Robertson Land, East Antarctica

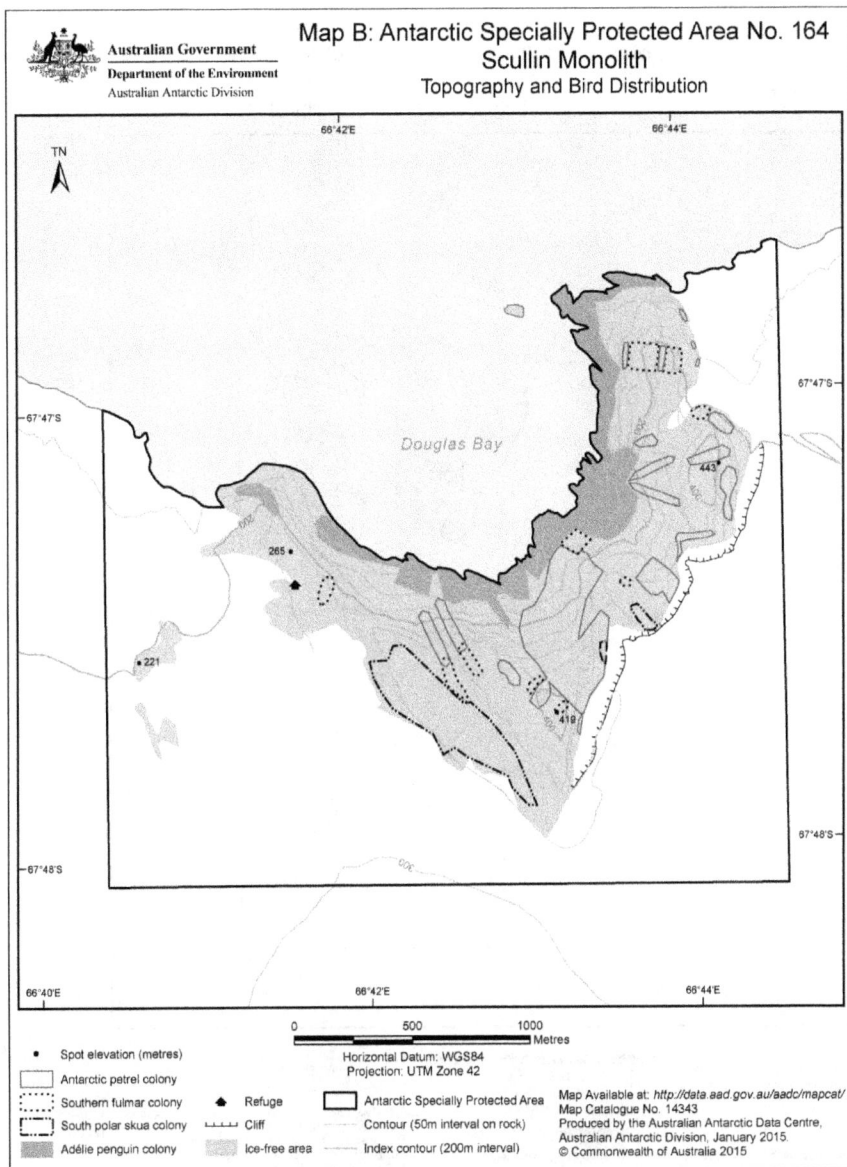

Map B: Antarctic Specially Protected Area No. 164
Scullin Monolith
Topography and Bird Distribution

Australian Government
Department of the Environment
Australian Antarctic Division

Douglas Bay

Legend:
- Spot elevation (metres)
- Antarctic petrel colony
- Southern fulmar colony
- South polar skua colony
- Adélie penguin colony
- Refuge
- Cliff
- Ice-free area
- Antarctic Specially Protected Area
- Contour (50m interval on rock)
- Index contour (200m interval)

Horizontal Datum: WGS84
Projection: UTM Zone 42

Map Available at: http://data.aad.gov.au/aadc/mapcat/
Map Catalogue No. 14343
Produced by the Australian Antarctic Data Centre,
Australian Antarctic Division, January 2015.
© Commonwealth of Australia 2015

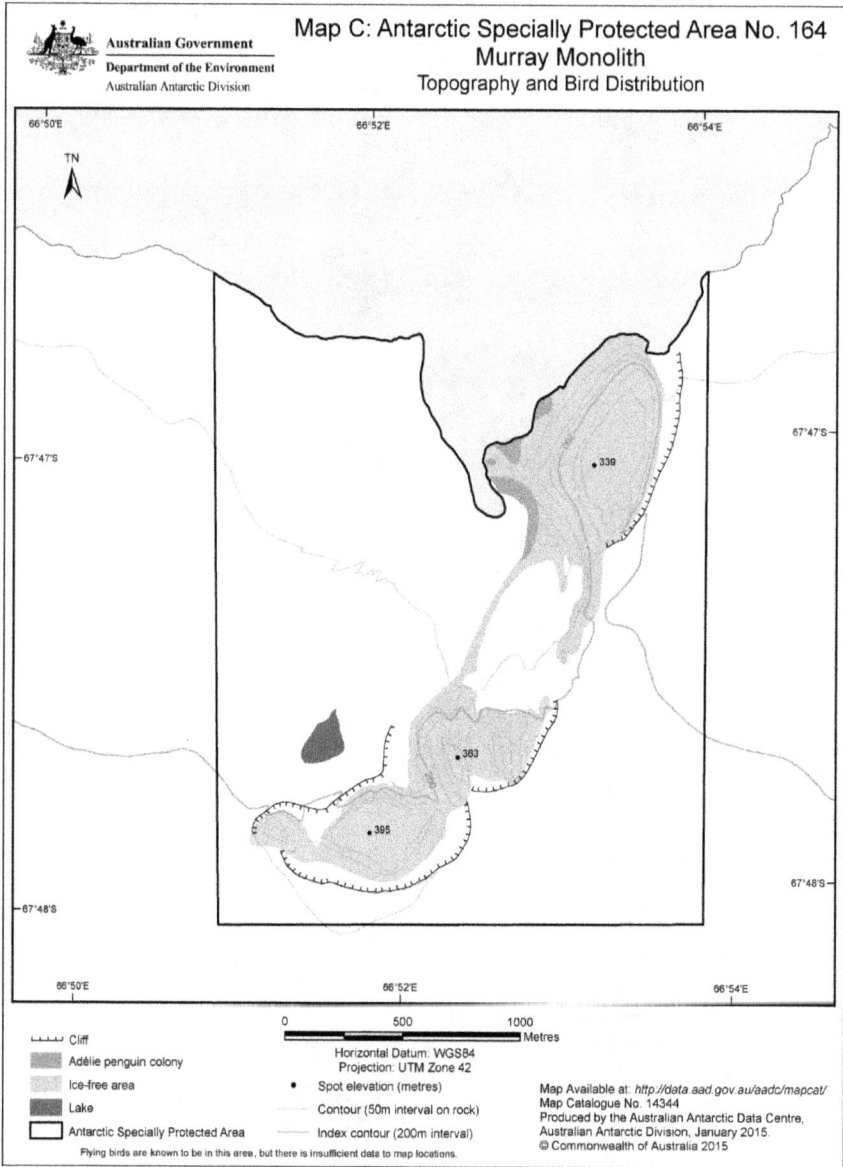

Australian Government
Department of the Environment
Australian Antarctic Division

Map C: Antarctic Specially Protected Area No. 164
Murray Monolith
Topography and Bird Distribution

Cliff

Adélie penguin colony

Ice-free area

Lake

Antarctic Specially Protected Area

Flying birds are known to be in this area, but there is insufficient data to map locations.

0   500   1000 Metres

Horizontal Datum: WGS84
Projection: UTM Zone 42

● Spot elevation (metres)

Contour (50m interval on rock)

Index contour (200m interval)

Map Available at: *http://data.aad.gov.au/aadc/mapcat/*
Map Catalogue No. 14344
Produced by the Australian Antarctic Data Centre,
Australian Antarctic Division, January 2015.
© Commonwealth of Australia 2015

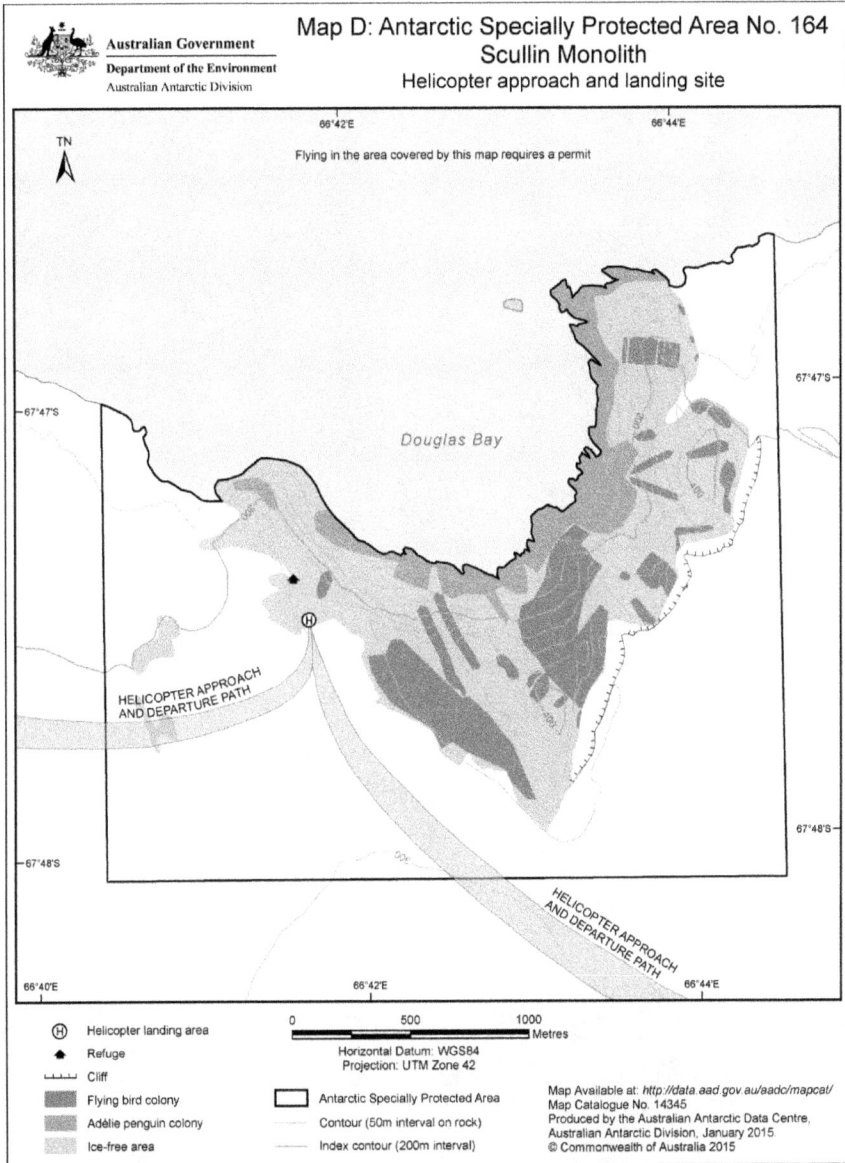

Map D: Antarctic Specially Protected Area No. 164
Scullin Monolith
Helicopter approach and landing site

Australian Government
Department of the Environment
Australian Antarctic Division

Flying in the area covered by this map requires a permit

TN

Douglas Bay

HELICOPTER APPROACH AND DEPARTURE PATH

HELICOPTER APPROACH AND DEPARTURE PATH

66°42'E   66°44'E

67°47'S

67°47'S

67°48'S

67°48'S

66°40'E   66°42'E   66°44'E

Symbol	Legend
Ⓗ	Helicopter landing area
♠	Refuge
⊥⊥⊥⊥	Cliff
	Flying bird colony
	Adélie penguin colony
	Ice-free area

0   500   1000
Metres

Horizontal Datum: WGS84
Projection: UTM Zone 42

Antarctic Specially Protected Area
Contour (50m interval on rock)
Index contour (200m interval)

Map Available at: http://data.aad.gov.au/aadc/mapcat/
Map Catalogue No. 14345
Produced by the Australian Antarctic Data Centre,
Australian Antarctic Division, January 2015
© Commonwealth of Australia 2015

235

Rapport Final de la XXXVIIIè RCTA

Plan de gestion de la zone spécialement protégée de l'Antarctique n°168

MONT HARDING, MONTAGNES GROVE, ANTARCTIQUE ORIENTAL

INTRODUCTION

Les montagnes Grove (72°20' - 73°10' de longitude Sud, 73°50' - 75°40' de latitude Est) se trouvent à environ 400 km au sud des collines Larsemann, à l'intérieur de la Terre Princesse-Élisabeth, Antarctique oriental, sur la rive droite du Lambert Rift (carte A). Le mont Harding (72°51' -72°57' de longitude Sud, 74°53' -75°12' de latitude Est), la principale élévation située dans la zone de base des montagnes Grove, offre une physionomie crête-vallée qui se compose de nunataks allant de NNE en SSO. Sa hauteur par rapport à la surface de glace bleue est de 200 m (carte B).

La raison principale de la proposition de désignation de cette zone comme zone spécialement protégée de l'Antarctique est avant tout d'en préserver les caractéristiques géomorphologiques exceptionnelles aux fins de recherche scientifique sur l'évolution historique de la plate-forme de glace de l'Antarctique oriental (EAIS), tout en renforçant cette catégorie du système des zones protégées de l'Antarctique.

Les recherches sur la manière dont a évolué dans le temps la plate-forme de glace de l'Antarctique oriental jouent un rôle important dans la reconstruction de l'évolution paléoclimatique à l'échelle planétaire. L'une des principales difficultés que l'on rencontre pour bien comprendre le comportement de la plate-forme glaciaire susmentionnée demeure le manque de preuves directes des niveaux de surface de la plate-forme pour établir des modèles de la plate-forme durant les maxima et les minima glaciaires de la période post-14 Ma.

Les vestiges de la fluctuation de la surface de la plate-forme de glace préservée autour du mont Harding donneront très probablement des preuves utiles directes permettant de reconstruire le comportement de l'EAIS. Il existe des phénomènes d'érosion glaciaire et éolienne rares et extrêmement vulnérables, notamment les pyramides à noyau de glace et les ventifacts. Ces caractéristiques glacio-géologiques présentent non seulement d'importantes valeurs scientifiques mais aussi des valeurs esthétiques et naturelles à l'état sauvage ; les activités humaines incontrôlées leur causeraient de dommages irréparables.

L'Expédition chinoise pour la recherche dans l'Antarctique (Chinese Antarctic Research Expedition - CHINARE) s'est rendue plusieurs fois dans les montagnes Grove entre 1998 et 2014 et elle envisage de visiter la zone en 2015/2016. Elle a axé ses recherches sur la tectonique géologique, la géologie et les paysages glaciaires, la météorologie, les fluctuations et le bilan de masse de la calotte glaciaire, sa couverture et son mappage, en particulier en ce qui a trait aux fluctuations de la surface de la calotte glaciaire de l'Antarctique depuis le Pliocène. Les résultats de ces recherches ont donné lieu à de nouvelles découvertes.

Le programme antarctique australien s'est rendu plusieurs fois dans les montagnes Grove pour procéder à diverses activités de recherche géoscientifique et glaciologique, et de soutien connexe. Il entretient à l'heure actuelle une station GPS en continu sur la chaîne de Tianhe et prévoit de poursuivre ses activités de recherche et exploitation dans la région. En outre, l'expédition russe pour la recherche dans l'Antarctique (Russian Antarctic Research Expedition) s'est rendue dans la région en 1958 et en 1973 pour des séjours de courte durée, mais l'on ignore si elle est vraiment arrivée jusqu'à cette zone.

1. Description des valeurs à protéger

La zone du mont Harding qui est désignée comme site de la zone spécialement protégée (carte A) conserve les traces de l'érosion du glacier dans la plate-forme de glace de l'inlandsis de l'Antarctique, qui renferme de grandes valeurs scientifiques, esthétiques et naturelles. Cette zone est protégée pour préserver ses valeurs scientifiques, esthétiques et naturelles.

1(i) Valeurs scientifiques

Un volume important de vestiges de l'avancement et du recul de la plate-forme de glace est préservé dans le mont Harding, preuve directe des changements de température dans l'environnement planétaire depuis le Pliocène. Dans cette zone, les scientifiques ont découvert un sol désertique rare extrêmement froid, des roches sédimentaires formées durant le Néogène qui ne se sont pas encore complètement consolidées ainsi que des assemblages précieux de pollen/spore dans les paléosols et les roches sédimentaires. Tout cela montre qu'il s'est produit dans cette zone un important événement climatique chaud ayant vraisemblablement provoqué un recul important de la plate-forme de glace de l'Antarctique oriental. Son extrémité pourrait même dépasser les montagnes Grove, lesquelles se trouvaient à 400 km au sud de l'actuelle côte de la plate-forme.

Les caractéristiques géomorphologiques exceptionnelles de cette région incluent notamment les vestiges géologiques et géomorphiques ainsi qu'une série de facteurs physiognomiques particuliers tels que la pyramide à noyau de glace, les ventifacts, la moraine à noyau de glace (moraine terminale et moraine latérale), le sol désertique froid, les blocs erratiques sédimentaires, l'étang d'eau de fonte et les roches moutonnées, entre autres.

1(ii) Valeurs esthétiques et naturelles

Cette zone présente aujourd'hui la géomorphologie d'un champ de glace érodé par les glaces, rare dans la nature dans cette zone : nappes d'eau de fonte, moraine flottante à noyau de glace, pyramide à noyau de glace et ventifacts (photos 1-6). Ces paysages géologiques et glaciaires contrastent avec la vaste étendue de glace bleue, ce qui confère à la zone toute sa beauté et ses valeurs esthétiques et naturelles.

6. Buts et objectifs

La gestion du mont Harding, montagnes Grove, Antarctique oriental a pour but de :

• Faciliter les travaux de recherche scientifique à long terme tout en évitant d'endommager de manière directe ou cumulative les fragiles structures géomorphologiques ;

• Autoriser les travaux de recherche scientifique dans la zone qui ne peuvent pas être exécutés dans d'autres régions du monde et qui ne mettront pas en péril les valeurs de la zone ;

• Autoriser les travaux de recherche scientifique dans la zone conformes aux buts et objectifs de gestion qui ne mettront pas en péril les valeurs de la zone ;

• Permettre des visites à des fins de gestion conformément aux objectifs du plan de gestion ;

• Limiter l'introduction dans la zone de végétaux, d'animaux et de microbes non indigènes.

1. Activités de gestion

• Des copies du plan de gestion (avec des cartes) seront mises à disposition dans les stations Zhongshan (Chine), Davis (Australie) et Progress (Fédération de Russie), et la carte de la zone protégée devra y être affichée de manière bien visible. Le personnel qui travaille à proximité de la zone, qui accède à la zone ou qui la survole, devra être informé par son programme national des dispositions et du contenu du plan de gestion.

• Les membres des programmes antarctiques nationaux travaillant dans la région se consulteront pour faire en sorte que les activités de gestion susmentionnées soient mises en œuvre ;

• Des visites seront organisées en fonction des besoins (au moins une fois tous les 5 ans) afin de déterminer si la zone répond toujours aux objectifs pour lesquels elle a été désignée et de s'assurer que les mesures de gestion sont adéquates.

• Le plan de gestion devra être réexaminé au moins une fois tous les cinq ans et, le cas échéant, mis à jour et révisé.

• Si la plate-forme de glace de l'Antarctique ne cesse de reculer, provoquant la mise à nu des nouveaux vestiges de la progression et du recul de l'EAIS à proximité de la zone protégée et si l'étendue de ces vestiges augmente, les limites de la zone protégée devront être mises à jour à intervalles périodiques de manière à inclure les vestiges nouvellement exposés de la progression et du recul de la calotte glaciaire dans la zone. Cela devra être pris en considération dans l'examen du plan de gestion.

2. Durée de désignation

La zone est désignée pour une période indéterminée.

3. Cartes et photographies

• Carte A, A1 : Position des montagnes Grove. A2 : Zone des montagnes Grove, Antarctique

• Carte B, zone protégée autour du mont Harding, montagnes Grove, Antarctique

• Carte C, emplacement de nunataks et direction du débit de glace autour du mont Harding, montagnes Grove, Antarctique

•Photo 1, ventifact

•Photo 2, ventifact

•Photo 3, pyramide à noyau de glace

•Photo 4, moraine flottante à noyau de glace

•Photo 5, étang d'eau de fonte

•Photo 6, roches moutonnées

4. Description de la zone

6(i)   Coordonnées géographiques, bornage et caractéristiques du milieu naturel

La zone est irrégulière et de forme plus ou moins rectangulaire, d'une largeur d'environ 10 km d'est en ouest, d'une longueur d'environ 12 km du sud au nord et d'une superficie de 120 km² (carte A).

La ligne de démarcation proposée pour la ZSPA a été définie de manière à assurer la protection de l'ensemble des caractéristiques géomorphologiques exceptionnelles formées par la progression et le recul de la plate-forme de glace sur le mont Harding.

Coordonnées géographiques

La zone spécialement protégée du mont Harding, montagnes Grove, comprend la zone libre de glace bleue qui s'étend de la moraine du côté ouest du mont Harding jusqu'au côté est de la crête Zakharoff ainsi qu'un certain nombre de nunataks, une zone de débris et une moraine notamment (carte B). Ses coordonnées géographiques sont les suivantes : 72°51' -72°57' de longitude Sud, 74°53' -75°12' de latitude Est.

Bornage

La ligne de démarcation occidentale de la zone est la moraine située du côté occidental du mont Harding, dont l'extrémité nord-est tournée vers l'est et la zone libre de débris de glace bleue sur le côté est de la crête Zakharoff via le flanc nord de la crête nord du mont Harding et l'extrémité nord de la crête Zakharoff pour ensuite tourner vers le sud et se diriger vers l'extrémité nord des nunataks Davey, et finalement prendre le chemin de l'ouest vers l'extrémité sud de la moraine du lac Xi pour fermer la zone tout entière. Les coordonnées géographiques des neuf points de contrôle à la ligne de démarcation sont, dans le sens contraire des aiguilles d'une montre, les suivantes : 1. 74°57'E, 72°51' S, 2. 74°54'E, 72°53' S, 3. 74°53'E, 72°55' S, 4. 74°54'E, 72°57' S, 5. 75°00'E, 72°57' S, 6. 75°10'E, 72°57' S, 7. 75°12'E, 72°55' S, 8. 75°11'E, 72°52' S, 9. 75°08'E, 72°51' S.

Il n'existe à l'heure actuelle aucun panneau ni borne indiquant la ligne de démarcation sur place.

Conditions climatiques en été

Les montagnes Grove se trouvent à une altitude moyenne de plus de 2 000 mètres, et les variations de la température quotidienne et la fréquence des vents violents sont plus élevées qu'à la station Zhongshan. Lorsqu'un courant humide et chaud vient du nord, les chutes de neige sont constantes dans la zone tandis que, sous l'effet du courant en provenance de l'est, le temps est surtout ensoleillé. Les changements quotidiens dont fait l'objet la vitesse des vents sont plus importants qu'à la station Zhongshan où la vitesse maximale semble atteinte aux environs de 5 h 00 ; les données les plus basses sont généralement enregistrées vers 17 h 00. Entre décembre 1998 et janvier 1999, la vitesse moyenne quotidienne du vent était de 7,5 m/s. Comme à la station Zhongshan, la zone des montagnes Grove est influencée par les vents catabatiques dont la force est cependant plus grande qu'à la station Zhongshan.

Entre décembre 1998 et janvier 1999, la température moyenne de l'air la plus élevée et la plus basse des montagnes Grove était de -13,1°C et -22,6°C respectivement, alors que la température quotidienne moyenne était estimée à -9,5°C. Dans cette zone, particulièrement en janvier, la température de l'air et de la neige a manifestement changé durant la journée, la température moyenne de l'air s'inscrivant à -18,5°C et celle de la neige en surface à environ -17,9°C, ce qui signifie que la température moyenne de la neige était plus élevée que celle de l'air.

Physionomie

Le mont Harding, au cœur des montagnes Grove, a la forme d'un croissant qui s'ouvre sur le nord-ouest. Les extrémités nord et sud de ce croissant sont des crêtes abruptes qui se profilent à plus ou moins 200 m au-dessus de la récente surface de glace. Le segment central de la crête entre les deux sommets descend progressivement pour atteindre la surface de glace dans le col concave central avec une vieille langue de glace en suspension sur la pente occidentale abrupte. Une lagune de glace bleue stagnante, large de plusieurs dizaines de km^2, se trouve à l'intérieur du croissant. Tout cela, éclairé par la vaste superficie de glace bleue, crée le magnifique paysage de la géomorphologie d'un champ de glace érodé.

Les nunataks à l'intérieur de la zone peuvent être divisés en deux groupes. Les premiers, à l'ouest, sont les hauts nunataks représentés par le mont Harding tandis que les autres constituent une petite partie de la zone, dont la chaîne de nunataks linéaire basse sur la crête Zakharoff. Les pentes abruptes des nunataks rocheux sont caractérisées par un substrat rocheux bien érodé avec des surfaces erratiques de till par endroit. Les côtés sous le vent et latéraux des nunataks révèlent des bluffs en général tranchants qui sont dus au raclage du flux de glace et à un effondrement le long de crevasses sous-verticales de rochers. Les nunataks laissent dans leur sillage des zones de débris super glaciaires longues de plusieurs dizaines de kilomètres à la surface de la glace, indiquant le parcours du flux actuel de glace local.

Les parties supérieures des nunataks plus élevés sont d'ordinaire des crêtes en dents de scie et couvertes de ventifacts bien développés à leurs sommets, faisant face aux vents dominants qui soufflent du sud-est. Le manque d'empreintes de l'érosion glaciaire, notamment à plusieurs mètres à l'intérieur de la roche dure creusée par la force du vent montre que ces pentes plus élevées sont depuis longtemps libres de glace. Toutefois, les parties inférieures des pentes à moins de cent mètres au-dessus de la surface de la glace présentent les caractéristiques d'une récente érosion glaciaire, notamment de jeunes blocs erratiques et des plates-formes de cirques.

Certains petits nunataks sont des « roches moutonnées » typiques émanant de l'ancien flux de glace. Cette ligne de démarcation régionale entre les érosions éoliennes et glaciaires pourrait représenter une ancienne ligne de la surface de la glace, remontant probablement à des glaciations quaternaires précoces, que les augmentations ultérieures de la surface de glace n'ont pas dépassées.

Le mont Harding est le plus grand des nunataks dans les montagnes Grove. Du côté ouest de la crête en forme de croissant, se trouve une vaste étendue de plaine de glace bleue stagnante en forme de lac (lac Kunming, lac Xi) et une douzaine de pyramides à noyau de glace (cône à noyau de glace) sont visibles au carrefour du lac de glace et du pied des nunataks rocheux.

Les phénomènes ou paysages géologiques et glaciaires qui méritent de bénéficier d'une protection spéciale incluent (carte C) : ventifact (photos 1, 2) : Sous l'effet des vents violents qui, durant de nombreuses années, ont soufflé et provoqué une érosion, on a vu apparaître un grand nombre de ventifacts de forme particulière autour du sommet du mont Harding.

Ces ventifacts sont le résultat typique de l'érosion causée par le vent que l'on voit rarement sur la planète et qui sont soumis à des dégâts perpétuels imputables à des activités humaines incontrôlées.

Pyramides à noyau de glace (cônes à noyau de glace, photo 3) : Une douzaine de pyramides à noyau de glace en forme de cône sont dispersées le long des rives nord et sud du « lac Kunming », d'une hauteur de 20 à 40 m et d'un diamètre de base de 50 à 80 m. Ces pyramides, qui sont les meilleurs repères pour mesurer directement la pneumatolyse de la glace bleue, revêtent une grande importance pour les travaux de recherche sur le bilan matériel et l'histoire évolutive de la plate-forme de glace antarctique. Elles sont extrêmement vulnérables et toute ascension humaine conduira à leur altération et à leur destruction irréversibles.

Moraine flottante à noyau de glace (photo 4) : Du côté nord-ouest de l'étang de glace bleue, on trouve une moraine linéaire flottante. Les moraines sont larges d'environ 100 m, hautes de 25 à 35 m et longues d'un kilomètre. À la surface se trouve un lit de gravier d'une épaisseur de 50 à 100 cm, en dessous duquel se trouve de la glace bleue. Ces masses rocheuses exotiques fournissent un matériel précieux pour l'étude de la tectonique des roches de base sous-jacentes de la plate-forme de glace. Les assemblages de spores et de pollens que renferment les blocs erratiques sédimentaires sont la preuve majeure du fort recul de la plate-forme durant le Pliocène. Toutes les activités de marche ou d'escalade causeront très vraisemblablement des dommages irréparables à ces filons de moraines.

Sols désertiques froids : Plusieurs carrés de sol désertique froid ont été découverts sur la pente sud du mont Harding au-dessus de la ligne d'érosion régionale de 100 m. L'existence de ces sols montre également que la fluctuation de glace n'a jamais dépassé cette limite après la formation des sols car tout dépassement par la glace les aurait éraflés.

Assemblages de microfossiles dans les blocs erratiques sédimentaires : Plus de 25 espèces de microfossiles de plantes du Néogène ont été identifiées à partir de ces rochers sédimentaires. Ces assemblages de spores et de pollens fournissent des informations utiles sur l'évolution de la plate-forme de glace car ils découlent d'une série de strates glaciogéniques cachées en dessous de la plate-forme de glace. La majeure partie du pollen et des spores provient de sources locales sous la forme d'assemblages in situ, représentant une flore continentale.

Petits étangs d'eau de fonte (photo 5) : au pied du côté sous le vent d'énormes nunataks, on trouve souvent des étangs d'eau de fonte, grands ou petits, chacun d'une superficie qui va de plusieurs dizaines à un millier de mètres carrés. La glace de surface de ces étangs est extrêmement lisse et transparente, et riche en bulles d'air. La présence de l'étang d'eau de fonte semble indiquer l'existence d'un événement mégathermique.

Falaise de glace bleue : du côté est de la zone protégée, on trouve des falaises ou précipices de glace bleue longs de plusieurs milliers de mètres, dont la hauteur varie en général de 30 à 50 m et la pente de 40 à 70°.

Roches moutonnées (photo 6) : on trouve des roches moutonnées typiques des côtés est et sud de la zone protégée. Elles ont une forme particulière, avec un grand nombre d'empreintes de flux de glace en surface et possèdent des valeurs esthétiques, scientifiques et de nature à l'état sauvage exceptionnelles.

Bassin paléosédimentaire (bord principal de la plate-forme de glace) : il existe sans doute un bassin d'érosion paléoglaciaire au bord frontal de la plate-forme de glace au Pliocène, en dessous du bassin de glace bleue du côté ouest du mont Harding. Il s'agit sans doute une nouvelle catégorie de lacs subglaciaires L'exploration de ces basins lacustres paléosédimentaires pourrait donner des informations sédimentaires précieuses sur les changements paléoclimatiques et environnementaux survenus durant le Pliocène dans cette zone.

Caractéristiques géologiques

Ces nunataks se composent principalement de roches métamorphiques à faciès d'amphibolite supérieur à faciès de granulite, de granite synorogénique à orogénique tardif et d'aplite et pegmatite grondioritique post-tectonique.

L'absence de structures actives et de séismes ainsi que de volcanisme cénozoïque semble indiquer que cette région et la baie Prydz sont restées géologiquement stables depuis au moins la fin du Mésozoïque. Selon les nouvelles données géologiques de cette zone, il existe, dans la partie intérieure de l'Antarctique oriental, une énorme zone orogénique de la phase « panafricaine » allant de la baie Prydz, montagnes Grove jusqu'aux montages du Prince Charles, ce qui devrait être la dernière zone de suture segmentée de la terre Gondwana.

6(ii)   Accès à la Zone

L'accès à la zone peut se faire par la route ou par avion. L'avion se pose sur les sites couverts de neige et de glace à l'intérieur de la zone ou à proximité de cette dernière.

6(iii) Emplacement des structures à l'intérieur de la zone et adjacentes au site

L'Australie entretient une station GPS en continu sur la chaîne de Tianhe (72°54'29,17479"S, 74°54'36,43606"E).

Cette station se compose d'une antenne GPS montée sur un pilier géodynamique de levée, de trois coffres solides contenant des batteries et des récepteurs GPS, d'un cadre de quatre panneaux solaires et d'un aérogénérateur. Il existe, en outre, trois bornes de relevé autour du pilier GPS, situées à une distance d'une vingtaine de mètres.

CHINARE opère un point de contrôle géodésique dans la Zone à l'aide de récepteurs GPS à double fréquence (n° : Z003, 72°53'55,07437"S, 75°02'14,00782"E) pour satisfaire aux exigences de la cartographie par images satellites.

6(iv) Emplacement des autres zones protégées à proximité

Il n'existe pas d'autre zone protégée à proximité.

6 (v) Aires spéciales à l'intérieur de la zone

Il n'y a aucune aire spéciale à l'intérieur de la zone.

7. Critères de délivrance des permis d'accès

7(i)   Critères généraux

L'accès à la zone est interdit sauf si un permis a été délivré par une autorité nationale compétente. Les critères de délivrance d'un permis pour entrer dans la zone sont les suivants :

• Un permis est délivré uniquement pour des raisons scientifiques qu'il est impossible de satisfaire ailleurs ou pour des raisons de gestion de la zone. Avant que ne lui soit délivré le permis, le demandeur devra prouver aux autorités compétentes que les spécimens ou les échantillons déjà prélevés dans d'autres parties du monde ne peuvent pas répondre pleinement aux besoins des travaux de recherche proposés ;

• Les activités autorisées sont conformes au présent plan de gestion ;

• Les activités autorisées veilleront, au moyen d'un processus d'évaluation d'impact sur l'environnement, à la protection permanente des valeurs environnementales et scientifiques de la zone ;

• Le permis, ou une copie de celui-ci, sera emporté à l'intérieur de la zone ;

• Le permis sera délivré pour une durée déterminée ;

• Un rapport sur les activités doit être soumis aux autorités nationales qui délivrent le permis et sont chargées des questions polaires

7(ii)   Accès à la zone et déplacements à l'intérieur ou au-dessus de celle-ci

• L'accès à la zone au moyen de véhicules tels qu'une moto des neiges ou un aéronef devra éviter de détruire la ligne d'équilibre séparant la zone d'ablation nette de la zone d'accumulation nette de l'inlandsis, la zone de distribution paléopédologique, les ventifacts, la falaise de glace bleue, la pyramide à noyau de glace et autres caractéristiques géologiques et naturelles d'importante valeur pour la recherche scientifique et environnementale.

• Étant donné qu'il existe un grand nombre de crevasses glaciaires dans cette zone, il est recommandé que tout accès par motoneige soit effectué par la route rendue plus sûre par l'installation de poteaux de couleur des deux côtés par l'expédition chinoise.

• Étant donné le caractère montagneux du terrain, il est vivement recommandé aux aéronefs opérant dans la zone de faire preuve de prudence.

• Il est strictement interdit d'escalader les pyramides à noyau de glace, de marcher sur les filons de moraine flottante et les roches moutonnées

7(iii) Activités qui peuvent être menées dans la zone

• Recherches scientifiques indispensables qui ne peuvent pas être effectuées ailleurs et qui ne porteront pas atteinte à l'avifaune ou à l'écosystème de la zone ;

• Des activités de gestion essentielles, y compris des activités de suivi, d'inspection, d'entretien ou d'examen ;

• Des activités opérationnelles en soutien des travaux de recherche scientifique ou de gestion à l'intérieur de la zone ou au-delà de celle-ci, notamment des visites pour évaluer l'efficacité du plan de gestion et des activités de gestion.

7(iv) Installation, modification et enlèvement de structures

• Aucune structure ne doit être érigée dans la zone et aucun matériel scientifique ne doit y être installé, sauf pour des raisons scientifiques ou de gestion impérieuses ;

• Toutes les installations qui doivent être installées à l'intérieur de la zone doivent être spécifiées par le permis délivré par les autorités compétentes du pays concerné. Le cas échéant, ces installations doivent éviter les caractéristiques géomorphologiques délicates ;

• Toutes les installations présentes dans la zone doivent être clairement identifiées par pays, nom du chercheur principal ou agence et année d'installation. Tous ces éléments doivent avoir été fabriqués avec des matériaux qui présentent un risque minimum de contamination de la zone. Dans toute la mesure du possible, lorsque ces installations ne seront plus nécessaires, elles doivent être démantelées et retirées, de même que tout autre équipement ou matériel abandonné.

7(v)   Emplacement de campements

Pour des raisons de sécurité, les aires de campement doivent être choisies de manière à ne pas détruire ou affecter la physionomie géologique et naturelle propre à la zone.

Un permis pourra être obtenu pour établir des campements à l'intérieur de la zone pour les besoins du présent plan de gestion à condition qu'il ne porte pas préjudice à la physionomie géologique et naturelle locale et adjacente. À l'intérieur de la zone, les aires de campement à favoriser sont celles se trouvant à proximité du mont Harding (n°9) et de la crête Zakharoff (n°8), comme l'indique la carte B. Les aires de campement doivent de préférence être installées sur les surfaces enneigées, glacées ou rocheuses pour éviter d'endommager les vestiges de la plate-forme de glace.

7(vi) Restrictions concernant les matériaux et organismes pouvant être introduits dans la zone

• Aucun dépôt de denrées alimentaires ou autres approvisionnements ne doit être laissé à l'intérieur de la zone au-delà de la période ou de l'activité en exigeant la présence ;

• Il est interdit d'introduire délibérément à l'intérieur de la zone des animaux, plantes ou micro-organismes vivants. Toutes les précautions nécessaires doivent être prises pour empêcher une introduction accidentelle ;

• Tout matériel doit être introduit pour une période déterminée ; ce matériel doit être retiré au plus tard à la conclusion de ladite période et stocké et traité de manière à réduire au minimum tout risque d'impact sur l'environnement.

7(vii) Prélèvement de végétaux et capture d'animaux ou perturbations nuisibles à la faune et la flore

Il n'existe aucune flore ou faune locale à l'intérieur de la zone.

7(viii) Ramassage ou enlèvement de tout ce qui n'a pas été apporté dans la zone par le détenteur du permis

• Le matériel ne sera prélevé ou enlevé de la zone que conformément au permis et doit se limiter au strict minimum requis aux fins scientifiques ou de gestion.

• Tout matériel d'origine humaine susceptible de compromettre les valeurs de la zone et n'ayant pas été introduit dans la zone par le détenteur du permis ou avec les autorisations requises, peut en être retiré, à moins que l'impact de ce retrait ne risque de causer davantage de dommage que son abandon sur place. Dans un tel cas, il convient d'en informer les autorités nationales pertinentes et d'obtenir les autorisations requises.

7(ix) Élimination des déchets

Au minimum, tous les déchets (y compris humains) doivent être gérés conformément aux dispositions de l'annexe III ; ils ne doivent pas être déversés dans les cours d'eau ou lacs d'eau douce, les zones libres de glace ou sur des aires de neige ou de glace se terminant dans des zones de forte ablation.

7(x) Mesures nécessaires pour continuer d'atteindre les objectifs du plan de gestion

Aucune

7(xi) Rapports de visite

• Le principal détenteur du permis soumettra, pour chaque visite dans la zone, un rapport à l'autorité nationale compétente, dès que possible, et au plus tard six mois après la fin de ladite visite.

• Ces rapports doivent contenir, le cas échéant, les informations identifiées dans le formulaire de rapport de visite du Guide pour l'élaboration des plans de gestion des zones spécialement protégées de l'Antarctique. Le cas échéant, l'autorité nationale doit également transmettre une copie du rapport de visite à la Partie qui a proposé le plan de gestion afin de contribuer à la gestion de la zone et à la révision du plan de gestion.

• Les Parties doivent, dans la mesure du possible, déposer les originaux ou les copies de ces rapports dans une archive accessible au public afin de conserver une archive d'usage qui sera utilisée pour l'examen du plan de gestion et l'organisation de l'utilisation scientifique de la zone.

5. Support documentaire

Liu Xiaochun, Zhao Yue, Hu Jianmin, Liu Xiaohan, Qu Wei (2013). The Grove Mountains: A Typical Pan-African Metamorphic Terrane in the Prydz Belt, East Antarctica. Chinese Journal of Polar Research 25(1)7-24.

Xiaohan Liu, Feixin Huang, Ping Kong, Aimin Fang, Xiaoli Li, Yitai Ju (2010). History of ice sheet elevation in East Antarctica: Paleoclimatic implications. Earth and Planetary Science Letters 290 (2010): 281–288.

Xiaochun Liu, Jianmin Hu, Yue Zhao, Yuxing Lou, ChunjingWei, Xiaohan Liu (2009). Late Neoproterozoic /Cambrian high-pressure mafic granulites from the Grove Mountains, East Antarctica: *P–T–t* path, collisional orogeny and implications for assembly of East Gondwana. Precambrian Research 174 (2009) 181–199.

Australian Antarctic Division (AAD, 2007): Australian Antarctic Programme Approved Science Projects for season 2006/07, *http://its-db.aad.gov.au/proms/public/projects/ projects_by_program.cfm?season=0607&PG_ID=5.*

Report on the 22nd CHINARE Scientific Activity [2005/2006](2006), Chinese Arctic and Antarctic Administration.

Liu Xiaochun; Jahn Bor-ming, Zhao Yue, Li Miao, Li, Huimin; Liu Xiaohan (2006). Late Pan- African granitoids from the Grove Mountains, East Antarctica: Age, origin and tectonic implications. Precambrian Research, 145: 131-154.

Zhang Shengkai, E Dongchen, LiFei, et al. The establishment of GPS network in Grove Mountains, East Antarctica. Chinese Journal of Polar Science 17(2):111-116.

ZSPA 168 : Mount Harding

CHENG Xiao, ZHANG Yan-mei (2006). Detecting Ice Motion with Repeat-pass ENVISAT ASAR Interferometry over Nunataks Region in Grove Mountain, East Antarctic—The Preliminary Result, Journal of Remote Sensing 10(1):118-122.

IPY-ACE core program, 2006

Dongchen E, Chunzia Zhou, Mingsheng Liao (2005). Application of SAR interferometry in Grove Mountains, East Antarctica. SCAR Report, 2005, 23: 42-46.

Dongchen E., Shengkai Zhang, Li Yan, Fei Li (2005). The establishment of GPS control network and data analysis in the Grove Mountains, East Antarctica. SCAR Report, 2005, 23: 46-49.

Aimin Fang, Xiaohan Liu, Xiaoli Li, Feixin Huang, Liangjun Yu (2005). Cenozoic glaciogenic sedimentary record in the Grove Mountains of East Antarctica. Antarctic Science 17(2): 237-240.

J. Taylor, M. J. Siegert, A.J. Payne, M.J. Hambrey, P.E. O'Brien, A.K. Cooper, & G. Leitchenkov (2004). Topographic controls on post-Oligocene changes in ice-sheet dynamics, Prydz Bay, East Antarctica, Geology 32 (3) :197-200.

Fang Aimin, Liu Xiaohan, Lee Jong Ik, Li Xiaoli, Huang Feixin (2004). Sedimentary environments of the Cenozoic sedimentary debris found in the moraines of the Grove Mountains, East Antarctica and its climatic implications. Progress in Natural Science 14(3): 223-234.

Huang Feixin, Liu Xiaohan, Kong Ping; Ju Yitai, Fang Aimin, Li Xiaoli, Na Chunguang (2004). Bedrock exposure ages in the Grove Mountains, interior East Antarctica. Chinese Journal of Polar Research 16(1):22-28.

Fang Aimin, Liu Xiaohan, Wang Weiming, Yu Liangjun, Li Xiaoli, Huang Feixin (2004). Preliminary study on the spore-pollen assemblages found in the cenozoic sedimentary rocks in Grove Mountains, East Antarctica. Quaternary Sciences 24(6):645-653.

Report on the 19th CHINARE Scientific Activity [2002/2003](2003), Chinese Arctic and Antarctic Administration.

X.H. Liu, Y, Zhao, X.C. Liu, & L.J. Yu, (2003) Geology of the Grove Mountains in East Antarctica-New Evidence for the Final Suture of Gondwana Land, Science in China (D), 46 (4): 305-319.

Zhao Y, Liu X H, Liu X C, Song B(2003). Pan-African events in Prydz Bay, East Antarctica, and their implications for East Gondwana tectonics. In: Yoshida M, Windley B F, Dasgupta S. (eds) Proterozoic East Gondwana: Supercontinent Assembly and Breakup. Geological Society, London, Special Publications, 206: 231-245.

Liu X, Zhao Z, Zhao Y, Chen J and Liu X Hÿ2003 ÿ. Pyroxene exsolution in mafic granulites from the Grove Mountains, East Antarctica: constraints on the Pan-African metamorphic conditions. European Journal of Mineralogy 15:55-65.

X.L. Li, X.H. Liu, Y.T. Ju & F.X. Huang(2003). Properties of soils in Grove Mountains, East Antarctica, Science in China (D) ÿ46 (7):683-693.

Qin Xiang (2003). A brief introduction to research on the snow and ice of the Grove Mountains, Antarctica, during the Third Chinese research expedition. Bingchuan Dongtu, 25 (4): 477-478.

Cheng Xiao, Li Zhen, Massonnet, Didier [chairperson], Yu Shao, Zhang Yanmei(2003). Blue-ice domain discrimination using interferometric coherence in Antarctic Grove Mountains. 2003 EEE international geoscience and remote sensing symposium: July 21-25, 2003: Toulouse, France; International Geoscience and Remote Sensing Symposium, 2003, Volume 4: 2599-2601.

Fang Aimin, Liu Xiaohan, Lee Jong Ik, Li Xiaoli, Huang Feixin (2003). The significance of Cenozoic sedimentary rocks found in Grove Mountains, East Antarctica. Chinese Journal of Polar Research 15 (2): 138-150.

LI Xiaoli, LIU Xiaohan, FANG Aimin, JU Yitai, YAN Fuhua (2003). Pliocene sporopollen in the Grove Mountains, East Antarctica, Marine geology & Quaternary geology 23(1):35-39.

Johnston, Gary, Digney, Paul, Manning, John [editor](2002).Extension of the Australian Antarctic geodetic network in Grove Mountains. Third Antarctic geodesy symposium: July 18-20, 2001: Saint Petersburg, Russian Federation; SCAR Report 21: 34-37.

Whitehead J M & McKelvey B C(2002). Cenozoic glacigene sedimentation and erosion at the Menzies Range, southern Prince Charles Mountains, Antarctica. Journal of Glaciology 48 (2): 207-247.

Liu Xiaochun, Zhao Yue (2002). Geological aspects of the Grove Mountains, East Antarctica——New evidence for the final suture of Gondwana Land. Royal Society of New Zealand Bulletin 35:161-166.

Liu X H, Zhao Y, Liu X C, Yu L Z (2002). Geological aspects of the Grove Mountains, East Antarctica. Science in China (Series D) 32(6): 457-468.

Yu Liangjun, Liu Xiaohan, Zhao Yue, Ju Yitai (2002). Preliminary study on metamorphic mafic rocks in the Grove Mountains, East Antarctica. Chinese Journal of Polar Research 14 (2): 93-104.

Mikhalsky, E. V., Sheraton, J. W., Beliatsky, B. V.(2001). Preliminary U-Pb dating of Grove Mountains rocks: implications for the Proterozoic to Early Palaeozoic tectonic evolution of the Lambert Glacier-Prydz Bay area (East Antarctica). Terra Antarctica 8 (1): 3-10.

B.C. McKelvey, M.J. Hambrey, D.M. Harwood (2001). The Pagodroma Group - a Cenozoic record of the East Antarctic ice sheet in the northern Prince Charles Mountains, Antarctic Science, 13 (4) :455-468.

Liu X, Zhao Y and Liu X H(2001). The Pan-African granulite facies metamorphism and syn-tectonic magmatism in the Grove Mountains, East Antarctica. Journal of Conference Abstracts, Cambridge Publications, Cambridge, United Kingdom, 6:379.

Sun Jiabing, HuoDongmin, ZhouJunqi and SunZhaohui (2001). The digital mapping of satellite images by free of ground control and the analysis of land form blue ice and meteorites distribution in the Grove Mountains. Chinese Journal of Polar Science 13(1).

Report on the 16th CHINARE Scientific Activity [1999/2000](2000), Chinese Arctic and Antarctic Administration.

Cheng Yanjie, Lu Longhua, Bian Lingen, Liu Xiaohan (2000). Summer weather characteristics on the Grove Mountain of Antarctica. Chinese Journal of Polar Science11 (2): 123-130.

Report on the 15th CHINARE Scientific Activity [1998/1999](1999), Chinese Arctic and Antarctic Administration.

Cheng Yanjie, Lu Longhua, Bian Lingen, Liu Xiaohan (1999). Summer weather characteristics of Grove Mountain area in East Antarctica. Chinese Journal of Polar Research 11(4): 291- 300.

Cheng Yanjie, Lu Longhua and Bian Lingen (1999).Summer weather characteristics of Grove Mountain area in East Antarctica Chinese Journal of Polar Science 14(1):291-300.

Guide to the Preparation of Management Plans for Antarctic Specially Protected Areas – Appendix to Resolution 2(1998).

Domack E, et al (1998). Late Quaternary sediment facies in Prydz Bay, East Antarctica and their relationship to glacial advance onto the continental shelf. Antarctic Science 10(3):236^ÿ246.

Barker P F, et al. (1998). Ice sheet history from Antarctic continental margin sediments: the ANTOSTRAT approach. Terra Antarctica, 5:737-760.

D.E. Sugden, D.R. Marchant, Jr. N. Potter, R.A. Souchez, G.H. Denton, C.C. Swisher III, J.L. Tison (1995). Preservation of Miocene glacier ice in East Antarctica, Nature 376(3):412-414.

D.E. Sugden, D.R. Marchani, & G.H. Destos, The case for a stable East Antarctic Ice Sheet the background, Geografiska Annaler, 75A, (1993) 151 153.

Carte A1. Position des montagnes Grove

Normes de cartographie : Projection : Référentiel géodésique stéréographique normal : WGS-84

Auteur : Centre antarctique chinois de suivi et de cartographie, Université Wuhan

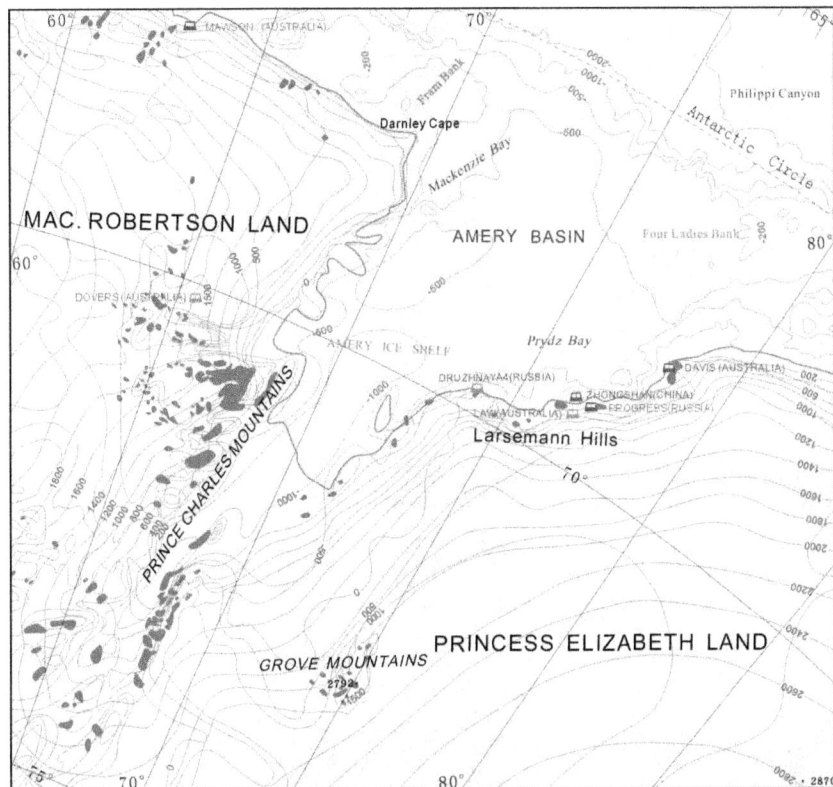

Carte A2. Zone des montagnes Grove, Antarctique

Normes de cartographie : Projection : TM, référentiel géodésique : WGS-84

Auteur: Centre antarctique chinois de suivi et de cartographie, Université Wuhan

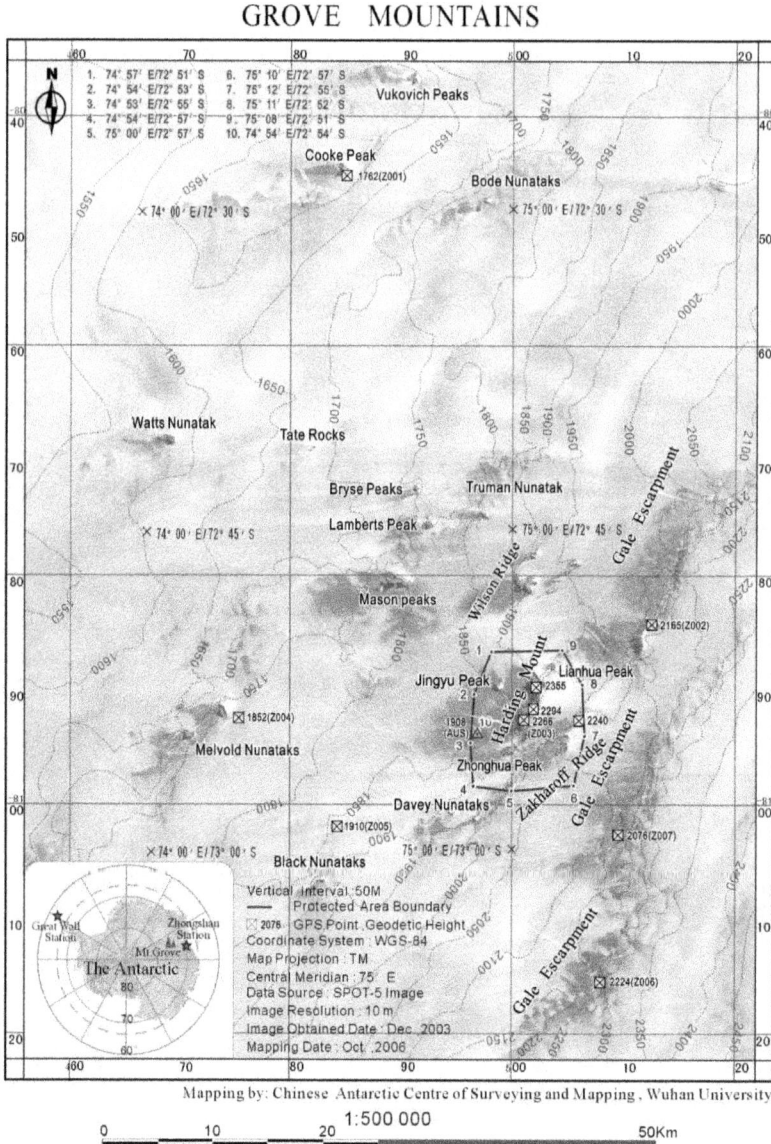

GROVE MOUNTAINS

Carte B. Zone protégée autour du mont Harding, montagnes Grove, Antarctique

Normes de cartographie : Projection : Référentiel géodésique TM : WGS-84

Auteur : Centre antarctique chinois de suivi et de cartographie, Université Wuhan

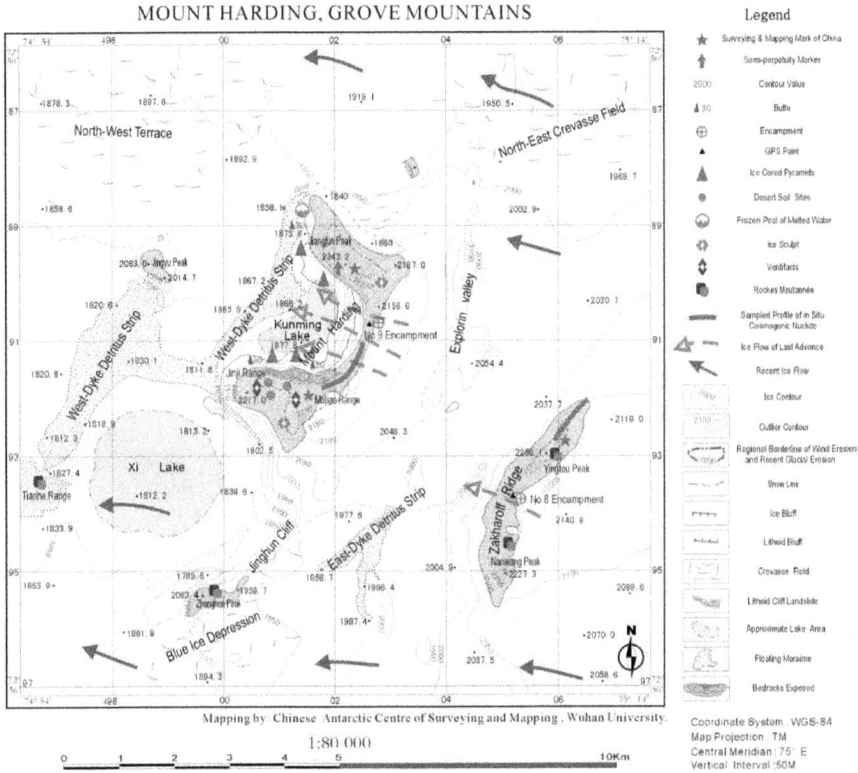

MOUNT HARDING, GROVE MOUNTAINS

Carte C. Emplacement de nunataks et direction du débit de glace autour du mont Harding, montagnes Grove, Antarctique

Normes de cartographie : Projection : Référentiel géodésique TM : WGS-84

Auteur: Institut de géologie et géophysique, Académie des sciences de Chine

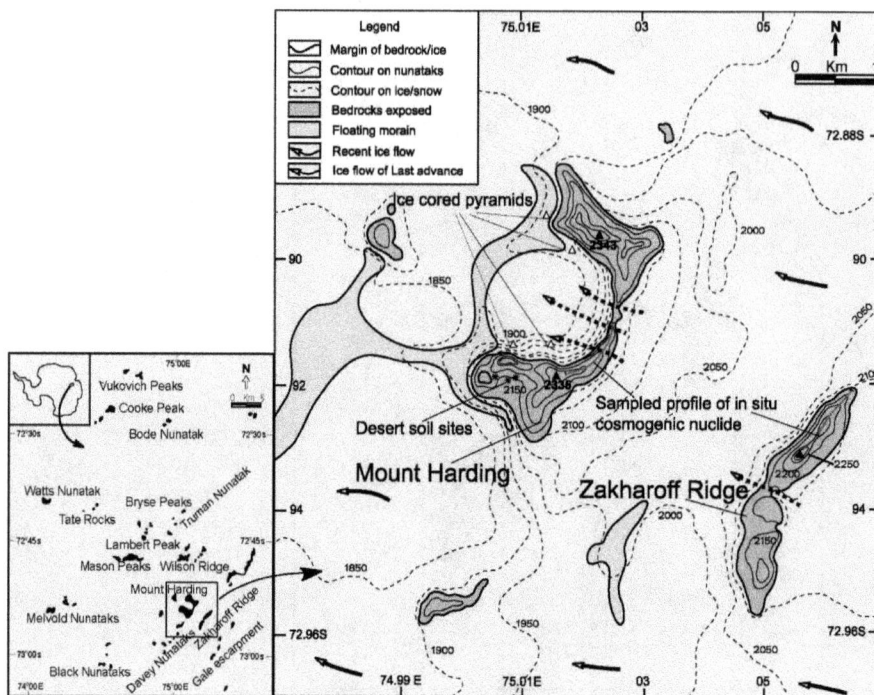

Photo 1 : Ventifact, prise le 13 janvier 2003

Photo 2 : Ventifact, prise le 13 janvier 2003

Photo 3 : Pyramide à noyau de glace, prise le 12 janvier 2003

Photo 4 : Moraine flottante à noyau de glace, prise le 14 janvier 2003

Photo 5 : Étang d'eau de fonte, prise le 14 janvier 2003

Photo 6 : Roches moutonnées, prise le 12 janvier 2003

Plan de gestion pour
la zone gérée spéciale de l'Antarctique N° 2

VALLEES SECHES DE MCMURDO, TERRE VICTORIA DU SUD

Introduction

Les vallées sèches de McMurdo se distinguent comme la plus grande des régions relativement libres de glace de l'Antarctique, trente pour cent environ de leur surface étant en grande partie libre de neige et de glace. La région renferme un écosystème désertique dont le climat est froid, extrêmement aride (dans la vallée Wright, la température annuelle moyenne est de – 19,8°C et les précipitations sont inférieures à 100 mm d'équivalent eau par an) et en outre venté. Le paysage de la zone comporte des glaciers, des chaînes de montagnes, des lacs couverts de glace, des torrents d'eau de fonte, des sols striés arides, du pergélisol, des dunes de sable et des systèmes de bassins versants interdépendants. Ces bassins ont une influence régionale sur l'écosystème marin du détroit de McMurdo. Du fait de son emplacement caractérisé par des variations saisonnières à grande échelle de la phase aqueuse, cette zone revêt une grande importance pour l'étude du changement climatique. En raison des variations temporelles de l'équilibre glace-eau qui déterminent une contraction et une expansion des caractéristiques hydrologiques et sont en outre enregistrées dans les accumulations de gaz à l'état de traces dans la neige ancienne, le terrain des vallées sèches de McMurdo recèle également le relevé des changements climatiques passés. Le climat extrême de la région fournit un précieux analogue des conditions anciennes sur la terre et des conditions prévalant actuellement sur Mars où de tels climats ont sans doute dominé l'évolution du paysage et du biote.

La zone a été proposée conjointement par les États-Unis d'Amérique et la Nouvelle-Zélande et adoptée en vertu de la Mesure 1 (2004). Le but du présent plan de gestion est d'assurer la protection à long terme de cet environnement unique, et de protéger ses valeurs à des fins de recherche scientifique, d'éducation ou pour une appréciation plus générale. Le plan de gestion présente les valeurs, les objectifs et les règles générales de conduite préconisées dans la région, et comprend plusieurs cartes et annexes offrant des lignes directrices s'appliquant à des activités particulières et des aires spécifiques désignées au sein de la zone. Il est organisé comme suit :

Table des matières

ANNEXE A : Lignes directrices environnementales générales pour les vallées sèches de McMurdo

ANNEXE B : Lignes directrices environnementales pour la recherche scientifique

ANNEXE C : Liste des aires d'installation

ANNEXE D : Lignes directrices pour les aires scientifiques

ANNEXE E : Lignes directrices pour les aires à accès limité

ANNEXE F : Lignes directrices pour les aires réservées aux visiteurs.

1. Valeurs à protéger et activités à gérer

Les vallées sèches de McMurdo sont caractérisées par des écosystèmes uniques présentant une faible biodiversité macrobiologique et une moindre complexité du réseau trophique. Des études récentes ont toutefois montré qu'il s'y trouve une grande diversité de communautés microbiennes dans des zones relativement restreintes, ainsi que dans les zones séparant les vallées. En revanche, comme elles constituent la plus vaste des régions libres de glace de l'Antarctique, les vallées sèches de McMurdo abritent aussi des habitats assez diversifiés comparés aux autres zones libres de glace. La zone comporte des microhabitats et des communautés biologiques inhabituels (tels que des systèmes endolithiques et cryoconites) ainsi que des caractéristiques glaciologiques et géologiques (comme un lac sous glaciaire riche en eau saumâtre, des lacs de surface hyper salins, des dépôts salins marins uniques et des pavages désertiques intacts). Ces caractéristiques glaciologiques et géologiques sont précieuses car elles recèlent des enregistrements extrêmement longs des événements naturels. Les vallées sèches de McMurdo renferment des indicateurs de changements climatiques régionaux, passés et présents, ainsi que des caractéristiques qui contribuent à influencer le changement climatique local. Un site d'études pour la recherche écologique à long terme (LTER) a été établi dans la vallée Taylor en 1993, et pendant les campagnes des vingt dernières années ce programme a conduit à d'importantes recherches, dans la vallée Taylor et dans l'ensemble des vallées sèches de McMurdo. Les bases de données environnementales de longue durée recueillies grâce à ce programme et à toute une série d'initiatives de recherche dans les vallées de McMurdo sont parmi celles qui ont été menées le plus longtemps en Antarctique. Ces valeurs scientifiques revêtent par ailleurs une importance mondiale autant que régionale.

La zone est une précieuse ressource pour la compréhension des processus de formation des paysages et de la stabilité de la calotte de glace de l'Antarctique. On trouve dans les vallées sèches de McMurdo des couches de surface uniques, notamment des sédiments glaciaires déposés et modifiés, des dunes de sable, des pavages désertiques, des sédiments glacio-lacustres et des sédiments marins de fjord représentant de précieux enregistrements de l'évolution planétaire. Le sol, les roches, l'eau, la glace et les biotes qui leur sont associés ont une réelle valeur scientifique en tant qu'écosystèmes modèles offrant une vision approfondie des processus naturels à l'œuvre dans la biosphère tout entière. Enfin, les espèces vivant dans les vallées sèches de McMurdo constituent une ressource biologique permettant de comprendre l'adaptation aux milieux extrêmes et sont en outre d'authentiques termes extrêmes des continuums écologiques.

La situation isolée des vallées sèches de McMurdo et leur environnement extrême ont généralement prévenu les introductions anthropiques d'espèces provenant d'autres régions. De nombreuses parties de la zone ne sont que rarement visitées, et l'une d'elles (la zone protégée des vallées Barwick et Balham) a été réservée comme zone de référence. Les visites y ont été très strictement contrôlées depuis presque 40 ans, et les survols de cette zone sont interdits. L'état quasiment vierge et l'absence relative d'espèces introduites que l'on observe dans les vallées sèches de McMurdo ne se retrouvent que rarement dans le monde, et ces caractéristiques ont une forte valeur scientifique et écologique, en particulier pour les études comparatives.

On note aussi des sites historiques dont l'origine remonte aux premières explorations de la zone, par exemple 'Granite House' dans la baie Botany, Granite Harbor, qui a été construite par les membres de l'expédition antarctique britannique de 1910-1913, et qui a été désignée comme site historique n° 67.

Les vallées sèches McMurdo sont également jugées précieuses pour leurs qualités esthétiques et la qualité de leur milieu sauvage. Elles présentent un environnement quasiment vierge qui, pour l'essentiel, n'a été ni perturbé, ni contaminé par les êtres humains. Leurs paysages spectaculaires formés de montagnes vertigineuses, de crêtes élevées et de vallées majestueuses, d'imposantes formations géologiques comprenant des complexes de dolérite sombre et de grès clairs en couches, et le contraste entre les sols libres de glace et les glaciers offrent des perspectives uniques d'une grande valeur esthétique.

Les activités conduites dans la zone comprennent divers travaux de recherche scientifique, des opérations à l'appui de la science, des médias, des arts et de l'éducation, d'autres visites officielles de programmes nationaux, ainsi que le tourisme.

Une gestion spéciale est nécessaire pour protéger les valeurs historiques, géologiques et esthétiques, l'état de la nature sauvage ou d'autres valeurs de la zone, ainsi que les bases de données recueillies au cours des 100 dernières années. Des activités humaines croissantes et des conflits d'intérêts potentiels exigent une gestion et une coordination des activités plus efficaces dans la zone.

2. Buts et objectifs

Le but de ce plan de gestion est la conservation et la protection de l'environnement unique et exceptionnel des vallées sèches de McMurdo par une gestion et une coordination des activités humaines dans la zone visant à protéger et à maintenir dans le long terme les valeurs des vallées sèches de McMurdo, en particulier la valeur de l'ampleur des ensembles de données scientifiques qui ont été recueillies.

Les objectifs spécifiques de la gestion de la zone sont les suivants :

- faciliter la recherche scientifique tout en assurant la maîtrise de l'environnement ;
- aider à planifier et coordonner toutes les activités dans les vallées sèches de McMurdo pour gérer les conflits réels ou potentiels entre différentes valeurs (y compris celles de différentes disciplines scientifiques), activités et opérateurs ;
- assurer la protection à long terme des valeurs scientifiques, écologiques, esthétiques, l'état de la nature sauvage et autre valeurs de la zone en minimisant les perturbations ou la dégradation de ces valeurs, y compris la perturbation des caractéristiques naturelles et celle de la flore et la faune, et en réduisant au minimum les impacts cumulés des activités humaines sur l'environnement ;
- empêcher l'introduction involontaire dans la zone d'espèces non indigènes, et limiter dans la plus grande mesure du possible le transport involontaire d'espèces indigènes d'une partie à l'autre de la zone ;
- minimiser les traces des installations et des expériences scientifiques dans la zone, notamment la prolifération de campements ;
- minimiser les perturbations physiques, la contamination et les déchets produits dans la zone, et prendre toutes les mesures possibles pour les contenir, les traiter, les enlever ou y remédier, qu'elles aient été produites au cours d'activités habituelles ou par accident ;
- promouvoir l'utilisation dans la zone d'énergies et de modes de transport qui ont le moins d'impact sur l'environnement, et, autant que faire se peut, minimiser les combustibles fossiles utilisés pour les activités menées dans la zone ;
- améliorer la connaissance des processus naturels et des impacts humains dans la zone, y compris ceux dus aux programmes de suivi ; et
- encourager la communication et la coopération entre les usagers de la zone, notamment par la diffusion d'informations concernant la zone et des dispositions en vigueur.

3. Activités de gestion

Les activités de gestion ci-après seront mises en œuvre pour réaliser les buts et les objectifs du présent plan de gestion :

- Les programmes nationaux opérant dans la zone doivent convoquer le cas échéant, et ce au moins une fois par an, un groupe de coordination de la gestion des vallées sèches de McMurdo (ci-après dénommé le groupe de coordination de la gestion) chargé de coordonner les activités menées dans la zone, et notamment de :
  - favoriser et assurer la bonne communication entre les parties visitant et travaillant dans la zone ;
  - offrir une enceinte pour la résolution d'éventuels conflits d'utilisation ;
  - minimiser la redondance des activités ;
  - conserver une archive de ces activités et, dans la mesure du possible, de leur impact sur la zone ;
  - développer des stratégies pour détecter et remédier aux effets cumulés des impacts ;
  - diffuser des informations concernant la zone, en particulier sur les activités menées dans la zone et sur les mesures de gestion en vigueur, notamment en maintenant à jour ces informations sous forme électronique sur le site : http://www.mcmurdodryvalleys.aq/ ;
  - passer en revue les activités passées, présentes et futures et évaluer l'efficacité des mesures de gestion ; et
  - formuler des recommandations sur la mise en œuvre de ce plan de gestion.
- Les programmes nationaux opérant dans la zone devront fournir aux stations et cabanes de recherche appropriées des copies de ce plan de gestion accompagnées de la documentation pertinente, et les mettre à la disposition de toutes les personnes présentes dans la zone. Le plan sera aussi disponible sous forme électronique sur le site http://www.mcmurdodryvalleys.aq/ ;
- Les programmes nationaux opérant dans la zone et les opérateurs de tourisme organisant des visites devront veiller à ce que tout leur personnel (personnel, équipage, passager, chercheurs scientifiques et autres visiteurs) soit averti et au courant des exigences du présent plan de gestion, et en particulier des lignes directrices environnementales (annexe A) appliquées dans la zone ;
- Les opérateurs de tourisme ou tout autre groupe ou personne se chargeant d'organiser ou de mener des activités non-gouvernementales dans la zone devront coordonner d'avance leurs activités avec les programmes nationaux opérant dans la zone afin de ne pas porter atteinte aux valeurs de la zone et de respecter les exigences du plan de gestion ;
- Les programmes nationaux opérant dans la zone s'efforceront de développer les meilleures pratiques afin d'atteindre les objectifs du plan de gestion, et de partager les connaissances et les informations acquises.
- Les panneaux et / ou repères devront être érigés selon que de besoin et de manière à signaler l'emplacement du site ou les limites des zones, des sites de recherche, des sites d'atterrissage ou des campements à l'intérieur de la zone. Les panneaux et repères érigés devront être fixés solidement et maintenus en bon état, et enlevés lorsqu'ils ne sont plus nécessaires.
- Des visites seront faites selon que de besoin (une fois tous les cinq ans au moins) pour évaluer l'efficacité du plan de gestion et s'assurer que les mesures de gestion sont adéquates. Le plan de gestion, le code de conduite et les lignes directrices seront réexaminés et mis à jour selon que de besoin ; et
- Les programmes nationaux opérant dans la zone prendront toutes les mesures nécessaires et pratiques pour veiller à ce que les exigences du plan de gestion soient respectées.

4. Durée de désignation

La zone est désignée pour une durée indéterminée.

5. Cartes et photographies

Tableau 1 : Liste de cartes incluses dans le plan de gestion

Carte	Titre	Échelle de la source	Erreur d'estimation (+/- m)
Vues d'ensemble			

Carte	Titre	Échelle de la source	Erreur d'estimation (+/- m)
Carte 1	Vue d'ensemble - ZGSA No 2 Vallées sèches de McMurdo : limites et zones	1/900 000	200
Carte 2	Vue d'ensemble – Vallées sèches du centre	1/400 000	200

Carte	Titre	Échelle de la source	Erreur d'estimation (+/- m)
Aires d'installations			
Carte 3	Anse des explorateurs, New Harbor	1/25 000	2
Encadré :	Aire d'installations du camp New Harbor	1/3 000	2
Carte 4	Lac Fryxell – Glacier Commonwealth	1/25 000	2
Encadré :	Aire d'installations du camp F-6	1/3 000	2
Carte 5	Lac Fryxell – Glacier Canada	1/25 000	2
Encadré :	Aire d'installations du lac Fryxell	1/3 000	2
Carte 6	Lac Hoare, Glacier Canada	1/25 000	2
Carte 7	Aire d'installations du lac Hoare	1/3 000	2
Carte 8	Lac Bonney, Vallée Taylor	1/35 000	2
Encadré 1 :			2
			2
Encadré 2 :	ZSPA n° 172 Blood Falls	1/10 000	
	Aire d'installations du lac Bonney	1/3 000	
Carte 9	Mont Newall, Chaîne Asgard	1/25 000	50
	Aire d'installations des relais radioélectriques de		2
Encadré :	Mont Newall	1/3 000	
Carte 10	Pointe Marble, Détroit de McMurdo	1/35 000	5
Encadré :	Aire d'installations de la station de ravitaillement de carburant de la pointe Marble	1/5 000	2
Carte 11	Vallée Lower Wright	1/25 000	50
Encadré :	Aire d'installations de la cabane Lower Wright	1/3 000	2
Carte 12	Lac Vanda, Vallée Wright	1/25 000	50
Encadré 1 :	Aire d'installations de la cabane du lac Vanda	1/3 000	2
Encadré 2 :	Aire d'installations de la cabane du col Bull	1/3 000	2
Carte 13	Cap Roberts, Granite Harbor	1/10 000	10
Encadré :	Aire d'installations de la cabane du cap Roberts	1/3 000	10

Carte	Titre	Échelle de la source	Erreur d'estimation (+/- m)
Aires scientifiques			
Carte 14	Aire scientifique de l'anse des explorateurs	1/3 000	2
Carte 15	Pavage Boulder, Vallée Wright	1/30 000	50
Encadré :	Aire scientifique Pavage Boulder	1/30 000	50

Carte	Titre	Échelle de la source	Erreur d'estimation (+/- m)
Aires à accès limité			
	Aire à accès limité du bassin versant du lac		10
Carte 16	Trough	1/70 000	
Carte 17	Mont Feather – Vallée Beacon	1/130 000	50
Encadré :	Aire à accès limité du dépôt du mont Feather Sirius	1/25 000	50
Carte 18	Etang Don Juan, Vallée Wright	1/50 000	50
Encadré :	Aire à accès limité de l'étang Don Juan	1/10 000	2
Carte 19	Ravine Argo, Vallée Wright	1/30 000	50
Encadré :	Aire à accès limité de la ravine Argo	1/3 000	15

Carte	Titre	Échelle de la source	Erreur d'estimation (+/- m)
Carte 20	Prospect Mesa, Vallée Wright	1/30 000	50
Encadré :	Aire à accès limité de Prospect Mesa	1/5 000	50
Carte 21	Glacier Hart, Vallée Wright	1/25 000	50
Encadré :	Aire à accès limité	1/5 000	50
	Aire à accès limité des dunes de sable de la vallée		50
Carte 22	Victoria	1/50 000	
Carte 23	Aire à accès limité du promontoire Battleship	1/50 000	50
Aires réservées aux visiteurs			
Carte 24	Vallée Taylor, Lac Fryxell	1/25 000	2
Encadré :	Aire réservée aux visiteurs de la vallée Taylor	1/5 000	2

6. Description de la zone

Les vallées sèches de McMurdo sont situées dans la Terre Victoria du Sud le long de la côte occidentale du Détroit de McMurdo, approximativement à 77°30' de latitude sud, 162°00' de longitude est. Une zone d'environ 17 500 est désignée comme Zone gérée spéciale de l'Antarctique (ci-après dénommée « la zone ») afin de gérer les activités anthropiques dans la région pour la protection des valeurs scientifiques, écologiques, historiques, esthétiques et naturelles.

Selon l'Analyse des domaines environnementaux du continent antarctique (Résolution 3 (2008)), les vallées sèches de McMurdo sont situées dans le domaine environnemental S Géologique de McMurdo – Terre South Victoria. D'après la classification des Régions de conservation biogéographiques de l'Antarctique (Résolution 6 (2012)), la zone se trouve dans la RCBA9 - Terre Victoria du Sud.

6(i) Coordonnées géographiques, bornage et caractéristiques du milieu naturel

Toutes les coordonnées sont données dans ce plan de gestion en degré-minutes décimales (dd mm.mm).

Les limites de démarcation de la zone ont été principalement définies en fonction des bassins versants des vallées sèches de McMurdo et renferme l'ensemble des sols libres de glace et des zones adjacentes situées dans ces bassins, tout Convoy Range dans le nord, limité dans le sud par le glacier Koettlitz (carte 1). Les îles au large de la côte ne font pas partie de la zone, excepté l'île Tripp dans le nord et l'île Heald dans le sud. En partant du nord-est et en se déplaçant dans le sens des aiguilles d'une montre, la ligne de démarcation de la zone est définie comme suit :

A partir de l'extrémité nord-est de l'île Tripp (76°38.09' de latitude sud, 162°42.90' de longitude est), la limite s'étend en direction du sud en suivant la côte au niveau des marées basses moyennes jusqu'à la pointe DeMaster (située à l'est de la vallée Marshall à 78°04.20' de latitude sud, 164°25.43' de longitude est), à une distance d'environ 170 km. La limite suit ainsi la marge nord-ouest du glacier Koettlitz en direction du sud-ouest sur 25 km environ jusqu'à la baie Walcott et le lac Trough, incluant tous les cours d'eau et lacs le long de la marge du glacier dans la zone (Carte 16). De là, la limite suit à peu près la ligne d'ancrage sud de la marge du glacier Koettlitz dans la baie Walcott, allant jusqu'au Bulwark à l'est et contenant le lac Trough. La limite suit alors le ruisseau Bulwark à l'est sur environ 1,5 km jusqu'à l'extrémité nord du Bulwark. La limite s'étend ensuite sur 3 km en ligne droite, en direction nord-est jusqu'au littoral nord-ouest de l'île Heald, suivant le contour de la côte nord jusqu'à l'extrémité orientale de l'île (78°15.00' de latitude sud, 163°57.80' de longitude est).

La limite s'étend depuis l'île Heald en direction sud-ouest sur environ 14,8 km pour atteindre le sommet de Pyramid (854 m) (78°20.64' de latitude sud, 163°29.95' de longitude est). De là, elle continue sur 13,3 km au sud-ouest jusqu'au pied de la crête Highway (78°23.97' de latitude sud, 162°58.57' de longitude est), suivant ensuite la ligne de crête orientée au nord-ouest qui rejoint le sommet de Shark Fin à 3,8 km (2242 m) (78°22.11' de latitude sud, 162°54.66' de longitude est). Depuis Shark Fin, la limite continue en direction nord-ouest sur environ 6,7 km jusqu'au sommet du mont Kempe (3004 m) (78°19.35' de latitude sud,

162°43.18' de longitude est). Elle marque alors une ligne droite de 83 km allant du sommet du mont Kempe au sommet du mont Wisneski (2320 m) (77°57.65' de latitude sud, 159°33.73' de longitude est), qui est le pic le plus au sud des monts Lashley.

Depuis le mont Wisneski, la limite s'étend au nord sur environ 8,7 km jusqu'au mont Crean (2550 m) (77°53.00' de latitude sud, 159°30.66' de longitude est), le plus haut pic des monts Lashley. Elle se poursuit ensuite au nord sur 5,6 km pour rejoindre le sommet du mont Koger (2450 m) (77°50.05' de latitude sud, 159°33.09' de longitude est), le sommet le plus septentrional des monts Lashley.

La limite s'étend ensuite au nord-est jusqu'au Dépôt nunatak à une distance d'environ 15,3 km (1980 m) (77°44.88' de latitude sud, 160°03.19' de longitude est), puis en direction nord-ouest sur 19,6 km jusqu'à l'extrémité ouest du sol libre de glace à proximité de la chaîne du Fer à cheval (77°34.52' de latitude sud, 159°53.72 de longitude est). La limite se poursuit ensuite au nord sur environ 40 km jusqu'au sommet du mont DeWitt (2190 m) (77°13.05' de latitude sud, 159°50.30' de longitude est), puis s'étend au nord-ouest sur à peu près 38,4 km jusqu'au sommet du nunatak Carapace (2321 m) (76°53.31' de latitude sud, 159°23.76' de longitude est), continuant encore sur 39 km au nord jusqu'au sommet du nunatak Battlements (2128 m) (76°32.27' de latitude sud, 159°21.41' de longitude est).

La limite s'étend à l'est entre le nunatak Battlements et le sommet du mont Douglas (1750 m) (76°31.25' de latitude sud, 161°18.64' de longitude est) sur à peu près 51 km, puis sur quelque 18 km au sud-est pour rejoindre le sommet du mont Endeavour (1870 m) (76°32.49' de latitude sud, 161°59.97' de longitude est). À partir du mont Endeavour, la limite continue au sud-est sur une longueur d'environ 21,3 km jusqu'à la pointe nord-est de l'île Tripp.

Les principales coordonnées données ci-dessus se basent sur la carte de base numérique USGS / LINZ 1:50,000 établie pour les vallées sèches de McMurdo, avec une erreur d'estimation maximum de +/- 50 m. Comme cette carte n'inclut pas la limite occidentale, les coordonnées dans cette zone proviennent de la carte USGS 1/250 000, avec une erreur d'estimation maximum de +/- 200 m. Une cartographie précise avec une erreur d'estimation maximum de +/- 2 m est disponible pour un nombre limité de sites à l'intérieur de la zone (voir tableau 1), la plupart dans la vallée Taylor, et des coordonnées GPS précises sont disponibles pour décrire seulement des portions les lignes de démarcations. La série 1/50 000 sert de base de cartes principale pour les coordonnées de la limite, qui reposent dès lors sur des données cartographiques cohérentes, du moins pour la plus grande partie de la zone. Les coordonnées GPS des lignes de démarcation peuvent donc varier des coordonnées mentionnées ci-dessus jusqu'à 50 m, voire jusqu'à ~200 m à l'ouest.

6(ii) Zones restreintes et zones gérées à l'intérieur de la zone

Ce plan de gestion définit quatre catégories d'aires à l'intérieur de la zone : les aires d'installations, les aires scientifiques, les aires à accès limité et les aires réservées aux visiteurs. Les objectifs de la gestion des différentes catégories d'aires sont précisés dans le tableau 2. Les cartes 1 et 2 situent ces différentes catégories d'aires, tandis que les cartes 3-24 (que l'on peut consulter dans les annexes pertinentes) présentent chaque zone dans son contexte géographique, avec le détail des caractéristiques et des infrastructures de chaque site en encadré. Une nouvelle aire ou une nouvelle catégorie d'aire peut être prise en considération par le groupe de coordination de la gestion selon que de besoin, et celles qui ne sont plus requises peuvent être enlevées de la liste. Les mises à jour des aires doivent être dûment considérées lors de la révision du plan de gestion.

Tableau 2 : Zones de gestion désignées à l'intérieur de la zone et objectifs spécifiques

Gestion Zones	Objectifs spécifiques de la zone	Plan Annexe
Aire d'installations	Pour veiller à ce que les installations scientifiques de la zone et les activités connexes soient contenues dans la zone et gérées à l'intérieur d'aires désignées.	C
Aire scientifique	Pour veiller à ce que les personnes planifiant les programmes scientifiques ou la logistique dans la zone et tous les visiteurs de la zone soient informés des secteurs de la zone représentant	D

Gestion Zones	Objectifs spécifiques de la zone	Plan Annexe
	des sites d'études scientifiques en cours ou de longue date ou bien contenant des installations scientifiques vulnérables, afin qu'ils puissent être pris en considération durant la planification et la conduite des activités dans la zone.	
Zone restreinte	Pour restreindre l'accès à un certain secteur de la zone et/ou restreindre les activités dans la zone pour diverses raisons, par exemple en raison de valeurs spéciales scientifiques ou écologiques, en cas de vulnérabilité, de la présence de dangers, ou pour limiter les émissions ou les constructions sur un site spécifique. L'accès aux aires à accès limité devrait normalement se faire pour des raisons impérieuses qui ne peuvent être satisfaites autre part à l'intérieur de la zone.	E
Aire réservée aux visiteurs	Pour fournir un moyen de gérer les activités des visiteurs, y compris le personnel des programmes d'activités et/ou les touristes, afin de restreindre leurs impacts et, le cas échéant, d'en faire le suivi et la gestion.	F

Les règlements qui s'appliquent à chaque zone sont présentés dans les sections ci-après; les lignes directrices qui régissent la conduite d'activités spécifiques de ces zones sont définies aux annexes D à F.

Aires d'installations

Les aires d'installations sont établies pour restreindre les installations temporaires et semi-temporaires à des zones prédéfinies et maîtriser ainsi leur répartition et leurs traces. Il peut s'agir de zones où l'on prévoit une présence humaine partiellement permanente ou limitée à des périodes définies au cours desquelles des activités importantes sont engagées. Il peut aussi s'agir de zones où l'on escompte une présence humaine et régulière et/ou des activités répétitives, comme des campements. La création de nouvelles aires d'installations sera conçue de manière à minimiser les traces des installations et des matériels utilisés.

Les dispositions suivantes doivent être appliquées dans les zones d'installations :

- Les installations importantes et souvent utilisées, les campements, les héliports, et les entrepôts de matériel et d'approvisionnement seront situés à l'intérieur des limites des aires d'installations ;

- Les infrastructures, les campements et les aires d'entreposage existant à l'intérieur des aires d'installations seront réutilisés dans la mesure du possible ;

- Les dispositions pour le stockage et la manutention des combustibles à l'intérieur des aires d'installations devront tenir compte des conditions précisées dans les *Lignes directrices environnementales générales des vallées sèches de McMurdo* (annexe A) : confinement secondaire, matériel approprié pour les opérations de remplissage, de décantation et de maintenance, entreposage sécurisé et matériel approprié pour les interventions en cas de déversement ;

- Lors de la planification et de la poursuite d'activités dans les aires d'installations, on s'attachera à promouvoir les énergies de remplacement et l'optimisation du rendement énergétique ;

- Lors de la planification et de la poursuite d'activités dans les aires d'installations, on veillera à la réduction des déchets au minimum et à leur gestion, tous les déchets seront entreposés de manière sûre puis évacués de la zone ; et

- En cas de besoin, des plans d'urgence seront élaborés pour tenir compte des besoins particuliers des aires d'installations spécifiques.

Les aires d'installations ne doivent pas être établies à l'intérieur d'aires à accès limité ou de zones spécialement protégées de l'Antarctique (ZSPA), ou à des endroits où elles pourraient porter atteinte aux valeurs de la zone.

Les aires d'installations sont énumérées à l'annexe C, accompagnées d'une description de leur emplacement, des lignes de démarcation et de l'infrastructure, de l'emplacement des aires d'atterrissage, et de cartes.

Aires scientifiques

Les aires scientifiques énumérées à l'annexe D ont été désignées pour sensibiliser les visiteurs aux études scientifiques actuelles en cours et éviter que soient perturbées des valeurs ou des expériences scientifiques importantes. Il n'existe pas de restrictions générales concernant l'accès à l'intérieur des aires scientifiques, les visiteurs sont toutefois priés de prendre connaissance des dispositions contenues dans l'annexe D avant leur visite ou avant de planifier leur travail dans ces aires.

Aires à accès limité

Les aires à accès limité sont des aires désignées telles en raison de leur forte valeur scientifique et de leur grande vulnérabilité aux perturbations causées par les êtres humains. Les aires à accès limité sont énumérées à l'annexe E, accompagnées d'une brève description des lignes de démarcation, des caractéristiques du site, des impacts, et des lignes directrices qui s'y appliquent concernant l'accès et les activités. L'accès aux aires à accès limité doit se faire pour des raisons impérieuses qui ne peuvent être satisfaites autre part à l'intérieur de la zone, et toute mesure mise en place pour assurer leur protection spécifiée à l'annexe E doit être strictement respectée lors des visites.

Aires réservées aux visiteurs

L'aire réservée aux visiteurs de la vallée Taylor a été établie afin de gérer les visites touristiques et les expéditions non-gouvernementales dans la zone en les confinant à cette aire, d'où l'on peut apprécier les valeurs esthétiques exceptionnelles et l'état de la nature sauvage des vallées sèches de McMurdo, tout en minimisant l'impact potentiel des visites touristiques sur les autres valeurs de la zone, en particulier les valeurs scientifiques et environnementales.

L'aire réservée aux visiteurs de la vallée Taylor se situe près du terminus du glacier Canada (carte 24), dans la vallée Taylor, où l'on peut raisonnablement garantir des déplacements et un accès aisés, en toute sécurité, avec un impact minime sur les activités scientifiques ou le milieu naturel. L'aire a été établie à l'issue de consultations avec les programmes nationaux opérant dans la zone, les opérateurs de tourisme et l'Association internationale des tour-opérateurs antarctiques (IAATO). Les lignes directrices régissant la conduite d'activités dans l'aire réservée aux visiteurs sont à l'annexe F : Traité sur l'Antarctique - Guide du visiteur : Vallée Taylor, Terre Victoria du Sud, Mer de Ross.

6(iii) Structures à l'intérieur de la zone et à proximité

Les principales structures à l'intérieur de la zone se situent dans les aires d'installations désignées au centre des vallées sèches de McMurdo (cartes 2 et 13). Il y a cinq campements semi-permanents dans la vallée Taylor (cartes 3-8), et trois autres dans la vallée Wright (cartes 11 et 12). Les structures les plus solides se trouvent à la station de ravitaillement de carburant de Marble Point (carte 10), et il existe d'autres bâtiments au mont Newall (carte 9) et au cap Roberts (carte 13).

Il se trouve des sites d'instruments scientifiques et opérationnels un peu partout dans la zone en-dehors des aires d'installations ; les plus importants sont énumérés au tableau 3. D'autres structures non listées incluent des Stations météorologiques automatiques (SMA), des relais radioélectriques (mont Cerverus, mont JJ Thomson), des barrages de cours d'eau et des dispositifs pour établir un bilan massique des glaciers.

Tableau 3 : Structures dans la zone à l'extérieur des aires d'installations

Nom	PR[1]	Emplacement géographique [1]	Description de l'emplacement	Structures
Relais radioélectrique	États-Unis	77° 47.16'S	Proximité du sommet du mont Coates (1894	Le relais radioélectrique et les équipements

Nom	PR[1]	Emplacement géographique[1]	Description de l'emplacement	Structures
du mont Coates	d'Amérique	161° 58.23'E	m), Kukri Hills. à ~14 km de l'aire d'installations du Lac Bonney, vallée Taylor.	connexes sont contenus dans deux conteneurs en plastique orange. Le site comporte aussi une antenne.
Relais radioélectrique du mont Hjorth	États-Unis d'Amérique	77° 30.97'S 163° 37.22'E	Près du sommet du mont Hjorth (790 m) à ~ 6 km du Cap Bernacchi, au nord-est de l'anse des explorateurs et de la vallée Taylor.	Le relais radioélectrique et les équipements connexes sont dans une petite cabane (2,4m x 2,6m). L'antenne est montée sur la cabane.

1. Partie responsable de l'entretien
2. Coordonnées approximatives

Les vallées sèches de McMurdo contiennent aussi plusieurs sites où des camps semi-permanents ont été mis hors service et retirés de la zone (tableau 4).

Tableau 4 : Sites connus de camps semi-permanents mis hors service dans la zone

Sites mis hors service	PR[1]	Coordonnées géographiques[2]
Cabane Asgard	Nouvelle-Zélande	77° 35'S, 161° 36'E
Cabane Brownworth	Nouvelle-Zélande	77° 27'S, 162° 53'E
Cabane du col Bull (Des structures américaines érigées dans l'aire d'installations de la cabane du col Bull sont encore présentes)	Nouvelle-Zélande	77° 31.01'S, 161° 51.08'E
Camp du glacier Meserve	États-Unis d'Amérique	77° 30.8'S, 162° 17'E
Cabane de la vallée Miers	Nouvelle-Zélande	78° 08'S, 163° 50'E
Ancienne cabane du lac Bonney	États-Unis d'Amérique	77° 42.2'S, 162° 30.6'E
Cabane du lac Fryxell	Nouvelle-Zélande	77° 37'S, 163° 03'E
Station Vanda (certaines structures ont été transférées dans l'aire d'installations du lac Vanda)	Nouvelle-Zélande	77° 31.6'S, 161° 40.1'E
Camp du glacier Commonwealth	Nouvelle-Zélande	77° 34.94' S, 163° 35.81' E
Ancien camp de New Harbor	États-Unis d'Amérique	77° 34.5'S, 163° 29.9'E
Camp du glacier Odell	États-Unis d'Amérique	76° 40.86'S, 159° 54.8'E

1. Partie responsable
2. Coordonnées approximatives

Entre 1971 et 1975, des forages ont été réalisés sur huit sites de la zone, avec plusieurs puits de forage dans certains cas, dans le cadre du programme de forage des vallées sèches de McMurdo (DVDP). Les sites de forage du projet se situent au lac Vanda (DVDP 4) (foré à 85,8 m sous la surface de la glace), à l'étang Don Juan (DVDP 5, 3,4 m; DVDP 13, 75 m), dans le bassin du chenal nord de la vallée Wright (DVDP 14, 78 m), au lac Vida (DVDP 6, 305, 8 m; celui-ci a été bouché et fermé par le programme américain en 2006-07 et se trouve maintenant à plusieurs mètres sous la surface du lac), au lac Fryxell (DVDP 7, 11,1 m), à New Harbor (DVDP 8, 157,5 m; DVDP 9, 38,3 m; DVDP 10, 187 m), au glacier Commonwealth (DVDP 11, 328 m), et au lac Hoare (DVDP 12, 185 m).

6 (iv) Emplacement des autres zones protégées dans la zone

Il est interdit de pénétrer dans la zone spécialement protégée de l'Antarctique (ZSPA) à moins d'être muni d'un permis délivré par une autorité nationale. Il existe quatre ZSPA dans la zone (cartes 1 et 2) :

ZSPA no 123 Vallées Barwick et Balham, Terre Victoria du Sud (cartes 1, 2);

ZSPA no 131 Glacier Canada, Lac Fryxell, Vallée Taylor, Victoria (cartes 2, 5, 24);

ZSPA no 138 Terrace Linnaeus, Chaîne Asgard, Terre Victoria (cartes 2, 18);

ZSPA no 154 Baie Botany, Pointe-Géologie, Terre Victoria (carte 1).

ZSPA no 172 Partie inférieure du glacier Taylor et Blood Falls, vallée Taylor, vallées sèches de McMurdo, Terre Victoria (cartes 1, 2, 8, 17)

7. Code de conduite

Le code de conduite visé dans cette section est le principal instrument pour la gestion des activités menées dans la zone. Il énonce les principes généraux de gestion et d'opérations dans la zone.

De plus, des conseils complémentaires sont formulés dans les Lignes directrices environnementales générales des vallées sèches de McMurdo (annexe A), les Lignes directrices environnementales pour la recherche scientifique (annexe B), et dans la liste des aires d'installations (annexe C), des aires scientifiques (annexe D), des aires à accès limité (annexe E), et des aires réservée aux visiteurs (annexe F). Toutes les personnes visitant les vallées sèches de McMurdo doivent être informées des Lignes directrices environnementales générales (annexe A), au tout minimum, avant de pénétrer dans la zone.

7(i) Accès à la zone et déplacements à l'intérieur de celle-ci

La zone est vaste et offre de nombreux points d'entrée. On y accède généralement par hélicoptère à partir de l'île de Ross ou par la glace de mer, via New Harbor ou pointe Marble. On utilisera dans toute la mesure possible les aires d'atterrissage connues : elles sont énumérées et indiquées sur les cartes aux annexes C-F qui décrivent les zones de gestion. Les aires d'atterrissage désignées des ZSPA sont définies et cartographiées dans les plans de gestion appropriés. Lorsqu'il n'en existe pas, on utilisera dans toute la mesure possible des aires d'atterrissage connues. Quand il est prévu que des hélicoptères se posent de manière répétée sur un site donné, il convient d'envisager de désigner un site d'atterrissage. Ces situations sont adressées au groupe de coordination de la gestion. Les interdictions de survol sont en vigueur dans la ZSPA no 123, au-dessus des vallées Barwick et Balham, dans la ZSPA no 131 au-dessus du glacier Canada, dans la ZSPA no 154 à baie Botany, et au-dessus des aires à accès limité au-dessus de l'étang Don Juan et des dunes de sable de la vallée Victoria.

Tous les itinéraires d'accès piéton et les déplacements dans la zone doivent être établis de manière à minimiser les perturbations du sol et des surfaces recouvertes de végétation. Il existe plusieurs routes piétonnes dans la zone. Dans la vallée Taylor, il y a des routes piétonnes entre le camp F-6 et le camp du lac Fryxell, entre le camp F-6 et celui du lac Hoare, entre les camps des lacs Hoare et Fryxell, et entre les camps des lacs Hoare et Bonney. Une autre route est tracée de la berge du lac Fryxell au déversoir du ruisseau Canada. Il existe aussi d'autres routes, plus éloignées des campements de F-6 et des lacs Fryxell, Bonney et Hoare. Une route est définie pour gérer les déplacements piétonniers dans l'aire réservée aux visiteurs de la vallée Taylor (annexe F). Dans la vallée Wright, on trouve une route entre le déversoir et les cabanes de Vanda. Il y a également une route au tracé mal défini qui longe l'Onyx, entre les lacs Vanda et Brownworth. Par endroits, les traces des véhicules terrestres qui ont emprunté cette route dans les années 70 sont encore visibles.

Des sentiers se sont développés dans les sols de moraines instables situés à proximité d'une activité intense, formant des routes bien définies, comme celles que l'on peut voir près des aires d'installations et des sites d'études, par exemple long de la marge de la partie inférieure du glacier Taylor. Dans ces cas, les piétons emprunteront de préférence les sentiers existants, à moins que de le faire ne soit dangereux ou ait un impact plus important que de suivre une autre route.

L'utilisation de véhicules dans la zone doit être limitée à la glace lacustre ou à la glace de mer, sauf si une autorisation spéciale leur permet d'emprunter les pistes actuellement empruntées par des véhicules à pointe Marble (carte 11), New Harbor (cartes 3 et 4), et au cap Roberts (carte 13).

L'accès aux aires à accès limité doit être évité à moins de raisons impérieuses, et doit dans ce cas être coordonné avec les programmes nationaux opérant dans la zone.

Les touristes et les expéditions non-gouvernementales auront uniquement accès à l'aire réservée aux visiteurs de la vallée Taylor conformément aux lignes directrices adoptées à l'annexe F, et ce après l'avoir coordonné antérieurement avec les programmes nationaux opérant dans la zone.

7(ii) Activités pouvant être menées dans la zone

Les activités qui peuvent être menées dans la zone comprennent les travaux de recherche scientifique ; les opérations effectuées à l'appui de la science, des médias, des arts, de l'éducation, ou d'autres visites officiels de programmes nationaux ; les activités de gestion dans l'entretien et l'enlèvement d'installations ; et les visites touristiques dans l'aire réservée aux visiteurs, où ces activités ne posent pas de risque pour les valeurs de la zone.

Toutes les activités entreprises dans les vallées sèches de McMurdo doivent être conduites de manière à minimiser leur impact environnemental. Il convient de privilégier les énergies de remplacement (le solaire, l'énergie éolienne et les piles à combustible par exemple) pour limiter autant que faire se peut le recours aux combustibles fossiles. Des lignes directrices spécifiques sur la conduite d'activités dans la zone figurent dans les annexes A-E.

Les expéditions touristiques et non-gouvernementales devraient de plus veiller à minimiser l'impact de leurs activités sur les activités scientifiques menées dans la zone, et doivent être menées conformément au Guide du visiteur du Traité sur l'Antarctique : Vallée Taylor (annexe F).

7 (iii) Installation, modification ou démantèlement des structures

Un grand soin doit être apporté à la localisation et à l'installation de structures afin de minimiser leur impact sur l'environnement. Les sites d'installations précédents doivent être utilisés au maximum ou partagés avec d'autres programmes plutôt que d'en établir de nouveaux, et les traces des installations doivent être aussi limitées que possibles. Les sites d'installations doivent être réutilisés dans toute la mesure du possible, le cas échéant. Des structures permanentes ou semi permanentes ne devraient généralement pas être érigées en dehors des aires d'installation, à moins qu'elles soient de petite taille et qu'elles ne portent pas atteinte aux valeurs de la zone (par ex. station météorologique automatique (SMA) ou petit relais radioélectrique alimenté par une batterie ou un accumulateur solaire sans infrastructure importante).

Toutes les installations seront entretenues tant qu'elles sont opérationnelles et enlevées dès qu'elles ne sont plus utiles. Les installations doivent être clairement identifiées par le programme national responsable, nom du principal chercheur et année d'installation. Il faut tenir un registre des types d'installations et de leurs coordonnées, et cette information doit être communiquée aux responsables du programme national et transmise au groupe de coordination de la gestion.

Les programmes nationaux doivent échanger leurs informations sur les nouvelles installations proposées avant qu'elles ne soient construites, par l'intermédiaire du groupe de coordination de la gestion, afin de coordonner leurs activités et de limiter le nombre d'installations nouvelles ou de les dupliquer, réduisant ainsi les perturbations.

7(iv) Campements

Dans les vallées sèches de McMurdo, les campements se limitent à de petites installations érigées de manière temporaire pour effectuer des recherches au cours d'une campagne, comprenant généralement quelques tentes et des abris temporaires pour les travaux de laboratoire ou la préparation alimentaire. En général, les campements doivent être établis uniquement pour répondre aux besoins de travaux qui ne peuvent être réalisés depuis les aires d'installation.

Les campements doivent être situés et installés avec soin afin de minimiser leur impact sur l'environnement. Les campements actuels ou précédents doivent être utilisés au maximum ou partagés avec d'autres programmes plutôt que d'en établir de nouveaux, et les traces des campements doivent être aussi limitées que possibles.

Les campements seront entretenus tant qu'ils sont opérationnels et enlevés dès qu'ils ne sont plus utiles. On veillera à ce que le matériel soit solidement arrimé pour éviter d'être emporté en cas de vent.

Les coordonnées des campements doivent être enregistrées, et cette information fournie aux responsables du programme national qui la transmettra au groupe de coordination de la gestion.

Les emplacements de campements désignés en dehors des aires d'installations ou des autres aires situées dans la zone sont énumérés dans le tableau 5.

Tableau 5 : Emplacements des campements désignés en dehors des aires d'installations ou des autres aires situées dans la zone.

Nom	PR[1]	Emplacement	Description de l'emplacement	Description du camp
Camp de Blood Falls	États-Unis d'Amérique	77°43.24' S 162°16.29' E 1 aire d'atterrissage pour les hélicoptères à cet emplacement	Rive nord-ouest du lac Bonney à ~100 m du terminus du glacier Taylor et des Blood Falls (voir carte 8 encadré 1).	Pente remontant sur ~100 m à partir de la rive du lac et s'étendant sur ~200 m en direction nord-ouest à partir de Lawson Creek jusqu'à un repère de relevé permanent (TP02) situé à ~20 m du bord du lac. Des cercles de pierre marquent les emplacements de tentes. L'aire d'atterrissage désignée est située près d'un groupe d'emplacements de tentes dans la partie sud-ouest du camp.

1. Partie responsable de l'entretien

7(v) Prélèvement de végétaux et capture d'animaux ou perturbations nuisibles à la faune et la flore

Tout prélèvement ou perturbation nuisible à la faune et la flore est interdite sauf avec un permis délivré conformément à l'article 3 de l'Annexe II du Protocole par l'autorité nationale compétente à cette fin spécifiquement. Dans le cas de prélèvements ou de perturbations nuisibles d'animaux, le SCAR Code of Conduct for Use of Animals for Scientific Purposes in Antarctica (Code de conduite du SCAR pour l'utilisation d'animaux à des fins scientifiques dans l'Antarctique) devra être utilisé comme norme minimale.

Pour aider au maintien des valeurs écologiques et scientifiques de la zone, les visiteurs doivent prendre des précautions spéciales contre les introductions d'organismes non-indigènes. Les introductions en provenance d'autres sites antarctiques, y compris d'autres stations, ou d'autres régions extérieures à l'Antarctique, suscitent une inquiétude particulière. Les visiteurs doivent veiller à ce que tout le matériel d'échantillonnage et de balisage introduit dans la zone soit propre. Les visiteurs doivent aussi veiller à ce que tout matériel (sacs à dos, sacs à provision et tentes), ainsi que leurs vêtements et leurs chaussures, soit soigneusement nettoyé avant de pénétrer dans la zone. Les visiteurs doivent aussi être informés du risque qui existe de transporter des espèces d'une partie à l'autre des vallées sèches, et qui pourrait aussi avoir un impact sur les valeurs de la zone.

Les visiteurs doivent spécialement veiller à minimiser les mouvements de sols d'un site des vallées sèches à un autre, au minimum en nettoyant leur matériel (matériel de camping et d'échantillonnage, véhicules, chaussures) avant de se déplacer vers un autre site.

7(vi) Prélèvement ou enlèvement de matériel trouvé dans la zone

Les matériels qui ne sont pas couverts par la section 7(v) ci-dessus ne peuvent être collectés ou enlevés de la zone qu'à des fins scientifiques et pédagogiques connexes ou pour des besoins de gestion essentiels, et ils doivent être limités au minimum nécessaire pour répondre à ces fins. Toutes les météorites ramassées doivent être collectées et conservées en conformité avec des normes scientifiques agréées et elles sont rendus disponibles pour des fins scientifiques. Les matériels d'origine humaine susceptibles de porter atteinte aux valeurs de la zone peuvent être enlevés à moins que l'impact de leur enlèvement ne s'avère plus néfaste que leur présence sur le terrain. Si tel est le cas, l'autorité compétente doit en être notifiée.

7(vii) Gestion des déchets

Tous les matériels introduits dans la zone doivent être ramassés et enlevés dans toute la mesure du possible. L'eau utilisée par des êtres humains à de quelconques fins, y compris scientifiques, doit être évacuée et/ou traitée dans un évaporateur d'eaux usées (et les résidus doivent être évacués). Tous les déchets humains doivent être évacués de la zone, y compris les résidus d'incinération.

En vertu de l'article 4 de l'Annexe III du Protocole relatif à la Protection de l'Environnement, les déchets ne sont pas éliminés dans les zones libres de glace, dans les systèmes d'eau douce ou dans des profonds puits de glace qui se terminent dans des zones libres de glace ou dans des zones de forte ablation.

7(viii) Exigences des rapports

Le groupe de coordination de la gestion devra, dans la mesure du possible, conserver une archive de ces rapports des activités dans la zone, et les mettre à la disposition de toutes les Parties.

Conformément à l'article 10 de l'Annexe V du Protocole relatif à la protection de l'environnement, des dispositions seront mises en place pour obtenir et échanger les rapports de visites d'inspection ainsi que les informations sur tout dommage ou changement important survenu dans la zone.

Les voyagistes doivent conserver des enregistrements des visites conduites dans la zone, notamment du nombre de visiteurs, des dates des visites et des incidents survenus dans la zone et communiquer ces renseignements conformément aux procédures de rapports des expéditions approuvées par les Parties au Traité sur l'Antarctique et par l'IAATO.

8. Dispositions relatives à l'échange d'informations préalablement aux activités proposées

Outre l'échange habituel d'informations au moyen des rapports nationaux annuels aux Parties signataires du Traité sur l'Antarctique, au SCAR et au Conseil des directeurs des programmes antarctiques nationaux (COMNAP), les parties opérant dans la zone doivent échanger des informations par l'intermédiaire du groupe de coordination de la gestion.

9. Support documentaire

Information électronique

Un site Internet mis en place par les programmes nationaux opérant dans la zone permet de consulter les informations et la bibliographie existantes sur les vallées sèches de McMurdo, y compris les derniers documents de gestion, les plans de gestion des zones protégées, les cartes, les descriptions et les règlements. Ce site peut être consulté à http://www.mcmurdodryvalleys.aq

Plans de gestion

Plan de gestion de la zone spécialement protégée de l'Antarctique no 123 Vallées Barwick et Balham, Terre South Victoria.

Plan de gestion de la zone spécialement protégée de l'Antarctique no 131 Glacier Canada, Vallée Taylor, Terre Victoria.

Plan de gestion de la zone spécialement protégée de l'Antarctique no 138 Terrace Linnaeus, Chaîne Asgard, Terre Victoria.

Plan de gestion de la zone spécialement protégée de l'Antarctique no 154 Baie Botany Bay, Cap Géologie, Terre Victoria.

Plan de gestion de la zone spécialement protégée de l'Antarctique no 172 Glacier Lower Victoria et Blood Falls, vallée Taylor, vallées sèches de McMurdo, Terre Victoria.

ANNEXE A :

Lignes directrices environnementales générales pour les vallées sèches de McMurdo

Pourquoi les vallées sèches de McMurdo sont-elles jugées si importantes ? Leur écosystème renferme des caractéristiques géologiques et biologiques remontant à des milliers, voire des millions d'années. Nombre de ces caractéristiques anciennes pourraient aisément être irrémédiablement dégradées par l'intervention humaine. Des communautés inhabituelles de formes de vie microscopiques, une faible diversité biologique, des réseaux alimentaires simples caractérisés par une faible concurrence trophique, des stress intenses de température, l'aridité et la pénurie de nutriments sont autant de caractéristiques qui font des vallées sèches de McMurdo un milieu unique. Ce paysage désertique ancien et ses communautés biologiques n'ont qu'une capacité naturelle très limitée pour se remettre d'éventuelles perturbations. La recherche sur ces systèmes doit se donner pour but de minimiser les impacts sur les terres, l'eau et la glace afin de les préserver au profit des générations futures.

Avant de se rendre dans la zone :

- On veillera à ce que les activités prévues soient conformes aux exigences du Code de conduite du plan de gestion, des lignes directrices environnementales aux annexes A et B, et de toutes les lignes directrices spécifiques s'appliquant aux zones de gestion (annexes C - F).

- Toutes les activités, notamment les déplacements, l'organisation des campements, la manutention et le confinement secondaire des combustibles, et la gestion (et la minimisation) des déchets, seront planifiés de façon à minimiser leur impact environnemental. Les individus et les groupes doivent apporter avec eux dans la zone suffisamment de matériel - de survie ou autre - pour assurer leur sécurité, ou vérifier que les mêmes soient disponibles sur place.

- Afin d'éviter l'introduction involontaire d'espèces non indigènes dans la zone des vallées sèches de McMurdo, il faut nettoyer soigneusement tous les équipements (y compris sacs à dos, sacs à provisions et tentes), vêtements et chaussures avant d'accéder à la zone.

Déplacements et activités dans la zone :

- Afin de réduire le risque qui existe de transporter des espèces d'une partie à l'autre des vallées sèches, il faut nettoyer les équipements, les véhicules, les vêtements et les chaussures avant d'aller à un autre site.

- On doit s'informer des lignes directrices spécifiques aux sites aux annexes C - F, et éviter les aires à accès limité à moins que l'accès ne soit nécessaire pour des raisons impérieuses qui ne peuvent être satisfaites autre part à l'intérieur de la zone.

- Il faut éviter de franchir des cours d'eau ; quand cela s'avère nécessaire, on utilisera chaque fois que possible les points de passage désignés.

- On évitera de nager ou de plonger dans les lacs, sauf avec l'autorisation d'un programme national.

- Il faut s'abstenir de perturber les phoques et les oiseaux momifiés.

- Il est interdit d'ériger des cairns dans la zone.

- Le matériel de voyage ne sera pas abandonné sur place (comme les broches à visser et les pitons).

  Déplacements à pied :

  - Certaines communautés biologiques et formations géologiques sont particulièrement fragiles, même lorsqu'elles sont dissimulées sous la neige ; il faut être vigilant et les éviter lors des déplacements à l'intérieur de la zone. Il faut par exemple éviter de marcher sur les zones recouvertes de végétation, dans les cours d'eau ou sur les berges des cours d'eau, sur les dunes, de traverser les sites d'études des sols, de marcher sur les sols des deltas soulevés, les formations rocheuses délicates ou toute autre caractéristique vulnérable.

- Lors des déplacements à pied, il convient de rester dans toute la mesure du possible sur les pistes existantes. On doit se référer aux lignes directrices spécifiques aux aires (annexes C - F)

Véhicules dans la zone :

- Les véhicules doivent être utilisés uniquement sur les surfaces de glace, à moins d'une autorisation spécifique au contraire, et à la pointe Marble, au cap Roberts, et à New Harbor.
- Les véhicules doivent rester dans toute la mesure du possible sur les pistes existantes.
- Les véhicules doivent toujours être garés sur des bacs de confinement secondaires ou des bacs collecteurs.
- Pendant la fonte des glaces d'été, les véhicules ne seront utilisés sur la glace lacustre qu'en cas de nécessité, et devront être garés sur la glace lacustre permanente, plutôt que sur la glace marginale.

Déplacements en hélicoptère :

- Les aires désignées doivent être utilisées pour l'atterrissage des hélicoptères lorsqu'elles existent. Sinon, il convient d'utiliser si possible les aires d'atterrissage connues. Les aires d'atterrissage désignées sont indiquées aux annexes C - F et signalées sur les cartes 3 - 24.
- Des dispositifs de bornage clairement visibles en vol doivent être utilisés pour signaler les aires d'atterrissage d'hélicoptères et ces dispositifs doivent être bien arrimés au sol et durables.
- Il faut éviter d'atterrir sur les lacs dans la mesure du possible.
- Les hélicoptères ne doivent pas utiliser de grenades fumigènes sauf pour des raisons impérieuses de sécurité.
- Les charges sous élingue doivent être arrimées avec soin. Les opérations d'élingage sont encadrées par des agents dûment formés.

Campements : emplacement et établissement

- Il faut utiliser les campements désignés ou déjà établis ou partager ceux utilisés par d'autres programmes dans toute la mesure du possible avant de penser à en établir de nouveaux.
- Il faut minimiser les traces de tous les campements.
- Les campements doivent être situés le plus loin possible des berges des lacs, des cours d'eau, des caractéristiques spéciales et des sites d'expérimentation sur le long terme pour éviter les risques de dégradation ou de contamination. Il est interdit de camper dans le lit des cours d'eau, même s'ils sont à sec.
- Quand des roches sont déplacées pour installer un campement ou pour toute autre activité, elles doivent si possible être replacées dans leurs traces et, à tout le moins, la face incrustée de sel orientée vers le sol. Si le campement doit servir pendant plusieurs années, des orientations supplémentaires seront requises auprès du programme national compétent.
- L'emplacement des campements doit être enregistré et le programme national compétent doit en être informé.
- On veillera à ce que le matériel et les provisions soient en permanence solidement arrimés pour éviter d'être emportés en cas de vents forts.

Énergie :

- On aura recours dans toute la mesure du possible aux énergies et aux modes de transport dans la zone ayant le moins d'impact sur l'environnement et minimisant l'utilisation d'hydrocarbures.

Matériels :

- Tout ce qui est introduit dans la zone doit en être évacué et rapporté à la station du programme national compétent pour y recevoir le traitement nécessaire.

- Toute activité qui provoquerait la dispersion de matériaux étrangers doit être évitée (comme marquer des rochers à la peinture) ou effectuée à l'intérieur d'une cabane ou d'une tente (par exemple les découpes, le sciage et le déballage).

- Les explosifs sont interdits dans la zone, à moins d'être autorisés par un programme national pour des raisons scientifiques ou des raisons de gestion impérieuses.

- Dans la mesure du possible, on veillera à ne rien laisser geler dans la glace de lac qui pourrait ultérieurement provoquer une ablation ou une contamination.

Carburant et produits chimiques :

- Il faut éviter tout déversement de carburant ou de produits chimiques dans la mesure du possible.

- Des mesures doivent être adoptées pour prévenir tout déversement accidentel de produits chimiques, notamment les réactifs et les isotopes (stables ou radioactifs). Les produits chimiques de toutes sortes doivent être utilisés sur des bacs collecteurs ou d'autres récipients. Quand l'utilisation de radio-isotopes est autorisée, les conseils de sécurité et de manutention doivent être strictement respectés.

- En cas d'utilisation de produits chimiques ou de carburant, on veillera à disposer d'équipements de lutte contre les déversements et de dispositifs de confinement secondaire adaptés aux volumes utilisés. Les personnes travaillant avec des produits chimiques et des carburants doivent en connaître le maniement et les procédures d'action applicables en cas de déversement.

- Les récipients de produits chimiques et de carburant doivent être bien calés au sol et bouchés, notamment sur la glace de lac.

- Tous les fûts de carburant doivent disposer d'un deuxième confinement.

- On utilisera des bidons à becs verseurs pour remplir la cuve des groupes électrogènes.

- Le ravitaillement des groupes électrogènes et des véhicules doit s'effectuer sur des bacs collecteurs à matelas absorbants.

- Les véhicules ne doivent être vidangés qu'au-dessus de bacs collecteurs.

Déchets et déversements accidentels :

- L'eau utilisée par les êtres humains à de quelconques fins doit être évacuée et/ou traitée dans un évaporateur d'eaux usées (et les résidus doivent être enlevés de la zone).

- Tous les déchets humains sont ramassés et évacués.

- Les individus et les groupes doivent apporter avec eux des conteneurs adaptés au transport et à l'évacuation des déchets d'origine humaine et des eaux usées.

- Les déversements et les rejets doivent être nettoyés le mieux possible et signalés au programme national compétent.

ANNEXE B :

Lignes directrices environnementales pour la recherche scientifique

Les travaux de recherche entrepris dans les vallées sèches de McMurdo portent sur le climat, les glaciers, les cours d'eau, les lacs, les sols ainsi que la géologie et la géomorphologie locales. Les Lignes Directrices ci-après visent à prévenir et à atténuer l'impact des activités de recherche engagées dans des environnements essentiels de la zone. Elles sont fondées sur le rapport intitulé McMurdo Dry Valley Lakes : Impacts of Research Activities (Wharton, R.A. and Doran, P.T., 1998), qui résulte d'un atelier international regroupant des scientifiques effectuant des travaux de recherche dans la zone.

Dispositions générales

- Il ne faut ni déplacer, ni collecter de quelconques spécimens, notamment des fossiles, sauf à des fins scientifiques et pédagogiques.
- Les emplacements des sites d'échantillonnage (y compris des transects biologiques), des sites de forage et d'excavation des sols et de toute autre installation (par exemple les ouvrages de maîtrise des cours d'eau et les instruments) doivent être enregistrés et le programme national compétent doit être informé de leurs coordonnées géographiques.
- Les installations et les équipements doivent présenter un risque minimal d'émissions nocives pour l'environnement (on utilisera par exemple des piles à électrolyte gélifiée ou d'autres types de piles hermétiques).
- Les installations, les matériels et les équipements doivent être entreposés dans un endroit sécurisé lorsqu'ils ne sont pas utilisés, et doivent être retirés dès qu'ils ne sont plus utiles.
- Toute borne érigée doit être durable et bien arrimée.
- Les méta-données concernant les données recueillies devront être enregistrées auprès de l'autorité nationale pertinente et sur le Registre maître Antarctique.

Sites d'échantillonnage et d'expérimentation

- Le matériel scientifique, notamment le matériel d'échantillonnage et de forage, doit être nettoyé avant d'être introduit dans la zone, et nettoyé avant d'être transporté vers d'autres sites dans la zone pour une nouvelle utilisation.
- Le matériel d'échantillonnage doit être bien sécurisé dans les cas où il pourrait être irrémédiablement perdu.
- Les échantillonnages de biomasse et de matériaux non-biologiques seront limités aux quantités requises pour les analyses prévues et l'archivage.
- Les sites d'échantillonnage (par exemple dans la glace lacustre, les glaciers ou les sols) doivent rester propres.
- Les fluides de forage doivent être utilisés le moins souvent possible, voire ne pas être utilisés.
- Les sites d'expérimentation ou de suivi au long terme qui serviront pendant plus d'une campagne doivent être clairement identifiés par pays, nom du principal chercheur et année d'installation.

Installations scientifiques

S'agissant des installations scientifiques, notamment les stations météorologiques, les monuments géographiques, les relais de communication, les systèmes de suivi des lacs et les limnigraphes :

- Les installations doivent être érigées avec prudence, être facilement récupérables en cas de besoin, et toujours solidement arrimées pour éviter d'être emportées par des vents forts.

- Toutes les installations présentes dans la zone doivent être clairement identifiées par pays, nom du chercheur principal et année d'installation.
- Un rendement énergétique optimal doit être recherché et il convient de privilégier dans toute la mesure du possible les énergies renouvelables.
- Les installations doivent présenter un risque minimal d'émissions nocives pour l'environnement (on utilisera par exemple des piles à électrolyte gélifiée ou d'autres types de piles hermétiques).
- Les installations devront être régulièrement examinées afin d'évaluer leur dégradation, leur utilité et le cas échéant leur enlèvement. La fréquence des examens dépendra des caractéristiques de l'installation et du site, mais devra généralement être faite au moins une fois tous les 3 à 5 ans.
- Les installations doivent être conçues et construites de façon telle qu'elles puissent être mises hors service et enlevées lorsqu'elles ne sont plus utiles.

Équipements scientifiques, carburant et matérielsx

- L'utilisation de matériel alimenté par des combustibles fossiles sera minimisée ; on privilégiera autant que faire se peut les dispositifs solaires ou manuels.
- Les groupes électrogènes doivent être bien réglés pour réduire les émissions au minimum ; ils ne sont utilisés qu'en cas de nécessité. Les groupes électrogènes et les bidons de carburant sont toujours conservés sur des bacs collecteurs.
- Les déchets chimiques, le glycol et tous les autres déchets liquides (y compris les eaux usées provenant des lacs eux-mêmes) doivent être soigneusement manipulés pour prévenir les déversements accidentels.
- Des bacs collecteurs doivent toujours être utilisés pendant le ravitaillement en carburant.
- Des équipements de lutte contre les déversements doivent être disponibles sur tous les sites où se trouvent des combustibles ou des déchets liquides (y compris les produits chimiques et l'eau provenant du lac).
- Les matériaux susceptibles de se briser à basse température, comme nombre de plastiques à base de polyéthylène, doivent être évités. De même, les composants en bois et en tissu des structures semi-permanentes doivent être évités car ils s'usent sous l'effet de l'abrasion éolienne et sont une source de défaillance occasionnelle.

Cours d'eau

- On optera pour des canaux plutôt que des déversoirs.
- Pour la construction des canaux et des ouvrages de maîtrise, on utilisera dans la mesure du possible des matériaux locaux.
- L'utilisation de traceurs et les manipulations seront limitées au minimum nécessaire. Dans la mesure du possible, on aura recours à la modélisation pour transposer les résultats d'expériences à d'autres cours d'eau et bassins lacustres.
- On se bornera à utiliser des traceurs naturels et on conservera des relevés de leur utilisation.
- Les expériences fondées sur l'utilisation de traceurs seront conçues de manière à limiter leur mouvement dans les lacs. L'augmentation des flux imputable à l'expérience doit rester mineure par rapport au total du flux moyen annuel dissous dans les cours d'eau. On choisira des sites d'expérimentation présentant des tronçons suffisamment longs pour que ces réactions soient achevées avant la fin du tronçon.
- Des sites spécifiques seront établis aux fins d'échantillonnage de la biomasse ; leur emplacement géographique, l'ampleur de l'échantillonnage et sa fréquence seront consignés.
- Aux fins de quantification de l'évolution de la biomasse dans les cours d'eau, on définira et on appliquera des méthodes (par exemple l'analyse spectrale) ne reposant pas sur la collecte d'échantillons.

Lacs

- On s'attachera à limiter l'emprise et la durée des structures implantées sur la glace. Quand des structures sont installées à proximité du littoral, elles doivent être érigées sur la glace pérenne plutôt que sur la glace marginale qui est susceptible de fondre très rapidement. L'emplacement géographique des structures installées sur la glace doit être enregistré.

- Des moyens de confinement (comme des bacs collecteurs) seront installés entre le matériel (moteurs, outils, etc.) et la glace pour minimiser les risques d'infiltration d'hydrocarbures dans la glace et de fonte de la couche de surface.

- Des relevés de la zone doivent être effectués, notamment l'ampleur des déblais de glace et les coordonnées géographiques. Les zones d'accès au lac et celles où ont été effectués des échantillonnages doivent être réutilisées dans toute la mesure du possible.

- L'utilisation de véhicules à moteur sera réduite au minimum. Les véhicules tout-terrain à moteur à quatre temps sont préférables aux motoneiges à moteur deux temps (du fait de leur moindre rendement énergétique, les moteurs à deux temps augmentent les émissions dues aux hydrocarbures et les émissions de particules).

- Les véhicules motorisés doivent être conduits très prudemment pour éviter de capoter ou de traverser la couverture de glace.

- On évacuera les matériaux qui remontent de la glace. Il ne faut ni déverser, ni déposer de l'eau ou des échantillons de sédiments sur la glace lacustre.

- On réduira le nombre de survols en hélicoptère dès que la surface de glace commence à fondre et les atterrissages sur les lacs seront aussi peu fréquents que possible.

- On évitera d'entreposer du matériel sur la glace de lac.

- Dans la mesure du possible, on utilisera des instruments et du matériel d'échantillonnage différents (par exemple les collecteurs d'eau et les filets à plancton) pour chaque lac afin d'éviter les risques de contamination. Les instruments et le matériel d'échantillonnage doivent être parfaitement nettoyés et, si possible, stérilisés, avant d'être utilisés dans d'autres lacs.

- Les eaux usées provenant des lacs eux-mêmes doivent être soigneusement manipulées pour prévenir les déversements accidentels.

- Pour toute expérience utilisant des radio-isotopes, des isotopes stables ou d'autres traceurs, on cherchera à privilégier les travaux de laboratoire plutôt que les travaux *in situ* afin de préserver l'intégrité des propriétés biologiques et chimiques des lacs. Des calculs préliminaires seront effectués pour déterminer l'impact potentiel des expériences à base d'isotopes. Toute introduction sur le site doit être décrite et consignée par écrit.

- Les protocoles d'échantillonnage doivent prévoir l'utilisation de câbles sans métal et de récipients d'échantillonnage comme les flacons «go-flow» afin d'éviter toute contamination des lacs par les métaux.

- Pour faire fondre les trous d'accès, on utilisera de préférence des substituts du glycol sans danger pour l'environnement (comme les antigels biodégradables).

- On réduira le volume d'eaux usées au minimum en ne collectant que les quantités d'eau et de sédiments strictement nécessaires aux fins des travaux de recherche.

- Les personnes travaillant sur la glace lacustre doivent recevoir une formation sur les mesures à prendre pour réduire les pertes d'équipement dans les trous.

- Une formation appropriée sera dispensée aux plongeurs et aux équipes de soutien afin de minimiser les impacts de leurs activités sur l'environnement du lac.

- Avant d'effectuer des plongées ou d'utiliser des engins télécommandés dans un lac, on examinera l'historique des plongées effectuées sur le site de recherche envisagé, la proximité d'autres zones d'intérêt et la vulnérabilité de la colonne d'eau et du benthos aux perturbations. Ces mêmes considérations s'appliquent aux autres activités d'échantillonnage et de mesure.

- On décrira et on consignera toutes les informations relatives aux plongées et à l'utilisation d'engins télécommandés, notamment leur date, leur intensité et leur durée.

- Il faut avoir recours aux technologies de pointe (comme les dispositifs à circuit fermé et les systèmes 'push-pull') permettant d'atténuer les impacts de la plongée sur l'environnement.

Sols

- Il faut minimiser la perturbation des surfaces et des sous-surfaces dans la mesure du possible.
- A la fin des travaux, les surfaces perturbées seront remises dans un état aussi proche que possible de leur état d'origine. Dans le cas d'excavations de grande taille (de plus de 1 m^2), il faut prendre des photos avant de déblayer le sol afin d'avoir une base de référence pour la remise en état du site. On consignera l'emplacement du site restauré.
- Les déblais seront stockés sur des bâches ou des tapis pendant l'échantillonnage des sols.
- Tous les déblais seront remis en place pour ramener le terrain à son état préalable et les pavages désertiques seront reconstitués dans la mesure du possible. Avant de commencer à déblayer le sol, on peut ôter les pavages de la surface et les conserver de côté pour les remettre en place ultérieurement.
- Des études environnementales seront préalablement réalisées pour toutes les expériences provoquant une modification exogène.
- On utilisera aussi peu que possible de matériel mécanisé (comme les foreuses Cobra et les tarières).

Glaciers

- Il convient de minimiser l'utilisation d'eau sous forme liquide (comme avec les perforatrices à injection d'eau chaude).
- On évitera d'utiliser des produits et des solutions chimiques sur la glace.
- S'il faut installer des piquets ou d'autres dispositifs de bornage sur un glacier, leur nombre sera réduit aux stricts besoins des travaux de recherche ; dans la mesure du possible, on y enregistrera le numéro et la durée du projet.
- Dans la mesure du possible, on utilisera pour les opérations de sciage de grande envergure des tronçonneuses électriques alimentées par des groupes électrogènes à moteur à quatre temps (moins polluants que les moteurs à deux temps). On évitera de lubrifier la chaîne des tronçonneuses quand on découpe de la glace froide.
- A la fin des projets de recherche, il faut évacuer tous les matériaux – bois, métal et capteurs – pris dans la glace afin de minimiser les risques de contamination.

ANNEXE C :

Lignes directrices pour les aires d'installations

Les aires d'installations sont les zones désignées autour des installations suivantes qui sont administrées par les Programmes Nationaux opérant dans la zone :

- Camp New Harbor, vallée Taylor ;
- Camp F-6, vallée Taylor ;
- Camp du lac Fryxell, vallée Taylor ;
- Camp du lac Hoare, vallée Taylor ;
- Camp du lac Bonney, vallée Taylor ;
- Relais radioélectriques de mont Newall, chaîne Asgard ;
- Station de ravitaillement de la pointe Marble, pointe Marble ;
- Camp Lower Wright, vallée Wright ;
- Cabane du Lac Vanda, vallée Wright ;
- Cabane du col Bull, vallée Wright ;
- Camp du cap Roberts, Granite Harbor.

Les emplacements géographiques, les lignes de démarcation, les aires d'atterrissage des hélicoptères, et les infrastructures des aires d'installations, de même que l'identité de la partie responsable de l'entretien, sont définis au tableau C-1, auquel font suite les cartes de chacune des aires d'installations et leur contexte géographique (cartes 3-13).

Aire d'installations	No de carte	Description des lignes de démarcation	Coordonnées des lignes de démarcation	Coordonnées des aires d'atterrissage	PR[1]	Structures dans l'aire
Camp New Harbor	3	La ligne de démarcation commence en un point situé au nord-ouest de la remise du groupe électrogène (sur la berge), se poursuit au sud-ouest au-delà de la zone d'élingage, à l'est jusqu'à un point au sud de l'aire d'atterrissage des hélicoptères, au nord-est jusqu'à un point à l'est des principales cabanes Jamesway, au nord-ouest jusqu'à un point au nord du bâtiment abritant le laboratoire, au sud-ouest jusqu'à un point situé juste au nord de l'ancien trou de forage, et au sud-ouest le long de la berge jusqu'au point de départ près de la remise du groupe électrogène.	77° 34.66'S, 163° 31.05'E 77° 34.71'S, 163° 30.98'E 77° 34.70'S, 163° 31.19'E 77° 34.67'S, 163° 31.34'E 77° 34.63'S, 163° 31.19'E 77° 34.64'S, 163° 31.11'E	77° 34.692'S, 163° 31.165'E 1 aire d'atterrissage avec zone d'élingage.	États-Unis d'Amérique	La structure principale consiste de deux cabanes Jamesway reliées par un passage d'accès en bois, l'une de 42 m² (448 pieds carrés) et l'autre de 30 m² (320 pieds carrés). Une remise de rangement de 3 m² (32 pieds carrés) et des toilettes de 1,5 m² (16 pieds carrés) sont attenantes au bâtiment principal. Le camp comprend aussi une cabane Jamesway de 21 m² (224 pieds carrés) qui sert de laboratoire, une cabane pour le groupe électrogène de 8,9 m² (96 pieds carrés) et une caisse de 1,5 m² (16 pieds carrés) servant à l'entreposage du matériel de plongée. Une cache d'urgence et une tour éolienne.
Camp F-6	4	La ligne de démarcation commence en un point situé au sud-ouest de l'aire d'atterrissage des hélicoptères, se poursuit en direction nord-est jusqu'à un point situé juste à l'est de la cache d'urgence (caisson de survie), puis au nord en contournant la tente la plus au nord-est, à l'ouest jusqu'à un point au nord-ouest des tentes (près du lac), au sud en contournant le déversoir, et au sud-est jusqu'au point de départ près de l'aire d'atterrissage des hélicoptères.	77° 36,53' S, 163° 15,32' E 77° 36,50' S, 163° 15,43' E 77° 36,46' S, 163° 15,46' E 77° 36,46 S, 163° 15,40' E 77° 36,46' S, 163° 15,21' E 77° 36,50 S, 163° 15,19 E	77° 6.514'S, 163° 15.343'E 1 aire d'atterrissage.	États-Unis d'Amérique	Un bâtiment principal de 42 m² (448 pieds carrés) avec toilettes adjacentes. Cache d'urgence.
Camp du lac	5	Au coin sud-est, la ligne de démarcation	77° 36.38'S, 163° 07.60'E	77° 36.33'S, 163° 07.428'E	États-	Une cabane Jamesway (bâtiment

Aire d'installations	No de carte	Description des lignes de démarcation	Coordonnées des lignes de démarcation	Coordonnées des aires d'atterrissage	PR[1]	Structures dans l'aire
Fryxell		suit la berge du lac jusqu'à un point au sud-ouest de l'aire d'atterrissage des hélicoptères, remonte jusqu'au petit plateau situé sous la colline, passe derrière la tente la plus éloignée au coin nord-ouest, puis à l'est du cours d'eau, au sud-est le long de la berge du cours d'eau jusqu'à la tente la plus à l'est, puis au sud jusqu'au point de départ près du lac.	77° 36,40' S, 163° 07,37' E 77° 36,34' S, 163° 07,31' E 77° 36,34' S, 163° 07,26' E 77° 36,29' S, 163° 07,27' E 77° 36,29' S, 163° 07,51' E 77° 36,31' S, 163° 07,59' E 77° 36.38'S, 163° 07.60'E		Unis d'Amérique	principal) de 62,7 m² (675 pieds carrés), quatre laboratoires de 13,9 m² (150 pieds carrés), et un local de 13,9 m² (150 pieds carrés) abritant un groupe électrogène. Une tour éolienne, un panneau solaire et des toilettes. Cache d'urgence. Les sites de construction proposés, la tour éolienne & les panneaux solaires sont indiqués.
Camp du lac Hoare	6 & 7	La ligne de démarcation part d'un endroit pierreux au sud-est des aires d'atterrissage des hélicoptères, se poursuit au nord en contournant la cache d'urgence, puis au nord-est jusqu'à un rocher au nord-ouest de la tente la plus à l'ouest, puis au nord-est jusqu'à un point au nord d'autres tentes, puis de nouveau au nord-est jusqu'à la tente la plus au nord-est, au sud le long du cours d'eau/glacier jusqu'à un point à l'est des anciennes installations du lac Hoare (salle de bains et remise de matériel de plongée), au sud-ouest jusqu'à la fin de la flèche, au nord-ouest jusqu'à la plage située sous le bâtiment principal, et au nord-ouest jusqu'au point de départ, proche des aires d'atterrissage des hélicoptères.	77° 37.40'S, 162° 53.87'E 77° 37.39'S, 162° 53.86'E 77° 37.35'S, 162° 53.87'E 77° 37.31'S, 162° 53.96'E 77° 37.26'S, 162° 54.28'E 77° 37.26'S, 162° 54.35'E 77° 37.39'S, 162° 54.40'E 77° 37.47'S, 162° 54.34'E 77° 37.41'S, 162° 54.05'E	77° 37.372'S, 162° 53.989'E 2 aires d'atterrissage avec zone d'élingage. L'aire d'atterrissage secondaire se situe à 46 m au sud-ouest de l'aire principale.	États-Unis d'Amérique	Un bâtiment principal de 55,7 m² (600 pieds carrés), trois laboratoires de 13,9 m² (150 pieds carrés), un local de 8,9 m² (96 pieds carrés) abritant un groupe électrogène, une resserre à outils de 8,9 m² (96 pieds carrés), trois toilettes extérieures, dont deux de 2,2 m² (24 pieds carrés) et l'autre de 1,7 m² (18 pieds carrés) et une cabane Jamesway de 49,3 m² (530 pieds carrés). Panneaux solaires et cache d'urgence.
Camp du lac	8	La ligne de démarcation commence en un point à l'ouest de la remise du groupe	77° 42.96'S, 162° 27.37'E	77° 42.95'S, 162° 27.65'E	États-Unis	Une cabane Jamesway de 55,7 m² (600 pieds carrés), des toilettes de 2,2 m² (24

Aire d'installations	No de carte	Description des lignes de démarcation	Coordonnées des lignes de démarcation	Coordonnées des aires d'atterrissage	PR[1]	Structures dans l'aire
Bonney		électrogène proche du lac, se poursuit au sud-est jusqu'à un rocher situé derrière une tente, puis au nord-est jusqu'à une colline surplombant une tente, au nord-est, puis au nord jusqu'à un point situé au nord-est de la tente la plus à l'est, à l'ouest jusqu'au littoral, au sud-ouest le long du littoral ; elle passe au nord de l'aire d'atterrissage des hélicoptères, se poursuit au sud-ouest le long de la berge du lac jusqu'à un point au nord-ouest de la station météorologique, pour revenir ensuite au point de départ en dessous de la remise du groupe électrogène.	77° 42.99'S, 162° 27.56'E 77° 42.97'S, 162° 27.79'E 77° 42.95'S, 162° 27.93'E 77° 42.90'S, 162° 27.73'E 77° 42.92'S, 162° 27.61'E	1 aire d'atterrissage.	d'Amérique	pieds carrés), un local de 8,9 m² (96 pieds carrés) abritant un groupe électrogène, un laboratoire de 11 m² (118 pieds carrés) et un laboratoire RAD. Panneaux solaires et cache d'urgence.
Relais radioélectriques de mont Newall	9	La ligne de démarcation commence au point situé le plus au nord-est, au nord-est de la remise à matériel verte, puis se poursuit au sud-ouest le long du flanc sud-est de la crête en contournant la remise à matériel verte, le relais néo-zélandais, l'éolienne, la cabane AFTEC, l'antenne, la cabane de survie, la cache de survie, puis elle contourne l'aire d'atterrissage des hélicoptères, se poursuit au nord-est le long du flanc nord-ouest de la crête en contournant la cabane du camp, l'antenne, la cabane AFTEC, l'éolienne, le relais néo-zélandais et jusqu'au point de départ, la remise à matériel verte.	77° 30.23'S, 162° 37.60'E 77° 30.25'S, 162° 37.60'E 77° 30.26'S, 162° 37.55'E 77° 30.27'S, 162° 37.52'E 77° 30.27'S, 162° 37.52'E 77° 30.29'S, 162° 37.46'E 77° 30.31'S, 162° 37.33'E 77° 30.29'S, 162° 37.28'E 77° 30.28'S, 162° 37.40'E 77° 30.26'S, 162° 37.49'E	77° 30.295'S, 162° 37.340'E 1 aire d'atterrissage.	Etats-Unis d'Amérique / Nouvelle-Zélande	On trouve sur le site deux relais radioélectriques, l'un américain, l'autre néo-zélandais. Il y a trois cabanes sur mont Newall, dont un abri de survie de 8,9 m² (96 pieds carrés), une remise de 22,3 m² (240 pieds carrés) abritant un système énergétique hybride (américain), et une remise à matériel verte de 2,2 m² (24 pieds carrés) abritant le relais radioélectrique néo-zélandais. Le relais américain est logé dans deux conteneurs en plastique orange. Il y a aussi sur le site deux antennes (une néo-zélandaise, l'autre américaine) et une éolienne (américaine).

Aire d'installations	No de carte	Description des lignes de démarcation	Coordonnées des lignes de démarcation	Coordonnées des aires d'atterrissage	PR[1]	Structures dans l'aire
Station de ravitaillement en carburant de la pointe Marble	10	La ligne de démarcation commence au point le plus à l'est (à l'est des puits creusés dans le sol), se poursuit au nord-ouest en contournant la principale aire d'installations, puis au nord-ouest en contournant la conduite et les réservoirs de carburant, au nord-ouest le long de la route, au sud-ouest en contournant l'extrémité de la route et la zone d'étape, au sud-est le long de la route puis en contournant les aires d'atterrissage des hélicoptères, au sud-est en contournant l'étang, et au nord-est jusqu'au point à l'est des puits creusés dans le sol.	77° 30.23'S, 162° 37.56'E 77° 24.86'S, 163° 41.41'E 77° 24.82'S, 163° 41.22'E 77° 24.81'S, 163° 41.02'E 77° 24.80'S, 163° 40.81'E 77° 24.71'S, 163° 40.25'E 77° 24.74'S, 163° 40.15'E 77° 24.86'S, 163° 40.74'E 77° 24.89'S, 163° 41.27'E	77° 24.82'S, 163° 40.76'E 4 aires d'atterrissage. Les quatre aires sont proches les unes des autres (à ~25 m – 30 de distance). Les coordonnées sont celles de l'aire d'atterrissage centrale (la deuxième à partir des réservoirs de combustibles).	États-Unis d'Amérique	Un bâtiment principal de 69,7 m² (750 pieds carrés), un pavillon de 41,8 m² (450 pieds carrés), un autre pavillon de 55,7 m² (600 pieds carrés), une remise à carburant de 7,4 m² (80 pieds carrés), 6 réservoirs de stockage de combustibles (25 000 litres chacun), des toilettes de 2,2 m² (24 pieds carrés), un incinérateur de déchets solides, une remise de rangement de 1,9 m² (20 pieds carrés), un abri de groupe électrogène de 21 m² (224 pieds carrés), un bâtiment à usage d'atelier et d'entrepôt de 27 m² (288 pieds carrés) et une station météo ASOS de 7 m² (76 pieds carrés). Remise à carburant et toilettes à la station de ravitaillement en carburant.
Cabane de Lower Wright	11	La ligne de démarcation englobe la cabane, un site borné d'atterrissage pour hélicoptères et un caisson d'urgence. Elle est bornée par les pentes qui s'élèvent sur les versants ouest et est, une importante fissure dans le pavage à l'extrémité sud et des zones pierreuses à l'extrémité nord. Une station météorologique et un déversoir se trouvent hors de l'aire et sont	77° 26.56'S, 162° 39.04'E 77° 26.53'S, 162° 39.02'E 77° 26.53'S, 162° 39.13'E 77° 26.55'S, 162° 39.15'E	77° 26.537'S, 161° 39.070'E 1 aire d'atterrissage.	Nouvelle-Zélande	Une petite cabane pouvant loger deux personnes pour une surface au sol de 6 m² (65 pieds carrés). Cache d'urgence.

Aire d'installations	No de carte	Description des lignes de démarcation	Coordonnées des lignes de démarcation	Coordonnées des aires d'atterrissage	PR[1]	Structures dans l'aire
		accessibles à pied depuis le site.				
Cabanes du lac Vanda	12 Encadré 1	La ligne de démarcation suit le bord de la zone basse sur laquelle sont installés les cabanes, la SMA, le site borné d'atterrissage des hélicoptères et les tentes.	77° 31.42'S, 161° 41.15'E 77° 31.40'S, 161° 41.17'E 77° 31.34'S, 161° 41.45'E 77° 31.34'S, 161° 41.51'E 77° 31.36'S, 161° 41.51'E 77° 31.41'S, 161° 41.25'E	77° 31.361'S, 161° 41.442'E 1 aire d'atterrissage.	Nouvelle-Zélande	Trois abris communicants, pour une surface au sol totale de 30 m² (323 pieds carrés). Une station météo (SMA).
Cabane du col Bull	12 Encadré 2	La ligne de démarcation englobe le platier caillouteux sur lequel se trouvent les cabanes et les tentes ; elle est bornée au nord par un gros rocher, à l'est et à l'ouest par de petites crêtes rocheuses, et au sud par une ligne entre les extrémités de la crête. Une SMA est implantée bien à l'ouest de la ligne de démarcation de la zone.	77° 31.09'S, 161° 51.23'E 77° 31.07'S, 161° 50.96'E 77° 30.98'S, 161° 51.11'E 77° 31.00'S, 161° 51.35'E	77° 31.056'S, 161° 51.048'E 1 aire d'atterrissage.	États-Unis d'Amérique	Deux abris sont érigés sur ce site, l'un pour le matériel, l'autre étant un abri environnemental d'environ 28,7 m² (290 pieds carrés) logeant un système énergétique mixte. Cache d'urgence.
Camp de cap Roberts	13	La ligne de démarcation renferme toute la zone basse entre les plages nord et sud de cap Roberts, y compris les deux cabanes et l'entrepôt à carburant. La zone est bornée au sud par le littoral d'une petite baie. Le coin sud-est de la zone se situe à l'entrepôt de carburant, puis la ligne de démarcation se poursuit au nord le long d'une pente caillouteuse, puis à l'ouest en suivant le	77° 2,08' S, 163° 10,73' E 77° 2,08' S, 163° 10,79' E 77° 2,09' S, 163° 10,84' E 77° 2,16 S, 163° 10,79' E	Aucune aire d'atterrissage.	Nouvelle-Zélande	Deux cabanes sur la zone libre de glace de cap Roberts pouvant abriter quatre personnes (environ 10 m²). Il y a aussi une cabane d'habitation de 19 m² (205 pieds carrés). Une structure de stockage de fûts de carburant se trouve également sur ce site.

Aire d'installations	No de carte	Description des lignes de démarcation	Coordonnées des lignes de démarcation	Coordonnées des aires d'atterrissage	PR[1]	Structures dans l'aire
		bord d'une zone de rochers, et au sud derrière les cabanes, en suivant le bord d'une autre pente pierreuse. La zone est bornée au sud par le littoral d'une petite baie.				

ANNEXE D :

Lignes directrices pour les aires scientifiques

Les sites de la zone suivants ont été désignés comme aires scientifiques :

- Anse des explorateurs, New Harbor, Vallée Taylor ;
- Pavage Boulder, Vallée Wright

Sont jointes de brèves descriptions des sites, les lignes directrices pour les activités menées dans chacune de ces aires scientifiques, ainsi que les cartes indiquant les lignes de démarcation des aires (carte 14 et 15).

Aire scientifique
Anse des explorateurs
Emplacement géographique : New Harbor, vallée Taylor
Cette aire comprend deux éléments :
les bâches du nord (490 m^2) :
77° 34.57' S, 163° 30.79' E; et
les bâches du sud (4360 m^2) :
77° 34.66' S, 163° 31.82' E.
Objectif
Éviter la perturbation de l'environnement marin et de l'écologie de ce site, qui font l'objet d'études scientifiques sur le long terme.

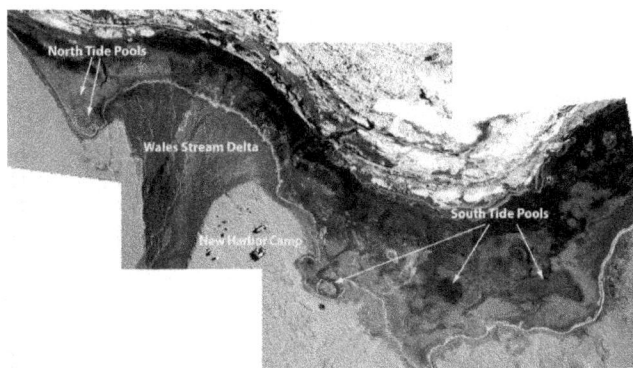

Description　　**Superficie :** 4850 m^2　　*Photo montage: S. Bowser, USAP (28 janvier 2005)*

L'aire scientifique comprend deux systèmes de bâches situés sur la côte de l'anse des explorateurs, tous deux à proximité de l'aire d'installations du camp New Harbor et se prolongeant vers la mer jusqu'à environ 75 – 100 m de la côte (carte 14). Le partie sud se situe immédiatement à l'est du camp New Harbor, s'étendant le long de la côte sur ~ 500 m. La partie nord, plus petite, se situe à ~ 200 m au nord-ouest du camp New Harbor, immédiatement à l'ouest du delta du Wales Stream, et s'étend le long de la côte sur ~ 100 m. Ces platiers de sable inondés par les marées sont caractérisés par des cuvettes de marée contenant des tapis benthiques de diatomées et de cyanobactéries qui constituent une source de nutriments importante pour l'écosystème marin proche de côtes de l'anse des explorateurs.

Lignes de démarcation

La ligne de démarcation côtière des deux systèmes de bâches suit la laisse de haute mer moyenne, tandis que du côté de la mer elle est parallèle à la côte, suivant la ligne d'ancrage approximative des crêtes de pression de la glace de mer (lorsqu'elle est présente), à environ 75-100m de la côte (carte 14).

Cuvettes sud : La ligne de démarcation occidentale s'étend sur 100 m au nord-est depuis la côte située à l'angle nord-est de la zone d'installations du camp New Harbor. La limite orientale de l'aire scientifique est marquée par un petit cairn situé sur le rivage d'un petit promontoire côtier à environ 500 m à l'est de l'aire d'installations ; de là, la ligne de démarcation s'étend au nord vers la mer sur environ 30 m.

Cuvettes nord : La ligne de démarcation occidentale suit la côte sur 100 m depuis une petite baie à l'ouest du delta du Wales Stream. La ligne de démarcation au nord s'étend donc sur environ 80 m à l'est depuis la côte, tandis que la ligne de démarcation orientale s'étend au nord sur 70 m, depuis la côte attenant le delta du Wales Stream.

Impacts

IMPACTS CONNUS　　　Aucun.
IMPACTS POTENTIELS　　Les sédiments côtiers sont mous et vulnérables à la perturbation lorsqu'ils ne sont pas gelés.

Critères d'accès

ACCÈS PAR HÉLICOPTÈRE　　On utilisera l'aire d'atterrissage des hélicoptères désignée située à l'intérieur de l'aire d'installations de New Harbor : 77° 34.692' S, 163° 31.165' E

ACCÈS PAR VOIE TERRESTRE　　L'accès à l'aire d'installations de New Harbor par la glace de mer pourra traverser la partie sud de l'aire scientifique.

Orientations spéciales pour le site

- On évitera de marcher dans cette zone sauf aux fins de recherches scientifiques, surtout après le dégel.

- Tout le matériel d'échantillonnage sera stérilisé avant de prélever des échantillons à ce site pour éviter d'introduire des espèces non indigènes.

Références clés

Gooday, A.J., Bowser, S.S. & Bernhard, J.M. 1996. Benthic foraminiferal assemblages in Explorers Cove, Antarctica: A shallow-water site with deep-sea characteristics. *Progress in Oceanography* **37**: 117-66.

Carte du site – Carte 14.

Aire scientifique

Pavage Boulder

Emplacement géographique : Sur l'Onyx, au centre de la vallée Wright, à 4 km à l'est et en amont du lac Vanda :

77° 31' S; 161° 54' E

Objectif

Éviter la perturbation des tapis microbiens extensifs et de leur écologie, qui font l'objet d'études scientifiques sur le long terme.

Pavage Boulder : N. Biletnikoff, USAP (29 janvier 2009)

Description   Superficie : 0,47 km²

L'aire scientifique comprend la partie de l'Onyx qui s'étend sur une vaste zone de rochers relativement plate où il coule lentement, donnant lieu à des conditions favorisant la croissance d'algues et de cyanobactéries, formant les tapis microbiens les plus étendus de la vallée Wright ; ils servent de filtre biologique pour le lac Vanda.

Lignes de démarcation

L'aire scientifique s'étend jusqu'à la limite du vaste pavage plat de rochers qui est habituellement sous les eaux de l'Onyx, et comprend une zone d'environ 0,8 km de large et 1,5 km de long (carte 15).

Impacts

IMPACTS CONNUS	Aucun.
IMPACTS POTENTIELS	Le piétinement risque d'endommager les tapis microbiens. Il peut être difficile de déceler les tapis lorsque le site est gelé. Les activités menées dans la zone augmentent le risque d'introduction d'espèces non indigènes.

Critères d'accès

ACCÈS PAR HÉLICOPTÈRE	Il faut éviter de poser les hélicoptères à l'intérieur de l'aire scientifique. Dans la mesure du possible, les visiteurs doivent utiliser les aires d'atterrissage des hélicoptères désignées dans l'aire d'installations de la cabane du lac Vanda (77° 31.361' de latitude sud; 161° 41.442' de longitude est) ou celle de l'aire d'installations de la cabane du col Bull (77° 31.056' de latitude sud, 161° 51.048' de longitude est) (cartes 12 & 15).
ACCÈS PAR VOIE TERRESTRE	L'accès à l'aire doit se faire à pied. Il faut éviter de marcher dans cette zone, sauf à des fins scientifiques ou de gestion.

Orientations spéciales pour le site

- On évitera de traverser l'aire scientifique sauf pour à des fins scientifiques, par exemple pour y prélever des échantillons.
- On marchera sur les rochers pour éviter de piétiner les tapis microbiens.
- Tout le matériel d'échantillonnage sera stérilisé avant d'être utilisé à ce site afin d'éviter l'introduction d'espèces non indigènes.

Références clés

Howard-Williams, C., Vincent, C.L., Broady, P.A. & Vincent, W.F. 1986. Antarctic stream ecosystems: variability in environmental properties and algal community structure. *International Revue der gesamten Hydrobiologie und Hydrographie* **71**(4) : 511-44.

Howard-Williams, C., Hawes, I., Schwarz, A.M. & Hall, J.A. 1997. Sources and sinks of nutrients in a polar desert stream, the Onyx River, Antarctica. Dans : Lyons, W.B., Howard-Williams, C. & Hawes, I. (Eds) *Ecosystem processes in Antarctic ice-free landscapes*. Proceedings of an International Workshop on Polar Desert Ecosystems, Christchurch, New Zealand : 155 (-70).

Green, W.J., Stage, B.R., Preston, A., Wagers, S., Shacat, J. & Newell, S. 2005. Geochemical processes in the Onyx River, Wright Valley, Antarctica : major ions, nutrients, trace metals. *Geochimica et Cosmochimica Acta* **69**(4) : 839-50.

Carte du site – Carte 15.

ANNEXE E :

Lignes directrices pour les aires à accès limité

Les sites de la zone suivants ont été désignés comme aires à accès limité :

- Bassin versant du lac Trough, Pyramid Trough, chaîne Royal Society ;
- Sédiments Sirius du mont Feather, mont Feather ;
- Étang Don Juan, South Fork, vallée Wright
- Ravine Argo, lac Vanda, vallée Wright ;
- Mésa Prospect, vallée Wright ;
- Dépôts de cendre Hart, vallée Wright ;
- Dunes de sable de la vallée Victoria, vallée Victoria ;
- Promontoire Battleship, vallée Alatna, chaîne de Convoy.

Sont jointes de brèves descriptions sur les sites, les lignes directrices pour les activités menées dans chacune de ces aires à accès limité, ainsi que les cartes indiquant les lignes de démarcation des zones (cartes 16 à 23).

Zone restreinte
Bassin versant du lac Trough

Emplacement

Bassin versant du lac Trough, chaîne Royal Society, à quelques kilomètres au nord-ouest du glacier Koettlitz et au sud-ouest de la baie Walcott : 78° 18.17' S, 163° 20.57' E

Objectif

Éviter les perturbations d'un bassin versant hydrologique vierge et de son écologie, et veiller à maintenir les valeurs esthétiques et l'état de la nature sauvage de la zone.

Pyramid Trough : C. Harris, ERA / USAP (9 déc. 2009)

Description   Superficie : 79,8 km²

Le bassin versant du lac Trough est enclavé par le mont Dromedary (2485 m), le Pyramid (854 m), le Bulwark (environ 600 m) et le Seahorse (1008 m), et comprend un réseau de quatre systèmes de drainage principaux alimentés par le lac Trough (Carte 16). Le sol de la vallée de Pyramid Trough contient des zones humides importantes, incluant divers habitats d'étang et de ruisseau, au sein d'une zone confinée abritant une riche diversité de communautés biologiques représentatives de la région. Des communautés éparses de bryophytes et de lichens sont également présentes. Le bassin versant offre en outre plusieurs caractéristiques uniques dont les plus remarquables incluent la présence de groupes de cyanobactéries qui sont rares dans les autres zones humides de la région. Plus précisément, en plus des cyanobactéries oscillatoires habituelles, les communautés microbiennes présentes dans les étangs et les ruisseaux contiennent des *Dichothrix et des Schizothrix, ainsi qu'une variété de taxons cocciformes*. Le bassin versant du lac Trough a été peu visité par comparaison avec les vallées sèches et son écosystème est considéré comme quasiment intact.

Lignes de démarcation

Les limites de l'aire à accès limité sont définies par le bassin versant du lac Trough. En suivant le sens des aiguilles d'une montre à partir du Pyramid, la ligne de démarcation traverse une langue de petite taille du glacier Koettlitz qui s'étend jusqu'au bassin versant, suit ensuite la crête Backdrop jusqu'à un pic sans nom (1618 m), au sommet de la crête Aisle ouest, et continue, vers le nord-ouest, le long de la crête du mont Dromedary, à partir duquel elle emprunte la ligne de crête qui aboutit, au nord-est, à la chaîne du SeaHorse. La ligne de démarcation suit ainsi une crête qui s'étend vers l'est avant de descendre vers la baie Walcott. La ligne de démarcation se poursuit plein est, à environ 800 m du littoral de la baie Walcott, vers la ligne d'ancrage approximative du glacier glacier Koettlitz, avant de suivre la ligne de démarcation de la ZGSA vers le ruisseau Bulwark, au pied de la crête nord-est du Bulwark. La ligne de démarcation se poursuit vers le sud, en suivant la crête Bulwark, avant de traverser la source de la rivière supérieure Alph et de suivre la bordure du glacier Koettlitz pour gravir la crête nord-est du Pyramid.

Impacts

IMPACTS CONNUS	Des pierres ont été déplacées sur le site du camp où est installée une borne d'étude en acier, sur un petit tertre à : 78° 17,17' S, 163° 27,83' E (18 m). Des échantillons ont été prélevés dans un certain nombre de lacs du bassin versant.
IMPACTS POTENTIELS	Perturbations dans les plans d'eau, l'écologie terrestre et les sols vulnérables en cas d'échantillonnages ou de piétinements. Introduction d'espèces non indigènes.

Critères d'accès

ACCÈS PAR HÉLICOPTÈRE		Les hélicoptères se poseront dans le site désigné à : 78° 17,16' S, 163° 27,84' E (11 m).
ACCÈS PAR VOIE TERRESTRE		Les déplacements à l'intérieur de la zone devront, d'une manière générale, s'effectuer à pied. Les hélicoptères peuvent être utilisés pour les voyages importants vers le site lorsque son accès est impraticable à pied, depuis le site du camp.

Orientations spéciales pour le site

- Les visites au bassin versant devront être réduites au minimum et aucune structure semi-permanente ne sera installée à l'intérieur de la zone.
- On évitera l'introduction d'espèces non indigènes en stérilisant tout équipement d'échantillonnage avant de visiter le site.
- Le camping à l'intérieur de l'aire à accès limité devra avoir lieu sur le site précédemment utilisé (qui est adjacent à l'aire d'atterrissage des hélicoptères désignée) à : 78°17, 15' S, 163° 27, 79' E (11 m).

Références clés

Chinn, T.J.H. 1993. Physical hydrology of Dry Valleys lakes. *Antarctic Research Series* **59** : 1 –51.

Hendy, C.H. & Hall, B.L. 2006. The radiocarbon reservoir effect in proglacial lakes: examples from Antarctica. *Earth and Planetary Science Letters* **241**: 413-21.

Hawes, I., Webster-Brown, J., Wood, S. & Jungblut, A. 2010. A brief survey of aquatic habitats in the Pyramid Trough region, Antarctica. Rapport non publié préparé pour l'USAP sur l'écologie aquatique du bassin versant du lac Trough.

Carte du site – Carte 16

Zone restreinte
Zone de sédiments Sirius du mont Feather

Emplacement
Sur le flanc nord-est du mont Feather (3011 m), entre le glacier Lashley et le glacier supérieur Ferrar :
77° 56.05' S, 160° 26.30' E

Objectif
Éviter les perturbations ou les dommages à une zone de sédiments Sirius de haute valeur scientifique.

Description   Superficie : 0,57 km²

Mont Feather : C. Harris, ERA / USAP (11 déc. 2009)

Le diamicton du mont Feather est une zone de sédiments glacigéniques semi-lithifiés qui ont été introduits au sein du groupe de Sirius au niveau du glacier supérieur Ferrar, à environ 3 km NE du mont Feather (3011 m) (Carte 17). Les sédiments sont présents à une altitude située entre 2400 et 2650 m environ, s'étendent sur le sol des pentes relativement douces qui se déploient près de l'arête de la crête, et affleurent également sur les pentes orientales escarpées du mont Feather, un massif qui surplombe la vallée Friedmann et le glacier Ferrar. La surface du diamicton comprend des rigoles d'eau de fonte près de son périmètre et sur ses pentes les plus escarpées. Les sédiments, qui s'étendent sur une superficie d'environ 1,5 km x 1 km, contiennent des microfossiles et d'autres éléments d'une importance scientifique élevée pour la compréhension de la période glaciaire cénozoïque des vallées sèches et de la calotte glaciaire de l'Antarctique oriental, dans son ensemble.

Lignes de démarcation
Les lignes de démarcation de l'aire à accès limité (Carte 17) sont définies d'après la superficie du diamicton du mont Feather cartographié par Wilson *et al.* 2002 Fig.1). En raison du manque de précision des cartographies disponibles pour la région, la ligne de démarcation est considérée comme approximative, avec une précision estimée à +/- 100 m minimum.

Impacts

IMPACTS CONNUS	Des échantillons rocheux ont été prélevés. Au moins quatre carottes peu profondes du site (de 3,2 m de profondeur ou moins) ont été valorisées sans qu'aucun fluide de forage n'ait été utilisé.
IMPACTS POTENTIELS	Opérations de forage, en particulier celles qui emploient des fluides de forage. Échantillonnages et perturbations affectant les séquences sédimentaires.

Critères d'accès

ACCÈS PAR HÉLICOPTÈRE	Les opérations par hélicoptère peuvent être difficiles à cet endroit du fait de l'altitude et des vents. Aucun site d'atterrissage spécifique n'a encore été désigné.
ACCÈS PAR VOIE TERRESTRE	Les déplacements à l'intérieur de l'aire à accès limité s'effectueront à pied.

Orientations spéciales pour le site
- On ne déplacera pas de sédiments, de pierres ou de cailloux, à moins que ces déplacements ne soient nécessaires à des fins scientifiques, et on évitera les perturbations ou les altérations des séquences sédimentaires et des rigoles d'eau de fonte.
- Le camping aura lieu sur le site précédemment utilisé, sur les surfaces enneigées adjacentes, à : 77° 55,93' S, 160° 25,66' E.

Références clés
Wilson, G.S., Barron, J.A., Ashworth, A.C., Askin, R.A., Carter, J.A., Curren, M.G., Dalhuisen, D.H., Friedmann, E.I., Fyodorov-Davidov, D.G., Gilichinsky, D.A., Harper, M.A., Harwood, D.M., Hiemstra, J.F., Janecek, T.R, Licht, K.J., Ostroumov, V.E., Powell, R.D., Rivkina, E.M., Rose, S.A., Stroeven, A.P., Stroeven, P., van der Meer, J.J.M., et Wizevich M.C. 2002. The Mount Feather Diamicton of the Sirius Group: an accumulation of indicators of Neogene Antarctic glacial and climatic history. *Palaeogeography, Palaeoclimatology, Palaeoecology* **182**: 117-31.

Carte du site – Carte 17

Zone restreinte
Étang Don Juan

Emplacement
Au pied d'un glacier rocheux situé à Fork Sud, vallée Wright, dans un bassin clos dont l'altitude est de 118 m en dessous du Dais, à environ 7,5 km du lac Vanda :
77° 33' S, 161° 11.32' E

Objectif
Protéger un écosystème hypersalin rare et sensible, d'une haute valeur scientifique, contre les perturbations et les dommages.

Étang Don Juan : C. Harris, ERA / USAP (14 déc. 2009)

Description   Superficie : 23 ha
L'étang Don Juan est un petit lac hypersalin qui mesure actuellement environ 400 x 150 m, contient une saumure riche en calcium et en chlorure, dont le degré de salinité est d'environ 40 %, ce qui le place au premier rang des plans d'eau naturels salins connus sur terre. Les niveaux de l'eau ont fluctué au fil du temps même si l'étang a eu une profondeur d'environ 10 cm récemment. Si les niveaux de l'eau varient, l'aire à accès limité s'étend jusqu'au périmètre formé par les dépôts de sel du sol de l'étang (Carte 18). L'étang accueille une vie microbienne qui inclut de nombreuses bactéries hétérotrophes et des levures. On trouve une communauté de minéraux et d'éléments détritiques amalgamés par des matières organiques, connue sous le nom de sédiments salins de l'étang Don Juan, sur les bords de l'étang, là où les concentrations de chlorure de calcium sont réduites. L'étang Don Juan est également le lieu où l'on a observé pour la première fois l'antarcticite ($CaCl_2$ $6H20$), un minéral incolore hygroscopique, se former naturellement.

Lignes de démarcation
La ligne de démarcation de l'aire à accès limité se définit par la limite externe des sédiments salins de l'étang Don Juan, qui s'étendent jusqu'au bord du sol de l'étang du bassin, en couvrant une superficie d'environ 750 x 315 m (Carte 18).

Impacts

IMPACTS CONNUS	Le projet de forage des vallées sèches a foré deux carottes glaciaires à l'étang Don Juan : le projet DVDP 5 (d'une profondeur de 3,5 m) et le projet DVDP 13 (d'une profondeur de 75 m), situés dans la zone des dépôts salins, à environ 60 m et 110 m respectivement, à l'est du glacier rocheux. Le projet DVDP 13 reste visible sous la forme d'un tuyau en fonte (recouvert) saillant sur une longueur d'environ 1 m au-dessus du sol asséché de l'étang (Carte 18). Quelques déchets (ex. cannettes rouillées) ont été observés dans les sols, à environ 50 à 100 m au sud et à l'est de l'aire à accès limité, en décembre 2009, lesquels proviennent probablement des premiers camps établis près du site.
IMPACTS POTENTIELS	Perturbations dans les plans d'eau, les dépôts salins et les sols vulnérables en cas d'échantillonnages ou de piétinements.

Critères d'accès

ACCÈS PAR HÉLICOPTÈRE	Les hélicoptères doivent atterrir sur l'aire d'atterrissage d'hélicoptères (HLS) principale, marquée par un cercle de pierres, à environ 180 m à l'est des sédiments salins de l'étang Don Juan à 77° 33.783' de latitude sud, 161° 12.930' de longitude est. Les atterrissages sur le HLS secondaire sont permis seulement dans le cadre d'objectifs scientifiques ou de gestion qui ne sont pas réalisables à partir du HLS principal. Les hélicoptères éviteront d'atterrir et de survoler le site en-deçà d'une altitude de 50m au-dessus du niveau du sol à l'intérieur de l'aire à accès limité.
ACCÈS PAR VOIE TERRESTRE	L'accès à l'aire et les déplacements à l'intérieur de l'aire s'effectueront à pied.

Orientations spéciales pour le site
- On évitera de traverser l'étang et de marcher sur les dépôts salins adjacents, sauf à des fins scientifiques ou de gestion.
- Il faut marcher avec soin pour réduire au minimum les perturbations causées aux dépôts salins, aux sols fragiles environnants et aux inclinaisons sensibles.
- Il ne faut bouger aucun caillou.
- Le camping n'est pas autorisé à l'intérieur de l'aire à accès limité. Le camping aura lieu sur le site désigné à environ 40 m au sud de l'aire d'atterrissage d'hélicoptères principale, marqué par un cercle de pierres : 77° 33.795' S, 161° 12.950' E.

Références clés

Harris, H.J.H. & Shiraishi, K. 1981. Harris, H.J.H. & Cartwright, K. 1981. Hydrology of the Don Juan Basin, Wright Valley, Antarctica. *Antarctic Research Series* **33** : 161-84.

Chinn, T.J. 1993. Physical hydrology of Dry Valleys lakes. *Antarctic Research Series* **59** : 1-51.

Samarkin, V.A., Madigan, M.T., Bowles, M.W., Casciotti, K.L., Priscu, J.C., McKay, C.P. & Joye, S.B. 2010. Abiotic nitrous oxide emission from the hypersaline Don Juan Pond in Antarctica. *Nature Geoscience* En ligne : dimanche 25 avril 2010 DOI: 10.1038/NGEO847.

Carte du site – Carte 18

Zone restreinte

Ravine Argo

Emplacement

Sur la rive nord-est du lac Vanda, vallée Wright, en dessous du mont Jason, à une altitude située entre 104 m et 235 m :

77° 31,09' S, 161° 38,77' E

Objectif

Éviter les dommages aux dépôts fossilifères marins stratifiés situés à l'intérieur de la ravine et qui constituent une haute valeur scientifique.

Ravine Argo : K. Pettway, USAP (31 Jan 2011)

Description   **Superficie :** 4800 m^2

Partie intégrante du cours inférieur d'un chenal saillant de la ravine Argo, situé en dessous du mont Jason (1920 m), la chaîne Olympus (Carte 19) contient des bancs exposés (d'une épaisseur maximale de 2,8 mètres) de limons glaciaires massifs qui contiennent de nombreux éléments de diatomées et de silicoflagellés marins recouvrant les sédiments. Des fragments de coquilles de Pecten ont été trouvés, d'après des signalements, dans la couche supérieure des dépôts qui compte quelques centimètres. Les bancs sont horizontalement stratifiés, ce qui fait contraste avec les sédiments sous-jacents. Les dépôts sont recouverts par des sables deltaïques, des limons et des graviers déposés par le courant qui circule à l'intérieur de la ravine Argo. Ces dépôts, qui signalent que la vallée Wright était précédemment un fjord marin peu profond, ont été datés comme étant du Miocène moyen. L'étendue totale des dépôts situés en dessous des sédiments surjacents demeure inconnue, et les expositions intermittentes qui ont lieu le long du chenal évoluent avec le temps par suite de l'érosion naturelle.

Lignes de démarcation

L'aire à accès limité s'étend de la première plage surélevée (d'une hauteur de 104 m), au-dessus, et à environ 140 m des rivages du lac Vanda, et se poursuit le long des 175 mètres qui montent vers le chenal, à une hauteur d'environ 135 m.

Impacts

IMPACTS CONNUS   Aucun.

IMPACTS POTENTIELS   Les dépôts se trouvent à l'intérieur du pergélisol mais la surface baisse continûment au fur et à mesure qu'il fond. La surface des dépôts est friable lorsqu'on la touche.

Critères d'accès

ACCÈS PAR HÉLICOPTÈRE   Les hélicoptères se poseront dans le site désigné de la zone des installations de cabanes du lac Vanda, à environ 1,2 km à l'est, à : 77° 31.361' S, 161° 41.442' E.

ACCÈS PAR VOIE TERRESTRE   L'accès à l'aire et les déplacements à l'intérieur de l'aire s'effectueront à pied.

Orientations spéciales pour le site

- Il faut éviter de marcher sur les bords de la ravine ou au-dessus des affleurements exposés.
- On réduira au minimum les perturbations aux sédiments qui entourent les dépôts.
- Il faut éviter de toucher les affleurements exposés, sauf dans le cadre de recherches scientifiques.

Références clés

Brady, H.T. 1980. Brady, H.T. 1980. Palaeoenvironmental and biostratigraphic studies in the McMurdo and Ross Sea regions, Antarctica. Thèse de doctorat non publiée, Université de Macquarie, Australie.

Brady, H.T. 1979. Brady, H.T. 1979. A diatom report on DVDP cores 3, 4a, 12, 14, 15 and other related surface sections. Dans : Nagatta, T. (Ed) *Proceedings of the Seminar III on Dry Valley Drilling Project, 1978.* Memoirs of National Institute of Polar Research, Special Issue 13: 165-75.

Carte du site – Carte 19

Zone restreinte

Mésa Prospect

Emplacement

Au-dessous du col Bull, à environ 250 m au nord de la rivière Onyx, vallée Wright :
77° 31,33' S; 161° 54,58' E

Objectif

Éviter les dommages aux dépôts fragiles des coquilles (de pétoncles) de Pecten marins fossilisés et éteints qui appartiennent à une espèce unique.

Mésa Prospect : C. Harris, ERA / USAP (15 déc. 2009)

Description   Superficie :   4,76 ha

La mésa Prospect est un dépôt de graviers fossilifères qui recouvre un till contenant une forte densité de coquilles (de pétoncles) de Pecten marins éteints mais bien préservés appartenant à une espèce unique, le *Chlamys (Zygochlamys) tuftsensi, de la famille des* pectinidés. C'est le seul site connu où l'on trouve ces espèces. Une couche stratifiée de sable et de graviers recouvrant le till est exposée dans une ravine coupée par un ruisseau qui coule depuis le col Bull, quelques centaines de mètres après sa jonction avec la rivière Onyx (Carte 20). L'âge précis des dépôts est inconnu, mais que la présence de coquilles articulées, l'abondance des coquilles entières, l'absence d'abrasion, la similarité des matrices internes et externes, l'absence d'une séparation de bonne dimension et la pauvreté du triage des clastes laissent penser que les fossiles ont été déposés *in situ* dans un fjord marin. Des spicules d'éponges, des radiolaires et des fragments d'ostracodes sont également présents mais ce sont les foraminifères qui sont les plus abondants aux côtés d'un groupe de microfossiles divers.

Lignes de démarcation

La ligne de démarcation de l'aire à accès limité est définie autour des deux caractéristiques adjacentes de la mesa, la plus petite des deux se situant à environ 100 m au nord de la caractéristique principale. La ligne de démarcation suit la rive NE bien définie du ruisseau qui descend du col Bull, au SO de la zone, et s'arrondit ensuite le long des bases des pentes qui constituent les deux caractéristiques (Carte 20).

Impacts

IMPACTS CONNUS	Une excavation creusée lors de recherches anciennes existe sur la pente sud-ouest de la mésa (voir la photo), laquelle est marquée par un poteau à sa base.
IMPACTS POTENTIELS	L'isolement de fragments de Pecten non fendus est extrêmement difficile. Les perturbations ou dommages aux sédiments peuvent être préjudiciables pour les fossiles.

Critères d'accès

ACCÈS PAR HÉLICOPTÈRE	Les hélicoptères ne devraient pas atterrir à l'intérieur de l'aire à accès limité. Il faudra utiliser l'aire d'atterrissage des hélicoptères désignée sur la zone des installations de cabanes du col Bull : 77° 31.056'S, 161° 51.048'E
ACCÈS PAR VOIE TERRESTRE	L'accès à l'aire et les déplacements à l'intérieur de l'aire s'effectueront à pied.

Orientations spéciales pour le site

- Il faut éviter de marcher sur le sommet de la mésa.
- Les marcheurs devront avancer avec soin pour réduire au minimum les perturbations causées aux structures sédimentaires fragiles, aux dépôts et aux inclinaisons.
- Le camping n'est pas autorisé à l'intérieur de l'aire à accès limité.

Références clés

Turner, R.D. 1967. Turner, R.D. 1967. A new species of fossil Chlamys from Wright Valley, McMurdo Sound, Antarctica. *New Zealand Journal of Geology and Geophysics* **10** : 446-55.

Vucetich, C.G. & Topping, W.W. 1972. A fjord origin for the pecten deposits, Wright Valley, Antarctica. *New Zealand Journal of Geology and Geophysics* **15**(4) : 660-73.

Webb, P.N. 1972. Webb, P.N. 1972. Wright fjord, Pliocene marine invasion of an Antarctic Dry Valley. *Antarctic Journal of the United States* **7**: 227-34.

Prentice, M.L., Bockheim, J.G., Wilson, S.C., Burckle, L.H., Jodell, D.A., Schluchter, C. & Kellogg, D.E. 1993. Late Neogene Antarctic glacial history: 1993. Late Neogene Antarctic glacial history: evidence from central Wright

Valley. *Antarctic Research Series* **60** : 207-50.

Carte du site – Carte 20

Zone restreinte

Dépôts de cendre Hart

Emplacement

Sur une inclinaison relativement anonyme, entre les glaciers Goodspeed et Hart, dans la vallée Wright, à une altitude d'environ 400 m.

77° 29,76' S, 162° 22,35' E

Objectif

Éviter les dommages aux dépôts de cendre volcanique aérienne de téphra *in situ* qui sont d'une haute valeur scientifique.

Dépôts de cendre Hart : J. Aislabie
Antarctica NZ Pictorial Collection (2005)

Description   Superficie : 1,8 ha

Les dépôts de cendre Hart constituent un dépôt préservé *in situ* de cendres volcaniques aériennes de téphra protégé par une couche de surface de graviers. Les graviers de surface protégeant la couche de cendre ont une portée spatiale étendue et la cendre Hart n'est pas immédiatement visible si les graviers de surface ne sont pas écartés, ce qui rend difficile l'identification du terrain. L'étendue complète des dépôts de cendre Hart est donc inconnue bien que sa taille maximale ait été estimée à environ 100 x 100 m (Carte 21). L'âge des dépôts de cendre Hart se situe entre 3,9 et ± 0,3 millions d'années, ce qui leur confère une importance scientifique élevée pour la compréhension de la paléoclimatologie des vallées sèches de McMurdo.

Lignes de démarcation

En l'absence de repères de surface saillants, la ligne de démarcation de l'aire à accès limité est définie comme représentant une superficie de 150 x 120 m, suivant les lignes de latitude et de longitude (Carte 21) qui s'étendent selon les coordonnées :

En haut à gauche : 77°29,72' S, 162°22.2' E

En bas à droite : 77 29.8'apos; S, 162 22.5' E

Impacts

IMPACTS CONNUS	Aucun.
IMPACTS POTENTIELS	Les dépôts sont couverts par de minces pavages désertiques de graviers qui sont facilement perturbés si l'on marche sur eux. L'érosion des dépôts de cendre due au vent serait rapide si les pavages désertiques étaient perturbés.

Critères d'accès

ACCÈS PAR HÉLICOPTÈRE		Les hélicoptères éviteront d'atterrir et de survoler le site en-deçà d'une altitude de 50m au-dessus du niveau du sol à l'intérieur de l'aire à accès limité. Les atterrissages d'hélicoptères interviendront à 100 m minimum de la ligne de démarcation.
ACCÈS PAR VOIE TERRESTRE		L'accès à l'aire et les déplacements à l'intérieur de l'aire s'effectueront à pied.

Orientations spéciales pour le site

- On évitera de marcher sur les pavages désertiques qui recouvrent les dépôts de cendre, sauf en cas de nécessité, à des fins scientifiques ou de gestion essentielles, et il faudra alors marcher avec soin pour réduire au minimum les perturbations causées.
- Si les pavages désertiques doivent être enlevés pour des raisons scientifiques essentielles, il faut veiller à ce que les matériaux soient remplacés pour protéger les caractéristiques.
- Le camping n'est pas autorisé à l'intérieur de l'aire à accès limité.

Références clés

Hall, B.L., Denton, G.H., Lux, D.R. KULESZ, J. 1993. Late tertiary Antarctic paleoclimate and ice-sheet dynamics inferred from surficial deposits in Wright Valley. *Geografiska Annaler* **75A**(4) : 239-67.

Morgan, D.J., Putkonen, J., Balco, G. & Stone, J. 2008. Colluvium erosion rates in the McMurdo Dry Valleys, Antarctica. Comptes rendus de l'Union américaine de géophysique, Réunion d'automne, 2008.

Schiller, M., Dickinson, W., Ditchburn, R.G., Graham, I.J. & Casanueva, A. 2009. Atmospheric 10Be in an Antarctic soil: implications for climate change. *Journal of Geophysical Research* **114**, FO1033.

Carte du site – Carte 21

Zone restreinte
Dune de sable de la vallée Victoria

Emplacement
En deux groupes principaux, entre le lac Vida et le glacier inférieur Victoria, à environ 1 km au sud du terminus du glacier Packard, vallée Victoria :
77° 22,19' S, 162° 12,45' E

Objectif
Éviter les perturbations au système des dunes de sable qui est fragile et d'une haute valeur scientifique.

Description   Superficie : 3,16 km²

Dune de sable de la vallée Victoria (groupe à l'est, en dessous du glacier Packard)
H. McGowan, Antarctica NZ Pictorial Collection (déc. 2004).

Le système étendu des dunes de sable de la vallée Victoria comprend deux zones distinctes composées de dunes en formes de croissant, de losange et de dos de baleine, ainsi qu'une multitude de monticules de sable (Carte 22). Le plus grand groupe de dunes, situé à l'ouest, s'étend sur plus de 6 km environ et sa largeur atteint 200 à 800 m, pour une superficie totale d'1,9 km² environ. Le plus petit groupe de dunes, situé à l'est, qui est traversé par le ruisseau Packard, et délimité, au sud, par le ruisseau Kite, s'étend sur plus de 3 km environ et sa largeur atteint 300 à 600 m, pour une superficie totale d'1,3 km₂ environ. La source des sédiments provient de la surface et des bords du glacier inférieur Victoria, ainsi que d'une moraine, lesquels ont été transportés à l'ouest, vers le lac Vida, par le vent d'est dominant et les courants d'eau de fonte. C'est la seule région de l'Antarctique où l'on trouve des formes majeures de dépôts sableux dus au vent. Les dunes diffèrent du désert et des formations côtières habituelles car leur sable est mêlé à de la neige compacte et contient du pergélisol.

Lignes de démarcation
La ligne de démarcation de l'aire à accès limité se définit par la limite externe du principal système des dunes de sable, dans la vallée Victoria, laquelle s'étend sur deux groupes, sur une distance d'environ 9 km, et sur une largeur variant de 200 à 800 m (Carte 22).

Impacts
IMPACTS CONNUS	Aucun.
IMPACTS POTENTIELS	La fine couche de surface des dunes de sable est mobile et dynamique. Les dommages et perturbations au pergélisol interne des dunes peut affecter l'intégrité de la structure des dunes de sable.

Critères d'accès
ACCÈS PAR HÉLICOPTÈRE	Les hélicoptères éviteront d'atterrir à l'intérieur de l'aire à accès limité, et de survoler le site en-deçà d'une altitude de 50 m au-dessus du niveau du sol. L'aire d'atterrissage d'hélicoptères désignée se situe dans le camp du ruisseau Packard à 77° 22.077' de latitude sud, 162° 12.292' de longitude est.
ACCÈS PAR VOIE TERRESTRE	L'accès à l'aire et les déplacements à l'intérieur de l'aire s'effectueront à pied.

Orientations spéciales pour le site
- On évitera de marcher à travers les dunes, sauf à des fins scientifiques ou de gestion nécessaires.
- Il faudra marcher avec soin pour réduire au minimum les perturbations aux surfaces et inclinaisons sensibles des dunes. Éviter de perturber le pergélisol interne et la structure des dunes de sable.
- Le camping n'est pas autorisé à l'intérieur de l'aire à accès limité. Le camping aura lieu sur le site désigné au ruisseau Packard, au nord du groupe de dunes orientales, marqué par un cercle de pierres : 77° 22.077' S, 162° 12.292' E.

Références clés
Lindsay, J.F. 1973. Lindsay, J.F. 1973. Reversing barchans dunes in Lower Victoria Valley, Antarctica. *Geological Society of America Bulletin* **84** : 1799-1806.

Calkin, P.E. & Rutford, R.H. 1974. The sand dunes of Victoria Valley, Antarctica. *The Geographical Review* **64**(2) : 189-216.

Selby, M.J., Rains, R.B. & Palmer, R.W.P. 1974. Eolian deposits of the ice-free Victoria Valley, Southern Victoria Land,

Antarctica. *New Zealand Journal of Geology and Geophysics* **17**(3) : 543-62.

Speirs, H.C., McGowan, J.A. & Neil, D.T. 2008. Meteorological controls on sand transport and dune morphology in a polar-desert: Victoria Valley, Antarctica. *Earth Surface Processes and Landforms* **33** : 1875-91.

Carte du site – Carte 22

Zone restreinte
Promontoire Battleship

Emplacement

Au sud-ouest de la vallée Alatna, chaîne de Convoy, à environ 1 km à l'ouest du glacier Benson :
76° 55.17' S, 161° 02.77' E

Objectif

Éviter les perturbations aux formations rocheuses fragiles de grès qui accueillent des communautés microbiennes, et veiller à maintenir les valeurs esthétiques et l'état de la nature sauvage de la zone.

a) Vue aérienne de la vallée Alatna. b) Vue de l'étang Cargo
C. Harris, ERA / USAP (16 déc. 2009)

Description Superficie : 4,31 km²

Le promontoire Battleship est une zone phare d'affleurements de grès spectaculaires qui se dresse à partir du sud-ouest de la vallée Alatna, près de l'étang Cargo (Carte 23). La formation des falaises s'étend sur une longueur d'environ 5 km, pour une superficie totale de 0,4 à 1,2 km de large. Le promontoire se dresse à environ 300 m de hauteur, pour une altitude entre 900 et 1200 m environ, à l'ouest, et entre 1050 et 1350 m environ, à l'est. Les intempéries ont façonné les affleurements de grès roux et blanc en d'impressionnantes aiguilles, des replats et des formations de ravine érodées, sur lesquels les rochers sombres et les sédiments se sont accumulés à partir des dolérites surjacentes lorsqu'ils ont été arrachés des hauteurs. L'environnement accueille de riches communautés microbiennes incluant les lichens, les cyanobactéries, les bactéries non photosynthétiques et les champignons, et offre la plus grande biodiversité microbienne jamais enregistrée dans les vallées sèches. Les communautés microbiennes cryptoendolithiques vivent dans des espaces lacunaires situés à l'intérieur des rochers de grès, et comprennent des lichens et des cyanobactéries qui peuvent atteindre une profondeur de 10 mm en dessous de la surface. Ces communautés ont une croissance extrêmement lente et les rochers dans lesquels elles vivent sont susceptibles de se fendre.

Lignes de démarcation

Les lignes de démarcation de l'aire à accès limité englobent la principale zone des affleurements de grès du promontoire Battleship, et s'étendent ainsi de plusieurs lacs présents au pied de la formation, en les incluant, jusqu'à son niveau supérieur maximal (Carte 23).

Impacts

IMPACTS CONNUS	Des instruments de petite taille ont été précédemment installés dans les rochers pour des mesures *in situ* et une faible quantité d'échantillons rocheux a été collectée. L'aire d'atterrissage des hélicoptères désignée est marquée par des drapeaux de tissu qui ont été alourdis par des pierres, certaines d'entre elles ayant été choisies pour éviter qu'elles ne soient utilisées ultérieurement par des scientifiques du fait de leur modification due à une expérience antérieure (E. Friedmann, comm. pers. 1994). Les absorbeurs de fumée de la sécurité aérienne ont été déployés sur le site, causant une contamination localisée, et la cessation de cette pratique dans les années 1990.
IMPACTS POTENTIELS	Rupture des formations rocheuses fragiles, suréchantillonnage, introduction d'espèces non indigènes.

Critères d'accès

ACCÈS PAR HÉLICOPTÈRE	Les hélicoptères se poseront dans le site désigné à : 76° 55,35' S, 161° 04,80' E (1296 m). Si l'accès est requis au pied des falaises, ou dans les parties de la zone dont l'accès à pied est peu pratique, les hélicoptères éviteront d'atterrir sur les surfaces de grès, sur les lacs ou sur les étangs.
ACCÈS PAR VOIE TERRESTRE	Les déplacements à l'intérieur de l'aire à accès limité s'effectueront à pied.

Orientations spéciales pour le site

- Il faut marcher avec soin pour réduire au minimum les perturbations, éviter de déplacer des pierres et des cailloux, et ne pas casser les formations rocheuses de grès qui sont fragiles.
- Le camping à l'intérieur de l'aire à accès limité aura lieu sur le site précédemment utilisé, qui est adjacent à l'aire d'atterrissage des hélicoptères désignée à 76° 55,31' S, 161° 04,80' E (1294 m).

Références clés

Friedmann, E.I., Hua, M.S., Ocampo-Friedmann, R. 1988. Cryptoendolithic lichen and cyanobacterial communities of the Ross Desert, Antarctica. *Polarforschung* **58** : 251-59.

Johnston, C.G. & Vestal, J.R. 1991. Photosynthetic carbon incorporation and turnover in Antarctic cryptoendolithic microbial communities: are they the slowest-growing communities on Earth? *Applied & Environmental Microbiology* **57**(8) : 2308-11.

Carte du site – Carte 23

ANNEXE F :

Lignes directrices pour les aires réservées aux visiteurs.

Le site de la zone suivant a été désigné comme aire réservée aux visiteurs :

- la vallée Taylor

L'aire réservée aux visiteurs se situe dans la partie inférieure de la vallée Taylor, à proximité du glacier Canada. L'emplacement, les lignes de démarcation, l'aire d'atterrissage des hélicoptères, et les caractéristiques de l'aire réservée aux visiteurs sont signalés sur la carte 24.

La ligne de démarcation de l'aire réservée aux visiteurs est définie comme suit : en partant dans le sens des aiguilles d'une montre de la limite nord de la zone sur une colline basse à 77° 37.523' de latitude sud, 163° 03.189' de longitude est, la limite s'étend sur 225 m au sud-est, après la zone d'atterrissage d'hélicoptères désignée jusqu'à un point dans les sols de moraine à 77° 37.609' de latitude sud, 163° 03.585' de longitude est ; s'étendant ainsi sur 175 m en direction du sud en grimpant sur le sommet d'une petite colline (altitude 60 m) à 77° 37.702' de latitude sud, 163° 03.512' de longitude est. De cette petite colline, la limite s'étend au nord-ouest sur 305 m en direction et au-delà d'une deuxième petite colline (altitude 56 m, marquée à proximité d'un cairn rocheux et d'une borne provenant d'une ancienne étude de terrain), suivant un ligne sur environ 30 m au sud de la crête principale rejoignant les deux collines, directement vers un point sur la crête occidentale de cette seconde petite colline à 77° 37.637' de latitude sud, 163° 02.808' de longitude est. De cette crête, la limite s'étend au nord-est sur 80 m directement jusqu'à la face occidentale d'un rocher important à 77° 37.603' de latitude sud, 163° 02.933' de longitude est, c'est à dire à 70 m au nord-ouest du cairn sur la colline. De là, la ligne de démarcation continue au nord-est sur 130 m, descendant en parallèle à la piste piétonne désignée (qui suit une crête de moraine peu élevée), jusqu'à un point situé près de Bowles Creek (77° 37.531' de latitude sud, 163° 03.031' de longitude est). La ligne de démarcation se poursuit ensuite à l'est sur 65 m et rejoint la limite septentrionale de l'aire (77° 37.523' de latitude sud, 163° 03.189' de longitude est).

Lignes Directrices spéciales pour les activités conduites au sein de l'aire réservée aux visiteurs :

- Les voyagistes veillent à ce que les visiteurs de la zone dont ils ont la responsabilité nettoient soigneusement leurs bottes et leur matériel avant de se rendre dans l'aire ;

- Les tours posent leurs hélicoptères sur l'aire d'atterrissage désignée située à 77° 37.588' de latitude sud et 163° 03.419' de longitude est (altitude 34 m) ;

- Les voyagistes veillent à ce que les sentiers situés dans l'aire réservée aux visiteurs soient clairement balisés et que les visiteurs s'y tiennent. Les bornes utilisées pour délimiter les routes touristiques et les sites remarquables doivent être enlevées à la fin de chaque visite ;

- Les tentes ne doivent être érigées à l'emplacement désigné pour les tentes que pour des raisons de survie et de sécurité, et les groupes de touristes ne peuvent camper dans l'aire réservée aux visiteurs sauf pour des raisons de sécurité ;

- Les déplacements de touristes dans cette aire se font en petits groupes guidés ;

- Il faut éviter les lits des cours d'eau et des étangs ; et

- Les activités envisagées et conduites dans la zone doivent avoir lieu en conformité avec la recommandation XVIII-1 de la RCTA.

Des lignes directrices supplémentaires spécifiques au site pour la conduite des activités dans l'aire réservée aux visiteurs se trouvent en pièce jointe intitulée Traité de l'Antarctique - Guide du visiteur : Vallée Taylor, Terre Victoria du Sud, Mer de Ross.

ROSS SEA

McMurdo Sound

Battlements Nunatak (2128 m)

Mt. Douglas (1750 m)

Mt. Endeavour (1870 m)

Tripp Island

Fry Glacier

Flagship Mtn. (1720 m)

Mt. Davidson (1560 m)

Mt. Whitcombe (1426 m)

Allan Hills

Coombs Hills

Mt. Brooke (2675 m)

Carapace Nunatak (2321 m)

Convoy Range

Odell Glacier

Cambridge Glacier

Benson Glacier

Cape Archer

Granite Harbor

Map 23

Mt. Gran (2233 m)

Gateway Nunatak

ASPA No. 154

Cape Roberts

Map 13

Mackay Glacier

Wilson Piedmont Glacier

Clare Range

Skew Peak (2534 m)

Mt. DeWitt (2190 m)

St Johns Range

Dunlop Island

Spike Cape

Map 2

Mt. Bastion (2530 m)

Barwick Valley

ASPA No. 123

Balham Valley

McKelvey Valley

Victoria Valley

Gneiss Point

Marble Point

Cape Bernacchi

Olympus Range

Mt. Newall (1920 m)

Wright Valley

ASPA No. 131

Horseshoe Mountain

ASPA No. 138

Round Mtn. (2808 m)

Asgard Range

New Harbor

Butter Point

Depot Nunatak (1980 m)

ASPA No. 172

Taylor Valley

Kukri Hills

Taylor Glacier

Bettle Peak (1490 m)

Mt. Koger (2450 m)

Map 17

Quartermain Mountains

Ferrar Glacier

Mt. Crean (2550 m)

Mt. Wisneski (2920 m)

Mt. Feather (2985 m)

Table Mtn. (2170 m)

Blue Glacier

Mt. Kowalczyk (1690 m)

Cape Chocolate

The Portal

Portal Mtn. (2556 m)

Royal Society Range

Mt. Lister (4025 m)

DeMaster Point

Brown Peninsula

Skelton Névé

Mt. Metschel (1843 m)

Névé Nunatak

Heald Island

Koettlitz Glacier

Walcott

Map 16

Halfway Nunatak

Mt. Kempe (3004 m)

Shark Fin (2242 m)

The Pyramid (654 m)

Mt. Discovery (2681 m)

Highway Ridge

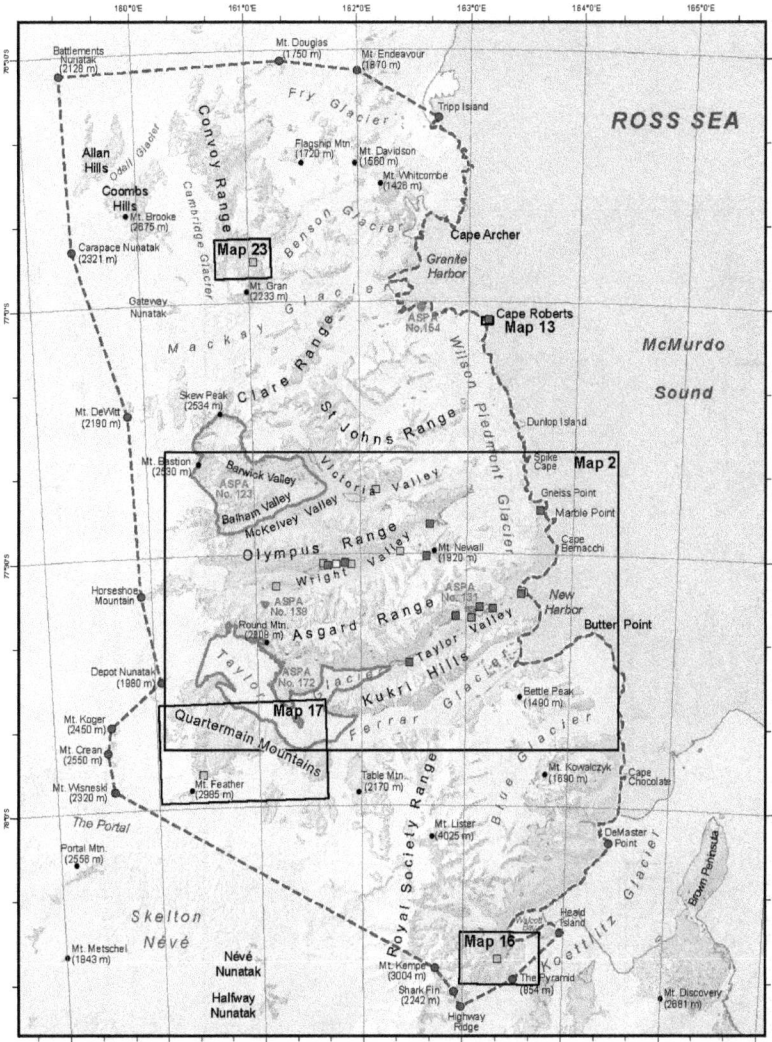

Map 1: Overview
ASMA No. 2 McMurdo Dry Valleys: boundary & zones

Issued 26 Apr 2015 (Map ID: 10068.011.11)
Environmental Research & Assessment

Coastline — Mountain peak — Facilities Zone

Lake / Ocean — ASMA boundary point — Restricted Zone

Permanent ice — ASMA boundary — Scientific Zone

Ice free ground — ASPA boundary — Visitor Zone

0   10   20
Kilometers

Projection: Lambert Conformal Conic
Spheroid & Datum: WGS84
Contours: derived from SCAR ADD v6 BT 57-90 (2007)
Land features: SCAR ADD v6 BT 57-90 (2007)
Hillshade: derived from ASTER GDEM provided by METI and NASA;
Boundaries & zones: USAP / Antarctica NZ

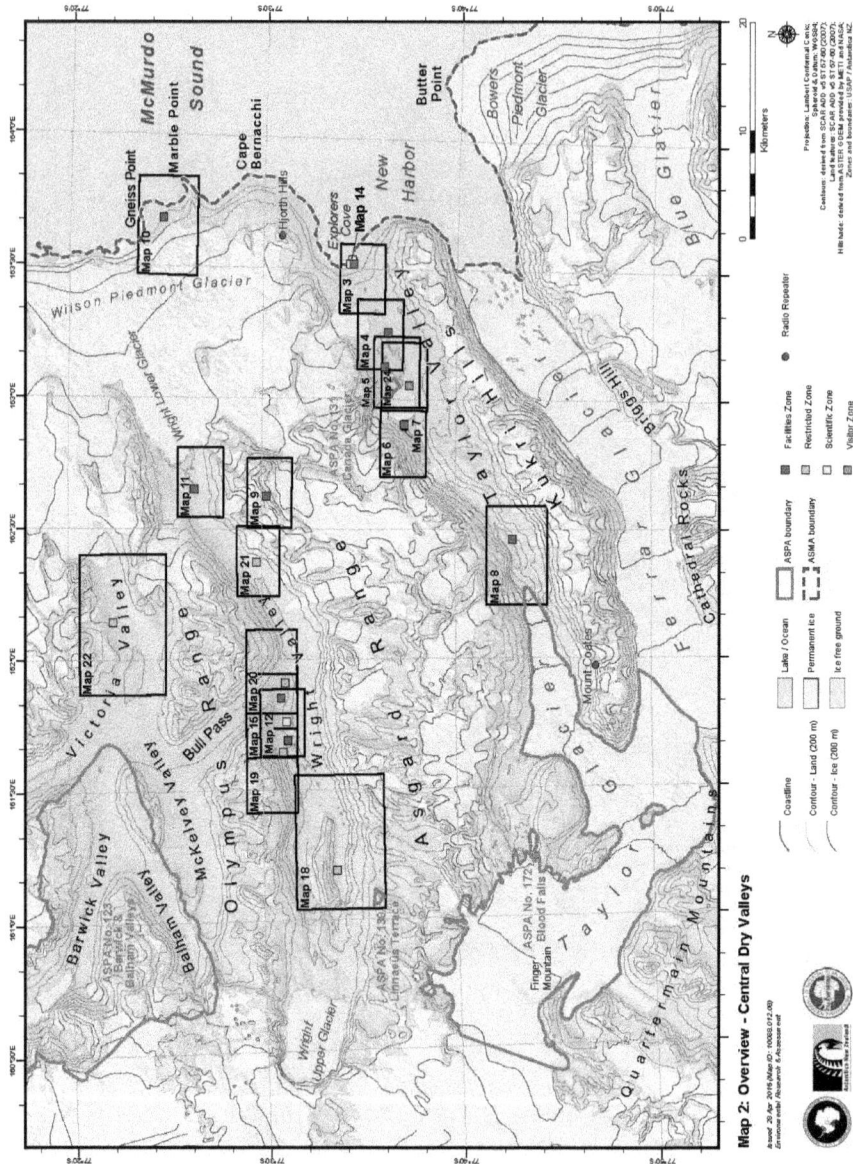

Map 2: Overview - Central Dry Valleys

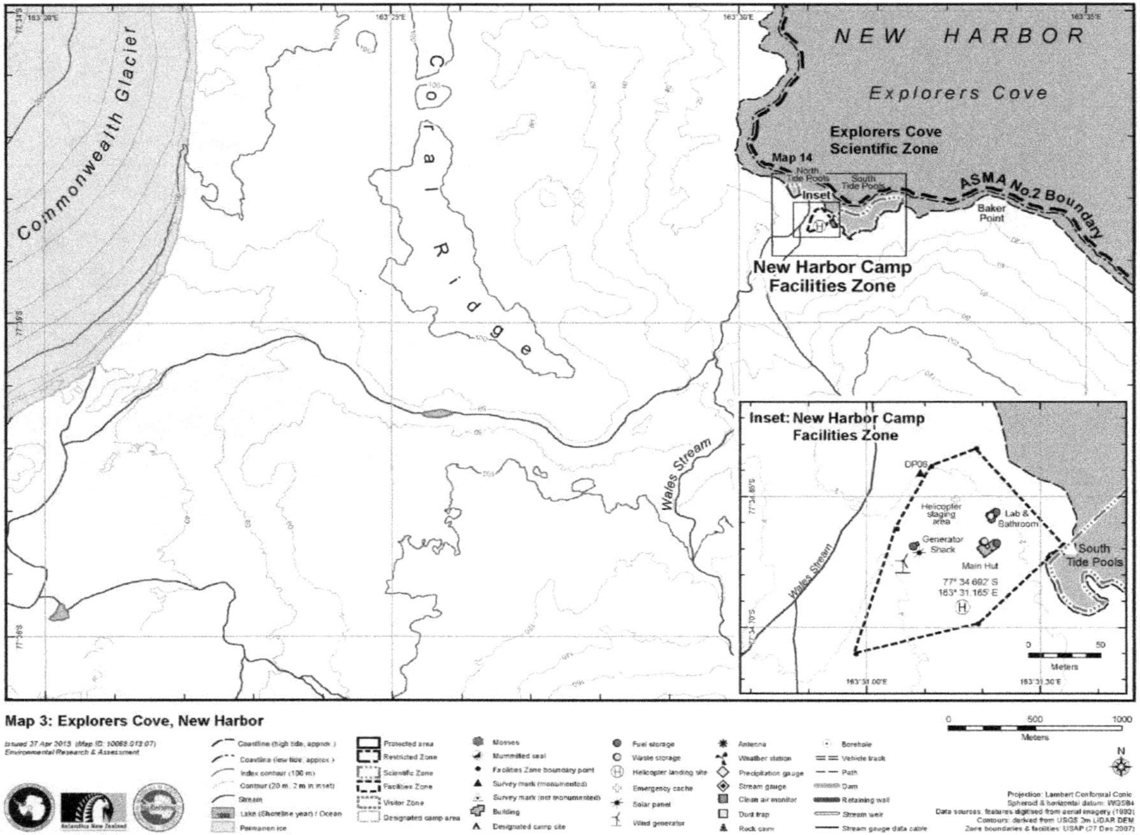

Map 3: Explorers Cove, New Harbor

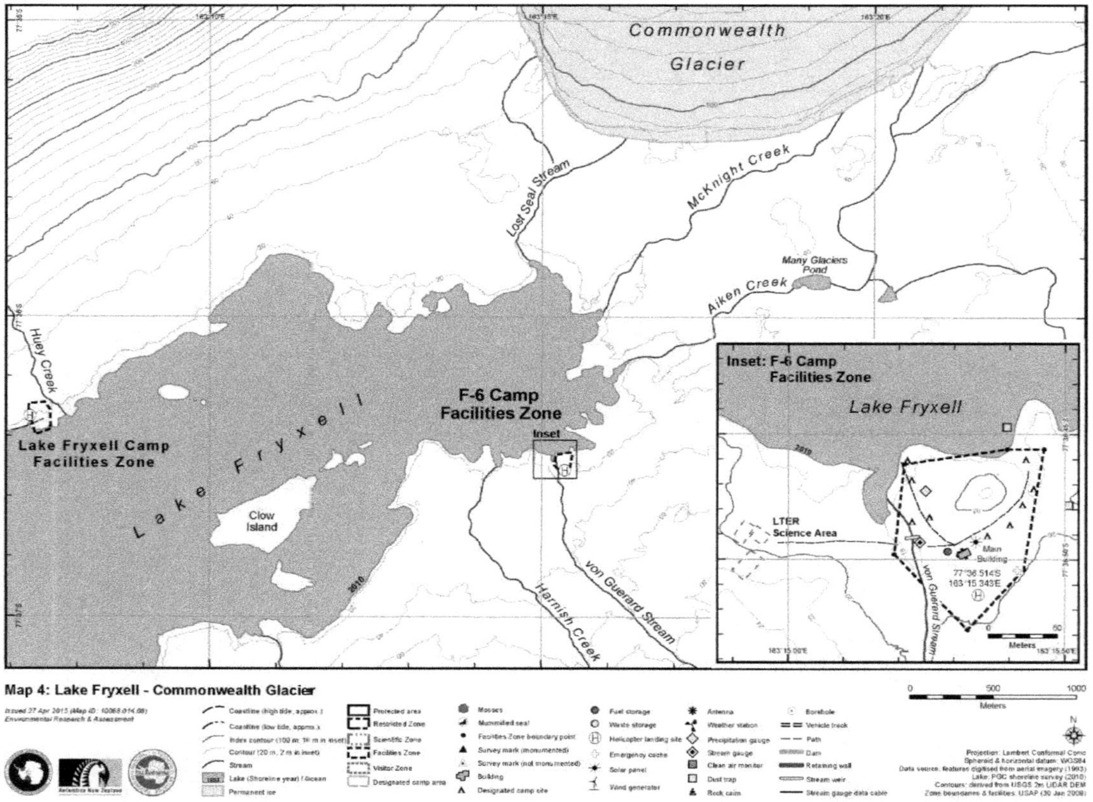

Rapport final XXXVIIIe RCTA

Map 4: Lake Fryxell - Commonwealth Glacier

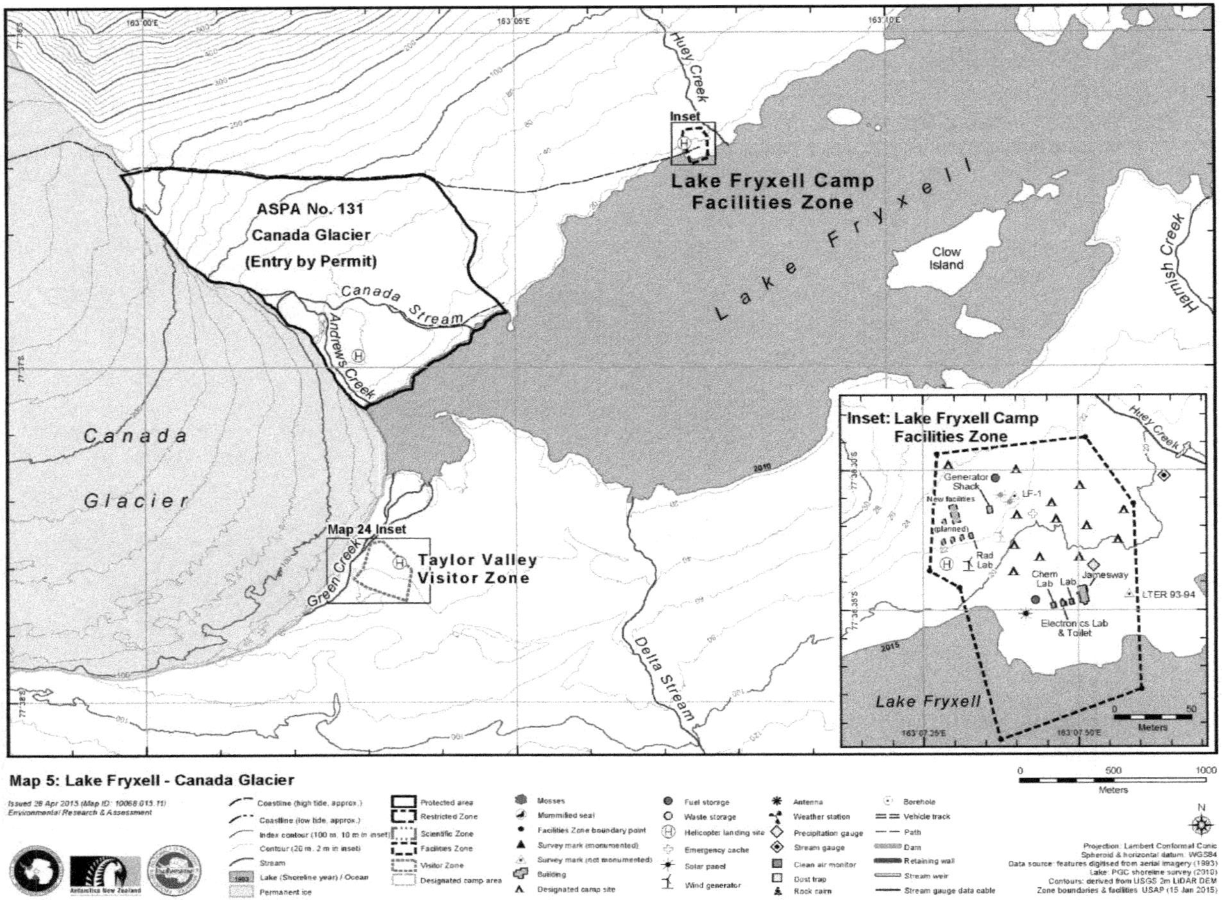

Map 5: Lake Fryxell - Canada Glacier

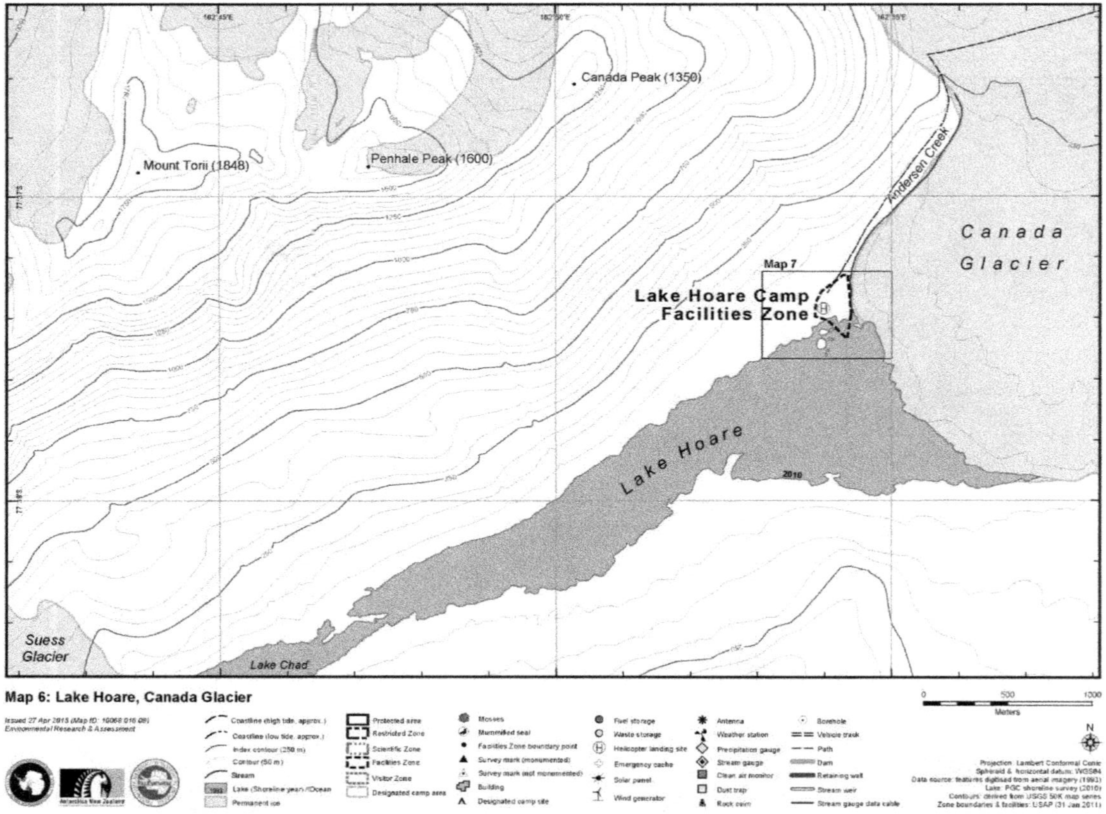

Rapport final XXXVIIIe RCTA

Map 6: Lake Hoare, Canada Glacier

310

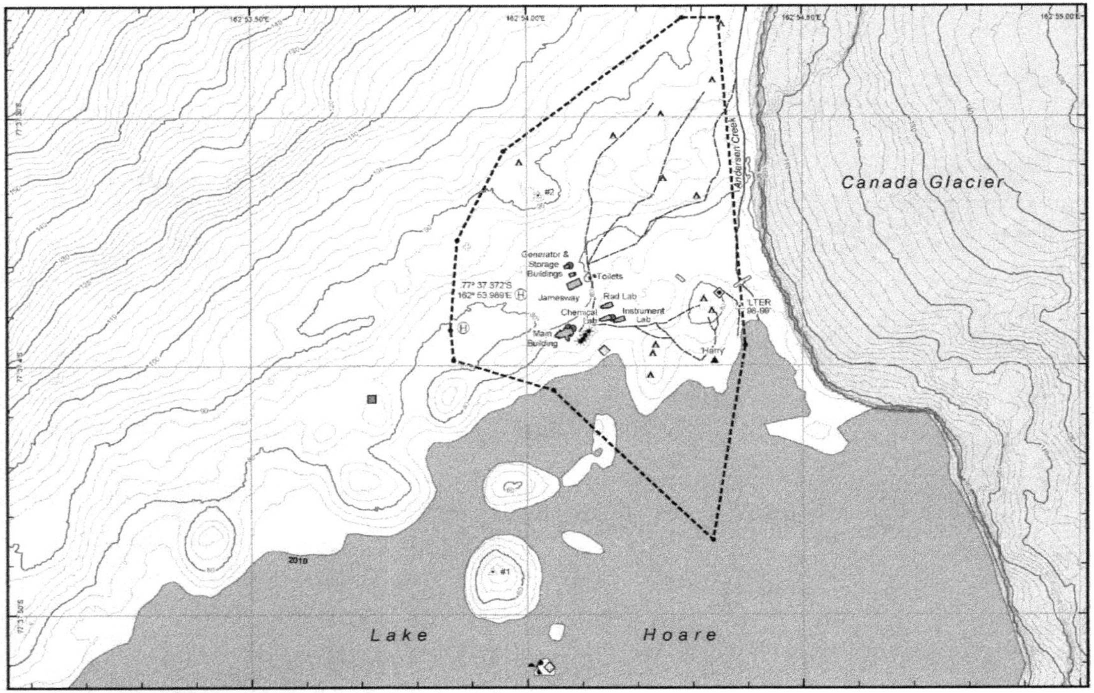

Map 7: Lake Hoare Camp Facilities Zone

Rapport final XXXVIIIe RCTA

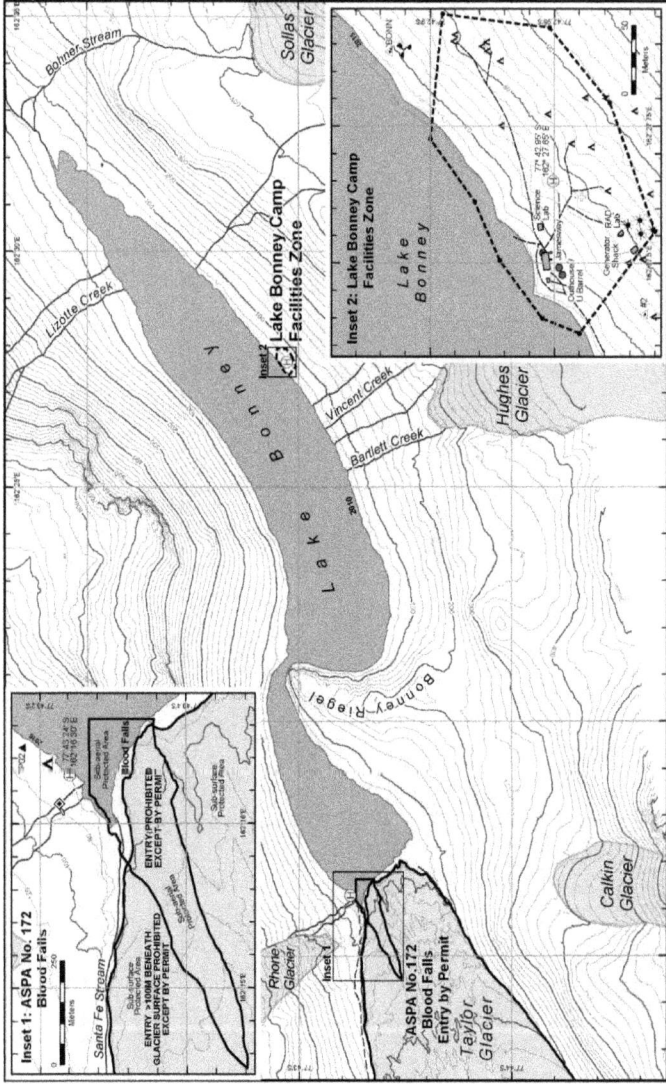

Inset 1: ASPA No. 172 Blood Falls

Inset 2: Lake Bonney Camp Facilities Zone

Map 8: Lake Bonney, Taylor Valley

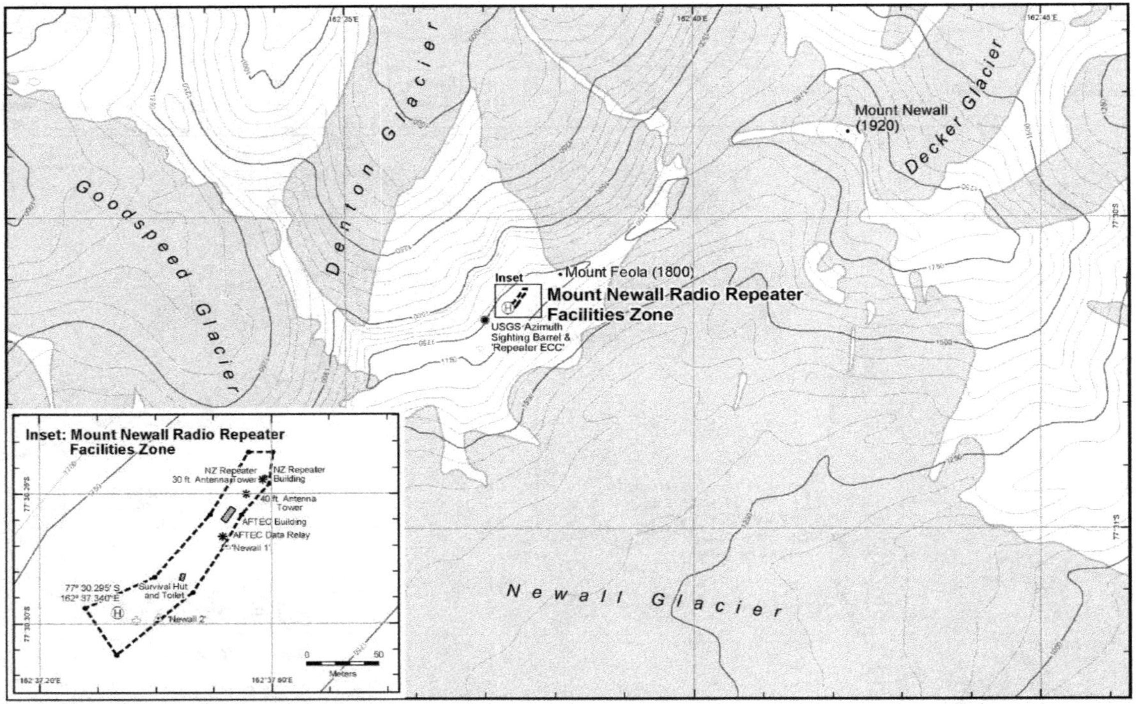

Map 9: Mount Newall, Asgard Range

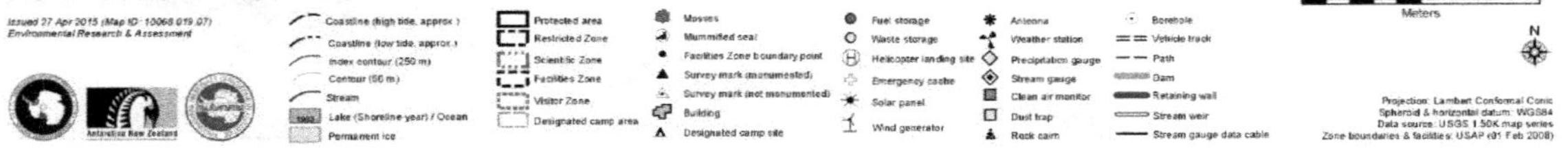

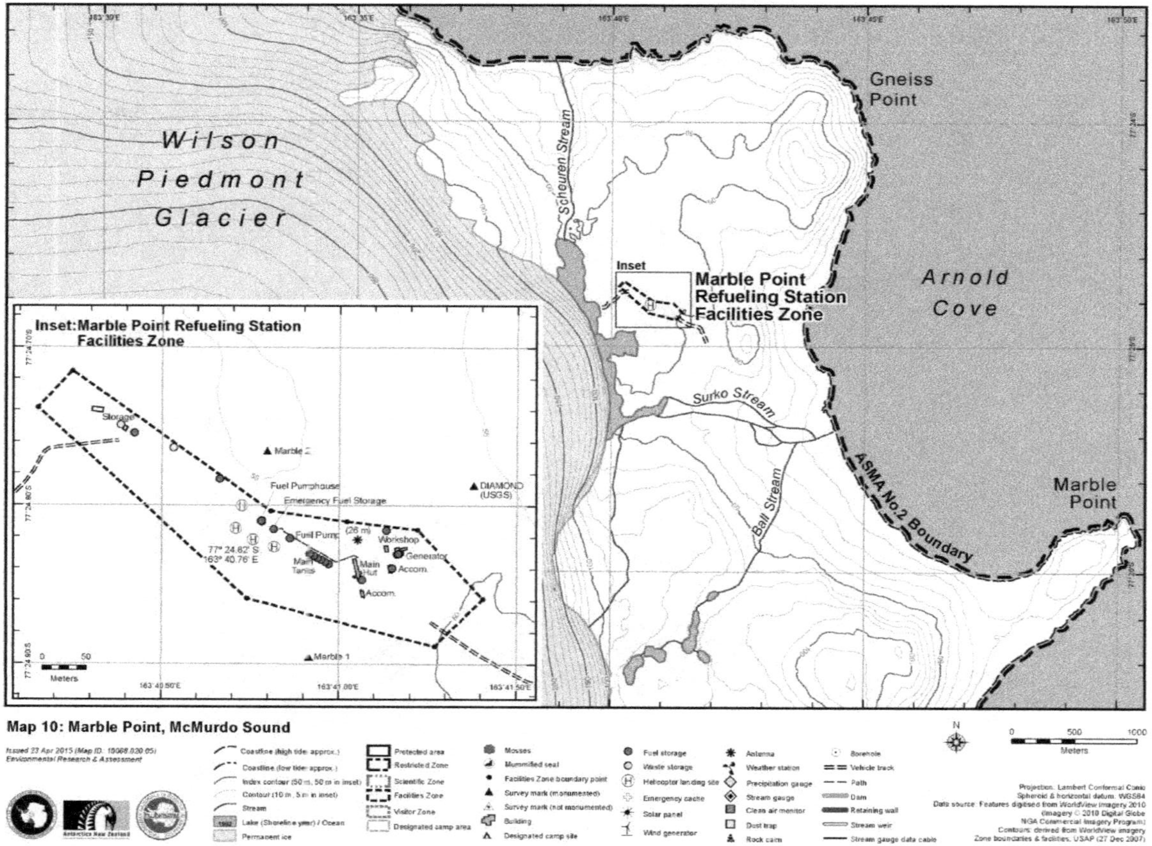

Map 10: Marble Point, McMurdo Sound

Inset: Marble Point Refueling Station Facilities Zone

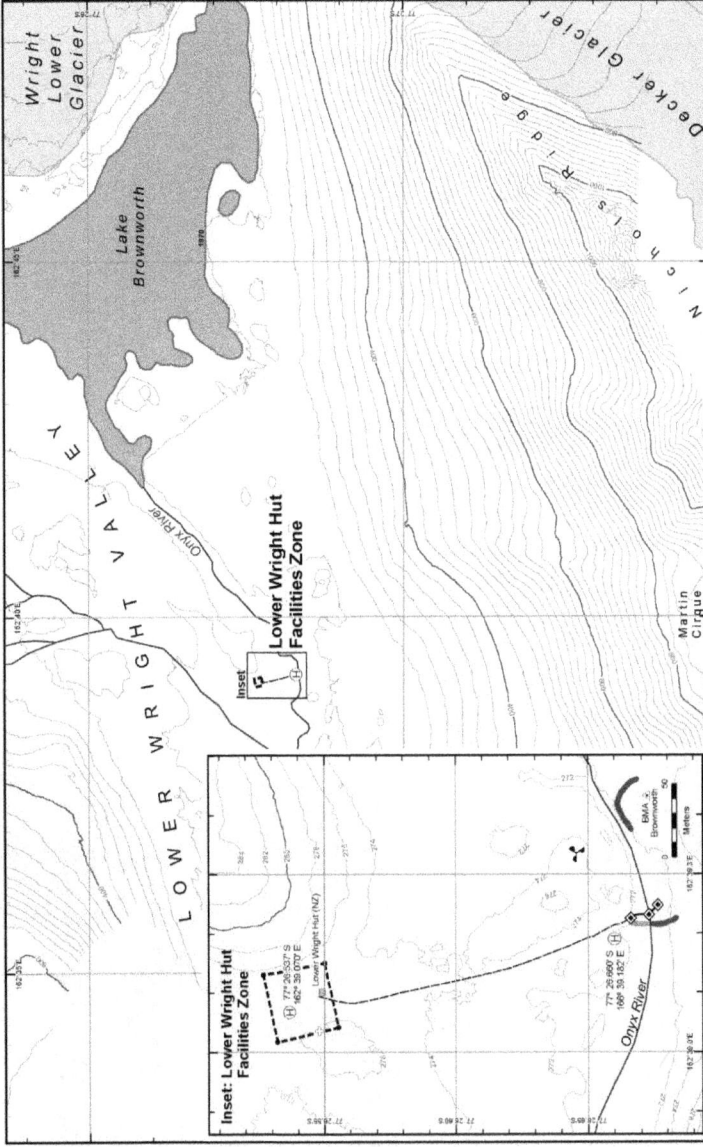

Map 11: Lower Wright Valley

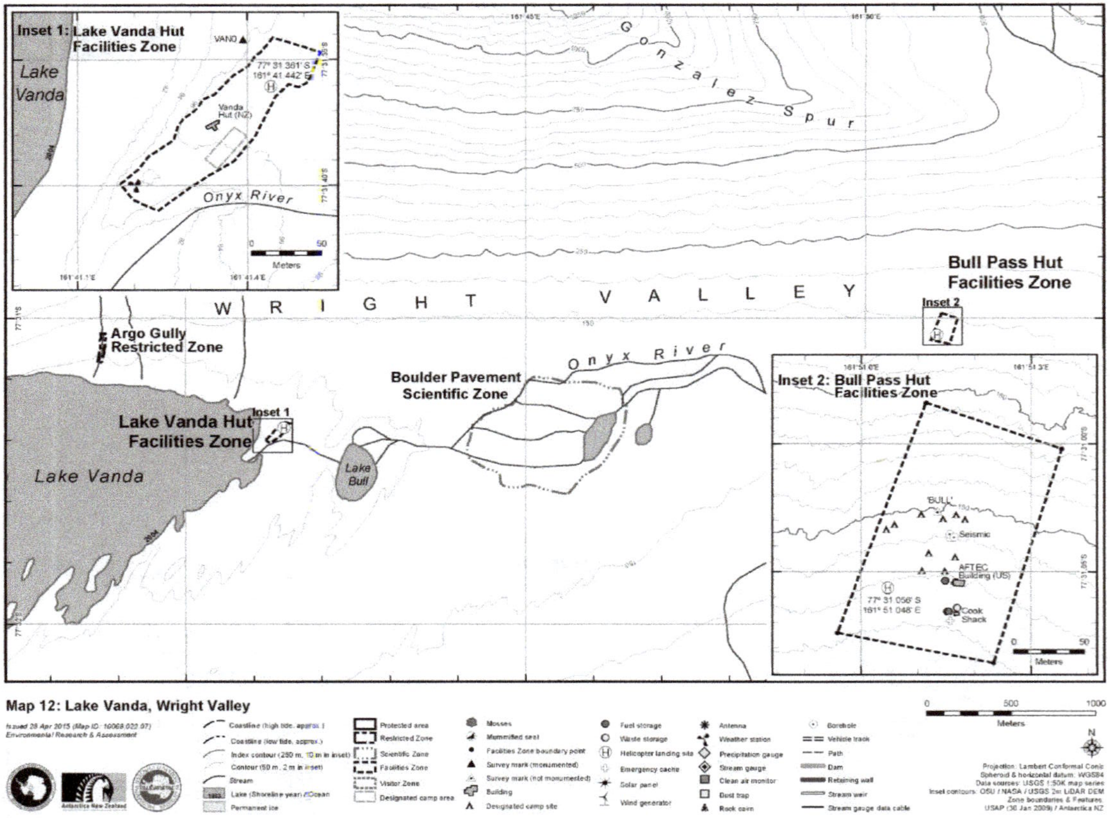
Map 12: Lake Vanda, Wright Valley
Issued 28 Apr 2015 (Map ID: 10068.022.07)
Environmental Research & Assessment
Inset 1: Lake Vanda Hut Facilities Zone
Lake Vanda
VANO
77° 31.381' S
161° 41.442' E
Vanda Hut (NZ)
Onyx River
Meters
Bull Pass Hut Facilities Zone
Inset 2
W R I G H T V A L L E Y
Gonzalez Spur
Argo Gully Restricted Zone
Boulder Pavement Scientific Zone
Onyx River
Inset 1
Lake Vanda Hut Facilities Zone
Lake Vanda
Lake Bull
Inset 2: Bull Pass Hut Facilities Zone
BULL
Seismic
AFTEC Building (US)
77° 31.056' S
161° 51.048' E
Cook Shack
Meters
Protected area
Restricted Zone
Scientific Zone
Facilities Zone
Visitor Zone
Designated camp area
Mosses
Mummified seal
Facilities Zone boundary point
Survey mark (monumented)
Survey mark (not monumented)
Building
Designated camp site
Fuel storage
Waste storage
Helicopter landing site
Emergency cache
Solar panel
Wind generator
Antenna
Weather station
Precipitation gauge
Stream gauge
Clean air monitor
Dust trap
Rock cairn
Borehole
Vehicle track
Path
Dam
Retaining wall
Stream weir
Stream gauge data cable
Stream
Permanent ice
Projection: Lambert Conformal Conic
Spheroid & horizontal datum: WGS84
Data sources: USGS 1:50K map series
Inset contours: OSU / NASA / USGS 2m LIDAR DEM
Zone boundaries & Features:
USAP (30 Jan 2009) / Antarctica NZ

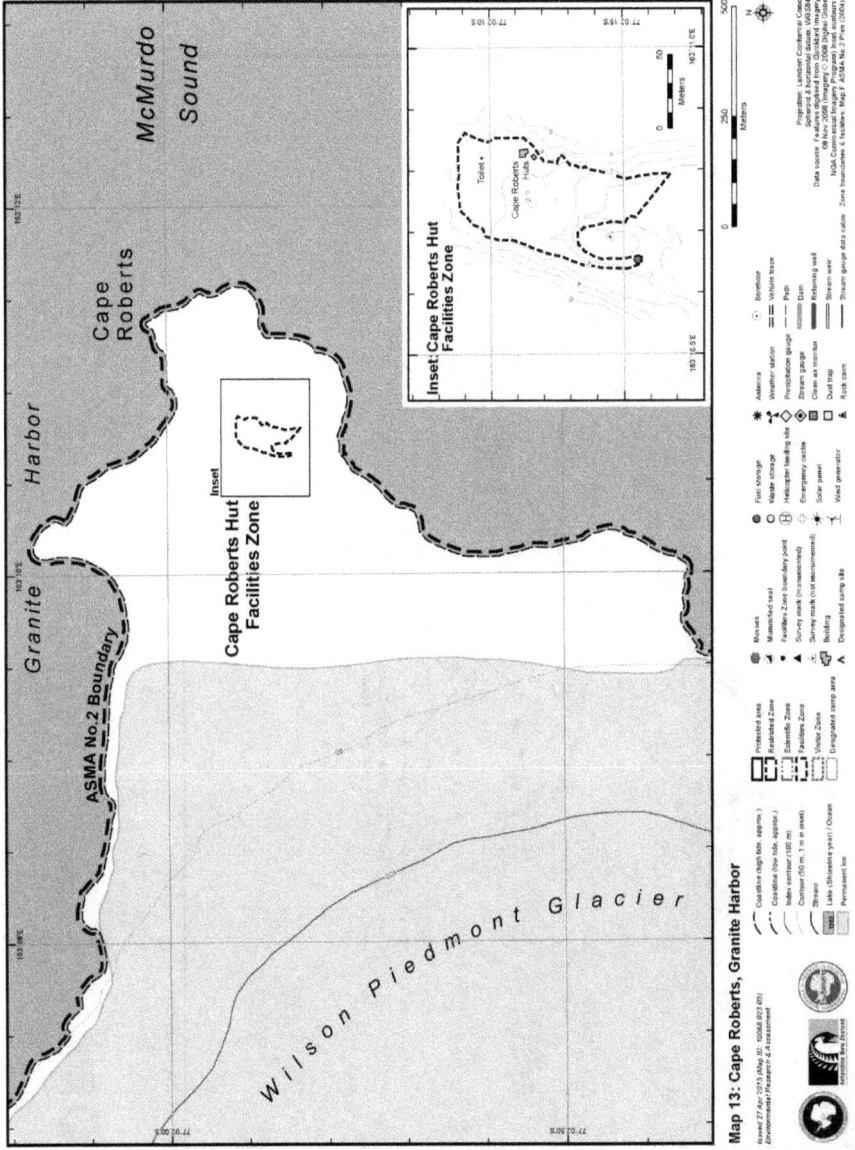

Map 13: Cape Roberts, Granite Harbor

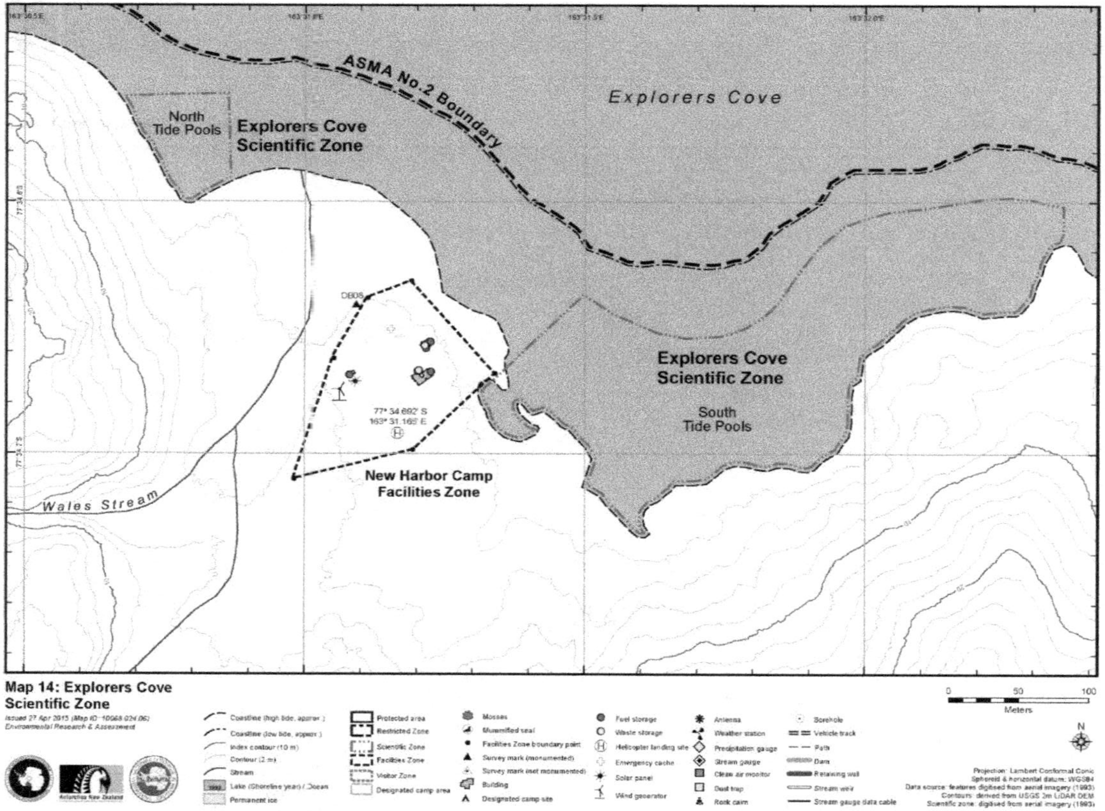
ASMA No.2 Boundary
Explorers Cove
North Tide Pools
Explorers Cove Scientific Zone
Explorers Cove Scientific Zone
South Tide Pools
New Harbor Camp Facilities Zone
77° 34.692' S
163° 31.165' E
DB08
Wales Stream
Map 14: Explorers Cove Scientific Zone
0
50
100
Meters
N
Projection: Lambert Conformal Conic
Spheroid & horizontal datum: WGS84
Data source: features digitised from aerial imagery (1993)
Contours: derived from USGS 2m LiDAR DEM
Scientific zone: digitised from aerial imagery (1993)

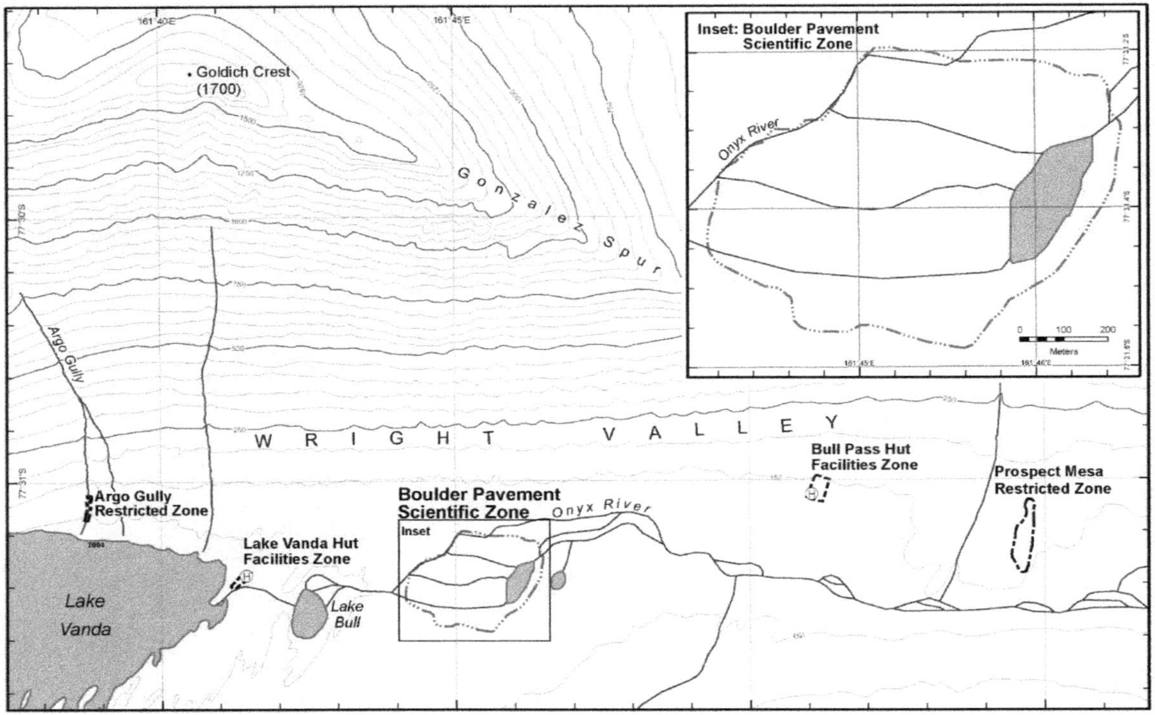

Map 15: Boulder Pavement, Wright Valley

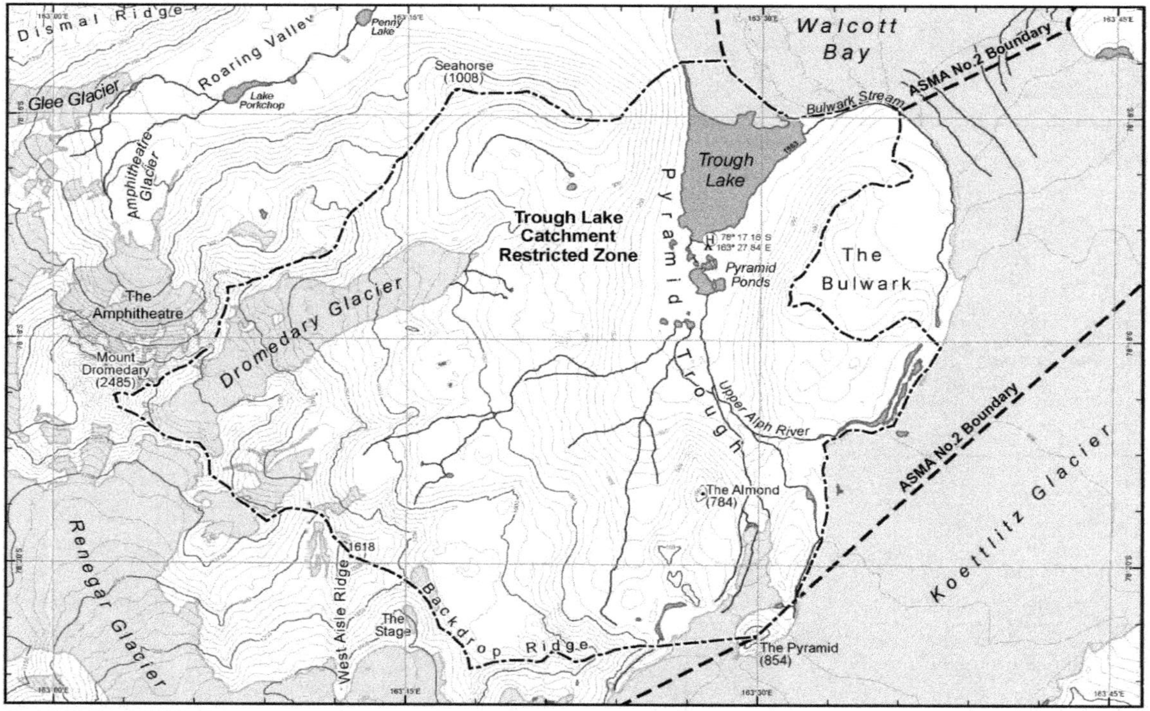

Walcott Bay

ASMA No.2 Boundary

Bulwark Stream

Dismal Ridge

Roaring Valley

Peony Lake

Lake Porkchop

Glee Glacier

Amphitheatre Glacier

The Amphitheatre

Mount Dromedary (2485)

Renegar Glacier

Dromedary Glacier

Seahorse (1008)

Trough Lake Catchment Restricted Zone

Trough Lake

Pyramid Ponds

78°47'16 S
163°27.84 E

P y r a m i d   T r o u g h

Upper Alph River

The Almond (784)

The Bulwark

The Pyramid (854)

ASMA No.2 Boundary

Koettlitz Glacier

Backdrop Ridge

West Aisle Ridge

The Stage

618

N

0   1   2
Kilometers

Projection: Lambert Conformal Conic
Spheroid & horizontal datum: WGS84
Data source: USGS 1:50K map series
Restricted Zone extent: digitised from US GS contours

Map 16: Trough Lake Catchment Restricted Zone

Issued 20 Apr 2015 (Map ID: 10048.026.671)
Environmental Research & Assessment

Legend

- Coastline (high tide- approx.)
- Coastline (low tide- approx.)
- Index contour (250 m)
- Contour (50 m)
- Stream
- Lake (Shoreline year) / Ocean
- Permanent ice

- Protected area
- Restricted Zone
- Scientific Zone
- Facilities Zone
- Visitor Zone
- Designated camp area

- Meteors
- Mummified seal
- Facilities Zone boundary point
- Survey mark (monumented)
- Survey mark (not monumented)
- Building
- Designated camp site

- Fuel storage
- Waste storage
- Helicopter landing site
- Emergency cache
- Solar panel
- Wind generator

- Antenna
- Weather station
- Precipitation gauge
- Stream gauge
- Clean air monitor
- Dust trap
- Rock cairn

- Borehole
- Vehicle track
- Path
- Retaining wall
- Stream weir
- Stream gauge data cable

320

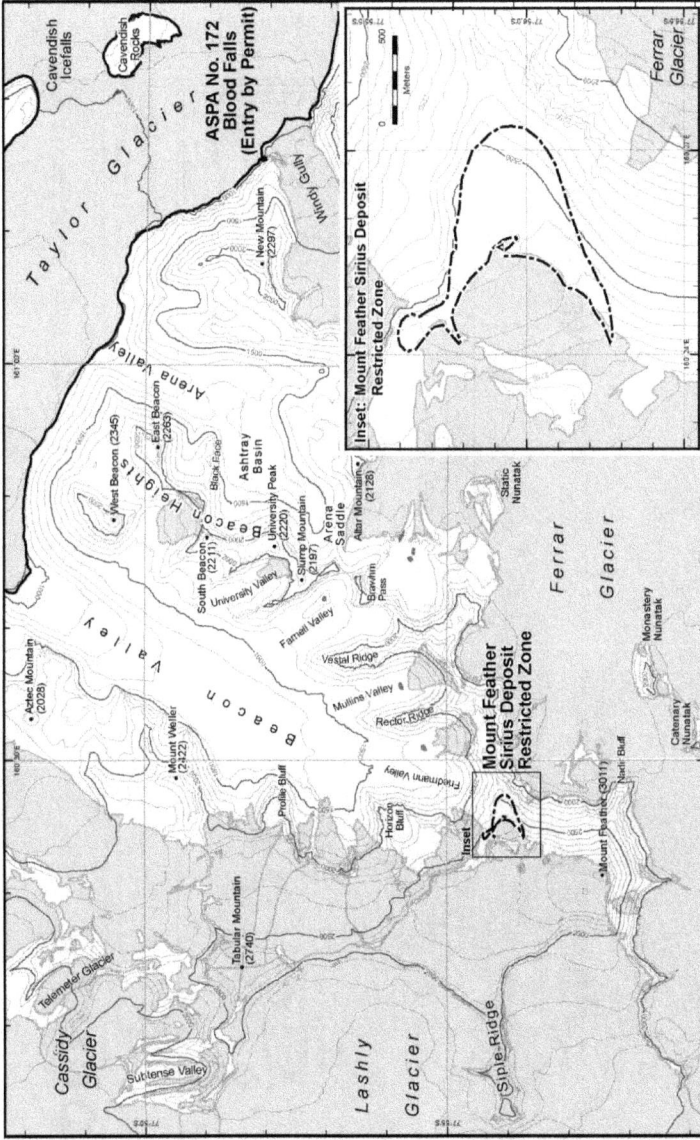

Map 17: Mount Feather - Beacon Valley

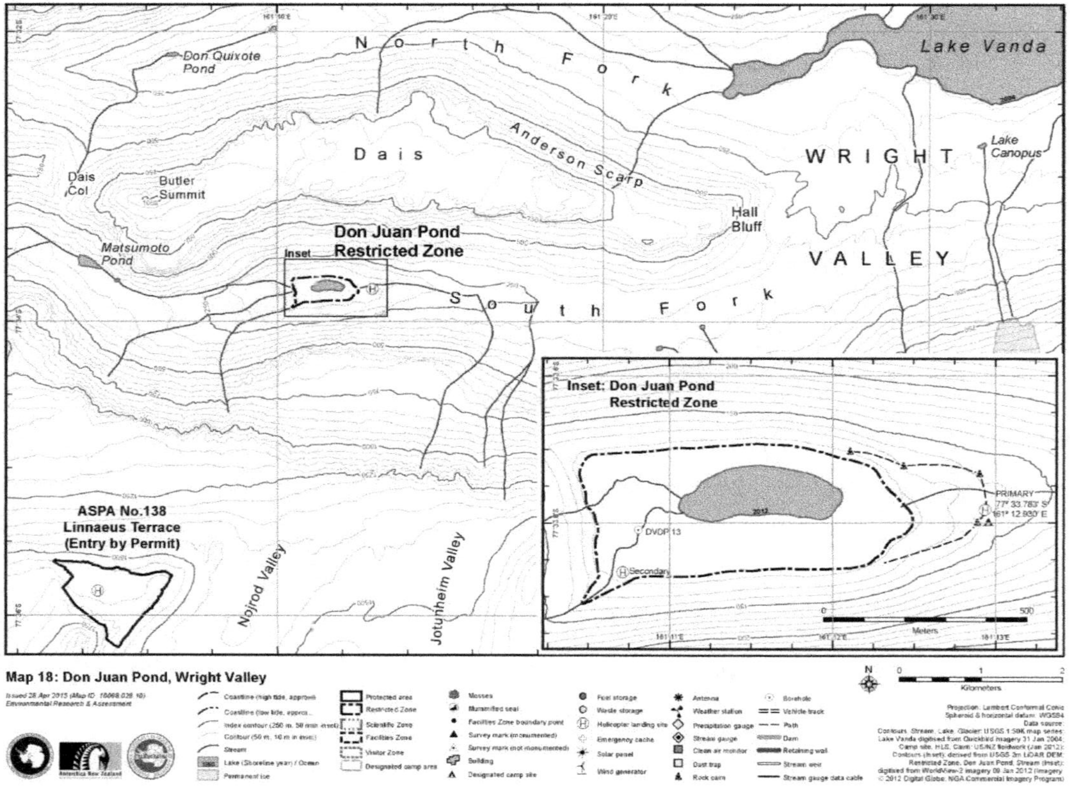

Map 18: Don Juan Pond, Wright Valley

Issued 28 Apr 2015 (Map ID: 15068-028-16)
Environmental Research & Assessment

**ASPA No.138
Linnaeus Terrace
(Entry by Permit)**

**Don Juan Pond
Restricted Zone**

Inset

**Inset: Don Juan Pond
Restricted Zone**

Lake Vanda

WRIGHT VALLEY

North Fork

South Fork

Anderson Scarp

Dais

Hall Bluff

Lake Canopus

Don Quixote Pond

Butler Summit

Matsumoto Pond

Dais Col

Nothrod Valley

Jotunheim Valley

322

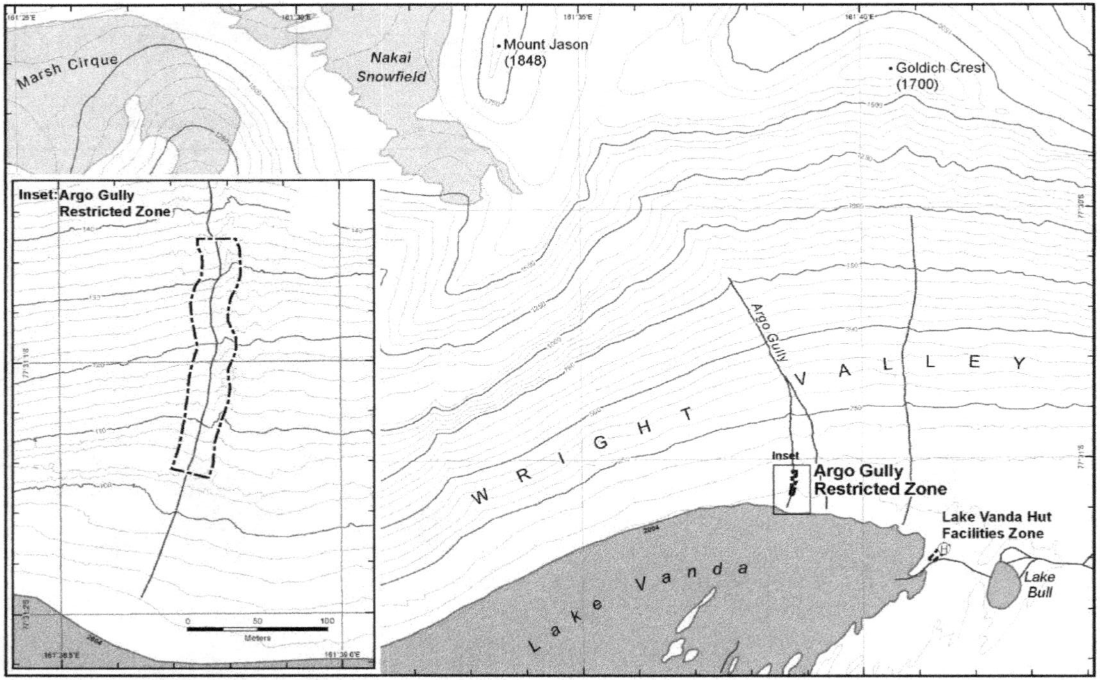

Map 19: Argo Gully, Wright Valley

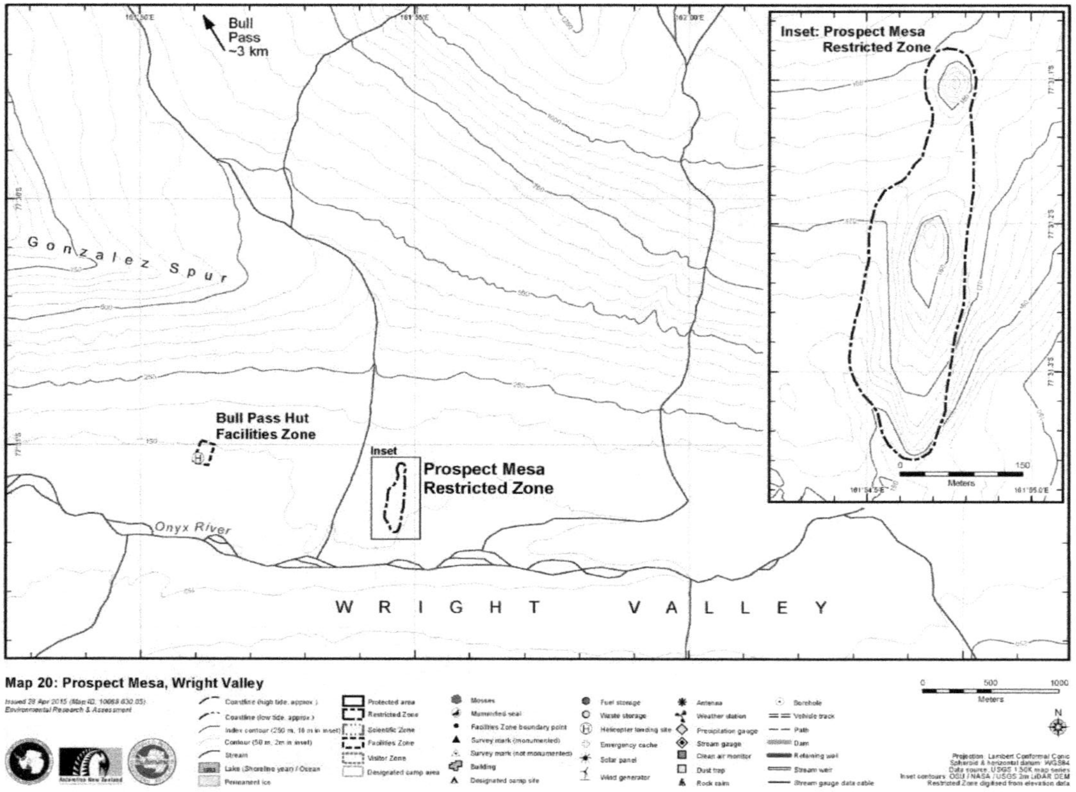

Bull
Pass
~3 km

G o n z a l e z   S p u r

Onyx River

W R I G H T   V A L L E Y

Inset: Prospect Mesa
Restricted Zone

Inset

Prospect Mesa
Restricted Zone

Bull Pass Hut
Facilities Zone

Map 20: Prospect Mesa, Wright Valley

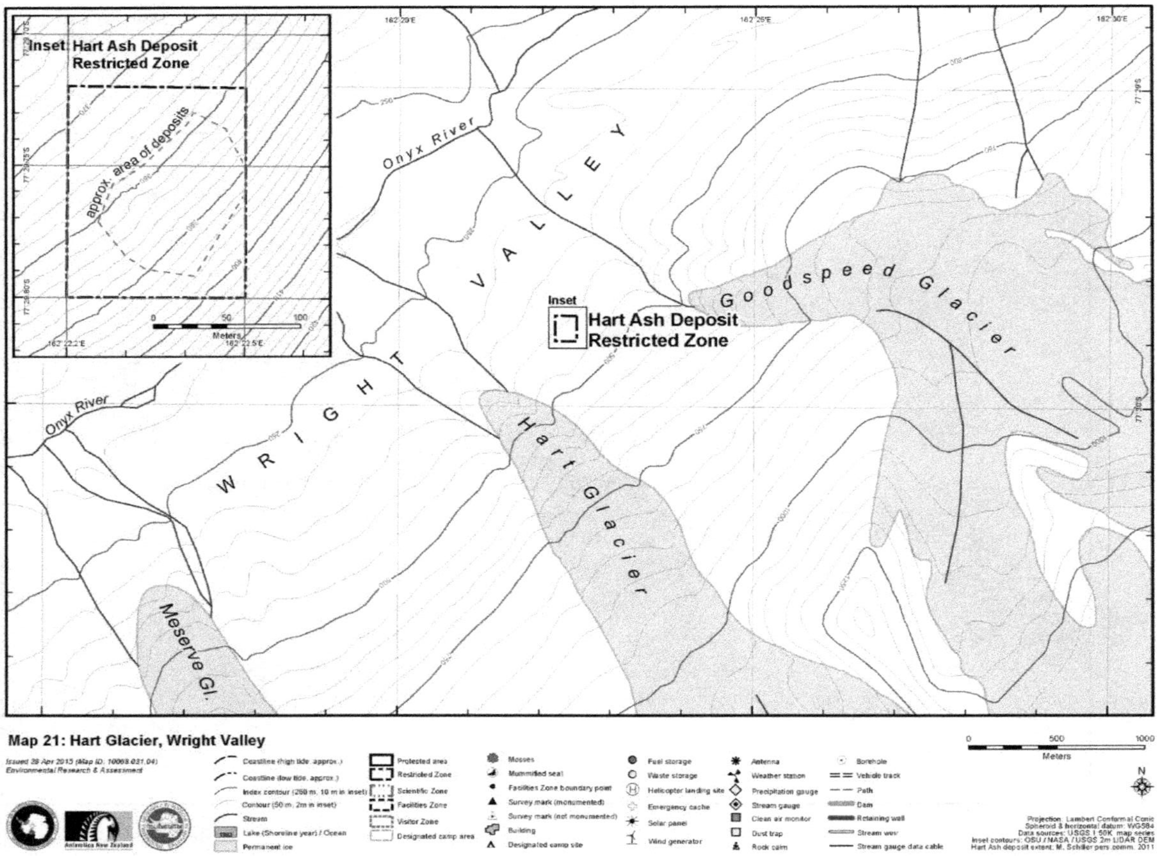

Map 21: Hart Glacier, Wright Valley

Issued 28 Apr 2015 (Map 62: 16069.631.04)
Environmental Research & Assessment

Inset: Hart Ash Deposit Restricted Zone

approx. area of deposits

Hart Ash Deposit Restricted Zone

Inset

Goodspeed Glacier

Hart Glacier

Meserve Gl.

Onyx River

V A L L E Y

W R I G H T

N

0   500   1000

Meters

Projection: Lambert Conform al Conic
Spheroid & datum: WGS84
Data sources: USGS 15K map series
Inset contours: OSU / NASA / USGS 2m LIDAR DEM
Hart Ash deposit extent: M. Sckibal-pers comm. 2011

Coastline (high tide: approx.)
Coastline (low tide: approx.)
Index contour (250 m; 10 m in inset)
Contour (50 m; 2m in inset)
Streams
Lake (Groundline year) / Ocean
Permanent ice

Protected area
Restricted Zone
Scientific Zone
Facilities Zone
Walker Zone
Designated camp area

Moraine
Mummified seal
Facilities Zone boundary panel
Survey mark (not: monumented)
Building
Designated camp site

Fuel storage
Waste storage
Helicopter landing site
Emergency cache
Solar panel
Wind generator

Antenna
Weather station
Precipitation gauge
Stream gauge
Clean air monitor
Duct trap
Rock cairn

Borehole
Vehicle track
Paths
Dam
Retaining wall
Stream weir
Stream gauge data cable

325

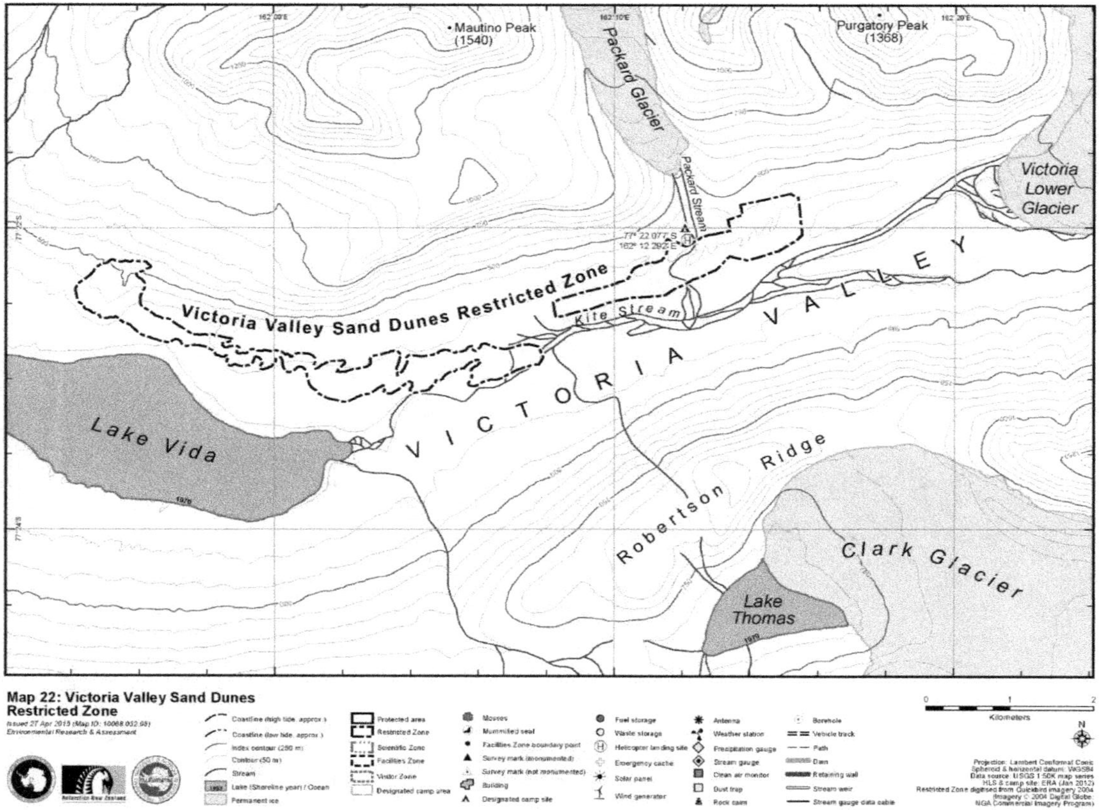
Mautino Peak (1540)
Packard Glacier
Purgatory Peak (1368)
Packard Stream
Victoria Lower Glacier
77° 22.077' S
162° 12.292' E
Victoria Valley Sand Dunes Restricted Zone
Kite Stream
V I C T O R I A V A L L E Y
Lake Vida
Robertson Ridge
Clark Glacier
Lake Thomas
Kilometers
Map 22: Victoria Valley Sand Dunes Restricted Zone

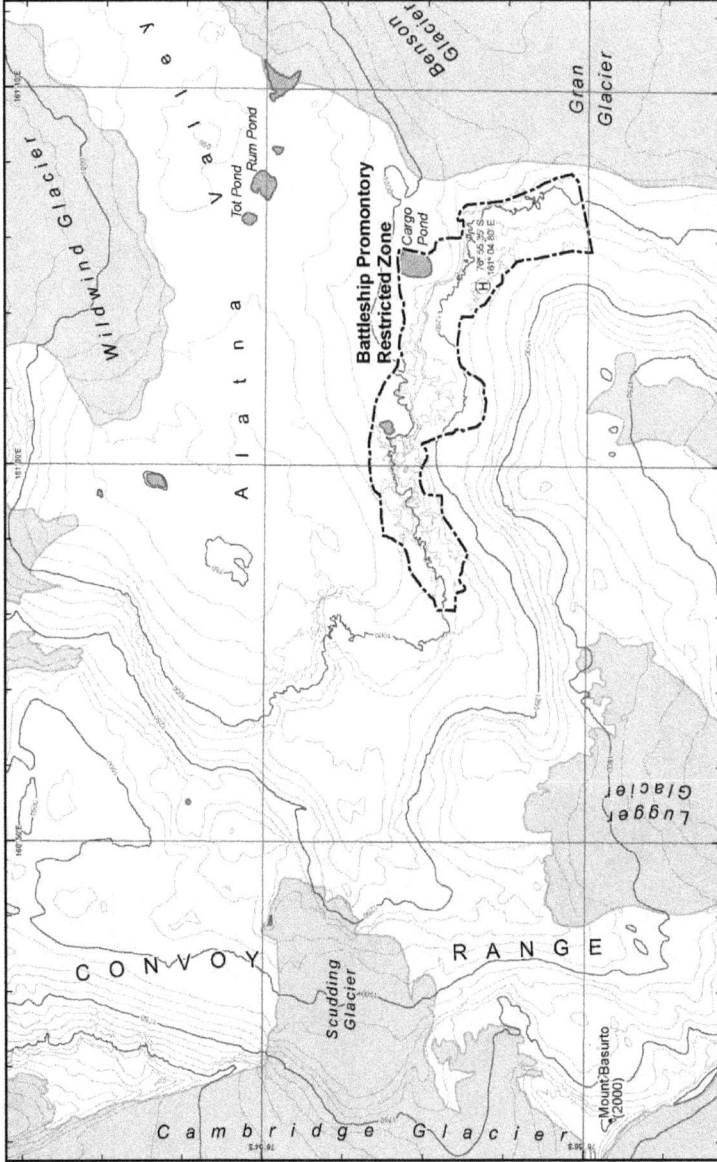

Map 23: Battleship Promontory, Restricted Zone

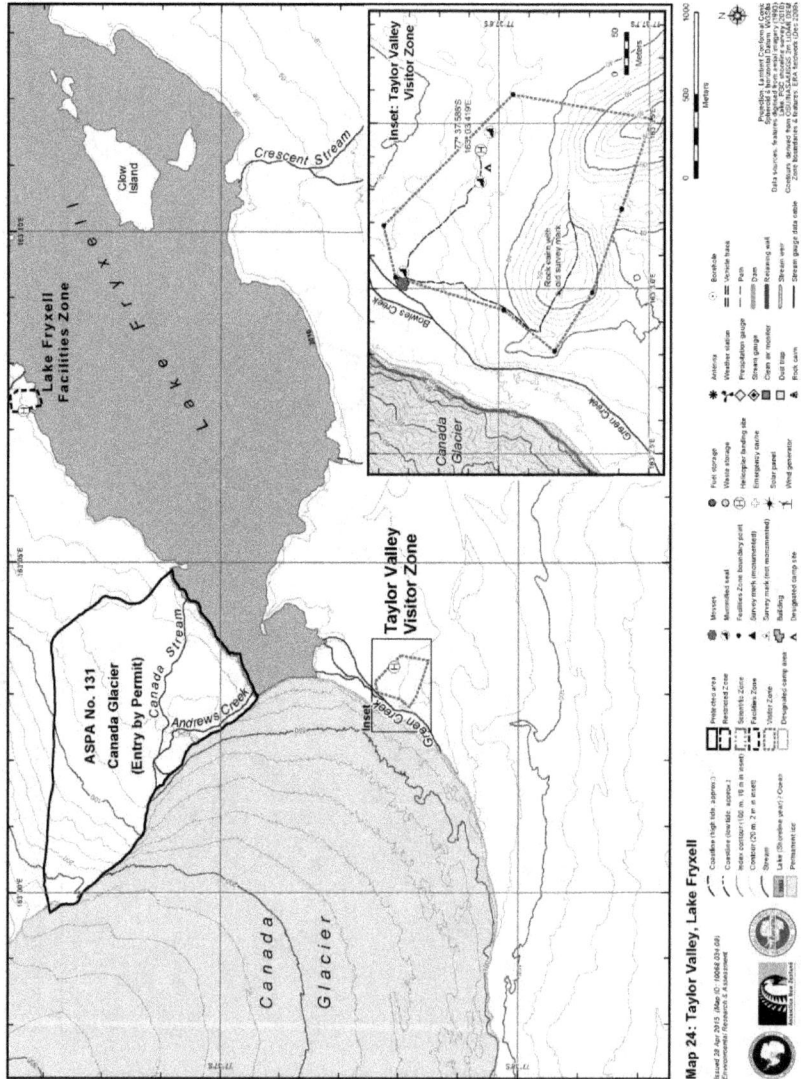

Map 24: Taylor Valley, Lake Fryxell

PARTIE III

Discours d'ouverture et de clôture et rapports

1. Discours des d'ouverture et de clôture

Discours d'ouverture du Président de la République de Bulgarie, M. Rosen Plevneliev

1er juin, Palais national de la culture, Sofia

Estimé M. Raychev,

Mesdames et Messieurs les Ministres,

Excellences,

Mesdames et Messieurs les Délégués,

Chers chercheurs,

Bienvenue en Bulgarie. Bienvenue dans le pays des roses et des yaourts les plus sains, le pays d'un peuple talentueux et accueillant, venu s'établir dans l'un des états les plus anciens d'Europe il y a maintenant plus de 1 300 ans. C'est un honneur pour nous d'accueillir la présente réunion. Notre pays a ratifié le Traité sur l'Antarctique en 1978, et en est Membre adhérent depuis 1998. J'éprouve une grande fierté de savoir que la Bulgarie figure parmi les rares pays d'Europe de l'Est à disposer de leur propre base scientifique sur le continent de glace. Notre base est érigée sur l'île Livingston. Lors de chaque saison polaire, nos chercheurs la partagent avec de nombreux experts venus d'autres pays.

La 38e réunion consultative, qui s'ouvre aujourd'hui à Sofia, se tient quelques mois seulement après que nous avons célébré les 55 ans de la signature du Traité sur l'Antarctique. Il s'agit d'un traité international d'une importance historique pour la préservation de l'une des réserves les plus précieuses pour l'humanité – l'Antarctique. Les pays du Traité ont des systèmes juridiques et des formes de gouvernements différents, des traditions nationales, religieuses et culturelles variées. Toutefois, nous sommes tous unis autour d'un objectif commun – celui de mener librement des recherches scientifiques en Antarctique, de répondre aux intérêts scientifiques et de veiller à la prospérité du monde entier.

Les documents internationaux adoptés par le Système du Traité sur l'Antarctique et les organes spéciaux qui en régissent les activités ont donné lieu à quelque chose d'unique – gouverner le système de recherche scientifique de la façon la plus efficace possible, un système ouvert aux projets scientifiques menés par des équipes appartenant à toutes les sphères scientifiques, afin qu'elles puissent partager leurs conclusions. Dans le même temps, il convient de mettre en place un réseau d'échange scientifique et de travaux conjoints, qui permette de faire des découvertes révolutionnaires – c'est la base du développement de nouvelles technologies, qui se fondent sur des décisions et des visions ambitieuses, ainsi que sur les résultats des projets entrepris. Les activités menées sur le continent de glace doivent permettre à la planète Terre de demeurer durable et magnifique.

Le système antarctique est l'un des plus grands exemples de coopération internationale fructueuse. Parmi les valeurs fondamentales qui résident au cœur du Traité sur l'Antarctique, on trouve avant tout ses objectifs pacifiques, la démilitarisation de la région polaire du Sud et la coopération internationale, qui garantissent la liberté totale de la recherche scientifique et l'échange d'information, ce qui fera de l'Antarctique le seul continent sur la planète où aucune action militaire n'est entreprise et où l'objectif principal est la recherche scientifique et la protection de l'environnement et de ses écosystèmes uniques.

Les changements climatiques sont le premier point à l'ordre du jour mondial, au même titre que la pénurie des ressources et la mise en œuvre de nouvelles technologies respectueuses de la nature. La nature ne cesse de nous rappeler qu'il est grand temps d'agir. Nous devons ajuster nos priorités à la planète, et à nos enfants. À l'automne 2014, lors d'une réunion de l'Assemblée générale de l'Organisation des Nations Unies, j'ai cité les paroles d'un sage : « Nous n'avons pas hérité cette terre de nos ancêtres, nous l'avons empruntée à nos enfants. » Ces mots sont plus qu'opportuns aujourd'hui. Nous sommes confrontés à des défis colossaux et nous ne pouvons ni attendre, ni reporter ou laisser la responsabilité d'agir au prochain gouvernement ou à la prochaine génération. Nous ne pouvons parvenir à une croissance durable qu'en coopérant, en unissant nos efforts et en partageant la même volonté.

L'Antarctique est une région stratégique. La majorité des États membres du Traité sur l'Antarctique sont les pays les plus développés au monde sur le plan économique, industriel et scientifique. La contribution de chaque pays, indépendamment de sa taille ou de la force de son économie, est importante. Elle est inestimable dans la réalisation de notre objectif commun – il est possible de préserver l'environnement, de préserver les espèces animales et la vie végétale en mettant en œuvre des méthodes novatrices.

Depuis quelque temps déjà, la coopération n'est plus affaire de choix, mais de nécessité. Aucune nation, indépendamment de sa volonté politique et de sa force économique, ne peut, seule, affronter les problèmes et les défis mondiaux. Une vision commune à long terme est nécessaire pour renforcer la coopération. Des réunions conjointes, comme la réunion consultative des nations du Traité sur l'Antarctique et la réunion du Comité pour la protection de l'environnement, ont le potentiel et l'énergie nécessaires pour donner lieu à de bonnes solutions, acceptables pour tous.

La République de Bulgarie est un Membre adhérent actif du Traité sur l'Antarctique. Les équipes de 23 expéditions polaires bulgares ont collaboré avec des experts venus de pays pionniers qui avaient signé le Traité dès 1959. Notre pays jouit d'une bonne réputation et est un partenaire de confiance dans tous les programmes scientifiques internationaux.

Les recherches sont menées à l'Institut antarctique bulgare, mais aussi au sein de la base polaire scientifique bulgare St. Kliment Ohridski. Des experts venus d'Espagne, du Portugal, d'Allemagne, de Corée du Sud, du Japon, d'Argentine, du Chili, des États-Unis, du Canada, de Mongolie, de Turquie, du Luxembourg et de la République de Macédoine ont travaillé avec leurs homologues bulgares dans notre base sur des projets internationaux conjoints.

Les résultats des projets scientifiques qu'ils mènent sont importants pour le présent, mais aussi pour l'avenir de notre planète. Les découvertes qui interviennent dans le cadre de projets scientifiques portant sur les changements climatiques à l'échelle mondiale sont précieuses dans la réalisation des objectifs prioritaires des différents domaines scientifiques. Dans un contexte international, les résultats relatifs aux changements climatiques à l'échelle locale sont également cruciaux. Les recherches sismologiques et géomorphologiques menées dans la base bulgare donnent l'occasion de mettre au jour de nouvelles régularités générales concernant l'évolution géologique du continent Gondwana. De nombreux articles ont été publiés dans des revues et des magazines scientifiques de renom. Bon nombre de géologues, de géomorphologistes, de géophysiciens, de biologistes et de glaciologues bulgares ont pris part à des projets de recherche nationaux et internationaux portant principalement sur les changements climatiques. Les experts bulgares contribuent à résoudre les problèmes scientifiques mondiaux.

En tant que Président, il m'incombe le grand privilège et la grande responsabilité de baptiser des sites sur le continent de glace. Plus de 535 sites géographiques de l'Antarctique portant des noms bulgares. Une grande partie d'entre eux sont uniques.

L'ascension et la mesure précise, lors de la saison antarctique passée, du sommet du Great Needle Peak sur la montagne Tangra, sur l'île Livingston, est d'une extrême importance, tant pour l'alpinisme bulgare que mondial. L'ascension et la mesure précise de la hauteur du sommet baptisé d'après le nom de la capitale bulgare, la merveilleuse ville de Sofia, menées par les alpinistes Doichin Boyanov, Nikolauy Petkov et Alexander Shopov lors de la 23e expédition bulgare sur le continent blanc sont tout aussi importantes. Les résultats atteints par la 23e expédition bulgare (2014-2015) dans le cadre du projet international portant sur l'étude des sols gelés permettent de comprendre davantage les changements climatiques.

En ma qualité de Chef de l'État, je soutiens activement le programme scientifique antarctique bulgare. Attaché à la cause d'un développement meilleur pour notre pays et notre région, je soutiens les experts et les institutions qui travaillent à résoudre les problèmes mondiaux. Je me réjouis de voir autant de ministres jeunes, compétents et ambitieux, présents à vos côtés aujourd'hui, qui représentent le gouvernement bulgare et sa vision, et sa volonté de soutenir ces recherches. Les participants aux expéditions polaires bulgares ont le plein soutien de l'institution que je préside, ainsi que celui des institutions de l'État, dans l'exercice de leurs missions. Fier des réalisations de nos experts, je remets chaque automne le drapeau national au Professeur Pimpirev pour la prochaine expédition.

Mesdames et Messieurs,

La République de Bulgarie va renforcer sa coopération avec les autres équipes scientifiques et va continuer de participer activement au programme scientifique antarctique. Nous avons pour priorité d'assurer une étroite coopération avec tous les autres pays afin de soutenir les objectifs visés par le Traité sur l'Antarctique en faveur de la science, de la recherche scientifique et de la croissance durable.

J'ai la conviction que nous partageons la même cause – la préservation de ce continent unique. Je suis par conséquent très fier que la Bulgarie accueille la présente réunion. Il s'agit là d'une reconnaissance du succès du programme scientifique antarctique de la Bulgarie et des précieux résultats obtenus. La présente réunion permet également de réaliser le rêve de l'un des plus grands Bulgares et chercheurs polaires, le Professeur Pimpirev, président et fondateur de l'Institut polaire antarctique bulgare et le responsable des expéditions antarctiques bulgares. Un grand expert dévoué à la planète Terre et à son magnifique continent de glace.

Je vous souhaite une réunion fructueuse et constructive !

2. Rapports des dépositaires et des observateurs

Rapport du gouvernement dépositaire du Traité sur l'Antarctique et de son Protocole conformément à la Recommandation XIII-2

Document de travail soumis par les États-Unis

Le présent rapport couvre les évènements relatifs au Traité sur l'Antarctique et au Protocole au Traité sur l'Antarctique relatif à la protection de l'environnement.

Au cours de l'année écoulée, il y a eu deux nouvelles adhésions au Traité et deux adhésions au Protocole. Concernant le Traité, le Kazakhstan a déposé son instrument d'adhésion le 27 janvier 2015 et la Mongolie a déposé son instrument d'adhésion le 23 mars 2015. Concernant le Protocole, le Vénézuéla a déposé son instrument d'adhésion le 1er août 2014 et le Portugal a déposé son instrument d'adhésion le 10 septembre 2014. Il y a cinquante-deux (52) Parties au Traité et trente-sept (37) Parties au Protocole.

Les pays suivants ont fourni la notification qu'ils ont désigné les personnes ci-mentionnées comme arbitres, conformément à l'article 2 (1) de l'annexe au Protocole relatif à la protection de l'environnement :

Bulgarie	Mme Guenka Beleva	30 juillet 2004
Chili	Amb. María Teresa Infante	juin 2005
	Amb. Jorge Berguño	juin 2005
	Dr. Francisco Orrego	juin 2005
Finlande	Amb. Holger Bertil Rotkirch	14 juin 2006
Inde	Prof. Upendra Baxi	6 octobre 2004
	M. Ajai Saxena	6 octobre 2004
	Dr N. Khare	6 octobre 2004
Japon	Juge Shunji Yanai	18 juillet 2008
République de Corée	Prof. Park Ki Gab	21 octobre 2008
États-Unis	Prof. Daniel Bodansky	1er mai 2008
	M. David Colson	1er mai 2008

Les listes des Parties au Traité, des Parties au Protocole ainsi que celle des Recommandations/Mesures et de leur approbation sont jointes au présent document.

Date de l'action la plus récente : 23 mars 2015

Traité sur l'Antarctique

Fait : à Washington, le 1er décembre 1959

Entrée en vigueur : 23 juin 1961

Conformément à l'article XIII, le Traité a été soumis à la ratification des États signataires et il est ouvert à l'adhésion de tout État membre de l'Organisation des Nations Unies, ou de tout autre État qui pourrait être invité à adhérer au Traité avec le consentement de toutes les Parties contractantes, dont les représentants sont habilités à participer aux réunions énoncées à l'article IX du Traité ; les instruments de ratification et les instruments d'adhésion seront déposés au gouvernement des États-Unis d'Amérique. À l'issue du dépôt des instruments de ratification par tous les États signataires, le Traité est entré en vigueur pour ces États et pour les États qui avaient déposé des instruments d'adhésion au Traité. Le Traité est ensuite entré en vigueur pour tout État adhérent au dépôt de son instrument d'adhésion.

Légende : (aucune marque) = ratification ; a = accession ; d = succession ; w = retrait ou action équivalente

Participant	Signature	Consentement à être lié		Autre action	Notes
Afrique du Sud	1er décembre 1959	21 juin 1960			
Allemagne		5 février 1979	a		i
Argentine	1er décembre 1959	23 juin 1961			
Australie	1er décembre 1959	23 juin 1961			
Autriche		25 août 1987	a		
Belgique	1er décembre 1959	26 juillet 1960			
Biélorussie		27 décembre 2006	a		
Brésil		16 mai 1975	a		
Bulgarie		11 septembre 1978	a		
Canada		4 mai 1988	a		
Chili	1er décembre 1959	23 juin 1961			
Chine		8 juin 1983	a		
Colombie		31 janvier 1989	a		
Corée (République de Corée)		28 novembre 1986	a		
Corée (RPDC)		21 janvier 1987	a		
Cuba		16 août 1984	a		
Danemark		20 mai 1965	a		
Équateur		15 septembre 1987	a		
Espagne		31 mars 1982	a		
Estonie		17 mai 2001	a		
États-Unis	1er décembre 1959	18 août 1960			
Fédération de Russie	1er décembre 1959	2 novembre 1960			ii
Finlande		15 mai 1984	a		
France	1er décembre 1959	16 septembre 1960			

Grèce		8 janvier 1987	a		
Guatemala		31 juillet 1991	a		
Hongrie		27 janvier 1984	a		
Inde		19 août 1983	a		
Italie		18 mars 1981	a		
Japon	1ᵉʳ décembre 1959	4 août 1960			
Kazakhstan		27 janvier 2015	a		
Malaisie		31 octobre 2011	a		
Monaco		31 mai 2008	a		
Mongolie		23 mars 2015	a		
Nouvelle-Zélande	1ᵉʳ décembre 1959	1ᵉʳ novembre 1960			
Norvège	1ᵉʳ décembre 1959	24 août 1960			
Pakistan		1ᵉʳ mars 2012	a		
Papouasie-Nouvelle-Guinée		16 mars 1981	d		iii
Pays-Bas		30 mars 1967	a		iv
Pérou		10 avril 1981	a		
Pologne		8 juin 1961	a		
Portugal		29 janvier 2010	a		
République slovaque		1ᵉʳ janvier 1993	d		v
République tchèque		1ᵉʳ janvier 1993	d		vi
Roumanie		15 septembre 1971	a		vii
Royaume-Uni	1ᵉʳ décembre 1959	31 mai 1960			
Suède		24 avril 1984	a		
Suisse		15 novembre 1990	a		
Turquie		24 janvier 1996	a		
Ukraine		28 octobre 1992	a		
Uruguay		11 janvier 1980	a		viii
Venezuela		24 mars 1999	a		

---

[i] L'ambassade de la République fédérale d'Allemagne à Washington a transmis au Département d'État une note diplomatique en date du 2 octobre 1990, libellée comme suit :

« L'ambassade de la République fédérale d'Allemagne présente ses compliments au Département d'État et a l'honneur d'informer le gouvernement des États-Unis d'Amérique, en sa qualité de Gouvernement dépositaire du Traité sur l'Antarctique, que, suite à l'accession de la République démocratique allemande à la République fédérale d'Allemagne, qui a pris effet à compter du 3 octobre 1990, les deux États allemands s'uniront pour former un seul État souverain qui, en sa qualité de Partie contractante au Traité sur l'Antarctique, demeurera lié par les dispositions du Traité, et soumis aux recommandations adoptées lors des 15 réunions consultatives que la République fédérale d'Allemagne a approuvées. À compter de la date de réunification de l'Allemagne, la République fédérale d'Allemagne agira sous la désignation de « Allemagne » dans le cadre du Système de l'Antarctique.
« L'ambassade serait reconnaissante au gouvernement des États-Unis d'Amérique de bien vouloir informer toutes les Parties contractantes au Traité sur l'Antarctique du contenu de la présente note.
« L'ambassade de la République fédérale d'Allemagne saisit cette occasion pour renouveler au Département d'État l'assurance de sa plus haute considération. »

Avant l'unification, le 19 novembre 1974, la République démocratique allemande avait déposé un instrument d'accession au Traité, en l'accompagnant d'une déclaration traduite en anglais par le Département d'État américain, libellée comme suit :

« la République fédérale d'Allemagne considère que le premier paragraphe de l'article XIII du Traité est contradictoire au principe selon lequel tous les États qui sont guidés dans leurs politiques par les objectifs et principes de la Charte des Nations Unies sont habilités à devenir Parties aux traités qui touchent les intérêts de tous les États. »

Ultérieurement, le 5 février 1979, la République fédérale d'Allemagne a déposé un instrument d'adhésion au Traité, en l'accompagnant d'une déclaration traduite en anglais par l'ambassade de la République fédérale d'Allemagne, libellée comme suit :

« Monsieur le Secrétaire,
« En relation avec le dépôt aujourd'hui de l'instrument d'adhésion au Traité sur l'Antarctique signé à Washington le 1er décembre 1959, j'ai l'honneur de déclarer au nom de la République fédérale d'Allemagne qu'à compter de la date d'entrée en vigueur du Traité pour la République fédérale d'Allemagne, ce dernier sera également appliqué à Berlin (Ouest), sous réserve des droits et responsabilités de la République française, du Royaume-Uni de Grande-Bretagne et d'Irlande du Nord, et des États-Unis d'Amérique, notamment ceux relatifs au désarmement et à la démilitarisation.
« Je vous prie d'agréer, Excellence, l'expression de ma plus haute considération. »

[ii] Le Traité a été signé et ratifié par l'ancienne Union des républiques socialistes soviétiques. Dans une note en date du 13 janvier 1992, la Fédération de Russie a informé le gouvernement américain qu'elle « continuait à exercer les droits et à exécuter les obligations émanant des accords internationaux signés par l'Union des républiques socialistes soviétiques. »

[iii] Date du dépôt de la notification de succession par la Papouasie-Nouvelle-Guinée ; entrée en vigueur le 16 septembre 1975, à la date de son indépendance.

[iv] L'instrument d'adhésion au Traité déposé par les Pays-Bas signale que l'adhésion concerne le Royaume en Europe, le Suriname et les Antilles néerlandaises.
Le Suriname est devenu un État indépendant le 25 novembre 1975.

L'ambassade du Royaume des Pays-Bas à Washington a transmis au Département d'État une note diplomatique en date du 9 janvier 1986, libellée comme suit :

« L'ambassade du Royaume des Pays-Bas présente ses compliments au Département d'État et à l'honneur d'attirer l'attention du Département sur le point suivant concernant son rôle de dépositaire [du Traité sur l'Antarctique].
« Depuis le 1er janvier 1986, l'île d'Aruba – qui faisait antérieurement partie des Antilles néerlandaises – a obtenu l'autonomie interne en tant que pays au sein du Royaume des Pays-Bas. En conséquence, le Royaume des Pays-Bas comporte 3 pays depuis le 1er janvier 1986, à savoir : les Pays-Bas en Europe, les Antilles néerlandaises et Aruba.
« L'événement susmentionné porte uniquement sur un changement des relations constitutionnelles internes du Royaume des Pays-Bas , et le Royaume en tant que sujet de droit international, reste lié par les traités qu'il a conclu, les changements susmentionnés n'ayant aucune conséquence sur le droit international relatif aux traités conclus par le Royaume, traités dont l'application était étendue aux Antilles néerlandaises, y compris Aruba.
« Ces traités resteront alors applicables à Aruba dans son nouveau statut de pays autonome au sein du Royaume des Pays-Bas à compter du 1er janvier 1986.
« En conséquence, le [Traité sur l'Antarctique] auquel le Royaume des Pays-Bas est Partie, et qui a été étendu aux Antilles néerlandaises, sera appliqué aux trois pays du Royaume des Pays-Bas à compter du 1er janvier 1986.
« L'ambassade vous serait reconnaissante de bien vouloir informer les autres Parties concernées du point susmentionné.
« L'ambassade du Royaume des Pays-Bas saisit cette occasion pour renouveler au Département d'État l'assurance de sa plus haute considération. »

L'ambassade du Royaume des Pays-Bas à Washington a transmis au Département d'État une note diplomatique en date du 6 octobre 2010, dont voici la teneur des parties les plus pertinentes :

« Le Royaume des Pays-Bas comporte actuellement trois parties : les Pays-Bas, les Antilles néerlandaises et Aruba. Les Antilles néerlandaises comportent les îles de Curaçao, Saint-Martin, Bonaire, Saint-Eustache et Saba.
« À compter du 10 octobre 2010, les Antilles néerlandaises cesseront d'exister au sein du Royaume des Pays-Bas. À compter de cette date, le Royaume sera constitué de quatre parties : les Pays-Bas, Aruba, Curaçao et Saint-Martin.

Curaçao et Saint-Martin jouiront d'un gouvernement autonome au sein du Royaume, au même titre qu'Aruba, et jusqu'au 10 octobre 2010, que les Antilles néerlandaises.

« Ces changements constituent une modification des relations constitutionnelles internes du Royaume des Pays-Bas. Le Royaume des Pays-Bas restera en conséquence sujet de droit international dans le cadre des accords conclus. Par conséquent, la modification de la structure du Royaume n'affectera pas la validité des accords internationaux ratifiés par le Royaume pour les Antilles néerlandaises ; ces accords continueront à s'appliquer à Curaçao et Saint-Martin.

« Les autres îles qui ont jusqu'ici fait partie des Antilles néerlandaises – Bonaire, Saint-Eustache et Saba – continueront de faire partie des Pays-Bas, et formeront « la partie des Pays-Bas située dans les Caraïbes ». Les accords qui s'appliquent actuellement aux Antilles néerlandaises continueront à s'appliquer à ces îles ; toutefois, le Gouvernement des Pays-Bas sera dorénavant responsable de la mise en œuvre de ces accords. »

[v] Date d'entrée en vigueur de la succession de la République slovaque. La Tchécoslovaquie a déposé un instrument d'adhésion au Traité le 14 juin 1962. Le 31 décembre 1992, à minuit, la Tchécoslovaquie a cessé d'exister et a été remplacée par deux États séparés et indépendants, la République tchèque et la République slovaque.

[vi] Date d'entrée en vigueur de la succession de la République tchèque. La Tchécoslovaquie avait déposé un instrument d'adhésion au Traité le 14 juin 1962. Le 31 décembre 1992, à minuit, la Tchécoslovaquie a cessé d'exister et a été remplacée par deux États séparés et indépendants, la République tchèque et la République slovaque.

[vii] L'instrument d'accession de la Roumanie au Traité s'est accompagné d'une note signée de l'ambassadeur de la République socialiste de Roumanie aux États-Unis d'Amérique, en date du 15 septembre 1971, libellée comme suit :

« Monsieur le Secrétaire,

« En soumettant l'instrument d'adhésion de la République socialiste de Roumanie au Traité sur l'Antarctique, signé à Washington le 1er décembre 1959, j'ai l'honneur de vous informer des faits suivants :

« Le Conseil d'État de la République socialiste de Roumanie indique que les dispositions du premier paragraphe de l'article XIII du Traité sur l'Antarctique ne sont pas conformes au principe selon lequel les traités multilatéraux dont l'objet et les objectifs concernent la communauté internationale, dans son ensemble, devraient être ouverts à la participation universelle. »

« Je vous demande cordialement, Monsieur le Secrétaire, de transmettre à toutes les Parties concernées le texte de l'instrument d'adhésion de la Roumanie au Traité sur l'Antarctique, ainsi que le texte du présent courrier contenant la déclaration du gouvernement roumain mentionnée ci-dessus.

« Je saisis cette occasion pour vous renouveler, Monsieur le Secrétaire, l'assurance de ma plus haute considération. »

Des exemplaires de la lettre de l'ambassadeur et de l'instrument d'accession de la Roumanie au Traité ont été transmis aux Parties au Traité sur l'Antarctique par le Secrétaire d'État, dans sa note circulaire en date du 1er octobre 1971.

[viii] L'instrument d'accession de l'Uruguay au Traité s'est accompagné d'une déclaration traduite en anglais par le Département d'État américain, libellée comme suit :

« Le gouvernement de la République orientale de l'Uruguay considère que, par son accession au Traité sur l'Antarctique signé à Washington (États-Unis d'Amérique) le 1er décembre 1959, il contribue à affirmer les principes en faveur de l'utilisation exclusive de l'Antarctique à des fins pacifiques, de l'interdiction de toute explosion nucléaire ou déchet radioactif dans cette région, de la liberté de recherche scientifique en Antarctique au service de l'humanité, et de la coopération internationale dans la réalisation des objectifs qui sont fixés dans ledit Traité.

« Dans le contexte de ces principes, l'Uruguay propose, par le biais d'une procédure fondée sur le principe d'égalité juridique, l'établissement d'un statut général et définitif sur l'Antarctique dans lequel, tout en respectant les droits des États tels que reconnus dans le droit international, les intérêts de tous les États engagés dans, et appartenant à la communauté internationale, prise dans son ensemble, seraient considérés équitablement.

« La décision du gouvernement uruguayen d'adhérer au Traité sur l'Antarctique se fonde non seulement sur l'intérêt que l'Uruguay, à l'instar des membres de la communauté internationale, porte à l'Antarctique, mais également sur l'intérêt spécial, direct et substantiel qui provient de son emplacement géographique, du fait que sa ligne côtière atlantique s'ouvre sur le continent de l'Antarctique, de son influence qui en résulte sur le climat, l'écologie et la biologie marine, des liens historiques qui remontent aux premières expéditions lancées pour explorer ce continent et ses eaux et également des obligations souscrites conformément au Traité interaméricain d'assistance réciproque qui inclut une partie du territoire antarctique dans la zone décrite à l'article 4, en vertu duquel l'Uruguay partage la responsabilité de la défense de la région.

« En communiquant sa décision d'adhérer au Traité sur l'Antarctique, le gouvernement de la République orientale de l'Uruguay déclare qu'il réserve ses droits en Antarctique, conformément au droit international. »

PROTOCOLE AU TRAITÉ SUR L'ANTARCTIQUE RELATIF À LA PROTECTION DE L'ENVIRONNEMENT
Signé à Madrid le 4 octobre 1991*

État	Date de Signature	Date de dépôt de la ratification de l'acceptation (A) ou de l'approbation (AA)	Date de dépôt de l'accession	Date d'entrée en vigueur	Date de l'acceptation de l'ANNEXE V**	Date d'entrée en vigueur de l'Annexe V
PARTIES CONSULTATIVES						
Afrique du Sud	4 oct. 1991	3 août 1995		14 jan. 1998	14 juin 1995 (B)	24 mai 2002
Allemagne	4 oct. 1991	25 nov. 1994		14 jan. 1998	25 nov. 1994 (A) 1 sept. 1998 (B)	24 mai 2002
Argentine	4 oct. 1991	28 oct. 1993[3]		14 jan. 1998	8 sept. 2000 (A) 4 août 1995 (B)	24 mai 2002
Australie	4 oct. 1991	6 avr. 1994		14 jan. 1998	6 avr. 1994 (A) 7 juin 1995 (B)	24 mai 2002
Belgique	4 oct. 1991	26 avr. 1996		14 jan. 1998	26 avr. 1996 (A) 23 oct. 2000 (B)	24 mai 2002
Brésil	4 oct. 1991	15 août 1995		14 jan. 1998	20 mai. 1998 (A)	24 mai 2002
Bulgarie	4 oct. 1991		21 avr. 1998	21 mai 1998	5 mai 1999 (AB)	24 mai 2002
Chili	4 oct. 1991	11 jan. 1995		14 jan. 1998	25 mars 1998 (A)	24 mai 2002
Chine	4 oct. 1991	2 août 1994		14 jan. 1998	26 jan. 1995 (A)	24 mai 2002
Équateur	4 oct. 1991	4 jan. 1993		14 jan. 1998	11 mai 2001 (A) 15 nov. 2001 (B)	24 mai 2002
Espagne	4 oct. 1991	1 juil. 1992		14 jan. 1998	8 déc. 1993 (A) 18 fév. 2000 (B)	24 mai 2002
États-Unis	4 oct. 1991		17 avr. 1997	14 jan. 1998	6 mai 1998 (B)	17 avr. 1997 (A) 24 mai 2002
Fédération de Russie	4 oct. 1991	6 août 1997		14 jan. 1998	19 juin 2001 (B)	24 mai 2002
Finlande	4 oct. 1991	1 nov. 1996 (A)		14 jan. 1998	1 nov. 1996 (A) 2 avr. 1997 (B)	24 mai 2002
France	4 oct. 1991	5 fév. 1993 (AA)		14 jan. 1998	26 sept. 1995 (B) 18 nov. 1998 (A)	24 mai 2002
Inde	2 juil. 1992	26 avr. 1996		14 jan. 1998	24 mai. 2002 (B)	24 mai 2002
Italie	4 oct. 1991	31 mars 1995		14 jan. 1998	31 mai 1995 (A) 11 fév. 1998 (B)	24 mai 2002
Japon	29 sept. 1992	15 déc. 1997 (A)		14 jan. 1998	15 déc. 1997 (AB)	24 mai 2002
Nouvelle-Zélande	4 oct. 1991	22 déc. 1994		14 jan. 1998	21 oct. 1992 (B)	24 mai 2002
Norvège	4 oct. 1991	16 juin 1993		14 jan. 1998	13 oct. 1993 (B)	24 mai 2002
Pays-Bas	4 oct. 1991	14 avr. 1994 (A)[6]		14 jan. 1998	18 mars 1998 (B)	24 mai 2002
Pérou	4 oct. 1991	8 mars 1993		14 jan. 1998	8 mars 1993 (A) 17 mars 1999 (B)	24 mai 2002

345

Rapport final de la XXXVIIIe RCTA

Pologne	4 oct. 1991		1 nov. 1995	14 jan. 1998	20 sept. 1995 (B)	24 mai 2002
Suède	4 oct. 1991		30 mars 1994	14 jan. 1998	30 mars 1994 (A)	24 mai 2002
Ukraine		25 mai 2001		24 juin 2001	7 avr. 1994 (B)	24 mai 2002
Rép. de Corée	2 juil. 1992		2 jan.1996	14 jan. 1998	25 mai 2001 (A)	24 mai 2002
Rép. Tchèque[1,2]	1 jan. 1993		25 août 2004[4]	24 sept. 2004	5 juin 1996 (B)	23 avr. 2014 (B)
Royaume-Uni	4 oct. 1991		25 avr. 1995[5]	14 jan. 1998	21 mai 1996 (B)	24 mai 2002
Uruguay	4 oct. 1991		11 jan. 1995	14 jan. 1998	15 mai 1995 (B)	24 mai 2002

** L'indication suivante désigne la date relative soit
à l'acceptation de l'annexe V, soit à l'approbation de la Recommandation XVI-10
(A) Acceptation de l'annexe V, (B) Approbation de la Recommandation XVI-10

État	Date de Signature	Ratification de l'acceptation ou de l'approbation	Date de dépôt de l'accession	Date d'entrée en vigueur	Date l'acceptation de l'ANNEXE V**	Date d'entrée en vigueur de l'Annexe V
PARTIES NON CONSULTATIVES						
Autriche	4 oct. 1991					
Biélorussie			16 juil. 2008	15 août 2008		
Canada	4 oct. 1991	13 nov. 2003		13 déc. 2003		
Colombie	4 oct. 1991					
Cuba	2 juil. 1992					
Danemark						
Estonie						
Grèce	4 oct. 1991	23 mai 1995		14 jan. 1998		
Guatemala						
Hongrie	4 oct. 1991					
Malaisie						
Monaco			1 juil. 2009	31 juil. 2009		
Pakistan			1 mars 2012	31 mars 2012		
Papouasie-Nouvelle-Guinée						
Portugal			10 sept. 2014	10 oct. 2014		
Roumanie	4 oct. 1991	3 fév. 2003		5 mars 2003	3 fév. 2003	5 mars 2003
RPD de Corée	4 oct. 1991					
Rép. slovaque[1,2]	**1 jan. 1993**					
Suisse	4 oct. 1991					
Turquie						
Venezuela			1 août 2014	31 août 2014		

---

* Signé à Madrid le 4 octobre 1991 ; puis à Washington jusqu'au 3 octobre 1992.
Le Protocole entrera en vigueur initialement au trentième jour après la date de dépôt des instruments de ratification, d'acceptation, d'approbation ou d'accession par tous les États qui étaient Parties consultatives au Traité sur l'Antarctique à la date où le Protocole a été adopté. (Article 23)

**Adopté à Bonn le 17 octobre 1991 lors de la XVIe Réunion consultative sur l'Antarctique.

1. Signé pour les Républiques tchèque et slovaque le 2 octobre 1992 – la Tchécoslovaquie accepte la juridiction de la Cour internationale de justice et du Tribunal arbitral pour la résolution des litiges selon l'article 19, paragraphe premier. Le 31 décembre 1992, à minuit, la Tchécoslovaquie a cessé d'exister et a été scindée en deux États séparés et indépendants, la République tchèque et la République slovaque.

2. La date effective de succession, conformément à la signature de la Tchécoslovaquie, qui est soumise à ratification par la République tchèque et la République slovaque.

3. Elle s'est accompagnée d'une déclaration dont la traduction informelle en anglais a été fournie par l'ambassade d'Argentine, libellée comme suit : « La République argentine déclare que, dans la mesure où le Protocole au Traité sur l'Antarctique relatif à la protection de l'environnement constitue un accord complémentaire du Traité sur l'Antarctique, et que son article 4 respecte pleinement ce qui a été

énoncé au paragraphe A de la sous-section 1 de l'article IV dudit Traité, aucune de ses clauses ne devrait être interprétée ou mise en application comme affectant ses droits, fondés sur des titres juridiques, ses actes de possession, sa contiguïté et sa continuité géologique dans la région située au sud du 60e parallèle, dans laquelle elle a proclamé et maintenu sa souveraineté. »

4. Elle s'est accompagnée d'une déclaration dont la traduction informelle en anglais a été fournie par l'ambassade de la République tchèque, libellée comme suit : « La République tchèque accepte la juridiction de la Cour internationale de justice et du Tribunal arbitral au titre de l'article 19, paragraphe premier du Protocole au Traité sur l'Antarctique relatif à la protection de l'environnement, fait à Madrid, le 4 octobre 1991. »

5. La ratification effectuée au nom du Royaume-Uni ce Grande-Bretagne et d'Irlande du Nord, du bailliage de Jersey, du bailliage de Guernesey, de l'île de Man, d'Anguilla, des Bermudes, de la Terre antarctique britannique, des îles Caïman, des îles Falkland, de Montserrat, Sainte-Hélène et Dépendances, des îles de la Géorgie du Sud et Sandwich du Sud, des îles Turques-et-Caïques et des îles Vierges britanniques.

6. L'acceptation prévaut pour le Royaume en Europe. Au moment de l'acceptation, le Royaume des Pays-Bas a déclaré qu'il choisissait les deux recours possibles pour la résolution des litiges mentionnés à l'article19, paragraphe premier du Protocole, à savoir la Cour internationale de justice et le Tribunal arbitral.

Une déclaration du Royaume des Pays-Bas en date du 15 octobre 2004 acceptant le Protocole pour les Antilles néerlandaises a été déposée le 27 octobre 2004, accompagnée d'une déclaration confirmant qu'il choisissait les deux recours possibles pour la résolution des litiges mentionnés à l'article19, paragraphe premier du Protocole.

L'ambassade du Royaume des Pays-Bas à Washington avait transmis une note diplomatique au Département d'État en date du 6 octobre 2010 qui dont voici en substance la teneur :

« Le Royaume des Pays-Bas comporte actuellement trois parties : les Pays-Bas, les Antilles néerlandaises et Aruba. Les Antilles néerlandaises comportent les îles de Curaçao, Saint-Martin, Bonaire, Saint-Eustache et Saba.

« À compter du 10 octobre 2010, les Antilles néerlandaises cesseront d'exister au sein du Royaume des Pays-Bas. À partir de cette date, le Royaume sera constitué de quatre parties : les Pays-Bas, Aruba, Curaçao et Saint-Martin. Curaçao et Saint-Martin jouiront d'un gouvernement autonome au sein du Royaume, au même titre qu'Aruba, et jusqu'au 10 octobre 2010, que les Antilles néerlandaises.

« Ces changements constituent une modification des relations constitutionnelles internes du Royaume des Pays-Bas. Le Royaume des Pays-Bas restera en conséquence sujet de droit international dans le cadre des accords conclus. Par conséquent, la modification de la structure du Royaume n'affectera pas la validité des accords internationaux ratifiés par le Royaume pour les Antilles néerlandaises ; ces accords continueront à s'appliquer à Curaçao et à Saint-Martin.

« Les autres îles qui ont jusqu'ici fait partie des Antilles néerlandaises — Bonaire, Saint-Eustache et Saba — continueront de faire partie des Pays-Bas, et formeront « la partie des Pays-Bas située dans les Caraïbes ». Les accords qui s'appliquent actuellement aux Antilles néerlandaises continueront à s'appliquer à ces îles ; toutefois, le gouvernement des Pays-Bas sera dorénavant responsable de la mise en œuvre de ces accords. »

Le 16 octobre 2014, le Royaume des Pays-Bas a déposé un instrument en date du 2 septembre 2014 déclarant que le Royaume des Pays-Bas approuve l'Annexe V du Protocole pour la partie des Pays-Bas située dans les Caraïbes (les îles de Bonaire, Saint-Eustache et Saba)

Département d'État,
 Washington, le 3 avril 2015.

Approbation, ainsi que notifié par le gouvernement des États-Unis d'Amérique, des mesures relatives à la promotion des principes et objectifs du Traité sur l'Antarctique

	16 recommandations adoptées à la première Réunion (Canberra, 1961) Approuvées	10 recommandations adoptées à la deuxième Réunion (Buenos Aires, 1962) Approuvées	11 recommandations adoptées à la troisième Réunion (Bruxelles, 1964) Approuvées	28 recommandations adoptées à la quatrième Réunion (Santiago, 1966) Approuvées	9 recommandations adoptées à la cinquième Réunion (Paris, 1968) Approuvées	15 recommandations adoptées à la sixième Réunion (Tokyo, 1970) Approuvées
Argentine	TOUTES	TOUTES	TOUTES	TOUTES	TOUTES	TOUTES
Australie	TOUTES	TOUTES	TOUTES	TOUTES	TOUTES	TOUTES
Belgique	TOUTES	TOUTES	TOUTES	TOUTES	TOUTES	TOUTES
Brésil (1983)+	TOUTES	TOUTES	TOUTES	TOUTES	TOUTES	TOUTES sauf 10
Bulgarie (1998)+						
Chili	TOUTES	TOUTES	TOUTES	TOUTES	TOUTES	TOUTES
Chine (1985)+	TOUTES	TOUTES	TOUTES	TOUTES	TOUTES	TOUTES sauf 10
République tchèque (2014)+	1-7, 10 & 12-14	1, 4, 6-7 & 9	1-2, 7 & 11	14-15, 18, 21-24 & 27.	2-3 & 6-7	1, 3, 5-7 & 10-13
Équateur (1990)+						
Finlande (1989)+						
France	TOUTES	TOUTES	TOUTES	TOUTES	TOUTES	TOUTES
Allemagne (1981)+	TOUTES	TOUTES	TOUTES sauf 8	TOUTES sauf 16-19	TOUTES sauf 6	TOUTES sauf 9
Inde (1983)+	TOUTES	TOUTES	TOUTES sauf 8***	TOUTES sauf 18	TOUTES	TOUTES sauf 9 & 10
Italie (1987)+	TOUTES	TOUTES	TOUTES	TOUTES	TOUTES	TOUTES
Japon	TOUTES	TOUTES	TOUTES	TOUTES	TOUTES	TOUTES
République de Corée (1989)+	TOUTES	TOUTES	TOUTES	TOUTES	TOUTES	TOUTES
Pays-Bas (1990)+	TOUTES sauf 11 & 15	TOUTES sauf 3, 5, 8 & 10	TOUTES sauf 3, 4, 6 & 9	TOUTES sauf 20, 25, 26 & 28	TOUTES sauf 1, 8 & 9	TOUTES sauf 15
Nouvelle-Zélande	TOUTES	TOUTES	TOUTES	TOUTES	TOUTES	TOUTES
Norvège	TOUTES	TOUTES	TOUTES	TOUTES	TOUTES	TOUTES
Pérou (1989)+	TOUTES	TOUTES	TOUTES	TOUTES	TOUTES	TOUTES
Pologne (1977)+	TOUTES	TOUTES	TOUTES	TOUTES	TOUTES	TOUTES
Russie	TOUTES	TOUTES	TOUTES	TOUTES	TOUTES	TOUTES
Afrique du Sud	TOUTES	TOUTES	TOUTES	TOUTES	TOUTES	TOUTES
Espagne (1988)+	TOUTES	TOUTES	TOUTES	TOUTES	TOUTES	TOUTES
Suède (1988)+	TOUTES	TOUTES	TOUTES	TOUTES	TOUTES	TOUTES
R.-U.	TOUTES	TOUTES	TOUTES	TOUTES	TOUTES	TOUTES
Uruguay (1985)+	TOUTES	TOUTES	TOUTES	TOUTES	TOUTES	TOUTES
États-Unis	TOUTES	TOUTES	TOUTES	TOUTES	TOUTES	TOUTES

* IV-6, IV-10, IV-12, et V-5 terminées par VIII-2

***Accepté en tant que ligne directrice temporaire

+ Année d'obtention du statut de membre consultatif. Acceptation par cet État nécessaire pour que les recommandations ou mesures adoptées au cours des Réunions entrent en vigueur à partir de cette année.

Rapport final de la XXXVIIIe RCTA

Approbation, ainsi que notifié par le gouvernement des États-Unis d'Amérique, des mesures relatives à la promotion des principes et objectifs du Traité sur l'Antarctique

	9 recommandations adoptées à la septième Réunion (Wellington, 1972) Approuvées	14 recommandations adoptées à la huitième Réunion (Oslo, 1975) Approuvées	6 recommandations adoptées à la neuvième Réunion (Londres, 1977) Approuvées	9 recommandations adoptées à la dixième Réunion (Washington, 1979) Approuvées	3 recommandations adoptées à la onzième Réunion (Buenos Aires, 1981) Approuvées	8 recommandations adoptées à la douzième Réunion (Canberra, 1983) Approuvées
Argentine	TOUTES	TOUTES	TOUTES	TOUTES	TOUTES	TOUTES
Australie	TOUTES	TOUTES	TOUTES	TOUTES	TOUTES	TOUTES
Belgique	TOUTES	TOUTES	TOUTES	TOUTES	TOUTES	TOUTES
Brésil (1983)+	TOUTES sauf 5	TOUTES	TOUTES	TOUTES	TOUTES	TOUTES
Bulgarie (1998)+						
Chili	TOUTES	TOUTES	TOUTES	TOUTES	TOUTES	TOUTES
Chine (1985)+	TOUTES sauf 5	TOUTES	TOUTES	TOUTES	TOUTES	TOUTES
République tchèque (2014)+						
Équateur (1990)+	4 & 6-8.	1, 4, 6-10, 12 & 14	1 & 2	1-3 & 8	TOUTES sauf 2	TOUTES sauf 3-5
Finlande (1989)+						
France	TOUTES	TOUTES	TOUTES	TOUTES	TOUTES	TOUTES
Allemagne (1981)+	TOUTES sauf 5	TOUTES sauf 2 & 5	TOUTES	TOUTES	TOUTES	TOUTES
Inde (1983)+	TOUTES	TOUTES	TOUTES	TOUTES sauf 1 & 9	TOUTES	TOUTES
Italie (1987)+	TOUTES sauf 5	TOUTES	TOUTES	TOUTES sauf 1 & 9		
Japon	TOUTES	TOUTES	TOUTES	TOUTES	TOUTES	TOUTES
République de Corée (1989)+	TOUTES	TOUTES	TOUTES	TOUTES	TOUTES	TOUTES
Pays-Bas (1990)+	TOUTES	TOUTES	TOUTES sauf 3	TOUTES sauf 9	TOUTES sauf 2	TOUTES
Nouvelle-Zélande	TOUTES	TOUTES	TOUTES	TOUTES	TOUTES	TOUTES
Norvège	TOUTES	TOUTES	TOUTES	TOUTES	TOUTES	TOUTES
Pérou (1989)+	TOUTES	TOUTES	TOUTES	TOUTES	TOUTES	TOUTES
Pologne (1977)+	TOUTES	TOUTES	TOUTES	TOUTES	TOUTES	TOUTES
Russie	TOUTES	TOUTES	TOUTES	TOUTES	TOUTES	TOUTES
Afrique du Sud	TOUTES	TOUTES	TOUTES	TOUTES	TOUTES	TOUTES
Espagne (1988)+	TOUTES	TOUTES	TOUTES	TOUTES sauf 1 & 9	TOUTES sauf 1	TOUTES
Suède (1988)+	TOUTES	TOUTES	TOUTES	TOUTES	TOUTES	TOUTES
R.-U.	TOUTES	TOUTES	TOUTES	TOUTES	TOUTES	TOUTES
Uruguay (1985)+	TOUTES	TOUTES	TOUTES	TOUTES	TOUTES	TOUTES
États-Unis	TOUTES	TOUTES	TOUTES	TOUTES	TOUTES	TOUTES

* IV-6, IV-10, IV-12, et V-5 terminées par VIII-2

***Accepté en tant que ligne directrice temporaire

+ Année d'obtention du statut de membre consultatif. Acceptation par cet État nécessaire pour que les recommandations ou mesures adoptées au cours des Réunions entrent en vigueur à partir de cette année.

Approbation, ainsi que notifié par le gouvernement des États-Unis d'Amérique, des mesures relatives à la promotion des principes et objectifs du Traité sur l'Antarctique

	16 recommandations adoptées à la treizième Réunion (Bruxelles, 1985) Approuvées	10 recommandations adoptées à la quatorzième Réunion (Rio de Janeiro, 1987) Approuvées	22 recommandations adoptées à la quinzième Réunion (Paris, 1989) Approuvées	13 recommandations adoptées à la seizième Réunion (Bonn, 1991) Approuvées	4 recommandations adoptées à la dix-septième Réunion (Venise, 1992) Approuvées	1 recommandation adoptées à la dix-huitième Réunion (Kyoto, 1994) Approuvées
Argentine	TOUTES	TOUTES	TOUTES	TOUTES	TOUTES	TOUTES
Australie	TOUTES	TOUTES	TOUTES	TOUTES	TOUTES	TOUTES
Belgique	TOUTES	TOUTES	TOUTES	TOUTES	TOUTES	TOUTES
Brésil (1983)+	TOUTES	TOUTES	TOUTES	TOUTES	TOUTES	TOUTES
Bulgarie (1998)+				XVI-10		
Chili	TOUTES	TOUTES	TOUTES	TOUTES	TOUTES	TOUTES
Chine (1985)+	TOUTES	TOUTES	TOUTES	TOUTES	TOUTES	TOUTES
République tchèque (2014)+	1-3, 5-6, 8, 11 & 15-16	1, 3, 5, 7-8 & 10	2, 5, 12-19 & 21	1, 2, 5-6 & 10-12 XVI-10	TOUTES sauf 2	TOUTES
Équateur (1990)+			TOUTES	TOUTES	TOUTES	TOUTES
Finlande (1989)+	TOUTES	TOUTES	TOUTES	TOUTES	TOUTES	TOUTES
France			TOUTES sauf 3, 8, 10, 11 & 22	TOUTES	TOUTES	TOUTES
Allemagne (1981)+	TOUTES	TOUTES	TOUTES	TOUTES	TOUTES	TOUTES
Inde (1983)+	TOUTES	TOUTES	TOUTES	TOUTES	TOUTES	TOUTES
Italie (1987)+		TOUTES	TOUTES	TOUTES	TOUTES	TOUTES
Japon	TOUTES	TOUTES	TOUTES sauf 1-11, 16, 18 & 19	TOUTES sauf 1,3-9, 12 & 13	TOUTES sauf 1-2 & 4	TOUTES
République de Corée (1989)+	TOUTES	TOUTES	TOUTES	TOUTES	TOUTES	TOUTES
Pays-Bas (1990)+	TOUTES	TOUTES sauf 9	TOUTES sauf 22	TOUTES sauf 12	TOUTES sauf 1	TOUTES
Nouvelle-Zélande	TOUTES	TOUTES	TOUTES	TOUTES	TOUTES	TOUTES
Norvège	TOUTES	TOUTES	TOUTES	TOUTES	TOUTES	TOUTES
Pérou (1989)+	TOUTES	TOUTES	TOUTES sauf 22	TOUTES sauf 13	TOUTES	TOUTES
Pologne (1977)+	TOUTES	TOUTES	TOUTES	TOUTES	TOUTES	TOUTES
Russie	TOUTES	TOUTES	TOUTES	TOUTES	TOUTES	TOUTES
Afrique du Sud	TOUTES	TOUTES	TOUTES	TOUTES	TOUTES	TOUTES
Espagne (1988)+	TOUTES	TOUTES	TOUTES	TOUTES	TOUTES	TOUTES
Suède (1988)+	TOUTES	TOUTES	TOUTES	TOUTES	TOUTES	TOUTES
R.-U.	TOUTES	TOUTES sauf 2	TOUTES sauf 3, 4, 8, 10 & 11	TOUTES sauf 4, 6, 8 & 9	TOUTES	TOUTES
Uruguay (1985)+	TOUTES	TOUTES	TOUTES	TOUTES	TOUTES	TOUTES
États-Unis	TOUTES	TOUTES	TOUTES sauf 1-4, 10 & 11	TOUTES	TOUTES	TOUTES

* IV-6, IV-10, IV-12, et V-5 terminées par VIII-2

*** Accepté en tant que ligne directrice temporaire

+ Année d'obtention du statut de membre consultatif. Acceptation par cet État nécessaire pour que les recommandations ou mesures adoptées au cours des Réunions entrent en vigueur à partir de cette année.

Rapport final de la XXXVIIIè RCTA

Approbation, ainsi que notifié par le gouvernement des États-Unis d'Amérique, des mesures relatives à la promotion des principes et objectifs du Traité sur l'Antarctique

	5 mesures adoptées à la dix-neuvième Réunion (Séoul, 1995) **Approuvées**	2 mesures adoptées à la vingtième Réunion (Utrecht, 1996) **Approuvées**	5 mesures adoptées à la vingt et unième Réunion (Christchurch, 1997) **Approuvées**	2 mesures adoptées à la vingt-deuxième Réunion (Tromso, 1998) **Approuvées**	1 mesure adoptées à la vingt-troisième Réunion (Lima, 1999) **Approuvées**
Argentine	TOUTES	TOUTES	TOUTES	TOUTES	TOUTES
Australie	TOUTES	TOUTES	TOUTES	TOUTES	TOUTES
Belgique	TOUTES	TOUTES	TOUTES	TOUTES	TOUTES
Brésil (1983)+	TOUTES	TOUTES	TOUTES	TOUTES	TOUTES
Bulgarie (1998)+					
Chili	TOUTES	TOUTES	TOUTES	TOUTES	TOUTES
Chine (1985)+	TOUTES	TOUTES	TOUTES	TOUTES	TOUTES
République tchèque (2014)+					
Équateur (1990)+	TOUTES sauf 1 & 2	TOUTES sauf 1	TOUTES sauf 1 & 2	TOUTES sauf 1	
Finlande (1989)+	TOUTES	TOUTES	TOUTES	TOUTES	TOUTES
France	TOUTES	TOUTES	TOUTES	TOUTES	TOUTES
Allemagne (1981)+	TOUTES	TOUTES	TOUTES	TOUTES	TOUTES
Inde (1983)+	TOUTES	TOUTES	TOUTES	TOUTES	TOUTES
Italie (1987)+	TOUTES	TOUTES	TOUTES	TOUTES	TOUTES
Japon	TOUTES (sauf 2 & 5)	TOUTES (sauf 1)	TOUTES (sauf 1-2 & 5)		
République de Corée (1989)+	TOUTES	TOUTES	TOUTES	TOUTES	TOUTES
Pays-Bas (1990)+	TOUTES	TOUTES	TOUTES	TOUTES	TOUTES
Nouvelle-Zélande	TOUTES	TOUTES	TOUTES	TOUTES	TOUTES
Norvège	TOUTES	TOUTES	TOUTES	TOUTES	TOUTES
Pérou (1989)+	TOUTES	TOUTES	TOUTES	TOUTES	TOUTES
Pologne (1977)+	TOUTES	TOUTES	TOUTES	TOUTES	TOUTES
Russie	TOUTES	TOUTES	TOUTES	TOUTES	TOUTES
Afrique du Sud	TOUTES	TOUTES	TOUTES	TOUTES	TOUTES
Espagne (1988)+	TOUTES	TOUTES	TOUTES	TOUTES	TOUTES
Suède (1988)+	TOUTES	TOUTES	TOUTES	TOUTES	TOUTES
R.-U.	TOUTES	TOUTES	TOUTES	TOUTES	TOUTES
Uruguay (1985)+	TOUTES	TOUTES	TOUTES	TOUTES	TOUTES
États-Unis	TOUTES	TOUTES	TOUTES	TOUTES	TOUTES

« + Année d'obtention du statut de membre consultatif. Acceptation par l'État nécessaire pour que les recommandations ou mesures adoptées au cours des Réunions entrent en vigueur à partir de cette année. »

Approbation, ainsi que notifié par le gouvernement des États-Unis d'Amérique, des mesures relatives à la promotion des principes et objectifs du Traité sur l'Antarctique

	2 mesures adoptées à la douzième Réunion extraordinaire (La Haye, 2000) Approuvées	3 mesures adoptées à la vingt-quatrième Réunion (St.-Pétersbourg, 2001) Approuvées	1 mesure adoptée à la vingt-cinquième Réunion (Varsovie, 2002) Approuvées	3 mesures adoptées à la vingt-sixième Réunion (Madrid, 2003) Approuvées	4 mesures adoptées à la vingt-septième Réunion (Le Cap, 2004) Approuvées
Argentine			*	* , XXVI-2 * , XXVI-3 **	XXVII-1 * , XXVII-2 * , XXVII-3 ** , XXVII-4
Australie	TOUTES	TOUTES	TOUTES	XXVI-1, XXVI-2 * , XXVI-3 **	XXVII-1 * , XXVII-2 * , XXVII-3 ** , XXVII-4
Belgique	TOUTES	TOUTES	TOUTES	TOUTES	XXVII-4
Brésil (1983)+	TOUTES	TOUTES	TOUTES	TOUTES	TOUTES
Bulgarie (1998)+			*	XXVI-1, XXVI-2 * , XXVI-3 **	XXVII-1, XXVII-2, XXVII-3
Chili	TOUTES	TOUTES	TOUTES	TOUTES	XXVII-1 * , XXVII-2 * , XXVII-3 **
Chine (1985)+	TOUTES	TOUTES	TOUTES	TOUTES	TOUTES
République tchèque (2014)+		TOUTES	TOUTES	TOUTES	XXVII-1 * , XXVII-2 * , XXVII-3 **
Équateur (1990)+	TOUTES	TOUTES	TOUTES	TOUTES	TOUTES
Finlande (1989)+	TOUTES	TOUTES	*	XXVI-1, XXVI-2 * , XXVI-3 **	XXVII-1 * , XXVII-2 * , XXVII-3 ** , XXVII-4
France	TOUT (sauf RCETA XII-2)	TOUTES	*	XXVI-1, XXVI-2 * , XXVI-3 **	XXVII-1 * , XXVII-2 * , XXVII-3 **
Allemagne (1981)+	TOUTES	TOUTES	TOUTES	TOUTES	XXVII-1 * , XXVII-2 * , XXVII-3 **
Inde (1983)+	TOUTES	TOUTES	TOUTES	TOUTES	XXVII-1 * , XXVII-2 * , XXVII-3 **
Italie (1987)+		TOUTES		XXVI-1, XXVI-2 * , XXVI-3 **	XXVII-1 * , XXVII-2 * , XXVII-3 ** , XXVII-4
Japon		TOUTES	*	TOUTES	
République de Corée (1989)+	TOUTES	TOUTES	*	XXVI-1, XXVI-2 * , XXVI-3 **	XXVII-1 * , XXVII-2 * , XXVII-3 **
Pays-Bas (1990)+	TOUTES	TOUTES	TOUTES	TOUTES	TOUTES
Nouvelle-Zélande	TOUTES	TOUTES	TOUTES	TOUTES	XXVII-1 * , XXVII-2 * , XXVII-3 ** , XXVII-4
Norvège	TOUTES	TOUTES	*	XXVI-1, XXVI-2 * , XXVI-3 **	XXVII-1 * , XXVII-2 * , XXVII-3 **
Pérou (1989)+	TOUTES	TOUTES	TOUTES	XXVI-1, XXVI-2 * , XXVI-3 **	XXVII-1 * , XXVII-2 * , XXVII-3 **
Pologne (1977)+	TOUTES	TOUTES	TOUTES	TOUTES	TOUTES
Russie	TOUTES	TOUTES	TOUTES	XXVI-1, XXVI-2, XXVI-3 **	XXVII-1 * , XXVII-2 * , XXVII-3 **
Afrique du Sud		TOUTES	TOUTES	TOUTES	TOUTES
Espagne (1988)+	TOUTES	TOUTES	*	XXVI-1, XXVI-2 * , XXVI-3 **	XXVII-1 * , XXVII-2 * , XXVII-3 **
Suède (1988)+					XXVII-1 * , XXVII-2 * , XXVII-3 **
Ukraine (2004)+		TOUTES	TOUTES	TOUTES	XXVII-1 * , XXVII-2 * , XXVII-3 **
R.-U.	TOUTES (sauf RCETA XII-2)	TOUTES (sauf XXIV-3)	TOUTES	TOUTES	XXVII-4
Uruguay (1985)+	TOUTES	TOUTES	*	XXVI-1, XXVI-2 * , XXVI-3	XXVII-1 * , XXVII-2 * , XXVII-3 ** ,

| États-Unis | TOUTES | TOUTES | * | XXVI-1, XXVI-2 *, XXVI-3 ** | XXVII-4 XXVII-1 *, XXVII-2 *, XXVII-3 ** |

« + Année d'obtention du statut de membre consultatif.   Acceptation par cet État nécessaire pour que les recommandations ou mesures adoptées au cours des Réunions entrent en vigueur à partir de cette année. »

* Les plans de gestion annexés à cette mesure ont été jugés approuvés conformément à l'article 6(1) de l'Annexe V au Protocole relatif à la protection de l'environnement au Traité sur l'Antarctique, et la mesure ne précisait pas de méthode d'adoption différente.

** La liste des sites et monuments historiques révisée et actualisée annexée à cette mesure a été jugée approuvée conformément à l'article 8(2) de l'Annexe V au Protocole relatif à la protection de l'environnement au Traité sur l'Antarctique, et la mesure ne précisait pas de méthode d'adoption différente.

Approbation, ainsi que notifié par le gouvernement des États-Unis d'Amérique, des mesures relatives à la promotion des principes et objectifs du Traité sur l'Antarctique

	5 mesures adoptées à la vingt-huitième Réunion (Stockholm, 2005) Approuvées	4 mesures adoptées à la vingt-neuvième Réunion (Edimbourg, 2006) Approuvées	3 mesures adoptées à la trentième Réunion (New Delhi, 2007) Approuvées	14 mesures adoptées à la trente et unième Réunion (Kiev, 2008) Approuvées
Argentine	XXVIII-2 *, XXVIII-3 *, XXVIII-4 *, XXVIII-5 **	XXIX-1 *, XXIX-2 *, XXIX-3 **, XXIX-4 ***	XXX-1 *, XXX-2 *, XXX-3 **	XXXI-1 - XXXI-14 *
Australie	XXVIII-1, XXVIII-2 *, XXVIII-3 *, XXVIII-4 *, XXVIII-5 **	XXIX-1 *, XXIX-2 *, XXIX-3 **, XXIX-4 ***	XXX-1 *, XXX-2 *, XXX-3 **	XXXI-1 - XXXI-14 *
Belgique	TOUTES sauf la Mesure 1	TOUTES	TOUTES	XXXI-1 - XXXI-14 *
Brésil (1983)+	TOUTES sauf la Mesure 1	XXIX-1 *, XXIX-2 *, XXIX-3 **, XXIX-4 ***	XXX-1 *, XXX-2 *, XXX-3 **	XXXI-1 - XXXI-14 *
Bulgarie (1998)+	XXVIII-2 *, XXVIII-3 *, XXVIII-4 *, XXVIII-5 **	XXIX-1 *, XXIX-2 *, XXIX-3 **, XXIX-4 ***	XXX-1 *, XXX-2 *, XXX-3 **	XXXI-1 - XXXI-14 *
Chili	TOUTES sauf la Mesure 1	XXIX-1 *, XXIX-2 *, XXIX-3 **, XXIX-4 ***	XXX-1 *, XXX-2 *, XXX-3 **	XXXI-1 - XXXI-14 *
Chine (1985)+	XXVIII-2 *, XXVIII-3 *, XXVIII-4 *, XXVIII-5 **	XXIX-1 *, XXIX-2 *, XXIX-3 **, XXIX-4 ***	XXX-1 *, XXX-2 *, XXX-3 **	XXXI-1 - XXXI-14 *
République tchèque (2014)+	TOUTES sauf la Mesure 1	TOUTES	TOUTES	TOUTES sauf la Mesure 8
Équateur (1990)+	XXVIII-2 *, XXVIII-3 *, XXVIII-4 *, XXVIII-5 **	XXIX-1 *, XXIX-2 *, XXIX-3 **, XXIX-4 ***	XXX-1 *, XXX-2 *, XXX-3 **	XXXI-1 - XXXI-14 *
Finlande (1989)+	XXVIII-1, XXVIII-2 *, XXVIII-3 *, XXVIII-4 *, XXVIII-5 **	XXIX-1 *, XXIX-2 *, XXIX-3 **, XXIX-4 ***	XXX-1 *, XXX-2 *, XXX-3 **	XXXI-1 - XXXI-14 *
France	XXVIII-2 *, XXVIII-3 *, XXVIII-4 *, XXVIII-5 **	XXIX-1 *, XXIX-2 *, XXIX-3 **, XXIX-4 ***	XXX-1 *, XXX-2 *, XXX-3 **	XXXI-1 - XXXI-14 *
Allemagne (1981)+	XXVIII-2 *, XXVIII-3 *, XXVIII-4 *, XXVIII-5 **	XXIX-1 *, XXIX-2 *, XXIX-3 **, XXIX-4 ***	XXX-1 *, XXX-2 *, XXX-3 **	XXXI-1 - XXXI-14 *
Inde (1983)+	XXVIII-2 *, XXVIII-3 *, XXVIII-4 *, XXVIII-5 **	XXIX-1 *, XXIX-2 *, XXIX-3 **, XXIX-4 ***	XXX-1 *, XXX-2 *, XXX-3 **	XXXI-1 - XXXI-14 *
Italie (1987)+	XXVIII-1, XXVIII-2 *, XXVIII-3 *, XXVIII-4 *, XXVIII-5 **	XXIX-1 *, XXIX-2 *, XXIX-3 **, XXIX-4 ***	XXX-1 *, XXX-2 *, XXX-3 **	XXXI-1 - XXXI-14 *
Japon	XXVIII-2 *, XXVIII-3 *, XXVIII-4 *, XXVIII-5 **	XXIX-1 *, XXIX-2 *, XXIX-3 **, XXIX-4 ***	XXX-1 *, XXX-2 *, XXX-3 **	XXXI-1 - XXXI-14 *
République de Corée (1989)+	XXVIII-2 *, XXVIII-3 *, XXVIII-4 *, XXVIII-5 **	XXIX-1 *, XXIX-2 *, XXIX-3 **, XXIX-4 ***	XXX-1 *, XXX-2 *, XXX-3 **	XXXI-1 - XXXI-14 *
Pays-Bas (1990)+	TOUTES	TOUTES	TOUTES	TOUTES
Nouvelle-Zélande	XXVIII-1, XXVIII-2 *, XXVIII-3 *, XXVIII-4 *, XXVIII-5 **	XXIX-1 *, XXIX-2 *, XXIX-3 **, XXIX-4 ***	XXX-1 *, XXX-2 *, XXX-3 **	XXXI-1 - XXXI-14 *
Norvège	XXVIII-1, XXVIII-2 *, XXVIII-3 *, XXVIII-4 *, XXVIII-5 **	XXIX-1 *, XXIX-2 *, XXIX-3 **, XXIX-4 ***	XXX-1 *, XXX-2 *, XXX-3 **	XXXI-1 - XXXI-14 *
Pérou (1989)+	XXVIII-1, XXVIII-2 *, XXVIII-3 *, XXVIII-4 *, XXVIII-5 **	XXIX-1 *, XXIX-2 *, XXIX-3 **, XXIX-4 ***	XXX-1 *, XXX-2 *, XXX-3 **	XXXI-1 - XXXI-14 *

Rapport final de la XXXVIIIè RCTA

Pologne (1977)+	TOUTES		TOUTES	XXXI-1 - XXXI-14 *
Russie	XXVIII-2 *, XXVIII-3 *, XXVIII-4 *, XXVIII-5 **	XXIX-1 *, XXIX-2 *, XXIX-3 **, XXIX-4 ***	XXX-1 *, XXX-2 *, XXX-3 **	XXXI-1 - XXXI-14 *
Afrique du Sud	XXVIII-1, XXVIII-2 *, XXVIII-3 *, XXVIII-4 *, XXVIII-5 **	TOUTES	XXX-1 *, XXX-2 *, XXX-3 **	XXXI-1 - XXXI-14 *
Espagne (1988)+	XXVIII-1, XXVIII-2 *, XXVIII-3 *, XXVIII-5 **	XXIX-1 *, XXIX-2 *, XXIX-3 **, XXIX-4 ***	XXX-1 *, XXX-2 *, XXX-3 **	XXXI-1 - XXXI-14 *
Suède (1988)+	XXVIII-1, XXVIII-2 *, XXVIII-3 *, XXVIII-5 **	XXIX-1 *, XXIX-2 *, XXIX-3 **, XXIX-4 ***	XXX-1 *, XXX-2 *, XXX-3 **	XXXI-1 - XXXI-14 *
Ukraine (2004)+	XXVIII-2 *, XXVIII-3 *, XXVIII-4 *, XXVIII-5 **	XXIX-1 *, XXIX-2 *, XXIX-3 **, XXIX-4 ***	XXX-1 *, XXX-2 *, XXX-3 **	XXXI-1 - XXXI-14 *
R.-U.	XXVIII-1, XXVIII-2 *, XXVIII-3 *, XXVIII-4 *, XXVIII-5 **	XXIX-1 *, XXIX-2 *, XXIX-3 **, XXIX-4 ***	XXX-1 *, XXX-2 *, XXX-3 **	XXXI-1 - XXXI-14 *
Uruguay (1985)+	XXVIII-2 *, XXVIII-3 *, XXVIII-4 *, XXVIII-5 **	XXIX-1 *, XXIX-2 *, XXIX-3 **, XXIX-4 ***	XXX-1 *, XXX-2 *, XXX-3 **	XXXI-1 - XXXI-14 *
États-Unis	XXVIII-2 *, XXVIII-3 *, XXVIII-4 *, XXVIII-5 **	XXIX-1 *, XXIX-2 *, XXIX-3 **, XXIX-4 ***	XXX-1 *, XXX-2 *, XXX-3 **	XXXI-1 - XXXI-14 *

« + Année d'obtention du statut de membre consultatif. Acceptation par cet État nécessaire pour que les recommandations ou mesures adoptées au cours des Réunions entrent en vigueur à partir de cette année. »

* Les plans de gestion annexés à cette mesure ont été jugés approuvés conformément à l'article 6(1) de l'Annexe V au Protocole relatif à la protection de l'environnement au Traité sur l'Antarctique, et la mesure ne précisait pas de méthode d'adoption différente.

** La liste des sites et monuments historiques révisée et actualisée annexée à cette mesure a été jugée approuvée conformément à l'article 8(2) de l'Annexe V au Protocole relatif à la protection de l'environnement au Traité sur l'Antarctique, et la mesure ne précisait pas de méthode d'adoption différente.

*** La modification apportée à l'Appendice A de l'Annexe II au Protocole relatif à la protection de l'environnement au Traité sur l'Antarctique a été jugée approuvé conformément à l'article 9(1) de l'Annexe II au Protocole relatif à la protection de l'environnement au Traité sur l'Antarctique et la mesure ne précisait pas de méthode d'adoption différente.

Approbation, ainsi que notifié par le gouvernement des États-Unis d'Amérique, des mesures relatives à la promotion des principes et objectifs du Traité sur l'Antarctique

	16 mesures adoptées à la trente-deuxième Réunion (Baltimore, 2009) Approuvées	15 mesures adoptées à la trente-troisième Réunion (Punta del Este, 2010) Approuvées	12 mesures adoptées à la trente-quatrième Réunion (Buenos Aires, 2011) Approuvées	11 mesures adoptées à la trente-cinquième Réunion (Hobart, 2012) Approuvées	21 mesures adoptées à la trente-sixième Réunion (Bruxelles, 2013) Approuvées
Argentine	XXXII-1 - XXXII-13* et XXXII-14**	XXXIII-1 - XXXIII-14* et XXXIII-15**	XXXIV-1 - XXXIV-10* et XXXIV-11 - XXXIV-12**	XXXV-1 - XXXV-10* et XXXV-11**	XXXVI-1 - XXXVI-17* et XXXVI-18 - XXXVI-21**
Australie	XXXII-1 - XXXII-13* and XXXII-14**, XXXII-15	XXXIII-1 - XXXIII-14* et XXXIII-15**	XXXIV-1 - XXXIV-10* et XXXIV-11 - XXXIV-12**	XXXV-1 - XXXV-10* et XXXV-11**	XXXVI-1 - XXXVI-17* et XXXVI-18 - XXXVI-21**
Belgique	XXXII-1 - XXXII-13* et XXXII-14**	XXXIII-1 - XXXIII-14* et XXXIII-15**	XXXIV-1 - XXXIV-10* et XXXIV-11 - XXXIV-12**	XXXV-1 - XXXV-10* et XXXV-11**	XXXVI-1 - XXXVI-17* et XXXVI-18 - XXXVI-21**
Brésil (1983)+	XXXII-1 - XXXII-13* et XXXII-14**	XXXIII-1 - XXXIII-14* et XXXIII-15**	XXXIV-1 - XXXIV-10* et XXXIV-11 - XXXIV-12**	XXXV-1 - XXXV-10* et XXXV-11**	XXXVI-1 - XXXVI-17* et XXXVI-18 - XXXVI-21**
Bulgarie (1998)+	XXXII-1 - XXXII-13* et XXXII-14**	XXXIII-1 - XXXIII-14* et XXXIII-15**	XXXIV-1 - XXXIV-10* et XXXIV-11 - XXXIV-12**	XXXV-1 - XXXV-10* et XXXV-11**	XXXVI-1 - XXXVI-17* et XXXVI-18 - XXXVI-21**
Chili	XXXII-1 - XXXII-13* et XXXII-14**	XXXIII-1 - XXXIII-14* et XXXIII-15**	XXXIV-1 - XXXIV-10* et XXXIV-11 - XXXIV-12**	XXXV-1 - XXXV-10* et XXXV-11**	XXXVI-1 - XXXVI-17* et XXXVI-18 - XXXVI-21**
Chine (1985)+	XXXII-1 - XXXII-13* et XXXII-14**	XXXIII-1 - XXXIII-14* et XXXIII-15**	XXXIV-1 - XXXIV-10* et XXXIV-11 - XXXIV-12**	XXXV-1 - XXXV-10* et XXXV-11**	XXXVI-1 - XXXVI-17* et XXXVI-18 - XXXVI-21**
République tchèque (2014)+	TOUTES sauf 2 et 16	TOUTES	TOUTES	TOUTES	XXXVI-1 - XXXVI-17* et XXXVI-18 - XXXVI-21**
Équateur (1990)+	XXXII-1 - XXXII-13* et XXXII-14**; XXXII-1 - XXXII-13* and XXXII-14**, XXXII-16	XXXIII-1 - XXXIII-14* et XXXIII-15**	XXXIV-1 - XXXIV-10* et XXXIV-11 - XXXIV-12**	XXXV-1 - XXXV-10* et XXXV-11**	XXXVI-1 - XXXVI-17* et XXXVI-18 - XXXVI-21**
Finlande (1989)+	XXXII-1 - XXXII-13* and XXXII-14**, XXXII-15	XXXIII-1 - XXXIII-14* et XXXIII-15**	XXXIV-1 - XXXIV-10* et XXXIV-11 - XXXIV-12**	XXXV-1 - XXXV-10* et XXXV-11**	XXXVI-1 - XXXVI-17* et XXXVI-18 - XXXVI-21**
France	XXXII-1 - XXXII-13* et XXXII-14**	XXXIII-1 - XXXIII-14* et XXXIII-15**	XXXIV-1 - XXXIV-10* et XXXIV-11 - XXXIV-12**	XXXV-1 - XXXV-10* et XXXV-11**	XXXVI-1 - XXXVI-17* et XXXVI-18 - XXXVI-21**
Allemagne (1981)+	XXXII-1 - XXXII-13* et XXXII-14**	XXXIII-1 - XXXIII-14* et XXXIII-15**	XXXIV-1 - XXXIV-10* et XXXIV-11 - XXXIV-12**	XXXV-1 - XXXV-10* et XXXV-11**	XXXVI-1 - XXXVI-17* et XXXVI-18 - XXXVI-21**
Inde (1983)+	XXXII-1 - XXXII-13* et XXXII-14**	XXXIII-1 - XXXIII-14* et XXXIII-15**	XXXIV-1 - XXXIV-10* et XXXIV-11 - XXXIV-12**	XXXV-1 - XXXV-10* et XXXV-11**	XXXVI-1 - XXXVI-17* et XXXVI-18 - XXXVI-21**
Italie (1987)+	XXXII-1 - XXXII-13* et XXXII-14**; XXXII-1 - XXXII-13* and XXXII-14**, XXXII-15	XXXIII-1 - XXXIII-14* et XXXIII-15**	XXXIV-1 - XXXIV-10* et XXXIV-11 - XXXIV-12**	XXXV-1 - XXXV-10* et XXXV-11**	XXXVI-1 - XXXVI-17* et XXXVI-18 - XXXVI-21**
Japon					
République de Corée (1989)+	XXXII-1 - XXXII-13* et XXXII-14**; XXXII-1 - XXXII-13* et XXXII-13 et XXXII-14; XXXII-15 - XXXII-16	XXXIII-1 - XXXIII-14* et XXXIII-15**	XXXIV-1 - XXXIV-10* et XXXIV-11 - XXXIV-12**	XXXV-1 - XXXV-10* et XXXV-11**	XXXVI-1 - XXXVI-17* et XXXVI-18 - XXXVI-21**
Pays-Bas (1990)+	XXXII-1 - XXXII-13* et XXXII-14**	TOUTES	TOUTES	TOUTES	XXXVI-1 - XXXVI-17* et XXXVI-18 - XXXVI-21**
Nouvelle-Zélande	XXXII-1 - XXXII-13* et XXXII-14**	XXXIII-1 - XXXIII-14* et XXXIII-15**	XXXIV-1 - XXXIV-10* et XXXIV-11 - XXXIV-12**	XXXV-1 - XXXV-10* et XXXV-11**	XXXVI-1 - XXXVI-17* et XXXVI-18 - XXXVI-21**
Norvège	XXXII-1 - XXXII-13* et XXXII-14**	XXXIII-1 - XXXIII-14* et XXXIII-15**	XXXIV-1 - XXXIV-10* et XXXIV-11 - XXXIV-12**	XXXV-1 - XXXV-10* et XXXV-11**	XXXVI-1 - XXXVI-17* et XXXVI-18 - XXXVI-21**

Rapport final de la XXXVIIIe RCTA

Pays					
Pérou (1989)+	XXXII-1 - XXXII-13* et XXXII-14**	XXXIII-1 - XXXIII-14* et XXXIII-15**	XXXIV-1 - XXXIV-10* et XXXIV-11 - XXXIV-12**	XXXV-1 - XXXV-10* et XXXV-11**	XXXVI-1 - XXXVI-17* et XXXVI-18 - XXXVI-21**
Pologne (1977)+	XXXII-1 - XXXII-13* et XXXII-14**	XXXIII-1 - XXXIII-14* et XXXIII-15**	XXXIV-1 - XXXIV-10* et XXXIV-11 - XXXIV-12**	XXXV-1 - XXXV-10* et XXXV-11**	XXXVI-1 - XXXVI-17* et XXXVI-18 - XXXVI-21**
Russie	XXXII-1 - XXXII-13* et XXXII-14**	XXXIII-1 - XXXIII-14* et XXXIII-15**	XXXIV-1 - XXXIV-10* et XXXIV-11 - XXXIV-12**	XXXV-1 - XXXV-10* et XXXV-11**	XXXVI-1 - XXXVI-17* et XXXVI-18 - XXXVI-21**
Afrique du Sud	XXXII-1 - XXXII-13* et XXXII-14**	XXXIII-1 - XXXIII-14* et XXXIII-15**	XXXIV-1 - XXXIV-10* et XXXIV-11 - XXXIV-12**	XXXV-1 - XXXV-10* et XXXV-11**	XXXVI-1 - XXXVI-17* et XXXVI-18 - XXXVI-21**
Espagne (1988)+	XXXII-1 - XXXII-13* et XXXII-14**	XXXIII-1 - XXXIII-14* et XXXIII-15**	XXXIV-1 - XXXIV-10* et XXXIV-11 - XXXIV-12**	XXXV-1 - XXXV-10* et XXXV-11**	XXXVI-1 - XXXVI-17* et XXXVI-18 - XXXVI-21**
Suède (1988)+	XXXII-1 - XXXII-13* et XXXII-14**	XXXIII-1 - XXXIII-14* et XXXIII-15**	XXXIV-1 - XXXIV-10* et XXXIV-11 - XXXIV-12**	XXXV-1 - XXXV-10* et XXXV-11**	XXXVI-1 - XXXVI-17* et XXXVI-18 - XXXVI-21**
Ukraine (2004)+	XXXII-1 - XXXII-13* et XXXII-14**	XXXIII-1 - XXXIII-14* et XXXIII-15**	XXXIV-1 - XXXIV-10* et XXXIV-11 - XXXIV-12**	XXXV-1 - XXXV-10* et XXXV-11**	XXXVI-1 - XXXVI-17* et XXXVI-18 - XXXVI-21**
R.-U.	XXXII-1 - XXXII-13* et XXXII-14**, XXXII-15 - XXXII-16	XXXIII-1 - XXXIII-14* et XXXIII-15**	XXXIV-1 - XXXIV-10* et XXXIV-11 - XXXIV-12**	XXXV-1 - XXXV-10* et XXXV-11**	XXXVI-1 - XXXVI-17* et XXXVI-18 - XXXVI-21**
Uruguay (1985)+	XXXII-1 - XXXII-13* and XXXII-14**, XXXII-15	XXXIII-1 - XXXIII-14* et XXXIII-15**	XXXIV-1 - XXXIV-10* et XXXIV-11 - XXXIV-12**	XXXV-1 - XXXV-10* et XXXV-11**	XXXVI-1 - XXXVI-17* et XXXVI-18 - XXXVI-21**
États-Unis	XXXII-1 - XXXII-13* et XXXII-14**	XXXIII-1 - XXXIII-14* et XXXIII-15**	XXXIV-1 - XXXIV-10* et XXXIV-11 - XXXIV-12**	XXXV-1 - XXXV-10* et XXXV-11**	XXXVI-1 - XXXVI-17* et XXXVI-18 - XXXVI-21**

« + Année d'obtention du statut de membre consultatif. Acceptation par cet État nécessaire pour que les recommandations ou mesures adoptées au cours des Réunions entrent en vigueur à partir de cette année. »

* Les plans de gestion annexés à cette mesure ont été jugés approuvés conformément à l'article 6(1) de l'Annexe V au Protocole relatif à la protection de l'environnement au Traité sur l'Antarctique, et la mesure ne précisait pas de méthode d'adoption différente.

** Les modifications et/ou les ajouts apportés à la liste des sites et monuments historiques ont été jugés approuvés conformément à l'article 8(2) de l'Annexe V au Protocole relatif à la protection de l'environnement au Traité sur l'Antarctique, et la mesure ne précisait pas de méthode d'adoption différente.

Approbation, ainsi que notifié par le gouvernement des États-Unis d'Amérique, des mesures
relatives à la promotion des principes et objectifs du Traité sur l'Antarctique

**16 mesures
adoptées à la trente-septième Réunion
(Brasilia, 2014)**

<u>Approuvées</u>

Argentine	XXXVII-1 - XXXVII-16*
Australie	XXXVII-1 - XXXVII-16*
Belgique	XXXVII-1 - XXXVII-16*
Brésil (1983)+	XXXVII-1 - XXXVII-16*
Bulgarie (1998)+	XXXVII-1 - XXXVII-16*
Chili	XXXVII-1 - XXXVII-16*
Chine (1985)+	XXXVII-1 - XXXVII-16*
République tchèque (2014)+	XXXVII-1 - XXXVII-16*
Équateur (1990)+	XXXVII-1 - XXXVII-16*
Finlande (1989)+	XXXVII-1 - XXXVII-16*
France	XXXVII-1 - XXXVII-16*
Allemagne (1981)+	XXXVII-1 - XXXVII-16*
Inde (1983)+	XXXVII-1 - XXXVII-16*
Italie (1987)+	XXXVII-1 - XXXVII-16*
Japon	XXXVII-1 - XXXVII-16*
République de Corée (1989)+	XXXVII-1 - XXXVII-16*
Pays-Bas (1990)+	XXXVII-1 - XXXVII-16*
Nouvelle-Zélande	XXXVII-1 - XXXVII-16*
Norvège	XXXVII-1 - XXXVII-16*
Pérou (1989)+	XXXVII-1 - XXXVII-16*
Pologne (1977)+	XXXVII-1 - XXXVII-16*
Russie	XXXVII-1 - XXXVII-16*
Afrique du Sud	XXXVII-1 - XXXVII-16*
Espagne (1988)+	XXXVII-1 - XXXVII-16*
Suède (1988)+	XXXVII-1 - XXXVII-16*
Ukraine (2004)+	XXXVII-1 - XXXVII-16*
R.-U.	XXXVII-1 - XXXVII-16*
Uruguay (1985)+	XXXVII-1 - XXXVII-16*
États-Unis	XXXVII-1 - XXXVII-16*

« + Année d'obtention du statut de membre consultatif. Acceptation par cet État nécessaire pour que les recommandations ou mesures adoptées au cours des Réunions entrent en vigueur à partir de cette année. »

* Les plans de gestion annexés à cette mesure ont été jugés approuvés conformément à l'article 6(1) de l'Annexe V au Protocole relatif à la protection de l'environnement au Traité sur l'Antarctique, et la mesure ne précisait pas de méthode d'adoption différente.

** Les modifications et/ou les ajouts apportés à la liste des sites et monuments historiques ont été été jugés approuvés conformément à l'article 8(2) de l'Annexe V au Protocole relatif à la protection de l'environnement au Traité sur l'Antarctique, et la mesure ne précisait pas de méthode d'adoption différente.

Bureau du conseiller juridique adjoint pour les Affaires relatives au Traité
Ministère des Affaires étrangères
Washington, le 3 avril 2015.

Rapport du gouvernement dépositaire de la Convention sur la conservation de la faune et la flore marines de l'Antarctique (CCAMLR)

Document d'information soumis par l'Australie

Extrait

Un rapport est fourni par l'Australie en sa qualité de gouvernement dépositaire de la Convention sur la conservation de la faune et la flore marines de l'Antarctique (CCAMLR) de 1980.

Contexte

L'Australie, en sa qualité de gouvernement dépositaire de la *Convention sur la conservation de la faune et la flore marines de l'Antarctique* de 1980 (ci-après « la Convention »), a le plaisir de rendre compte à la trente-huitième Réunion consultative du Traité sur l'Antarctique (XXXVIIIᵉ RCTA) de l'état de la Convention.

L'Australie informe les Parties au Traité sur l'Antarctique que, depuis la trente-septième Réunion consultative du Traité sur l'Antarctique (XXXVIIᵉ RCTA), il n'y a eu aucune activité dépositaire.

Un exemplaire de la liste de l'état de la Convention est disponible, sur internet, sur la Base de données australiennes des Traités, à l'adresse suivante :

http://www.austlii.edu.au/au/other/dfat/treaty_list/depository/CCAMLR.html

La liste de l'état de la Convention peut également être demandée au Secrétariat des Traités du ministère des Affaires étrangères et du Commerce australien. Les requêtes peuvent être adressées par le biais des missions diplomatiques australiennes.

Rapport du gouvernement dépositaire de l'Accord sur la conservation des albatros et des pétrels (ACAP)

Document d'information soumis par l'Australie

Extrait

Un rapport est fourni par l'Australie en sa qualité de gouvernement dépositaire de l'*Accord sur la conservation des albatros et des pétrels* de 2001.

Contexte

L'Australie, en sa qualité de gouvernement dépositaire de l'*Accord sur la conservation des albatros et des pétrels* de 2001 (ci-après « l'Accord »), a le plaisir de rendre compte à la trente-huitième Réunion consultative du Traité sur l'Antarctique (XXXVIIIe RCTA) de l'état de l'Accord.

L'Australie informe les Parties au Traité sur l'Antarctique que, depuis la trente-septième Réunion consultative du Traité sur l'Antarctique (XXXVIIe RCTA), aucun État n'a adhéré à l'Accord.

Un exemplaire de la liste de l'état de l'Accord est disponible, sur internet, sur la Base de données australiennes des Traités à l'adresse suivante :

http://www.austlii.edu.au/au/other/dfat/treaty_list/depository/consalbnpet.html

La liste de l'état de l'Accord peut également être demandée au Secrétariat des Traités du ministère des Affaires étrangères et du Commerce australien. Les requêtes peuvent être adressées par le biais des missions diplomatiques australiennes.

Rapport du Royaume-Uni en tant que gouvernement dépositaire de la Convention pour la protection des phoques de l'Antarctique (CCAS) conformément à la Recommandation XIII-2, Paragraphe 2 (D)

Parties à la Convention et nouvelles adhésions

Le Royaume-Uni, en tant que gouvernement dépositaire de la Convention pour la protection des phoques de l'Antarctique (CCAS), n'a reçu aucune requête d'adhésion à la convention et aucun instrument d'adhésion depuis le dernier rapport (RCTA XXXVII/IP4 rev.1).

La liste exhaustive des pays signataires originaux de la Convention et des pays qui y ont adhéré par la suite est jointe au présent rapport (Annexe A).

Rapport annuel de la CCAS 2013/2014

L'annexe B répertorie toutes les captures et les mises à mort de phoques de l'Antarctique par les Parties contractantes à la CCAS pour l'année de référence (du 1er mars 2013 au 28 février 2014). Toutes les captures signalées ont été effectuées aux fins de la recherche scientifique.

Prochain rapport annuel de la CCAS

Le Royaume-Uni souhaiterait rappeler aux Parties contractantes à la CCAS que l'échange d'informations, dont il est fait mention dans le Paragraphe 6(a) de l'Annexe à la Convention, pour la période de référence du 1er mars 2013 au 28 février 2014, est à rendre au plus tard le **mardi 30 juin 2015.** Les Parties à la CCAS doivent soumettre leur rapport, y compris les déclarations nulles, au Royaume-Uni et au SCAR. Le Royaume-Uni invite toutes les Parties à la CCAS à soumettre leur échange d'informations à temps.

Le rapport de la CCAS pour la période de référence 2014/2015 sera soumis à la RCTA XXXIX dès l'expiration de l'échéance de juin 2015 pour l'échange d'information.

Parties à la Convention pour la protection des phoques de l'Antarctique (CCAS)

Londres, 1er juin-31 décembre 1972 ; La convention entre en vigueur le samedi 11 mars 1978.

État	Date de Signature	Date de dépôt (Ratification ou Acceptation)
Afrique du Sud	vendredi 9 juin 1972	mardi 15 août 1972
Argentine*	vendredi 9 juin 1972	mardi 7 mars 1978
Australie	jeudi 5 octobre 1972	mercredi 1 juillet 1987
Belgique	vendredi 9 juin 1972	jeudi 9 février 1978
Chili*	jeudi 28 décembre 1972	jeudi 7 février 1980
États-Unis	mercredi 28 juin 1972	mercredi 19 janvier 1977
France**	mardi 19 décembre 1972	mercredi 19 février 1975
Japon	jeudi 28 décembre 1972	jeudi 28 août 1980
Norvège	vendredi 9 juin 1972	lundi 10 décembre 1973
Royaume-Uni**	vendredi 9 juin 1972	mardi 10 septembre 1974***
Russie****	vendredi 9 juin 1972	mercredi 8 février 1978

Adhésions

État	Date de dépôt de l'instrument d'adhésion
Allemagne	mercredi 30 septembre 1987
Brésil	lundi 11 février 1991
Canada	jeudi 4 octobre 1990
Italie	jeudi 2 avril 1992
Pakistan	lundi 25 mars 2013
Pologne	vendredi 15 août 1980

* Déclaration ou Réserve
** Objection
*** L'instrument de ratification comprenait les îles anglo-normandes et l'île de Man.
**** Ancienne URSS

Rapport annuel de la CCAS 2013/2014

Synopsis des rapports conformément à l'article 5 et à l'Annexe à la Convention : capture et mise à mort de phoques durant la période du 1er mars 2013 au 28 février 2014.

Partie Contractante	Phoques de l'Antarctique capturés	Phoques de l'Antarctique mis à mort
Afrique du Sud	0	0
Allemagne	9(d)	0
Argentine	381 (a)	1 (b)
Australie	0	0
Belgique	0	0
Brésil	0	0
Canada	0	0
Chili	0	0
États-Unis	3201 (e)	2 (f)
France	80 (c)	0
Italie	0	0
Japon	0	0
Norvège	0	0
Pakistan	Pas de rapport reçu	Pas de rapport reçu
Pologne	0	0
Royaume-Uni	0	0
Russie	Pas de rapport reçu	Pas de rapport reçu

Toutes les captures ont été effectuées aux fins de la recherche scientifique:
  (a) **Éléphants de mer du Sud :** 13 mâles juvéniles, 27 mâles adultes, 41 mâles juvéniles/adultes ; 17 mâles juvéniles/adultes récupérés et 217 bébés. **Léopards de mer :** 45 mâles juvéniles/adultes et 5 mâles adultes récupérés. **Phoques de Wedell** et **phoques crabiers** : 16 adultes
  (b) 1 **léopard de mer** mâle adulte serait mort accidentellement lors du processus d'immobilisation à cause de problèmes physiologiques.
  (c) **Phoques de Weddell :** 60 juvéniles et 20 adultes.
  (d) **Phoques de Weddell :** 7 femelles adultes et 2 mâles adultes :
  (e) **Otaries à fourrure antarctique :** 73 adultes juvéniles et 545 bébés. **Léopards de mer** : 26 adultes juvéniles **Éléphants de mer du Sud :** 22 adultes juvéniles et 35 bébés. **Phoques de Weddell** : 321 adultes (221 femelles, 99 mâles, 1 NC), 3 juvéniles (2 femelles, 1 mâle), 597 bébés (299 femelles, 279 mâles, 19 NC), 1 non classifié et 1565 pour observation seulement: **Phoques crabiers :** 10 pour observation seulement. **Éléphants de mer :** 3 non classifiés.
  (f) **Otaries à fourrure antarctique :** 1 adultes et 1 bébé (mort accidentelle). Les États-Unis ont également signalé la mort d'un **phoque de Weddell** femelle après capture (l'autopsie révèle qu'un mâle violent pourrait en être la cause) et de 2 **phoques de Weddell** femelles non capturées.

Rapport de l'observateur de la CCAMLR à la trente-huitième réunion consultative du Traité sur l'Antarctique

**Rapport de la trente-troisième
réunion de la Commission
(Hobart, Australie, du 20 au 31 octobre 2014)**

1.   Ouverture de la réunion

1.   La trente-troisième réunion annuelle de la Commission pour la conservation de la faune et la flore marines de l'Antarctique (CCAMLR-XXXIII) s'est tenue à Hobart, en Tasmanie (Australie) du 20 au 31 octobre 2014. La réunion était présidée par M. L. Dybiec (Pologne).

2.   Vingt-quatre membres, deux Parties contractantes supplémentaires et neuf observateurs issus d'organisations sectorielles ou non gouvernementales ont pris part à la réunion.

2.   Organisation de la réunion

Statut de la Convention

3.   L'Australie, en sa qualité de dépositaire, a fait savoir que le statut de la Convention n'avait pas changé au cours de la dernière période intersessions.

3.   Mise en œuvre et conformité

4.   La Commission a adopté le rapport CCAMLR de conformité pour l'année 2014. Elle a souligné que le rapport de conformité comporte une évaluation du statut de conformité des membres ainsi que des recommandations concernant des mesures de correction, des modifications à apporter aux mesures de conservation, des obligations et l'adoption de mesures correctives.

5.   Par ailleurs, ont été considérés :

- le travail accompli en 2015 en vue de réexaminer les mesures de conservation de la CCAMLR pour ce qui concerne les obligations à l'égard de la délivrance de licences et du contrôle des membres, le transbordement et le système de suivi des navires

- les notifications de projet de pêche de krill et de pêche exploratoire soumises par les membres pour la saison de pêche 2014/15

- un examen des activités de pêche illicites, non déclarées et non réglementées (INN) dans la zone de la Convention, l'absence de proposition d'inclusion de nouveaux navires à la liste des navires INN des Parties contractantes ou non contractantes et les données incorrectes transmises à la CCAMLR. La Commission est, par ailleurs, convenue d'élaborer une stratégie de renforcement de la coopération avec les Parties non contractantes.

- l'examen indépendant du système de documentation des captures (SDC) de la CCAMLR, et notamment les efforts supplémentaires destinés à promouvoir la coopération au sein du SDC avec les Parties non contractantes

- l'adoption d'un nouveau système de suivi des navires (VMS)

- l'adoption d'une disposition relative à la publication des données VMS de la CCAMLR en vue de renforcer les efforts de recherche et de sauvetage (SAR) dans la zone de la Convention CCAMLR (cf. discussions précédentes concernant le SAR lors de la XXXVIe RCTA et de la XXXVIIe RCTA)

- l'examen de l'accord du Cap de 2012 qui actualise et modifie la mise en œuvre de certaines dispositions du Protocole de Torremolinos de 1993 et qui permet potentiellement d'améliorer les normes de sécurité pour les pêcheurs et les navires de pêche, et

- l'utilisation d'images satellitaires en vue d'améliorer la détection de pêche INN dans la zone de la Convention.

4.   Administration et finances

6.   Entre autres choses, la Commission a approuvé :

- le Plan stratégique du Secrétariat (2015-2018) ainsi que sa stratégie de recrutement et de rémunération

- un budget pour 2015

- les travaux en cours destinés à assurer le financement durable de l'organisation.

5.   Rapport du Comité scientifique

Ressources de krill

7.   En 2013/14, la capture totale déclarée de krill de cinq membres (jusqu'au 3 octobre 2014) a été d'environ 291 370 tonnes[1]. Il s'agit de la prise la plus élevée depuis 1991. Ces captures ont eu lieu principalement au large de la péninsule antarctique occidentale (sous-zone statistique n° 48.1), qui a atteint 94 % de son seuil de déclenchement (155 000 tonnes) et qui a été fermée le 17 mai 2014.

8.   Des notifications de projet de pêche de krill pour la saison de pêche 2014/15 ont été soumises par six membres et 21 navires. Aucune notification de projet de pêche exploratoire n'a été soumise.

9.   La Commission a pris note des discussions du Comité scientifique à l'égard du suivi de l'écosystème, des estimations des populations de manchots et de l'élaboration d'une stratégie de gestion des pêcheries de krill.

10.   La Commission a reconnu que, à la lumière des connaissances actuelles, la poursuite de la répartition du seuil de déclenchement dans les pêcheries de krill (mesure de conservation 51-07) dans sa forme actuelle est conforme aux objectifs de l'article II. Elle a, par ailleurs, reconnu que la répartition provisoire du seuil dans les sous-zones statistiques 48.1 à 48.4 doit être poursuivie et que des progrès ont été accomplis dans la création d'un mécanisme de gestion.

11.   La Commission a salué l'utilisation du fonds pour le Programme de contrôle de l'écosystème de la CCAMLR (CEMP) en vue de soutenir la proposition visant à installer des caméras pour le suivi à distance de la population de manchots dans la sous-zone statistique 48.1.

Ressources halieutiques

12.   En 2013/14, 13 membres ont pêché de la légine (notamment à des fins de recherche) (*Dissostichus eleginoides* et/ou *D. mawsoni*) dans la zone de la Convention. Le 20 septembre 2014, la capture totale déclarée de *Dissostichus* s'élevait à 11 590 tonnes[2]. En comparaison, la capture totale déclarée de légine en 2012/13 était de 15 330 tonnes. De plus, quatre membres ont pêché du poisson des glaces au cours de cette saison.

13.   La Commission a approuvé l'avis émis par le Comité scientifique concernant la fixation de limites de captures dans les pêcheries réglementées de la CCAMLR pour la période 2014/15.

14.   La Commission a approuvé les recommandations du Comité scientifique concernant les prises accessoires de poissons et d'invertébrés, et notamment les prises accessoires de poissons dans les pêcheries de krill et les prises accessoires de raies.

Pêche exploratoire et nouvelle pêche de poissons à nageoires

15.   Des notifications de projet de pêche exploratoire de *Dissostichus* pour la période 2014/15 ont été soumises par dix membres, pour un total de 27 navires. Ces notifications ainsi que des projets d'étude et de recherche connexes ont été examinés par la Commission sur la base des avis émis par le Comité scientifique.

Mortalité accidentelle des oiseaux marins et des mammifères marins induite par les pêcheries

16.   La Commission a révisé les mesures de conservation relatives à la protection des oiseaux marins pendant les opérations de pêche.

---

[1] Le 30 novembre 2014, la capture totale de krill s'élevait à 294 145 tonnes.
[2] Le 30 novembre 2014, 15 218 tonnes de légine avaient été capturées.

Pêche de fond et écosystèmes marins vulnérables

17.   La Commission a révisé ses mesures de conservation afin d'éviter et d'atténuer les répercussions négatives sur les écosystèmes marins vulnérables (EMV) induites par la pêche de fond. Elle est, par ailleurs, convenue de passer en revue les mécanismes de gestion actuels afin de permettre à toutes les pêcheries de limiter les effets négatifs sur les EMV.

Aires marines protégées

18.   La Commission a salué la mise à jour des travaux préparatoires de l'aménagement du territoire des aires marines protégées (AMP) dans (i) le domaine 1 (Péninsule antarctique occidentale - sud de la Nouvelle-Écosse), (ii) les domaines 3 et 4 (mer de Weddell), (iii) le domaine 7 (système représentatif d'aires marines protégées en Antarctique oriental) et le domaine 8 (région de la mer de Ross). La Commission a invité tous les membres à entreprendre des travaux de recherche et de suivi, liés notamment aux AMP de la CCAMLR. Elle a souligné que les partisans des AMP ne sont pas seuls responsables des projets de recherche et de suivi.

19.   La Commission a salué le projet de tableau récapitulatif des AMP présenté par le Japon.

20.   La Commission a pris note des délibérations du Comité scientifique concernant l'AMP de la plate-forme méridionale des îles Orcades du Sud (SOISS). Le Comité scientifique a notamment conclu que le rapport sur les AMP ainsi que le plan de recherche et de surveillance fournissent une bonne base pour décrire les activités de recherche et de suivi menées dans l'AMP SOISS.

Changements climatiques

21.   La Commission a pris note des débats du Comité scientifique à l'égard des changements climatiques et elle a approuvé l'avis émis par le Comité scientifique, qui estime que l'élaboration d'une stratégie de gestion des pêcheries de krill permettra de s'adapter aux effets du changement climatique.

22.   La Commission a souligné l'importance des effets du changement climatique sur les travaux de la CCAMLR et a rappelé l'avis important du SCAR concernant les changements climatiques. Le Comité scientifique a été invité à se concerter avec le SCAR en vue de recevoir régulièrement des mises à jour et des avis concernant les effets du changement climatique dans l'océan Austral.

Renforcement des capacités

23.   La Commission a approuvé l'avis du Comité scientifique, qui porte sur le renforcement des capacités, notamment par le biais du programme de bourses scientifiques de la CCAMLR. Une bourse de la CCAMLR sera octroyée, pour la période 2014/15, à un membre de l'institut de recherche russe VNIRO dont les travaux portent sur le krill.

Mesures de conservation

24.   Les mesures de conservation et résolutions adoptées lors de la XXXIIIe réunion de la CCAMLR ont été publiées sur le site internet de la CCAMLR (*Liste officielle des mesures de conservation en vigueur 2014/15*).

Aires marines protégées

25.   La Nouvelle-Zélande et les États-Unis ont présenté un projet révisé de création d'une AMP dans la région de la mer de Ross tandis que l'Australie, la France et l'Union européenne ont présenté un projet révisé de création d'un système représentatif d'aires marines protégées en Antarctique oriental. Au terme de longues discussions, la Commission a invité les parties en présence à réexaminer les deux projets lors de futures réunions de la Commission.

Mise en œuvre des objectifs de la Convention

Symposium de la CCAMLR

26.   La Commission a approuvé la tenue d'un symposium de la CCAMLR à Puerto Varas, au Chili, du 5 au 8 mai 2015, afin de célébrer le 35e anniversaire de l'adoption de la Convention.

Évaluation des performances

27.   La Commission a accepté d'examiner le projet de cahier des charges pour la deuxième évaluation des performances en période intersessions.

Coopération avec le système du Traité sur l'Antarctique et les organisations internationales

Coopération avec les Parties consultatives au Traité sur l'Atlantique

28.   La Commission a reçu le rapport des conclusions de la 37ᵉ Réunion consultative du Traité sur l'Atlantique. Au cours de cette réunion, plusieurs sujets ont été abordés : renforcement de l'échange d'informations avec le Conseil des directeurs des programmes antarctiques nationaux (COMNAP), concernant en particulier les travaux de la CCAMLR sur l'aménagement du territoire, les AMP, les signalisations et la détection de navires INN dans la zone de la Convention de la CCAMLR.

29.   La Commission a salué l'organisation d'un deuxième atelier conjoint CPE-Comité scientifique-CCAMLR qui porterait sur le suivi de l'écosystème et de l'environnement en vue d'identifier les effets du changement climatique.

Prochaine réunion

Élection des membres du Bureau

30.   La Russie a été élue par la Commission pour présider les réunions de la Commission en 2015 et 2016.

Prochaine réunion

31.   La Commission est convenue que sa trente-quatrième réunion sera organisée au siège de la CCAMLR (181 Macquarie Street), à Hobart, du 19 au 30 octobre 2015. La trente-quatrième réunion du Comité scientifique aura lieu à Hobart du 19 au 23 octobre 2015.

Rapport annuel 2014/15 du Comité scientifique pour la recherche antarctique (SCAR)

1. Contexte

Le Comité scientifique pour la recherche antarctique (SCAR) est un organisme scientifique interdisciplinaire non gouvernemental du Conseil international des unions scientifiques (CIUS), observateur du Traité de l'Antarctique et de la CCNUCC.

La mission du SCAR est (i) d'être un organisme indépendant non gouvernemental de premier plan, chargé de la facilitation, la coordination et la défense de politiques scientifiques et de la recherche d'excellence en Antarctique et dans l'océan Austral et (ii) de fournir des conseils indépendants, cohérents et scientifiques au système du Traité de l'Antarctique et aux autres décideurs politiques à travers l'analyse scientifique permettant d'identifier les tendances émergentes et de les soumettre à l'attention des décideurs politiques.

2. Introduction

La recherche scientifique du SCAR complète les efforts nationaux en permettant aux chercheurs de collaborer sur des programmes scientifiques de grande ampleur afin d'atteindre des objectifs difficilement réalisables par un seul pays. Les membres du SCAR représentent actuellement 39 pays et 9 Unions scientifiques du CIUS. Durant la réunion des délégués du SCAR en Nouvelle-Zélande en septembre 2014, la République tchèque et la République islamique d'Iran ont rejoint le SCAR.

Le succès du SCAR dépend de la qualité et de l'opportunité de ses analyses scientifiques. Les descriptions des programmes de recherche du SCAR et ses analyses scientifiques sont disponibles sur : www.scar.org. Ce document devra être lu en parallèle au Document de contexte (DC 4) qui répertorie les analyses scientifiques récentes publiées depuis la dernière réunion du Traité de l'Antarctique.

Le SCAR produit chaque trimestre un bulletin d'informations électronique reprenant les éléments scientifiques importants et les informations liées au SCAR. Veuillez envoyer un courriel à l'adresse suivante si vous souhaitez recevoir ce bulletin d'informations: info@scar.org. Le SCAR est également présent sur les médias sociaux tels que Facebook, Linkedin et Twitter.

3. Evénements marquants du SCAR (2014/15)

Le SCAR dispose d'un grand nombre de groupes et de programmes consacrés à différents projets scientifiques ou liés à la science dans la région Antarctique. Nous mettons l'accent ci-après sur les nouveautés des activités du SCAR qui revêtent le plus grand intérêt pour les Parties au Traité.

Le Comité permanent du système du Traité de l'Antarctique (SCATS, en anglais) (www.scar.org/antarctic-treaty-system/scats)

Le SCATS est l'organe chargé d'élaborer les conseils scientifiques du SCAR fournis au Traité sur l'Antarctique. Les membres du SCATS travaillent sur la coordination des conseils scientifiques fournis au SCAR, mais ils effectuent également des travaux de recherche. Durant la dernière réunion des délégués du SCAR, les délégués ont nommé un nouveau directeur, Aleks Terands (cf. http://www.scar.org/antarctic-treaty-system/scats). Le directeur du SCATS siège au comité de rédaction du Portail sur les environnements antarctiques, un organisme soutenu par le SCATS, et joue un rôle important dans le développement du contenu de ce portail.

Acidification de l'océan Austral (www.scar.org/ssg/physical-sciences/acidification)

Le SCAR a entrepris de faire la synthèse de l'analyse scientifique de l'acidification de l'océan Austral. Cet important rapport sera présenté lors des XXXVIIIᵉ RCTA – XVIIIᵉ CPE XVIII à Sofia, en Bulgarie. Il s'agit également du thème de la Conférence du Traité de cette année (cf. BP 1). Un PDF du rapport sera disponible sur le site du SCAR.

L'Atlas biogéographique de l'océan Austral

L'Atlas biogéographique présente des schémas de répartition et des processus d'une importante représentation des organismes de l'océan Austral, illustrés par plus de 800 cartes de répartition et 200 photographies et graphiques. L'Atlas est un héritage de l'Année polaire internationale 2007-2008 et une contribution aux programmes de recherche scientifiques AntEco (état de l'écosysteme antarctique) etAnT-ERA (Seuils antarctiques - résilience et adaptation de l'écosysteme). L'Atlas a été présenté lors de la dernière réunion du SCAR et de la Conférence ouverte sur la science (Auckland, Nouvelle-Zélande, 25 au 28 août 2014.

Le projet scientifique « Science Horizon Scan » du SCAR *(www.scar.org/horizonscanning/)*

Suite aux plus de 850 questions scientifiques envoyées par la communauté du SCAR, le premier événement du « Science Horizon Scan » pour l'Antarctique et l'océan Austral du SCAR a réuni plus de 70 des scientifiques spécialisés sur l'Antarctique, décideurs politiques et visionnaires les plus renommés (y compris de jeunes scientifiques) à Queenstown, Nouvelle-Zélande, en avril 2014. Leur tâche était d'identifier les questions scientifiques les plus importantes afin de définir celles qui devaient faire l'objet d'une recherche dans les régions polaires du sud durant les deux prochaines décennies et au-delà. Les premières conclusions ont été publiées dans la revue *Nature* (http://www.nature.com/news/polar-research-six-priorities-for-antarctic-science-1.15658) et *Antarctic Science* (http://dx.doi.org/10.1017/S0954102014000674). Cf. IP 20.

De nouveaux programmes antarctiques développent désormais leurs propres stratégies pour élaborer eux aussi leur futur programme scientifique. L'élaboration de ce type de « feuille de route » n'est pas dénuée de difficultés. Par conséquent, avec l'aide du SCAR, le COMNAP prendra la direction de la deuxième étape du Projet sur les défis de la feuille de route en Antarctique (Projet ARC, en anglais) (www.comnap.aq) afin d'aider les Programmes antarctiques nationaux à comprendre ces défis, à élaborer des stratégies permettant de les relever et à partager leurs innovations technologiques ou les accès aux technologies. Le projet ARC tente de répondre à la question suivante: « Comment les Programmes antarctiques nationaux vont-ils parvenir à relever les défis liés à la diffusion de leur science antarctique dans les 20 à 30 prochaines années? »

Préservation de l'Antarctique au XXIe siècle *(www.scar.org/antarctic-treaty-system/scats)*

Le SCAR, en collaboration avec certains partenaires, a poursuivi l'élaboration de la stratégie du XXIe siècle de préservation de l'Antarctique. Cette activité a permis la participation de toutes les parties prenantes de la région. Cette approche est également structurée de façon à respecter à la fois le Protocole au Traité sur l'Antarctique relatif à la protection de l'environnement et le Plan quinquennal du Comité pour la protection de l'environnement. Elle est également étroitement liée au Portail des environnements antarctiques (cf. WP 21 et IP 11). Dans le cadre de ce processus, un symposium, organisé durant la Conférence ouverte sur la science en août 2014, contribuera au processus final.

Données et résultats du SCAR *(www.scar.org/data-products)*

Le SCAR promeut un accès gratuit et illimité aux données et informations relatives à l'Antarctique à travers des archives ouvertes et accessibles, gérées par le Comité permanent sur la gestion des données antarctiques (SCADM) et le Comité permanent sur l'information géographique antarctique (SCAGI). Le SCAR dispose également de certains résultats utiles pour la communauté antarctique, tels que le récent Quantarctica (http://www.scar.org/data-products/quantarctica) et le catalogue de cartes antarctiques (http://www.scar.org/data-products/mapcat).

Nouveaux groupes SCAR

La création de certains nouveaux groupes a été approuvée en 2014, lors de la réunion des délégués du SCAR, tels que:

- **Le groupe d'action « SnowAnt » (Neige en Antarctique)** qui vise à identifier les zones enneigées vierges en Antarctique et à définir leurs spécificités. *www.scar.org/ssg/physical-sciences/snowant*
- **Le groupe d'action ANTOS (Système d'observation côtière antarctique)** a pour objectif d'établir un système de surveillance environnementale transcontinental et transrégional intégré et coordonné afin d'identifier et de surveiller la variabilité et les changements environnementaux à l'échelle biologique

concernée et d'utiliser ces informations pour alimenter les études biologiques, physiques et en sciences de la terre. *www.scar.org/ssg/life-sciences/antos*

- *Le groupe d'action sur la mise à jour des cartes géologiques antarctiques* a pour objectif de récolter des données de cartographie géologique, de mettre à jour leur fiabilité spatiale, d'améliorer la représentation des séquences glaciaires et géomorphologiques et de permettre une soumission des données à travers des services configurés sur internet. *www.scar.org/ssg/geosciences/geomap*

- *Le groupe d'action sur le volcanisme antarctique* va promouvoir l'étude du volcanisme antarctique; discuter des protocoles, des méthodes et des meilleures pratiques; et partager des informations géologiques. *http://www.scar.org/ssg/geosciences/volcanism*

- La création d'**un groupe d'action sur le patrimoine et la préservation géologiques** a également été approuvée lors de la dernière réunion des délégués. Les détails sont en cours de finalisation et les progrès sont attendus durant la réunion qui aura lieu en parallèle de la XIIe réunion de l'ISAES (13 au 17 juillet, Goa, Inde).

4. Bourses et Prix du SCAR

Afin de développer les capacités de tous les membres, le SCAR organise plusieurs programmes de bourses et plusieurs remises de prix (*www.scar.awards*):

- Les *bourses SCAR/COMNAP* sont destinées aux jeunes scientifiques et ingénieurs qui débutent leur carrière dans la recherche scientifique antarctique. Elles visent à tisser de nouveaux liens et à renforcer les capacités internationales et la coopération en matière de recherche antarctique. Les bourses sont lancées en même temps que les bourses de la CCAMLR . En 2014, quatre bourses ont été octroyées. *http://www.scar.org/awards/fellowships*

- Le *Programme de professeurs visiteurs du SCAR* permet à des scientifiques en milieu ou en fin de carrière de se déplacer ponctuellement vers des installations situées dans un pays membre du SCAR, ou gérées par ce pays, pour des sessions de formation ou de mentorat. Trois professeurs visiteurs ont bénéficié de ce programme en 2014. *http://www.scar.org/awards/visitingprofs*

- Le *Prix Martha T. Muse pour la science et la politique antarctique*, soutenu par la Fondation Tinker, est un prix inconditionnel de 100 000 dollars des États-Unis décerné à une personne impliquée dans le domaine de la science et de la politique antarctique. Tim Naish est le lauréat du prix Muse 2014 pour son excellente recherche sur la réponse de l'Antarctique aux changements climatiques passés et présents et sur le rôle des nappes glaciaires antarctiques dans les changements du niveau des mers à travers les âges. www.museprize.org.

- *Les médailles du SCAR* ont été décernées lors de la Conférence ouverte sur la science du SCAR en Nouvelle-Zélande, 2014. La Médaille d'Excellence en recherche antarctique a été décernée à Steven Chown (Australie) pour ses importantes contributions à la science et à la politique antarctique et au SCAR; et la Médaille de la Coordination scientifique internationale a été décernée à Mahlon "Chuck" Kennicutt (États-Unis) et à Rasik Ravindra (Inde) pour leurs rôles de collaboration et de coopération au sein de la communauté scientifique.

- Un nouveau *Prix de la communication* a été inauguré pour la présentation la plus innovante des résultats de la recherche antarctique, toutes disciplines confondues, lors de la Conférence ouverte sur la science du SCAR. Cf.https://youtu.be/i8DzllRokTw pour la lauréate de 2014, Molly Zhongnan Jia.

5. Autres nouvelles

Durant la réunion des délégués du SCAR, deux nouveaux vice-présidents ont été élus – Azizan Abu Samah (Malaisie) et Terry Wilson (États-Unis). En décembre 2014, Eoghan Griffin a été nommé Secrétaire exécutif du SCAR, et a remplacé Renuka Bahde, qui est devenue la nouvelle Secrétaire exécutive de l'Unité polaire européenne. En mai 2015, Mike Sparrow a également quitté le SCAR afin de rejoindre les Nations-Unies, au sein du Bureau de planification commune du Programme mondial de recherche sur le climat.

6. Prochaines réunions importantes du SCAR

Plusieurs réunions importantes du SCAR vont bientôt avoir lieu (*www.scar.org/events/*), notamment:

- *Le XIIe Symposium international des sciences de la terre antarctiques (ISAES) 2015*. 13 au 17 juillet 2015, Goa, en Inde. *http://www.isaes2015goa.in*

- *XXXIV Réunions du SCAR et Conférence ouverte sur la science*. 19 au 31 août 2016, Kuala Lumpur, en Malaisie. La Conférence ouverte sur la science du SCAR qui aura lieu entre le 25 et le 29 août. Cf.: *http://scar2016.com*

- *Les XXXVes réunions du SCAR et la Conférence ouverte sur la science en 2018* à Davos, en Suisse, qui couvriront les deux régions polaires puisqu'organisées en coordination avec le Comité international des sciences arctiques (IASC).

Rapport annuel 2014/2015 du Conseil des directeurs des programmes antarctiques nationaux (COMNAP)

Le COMNAP est l'organisation des programmes antarctiques nationaux où se retrouvent notamment les directeurs de ces programmes, c'est-à-dire les responsables nationaux chargés de la planification, l'exécution et la gestion du soutien à l'activité scientifique en Antarctique pour le compte de leur gouvernement respectif, qui sont tous Parties contractantes au Traité sur l'Antarctique.

Créé en septembre 1988, le COMNAP est aujourd'hui une association internationale dont les membres sont les 29 programmes antarctiques nationaux des pays suivants : Afrique du Sud, Allemagne, Argentine, Australie, Belgique, Brésil, Bulgarie, Chili, Chine, Équateur, Espagne, États-Unis d'Amérique, Fédération de Russie, Finlande, France, Inde, Italie, Japon, Norvège, Nouvelle-Zélande, Pays-Bas, Pérou, Pologne, République de Corée, République tchèque, Royaume-Uni, Suède, Ukraine et Uruguay. Le programme antarctique national de Biélorussie a actuellement le statut d'organisation observatrice du COMNAP. Le programme antarctique national du Portugal a également exprimé récemment sa volonté de de devenir organisation observatrice du COMNAP.

L'objectif du COMNAP est de développer et de promouvoir les meilleures pratiques en matière de gestion de soutien à la recherche scientifique en Antarctique. En tant qu'organisation, le COMNAP s'emploie à apporter de la valeur aux efforts des programmes antarctiques nationaux en servant de forum où formuler des pratiques permettant de donner plus d'efficience aux activités tout en veillant au respect de l'environnement, en favorisant et en promouvant les partenariats internationaux et en offrant opportunités et systèmes pour l'échange d'informations.

Le COMNAP fait tout son possible pour fournir au Système du Traité sur l'Antarctique des conseils techniques pratiques, objectifs et apolitiques qu'il tire d'un grand vivier d'experts spécialistes de l'Antarctique. Depuis 1988, le COMNAP est un contributeur actif aux discussions de la RCTA et du CPE : il a présenté 30 documents de travail et 99 documents d'informations à ce jour.

Le COMNAP maintient une étroite collaboration avec d'autres organisations portant sur l'Antarctique, en particulier avec le SCAR. Une réunion du Comité exécutif conjointe du COMNAP et du SCAR a été tenue en août 2014. Le symposium biannuel du COMNAP a aussi été tenu en août 2014 à Auckland, Nouvelle-Zélande, lors de la conférence scientifique ouverte du SCAR. Le COMNAP a participé à la réunion du FARO en tant qu'observateur invité et le Secrétaire exécutif a pris part au symposium polaire de l'Institut national de recherche polaire (NIPR) à Tachikawa, au Japon. Le COMNAP et le CCAMLR ont expérimenté un programme d'échange de stagiaires pour deux personnes en début de carrière. Les stagiaires ont donc travaillé pendant 4 semaines dans l'un des secrétariats.

Le COMNAP a tenu sa réunion générale annuelle en août 2014 à Christchurch, Nouvelle-Zélande, organisée par Antarctica New Zealand. Le mandat de trois ans du Dr Heinrich Miller en tant que président du COMNAP (Institut Alfred Wegener AWI) a pris fin et le Dr Kazuyuki Shiraishi du NIPR japonais a été élu président du COMNAP pour une période de trois ans jusqu'à la RGA de 2017. Michelle Rogan-Finnemore renouvelle son mandat de six ans en tant que Secrétaire exécutif. Le COMNAP a renouvelé sa MA avec l'Université de Canterbury à Christchurch, Nouvelle-Zélande, afin de continuer à organiser le secrétariat du COMNAP pour six nouvelles années, jusqu'au 30 septembre 2021.

Principales réalisations du COMNAP en 2014/2015

Symposium & comptes rendus du COMNAP

Le 25 août 2014, le COMNAP a tenu son 13e symposium, convoqué par John Hall (BAS) à Auckland, Nouvelle-Zélande, le 1er jour de la conférence scientifique ouverte du SCAR ; réunissant 300 participants. Le symposium avait pour thème : « La coopération internationale comme clé du succès ». Le Comité d'examen du symposium a sélectionné neuf présentations orales pour le programme et treize affiches. Les comptes rendus du symposium du COMNAP ont été publiés (ISBN 978-0-473-31397-5) et une copie sera distribuée à chaque délégation de la RCTA.

Séminaire sur la gestion des eaux usées

Sandra Potter (AAD) et José Retamales (INACH) ont conjointement convoqué ce séminaire à Christchurch, Nouvelle-Zélande (28 août 2014), pour discuter des solutions pratiques et techniques en matière de gestion des eaux usées en Antarctique. Les exposés et les discussions du séminaire ont mis en avant la complexité croissante de la gestion des eaux usées, la grande variété des technologies actuellement en usage pour traiter les eaux usées des stations et l'importance du partage d'informations sur les défis et les solutions pour la protection de l'environnement. Un document d'information présentant le rapport des organisateurs sur la gestion des eaux usées est disponible à cette RCTA.

Séminaire sur les défis posés par la banquise

Rob Wooding (AAD) a convoqué le séminaire du COMNAP sur les défis posés par la banquise les 12-13 mai 2015, co-organisé par l'AAD et l'ACE CRC à Hobart, Tasmanie, Australie. Le séminaire ouvert était l'occasion pour les communautés scientifiques et opérationnelles de discuter des tendances régionales de la banquise autour de l'Antarctique et de proposer des moyens techniques et pratiques pour apporter leur soutien aux opérations des programmes antarctiques nationaux. Le séminaire était d'actualité, étant donné que les conditions de la banquise varient selon les régions de l'Antarctique, mais que, généralement, au cours des dernières années, il a été difficile, voire impossible dans certains cas, de réussir le réapprovisionnement et les livraisons destinées aux campagnes scientifiques. Les conditions de la banquise n'affectent pas seulement les opérations des programmes antarctiques nationaux mais aussi celles d'autres gestionnaires dans la zone. Des représentants d'autres gestionnaires ont été invités à participer aux côtés de ceux des Centres de coordination des opérations de sauvetages (RCC). En raison de la tenue récente du séminaire, les informations pour cette RCTA sur ses résultats ne sont pas disponibles. cf. : https://www.comnap.aq/SitePages/SeaIceWorkshop.aspx

Bourse de recherche en études antarctiques du COMNAP

Le COMNAP a mis en place la Bourse de recherche en études antarctiques en 2011. Pour l'année 2014, le COMNAP était en mesure d'offrir deux bourses. L'une à Sandra Potter (Université de Tasmanie, Australie) pour entreprendre le voyage en Arctique et à l'Institut de recherche en Antarctique (AARI)/ Expédition russe en Antarctique (RAE) pour entreprendre des recherches sur les « Facteurs de quantification qui freinent la mise en œuvre de l'Annexe III au Protocole du Traité sur l'Antarctique relatif à la protection de l'environnement ». Une seconde bourse a été attribuée à Keith Soal (Université de Stellenbosch, Afrique du Sud) pour entreprendre des recherches sur le thème : « Glace et chargement hydrodynamique sur un ravitaillement polaire et vaisseau de recherche dans des conditions antarctiques », à la Technische Hochschule Ingolstad (Allemagne) et l'Université Alto (Finlande). Le COMNAP et le SCAR entendent accorder à nouveau la bourse en 2015. Les deux organisations travaillent aussi avec le CCAMLR pour promouvoir leur bourse. Le chargé de recherches en Antarctique du COMNAP 2015 sera annoncé en août 2015 lors d la RGA du COMNAP à Tromsø, Norvège. Le COMNAP et le CCAMLR ont expérimenté un programme d'échange de stagiaires pour permettre à deux personnes en début de carrière de travailler au secrétariat du COMNAP et de la CCAMLR. cf. https://www.comnap.aq/SitePages/fellowships.aspx

Projet du COMNAP : Défis du plan d'action de l'Antarctique (ARC)

Lors de la RGA XXVI du COMNAP (2014), les membres ont décidé que le COMNAP devrait mener la prochaine étape du programme *Antarctic Horizon Scan*. Le SCAR a initié un processus de scan de l'horizon antarctique en vue de recherches sur l'Antarctique qui ont abouti sur la publication de 80 questions scientifiques considérées collectivement comme une vision d'avenir pour les recherches scientifiques en Antarctique. Les résultats sont publiés dans *Nature* and *Antarctic Science* (Kennicutt II et al, 2014). Cette « feuille de route » des recherches scientifiques futures en Antarctique pour les 20 prochaines années et au-delà, comporte un certain nombre de défis qu'il faudra surmonter pour mener à bien ces recherches. Relever ces défis constitue le centre de l'attention du projet ARC du COMNAP, qui, à ce jour, a complété la première des deux enquêtes ouvertes en ligne et de qui on attend une documentation stratégique de haut-niveau pour assister les programmes antarctiques nationaux dans le développement de leurs propres stratégies de soutien scientifique dans le futur. cf. https://www.comnap.aq/Projects/SitePages/ARC.aspx . Un document d'information est également disponible à cette RCTA.

Produits et outils du COMNAP

Site internet du système de recherche et de sauvetage (SAR)
www.comnap.aq/membersonly/SitePages/SAR.aspx

Comme demandé dans la Résolution 4 (2013) de la RCTA, le COMNAP a créé une page web SAR régulièrement mise à jour en concertation avec les RCC. Le COMNAP convoquera le séminaire SAR III en 2016. Les détails seront disponibles prochainement.

Déclarations d'accidents, d'incidents & d'accidents évités de justesse (AINMR)
www.comnap.aq/membersonly/AINMR/SitePages/Home.aspx

Les informations sur les problèmes rencontrés en Antarctique ont toujours été communiquées. Le système AINMR a été développé pour faciliter cette communication et il est disponible sur l'espace membre du site du COMNAP. L'objectif principal de l'AINMR est de rassembler les informations sur les évènements qui ont eu, ou qui aurait pu avoir des conséquences graves ; et/ou desquels des leçons sont à tirer ; et/ou qui sont nouveaux ou très rares. Les rapports détaillés sur les accidents peuvent aussi être mis en ligne, partagés, discutés et retravaillés sur le site. Les programmes antarctiques nationaux peuvent apprendre les uns des autres afin de réduire les risques de conséquences graves d'accidents lors de leurs activités en Antarctique.

Système COMNAP de notification de la position des navires (SPRS)
https://www.comnap.aq/sprs/SitePages/Home.aspx

Le SPRS est un système optionnel et volontaire d'échange d'informations sur les opérations des navires des programmes antarctiques nationaux. Son objectif principal est de faciliter la collaboration. Il peut toutefois apporter une importante contribution à la sécurité avec toutes les informations SPRS mises à disposition des RCC en tant que source d'informations supplémentaire qui complète tous les autres systèmes nationaux et internationaux en place. Les informations sur la position des navires sont communiquées par courriel et peuvent être affichées graphiquement par Google Earth.

Manuel d'information de vol en Antarctique (AFIM)

L'AFIM est un manuel d'informations aéronautiques publié par le COMNAP : c'est un outil qui vise à améliorer la sécurité lors des opérations aériennes en Antarctique conformément à la Résolution 1 (2013). Le COMNAP poursuit la phase d'essai d'un AFIM électronique tout en maintenant le format papier. (cf. le document d'informations disponible à cette RCTA). L'AFIM est régulièrement mis à jour par les informations des programmes antarctiques nationaux.

Manuel des opérateurs de télécommunications en Antarctique (ATOM)

L'ATOM est une évolution du manuel sur les pratiques de télécommunications, auquel la Résolution X-3 de la RCTA (*Amélioration des télécommunications dans l'Antarctique et collecte et diffusion des données météorologiques de l'Antarctique*) fait référence. Les membres du COMNAP et les autorités du SAR ont accès à la dernière version (mars 2015) via le site du COMNAP.

———————

Plus d'informations sur : www.comnap.aq ou par courriel : info@comnap.aq.
Consulter également l'Annexe n° 1

Annexe n° 1 : Membres, projets, groupes d'experts et réunions du COMNAP

Comité exécutif (EXCOM)

Le Président et les Vice-présidents du COMNAP sont des membres élus du COMNAP. Les membres élus et le Secrétaire exécutif constituent le Comité exécutif du COMNAP comme suit :

Poste	Membre	Fin du mandat
Président	Kazuyuki Shiraishi (NIPR) kshiraishi@nipr.ac.jp	RGA 2017
Vice-présidents	Hyoung Chul Shin (KOPRI) hcshin@kopri.re.kr	RGA 2016
	John Hall (BAS) jhal@bas.ac.uk	RGA 2016
	José Retamales (INACH) jretamales@inach.cl	RGA 2017
	Rob Wooding (AAD) rob.wooding@aad.gov.au	RGA 2017
	Yves Frenot (IPEV) yves.frenot@ipev.fr	RGA 2017
Secrétaire exécutif	Michelle Rogan-Finnemore michelle.finnemore@comnap.aq	

Tableau 1 - Comité exécutif du COMNAP

Projets

Projet	Gestionnaire de projet	Membre EXCOM (supervision)
Manuel d'information de vol en Antarctique (AFIM) - Mise en œuvre du format électronique	Paul Morin & Brian Stone	John Hall
Défis du plan d'action de l'Antarctique (ARC)	Michelle Rogan-Finnemore	Kazuyuki Shiraishi
Informations sur la science avancée de la péninsule d'Antarctique (APASI)		Jose Retamales
Système d'alerte automatisé du réservoir à carburant	Oleksandr Kuzko	Yves Frenot
Séminaire sur les défis posés par la banquise	Rob Wooding	Rob Wooding & Yves Frenot
Révision du Système de notification de la position des navires (SPRS)	Robb Clifton	Hyoung Chul Shin
Catalogue des infrastructures des stations		Yves Frenot
Base de données de fournisseurs	Graeme Ayres	John Hall
Séminaire sur la télémédecine	Jeff Ayton	John Hall

Tableau 2 - Projets en cours de réalisation du COMNAP

Groupes d'experts

Groupe d'experts (thème)	Responsable du groupe d'experts	Membre EXCOM (supervision)
Air	Giuseppe Di Rossi & Brian Stone	John Hall
Énergie et technologie	Felix Bartsch & Pavel Kapler	Rob Wooding
Environnement	Anoop Tiwari	Hyoung Chul Shin
Médecine	Jeff Ayton	John Hall
Sensibilisation/Éducation	Eva Gronlund	Yves Frenot
Sécurité	Henrik Tornberg	Kazuyuki Shiraishi
Science	Javier Arata	Jose Retamales
Navigation	Miguel Ojeda	Jose Retamales
Formation	Veronica Vlasich	Yves Frenot

Tableau 3 - Groupes d'experts du COMNAP

Réunions

12 derniers mois

24 août 2014, Réunion exécutive conjointe du COMNAP et du SCAR, Auckland, Nouvelle-Zélande.

25 août 2014, symposium du COMNAP (« La coopération internationale comme clé du succès »), Auckland, Nouvelle- Zélande.

27-29 août 2014, Réunion générale annuelle du COMNAP (COMNAP RGA XXVI), organisée par Antarctica New Zealand, Christchurch, Nouvelle- Zélande (incluant les séminaires sur la sécurité et sur la gestion des eaux usées en Antarctique le 28 août 2014).

20-21 octobre 2014, Réunion EXCOM du COMNAP organisée par l'Institut national de recherche polaire (NIPR), Tachikawa, Japon.

12-13 mai 2015, séminaire sur les défis liés à la banquise, conjointement organisé par le Département australien de l'Antarctique (AAD) et le Centre de recherche coopérative sur le climat et les écosystèmes de l'Antarctique (ACE CRC), Hobart, Tasmanie, Australie.

12 mois à venir

22-24 août 2015 (TBC), séminaire : Défis du plan d'action de l'Antarctique, site du TBC.

25 août 2015, Réunion exécutive conjointe du COMNAP et du SCAR, Institut polaire norvégien (NPI), Tromsø, Norvège.

26-28 août 2015, Réunion générale annuelle (COMNAP RGA XXVII), organisée par l'Institut polaire norvégien (NPI), Tromsø, Norvège (incluant une séance sur la sécurité, et le séminaire du groupe d'experts conjoint sur la biologie humaine et sur la médecine et la télémédecine).

3. Rapports des experts

Rapport de l'Organisation hydrographique internationale (OHI)

Amélioration de l'hydrographie et de la cartographie marine dans les eaux antarctiques

Introduction

L'Organisation hydrographique internationale (OHI) est une organisation intergouvernementale consultative et technique. Elle comprend 85 Etats membres. Chaque Etat est en principe représenté par le directeur de son Service hydrographique national.

L'OHI coordonne au niveau mondial l'établissement des normes pour les données hydrographiques et la fourniture de services hydrographiques à l'appui de la sécurité de la navigation et de la protection et de l'utilisation durable de l'environnement marin. L'objectif principal de l'OHI est d'assurer que toutes les mers, tous les océans et toutes les eaux navigables du monde soient hydrographiés et cartographiés.

Qu'est-ce que l'hydrographie ?

L'hydrographie est la branche des sciences traitant du mesurage et de la description des éléments physiques des océans, des mers, des zones côtières, des lacs et des fleuves. Les levés hydrographiques permettent d'identifier la forme et la nature des fonds marins et des dangers qui y reposent, et de comprendre l'impact des marées sur la profondeur et les mouvements de l'eau. Ces connaissances viennent à l'appui de toutes les activités maritimes, incluant le transport, le développement économique, la sécurité et la défense, les études scientifiques et la protection environnementale.

Importance de l'hydrographie dans l'Antarctique

Les informations hydrographiques sont une condition sine qua non du développement d'activités humaines réussies et durables, du point de vue de l'environnement, dans les mers et les océans. Malheureusement, on dispose de peu, voire d'aucune information hydrographique, pour de nombreuses parties du monde, particulièrement dans l'Antarctique.

Dans cette région particulière où les navires doivent parfois faire face aux conditions météorologiques les plus difficiles, tout échouement dû à un manque de levés hydrographiques ou de cartes marines appropriés peut entraîner des conséquences graves. Malheureusement, l'échouement de navires opérant en dehors de routes de navigation précédemment empruntées dans l'Antarctique n'est pas rare.

Le guide polaire, adopté par l'Organisation maritime internationale (OMI) en 2014, inclut d'importantes mises en garde relatives à l'hydrographie et à la cartographie marine.

La plupart des études scientifiques et la compréhension du milieu marin retirent les plus grands bénéfices de la connaissance de la nature et de la forme des fonds marins et des mouvements d'eau engendrés par les marées. Par conséquent, le manque de ces connaissances hydrographiques dans la plupart des eaux antarctiques, notamment dans les régions côtières et moins profondes, compromet de nombreux efforts scientifiques qui sont entrepris sous les auspices de la RCTA et des Etats membres individuellement.

Etat de l'hydrographie et de la cartographie marine dans l'Antarctique

L'état de l'hydrographie et de la cartographie marine dans l'Antarctique engendre de sérieux risques pour la sécurité de la navigation et entrave également la conduite de la plupart des activités effectuées dans les mers et océans environnants.

Plus de 90% des eaux antarctiques demeurent non hydrographiées. Des zones importantes ne sont pas cartographiées, et lorsqu'elles le sont, les cartes sont d'une utilité limitée du fait du manque d'informations de profondeur fiables ou complètes.

L'hydrographie dans les eaux antarctiques est onéreuse et problématique. Ceci est dû aux états de mer difficiles et imprévisibles, aux saisons courtes pour effectuer les levés et à la lourdeur de la logistique nécessaire pour les navires et les équipements.

Conformément aux prescriptions internationales de l'OMI (Sauvegarde de la vie humaine en mer - SOLAS), les cartes électroniques de navigation (ENC) sont maintenant exigées pour la navigation sur tous les navires à passagers et sur un nombre croissant de navires d'autres types – tous opérant dans les eaux antarctiques. A ce jour, seulement la moitié des quelque 170 ENC qui ont été identifiées par la Commission hydrographique de l'OHI sur l'Antarctique (CHA de l'OHI) comme étant exigées pour la navigation dans la région ont été publiées.

La production des ENC pour l'Antarctique est sérieusement gênée par le manque de données, le mauvais état des cartes papier correspondantes qu'elles sont destinées à remplacer et les priorités de production et financières des Etats qui se sont portés volontaires pour produire les ENC; seulement 10 ENC ont été produites en 2014.

Commission hydrographique de l'OHI sur l'Antarctique

La CHA de l'OHI est destinée à améliorer la qualité, la couverture et la disponibilité des cartes marines et des autres informations et services hydrographiques couvrant la région. La CHA comprend 23 Etats membres de l'OHI (Argentine, Australie, Brésil, Chili, Chine, Equateur, France, Allemagne, Grèce, Inde, Italie, Japon, République de Corée, Nouvelle-Zélande, Norvège, Pérou, Fédération de Russie, Afrique du Sud, Espagne, Royaume-Uni, Uruguay, Etats-Unis, Venezuela), tous sont parties au Traité sur l'Antarctique et sont donc également directement représentés à la RCTA.

La CHA de l'OHI travaille en étroite collaboration avec les organisations parties prenantes telles que le COMNAP, l'IAATO, le SCAR, l'OMI et la COI. Toutefois, à l'exception des travaux fructueux menés en collaboration avec l'IAATO, aucun programme de coopération ou projet utilisant des bâtiments d'opportunité ou d'autres ressources n'a été exécuté dans le but d'améliorer les données hydrographiques dans les zones de navigation critiques.

Voies et moyens d'améliorer l'hydrographie et la cartographie marine dans l'Antarctique

L'OHI a régulièrement rendu compte du niveau insatisfaisant de connaissances hydrographiques dans l'Antarctique, depuis la XXXIème réunion de la RCTA (Kiev, 2008). L'OHI a toujours affirmé qu'il était nécessaire d'obtenir un soutien aux plus hauts niveaux politiques si l'on voulait améliorer la situation de manière significative.

Fort heureusement la dernière réunion (XXXVIIème RCTA) a adopté la résolution 5 (2014) sur le renforcement de la coopération dans les levés hydrographiques et la cartographie marine des eaux antarctiques. Il est encore trop tôt pour rendre compte de tout impact perceptible, d'autant plus que la CHA de l'OHI, au travers de laquelle les parties à la RCTA sont invitées à coordonner leurs levés hydrographiques et leurs activités de cartographie, ne s'est pas réunie depuis la XXXVIIème réunion de la RCTA.

Dans ce contexte, il est regrettable que la 14ème réunion annuelle de la CHA de l'OHI, qu'il était prévu de tenir en mars 2015, ait été reportée en 2016, du fait du faible niveau d'inscriptions des Etats membres et des organisations observatrices. Ceci est de mauvais augure pour la remise en cause de la faible priorité que les gouvernements portent à l'amélioration de la connaissance hydrographique et bathymétrique dans la région.

Recommandation pour examen par la RCTA

L'OHI invite la RCTA à encourager les Parties à participer à la prochaine réunion de la CHA et à contribuer efficacement à ses activités, conformément à la résolution 5 (2014).

Rapport de la Coalition pour l'Antarctique et l'océan Austral

1. *Introduction*

L'ASOC se réjouit d'être présente à Sofia à l'occasion de la XXXVIIIᵉ Réunion consultative du Traité sur l'Antarctique. Le présent rapport décrit brièvement les activités menées par l'ASOC au cours de l'année écoulée, et expose certaines des questions clés pour cette RCTA.

Le Secrétariat de l'ASOC se trouve à Washington DC, aux États-Unis d'Amérique, et son site internet est le suivant : http://www.asoc.org. L'ASOC compte 24 groupes membres issus de dix pays, ainsi que des groupes adhérents issus de ces pays, et d'autres pays également. Les campagnes de l'ASOC sont coordonnées par des équipes d'experts qui se trouvent en Afrique du Sud, en Argentine, en Australie, au Chili, en Corée du Sud, en Espagne, aux États-Unis d'Amérique, en France, au Japon, en Nouvelle-Zélande, en Norvège, aux Pays-Bas, en Russie, au Royaume-Uni et en Ukraine.

2. *Activités intersessions*

Depuis la XXXVIIᵉ RCTA, l'ASOC et les représentants de ses groupes membres ont contribué activement aux discussions du forum de la RCTA et du CPE, notamment dans les GCI portant sur les « valeurs exceptionnelles » de l'environnement marin antarctique, sur une révision des lignes directrices pour l'évaluation d'impact sur l'environnement en Antarctique, sur le changement climatique, et sur la préparation d'une session du Groupe de travail spécial sur les questions relatives aux autorités compétentes.

En outre, les représentants des groupes membres de l'ASOC ont participé à une série de réunions pertinentes dans le cadre de la protection de l'environnement antarctique, notamment la XXXIIIᵉ Réunion de la CCAMLR, le Symposium de la CCAMLR, l'atelier sur la ZMP de la mer de Weddell, ainsi que des réunions de l'Organisation maritime internationale portant sur le Code polaire. Les représentants de l'ASOC ont également soumis des documents lors de diverses conférences scientifiques, afin de dialoguer avec les communautés des sciences antarctiques et marines, en particulier lors de la Conférence scientifique ouverte du SCAR.

3. *Documents pour la XXXVIIIᵉ RCTA*

L'ASOC a présenté six documents d'information (IP) à la XXXVIIIᵉ RCTA. Ces documents portent sur des questions environnementales clés, et comportent des recommandations à l'intention de la RCTA et du CPE qui permettront de renforcer la protection et la conservation de l'environnement de l'Antarctique.

IP 109, intitulé « Antarctic Tourism and Protected Areas ». Ce document porte sur la relation entre les zones protégées, au sens large du terme, et la réglementation et la gestion du tourisme. Il porte également sur la façon d'utiliser les zones protégées par rapport aux vecteurs potentiels d'extension des activités touristiques, en particulier en ce qui concerne les pistes d'atterrissage et les installations touristiques terrestres. Dans l'ensemble, la dynamique du tourisme et l'évolution actuelle du tourisme semblent indiquer que le tourisme devait être réglementé au niveau régional. Cela impliquerait d'élargir le champ d'action des instruments de gestion de l'espace, plutôt que de se contenter de les restreindre à des sites spécifiques gérés par des lignes directrices. Reconnaissant la dynamique du tourisme antarctique, l'ASOC recommande aux Parties d'envisager d'utiliser les ZSPA et les ZGSA de façon stratégique afin de réglementer le tourisme actuel et éventuellement futur. Des recommandations spécifiques sont énoncées dans le document.

IP 110, intitulé « Climate Change 2015: A Report Card ». L'ASOC prépare chaque année un bulletin de rapport sur le changement climatique afin de présenter une synthèse des recherches scientifiques les plus récentes sur le changement climatique, et son avenir, en Antarctique. Dans ce bulletin, nous avons passé en revue les changements environnementaux, notamment en ce qui concerne la température, les calottes de glace et les glaciers, la glace de mer, l'acidification de l'océan, et les répercussions sur les espèces. Cette année, nous avons inclus une nouvelle catégorie, intitulée « Carbone bleu », reflétant l'absorption du carbone par le krill. Le changement climatique en Antarctique est en cours — il ne s'agit pas d'un évènement à venir. C'est pourquoi la recherche scientifique en Antarctique a besoin du plus grand soutien possible. Toutefois, le changement climatique en Antarctique ne relève pas uniquement de la compréhension scientifique. Si nous

souhaitons protéger l'Antarctique et ses écosystèmes, les Parties consultatives au Traité sur l'Antarctique doivent chercher des solutions qui, dans toute la mesure du possible, doivent permettre à l'environnement antarctique de s'adapter aux changements climatiques qui interviennent sur le continent, tout en travaillant à limiter les changements climatiques par le biais d'accords internationaux.

IP 111, intitulé « Cumulative Impact Assessment »' Ce document passe brièvement en revue certains débats sur l'évaluation des impacts cumulatifs en se fondant sur les documents pertinents soumis à la RCTA/au CPE, et adopte une approche axée sur l'environnement vis-à-vis de l'évaluation des impacts cumulatifs dans le but d'encourager les PCTA et le CPE à prendre davantage de mesures. L'ASOC recommande que les Parties examinent les documents relatifs aux recommandations précédentes portant sur l'évaluation des impacts cumulatifs repris ici ; achèvent la révision des lignes directrices pour les EIE afin qu'elles prennent en considération les impacts cumulatifs de façon adéquate et prennent en compte les considérations antérieures le cas échéant ; mènent des études de cas sur les impacts cumulatifs sur certains sites ; étendent et améliorent la prise en considération des impacts cumulatifs dans le cadre de la mise en œuvre de l'Annexe I.

IP 112, intitulé « Expanding Antarctica's Protected Areas System »' L'article 3 de l'Annexe V du Protocole au Traité sur l'Antarctique relatif à la protection de l'environnement prévoit que les Parties créent des zones protégées dans un cadre systématisé. Jusqu'à aujourd'hui, 70 Zones spécialement protégées de l'Antarctique (ZSPA) ont été désignées par le Système du Traité sur l'Antarctique (STA), mais une analyse récente publiée dans un journal revu par des pairs indique que ces zones ne remplissent pas les objectifs fixés par le Protocole. Ce document porte sur cette analyse et recommande aux PCTA de remédier à cette situation en augmentant la taille et le nombre des ZSPA, en veillant particulièrement à ce que toutes les Régions de conservation biogéographiques de l'Antarctique (RCBA) connues soient représentées, à désigner les zones vierges, les zones de nature à l'état sauvage et les zones qui présentent un intérêt scientifique, et en veillant à protéger les valeurs exceptionnelles de l'environnement marin. Cela renforcera et étendra la protection de l'Antarctique conformément au Protocole, aux travaux distincts de la CCAMLR sur les zones marines protégées, et à d'autres recommandations internationales.

IP 113, intitulé « Next Steps for Vessel Management in the Southern Ocean » 'Ce document synthétise plusieurs exigences fixées par le nouveau Code polaire, en mettant en lumière les zones qui, selon l'ASOC, devraient faire l'objet d'un examen approfondi lors de l'étape 2 des travaux sur le Code polaire. L'étape 2 des travaux est axée sur les navires tels que les bateaux de pêche, les yachts privés, et les cargos de moins de 500 GT, et devrait démarrer en 2016. À la lumière des nombreux incidents impliquant des navires non soumis à la convention SOLAS (en particulier les bateaux de pêche et les yachts) dans les eaux antarctiques ces dernières années, l'ASOC exhorte les Parties au Traité sur l'Antarctique à contribuer officiellement à l'étape 2 de l'élaboration du Code polaire obligatoire en participant à un exercice d'échange d'information, en fournissant des exemplaires des documents pertinents de la RCTA et des rapports remis à l'OMI. L'ASOC salue l'adoption du premier Code polaire obligatoire visant à améliorer la gestion des navires opérant dans les eaux polaires, et exhorte les Parties au Traité sur l'Antarctique à travailler de concert dans le cadre de l'étape 2 des travaux afin d'achever l'examen des exigences relatives aux navires non soumis à la convention SOLAS.

IP 114, intitulé « The Antarctic Treaty System, Climate Change and Strengthened Scientific Interface with Relevant Bodies of the United Nations Framework Convention on Climate Change (UNFCCC) »' L'Antarctique est essentiel si l'on souhaite comprendre le changement climatique anthropique à l'échelle mondiale. À cet égard, le Système du Traité sur l'Antarctique a un rôle important à jouer dans la promotion de l'importance de la recherche climatique en Antarctique au sein de la communauté de recherche en matière de changements climatiques, y compris au sein de la Convention-Cadre des Nations Unies sur les changements climatiques (CCNUCC), conformément aux intentions du Traité sur l'Antarctique et de la CCAMLR. L'ASOC exhorte la RCTA et les organes qui y sont liés, principalement le CPE et le SCAR, à favoriser la réalisation des objectifs et la prise de mesures dans le cadre de ce rôle. Cela pourrait s'apparenter à la contribution régulière des groupes de travail pertinents du Conseil de l'Arctique, qui informent la vaste communauté intéressée au climat des recherches climatiques actuelles. L'ASOC exhorte également la RCTA à prendre toutes les mesures possibles pour lutter contre le changement climatique dans la région antarctique, notamment en entretenant un dialogue ciblé avec la CCAMLR.

4.   *Autres questions importantes pour la XXXVIIIe RCTA*

Tourisme – L'ASOC est ravie de voir que le document de travail WP 24 porte sur une approche stratégique de la gestion du tourisme. Les Parties débattent de cette question depuis des années, et le temps est maintenant venu pour la RCTA de prendre des mesures et de veiller à ce qu'elle soit proactive et non réactive dans les années à venir.

Anniversaire du Protocole relatif à la protection de l'environnement – L'ASOC espère que l'anniversaire du Protocole sera l'occasion pour la RCTA, non seulement de revenir sur les réalisations passées, mais aussi de travailler sur la vision future à adopter, notamment en identifiant les lacunes actuelles dans la mise en œuvre du Protocole et en planifiant les mesures à prendre pour y remédier.

Responsabilité – La mise en œuvre de l'Annexe VI devrait constituer une grande priorité pour la RCTA. L'ASOC exhorte les Parties à poursuivre leurs efforts, soit en appuyant les Parties qui n'ont pas encore adopté la Mesure 1 (2005), soit en cherchant à ce que les textes législatifs nécessaires soient élaborés au niveau national.

UAV- S'il s'agit d'un point différent des autres questions débattues ici, l'utilisation croissante des UAV en Antarctique est un exemple de la façon dont l'évolution des technologies a des répercussions sur les activités en Antarctique et, potentiellement, sur l'environnement antarctique. La RCTA doit rapidement prendre des mesures pour y réagir.

5.   *Conclusions*

Au cours de l'année écoulée, l'ASOC a travaillé avec des partenaires divers et variés, notamment l'IAATO, le SCAR, la CCAMLR, la Coalition des pêcheurs légaux de légine (COLTO), et le Fonds pour la recherche sur la faune de l'Antarctique (AWR), afin d'étendre les travaux pour identifier les forces et les faiblesses qui caractérisent les procédures et les pratiques du Système du Traité sur l'Antarctique, tout en proposant des solutions à apporter pour combler ces lacunes. Notre collaboration avec ces groupes, ainsi qu'avec les Parties au Traité sur l'Antarctique, est capitale pour nous.

L'ASOC constate, à l'instar de nos partenaires, que des discussions et des initiatives prometteuses relatives à d'importants aspects de la protection de l'environnement, sont soit en cours, soit à l'étude. L'ASOC salue tout particulièrement la contribution de plusieurs Parties à cette RCTA, qui proposent de progresser sur les diverses questions susmentionnées, incluant, sans s'y limiter, le changement climatique, la responsabilité, la sécurité et la gestion des navires de pêche et des yachts, la gestion stratégique du tourisme, et les UAV. Il est primordial que les résultats de ces débats se traduisent par des mesures tangibles. La gestion prudente de l'Antarctique nécessite que les Parties montrent l'exemple, anticipent les questions émergentes et prennent des mesures décisives.

Rapport 2014-15 de l'Association internationale des organisateurs de voyages dans l'Antarctique (IAATO)

en vertu de l'article III, paragraphe 2, du Traité sur l'Antarctique

Introduction

L'Association internationale des organisateurs de voyages dans l'Antarctique (IAATO) a le plaisir de rendre compte de ses activités à la XXXVIIIe RCTA, en vertu de l'article III, paragraphe 2, du Traité sur l'Antarctique.

L'IAATO continue de mener ses activités de manière à servir sa mission, à savoir encourager le secteur privé à organiser des voyages dans l'Antarctique sûrs et respectueux de l'environnement. L'IAATO assure :
- la gestion quotidienne et efficace des activités de ses membres dans l'Antarctique ;
- l'organisation de projets pédagogiques, y compris la collaboration scientifique ; et
- le développement et la promotion de bonnes pratiques touristiques dans l'Antarctique.

Une description détaillée de l'IAATO, de sa déclaration de mission, de ses activités principales et des évolutions récentes est disponible dans la *Fiche d'information 2015-16* et sur le site internet de l'IAATO : www.iaato.org.

Adhésion à l'IAATO et nombre de visiteurs en 2014-15

L'IAATO compte 124 membres, associés et affiliés, qui représentent des entreprises implantées dans 66 % des pays qui sont Parties consultatives au Traité sur l'Antarctique. Chaque année, les opérateurs touristiques membres de l'IAATO organisent des voyages dans l'Antarctique pour des ressortissants de presque toutes les Parties au Traité. Depuis 2010, l'IAATO représente tous les bateaux de passagers qui naviguent dans les eaux de l'Antarctique, en vertu de la Convention internationale pour la sauvegarde de la vie humaine en mer (SOLAS).

Au cours de la saison touristique 2014-15, 36 702 personnes ont fait appel aux opérateurs touristiques membres de l'IAATO pour voyager dans l'Antarctique, soit une légère diminution de 2 % par rapport à la saison précédente. Ce chiffre reste bien inférieur à celui de la saison touristique 2007-08. À l'époque, les opérateurs touristiques membres de l'IAATO ont transporté 46 265 visiteurs sur le continent antarctique.

Des statistiques détaillées portant notamment sur les activités et les nationalités sont disponibles dans le document d'information IP 53 de la XXXVIIIe RCTA, intitulé « IAATO Overview of Antarctic Tourism : 2014-15 Season and Preliminary Estimates for 2015-16 Season ». Le répertoire des membres de l'IAATO ainsi que des statistiques complémentaires sur les activités des membres de l'IAATO sont disponibles sur www.iaato.org.

Activités et travaux récents

Plusieurs initiatives ont été lancées au cours de l'année :
- Renforcement de la robustesse institutionnelle et des règles de gouvernement d'entreprise de l'association. Cette initiative prévoit la finalisation de politiques de responsabilité et de lutte contre les ententes, ainsi que l'emploi à temps plein du responsable des opérations et de l'environnement au sein du Secrétariat.

- En février 2015, deux opérateurs touristiques membres de l'IAATO ont mené un exercice de recherche et de sauvetage en collaboration avec l'IAATO et le Centre de coordination des recherches maritimes de Nouvelle-Zélande (RCCNZ). Le rapport détaillé de cet exercice figure dans le document d'information IP 52 de la XXXVIIIe RCTA, intitulé « Joint Search and Rescue Exercise in the Antarctic ».

- Le programme d'observation des yachts de l'IAATO fait désormais partie intégrante du programme d'observation renforcé de l'association, qui prévoit que les activités des membres soient observées sur le terrain en vue de promouvoir les bonnes pratiques. L'IAATO poursuit sa campagne d'information auprès des opérateurs de yachts commerciaux et privés qui prévoient de se rendre en Antarctique. Plus de détails sur www.iaato.org/yachts.

- L'évaluation en ligne du personnel de terrain et le programme de certification de l'IAATO continuent d'évoluer. Ces deux instruments permettent d'évaluer le degré de connaissance pratique du manuel des opérations de terrain de l'IAATO, qui est mis à jour chaque année et qui regroupe toutes les questions présentant un intérêt pour la RCTA et le CPE. La certification est une étape obligatoire de la procédure de recrutement de nombreux opérateurs de l'IAATO. Les évaluations sont adaptées à chaque zone de l'Antarctique. Depuis 2010, 560 membres du personnel de terrain ont été soumis à au moins une des évaluations.

- En septembre 2015, l'IAATO, conjointement avec l'Association des opérateurs de croisières d'expédition en Arctique (AECO), son organisation homologue dans l'Arctique, organisera une première conférence pour le personnel de terrain.

- L'éducation des membres, de leur personnel de terrain et de leurs clients aux questions scientifiques et de conservation dans l'Antarctique est une composante essentielle du travail de l'IAATO. Des documents clés, notamment des lignes directrices, des procédures opérationnelles standards et des documents d'information ont été traduits dans plusieurs langues (anglais, français, russe, espagnol, néerlandais, allemand, chinois, japonais, coréen et portugais) afin de faciliter la diffusion des messages importants.

- Chaque année, l'IAATO reçoit de nombreuses demandes de la part d'individus, d'opérateurs de yachts et de groupes privés qui planifient des expéditions en Antarctique. L'IAATO leur explique le fonctionnement du Système du Traité sur l'Antarctique ainsi que la procédure d'octroi des permis et transmet toutes les informations pertinentes à l'autorité compétente concernée.

- Plusieurs opérateurs de navires IAATO continuent d'améliorer les données hydrographiques selon une approche expérimental et opportuniste. Des essais « de production participative » conduits conjointement par le Bureau hydrographique et l'AECO figurent au nombre des initiatives. En 2014, une avancée importante a permis aux opérateurs de l'AECO et de l'IAATO de mettre en commun les données que les capteurs de profondeur déployés dans les régions polaires leur ont permis d'accumuler.

- En prévision de l'entrée en vigueur du Code polaire le 1er janvier 2017, l'IAATO organisera, en juin 2015, une réunion destinée aux opérateurs de navire, intitulée « Towards Polar Code Ready ».

Réunion de l'IAATO et participation à d'autres réunions en 2014-15

La 26e réunion annuelle de l'IAATO a eu lieu du 28 avril au 1er mai 2015 à Rotterdam, aux Pays-Bas. Le présent rapport a été rédigé en amont de cette réunion afin de respecter le calendrier du document d'information. En plus des initiatives susmentionnées, la réunion a porté sur :

- discussions concernant le projet de lignes directrices de l'IAATO sur le kayak et les activités sous-marines (cf. IP 86 intitulé « New IAATO Activity Guidelines ») ;
- passage en revue des projets de politique de l'IAATO sur les véhicules aériens sans pilote (UAV) faisant suite aux commentaires de la saison précédente (cf. IP 88 intitulé « IAATO Policies on Unmanned Aerial Vehicles (UAV) ») ;

- prochaines mesures que doit adopter le programme d'observation renforcé de l'IAATO en 2015-16 ;
- création d'un nouveau groupe de travail air/croisière ;
- atelier d'une demi-journée pour « former les formateurs » à la planification des situations d'urgence.

Les représentants des Parties au Traité sont invités à participer aux sessions ouvertes organisées lors de la réunion annuelle de l'IAATO, ainsi qu'aux ateliers qui ont lieu par la suite.

Le personnel du secrétariat de l'IAATO et des représentants des Membres ont participé à des réunions internes et externes, au cours desquelles ils se sont mis en rapport avec des représentants de programmes antarctiques nationaux et d'organisations gouvernementales, scientifiques, environnementales et du secteur. Parmi ces réunions, figurent :

- **26ᵉ réunion annuelle du Conseil des directeurs de programmes antarctiques nationaux (COMNAP)** , Christchurch, Nouvelle-Zélande, août 2014. L'IAATO est très favorable à une bonne coopération/collaboration entre ses membres et les programmes antarctiques nationaux.
- **Conférence scientifique ouverte du SCAR,** Auckland, Nouvelle-Zélande, août 2014.
- **Réseau international de recherche en tourisme polaire,** Christchurch, Nouvelle-Zélande, août 2014.
- **Conférence et réunion annuelle de l'Association des opérateurs de croisières d'expédition en Arctique,** octobre 2014, Oslo, Norvège.
- **Conférence du Bureau hydrographique international**, Monaco, octobre 2014.
- **Réunion du groupe de travail international de cartographie des glaces,** Punta Arenas, Chili, octobre 2014.
- **Symposium sur l'évaluation de la vulnérabilité de la faune et de la flore des zones polaires,** Institut polaire norvégien, Tromso, novembre 2014.
- L'IAATO continue de prendre activement part à l'élaboration du Code polaire obligatoire de l'**Organisation maritime internationale** (OMI). Elle conseille l'Association internationale des lignes de croisière (CLIA) et participe à différentes réunions de l'OMI.

Suivi environnemental

L'IAATO continue de fournir des informations détaillées à la RCTA et au CPE sur les activités de ses membres dans l'Antarctique et collabore avec des institutions scientifiques en ce qui concerne notamment le suivi environnemental à long terme et les projets pédagogiques. Parmi ces projets figurent l'« Antarctic Site Inventory » (inventaire des sites de l'Antarctique), le Lynch Lab de l'université de Stony Brook et la Société zoologique de l'université de Londres/Oxford. En outre, les opérateurs de l'IAATO consignent leurs observations des bateaux de pêche, qu'ils transmettent ensuite à la CCAMLR pour soutenir sa lutte contre la pêche INN.

L'IAATO voit d'un bon œil les collaborations avec d'autres organisations.

Incidents liés au tourisme 2014-15

L'IAATO continue de se faire l'écho des incidents qui ont lieu afin de s'assurer que tous les opérateurs antarctiques prennent conscience des risques qui existent et qu'ils en tirent les enseignements adéquats. Parmi les incidents qui ont impliqué des opérateurs de l'IAATO durant la saison 2014-15, on note :

- Le 21 novembre 2014, une boussole a disparu du musée de Port Lockroy, géré par l'UKAHT. Deux navires de croisière ayant accosté à Port Lockroy ce jour-là ont été immédiatement contactés. Malgré la réaction rapide de toutes les parties concernées, la boussole n'a pas été retrouvée. L'IAATO a rappelé aux opérateurs de la péninsule et au personnel de terrain l'importance de rappeler aux visiteurs que le musée et son contenu sont protégés et que le Traité sur l'Antarctique classe le musée parmi les monuments et sites historiques.
- En janvier 2015, un individu qui tentait de rejoindre le pôle en solo a été informé que la lenteur de sa progression risquait d'entraîner une perte de sa couverture SAR, qu'il était difficile de prolonger

pour des raisons logistiques. L'individu a, cependant, poursuivi sa route (l'autorité compétente a été informée de la situation). La couverture SAR de cet individu prévoyait le passage de témoin entre deux opérateurs de terrain de l'IAATO au fur et à mesure qu'il approchait du pôle. Ce système avait déjà fait ses preuves par le passé. Dans ce cas-ci, le manque de coopération initiale de la part de l'individu a entraîné une absence théorique de couverture pendant quelques jours. Les conditions qui prévalaient à l'octroi de son permis n'étaient donc plus réunies. Les opérateurs de l'IAATO concernés ont résolu le problème entre eux et l'individu a été emmené hors de la zone 84S. Le « trou » dans la couverture soulève des questions pour les opérateurs et les autorités compétentes.

- Au cours de la saison 2014-15, plusieurs incidents ont impliqué des yachts qui ne font pas partie de l'IAATO. Dans les îles Shetland du Sud, un opérateur de l'IAATO a dû rapatrier sept ressortissants polonais après que leur yacht s'est échoué. Ce genre d'incident est notifié à la Partie concernée ou, le cas échéant, à l'autorité compétente.

- À ce jour (22 avril), neuf opérations d'évacuation sanitaires ont eu lieu.

Soutien scientifique et conservation

Au cours de la saison 2014-15, des membres de l'IAATO ont transporté, à moindre coût ou gratuitement, plus de 50 membres de l'équipe de soutien scientifique et de conservation ainsi que leur équipement et leurs vivres entre des stations, des sites et des ports. Cela incluait :

- transfert de scientifiques entre des stations ;
- évacuations médicales non urgentes ;
- appui sur le terrain aux projets de recherche ;
- collecte d'échantillons scientifiques et d'autres données dans le cadre de programmes de recherche (tous autorisés) ;
- transport de matériel scientifique en provenance/à destination de stations.

Les premiers rapports indiquent que, en 2014-15, les opérateurs de l'IAATO et leurs passagers ont contribué au budget des organisations scientifiques et de conservation présentes en Antarctique et dans la région subantarctique à hauteur de 531 000 USD environ.

Au cours de la dernière décennie, ces dons s'élevaient à plus de 4 millions de dollars américains.

Remerciements

L'IAATO apprécie de pouvoir collaborer avec les Parties au Traité sur l'Antarctique, le COMNAP, le SCAR, la CCAMLR, l'OHI/CHA, l'ASOC et d'autres organisations afin d'assurer la protection à long terme de l'Antarctique.

PARTIE IV

Documents supplémentaires de la XXXVIIIè RCTA

1. Documents additionnels

Extrait de la conférence du SCAR : l'acidification de l'océan Austral

Richard Bellerby, Institut norvégien pour la recherche aquatique, Bergen, Norvège, et le Laboratoire d'État pour la recherche estuarienne et côtière, Université normale de Chine orientale, Chine en qualité de représentante du Groupe d'action du SCAR sur l'acidification des océans.

Le système des carbonates et le pH de l'océan Austral changent en raison de l'intensification de l'absorption du dioxyde de carbone (CO_2), qui résulte de l'augmentation des concentrations de CO_2 dans l'atmosphère. Ce processus, qu'on appelle l'acidification des océans, peut avoir des répercussions significatives sur les services océaniques. Le service climatique fourni par l'océan Austral, qui absorbe le CO_2 présent dans l'atmosphère, pourrait bien être mis en péril par l'affaiblissement de la capacité d'absorption de l'océan et par l'augmentation future de la proportion des émissions de CO_2 qui restent dans l'atmosphère, ce qui exacerbera le réchauffement climatique. Aussi, le potentiel des services écosystémiques pourrait être altéré par une dérégulation de l'ordre des systèmes biologiques de l'océan, ce qui nuirait à la productivité, la richesse et la biodiversité actuelles des écosystèmes et pourrait mener à l'extinction locale d'espèces clés.

Cette présentation vise à décrire les changements dans la chimie des carbonates observés au cours des récentes décennies dans l'océan Austral et à faire part des simulations les plus récentes relatives à l'acidification prochaine des océans, en fonction de plusieurs scénarios d'émissions de CO_2. Nous démontrerons la nature profondément régionale de l'acidification de l'océan Austral, dont certaines zones font l'objet de peu de changements alors que d'autres semblent être soumises à des modifications bien plus importantes que celles observées dans les autres océans. Nous montrerons également comment certaines espèces de l'océan Austral réagissent face à ces scénarios d'acidification dans des conditions expérimentales contrôlées. Parmi les facteurs qui peuvent être affectés, on trouve la santé reproductrice, la croissance et la physiologie des organismes, la composition des espèces et leur répartition, la structure de la chaîne alimentaires et la circulation des nutriments. Enfin, nous conclurons en synthétisant les conclusions clés issues du rapport du SCAR sur l'acidification des océans.

2. Liste des documents

2. Liste des documents

Documents de travail

No.	Points de l'ordre du jour	Titre	Soumis par	A	F	R	E	Pièces jointes
		l'Antarctique (ZSPA) n° 102 Îles Rookery, baie Holme, Terre de Mac. Robertson						ASPA 102 Map C ZSPA 102 Plan de gestion révisé
WP013	CPE 8b	Rapport initial du groupe de contact intersessions mis sur pied pour examiner les Lignes directrices pour les évaluations d'impact sur l'environnement en Antarctique	Australie Royaume-Uni	📄	📄	📄	📄	
WP014	RCTA 16 CPE 4	Rapport du groupe de contact intersessions chargé d'examiner les exigences en matière d'échange d'informations	Australie	📄	📄	📄	📄	
WP015	CPE 9a	Groupe subsidiaire sur les plans de gestion – Rapport sur les travaux intersessions de 2014/15	Norvège	📄	📄	📄	📄	
WP016	RCTA 13	Le rôle de l'Antarctique dans les processus climatiques mondiaux	Royaume-Uni Norvège	📄	📄	📄	📄	
WP017	CPE 9b	Proposition relative à l'inscription de la cabane « Chien boiteux » située sur la base bulgare Saint-Clément d'Ohrid sur l'île Livingston à la liste des sites et monuments historiques	Bulgarie	📄	📄	📄	📄	
WP018	RCTA 11	Inspection des voiliers de plaisance dans le cadre du Traité sur l'Antarctique et de son Protocole sur la protection de l'environnement	Royaume-Uni	📄	📄	📄	📄	
WP019 rev.1	RCTA 12 CPE 12	Recommandations générales à l'issue des inspections conjointes menées par le Royaume-Uni et la République tchèque en vertu de l'article VII du Traité sur l'Antarctique et de l'article 14 du Protocole relatif à la protection de l'environnement	Royaume-Uni République tchèque	📄	📄	📄	📄	
WP020	CPE 9d	Le concept de « valeurs exceptionnelles » dans l'environnement marin, en vertu de l'Annexe V du Protocole	Belgique	📄	📄	📄	📄	
WP021	CPE 3	Portail des environnements de l'Antarctique : achèvement du projet et prochaines étapes	Australie Belgique Nouvelle-Zélande Norvège SCAR	📄	📄	📄	📄	
WP022	RCTA 10 CPE 8b	Utilisation des UAV en Antarctique – Risques et avantages	COMNAP	📄	📄	📄	📄	
WP023	CPE 9b	Projet de restauration du patrimoine de la mer de Ross : un modèle de conservation du patrimoine des zones spécialement protégées de l'Antarctique	Nouvelle-Zélande	📄	📄	📄	📄	
WP024	RCTA 11	Adoption d'une approche stratégique de l'écotourisme et des activités non gouvernementales en Antarctique	Nouvelle-Zélande Royaume-Uni Pays-Bas Norvège	📄	📄	📄	📄	
WP025	CPE 9a	Révision du plan de gestion pour la zone spécialement protégée de	Nouvelle-Zélande	📄	📄	📄	📄	ASPA 104 Map 1 ASPA 104 Map 2

Documents de travail

No.	Points de l'ordre du jour	Titre	Soumis par	A	F	R	E	Pièces jointes
		l'Antarctique (ZSPA) no 104, île Sabrina, îles Balleny						ZSPA 104 Plan de gestion révisé
WP026	CPE 9a	Révision des plans de gestion pour les zones spécialement protégées de l'Antarctique (ZSPA) n° 105, 155, 157, 158 et 159	Nouvelle-Zélande					ASPA 105 Map A ASPA 105 Map B ASPA 105 Map C ASPA 155 Map A ASPA 155 Map B ASPA 157 Map 1 ASPA 157 Map 2 ASPA 158 Map A ASPA 158 Map B ASPA 159 Map A ASPA 159 Map B ZSPA 105 Plan de gestion révisé ZSPA 155 Plan de gestion révisé ZSPA 157 Plan de gestion révisé ZSPA 158 Plan de gestion révisé ZSPA 159 Plan de gestion révisé
WP027	RCTA 13 CPE 10c	Distances relatives à l'approche des espèces sauvages en Antarctique	SCAR					
WP028	CPE 10a	Révision du Manuel du CPE sur les espèces non indigènes (édition 2011)	Royaume-Uni France Nouvelle-Zélande					Attachment A Attachment B
WP029	CPE 9e	Processus suggéré d'évaluation préalable ZSPA/ZGSA	Norvège					
WP030	CPE 8a	Vers la présentation d'un projet d'évaluation globale de l'environnement pour la construction et l'exploitation d'une piste en graviers dans la zone de la station Mario Zucchelli, Terre Victoria, Antarctique	Italie					Proposed construction and operation of a gravel runway in the area of Mario Zucchelli Station, Victoria Land, Antarctica
WP031 rev.1	CPE 9b	Proposition pour l'inscription du tracteur-autoneige lourd « Kharkovchanka », utilisé dans l'Antarctique de 1959 à 2010, sur la liste des sites et monuments historiques	Fédération de Russie					
WP032	RCTA 11	Sur les possibilités relatives à la surveillance du tourisme d'aventure et des expéditions non gouvernementales en Antarctique	Fédération de Russie					
WP033	RCTA 9	Sur les problèmes relatifs à l'approbation de l'Annexe VI – « Responsabilités découlant des situations critiques pour l'environnement » au Protocole du Traité sur l'Antarctique relatif à la protection de l'environnement	Fédération de Russie					
WP034	CPE 9a	Plan de gestion révisé pour la zone spécialement protégée de l'Antarctique n° 148 mont Flora, baie Hope, péninsule Antarctique	Royaume-Uni Argentine					ZSPA 148 Plan de gestion révisé

Documents de travail

No.	Points de l'ordre du jour	Titre	Soumis par	A	F	R	E	Pièces jointes
WP035	CPE 9e	Code de conduite pour les activités se déroulant en zone géothermique continentale en Antarctique	Nouvelle-Zélande Espagne Royaume-Uni Etats-Unis d'Amérique					Projet de code de conduite pour les activités se déroulant en zone géothermique continentale en Antarctique
WP036	RCTA 9	Annexe VI au Protocole au Traité sur l'Antarctique relatif à la protection de l'environnement : prochaines étapes	Nouvelle-Zélande Finlande Pays-Bas Suède					
WP037	CPE 7	Rapport du GCI sur le changement climatique	Norvège Royaume-Uni					Document de travail du CPE : programme de travail en réponse aux changements climatiques
WP038	CPE 7	Application de l'outil de planification de la conservation RACER (évaluation rapide de la résilience de l'écosystème circumarctique) à l'île James Ross	Royaume-Uni République tchèque					
WP039	RCTA 14 CPE 7	Coopération et priorités scientifiques communes : observations et modélisations systématisées dans l'océan Austral	Etats-Unis d'Amérique Australie					
WP040	CPE 10c	Zones importantes pour la conservation des oiseaux en Antarctique	Australie Nouvelle-Zélande Norvège Royaume-Uni Etats-Unis d'Amérique					
WP041	CPE 9a	Révision du plan de gestion pour la zone spécialement protégée de l'Antarctique (ZSPA) no 168 mont Harding, montagnes Grove, Antarctique de l'Est	Chine					ZSPA 168 Plan de gestion révisé
WP042	CPE 9a	Révision du plan de gestion pour la zone spécialement protégée de l'Antarctique (ZSPA) n° 163 : Glacier Dakshin Gangotri, Terre Dronning Maud	Inde					ASPA 163 Figure 1 ASPA 163 Map 1 ASPA 163 Map 2 ASPA 163 Map 3 ASPA 163 Map 4 ASPA 163 Map 5 ASPA 163 Map 6 ZSPA n° 163 Plan de gestion révisé
WP043	RCTA 5	Rapport du groupe de contact intersessions visant à promouvoir une coopération élargie en Antarctique	Chili					
WP044	RCTA 5 CPE 3	Un symposium pour célébrer le 25e anniversaire du Protocole au Traité sur l'Antarctique relatif à la protection de l'environnement	Norvège Australie Chili France Nouvelle-Zélande Royaume-Uni					
WP045	RCTA 6	Du paiement échelonné des	Ukraine					

Documents de travail

No.	Points de l'ordre du jour	Titre	Soumis par	A	F	R	E	Pièces jointes
		contributions par les Parties consultatives au Secrétariat du Traité sur l'Antarctique						
WP046	CPE 10a	Étude visant à déterminer la présence d'espèces non indigènes introduites en Antarctique par des voies naturelles	Argentine					
WP047	RCTA 15 CPE 3	Atelier sur l'éducation et la sensibilisation – Rapport relatif aux discussions informelles sur l'élaboration d'une publication à l'occasion du 25e anniversaire du Protocole de Madrid	Argentine					
WP048	CPE 9a	Rapport sur les discussions informelles tenue durant une période intersessions supplémentaire concernant la proposition d'une nouvelle Zone gérée spéciale de l'Antarctique à la station antarctique chinoise Kunlun, Dôme A	Chine					Résumé des commentaires et des réponses de la deuxième session des discussions
WP049	CPE 6	Réhabilitation environnementale en Antarctique	Brésil Argentine					
WP050	CPE 9e	Résultats des enquêtes ad hoc sur la protection des fossiles en Antarctique. Champs d'action potentiels à discuter ultérieurement	Argentine					
WP051	RCTA 11	Comment régler la question des navires de tourisme naviguant sous pavillons d'États tiers dans la zone du Traité sur l'Antarctique	Equateur					
WP052	RCTA 13	Rapport des coprésidents concernant l'atelier sur l'éducation, Sofia, Bulgarie, mai 2015	Bulgarie Belgique Brésil Chili Portugal Royaume-Uni					

Documents d'information

No.	Points de l'ordre du jour	Titre	Soumis par	A	F	R	E	Pièces jointes
IP001	RCTA 4	Rapport de l'observateur de la CCAMLR à la trente-huitième réunion consultative du Traité sur l'Antarctique	CCAMLR	🗎	🗎	🗎	🗎	
IP002	RCTA 15	Workshop on Education and Outreach - Portugal's Antarctic Education and Outreach Activities	Portugal	🗎				
IP003	RCTA 13	Portugal's Antarctic Science and Policy Activities: a Review	Portugal	🗎				
IP004	RCTA 11	Special WG on Competent Authorities issues: Summary of the United Kingdom's Antarctic Permitting Process	Royaume-Uni	🗎				
IP005	RCTA 4	Rapport du gouvernement dépositaire de la Convention pour la protection des phoques de l'Antarctique (CCAS), conformément à la Recommandation XIII-2, Paragraphe 2 (D)	Royaume-Uni	🗎	🗎	🗎	🗎	
IP006 rev.1	RCTA 11	Special WG on Competent Authorities issues: Summary of Japan's Certification Process of Antarctic Activity	Japon	🗎				
IP007	RCTA 4	Activity of the Republic of Belarus in Antarctica in 2007–2014 and Today	Belarus	🗎		🗎		
IP008	RCTA 4 CPE 5	Rapport annuel 2014/2015 du Conseil des directeurs des programmes antarctiques nationaux (COMNAP)	COMNAP	🗎	🗎	🗎	🗎	
IP009 rev.1	RCTA 15	Workshop on Education and Outreach - Making an Impact: National Antarctic Program Activities which Facilitate Education and Outreach	COMNAP	🗎				Compilation of national Antarctic program information on education and outreach activities.
IP010	CPE 9d	The concept of "outstanding values" in the marine environment under Annex V of the Protocol	Belgique	🗎				
IP011	CPE 3	Antarctic Environmental Portal content development and editorial process	Australie Belgique Nouvelle-Zélande Norvège SCAR	🗎				
IP012	CPE 5	Report by the SC-CAMLR Observer	CCAMLR	🗎				
IP013	CPE 9b	Supporting Images for Working Paper: Ross Sea Heritage Restoration Project: A model for conserving heritage values in Antarctic Specially Protected Areas	Nouvelle-Zélande	🗎				

Documents d'information

No.	Points de l'ordre du jour	Titre	Soumis par	A	F	R	E	Pièces jointes
IP014	RCTA 13	Research Activity Report. Czech Antarctic Expedition to James Ross Island Jan-Feb 2015	République tchèque	📄				
IP015	RCTA 13 CPE 8b	Proposed routes for all-terrain vehicles based on impact on deglaciated area of James Ross Island	République tchèque	📄				
IP016	CPE 6	Bioremediation on the Brazilian Antarctic Station area	Brésil	📄				
IP017	RCTA 15	Workshop on Education and Outreach - APECS-Brazil E&O activities during the XXXVII Antarctic Treaty Consultative Meeting (ATCM)	Brésil	📄				
IP018	RCTA 15	Workshop on Education and Outreach - Cultural Contest - "Brasil in Antarctica"	Brésil	📄				
IP019 rev.1	RCTA 4 CPE 5	Rapport annuel 2014/15 du Comité scientifique pour la recherche antarctique (SCAR)	SCAR	📄	📄	📄	📄	
IP020	RCTA 13 CPE 13	Outcomes of the 1st SCAR Antarctic and Southern Ocean Science Horizon Scan	SCAR	📄				A roadmap for Antarctic and Southern Ocean science for the next two decades and beyond
IP021	RCTA 4	Rapport du gouvernement dépositaire de l'Accord sur la conservation des albatros et des pétrels (ACAP)	Australie	📄	📄	📄	📄	
IP022	RCTA 4	Rapport du gouvernement dépositaire de la Convention sur la conservation de la faune et la flore marines de l'Antarctique (CCAMLR)	Australie	📄	📄	📄	📄	
IP023	RCTA 13	First Colombian Scientific Expedition to Antarctica 2014/2015	Colombie	📄			📄	
IP024	CPE 9e	Code of Conduct for Activities within Terrestrial Geothermal Environments in Antarctica	Nouvelle-Zélande Espagne Royaume-Uni Etats-Unis d'Amérique	📄				
IP025	RCTA 13	Finland's Antarctic Research Strategy 2014	Finlande	📄				
IP026	RCTA 13	Antarctic Scientific Agenda of Colombia 2014 - 2035	Colombie	📄			📄	
IP027	CPE 10c	Important Bird Areas (IBAs) in Antarctica	Australie Nouvelle-Zélande Norvège	📄				Important Bird Areas in Antarctica 2015: Summary

Documents d'information

No.	Points de l'ordre du jour	Titre	Soumis par	A	F	R	E	Pièces jointes
			Royaume-Uni Etats-Unis d'Amérique					
IP028	RCTA 10	Contribution of Colombia to the Maritime Safety in Antarctica	Colombie	⬇			⬇	
IP029	CPE 10a	The successful eradication of Poa pratensis from Cierva Point, Danco Coast, Antarctic Peninsula	Argentine Espagne Royaume-Uni	⬇				
IP030	RCTA 13	Japan's Antarctic Research Highlights 2014–15	Japon	⬇				
IP031	RCTA 15	Workshop on Education and Outreach - UK's Antarctic Education and Public Engagement Programmes	Royaume-Uni	⬇				
IP032	RCTA 13	Document withdrawn	Royaume-Uni	⬇				
IP033	RCTA 10 RCTA 4	The role of the United Kingdom in charting the waters of the Antarctic	Royaume-Uni	⬇				
IP034	CPE 7	Results of RACER workshop focused on James Ross Island	Royaume-Uni République tchèque	⬇				Results of RACER workshop focused on James Ross Island
IP035	RCTA 11	Special WG on Competent Authorities session - French issues and experiences of relevance to the paragraphs III to VII of the agenda	France	⬇				
IP036	RCTA 11	Special WG on Competent Authorities session - Brief summary of the French competent authority domestic process	France	⬇				
IP037	RCTA 11	Renforcement par la France de la sécurité des activités touristiques et non gouvernementales en Antarctique	France	⬇	⬇			
IP038	RCTA 11	Special WG on Competent Authorities Issues - Summary of South Africa's Antarctic Authorisation Process	Afique du Sud	⬇				
IP039	CPE 8a	Construction and Operation of Belarusian Antarctic Research Station at Mount Vechernyaya, Enderby Land. Final Comprehensive Environmental Evaluation	Belarus	⬇		⬇		Final Comprehensive Environmental Evaluation
IP040	RCTA 4	Rapport du gouvernement dépositaire du Traité sur l'Antarctique et de son Protocole conformément à la	Etats-Unis d'Amérique	⬇	⬇	⬇	⬇	Liste de Recommandations/Mesures et de leur approbation Tableau de l'état du

Documents d'information

No.	Points de l'ordre du jour	Titre	Soumis par	A	F	R	E	Pièces jointes
		Recommandation XIII-2						Protocole Tableau de l'état du Traité
IP041	CPE 6	Remediation and Closure of Dry Valley Drilling Project Boreholes in Response to Rising Lake Levels	Etats-Unis d'Amérique	📄				
IP042	CPE 11	EIA Field Reviews of Science, Operations, and Camps	Etats-Unis d'Amérique	📄				USAP Field Camp Review Checklist
IP043	RCTA 15	Workshop on Education and Outreach - Education and Outreach Activities of the United States Antarctic Program (USAP)	Etats-Unis d'Amérique	📄				
IP044	RCTA 10	Australia's Antarctic Hydrographic Surveys	Australie	📄				
IP045 rev.1	RCTA 4	Australia's Approval of Measure 4 (2004), Measure 1 (2005), and Measure 15 (2009)	Australie	📄				
IP046	CPE 10a	Colonisation status of known non-native species in the Antarctic terrestrial environment: a review	Royaume-Uni Chili Espagne	📄				Attachment A: Biological invasions in terrestrial Antarctica: what is the current status and how can we spond? Attachment B: Supplementary information
IP047	RCTA 13	VIII Campaña Venezolana a la Antártida 2014-2015	Venezuela				📄	
IP048	RCTA 15	Taller sobre Educación y Difusión - Proyecto Libro Digital Juguemos en la Antártida	Venezuela				📄	Juguemos en la Antártida. Guía para el estudiante Juguemos en la Antártida. Manual del docente La aventura de un osito polar perdido en la Antártida
IP049	RCTA 11	The unauthorised voyage of the SV Infinity (2014): Next Steps	Nouvelle-Zélande Allemagne	📄				
IP050	RCTA 10 CPE 9b	Damage to the Observation Hill Cross (HSM 20)	Nouvelle-Zélande	📄				
IP051	RCTA 10	Search and Rescue Incident: Antarctic Chieftain (2015)	Nouvelle-Zélande	📄				
IP052	RCTA 10	Joint Search and Rescue Exercise in the Antarctic	IAATO Nouvelle-Zélande	📄				
IP053	RCTA 11	IAATO Overview of Antarctic Tourism	IAATO	📄				

Documents d'information

No.	Points de l'ordre du jour	Titre	Soumis par	A	F	R	E	Pièces jointes
IP054	RCTA 11	Special WG on Competent Authorities Issues - Agenda Item V - Development of Domestic Guidance on Emergency Preparedness, Response Planning and Insurance Requirements (Measure 4 (2004))	Nouvelle-Zélande	📄				
IP055	RCTA 10	Antarctic Flight Information Manual (AFIM)	COMNAP	📄				
IP056	RCTA 10	COMNAP Sea Ice Challenges Workshop	COMNAP	📄				
IP057	RCTA 12 CPE 12	Report of the Joint Inspections undertaken by the United Kingdom and the Czech Republic under Article VII of the Antarctic Treaty and Article 14 of the Environmental Protocol	Royaume-Uni République tchèque	📄				UK and Czech Republic Antarctic Treaty Inspection Report 2014-15
IP058	RCTA 11	Special Working Group on Competent Authorities issues - Examples and Issues from the United Kingdom	Royaume-Uni	📄				
IP059	RCTA 13	The COMNAP Antarctic Roadmap Challenges (ARC) project	COMNAP	📄				
IP060	RCTA 10	COMNAP Search & Rescue Workshop III - Advance notice of workshop plans	COMNAP	📄				
IP061	RCTA 10	Improving Sea Ice Information in Antarctica	Allemagne	📄				
IP062	RCTA 15	Workshop on Education and Outreach - Whom, how and what do we reach with Antarctic education and outreach?	Allemagne	📄				
IP063	RCTA 13	EU-PolarNet – Connecting Science with Society	Allemagne Belgique Bulgarie France Portugal	📄				
IP064 rev.1	RCTA 11	The yacht Sarah W. Vorwerk within the Antarctic Treaty area during the season 2014/2015	Allemagne Argentine	📄				
IP065	RCTA 11	Alleged solo Expedition to the South Pole by a German National	Allemagne	📄				
IP066	RCTA 11	Special Working Group on Competent Authorities session – German contribution	Allemagne	📄				
IP067	RCTA 13	Russian studies of subglacial Lake Vostok in the season	Fédération de Russie	📄		📄		

Documents d'information

No.	Points de l'ordre du jour	Titre	Soumis par	A	F	R	E	Pièces jointes
		2014–2015						
IP068	RCTA 16	Russia-U.S. Removal of Radioisotope Thermoelectric Generators from the Antarctic	Fédération de Russie Etats-Unis d'Amérique	📄		📄		
IP069	CPE 10c	Update of the status of the rare moss formations on Caliente Hill (ASPA 140 – site C)	Espagne	📄				
IP070	RCTA 13 RCTA 4	Report from Asian Forum of Polar Sciences to the ATCM XXXVIII	Corée République de	📄				
IP071	CPE 11	Environmental Monitoring at Jang-Bogo Station, Terra Nova Bay	Corée République de	📄				
IP072	RCTA 11	Secial WG on Competent Authorities session - Authorisation Procedure for Non-Governmental Activities in Antarctica	Chili	📄			📄	
IP073	RCTA 15	Workshop on Education and Outreach - Key Dissemination and Education Activities in the Chilean Antarctic Science Programme	Chili	📄			📄	
IP074	RCTA 10 CPE 13	Waste Water Management in Antarctica COMNAP Workshop	COMNAP	📄				COMNAP Waste Water Management Workshop 2014 Convenor's Report
IP075	RCTA 11	Special WG on Competent Authorities session - An illustration of successful cooperation between NCAs	Chili France	📄				
IP076	RCTA 15	Workshop on Education and Outreach - Antarctic Education & Outreach in Italy before and after the 4th International Polar Year	Italie	📄				
IP077	CPE 8b	UAV remote sensing of environmental changes on King George Island (South Shetland Islands): preliminary information on the results of the first field season 2014/2015	Pologne	📄				Supporting figures
IP078	CPE 10a	Eradication of a non-native grass Poa annua L. from ASPA No 128 Western Shore of Admiralty Bay, King George Island, South Shetland Islands	Pologne	📄				
IP079	RCTA 13	Chilean Antarctic Science Program: Evolution and challenges	Chili	📄			📄	
IP080	CPE 8b	South Africa's use of Unmanned Aerial Vehicles (UAV) in Antarctica	Afique du Sud	📄				

Documents d'information

No.	Points de l'ordre du jour	Titre	Soumis par	A	F	R	E	Pièces jointes
IP081	RCTA 11	Special WG on Competent Authorities issues - Summary of the United States Framework for Regulation of Antarctic Tourism	Etats-Unis d'Amérique	📄				
IP082	RCTA 10 CPE 8b	A risk-based approach to safe operations of unmanned aircraft systems in the United States Antarctic Program (USAP)	Etats-Unis d'Amérique	📄				General UAS Risk Assessment
IP083	RCTA 10 CPE 8b	Guidance on unmanned aerial system (UAS) use in Antarctica developed for applications to scientific studies on penguins and seals	Etats-Unis d'Amérique	📄				Michael E. Goebel et al. Polar Biology.
IP084	RCTA 4	Rapport 2014-15 de l'Association internationale des organisateurs de voyages dans l'Antarctique (IAATO)	IAATO	📄	📄	📄	📄	
IP085	RCTA 11 CPE 9c	Report on IAATO Operator Use of Antarctic Peninsula Landing Sites and ATCM Visitor Site Guidelines, 2013-14 and 2014-15 Season	IAATO	📄				
IP086	RCTA 11	IAATO Guidelines for Sea Kayaking and Underwater activities	IAATO	📄				
IP087	RCTA 15	Workshop on Education and Outreach - Using Education to Create a Task Force for Antarctic Conservation	IAATO	📄				
IP088	RCTA 10 CPE 8b	IAATO Policies on the use of unmanned aerial vehicles (UAVs) in Antarctica	IAATO	📄				
IP089	RCTA 15	Workshop on Education and Outreach – New Zealand Ice-Reach: Inspiring Communities to Connect with Antarctica	Nouvelle-Zélande	📄				
IP090	RCTA 15	Workshop on Education and Outreach - Education and Outreach in the Australian Antarctic Programme	Australie	📄				
IP091	RCTA 13	Cooperation between Romania and Korea (ROK) in Antarctica	Roumanie	📄				
IP092	RCTA 14 CPE 7	Antarctic Climate Change and the Environment – 2015 Update	SCAR	📄				
IP093	CPE 10a	Monitoring biological invasion across the broader Antarctic: a baseline and indicator framework	SCAR	📄				
IP094	RCTA 13 CPE 7	Climate Change in Antarctica	Royaume-Uni	📄				Patterns of Change in Antarctica
IP095	RCTA 11	Special WG on Competent Authorities session -	Pays-Bas	📄				

Documents d'information

No.	Points de l'ordre du jour	Titre	Soumis par	A	F	R	E	Pièces jointes
		Implementing the Madrid Protocol. Dutch experiences and questions for the ATCM workshop of Competent Authorities						
IP096	RCTA 11	Data Collection and Reporting on Yachting Activity in Antarctica in 2014-15	Royaume-Uni IAATO	📄				
IP097	RCTA 15	Workshop on Education and Outreach – Examples of educational and outreach activities of the Belgian scientists, school teachers and associations in 2013-2015	Belgique	📄				
IP098	RCTA 13 CPE 11	Report on the 2014-2015 activities of the Southern Ocean Observing System (SOOS)	SCAR	📄				
IP099	RCTA 13	Recent Developments in Indian Ice-core Drilling Program in Dronning Maud Land, East Antarctica	Inde	📄				
IP100	RCTA 13	Antarctic Lakes and Global Climate Perspectives: The Indian Footprint	Inde	📄				
IP101	RCTA 15 CPE 10a	COMNAP Practical Training Modules: Module 2 – Non-native Species	COMNAP	📄				COMNAP Training Module 2: Non-native Species
IP102	RCTA 11 CPE 9c	Antarctic Site Inventory: Results from long-term monitoring	Nouvelle-Zélande Etats-Unis d'Amérique	📄				
IP103	CPE 11	A Methodology to Assess Site Sensitivity at Visitor Sites: Progress Report	Australie Nouvelle-Zélande Norvège Royaume-Uni Etats-Unis d'Amérique	📄				
IP104 rev.1	RCTA 11	Towards a Comprehensive, Proactive and Effective Antarctic Tourism Policy: Turning Recommendations into Action	Inde	📄				
IP105	RCTA 15	Workshop on Education and Outreach - Antarctic Education and Outreach activities in Bulgaria	Bulgarie	📄				
IP106	CPE 5	Report by the CEP Observer to the XXXIII SCAR Delegates' Meeting	Chili	📄		📄		
IP107	RCTA 11	Special WG on Competent Authorities Issues - Recent Canadian Permitting Issues	Canada	📄				
IP108	RCTA 11	Special WG on Competent Authorities Issues - Summary of	Canada	📄				

Documents d'information

No.	Points de l'ordre du jour	Titre	Soumis par	A	F	R	E	Pièces jointes
		Canada's Antarctic Permitting System						
IP109	RCTA 11 CPE 9e	Antarctic Tourism and Protected Areas	ASOC	☐				
IP110	RCTA 14 CPE 7	Climate Change 2015: A Report Card	ASOC	☐				
IP111	CPE 8b	Cumulative Impact Assessment	ASOC	☐				
IP112	CPE 9e	Expanding Antarctica's Protected Areas System	ASOC	☐				
IP113	RCTA 10	Next steps for Vessel Management in the Southern Ocean	ASOC	☐				
IP114	RCTA 14 CPE 7	The Antarctic Treaty System, Climate Change and Strengthened Scientific Interface with Relevant Bodies of the United Nations Framework Convention on Climate Change (UNFCCC)	ASOC	☐				
IP115	RCTA 13	Australian Antarctic Science Program: highlights of the 2014/15 season	Australie	☐				
IP116	RCTA 13	East Antarctic / Ross Sea Workshop on Collaborative Science	Australie Chine	☐				
IP117	RCTA 11	Special WG on Competent Authorities issues - Summary of Parties' competent authority domestic process	Norvège	☐				
IP118 rev.1	RCTA 15	Workshop on Education and Outreach - Norway's Antarctic Education and Outreach Activities	Norvège	☐				
IP119	CPE 9c	National Antarctic Programme use of locations with Visitor Site Guidelines in 2014-15	Royaume-Uni Argentine Australie Etats-Unis d'Amérique	☐				
IP120	RCTA 15	Workshop on Education and Outreach - Summary of CCAMLR initiatives	CCAMLR	☐				
IP121	CPE 4	Committee for Environmental Protection (CEP): summary of activities during the 2014/15 intersessional period	Australie	☐				
IP122	RCTA 4	Rapport de l'Organisation	OHI	☐	☐	☐	☐	

Documents d'information

No.	Points de l'ordre du jour	Titre	Soumis par	A	F	R	E	Pièces jointes
		hydrographique internationale (OHI)						
IP123	RCTA 11	Special WG on competent Authorities session - Experiences and examples from the Norwegian competent authorities	Norvège	⬚				
IP124	RCTA 15	Workshop on Education and Outreach - South Africa's Antarctic Education and Outreach Activities	Afique du Sud	⬚				
IP125	RCTA 13	"From East to West" initiative	Uruguay	⬚				
IP126	RCTA 11	Report on Antarctic tourist flows and cruise ships operating in Ushuaia during the 2014/2015 Austral summer season	Argentine	⬚			⬚	
IP127 rev.1	RCTA 11	Non-commercial pleasure and/or sport vessels that travelled to Antarctica through Ushuaia during the 2014/2015 season	Argentine	⬚			⬚	
IP128	RCTA 11	Areas of tourist interest in the Antarctic Peninsula and South Orkney Islands region. 2014/2015 austral summer season	Argentine	⬚			⬚	
IP129	RCTA 15	Workshop on Education and Outreach - Argentina´s Art Programme and International Cooperation: Art in Antarctica, a ten-year project	Argentine	⬚			⬚	
IP130	RCTA 13	XXXIV SCAR Biennial Meetings including the 2016 Open Science Conference, 19-31 August, 2016, Kuala Lumpur, Malaysia	Malasia	⬚				
IP131	CPE 9c	Politique de gestion du tourisme pour la station scientifique Brown	Argentine	⬚	⬚	⬚	⬚	Lignes directrices pour les visiteurs de la station Brown
IP132	RCTA 11	Activités touristiques à la station scientifique de Brown. Évaluation, analyse et mesures de gestion	Argentine	⬚	⬚	⬚	⬚	
IP133	RCTA 17	An Update on Status and Trends Biological Prospecting in Antarctica and Recent Policy Developments at the International Level	Pays-Bas	⬚				
IP134	RCTA 13	Mise à jour sur la Commission canadienne des affaires polaires et le projet de Station de recherche du Canada dans l'Extrême Arctique (SCREA)	Canada	⬚	⬚			
IP135	RCTA 13	Cooperation of Romania with Australia in Antarctica	Roumanie	⬚				

Documents d'information

No.	Points de l'ordre du jour	Titre	Soumis par	A	F	R	E	Pièces jointes
IP136	RCTA 13	Cooperation of Romania with Bulgaria in the Antarctic field	Roumanie					
IP137	RCTA 4	Rapport de la Coalition pour l'Antarctique et l'océan Austral	ASOC					

Documents de contexte

No.	Points de l'ordre du jour	Titre	Soumis par	A	F	R	E	Pièces jointes
BP001	RCTA 13 CPE 7	Extrait de la conférence du SCAR : l'acidification de l'océan Austral	SCAR	▣	▣	▣	▣	
BP002	RCTA 10	Cooperation Visit to Stations/ Bases Facilities in Antarctica	Brésil	▣				
BP003	RCTA 10	XXXIII Brazilian Antarctic Operation	Brésil	▣				
BP004	RCTA 13 CPE 5	The Scientific Committee on Antarctic Research (SCAR) Selected Science Highlights for 2014/15	SCAR	▣				
BP005	RCTA 13	Action Plan: Development of the Brazilian Antarctic science	Brésil	▣				
BP006	CPE 5	Submission to the CCAMLR CEMP database of Adélie penguin data from the Ross Sea region	Nouvelle-Zélande	▣				
BP007	RCTA 15	Workshop on Education and Outreach – Poster Abstract on Education and Outreach Activities of the United States Antarctic Program (USAP)	Etats-Unis d´Amérique	▣				
BP008	RCTA 13	Report from the Republic of Korea on Its Cooperation with the Consultative Parties and the Wider Polar Community	Corée République de	▣				
BP009	RCTA 10	Polish Sailing Yacht Accident at King George Island (Antarctic Peninsula)	Pologne	▣				
BP010	RCTA 13	Actividades del Programa Nacional Antártico Perú periodo 2014 – 2015	Pérou				▣	
BP011	RCTA 10	Vigésima Tercera Expedición Científica del Perú a la Antártida (ANTAR XXIII)	Pérou				▣	
BP012	CPE 6	Remediation of fuel-contaminated soil using biopile technology at Casey Station	Australie	▣				
BP013	CPE 6	Remediation and reuse of soil from a fuel spill near Lake Dingle, Vestfold Hills	Australie	▣				
BP014	CPE 12	Follow-up to the Recommendations of the Inspection Teams to Maitri Station	Inde	▣				
BP015	RCTA 13	Síntesis de biodiesel a partir de aceite producido por microalgas antárticas	Equateur				▣	
BP016	RCTA 10	Desarrollo y aplicación de eco-materiales para un prototipo habitable de emergencia en la Antártida	Equateur				▣	

Documents de contexte								
No.	Points de l'ordre du jour	Titre	Soumis par	A	F	R	E	Pièces jointes
BP017	CPE 13	Manejo de residuos sólidos en la XIX Expedición Ecuatoriana	Equateur				📄	
BP018	RCTA 10	Results of an Investigation into the Aircraft Incident Mount Elizabeth, Antarctica on January 23, 2013	Canada	📄				
BP019	RCTA 15	El tema antártico en los textos del nivel secundario del Ecuador	Equateur				📄	
BP020	RCTA 15	Uruguayan Antarctic Institute: Outreach, Culture and Education Program	Uruguay	📄			📄	
BP021	RCTA 15	Workshop on Education and Outreach – Poster Abstract on Education and Outreach Activities of Bulgarian Antarctic Institute (BAI)	Bulgarie	📄				
BP022	RCTA 13 CPE 10c	A meta-analysis of human disturbance impacts on Antarctic wildlife	SCAR	📄				
BP023	RCTA 15	Workshop on Education and Outreach - First Uruguayan Antarctic Research School: training the next generation of Uruguayan Antarctic researchers	Uruguay	📄				
BP024	RCTA 13	Determinación del marco de referencia geodésico oficial de la Estación Maldonado	Equateur				📄	
BP025	RCTA 13	Implementación de UAV's en la generación de cartografía oficial de la Estación Maldonado	Equateur				📄	
BP026	RCTA 15	Report on the ATCM XXXVIII Workshop on Education and Outreach	Bulgarie Belgique Brésil Chili Portugal Royaume-Uni	📄				

Documents du Secrétariat

No.	Points de l'ordre du jour	Titre	Soumis par	A	F	R	E	Pièces jointes
SP001 rev.4	RCTA 3 CPE 2	XXXVIIIe RCTA et XVIIIe CPE Ordre du jour et calendrier des travaux	STA	📄	📄	📄	📄	Plan de travail stratégique pluriannuel de la RCTA
SP002	RCTA 6	Rapport du Secrétariat 2014/2015	STA	📄	📄	📄	📄	Annexe 1 : Rapport financier certifié 2013/14 - Rapport de l'auditeur financier Annexe 1 : Rapport financier certifié 2013/14 - Rapport financier Annexe 2 : Rapport financier provisoire 2014/15 Annexe 3 : Contributions reçues par le Secrétariat du Traité sur l'Antarctique 2014/15
SP003	RCTA 6	Programme 2015/16 du Secrétariat	STA	📄	📄	📄	📄	Annexe 1: Rapport prévisionnel de l'exercice financier 2014/2015, budget de l'exercice financier 2015/2016, budget prévisionnel de l'exercice financier 2016/2017 Annexe 2: Barème des contributions 2016/17 Annexe 3: Grille des salaires 2015/16
SP004	RCTA 6	Profil budgétaire quinquennal prévisionnel 2015-2019	STA	📄	📄	📄	📄	Profil budgétaire quinquennal prévisionnel 2015 - 2019
SP005	CPE 8b	Liste annuelle des évaluations préliminaires (EPIE) et globales (EGIE) d'impact sur l'environnement réalisées entre le 1er avril 2014 et le 31 mars 2015	STA	📄	📄	📄	📄	
SP007	RCTA 14 CPE 7	Actions adoptées par le CPE et la RCTA suite aux recommandations de la RETA sur le changement climatique	STA	📄	📄	📄	📄	
SP008	RCTA 5	Recommandations opérationnelles faisant l'objet d'une révision	STA	📄	📄	📄	📄	Review of recommendations (From ATCM36/WP1 attachment 004)
SP012	CPE 2	CEP XVIII Summary of Papers	STA	📄				CEP XVIII Annotated Agenda
SP013	RCTA 16 RCTA 17 RCTA 5 RCTA 6 RCTA 7 RCTA 9	WG on Legal and Institutional Matters - Summary of papers	STA	📄				
SP014 rev.2	RCTA 10 RCTA 12 RCTA 13 RCTA 14 RCTA 15	WG on Operational Matters - Summary of Papers	STA	📄				Operations WG work programme
SP015 rev.1	RCTA 11	WG on Tourism and Non-governmental Activities - Summary	STA	📄				

Documents du Secrétariat

No.	Points de l'ordre du jour	Titre	Soumis par	A	F	R	E	Pièces jointes
		of papers						
SP016 rev.1	RCTA 11	Special Working Group on competent authorities issues relating to tourism and non-governmental activities in Antarctica - Agenda and Summary of Papers	STA	📄				
SP017	RCTA 15	Workshop on Education and Outreach - Summary of Papers	STA	📄				

3. Liste des participants

3. Liste des participants

Parties consultatives				
Partie	Dénomination	Fonction	Date d'arrivée	Date de départ
Afrique du Sud	Abader, Moegamat Ishaam	Conseiller/ère	30/05/2015	06/06/2015
Afrique du Sud	Dwarika, Yolande	Chef de délégation	30/05/2015	11/06/2015
Afrique du Sud	Kingsley, Angela	Délégué(e)	30/05/2015	11/06/2015
Afrique du Sud	Malaza, Sabelo	Conseiller/ère	30/05/2015	06/06/2015
Afrique du Sud	Mphepya, Jonas	Suppléant(e)	31/05/2015	11/06/2015
Afrique du Sud	Siko, Gilbert	Conseiller/ère	30/05/2015	11/06/2015
Afrique du Sud	Skinner, Richard	Conseiller/ère	30/05/2015	11/06/2015
Afrique du Sud	Valentine, Henry	Conseiller/ère	30/05/2015	11/06/2015
Allemagne	Duebner, Walter	Délégué(e)	08/06/2015	10/06/2015
Allemagne	Fabris, Rita	Délégué(e)	03/06/2015	10/06/2015
Allemagne	Gaedicke, Christoph	Délégué(e)	01/06/2015	06/06/2015
Allemagne	Gatti, Susanne	Particip. Atelier	31/05/2015	01/06/2015
Allemagne	Guretskaya, Anastasia	Délégué(e)	31/05/2015	10/06/2015
Allemagne	Hain, Stefan	Délégué(e)	30/05/2015	10/06/2015
Allemagne	Herata, Heike	Délégué(e)	31/05/2015	10/06/2015
Allemagne	Hertel, Fritz	Délégué(e)	01/06/2015	06/06/2015
Allemagne	Heyn, Andrea	Délégué(e)	01/06/2015	08/06/2015
Allemagne	Hilbert, Jacqueline	Délégué(e)	06/06/2015	09/06/2015
Allemagne	Lassig, Rainer	Chef de délégation	31/05/2015	10/06/2015
Allemagne	Läufer, Andreas	Délégué(e)	01/06/2015	06/06/2015
Allemagne	Liebschner, Alexander	Délégué(e)	31/05/2015	06/06/2015
Allemagne	Miller, Heinrich	Délégué(e)	31/05/2015	06/06/2015
Allemagne	Nixdorf, Uwe	Délégué(e)	01/06/2015	09/06/2015
Allemagne	Schulz, Christian	Chef de délégation	09/06/2015	10/06/2015
Allemagne	Sven, Missling	Délégué(e)	31/05/2015	11/06/2015
Allemagne	Vöneky, Silja	Délégué(e)	03/06/2015	10/06/2015
Allemagne	Winterhoff, Esther	Délégué(e)	08/06/2015	10/06/2015
Argentine	Azrak, Guillermo	Délégué	30/05/2015	11/06/2015
Argentine	Capurro, Andrea	Délégué	29/05/2015	11/06/2015
Argentine	Coria, Nestor	Délégué	30/05/2015	11/06/2015
Argentine	Giudici, Tomás Martín	Délégué	30/05/2015	07/06/2015
Argentine	Gowland, Máximo	Suppléant(e)	30/05/2015	11/06/2015
Argentine	Humarán, Adolfo Ernesto	Conseiller/ère	30/05/2015	11/06/2015
Argentine	López Crozet, Fausto	Chef de délégation	30/05/2015	11/06/2015
Argentine	Memolli, Mariano A.	Représentant(e) du CPE	30/05/2015	11/06/2015
Argentine	Ortúzar, Patricia	Délégué(e)	30/05/2015	11/06/2015
Argentine	Rebull, Fernanda	Délégué(e)	30/05/2015	11/06/2015
Argentine	Sartor, Jorge	Délégué	30/05/2015	11/06/2015
Argentine	Sotelo, Emanuel	Conseiller/ère	30/05/2015	11/06/2015
Argentine	Tarapow, Marcelo Cristian	Conseiller/ère	30/05/2015	11/06/2015
Argentine	Vereda, Marisol	Conseiller/ère	30/05/2015	11/06/2015
Argentine	Vlasich, Verónica	Délégué(e)	30/05/2015	11/06/2015
Australie	Bourke, Deborah	Délégué(e)	28/05/2015	08/06/2015
Australie	Cooper, Katrina	Chef de délégation	31/05/2015	10/06/2015
Australie	Fleming, Tony	Suppléant(e)	30/05/2015	10/06/2015
Australie	Gales, Nicholas	Délégué	31/05/2015	10/06/2015
Australie	Goldsworthy, Lyn	Conseiller/ère	30/05/2015	10/06/2015
Australie	Lees, Alexandra	Délégué(e)	01/06/2015	10/06/2015
Australie	McIvor, Ewan	Délégué	28/05/2015	11/06/2015
Australie	Miller, Denzil	Conseiller/ère	30/05/2015	09/06/2015
Australie	Mundy, Jason	Délégué	30/05/2015	11/06/2015

Parties consultatives				
Partie	Dénomination	Fonction	Date d'arrivée	Date de départ
Australie	Scott-Kemmis, Cary	Délégué(e)	30/05/2015	10/06/2015
Australie	Tracey, Phillip	Représentant(e) du CPE	29/05/2015	11/06/2015
Belgique	André, François	Représentant(e) du CPE	30/05/2015	12/06/2015
Belgique	Badhe, Renuka	Délégué(e)	04/06/2015	09/06/2015
Belgique	Touzani, Rachid	Délégué	01/06/2015	10/06/2015
Belgique	Vancauwenberghe, Maaike	Suppléant(e)	31/05/2015	05/06/2015
Belgique	Vanden Bilcke, Christian	Chef de délégation	06/06/2015	10/06/2015
Belgique	Wilmotte, Annick	Délégué(e)	29/05/2015	06/06/2015
Brésil	Bueno, Rodrigo	Délégué	30/05/2015	11/06/2015
Brésil	Chaim Mattos, Bianca	Délégué(e)	01/06/2015	06/06/2015
Brésil	Fontes Faria, Maria Rita	Chef de délégation	29/05/2015	11/06/2015
Brésil	Guerra De Araujo, Ricardo	Conseiller/ère	01/06/2015	10/06/2015
Brésil	Leite, Márcio	Délégué	30/05/2015	11/06/2015
Brésil	Schneider Costa, Erli	Délégué(e)	30/05/2015	11/06/2015
Brésil	Silva Rodrigues, Marcos	Délégué	30/05/2015	11/06/2015
Bulgarie	Antov, Grigor	Particip. Atelier	31/05/2015	31/05/2015
Bulgarie	Asenova, Mina	Conseiller/ère	01/06/2015	10/06/2015
Bulgarie	Chakarov, Danail	Chef de délégation	31/05/2015	10/06/2015
Bulgarie	Chipev, Nesho	Délégué	20/05/2015	12/06/2015
Bulgarie	Chirkova, Rossina	Conseiller/ère	01/06/2015	10/06/2015
Bulgarie	Dimitrova, Lora	Conseiller/ère	01/06/2015	10/06/2015
Bulgarie	Doncheva, Svetla	Particip. Atelier	01/06/2015	04/06/2015
Bulgarie	Dragoev, Petar	Conseiller/ère	01/06/2015	10/06/2015
Bulgarie	Ivanov, Lyubomir	Délégué	20/05/2015	12/06/2015
Bulgarie	Jivkov, Christo	Suppléant(e)	31/05/2015	10/06/2015
Bulgarie	Konakchiyska, Kaliopa	Conseiller/ère	01/06/2015	10/06/2015
Bulgarie	Kotlarov, Borislav	Personnel	01/06/2015	06/06/2015
Bulgarie	Kotlarova, Siviliana	Personnel	01/06/2015	01/06/2015
Bulgarie	Kuchev, Yuriy	Délégué	20/05/2015	12/06/2015
Bulgarie	Manolova, Ekaterina	Conseiller/ère	01/06/2015	10/06/2015
Bulgarie	Mateev, Dragomir	Délégué	25/05/2015	11/06/2015
Bulgarie	Mihaylova, Elisaveta	Conseiller/ère	01/06/2015	10/06/2015
Bulgarie	Mihaylova, Ivanka	Conseiller/ère	01/06/2015	10/06/2015
Bulgarie	Natova, Anna	Délégué(e)	01/06/2015	10/06/2015
Bulgarie	Pavlova, Veradina	Conseiller/ère	01/06/2015	10/06/2015
Bulgarie	Peicheva, Detelina	Délégué(e)	30/05/2015	10/06/2015
Bulgarie	Petrova, Teodora	Conseiller/ère	01/06/2015	10/06/2015
Bulgarie	Pimpirev, Christo	Suppléant(e)	20/05/2015	12/06/2015
Bulgarie	Raycheva, Sasha	Délégué(e)	30/05/2015	10/06/2015
Bulgarie	Raytchev, Rayko	Président de la RCTA	31/05/2015	10/06/2015
Bulgarie	Romanska, Tsvety	Suppléant(e)	31/05/2015	10/06/2015
Bulgarie	Stoytchev, Tihomir	Délégué(e)	01/06/2015	10/06/2015
Bulgarie	Tagarinska, Vera	Délégué(e)	01/06/2015	10/06/2015
Bulgarie	Tcotcorkov, Lachazar	Délégué(e)	30/05/2015	10/06/2015
Bulgarie	Todorova, Rusiana	Conseiller/ère	01/06/2015	10/06/2015
Bulgarie	Todorova-Yakimova, Mariya	Conseiller/ère	01/06/2015	10/06/2015
Bulgarie	Trassieva, Albena	Délégué(e)	01/06/2015	10/06/2015
Bulgarie	Trendafilov, Valeri	Conseiller/ère	01/06/2015	10/06/2015
Bulgarie	Trifonova, Iglika	Conseiller/ère	20/05/2015	12/06/2015
Bulgarie	Vergiev, Stoyan	Conseiller/ère	01/06/2015	10/06/2015
Bulgarie	Videnova, Galina	Conseiller/ère	20/05/2015	12/06/2015
Bulgarie	Yordanov, Yordan	Délégué(e)	20/05/2015	12/06/2015

Parties consultatives				
Partie	Dénomination	Fonction	Date d'arrivée	Date de départ
Bulgarie	Zamfirov, Yordan	Conseiller/ère	01/06/2015	10/06/2015
Chili	Arias, Germán	Conseiller/ère	31/05/2015	11/06/2015
Chili	Barticevic, Elías	Délégué(e)	29/05/2015	04/06/2015
Chili	Berguño, Francisco	Chef de délégation	25/05/2015	11/06/2015
Chili	Casiccia, Claudio	Conseiller/ère	31/05/2015	11/06/2015
Chili	Echeverría, Eduardo	Conseiller/ère	31/05/2015	11/06/2015
Chili	Espinoza, Luis	Conseiller/ère	05/06/2015	11/06/2015
Chili	Figueroa, Miguel	Conseiller/ère	31/05/2015	11/06/2015
Chili	Madrid, Santiago	Conseiller/ère	31/05/2015	11/06/2015
Chili	Mayorga, Pedro	Conseiller/ère	31/05/2015	11/06/2015
Chili	Sardiña, Jimena	Délégué(e)	04/06/2015	11/06/2015
Chili	Vallejos, Verónica	Représentant(e) du CPE	31/05/2015	11/06/2015
Chili	Velásquez, Ricardo	Conseiller/ère	31/05/2015	11/06/2015
Chili	Villalón, Gilberto	Conseiller/ère	31/05/2015	11/06/2015
Chili	Villanueva, Tamara	Suppléant(e)	25/05/2015	11/06/2015
Chine	FANG, LIJUN	Délégué(e)	31/05/2015	11/06/2015
Chine	HAN, ZIXUAN	Délégué(e)	31/05/2015	11/06/2015
Chine	LIU, YANG	Délégué(e)	30/05/2015	11/06/2015
Chine	QIN, WEIJIA	Délégué(e)	31/05/2015	06/06/2015
Chine	QU , WENSHENG	Chef de délégation	30/05/2015	11/06/2015
Chine	XU, CHEN	Délégué(e)	31/05/2015	06/06/2015
Chine	ZHENG, CHENG	Délégué(e)	30/05/2015	11/06/2015
Corée (ROK)	Chung, Rae-kwang	Délégué(e)	31/05/2015	09/06/2015
Corée (ROK)	Go, Song Ju	Délégué(e)	31/05/2015	05/06/2015
Corée (ROK)	Kim, Ji Hee	Représentant(e) du CPE	30/05/2015	09/06/2015
Corée (ROK)	Kim, Yeadong	Conseiller/ère	03/06/2015	07/06/2015
Corée (ROK)	Lee, sangmin	Délégué(e)	30/05/2015	09/06/2015
Corée (ROK)	Lee, Won Young	Délégué(e)	30/05/2015	09/06/2015
Corée (ROK)	Moon, Jihye	Délégué(e)	31/05/2015	11/06/2015
Corée (ROK)	Seo, won-sang	Délégué(e)	31/05/2015	09/06/2015
Corée (ROK)	Shin, Hyoung Chul	Délégué(e)	31/05/2015	06/06/2015
Équateur	Borbor Córdova, Mercy Julia	Représentant(e) du CPE	30/05/2015	11/06/2015
Équateur	Proaño Silva, Mario Renato	Délégué(e)	30/05/2015	11/06/2015
Équateur	Velastegui Herrera, Marcela	Chef de délégation	01/06/2015	11/06/2015
Espagne	Benayas, Javier	Conseiller/ère	02/06/2015	04/06/2015
Espagne	Catalan, Manuel	Représentant(e) du CPE	31/05/2015	10/06/2015
Espagne	Muñoz de Laborde Bardin, Juan Luis	Chef de délégation	31/05/2015	11/06/2015
Espagne	Ojeda, Miguel Angel	Délégué(e)	02/06/2015	05/06/2015
Espagne	R. Pertierra, Luis	Conseiller/ère	30/05/2015	04/06/2015
Espagne	Ramos, Sonia	Délégué(e)	30/05/2015	11/06/2015
États-Unis	Bergmann, Trisha	Conseiller/ère	31/05/2015	10/06/2015
États-Unis	Bloom, Evan T.	Chef de délégation	31/05/2015	11/06/2015
États-Unis	Edwards, David	Conseiller/ère	31/05/2015	10/06/2015
États-Unis	Falkner, Kelly	Délégué(e)	31/05/2015	10/06/2015
États-Unis	Hahs, Ona	Conseiller/ère	31/05/2015	11/06/2015
États-Unis	Heung, Justin	Conseiller/ère	02/06/2015	10/06/2015
États-Unis	Karentz, Deneb	Conseiller/ère	31/05/2015	06/06/2015
États-Unis	Naveen, Ron	Conseiller/ère	31/05/2015	10/06/2015
États-Unis	O'Reilly, Jessica	Conseiller/ère	31/05/2015	10/06/2015
États-Unis	Penhale, Polly A.	Représentant(e) du	30/05/2015	11/06/2015

Parties consultatives				
Partie	**Dénomination**	**Fonction**	**Date d'arrivée**	**Date de départ**
		CPE		
États-Unis	Rudolph, Lawrence	Conseiller/ère	31/05/2015	11/06/2015
États-Unis	Schandlbauer, Alfred	Suppléant(e)	30/05/2015	11/06/2015
États-Unis	Stone, Brian	Conseiller/ère	31/05/2015	05/06/2015
États-Unis	Tonev, Danko	Conseiller/ère	03/06/2015	10/06/2015
États-Unis	Trice, Jessica	Conseiller/ère	31/05/2015	10/06/2015
États-Unis	Wheatley, Victoria	Conseiller/ère	31/05/2015	11/06/2015
Fédération de Russie	Chernysheva, Larisa	Délégué(e)	31/05/2015	10/06/2015
Fédération de Russie	Gonchar, Dmitry	Chef de délégation	31/05/2015	10/06/2015
Fédération de Russie	Lukin, Valery	Représentant(e) du CPE	29/05/2015	12/06/2015
Fédération de Russie	Pomelov, Victor	Délégué(e)	29/05/2015	11/06/2015
Fédération de Russie	Tarasenko, Sergey	Délégué(e)	29/05/2015	11/06/2015
Finlande	Jarvenpaa, Jesse	Délégué(e)	01/06/2015	10/06/2015
Finlande	Mähönen, Outi	Représentant(e) du CPE	31/05/2015	06/06/2015
Finlande	Valjento, Liisa	Chef de délégation	30/05/2015	10/06/2015
France	Belna, Stéphanie	Représentant(e) du CPE	31/05/2015	05/06/2015
France	Choquet, Anne	Conseiller/ère	03/06/2015	10/06/2015
France	Frenot, Yves	Représentant(e) du CPE	30/05/2015	10/06/2015
France	Guyomard, Ann-Isabelle	Délégué(e)	30/05/2015	11/06/2015
France	Guyonvarch, Olivier	Chef de délégation	31/05/2015	10/06/2015
France	Lebouvier, Marc	Représentant(e) du CPE	30/05/2015	10/06/2015
France	Lorraine, Monclar	Personnel	01/06/2015	10/06/2015
France	Mayet, Laurent	Délégué(e)	31/05/2015	02/06/2015
France	Pozzo di Borgo, Cécile	Délégué(e)	07/06/2015	09/06/2015
France	Rocard, Michel	Délégué(e)	31/05/2015	02/06/2015
France	Runyo, Fabienne	Suppléant(e)	31/05/2015	10/06/2015
Inde	Chaturvedi, Sanjay	Délégué(e)	30/05/2015	11/06/2015
Inde	Mohan, Rahul	Chef de délégation	30/05/2015	11/06/2015
Inde	Reddy, A Sudhakara	Délégué(e)	31/05/2015	11/06/2015
Inde	Tiwari, Anoop Kumar	Représentant(e) du CPE	30/05/2015	11/06/2015
Italie	Bianchi Fasani, Gianluca	Conseiller/ère	01/06/2015	05/06/2015
Italie	Cattadori, Matteo	Délégué(e)	30/05/2015	01/06/2015
Italie	De Rossi, Giuseppe	Conseiller/ère	01/06/2015	05/06/2015
Italie	Fioretti, Anna	Délégué(e)	31/05/2015	11/06/2015
Italie	Sgrò, Eugenio	Chef de délégation	30/05/2015	11/06/2015
Italie	Tomaselli, Maria Stefania	Délégué(e)	30/05/2015	06/06/2015
Italie	Torcini, Sandro	Représentant(e) du CPE	30/05/2015	11/06/2015
Japon	Hirano, Jun	Conseiller/ère	30/05/2015	11/06/2015
Japon	Miyamori, Joji	Chef de délégation	30/05/2015	10/06/2015
Japon	Shiraishi, Kazuyuki	Conseiller/ère	30/05/2015	06/06/2015
Japon	Takeda, Sayako	Conseiller/ère	31/05/2015	10/06/2015
Japon	Tanaka, Kenichiro	Conseiller/ère	30/05/2015	10/06/2015
Japon	Teramura, Satoshi	Conseiller/ère	30/05/2015	11/06/2015
Japon	Watanabe, Kentaro	Conseiller/ère	30/05/2015	11/06/2015
Norvège	Eikeland, Else Berit	Chef de délégation	31/05/2015	10/06/2015
Norvège	Gaalaas, Siv Christin	Délégué(e)	03/06/2015	10/06/2015
Norvège	Guldahl, John E.	Délégué(e)	03/06/2015	05/06/2015
Norvège	Halvorsen, Svein Tore	Délégué(e)	31/05/2015	06/06/2015

Parties consultatives				
Partie	Dénomination	Fonction	Date d'arrivée	Date de départ
Norvège	Høgestøl, Astrid Charlotte	Délégué(e)	31/05/2015	09/06/2015
Norvège	Korsvoll, Marie Helene	Délégué(e)	04/06/2015	09/06/2015
Norvège	Nicolaisen, Kristine Oftedal	Délégué(e)	07/06/2015	10/06/2015
Norvège	Njaastad, Birgit	Représentant(e) du CPE	29/05/2015	10/06/2015
Norvège	Storvik, Kristin	Conseiller/ère	08/06/2015	09/06/2015
Norvège	Strengehagen, Mette	Suppléant(e)	03/06/2015	10/06/2015
Nouvelle-Zélande	Beggs, Peter	Conseiller/ère	30/05/2015	11/06/2015
Nouvelle-Zélande	Dempster, Jillian	Chef de délégation	30/05/2015	11/06/2015
Nouvelle-Zélande	East, Paul	Délégué(e)	01/06/2015	04/06/2015
Nouvelle-Zélande	Gilbert, Neil	Représentant(e) du CPE	30/05/2015	07/06/2015
Nouvelle-Zélande	Kendall, Rachel	Conseiller/ère	30/05/2015	11/06/2015
Nouvelle-Zélande	Morgan, Fraser	Conseiller/ère	01/06/2015	08/06/2015
Nouvelle-Zélande	Poirot, Ceisha	Conseiller/ère	30/05/2015	11/06/2015
Nouvelle-Zélande	Stent, Danica	Conseiller/ère	30/05/2015	11/06/2015
Nouvelle-Zélande	Townend, Andrew	Conseiller/ère	31/05/2015	05/06/2015
Nouvelle-Zélande	Weeber, Barry	Conseiller/ère	31/05/2015	11/06/2015
Pays-Bas	Bastmeijer, Kees	Conseiller/ère	01/06/2015	10/06/2015
Pays-Bas	Elstgeest, Marlynda	Conseiller/ère	03/06/2015	11/06/2015
Pays-Bas	Hernaus, Reginald	Représentant(e) du CPE	31/05/2015	08/06/2015
Pays-Bas	Kroef, van der, Dick A.	Conseiller/ère	31/05/2015	08/06/2015
Pays-Bas	Lefeber, René J.M.	Chef de délégation	31/05/2015	10/06/2015
Pays-Bas	Lubbe, Suzanne	Particip. Atelier	07/06/2015	09/06/2015
Pays-Bas	Malherbe, René	Particip. Atelier	30/05/2015	02/06/2015
Pays-Bas	Peijs, Martijn	Délégué(e)	31/05/2015	10/06/2015
Pérou	Garcia Paredes, Gladys Mabel	Chef de délégation	31/05/2015	11/06/2015
Pologne	Kidawa, Anna	Délégué(e)	31/05/2015	10/06/2015
Pologne	Krawczyk-Grzesiowska, Joanna	Suppléant(e)	31/05/2015	05/06/2015
Pologne	Misztal, Andrzej	Chef de délégation	08/06/2015	10/06/2015
Pologne	Tatur, Andrzej	Représentant(e) du CPE	31/05/2015	10/06/2015
République tchèque	Bartak, Milos	Délégué(e)	31/05/2015	05/06/2015
République tchèque	Filippiova, Martina	Suppléant(e)	31/05/2015	11/06/2015
République tchèque	Kapler, Pavel	Délégué(e)	31/05/2015	05/06/2015
République tchèque	Nyvlt, Daniel	Représentant(e) du CPE	31/05/2015	05/06/2015
République tchèque	Prošek, Pavel	Délégué(e)	31/05/2015	05/06/2015
République tchèque	Sladký, Pavel	Délégué(e)	04/06/2015	11/06/2015
République tchèque	Št?pánek, P?emysl	Suppléant(e)	01/06/2015	10/06/2015
République tchèque	Válek, Petr	Chef de délégation	30/05/2015	02/06/2015
République tchèque	Venera, Zdenek	Représentant(e) du CPE	31/05/2015	05/06/2015
Royaume-Uni	Burgess, Henry	Représentant(e) du CPE	30/05/2015	11/06/2015
Royaume-Uni	Capper, Linda	Délégué(e)	30/05/2015	02/06/2015
Royaume-Uni	Clarke, Rachel	Délégué(e)	30/05/2015	06/06/2015
Royaume-Uni	Coleman, Julie	Délégué(e)	07/06/2015	09/06/2015
Royaume-Uni	Downie, Rod	Conseiller/ère	01/06/2015	05/06/2015
Royaume-Uni	Francis, Jane	Délégué(e)	31/05/2015	05/06/2015
Royaume-Uni	Griffiths, Lowri	Délégué(e)	30/05/2015	11/06/2015
Royaume-Uni	Hall, John	Délégué(e)	30/05/2015	11/06/2015
Royaume-Uni	Hughes, Kevin	Délégué(e)	30/05/2015	06/06/2015
Royaume-Uni	Rumble, Jane	Chef de délégation	30/05/2015	11/06/2015

Parties consultatives				
Partie	Dénomination	Fonction	Date d'arrivée	Date de départ
Royaume-Uni	Stockings, Tim	Délégué(e)	31/05/2015	05/06/2015
Suède	Euren Hoglund, Lisa	Chef de délégation	30/05/2015	10/06/2015
Suède	Selberg, Cecilia	Représentant(e) du CPE	07/06/2015	10/06/2015
Suède	Tornberg, Henrik	Conseiller/ère	02/06/2015	05/06/2015
Ukraine	Lytvynov, Valerii	Chef de délégation	31/05/2015	06/06/2015
Ukraine	Tereshchenko, Artur	Conseiller/ère	31/05/2015	06/06/2015
Ukraine	Tereshchenko, Zoia	Conseiller/ère	31/05/2015	06/06/2015
Uruguay	Cristina, Juan	Particip. Atelier	29/05/2015	02/06/2015
Uruguay	Lluberas, Albert	Suppléant(e)	29/05/2015	11/06/2015
Uruguay	Romano, Claudio	Chef de délégation	30/05/2015	11/06/2015
Uruguay	Vieira, Manuel	Délégué(e)	30/05/2015	06/06/2015
Uruguay	Vignali, Daniel	Conseiller/ère	31/05/2015	11/06/2015

Parties non consultatives				
Partie	Dénomination	Fonction	Date d'arrivée	Date de départ
Bélarus	Kakareka, Sergey	Représentant(e) du CPE	31/05/2015	06/06/2015
Bélarus	Loginov, Vladimir F.	Chef de délégation	31/05/2015	10/06/2015
Bélarus	Snytin, Oleg	Délégué(e)	07/06/2015	11/06/2015
Canada	File, Susan	Délégué(e)	02/06/2015	07/06/2015
Canada	Taillefer, David	Chef de délégation	31/05/2015	11/06/2015
Colombie	González Hernández, César Felipe	Chef de délégation	30/05/2015	07/06/2015
Colombie	Mojica, Diego Fernando	Délégué(e)	31/05/2015	14/06/2015
Colombie	Molano, Mauricio	Conseiller/ère	05/06/2015	10/06/2015
Colombie	Molares Babra, Ricardo	Délégué(e)	30/05/2015	11/06/2015
Colombie	Plata, Javier	Délégué(e)	31/05/2015	11/06/2015
Colombie	Sanchez, Dania Lorena	Délégué(e)	31/05/2015	11/06/2015
Colombie	Soltau, Juan Manuel	Délégué(e)	31/05/2015	11/06/2015
Kazakhstan	Izbastin, Temirtay	Chef de délégation	08/06/2015	10/06/2015
Kazakhstan	Sarsembekov, Baurzhan	Conseiller/ère	01/06/2015	10/06/2015
Malaisie	Abd Rahman, Mohd Nasaruddin	Délégué(e)	31/05/2015	06/06/2015
Malaisie	Ho, Yun Shiang	Délégué(e)	31/05/2015	05/06/2015
Malaisie	Mohd Nor, Salleh	Délégué(e)	31/05/2015	09/06/2015
Malaisie	Yahaya, Mohd Azhar	Conseiller/ère	31/05/2015	05/06/2015
Monaco	Impagliazzo, Céline	Représentant(e) du CPE	31/05/2015	05/06/2015
Mongolie	Amartuvshin, Amgalanbayar	Délégué(e)	31/05/2015	10/06/2015
Mongolie	Dugerjav, Lkhamsuren	Chef de délégation	24/05/2015	11/06/2015
Portugal	Ferraz, Luís	Délégué(e)	30/05/2015	11/06/2015
Portugal	Xavier, José Carlos Caetano	Chef de délégation	29/05/2015	13/06/2015
Roumanie	Andreea, Radu	Suppléant(e)	31/05/2015	05/06/2015
Roumanie	Cotta, Mihaela	Conseiller/ère	31/05/2015	05/06/2015
Roumanie	Prisecaru, Tudor	Chef de délégation	01/06/2015	02/06/2015
Roumanie	Sidoroff, Manuela Elisabeta	Délégué(e)	01/06/2015	03/06/2015
Suisse	Denis, Knobel	Délégué(e)	31/05/2015	10/06/2015
Suisse	Krebs, Martin	Délégué(e)	31/05/2015	11/06/2015
Suisse	Suter, Yves	Délégué(e)	31/05/2015	05/06/2015
Turquie	Bozkurt, Ahmet	Personnel	01/06/2015	10/06/2015
Turquie	Evlice, Onur	Délégué(e)	30/05/2015	11/06/2015
Turquie	Gökce, Süleyman	Délégué(e)	01/06/2015	10/06/2015
Turquie	Örek, Hasan	Délégué(e)	30/05/2015	06/06/2015
Turquie	Özsoy Çiçek, Burcu	Délégué(e)	30/05/2015	06/06/2015
Turquie	Ozturk, Bayram	Délégué(e)	30/05/2015	04/06/2015
Turquie	?ahin, ?akir	Délégué(e)	30/05/2015	11/06/2015
Turquie	Tabak, Haluk	Délégué(e)	30/05/2015	11/06/2015
Turquie	Türkel, Mehmet Ali	Délégué(e)	30/05/2015	11/06/2015
Turquie	Türkel, Ebuzer	Délégué(e)	30/05/2015	11/06/2015
Venezuela	Carlos , Castellanos	Délégué(e)	29/05/2015	11/06/2015
Venezuela	Handt, Helga Helena	Délégué(e)	29/05/2015	11/06/2015
Venezuela	Perez, Janly	Conseiller/ère	01/06/2015	10/06/2015
Venezuela	Sira, Eloy	Chef de délégation	30/05/2015	11/06/2015

Observateurs, Experts et invités				
Partie	Dénomination	Fonction	Date d'arrivée	Date de départ
ASOC	Christian, Claire	Délégué(e)	29/05/2015	10/06/2015
ASOC	Dolan, Ryan	Délégué(e)	30/05/2015	10/06/2015
ASOC	Epstein, Mark S.	Chef de délégation	30/05/2015	10/06/2015
ASOC	Hepp, Jill	Délégué(e)	30/05/2015	10/06/2015
ASOC	Johnson, Chris	Délégué(e)	30/05/2015	06/06/2015
ASOC	Roura, Ricardo	Représentant(e) du CPE	30/05/2015	10/06/2015
ASOC	Wallace, Cath	Délégué(e)	30/05/2015	11/06/2015
ASOC	Walsh, Dave	Délégué(e)	08/06/2015	10/06/2015
ASOC	Werner Kinkelin, Rodolfo	Délégué(e)	30/05/2015	10/06/2015
CCAMLR	Jones, Christopher	Conseiller/ère	30/05/2015	11/06/2015
CCAMLR	Reid, Keith	Conseiller/ère	31/05/2015	11/06/2015
CCAMLR	Wright, Andrew	Chef de délégation	29/05/2015	13/06/2015
COMNAP	Rogan-Finnemore, Michelle	Chef de délégation	30/05/2015	11/06/2015
IAATO	Crosbie, Kim	Chef de délégation	29/05/2015	11/06/2015
IAATO	Hohn-Bowen, Ute	Délégué(e)	03/06/2015	10/06/2015
IAATO	Lynnes, Amanda	Représentant(e) du CPE	29/05/2015	11/06/2015
IAATO	Morgan, Tudor	Suppléant(e)	29/05/2015	11/06/2015
IAATO	Rootes, David	Conseiller/ère	31/05/2015	10/06/2015
IAATO	Schillat, Monika	Conseiller/ère	31/05/2015	10/06/2015
PNUE	Ruis, Barbara	Chef de délégation	01/06/2015	05/06/2015
SCAR	Bellerby, Richard	Délégué(e)	02/06/2015	04/06/2015
SCAR	Chown, Steven L.	Délégué(e)	30/05/2015	05/06/2015
SCAR	López-Martínez, Jerónimo	Chef de délégation	30/05/2015	10/06/2015
SCAR	Terauds, Aleks	Représentant(e) du CPE	31/05/2015	06/06/2015

Secrétariat du pays hôte				
Partie	Dénomination	Fonction	Date d'arrivée	Date de départ
Secrétariat	Mutafchiev, Rumen	Personnel	22/05/2015	12/06/2015
Secrétariat	Phillips, Andrew	Personnel	25/05/2015	11/06/2015
Secrétariat	Sabev, Atanas	Personnel	24/05/2015	11/06/2015
Secrétariat	Slavova, Albena	Personnel	24/05/2015	11/06/2015
Secrétariat	Stefanov, Ivelin	Personnel	22/05/2015	12/06/2015
Secrétariat	Stoianova, Elena	Personnel	31/05/2015	10/06/2015
Secrétariat	Stoynev, Svetoslav	Personnel	01/06/2015	10/06/2015
Secrétariat	Stoynova, Boriana	Personnel	22/05/2015	12/06/2015
Secrétariat	Tomov, Yavor	Personnel	22/05/2015	12/06/2015
Secrétariat	Trifonova, Ida	Personnel	21/05/2015	12/06/2015
Secrétariat	Tzanev, Nicolay	Personnel	22/05/2015	12/06/2015
Secrétariat	Valchev, Vesselin	Secrétaire exécutif HC	22/05/2015	12/06/2015
Secrétariat	Van der Watt, Susanna	Personnel	25/05/2015	11/06/2015
Secrétariat	Veselinov, Krasimir	Personnel	30/05/2015	10/06/2015
Secrétariat	Zarkov, Angel	Personnel	30/05/2015	10/06/2015
Secrétariat	Zhelyazkova, Marina	Personnel	21/05/2015	10/06/2015
Secrétariat HC	Apostolova, Denitsa	Personnel	31/05/2015	10/06/2015
Secrétariat HC	Atanassova, Alexandra	Personnel	21/05/2015	11/06/2015
Secrétariat HC	Bonev, Kamen	Personnel	01/06/2015	10/06/2015
Secrétariat HC	Bontchev, Stephane	Personnel	21/05/2015	12/06/2015
Secrétariat HC	Chervenakova, Genoveva	Personnel	21/05/2015	12/06/2015
Secrétariat HC	Chilev, Mario	Personnel	30/05/2015	10/06/2015
Secrétariat HC	Dahood, Adrian	Personnel	24/05/2015	11/06/2015
Secrétariat HC	Dimitrova, Elena	Personnel	01/06/2015	10/06/2015
Secrétariat HC	Dochev, Docho	Personnel	31/05/2015	10/06/2015
Secrétariat HC	Elias-Piera, Francyne	Personnel	02/06/2015	10/06/2015
Secrétariat HC	Erceg, Diane	Personnel	24/05/2015	11/06/2015
Secrétariat HC	Filipova, Ludmila	Personnel	01/06/2015	10/06/2015
Secrétariat HC	Georgiev, Dimitar	Personnel	22/05/2015	12/06/2015
Secrétariat HC	Georgiev, Nikolay	Personnel	28/05/2015	11/06/2015
Secrétariat HC	Giurov, Victor	Personnel	22/05/2015	12/06/2015
Secrétariat HC	González Vaillant, Joaquín	Personnel	24/05/2015	11/06/2015
Secrétariat HC	Hodgson-Johnson, Indiah	Personnel	24/05/2015	11/06/2015
Secrétariat HC	Jivkova, Eva	Personnel	21/05/2015	12/06/2015
Secrétariat HC	Kiossemarliev, Dimitar	Personnel	21/05/2015	12/06/2015
Secrétariat HC	Klayn, Laslo	Personnel	31/05/2015	10/06/2015
Secrétariat HC	Klayn, Stefania	Personnel	31/05/2015	10/06/2015
Secrétariat HC	Krastev, Plamen	Personnel	22/05/2015	12/06/2015
Secrétariat HC	Lapteva, Gergana	Personnel	01/06/2015	10/06/2015
Secrétariat HC	Minchev, Evgeny	Personnel	24/05/2015	11/06/2015
Secrétariat HC	Mladenov, Atanas	Personnel	31/05/2015	10/06/2015
Secrétariat HC	Moteva, Denitsa	Personnel	25/05/2015	11/06/2015
Secrétariat HC	Penev, Boyko	Personnel	22/05/2015	12/06/2015
Secrétariat HC	Petkov, Nikola	Personnel	31/05/2015	10/06/2015

Secrétariat du Traité sur l'Antarctique				
Partie	Dénomination	Fonction	Date d'arrivée	Date de départ
Personnel T&I	Alal, Cecilia	Personnel	28/05/2015	11/06/2015
Personnel T&I	Babaev, David	Personnel	31/05/2015	11/06/2015
Personnel T&I	Boury, Marjorie	Personnel	31/05/2015	11/06/2015
Personnel T&I	Cook, Elena	Personnel	31/05/2015	10/06/2015
Personnel T&I	Coussaert, Joelle	Personnel	31/05/2015	11/06/2015
Personnel T&I	Falaleyev, Andrey	Personnel	31/05/2015	11/06/2015
Personnel T&I	Fernandez, Jimena	Personnel	28/05/2015	11/06/2015
Personnel T&I	Garteiser, Claire	Personnel	31/05/2015	10/06/2015
Personnel T&I	Hale, Sandra	Personnel	31/05/2015	11/06/2015
Personnel T&I	Kasimova, Katya	Personnel	31/05/2015	10/06/2015
Personnel T&I	Malmontet, Benoit	Personnel	31/05/2015	11/06/2015
Personnel T&I	Malofeeva, Elena	Personnel	31/05/2015	11/06/2015
Personnel T&I	Mullova, Ludmila	Personnel	31/05/2015	11/06/2015
Personnel T&I	Orlando, Marc	Personnel	31/05/2015	12/06/2015
Personnel T&I	Perino, María del Valle	Personnel	31/05/2015	11/06/2015
Personnel T&I	Speziali, Maria Laura	Personnel	31/05/2015	11/06/2015
Personnel T&I	Tanguy, Philippe	Personnel	31/05/2015	11/06/2015
Personnel T&I	Vignal, Edith	Personnel	31/05/2015	11/06/2015
Personnel T&I	Wallace, Roslyn	Personnel	31/05/2015	11/06/2015
STA	Acero, José María	Suppléant(e)	27/05/2015	12/06/2015
STA	Agraz, José Luis	Personnel	24/05/2015	12/06/2015
STA	Balok, Anna	Personnel	27/05/2015	12/06/2015
STA	Davies, Paul	Personnel	28/05/2015	11/06/2015
STA	Portella Sampaio, Daniela	Personnel	27/05/2015	11/06/2015
STA	Reinke, Manfred	Chef de délégation	24/05/2015	12/06/2015
STA	Wainschenker, Pablo	Personnel	25/05/2015	12/06/2015
STA	Walton, David W H	Personnel	25/05/2015	11/06/2015
STA	Wydler, Diego	Personnel	24/05/2015	12/06/2015

www.ingramcontent.com/pod-product-compliance
Lightning Source LLC
Chambersburg PA
CBHW051332200326
41519CB00026B/7399